《中国非公有制经济人士统战研究基地丛书》
主编　范柏乃

教育部哲学社会科学研究重大课题攻关项目（项目号：14JZD005）资助

完善社会主义市场经济体制条件下加快转变政府职能研究

范柏乃　张电电　金洁　余钧　著

中国财经出版传媒集团
中国财政经济出版社

图书在版编目（CIP）数据

完善社会主义市场经济体制条件下加快转变政府职能研究 / 范柏乃等著. --北京：中国财政经济出版社，2021.11

（中国非公有制经济人士统战研究基地丛书 / 范柏乃主编）

ISBN 978-7-5223-0978-1

Ⅰ.①完… Ⅱ.①范… Ⅲ.①政府职能-职能转变-研究-中国 Ⅳ.①D630.1

中国版本图书馆 CIP 数据核字（2021）第 240010 号

责任编辑：刘五书　　　　责任印制：张　健
封面制作：孙俪铭

中国财政经济出版社 出版

URL：http：//www.cfeph.cn
E-mail：cfeph@cfemg.cn

社址：北京市海淀区阜成路甲 28 号　邮政编码：100142
营销中心电话：010-88191522
天猫网店：中国财政经济出版社旗舰店
网址：https：//zgczjjcbs.tmall.com
北京财经印刷厂印刷　各地新华书店经销
成品尺寸：170mm×240mm　16 开　32.75 印张　537 000 字
2021 年 11 月第 1 版　2021 年 11 月北京第 1 次印刷
定价：120.00 元
ISBN 978-7-5223-0978-1
（图书出现印装问题，本社负责调换，电话：010-88190548）
本社质量投诉电话：010-88190744
打击盗版举报热线：010-88191661　QQ：2242791300

总　　序

党的十九大报告指出，必须坚持和完善我国社会主义基本经济制度和分配制度，毫不动摇巩固和发展公有制经济，毫不动摇鼓励、支持、引导非公有制经济发展，使市场在资源配置中起决定性作用，更好发挥政府作用。

截至2021年11月1日，全国拥有各类市场主体1.5亿户，其中，企业4600万户。在1.5亿户市场主体当中，90%以上属于非公有制经济。据测算，目前非公有制经济贡献了50%以上的税收，60%以上的国内生产总值，70%以上的技术创新成果，80%以上的城镇劳动就业，90%以上的企业数量。非公有制经济为我国经济社会发展作出了巨大贡献，在促进经济增长、激发创新、扩大就业和增加税收等方面发挥了重要作用。

在中国经济加快转型发展和进入“新常态”的背景下，非公有制经济的发展形态正由传统工业化向新型工业化转变，发展动力从资源消耗为主向创新驱动为主转变，发展体系由外向型经济向统筹内外、内外结合转变，发展业态由传统集聚为主向现代产业集群为主转变，管理体制从家族管理为主向现代管理为主转变，发展目标从商品输出为主向资本输出为主转变。

非公有制经济的转型发展，离不开非公有制经济人士的智力支持。我国的非公有制经济人士，是适应社会主义初级阶段解放和发展生产力的需要，在改革开放、发展社会主义市场经济过程中出现的一个新的社会群体。经过40多年的发展，非公有制经济人士的构成主体已发生巨大变化：由过去的主要以农民和城镇待业人员为主，发展到包括从党政机关、国有企事业单位、大专院校、科研单位分流出来的行政干部、中高级知识分子以及海外归国人员在内的庞大队伍，并且这支队伍仍处于不断发展壮大和变化之中。非公有制经济人士具有较强的社会责任感，已成为我国社会主义现代化建设的一支积极力量、统一战线的重要成员，并为经济建设和社会发展作出了很大贡献。

非公有制经济的蓬勃发展以及非公有制经济人士的健康成长更加离不开围绕非公有制企业、人士的体制机制和制度环境的建设，尤其是政府职能的转变、行政体制的改革以及法治、市场和资本等环境的优化。2015 年 5 月，在中央统战工作会议上，习近平指出："促进非公有制经济健康发展和非公有制经济人士健康成长，要坚持团结、服务、引导、教育的方针，引导非公有制经济人士特别是年轻一代致富思源、富而思进，做到爱国、敬业、创新、守法、诚信、贡献。"2016 年 3 月 4 日，在看望出席全国政协十二届四次会议民建、工商联界委员并参加联组讨论时，习近平强调："非公有制经济要健康发展，前提是非公有制经济人士要健康成长。"

中国创造了世界经济发展奇迹，最根本的原因是改革开放，最重要的动力是民营经济的发展壮大。针对"民营经济离场论""新公私合营论""加强企业党建和工会工作是要对民营企业进行控制"等错误言论，2018 年 11 月 1 日，在民营企业座谈会上，习近平再次强调："非公有制经济在我国经济社会发展中的地位和作用没有变！我们毫不动摇鼓励、支持、引导非公有制经济发展的方针政策没有变！我们致力于为非公有制经济发展营造良好环境和提供更多机会的方针政策没有变！我国基本经济制度写入了宪法、党章，这是不会变的，也是不能变的。""民营企业和民营企业家是我们自己人。""民营经济只能壮大、不能弱化，不仅不能离场，而且要走向更加广阔的舞台。"

《中国非公有制经济人士统战研究基地丛书》正是基于以上

背景，在中国统一战线理论研究会非公有制经济人士统战工作理论浙江研究基地的出版资助下，吸收宁波大学、浙江大学等省内高校和科研机构，长江三角洲乃至全国范围内的非公有制经济和非公有制经济人士领域的专家学者以及实际工作部门人员，精心组织并撰写出版的。丛书主要围绕非公有制企业、非公有制人士、体制机制改革和政府职能转变等重要问题进行深入地系统研究，包括非公有制企业的市场拓展、技术创新、企业传承、文化建设、社会责任，非公有制经济人士的成长环境、成长动力、成长瓶颈、成长机制，政府职能转变及相关的政府服务环境、法治环境、市场环境和资本环境等一系列重要内容。

《中国非公有制经济人士统战研究基地丛书》出版，可以为非公有制经济企业转型发展提供咨询服务，为党和政府决策提供事实依据，为促进非公有制经济健康发展和非公有制经济人士健康成长提供实际指导。

序

从20世纪70年代末开始，我国一直在努力推进改革开放事业，通过紧紧抓住政府机构改革这个牛鼻子，不断精简和调整政府机构，放活和保护市场，逐步转变政府职能，从全能指令经济向建设中国特色的社会主义市场经济转型，取得了举世瞩目的成就。在短短40多年的时间里，从一个民生负担沉重、发展滞后的国家一跃而成为世界第二大经济体量的经济大国，全国经济总量扩大了270倍左右，人均GDP从1980年的194美元跃升至2020年的1.04万美元，跨入上中等收入国家行列，也变成了世界第一制造业大国。在许许多多的改革努力中，转变政府职能的努力，一直是重中之重。

前进的征途上行百里半九十，过去的成就不能替代未来的努力。党的十八大以来，以“放管服”改革、营商环境优化、行政审批制度改革和“最多跑一次”改革为代表的政府改革创新在全国蓬勃展开，提高了政府治理、服务水平，推动了经济社会高质量发展。2020年召开的党的十九届五中全会也继续强调“加快转变政府职能”“全面深化改革，构建高水平社会主义市场经济体制”。2021年开始实施的《中华人民共和国国民经济和社会发展第十四个五年规划和2035年远景目标纲要》也提到，为“创新和完善宏观调控，提高政府治理效能”，必须“加快转变政府职能，建设职责明确、依法行政的政府治理体系”。

在整个改革开放的过程中，浙江省一直走在前列。求真务实、积极探索、大胆创新，是全国首个省、市、县三级统筹设计、梯次推进政府权力清单、政府责任清单、企业投资负面清单和财政专项资金管理清单的省份，也是在全国率先实施“最多跑一次”改革和数字化改革的省份。通过优化办理流程、整合政务资源、融合线上线下等方式，扎实推进各项改革举措，最大限度降低企业制度性交易成本，撬动供给侧结构性改革，为全国推动政府职能转变的深化改革提供了生动的浙江样本。

范柏乃教授研究团队立足浙江，围绕经济调节、市场监管、社会管理、公共服务以及政府体制机制优化等问题，进行长期深入的跟踪研究，审视政府职能转变的历程和经验，并对这一过程中市场经济体制与地方政府职能互动关系进行了深度分析，从情境动力、触发动力、使能动力等角度揭示地方政府职能转变的驱动机制、策略方法和运行绩效，发表了一系列有意义的论文和专著。

本书是他这个团队许许多多研究成果中的一项，努力对现阶段政府职能转变的过程和经验进行描述、总结和讨论，有自己的独特性、时代性和科学性。作者采用了文献调研、深度访谈、问卷调查和统计数据分析等方法，不辞劳苦，让这些努力相互补充，相互印证，以增强研究结果信度和效度，探索推动政府改革、职能转变的有益经验，反映了公共管理学者关心民生、心系天下的拳拳赤子之心。

本书立足浙江，胸怀全国，注重创新实践，努力提炼理论，探索继续前行的方法，值得关注。虽然这几年我去浙江少了一些，但回想起在浙江大学的时光，教过的 MPA 学生和干部班，耳濡目染许多浙江地方干部的勤奋和努力，都是历历在目，也自然会一如既往，高度关注浙江的发展和创新。看到浙江在大数据应用、政府流程改造、特色小镇建设、绩效考评、政企合作、基层治理、人才体制机制建设、新型冠状病毒疫情健康码等许多领域层出不穷的新举措，也是由衷地感到高兴。这是一个需要苦干就出现了苦干、需要创新也出现了创新、需要人才也涌现了人才、需要有为政府也出现了有为政府、需要企业家精神也出现了企业家精神，民营企业高度发达、对市场经济和政府职能转变高度敏感的一方热土。完善中国特色社会主义市场经济体制的努力，或许就会在这里的政企合作、博弈和相互支持的互动磨合中得到所希望的成果。也难怪这里的学者们热情、亢奋和高产。范柏乃教授邀请我在他的书前写几句话，鼓鼓士气，盛情难却，也感到义不容辞。描叙不完的改革故事，传唱不尽的英雄事迹，总结不完的创新经验。在此，我谨以这一段小小的文字为范柏乃教授和他的团队点赞，向勤劳、智慧和努力的浙江人民致敬！愿更多的好书，更多地展现这一改革前沿的美好故事和有益经验，推动我国的行政改革和治理能力的提升，激励我们向第二个百年的目标奋进。

清华大学公共管理学院　蓝志勇

2021 年 11 月

前　　言

市场经济体制，是以市场作为配置资源基本手段的经济体制，是市场运行的具体制度安排或运行方式。政府职能，是国家行政机关在依法对国家政治、经济和社会公共事务进行管理时应承担的职责和所具有的功能，是公共行政本质的反映。政府职能转变，是指国家行政机关在一定时期内，根据国家和经济社会发展的需要，对其应担负的职责和所发挥的功能、作用的范围、内容、方式的调整与优化。在社会主义市场经济条件下，我国政府的主要职能是经济调节、市场监管、社会管理和公共服务。

市场经济体制和政府职能转变是一对孪生兄弟，市场经济体制离不开政府职能转变，同样政府职能转变需要市场经济体制的有效支撑。改革开放40多年的实践表明，在完善社会主义市场经济体制过程中，转变政府职能一直是我们的重心和核心。转变政府职能也是行政体制、政治体制、文化体制和社会体制等领域改革的交汇点，从根本上决定了我国体制改革的全局。自1988年我国首次提出大力推进政府职能转变迄今，转变政府职能已取得了长足进展。但总体来讲，我国政府职能尚未实现根本的转变，与社会主义市场经济体制的要求和人民群众的期待还有很大距离。

党的十八大报告指出，推动政府职能向创造良好发展环境、提供优质公共服务和维护社会公平正义转变。第十二届全国人民代表大会通过的《国务院机构改革和职能转变方案》，中共中央、国务院印发的《关于地方政府职能转变和机构改革的意见》，都把转变政府职能作为改革的主要任务提出来。党的十八届三中全会《关于全面深化改革若干重大问题的决定》确定的60多项改革任务，其中大多数都需要通过转变政府职能来实现。党的十九大报告强调，全面深化改革总目标是完善和发展中国特色社会主义制度、推进国家治理体系和治理能力现代化。毫无疑问，政府治理是国家治理体系的重要组成部分，在国家治理能力现代化中扮演着重要角色。党的十九届三中全会明确，转变政府职能，优化政府机构设置和职能配置，是深化党和国家机构改革的重要任务。党的十九届五中全会对加快政府职能转变作出重要部署，为完善政府治理体系和推进政府治理现代化提供了行动指南。

立足新发展阶段、贯彻新发展理念、构建新发展格局，需要进一步完善社会主义市场经济体制，需要大力推进政府治理体系和政府能力现代化，这必然要求加快转变政府职能。可以说，加快转变政府职能，是我国今后较长时期内完善社会主义市场经济体制和推进其他领域各项改革的重点和核心任务，是推进政府治理现代化的基础工程。“完善社会主义市场经济体制条件下加快转变政府职能”是一个重大的理论和实践命题，意在为构建中国式政府职能转变理论体系提供新的知识增量，为加快转变政府职能尤其是地方政府职能提供实践指导。

我们从2010年开始关注和研究政府职能转变问题，通过5年多时间的持续努力，取得了一些研究成果，积累了较为扎实的研究基础。2014年，申报的教育部哲学社会科学研究重大课题攻关项目《完善社会主义市场经济体制条件下加快转变政府职能研究》（项目号：14JZD005）被正式立项。在该重大课题攻关项目的资助下，通过4年多时间的持续努力，完成了预期的研究任务，实现了预期的研究目标。团队成员“地方政府职能转变绩效的实证测评及影响机理研究”“地方政府职能转变的动力机制及实现路径研究”“市场经济体制对地方政府职能转变的影响机理研究”“政府职能转变对治理绩效的影响机理研究”4篇博士论文以优异成绩通过答辩；在权威、一级和核心期刊发表学术论文20余篇；研究总报告《完善社会主义市场经济体制条件下加快转变政府职能研究》获得浙江省第二十届哲学社会科学优秀成果奖一等奖（2019）。结合政府职能转变的新形势、新任务和新特点，我们又花费了两年多时间对研究总报告进行修改、拓展、深化和完善，出版了《完善社会主义市场经济体制条件下加快转变政府职能研究》专著。可以说，本专著是我们对“市场经济体制和政府职能转变”这个重大理论和实践命题持续10年的跟踪观察、深度思考、理论求索、制度建构和政策创新的结果。

本专著主要理论贡献和实践成果集中体现在以下五个方面：第一，构建了以“环境—行动者—响应”为逻辑链的分析框架，运用面板数据模型（Panel Data Model）分析方法，对市场经济体制与地方政府职能互动关系进行时空演化考察和耦合协调分析；第二，创新性提出了包括情境动力、触发动力、使能动力的地方政府职能转变三元驱动概念模型，运用结构方程模型（SEM）分析方法，深入揭示地方政府职能转变的动力因素及驱动机制；第三，首次提出“地方政府职能转变绩效”的概念构思，运用欧盟公共部门通用评估框架（Common Assessment Framework），对地方政府职能转变绩效进行实证测评，系统刻画地方政府职能转变绩效的影响因素及影响机理；第四，围绕经济调节、市场监管、社会管理、公共服务和行政管理等政府职能，对浙江的地方政府创新进行深度观察和深入剖析，总结提炼浙江的基本做法和典型经验，着力探寻地方政府职能转变维度建构与行动策略，并进行针对性的制度设计，为兄弟省市学习借鉴浙江政府职能转变的行动策略和治理经验提供行动导航；第五，立足将科研论著写在祖国大地上，及时将研究成果转化为公共政策、法律法规和政府行为。多份资政报告获得中央主要领导、浙江省委书记和省长批示，多个提案选为全国政协会议大会发言提案和浙江省政协会议重点提案，领衔提交的多个人大代表议案转化为地方立法，助推了《浙江省综合行政执法条例》（2021）、《浙江省医疗保障条例》（2021）、《浙江省数字经济促进条例》（2020）、《浙江省民营企业发展促进条例》（2020）、《浙江省生活垃圾管理条例》（2020）等地方法规的出台。

由于研究长度、研究能力和写作时间所限，专著中肯定存在诸多不足，恳请海内外广大读者和专家学者不吝赐教、批评斧正。

感谢中国财政经济出版社刘五书主任为专著出版所付出的辛勤劳动；专著中引用了很多研究文献和数据资料，在此对相关单位和作者一并表示真挚谢意！

范柏乃

2021 年 11 月于杭州城市心境

目　录

第 1 章
导　论

1.1 研究背景与意义

1.1.1 研究背景

伴随着 20 世纪 70 年代末兴起的市场化取向的经济体制改革，我国自 20 世纪 80 年代以来，先后于 1982 年、1988 年、1993 年、1998 年、2003 年、2008 年、2013 年、2018 年开展了 8 次影响力较大的行政管理体制改革。从内容上分析，上述改革涵盖职能转变、权力运行、人事管理、简政放权、绩效管理等各个方面，有力地推动了政府职能体系规范化、标准化；目标方面，主要涉及从无限政府到有限政府，从低效政府到高效政府，从人治政府到法治政府，从权力政府到责任政府，从管制型政府到服务型政府的转变；相关利益主体，包括各级党委、行政机关、立法机关、司法机关，以及企业、利益团体、社会公众、中介组织等。多年来，行政管理体制改革取得的丰厚红利，极大提升了政府自身效能，为经济社会发展提供了强有力的支撑和保障。而由于政府职能是对政府治理基本方向、核心理念和主要内容的直接反映，与市场、社会等各类主体联系紧密，推动职能转变也成为了行政管理体制改革的主线（黄新华，2009）。

作为政府在公共领域承担责任和发挥功能的重要载体，政府职能体系的优化、调整也是新时期深化党和国家机构改革的重点目标。习近平同志在党的十八届二中全会上明确指出，“转变政府职能是深化行政体制改革的核心”；党的十八届五中全会强调必须“深化行政管理体制改革，进一步转变政府职能，持续推进简政放权、放管结合、优化服务，提高政府效能”“形成促进创新的体制架构”。党的十九届三中全会指出，深化党和国家机构改革必须“深化转职能、转方式、转作风，提高效率效能”，党的十九届四中全会则进一步强调“统筹利用行政管理资源，节约行政成本”“创新行政方式，提高行政效能，建设人民满意的服务型政府”。

随着党中央、国务院高度重视，一大批以“最多跑一次”改革、营商环境优化、“放管服”改革、行政审批制度改革等为代表的政府改革创新在全国蓬勃展开，上述地方实践通过引入企业、群众等外部主体的社会性需求，将产生自政府、企业、公众间的交易成本转变为政府内部的管理运营成本，政府职能转变过程中产生的权力归属、需求缺位等问题得到一定程度缓解；有效提高了政府治理和服务水平，推动了区域经济社会高质量发展，得到了民众的广泛认可和极大支持，但也存在一些有待改进和解决的问题。一是体现在地方政府职能转变的区域不平衡问题，有些地方政府推进职能转变的速度相对较快、成效相对较好，而部分地方政府推进职能转变则相对滞后；二是因组织惯性产生对职能转变的抵触现象，无论是上级要求的规定动作，还是探索创新的自选动作，都或多或少地存在既得利益的阻力以及横向纵向协调不力、缺乏控制等问题，阻碍和制约了地方政府职能转变的持续推进（石亚军，2015）。政府职能转变亟待由以往以政治和经济职能为中心，向更加注重社会管理、公共服务和环境保护的方向转变，实现政府职能的根本转变。

我国的政府职能转变呈现出自上而下与自下而上的双向交流，中央层面的顶层设计与地方层面的因地制宜既相互启发又互为制约。一方面，地方政府在实践中的试验探索和改革创新，既可为中央政府下一步部署提供重要思路和决策参考，也可帮助其他地方政府总结经验、规避风险。现阶段地方政府创新与政府职能转变已逐渐形成互利共生格局，包括管理创新（政府机构改革、行政审批改革、管理机制体制创新等）、合作创新（公民参与、人民代表大会代表参与、非政府参与等）、服务创新（一站式服务、扶贫救助、社会保障等）、治理创新（民主选举、民主决策、民主监督等）、技术创新（电子政务、电子监察等）（杨雪冬，2011；吴建南、马亮、苏婷等，2011）在内的诸多创新实践均与政府职能转变密切相关，也间接促成了先进治理模式与治理理念在更广范围乃至全国层面的推广、复制与应用。另一方面，中央政府制定的政府职能转变战略部署和推进策略，依赖地方政府在实践过程中的贯彻落实，如果地方政府因种种原因对相关工作理解有误、执行不力，甚至不作为、消极作为，将会严重影响政府职能转变工作推进，甚至导致政府职能转变流于形式、浮于表面，成为空中楼阁。以政务信息化为例，全国各地普遍仍存在政府部门间信息无法共享的问题，导致企业、公众从原来的“城里跑”变成“楼里跑”，虽改变了过去办理审批时往返多地、涉及多层级审批单位的现状，但更深层次信息共享尚未实现。

面对推动职能转变的地方实践过程中遇到的困难问题，厘清权力边界，了解并掌握政府职能转变运行规律，对于指导政府职能转变、深化行政管理体制改革等工作起到至关重要作用，过去单一目标式的改革任务已经不能适应治理现代化背景下的多元主体社会需求，需在国家治理层面系统推进，满足各方利益诉求（薛澜、李宇环，2014）；科学界定职能边界、推动政府职能转变是政府治理现代化的时代要求（张晓峰，2016）。政府职能转变应站在更高层面，在提升自身绩效同时，处理好政府与市场、政府与社会的关系，以进一步契合国家治理现代化的现实需求。

1.1.2　研究意义

（1）理论意义。基于改进后的组织变革综合模型，分析了市场经济体制改革背景下政府职能转变的行为逻辑，丰富、完善了市场经济体制与地方政府职能互动关系的理论基础，采用面板数据对市场经济体制与地方政府职能进行了时空演化和耦合协调分析；基于组织变革驱动力的视角，构建了包括情境动力、触发动力、使能动力的地方政府职能转变三元联合驱动概念模型，采用结构方程模型系统揭示了三元动力因素对地方政府职能转变的驱动机制；首次提出了地方政府职能转变绩效的概念，实证测评地方政府职能转变绩效，基于欧盟通用评估框架（CAF）关于公共部门绩效影响因素的划分标准，对地方政府职能转变绩效的影响因素进行了严格划分，运用结构方程模型，系统揭示了领导力、愿景与战略、公务员队伍建设、公共资源管理、公民参与、行政审批流程等对地方政府职能转变绩效的影响强度和影响机理。上述工作丰富了政府职能转变研究的基本内容，深化了政府职能转变的理论体系，为政府职能转变领域提供了知识增量。

（2）现实意义。对市场经济体制改革背景下政府职能转变行为逻辑的分析，有助于深入把握和认识地方政府职能转变的内在规律；对市场经济体制与地方政府职能时空演化和耦合协调分析，有助于深刻理解市场经济体制与地方政府职能转变的发展进程、总体水平与地区差异；基于三元动力因素对地方政府职能转变驱动机制的探索，梳理了地方政府职能转变三元联合驱动策略；基于对地方政府职能转变绩效的影响因素及影响机理分析，系统揭示了地方政府职能转变绩效的优化策略，对加快地方政府职能转变具有重要的决策参考价值和实践指导意义。聚焦浙江省在经济调节、市场监管、社会管理、公共服务以及政府体制机制优化等领域的实践探索，提炼出的现实需求、关键领域、主要经验与解决方案有助于相关治理模式与治理理念在更广范围乃至全国层面的借鉴、推广、复制与应用①。

1.2 研究内容与方法

1.2.1 研究内容

1. 市场经济体制与地方政府职能的互动关系研究

基于情境—过程的视角，构建了以“环境—行动者—响应”为逻辑

① 根据基于浙江的地方政府职能转变的维度建构与行动策略研究、地方政府职能转变的动力再造与绩效提升研究报送的《关于统筹治理人才称号过多过滥问题的建议》（全国政协提案）获得习近平总书记、孙春兰副总理、刘鹤副总理的重要批示，《平安浙江建设的七条经验值得推广》（浙江大学参考）获得习近平总书记的重要批示，《加快构建新时代浙江政绩治理体系 着力驱动浙江经济高质量发展》（调研报告）、《着力处理好十大关系，将“最多跑一次”改革进行到底》（党派建言）、《进一步推进“最多跑一次”改革有效落地的建议》（公共政策内参）等十余项政策建议获浙江省主要领导（时任中共浙江省委书记车俊、时任浙江省省长袁家军、时任浙江省常务副省长冯飞、浙江省副省长朱从玖、时任浙江省副省长彭佳学等）的重要批示。多数政策建议已被浙江省人民政府采纳使用，对加快浙江省地方政府职能转变发挥了重要作用。

链的分析框架，阐释市场经济体制与地方政府职能的互动关系。对市场经济体制与地方政府职能的结构要素进行研究，选择合适的指标测度两者的发展程度，并进行了信度和效度检验。采用构建的评价指标体系，借助省际面板数据，从时间特征、空间分布、区域差异等方面研究改革开放以来31个省级区域市场经济体制、地方政府职能结构、地方政府职能实施绩效的演变轨迹；构建了市场经济体制与地方政府职能耦合协调模型，基于省际面板数据，采用“市场经济体制—地方政府职能”矩阵、耦合协调度两种方法分析改革开放以来各省级区域市场经济体制与地方政府职能的耦合协调关系。

2. 地方政府职能转变的动力因素与驱动机制研究

基于组织变革驱动力视角，提出了地方政府职能转变动力因素的分析框架，构建了包括情境动力、触发动力、使能动力的地方政府职能转变三元联合驱动概念模型。采用Likert七点量表，从转型压力和绩效困境两个维度对情境动力进行实际测评；从政绩导向、民众诉求和领导推动三个维度对触发动力进行实际测评；从共识构建、组织协同和过程控制三个维度对使能动力进行实际测评；从行为和结果两个维度对政府职能转变进行实际测评。以三元动力因素为外生、内生潜变量，地方政府职能转变为内生潜变量，运用结构方程模型（SEM）深入考察了情境动力、触发动力、使能动力三元动力因素之间的关联强度及关联机理，系统揭示了三元动力因素对地方政府职能转变的驱动强度、驱动方式和驱动路径。

3. 地方政府职能转变绩效的实证测评及影响机理研究

基于“任务绩效—周边绩效”模型，将地方政府职能转变绩效划分为内部优化绩效和社会适应绩效两个维度，并基于上述两个维度编制地方政府职能转变绩效的测评量表。借鉴欧盟公共部门通用评估框架（Common Assessment Framework）关于公共部门绩效影响因素的划分标准，将地方政府职能转变绩效影响因素划分为领导类、保障类、流程类等3类。以各影响因素为外生、内生潜变量，以地方政府职能转变绩效（内部优化绩效、社会适应绩效）为内生潜变量，运用结构方程模型系统揭示了影响因素对地方政府职能转变绩效的影响强度和影响路径。

4. 基于浙江的地方政府职能转变的维度建构与行动策略研究

聚焦浙江省在经济调节、市场监管、社会管理、公共服务以及政府体制机制优化等领域的实践探索，提炼现实需求、关键领域、主要经验与解决方案，为相关治理模式与治理理念在更广范围乃至全国层面的借鉴、推广、复制与应用提供思路。一是提升经济调节职能，包括降低实体经济运行成本、强化实施创新创业战略、加快推动绿色城市发展、优化数字经济发展生态、自贸区建设如何勇立潮头等；二是强化市场监管职能，涉及强化食品安全监管、加强网约消费监管、打造新型营商环境、如何优化人才生态环境、深化综合行政执法改革等；三是优化社会管理职能，涵盖推进“平安浙江”建设、深化村社治理体系改革、保障技能人才稳定就业、打赢新冠疫情狙击战、推进互联网医院发展等；四是健全公共服务职能，包括健全“权力清单”制度、深化“最多跑一次”改革、优化“政府热线”服务、加强人才称号统筹治理、促进哲学社会科学发展等；五是创新行政管理职能，涉及全面激发基层党政干部活力、把控好地方主要领导调整节奏、着力整治“文山会海”乱象、推进地方政府政绩治理现代化等。

5. 地方政府职能转变的动力再造与绩效提升研究

加快地方政府职能转变的动力再造方面，一是推行科学诊断，再造情境动力，包括健全专家顾问制度、优化政府绩效评估；二是发挥主体合力，再造触发动力，包括加强地方改革统筹部署、改进民众诉求表达机制、增强地方领导改革动机；三是加强变革管理，再造使能动力，包括构建改革共识、推进系统变革、加强过程管控。地方政府职能转变的绩效提升方面，一是强化服务公共决策的领导力；二是拓宽社会治理的公民参与；三是深化行政审批体制改革；四是健全以流程为中心的公共资源支撑体系等。

1.2.2 研究方法

本书将理论研究与实证分析、质化研究与量化研究紧密结合，采用文献调研、深度访谈、问卷调查、统计数据、专家咨询、案例分析等多种研究方法，采集相关研究数据（资料）。借助 SPSS 20.0、AMOS 21.0 等统计软件，采用探索性因子分析、验证性因子分析、描述性统计分析、方差分析、结构方程模型分析等多种研究方法，对数据进行深度分析和挖掘。

1. 数据（资料）采集方法

（1）文献调研。针对政府职能的概念内涵与价值取向、政府职能与市场经济的关系、政府职能转变的演进与目标、政府职能转变的动力、政府职能转变的绩效、政府职能转变的策略等对已有相关文献进行系统调研与分析，为理论分析和实证研究打下基础。

（2）深度访谈。针对市场经济体制与地方政府职能的互动关系、地方政府职能转变的动力因素与驱动机制、地方政府职能转变绩效的实证测评及影响机理、基于浙江的地方政府职能转变的维度建构与行动策略、地方政府职能转变的动力再造与绩效提升等问题进行深度访谈。

（3）问卷调查。依据问卷设计的基本要求、程序和方法，采用 Lierkt 七点量表，编制具有较高效度、信度的“地方政府职能转变的动力因素与实施状况”“地方政府职能转变绩效及其影响因素”等测量问卷，并进行相关数据采集。

（4）统计数据。采集 1978—2019 年国家及 31 个省（市、自治区）市场经济体制与地方政府职能相关的统计数据资料。

（5）专家咨询。将市场经济体制与地方政府职能、地方政府职能转变的动力因素与实施状况、地方政府职能转变绩效及其影响因素的测评指标设计成简明专家咨询表，向相关专家征询意见，完善所构建的测评指标体系。

（6）案例分析。确定访谈主题、联系访谈对象、拟定访谈提纲、获取调研资料，在研究设计、案例选择、实地调研基础上整理总结实践模式及基本经验。

2. 数据（资料）分析方法

（1）探索性因子分析（Exploratory Factor Analysis）。运用 SPSS 20.0 统计软件，对由“地方政府职能转变的动力因素与实施状况”“地方政府职能转变绩效及其影响因素”测量问卷获得的试测数据进行探索性因子分析，观察问卷的结构效度，为编制具有较高效度、信度的“地方政府职能转变的动力因素与实施状况”“地方政府职能转变绩效及其影响因素”测量问卷提供依据。

（2）描述性统计分析（Descriptive Statistical Analysis）。以 SPSS 软件

为工具，借助统计数据资料，对市场经济体制、地方政府职能结构、地方政府职能实施绩效的时间特征进行分析。对调查问卷填答人的基本情况进行描述性统计分析，确认调查问卷填答人的代表性；对地方政府职能转变及其各项动力因素、地方政府职能转变绩效及其各项影响因素测评指标的问卷调查数据进行描述性统计分析，考察地方政府职能转变及其各项动力因素、地方政府职能转变绩效及其各项影响因素的现状。

（3）验证性因子分析（Confirmatory Factor Analysis）。以 AMOS 21.0 为工具，借助有效问卷数据，对地方政府职能转变的动力因素、地方政府职能转变绩效及其影响因素的维度进行验证。

（4）方差分析（Analysis of Variance）。运用 SPSS 20.0 统计软件，考察东部、中部、西部地区市场经济体制、地方政府职能转变、地方政府职能实施绩效的差异是否具有统计显著性；考察不同区域类型下地方政府职能转变绩效及其影响因素间的差异是否具有统计显著性。

（5）结构方程模型（Structural Equation Model）。以 AMOS 21.0 为工具，以地方政府职能转变为内生潜变量，以地方政府职能转变的各项动力因素为外生潜变量、中介变量，采用结构方程模型分析方法研究各项动力因素对地方政府职能转变的影响路径与影响强度；以地方政府职能转变绩效为内生潜变量，以影响地方政府职能转变绩效的因素为外生、内生潜变量，采用结构方程模型分析方法研究各影响因素对地方政府职能转变绩效的作用路径及作用强度。

（6）熵权法（Entropy Method）。根据指标变异性的大小，采用熵权法确定市场经济体制、地方政府职能评价指标的权重。

（7）耦合协调分析（Coupling Coordination Analysis）。采用“市场经济体制—地方政府职能”矩阵、耦合协调度两种方法，对改革开放以来各省级区域市场经济体制与地方政府职能的耦合协调关系进行分析。

1.3 研究技术路线

在文献调研和经验总结的基础上，开展课题组成员集中研讨，进而明确研究问题与逻辑框架、取样方法与样本容量。对市场经济体制与地方政府职能的互动关系、地方政府职能转变的动力因素与驱动机制、地方政府职能转变绩效的实证测评及影响机理、基于浙江的地方政府职能转变的维度建构与行动策略等分别开展理论探讨和实证考察。在此基础上，提出地方政府职能转变的动力再造与绩效提升路径。本书技术路线如图1－1所示。

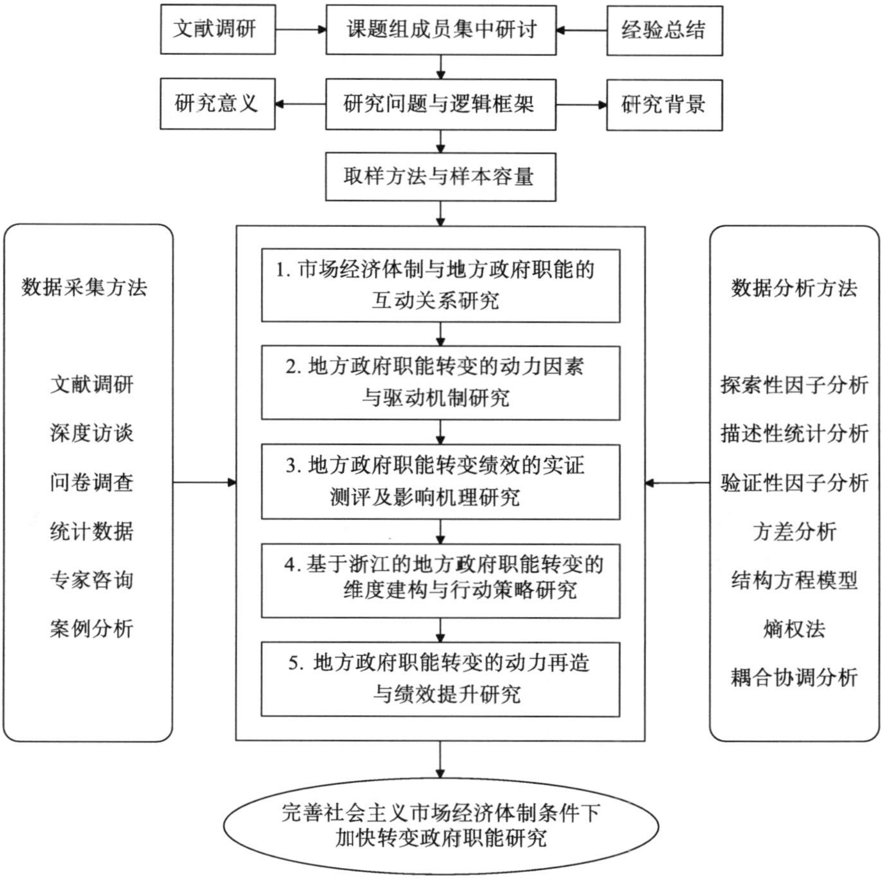

图1－1　本书技术路线

第 2 章

文献综述

关于政府职能转变，国内外学者进行了大量的研究，积累了丰富的研究成果。从国内来看，关于政府职能转变以及政府改革、行政改革、政府转型、政府再造、公共部门改革等相关主题有大量的研究成果，文献数量整体上呈现逐年增长的态势。基于 CSSCI 中检索得到政府职能转变相关的样本文献（检索日期为 2021 年 10 月 4 日，样本文献数量为 1074 篇），绘制中文样本文献知识图谱（高频关键词共现图）如图 2－1 所示。根据图 2－1，可以得出相关研究的研究对象涵盖不同层级的政府，涉及社会管理、公共服务等职能，研究基础是制度变迁和管理创新，重点关注目标定位（和谐社会、政府公信力、治理现代化、法治政府、服务型政府、有限政府、电子政府等）、情境因素（全球化、现代化、改革开放、经济转型、社会转型等）、主体因素（各级政府、社会组织、政府与市场等）、执行因素（体制改革、机构改革、绩效评估、简政放权、电子政务等）。从国外研究来看，专门以政府职能转变（Government Functions Transformation）为主题的研究成果很少，但关于政府改革、行政改革、政府转型、政府再造、公共部门改革等相关主题有大量的研究成果。基于 SSCI 中检索得到政府职能转变相关的样本文献，绘制英文样本文献知识图谱如图 2－2 所示（检索日期为 2021 年 10 月 4 日，样本文献数量为 718 篇）。根据图 2－2，可以得出相关研究的研究对象涵盖发达国家以及发展中国家不同层级的政府，研究基础是制度创新和组织变革，焦点是新公共管理和治理，同时十分关注目标定位（善治、民主、去中心化、透明化、效率、责任、电子政府等）、情境与主体因素（全球化、经济、文化、政治、腐败、官僚等）、执行因素（领导、参与、合并、执行、评估、组织等）。

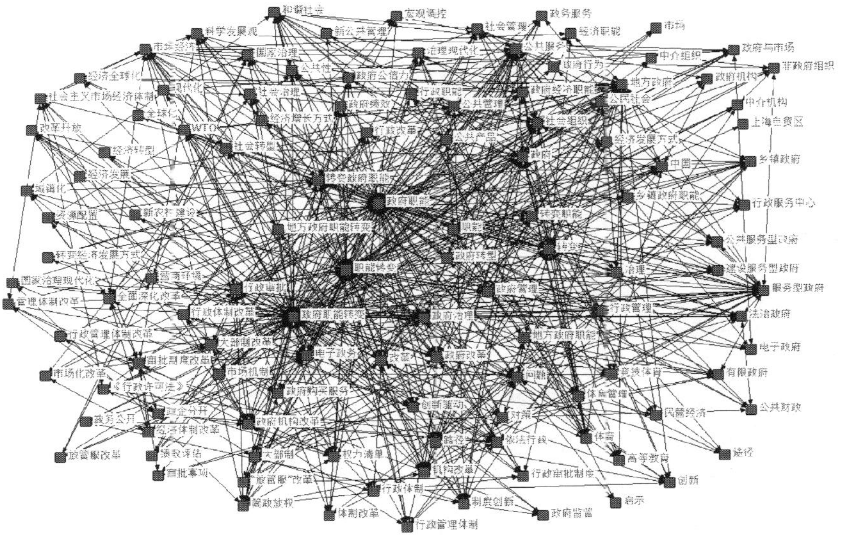

图 2－1　中文样本文献的知识图谱

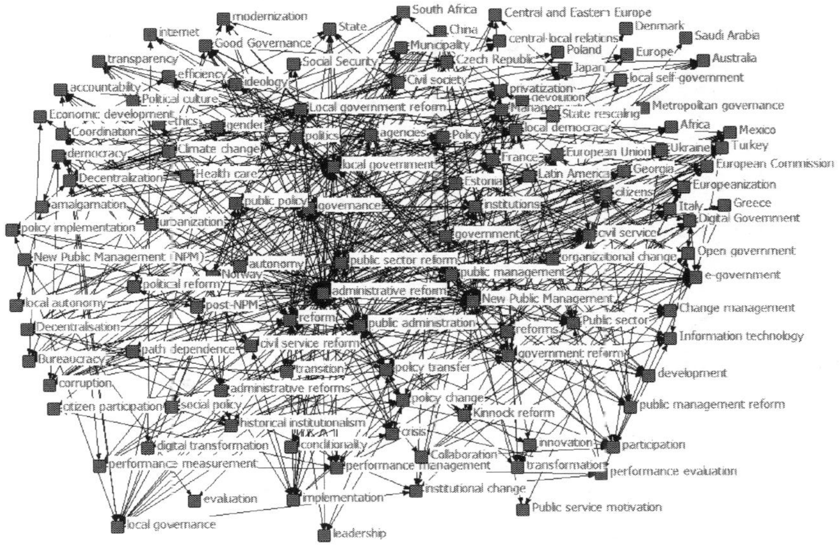

图 2－2　英文样本文献的知识图谱

在此基础上，结合本书的研究问题与研究内容，从政府职能的概念内涵与价值取向、政府职能与市场经济的关系、政府职能转变的演进与目标、政府职能转变的动力、政府职能转变的绩效、政府职能转变的策略等六个方面对国内外已有文献进行系统地回顾与梳理，并对以往研究的主要结论与存在的不足之处进行总结与评价。

2.1 政府职能的概念内涵与价值取向研究

2.1.1 政府职能的概念内涵

《现代汉语词典》将“职能”定义为“人、事物、机构应有的作用、功能”。政府职能对应的是政府这一组织的作用、功能。自诞生那刻起，政府就发挥着一定的作用和功能，以满足某种需求。或者说，政府天然是为了履行某种职能而诞生的。对于政府职能（Government Function）的内涵可从以下方面梳理：

（1）主体。政府的概念有广义和狭义之分。相应地，政府职能有广义和狭义之分。广义的政府职能涵盖立法机关、行政机关、司法机关承担的职责和功能，狭义的政府职能仅指行政职能，即行政机关承担的职责和功能。

（2）目的。政府职能由政治权力主体赋予，因其公权力主体地位而产生，其目的涉及和平、安全、公平、效率、公众福利、解决市场失灵等。

（3）内容。从不同的角度出发，可将政府职能划分为若干子职能。如从职能领域来看，可划分为政治职能、经济职能、社会职能、文化职能、生态保护职能等；从职能属性来看，可划分为统治职能、保卫职能、服务职能、管理职能等；从职能性质来看，可划分为立法职能、行政职能、司法职能、检察监督职能等；从职能方式来看，可划分为计划职能、协调职能、指导职能、监督职能、沟通职能、控制职能等（张国庆，2007）。世界银行曾对政府职能做过全面、系统的归纳，提出政府职能主要是解决市场失灵和促进公平，并将其划分为小职能、中间职能和积极职能（World Bank，1997）。

（4）特征。政府职能具有公共性、普遍性、非营利性、强制性、动态性等特点。政府行使的是公共权力，满足公共需要，解决公共问题，实现公共利益。政府职能涉及经济社会的各个领域，不以营利为目的，同时拥有合法的强制性权力。政府职能客观上会随着经济发展、社会进步而发生变化，主观上会随着人们的认识变化而发生变化。

（5）共识与分歧。对于政府的基本（必要）职能，已形成普遍的共识，但对于可选择职能以及如何履行职能，则见仁见智，在职能边界（政府、社会和市场三者的关系）、职能结构（不同职能的关系、重要性）、职能方式（履行职能的手段和方法）等方面都存在一些分歧。

为应对社会复杂性的增强以及治理问题的复杂化，政府职能在不断增长，但在高度复杂的社会条件下，依靠职能增长的应对方式有可能出现失灵，与非政府伙伴合作成为重要选择（郑家昊，2017）。即便政府活动的范围和形式存在一定的争议，但政府在现代经济社会生活中的重要地位毋庸置疑。

2.1.2　政府职能的价值取向

对于政府职能的共识与分歧，本质上涉及价值取向问题，即政府决策和行动的基本立场、态度、观念、信念等。换句话说，价值取向从应然层面决定政府履行哪些职能以及如何履行职能。

论及政府职能的价值取向，有必要追溯政府的起源。关于政府起源的论述，主要有三种不同的观点：一是柏拉图、亚里士多德为代表的自然说。“人类自然是趋向于城邦生活的动物，即人类在本性上，也正是一个政治动物”。城邦的产生，是源于人的自然本性和生活需要。二是霍布斯、洛克、卢梭为代表的契约论。自然状态中存在各种不利于人类生存的障碍，为了保障生命、自由、财产的安全，人们让渡自然权力，订立契约，成立政府，由政府来保护订约者。三是马克思和恩格斯为代表的阶级论。国家是人类社会分裂为阶级时出现的历史现象，国家是阶级统治的机器。政府随着国家的产生而产生，是国家意志的代理机构（谢庆奎，2005）。政府天然是为了完成特定的使命而产生、存在的。遵循自然说，可以认为政府职能的价值取向是满足人类生活的自然需要；遵循契约论，可以认为政府职能的价值取向是保护人们的安全、自由和财产；遵循阶级论，可以认为政府职能的价值取向是维护特定阶级的利益，也即阶级统治的需要。

学者对政府职能的价值取向进行了广泛的探讨，代表性观点包括政府的目的是为了人们的和平、安全和公众福利（Locke，1988），创造公共价值（Moore，1995），而国家的目的是美好生活（Good Life），追求的价值包括个人主义、物质主义、和平、自由、平等等（Waldo，1948）。公共行政对公平、平等的承诺，应该与对效率、经济和效能的承诺同等重要，且应以对所有公民乐善好施的道德为基础（Fredrickson，1980）；管理途径推崇的价值是效能、效率以及经济的最大化；政治途径推崇的是代表性、政治回应、责任；法律途径推崇的是程序性正当法律程序、个人应享有的实质权利和法律的平等保护、价值公平（戴维·罗森布罗姆、罗伯特·克拉夫丘克，2002）。

归结来说，政府职能的价值取向主要有两个方面：一是经济、效率、效益等与政府管理有效性相关的工具价值，政府应是高效率、低成本的。二是公平、自由、责任、回应等与公民权利相关的民主价值；政府应是追求公共利益的，且追求的价值不是单一的，其表现出复杂性、多样化以及内在冲突等特点（Jørgensen & Bozenman，2007）。例如，对公平与效率这两种价值取向的论争广泛而且持久。公平与效率在同一时间、空间很难做到并行不悖，彼此之间一定程度上存在此消彼长的替代关系。实践中，政府存在牺牲公平追求效率或是牺牲效率追求公平的现象（张国庆，2007）。对于政府职能价值取向之间存在的冲突，学术界有优先论和平衡论两种观点，前者认为应对价值取向进行排序和取舍，后者强调平衡，认为需要折中、兼顾。无可否认的是，前述提及的价值即便被认为重要性存在差异以及需要权衡取舍，但对于政府来说，都是重要的。

善治（Good Governance）被认为是当代政府职能价值取向的基本共识（De Graaf & Van Der Wal，2010）。虽然善治的内涵并没有统一、权威的界定，但并不妨碍善治成为20世纪末以来公共管理学、政治学最为重要的范畴之一。何为善治？善治包括五个方面，分别是声音与自由，包括公民自由和政治稳定；政府有效性，包括政策制定和公共服务供给的质量；减少监管负担；法律的规则，包括产权的保护；司法的独立性及对腐败的控制（Kaufmann，Kraay & Zoido - Lobatón，2000）。Weiss（2000）指出善治不仅是指多党派选举、司法、议会等西方民主的主要象征，还包括对人权的普遍保护，无歧视的法律，有效率的、公正的和快速的司法程序，透明的公共机构，官员决策的责任，资源和决策从中央转移到地方，公民对公共决策的有意义的参与等。联合国发展计划提出善治有五项原则，包括合法性与声音（Legitimacy and Voice）、方向（Direction）、绩效（Performance）、责任（Accountability）、公平（Fairness）（Graham，Amos & Plumptre，2003）。俞可平（2002，2011）指出善治是“公共利益最大化的管理过程”“公共管理的帕累托最优”，其包括合法性、法治、透明性、责任性、回应、有效性、参与、稳定性、廉洁、公平等十项基本要素。虽然学者对善治的内涵以及构成要素存在认知差异，但参与、责任、法治、透明、稳定、有效性、合法性、公平、廉洁等价值得到了广泛的认可和普遍的推崇。

2.2 政府职能与市场经济的关系研究

2.2.1　政府与市场关系的演进

市场经济体制改革、政府职能转变以及市场与政府的关系演进几乎是同步进行的。市场与政府的关系研究一般以政府角色为划分标准，对其演进阶段的划分与政府职能转变的演进过程基本同步。

按照市场与政府的力量对比，可以将西方国家 15 世纪末期以来的市场与政府关系演进划分为五个阶段（庞明川，2013）：第一阶段（15 世纪末至 17 世纪中叶）政府干预的萌芽阶段，重商主义的国家干预理论诞生，政府干预开始萌芽；第二阶段（17 世纪中叶至 1929 年）是完全自由市场阶段，主张经济自由主义，国家在经济社会发展中扮演“守夜人”的角色，几乎不对市场进行任何干预；第三阶段（1929 年至 20 世纪 70 年代）是政府干预确立阶段，市场万能的观点受到普遍质疑，西方各国纷纷在凯恩斯主义的指导下，走上了国家全面干预经济的道路；第四阶段（20 世纪 70 年代至 1998 年）是政府与市场分工均衡阶段，滞胀、财政赤字的大面积发生，国家干预让步于新自由主义，各国政府与市场相互交织，逐渐形成了“强市场—强政府”的均衡局面；第五阶段（1998 年至今）是政府干预重新占据主导地位。

对于我国政府与市场的关系整体演进，基本达成了共识（曹文宏，2014）。新中国成立以来政府与市场的关系可以划分为四个阶段：（1）过渡时期的“政府与市场的并存”（1949—1952 年），政府与市场基本处于一种“良性替代”的关系。（2）计划体制下的“政府对市场的侵蚀”（1953—1978 年），政府开始逐渐排挤市场，政府开始最大限度地对市场予以替代，最终使市场走向了“消亡”。该阶段又分为两个小阶段，从限制市场到消灭市场时期（1953—1956 年）以及全能政府体制的形成时期（1956—1978 年）。（3）探索时期的“计划为主与市场为辅”（1978—1992 年），政府在其中所发挥的作用主要在于扫清阻碍市场发育的限制性因素，积极创造市场成长的良好条件。（4）新时期“市场与政府的良性互动”（1992 年至今），政府积极为市场发展提供良好的环境。

尽管在全国范围内推行市场经济改革与政府职能转变，但区域间的市场经济体制与政府职能发展却存在较大差异，一些学者对市场经济活跃的地区的政府与市场关系进行研究，以期得到市场经济发展的先进经验（姚先国，1999；马力宏，2008；何显明，2018）。学者对浙江 30 年来市场经济体制与政府职能转变进行观察，总结浙江处理政府与市场间关系的经验，提炼了政府与市场关系的浙江模式，即“活跃市场 + 有为政府，市场与政府合作互补”（马力宏，2008）。根据对浙江政府与市场关系的长期观察，浙江改革开放 30 年的历史进程，大致可以分为三个阶段：其一，市场经济启动时期，政府对自发的市场行为视而不见地默认和放任；其二，市场快速发展时期，各地政府采取积极主动的措施，推动市场发展；其三，市场相对成熟时期，政府加强自身改革力度，加快机构改革、审批制度改革，保障市场的有序运行。

2.2.2 市场进程中的政府角色

我国渐进式的社会主义市场经济改革，使经济持续增长，社会相对稳定，激发了国内外的学者对中国经济增长之谜的研究热潮，产生了众多强调地方政府在经济发展中作用的相关理论（Dulbecco & Renard，2003；Yeo，2009；Gilli & Li，2013；Romero – ávila，2013；Gilli & Li，2014；

Jiang & Nie，2014；Jora，Butiseac & Iacob，2017），大致可以分为两类：一类是微观个体视角，认为掌握国家权力的个体会将权力用于市场之中以获得回报，如罗纳—塔斯的“权力变形论”，边燕杰和罗根提出的“权力维续论”。另一类是宏观结构视角，认为国家政治过程对社会不同阶层的影响，权力依然维持着高回报，如白威廉和麦宜生的“政治市场理论”，魏昂德的“政府即厂商”，周雪光的“政治与市场共变模型”（梁玉成，2007；付光伟，2014）。

现有对政府在市场经济中所起作用的研究，大体形成了无为之手（invisible - hand）、援助之手（helping - hand）和攫取之手（grabbing - hand）三种基本观点（Frye & Shleifer，1997）：其一，无为之手，强调市场运行良好，无需政府干预。持该观点的经济学家认为，政府除了履行一些市场经济赖以运行所必需的基本职能，应把绝大多数配置决策交给企业来进行，政府只需扮演“守夜人”的角色，一些学者对改革开放初期浙江经济改革中政府行为进行分析，认为地方政府“睁只眼闭只眼”式的默许与无为是浙江经济改革成功的关键（姚先国，1999；何显明，2018）。其二，援助之手。该观点的代表理论有“地方政府法团主义”（Oi，1995）、“企业家型政府”（Duckett，1998）等，强调政府在市场中的作用，在市场转型过程中既当官员又当企业家，积极参与地方的市场经济活动，并从不同的角度论述了地方政府在中国市场转型过程中所扮演的“援助之手”的角色。其三，攫取之手。政府干预的本意是解决市场失灵问题，但实际情况并不总是很理想。对中国农村 20 年的快速变迁及其成果的分析指出，各地区发展的巨大差异源自部分政府为了满足地方开支和实施雄心勃勃的所谓发展计划以及从农民家庭收取的税费（Bernstein & Lü，2000）。持“攫取之手”观点的学者认为，过多的政府干预可能会导致政府的寻租和腐败。

2.2.3　市场经济体制与地方政府职能的互动

经济发展过程中政府与市场的关系可谓是现代经济学的永恒主题。政府是一个国家经济社会发展、社会公正和社会价值实现的重要制度安排（黄庆杰，2003）。像中国这样自上而下进行改革的国家，政府在创建市场经济体制过程中起了核心作用，如果没有有效的政府，经济的、社会的和可持续的发展是不可能的（世界银行，1997）。但是，政府在经济发展中的地位和作用正在因经济体制的转变而改变，既要调动社会各方积极性，又要保持政府对经济社会发展的指导作用，这对政府职能转变提出了更高要求（万如意，2011）。而如何根据市场经济规律、社会转型需求和市场经济国家普适性的政府角色规范，重新定位地方政府职能、推进地方政府职能转变，是深化中国行政体制改革的关键（马斌、徐越倩，2010）。

郑小强（2013）运用系统动力学研究方法，将动因细化为内生结构性动力、内源性自主动力、功能性效用动力和外源性促进动力，分别对应物理学意义上的支撑力系统（涉及经济体制改革和政治体制改革）、推动力系统（包括经济、社会、技术和全球化等4个要素）、牵引力系统（包括行政范式和管理水平两大要素）和自我更新力系统（涉及政府职能的自我扩张和自我收敛）。在政府职能转变支撑力系统作用下，政府职能进行自我扩张或自我收敛，同时经济体制和政治体制改革使政治、经济、技术及社会环境发生改变，产生政府职能转变的外部推动力，使公共行政范式转化和内部行政管理水平提高，进而产生政府职能转变内部拉动力。陈庆（2013）将政府与市场的关系抽象为一个委托代理的博弈过程，研究发现集权化、自由化及折衷化均可成为转型期政府与市场在不同条件下的最优制度安排，并以中国近30年来的产业政策为案例，揭示政府决策背后财事权平衡的内在逻辑。

其他一些学者从不同的角度对市场与政府的关系进行了实证研究，包括地方政府竞争和市场秩序关系对经济增长的影响（周业安、冯兴元、赵坚毅，2004）；政府干预、市场化进程对于经济增长的影响（梁玉成，2007；张同斌、刘琳，2017）；市场与国家对劳动力寿命的影响（梁玉成，2007）；金融产业中的政府与市场关系（李义超、王翔，2013）。遗憾的是，这类研究将政府与市场分割考虑，分别研究市场与政府对相关变量的影响，而未能对政府与市场的关系进行深入的研究。

2.3 政府职能转变的演进与目标研究

2.3.1 政府职能转变的概念内涵

政府职能具有动态性的特征，不是一成不变的，其随着客观环境、主观认识等的变化而发生改变（张康之，2006；张国庆、李丹阳，2007）。在我国，政府职能转变这一概念的提出是渐进的过程，随着经济社会形势及相应的党和政府认识的变化而演进（颜德如、李过，2021）。政府职能转变的代表性观点如表 2 - 1 所示①。

表 2 - 1　政府职能转变的代表性观点（部分）

学者	观点
沈荣华（1999）	政府职能的转变就是指政府的职责与功能的转换、重组与优化，意味着政府职能的性质和内容的转变、政府职能的实现方式的转变、政府职能中经济管理手段的转变、政府能力的增强与提高
周志忍（2006）	政府职能转变与“该管什么不该管什么”相关，还与政府履行职责的具体方式，即“如何去管”密切相关
杜创国（2008）	政府职能转变是指国家行政机关在一定时期内对社会公共事务管理的职责、作用、功能的转换与发展变化，包括管理职权、权责的改变（对哪些事务负有行政管理权责，管什么，管到什么程度），管理角色（主角、配角等）的转换，管理手段、方法及其模式等的转变
卓越、张晨舟（2014）	政府职能转变既是对政府职能内容的重新定位，对政府职责和任务进行转换与发展，也包括对政府职能实现方式的重新认识，对政府管理方式的转换与发展
颜德如、李过（2021）	在一定时期内根据国家和社会发展的需要，各级国家行政机关经济社会领域职能的重心、方向、内容、途径、方式、范围等方面发生的渐进的、累积的转移和变化

① 对“政府职能转变”作出界定的主要是我国学者，国外文献中很少使用“政府职能转变”这一概念。

对上述定义进行归纳总结，可发现学者们对政府职能转变的内涵认识存在差异。有学者认为政府职能转变仅包括职能内容、职能方式的调整（周志忍，2006；卓越、张晨舟，2014），也有学者认为除职能内容、职能方式的调整外，还包括职能目标的调整（王国平，2004）、政府能力的增强（沈荣华，1999）、政府角色的转换（杜创国，2008）。

在此基础上，本书认为政府职能转变可界定为政府根据现实需要对自身职能所作的调整，是从一种职能状态转变为另一种职能状态，主要包括职能范围的调整，即改变职能内容，调整承担的职责和功能，如将生态保护职能纳入职能领域、取消微观经济管理职能等；职能结构的调整，即改变职能重心，在职能范围不变的前提下，调整各项职能的相对重要程度，如从注重经济职能转变为注重社会职能；职能方式的调整，即调整政府履行职能的手段和方法，如从行政手段为主转变为经济手段、法律手段为主，从直接管理、微观管理转变为间接管理、宏观管理。未将职能目标的调整、职能角色的转换以及政府能力的增强纳入政府职能转变概念的内涵，是考虑到前两者可反映在职能内容、结构、方式的调整中，后者可被认为是政府职能转变的结果。

2.3.2 政府职能转变的历史演进

政府的现行职能模式，是历经多次变革而逐步形成的。对国内外政府职能转变的历史进行系统梳理，可以发现政府职能随着经济社会的发展以及人们认知的变化而发生演进。西方发达国家的政府职能转变伴随着资本主义生产方式的成熟与发展，总体上呈现“古典经济学—凯恩斯主义—新自由主义—新凯恩斯主义—第三条道路—治理理论”的理论发展脉络，经历“自由放任—积极干预—减少干预—再干预”的过程（杜创国，2000；张国庆、李丹阳，2007；薛澜、李宇环，2014）。我国的政府职能转变伴随着计划经济体制向市场经济体制转轨的进程，以中国特色社会主义理论为基础，以西方政府职能理论为借鉴和参照，总体上经历从全能型权力政府到有限责任型政府，从生产建设型政府到服务效能型政府的过程（丁霞、颜鹏飞，2011；朱光磊，2013）。

从西方发达国家来看，19 世纪到 20 世纪初，政府职能转变以守夜人政府为目标，从重商主义时期的强政府转变为小政府。重商主义的基本思想是通过有利的贸易差额，使国家致富。政府对经济社会生活实行全面、严格的干预，通过行政、立法、政治、外交、军事等各种手段控制进出口，扩大财政收入，达到积累财富的目的。以亚当·斯密、萨伊等为代表的古典经济学主张，在政府自由放任和消除干预的情况下，个人追求私利会自然增进社会的整体利益。政府除必要职能外，应尽量减少干预。遵循古典经济学思想，政府面对自由资本主义、垄断资本主义时期的实际情况，逐渐改变高度集权的、干预型的政府职能模式，以保障个人权利和自由为主要价值取向，采取自由放任主义，缩减职能范围，推行“守夜人政府”的职能模式（杜创国，2000；亚当·斯密，2019）。

从 20 世纪 30 年代到 70 年代，政府职能转变主要以大政府为目标。以凯恩斯、汉森、萨缪尔森、希克斯等为代表的凯恩斯主流经济学主张，政府应该干预经济，解决市场失灵，维护社会公平。面对席卷整个资本主义世界的经济危机，政府意识到市场机制的缺陷，遵循凯恩斯主义，扩张政府职能，普遍采取干预主义政策，对经济社会生活进行积极调节和控制，刺激经济增长，以公众福利为主要价值取向，维护公平正义，推动了福利国家的诞生（邹伟、陈华、张辉等，2004；张国庆、李丹阳，2007）。

自 20 世纪 70 年代以来，政府职能转变再次转为以小政府为目标。以哈耶克、布坎南等为代表的新自由主义认为，政府同样存在失灵问题，政府干预是无效率的，应该减少政府干预。面对滞涨危机和财政压力，凯恩斯主义面临困境，政府转而接受新自由主义思想，减少政府干预和规制，缩减经济社会职能（杜创国，2000；张国庆、李丹阳，2007）。进入 20 世纪 80 年代，面对失业率居高不下、经济增长停滞、财政恶化等一系列问题，新自由主义遭遇质疑，以斯蒂格利茨等为代表的新凯恩斯主义应运而生，再次强调政府干预的重要作用，政府采取干预主义政策，积极解决市场失灵、增进社会公平。20 世纪 90 年代以来，“第三条道路”成为政府职能转变的重要理念。以吉登斯为代表的“第三条道路”综合了社会民主主义和新自由主义，认为需要超越积极干预和自由放任两种模式。面对全球化、技术进步等带来的各种变化与挑战，政府在干预和放任之间奉行折中主义，推行“混合经济”模式、积极的福利政策、与公民社会之间形成良好伙伴关系、可持续发展、“新干涉主义”的外交模式（Giddens，1998）。

21 世纪以来，面对未得到有效解决的失业问题、经济停滞和紧缩、金融危机等，中间派的“第三条道路”缺乏广泛的政治支持和共识，遭遇失败（马格努斯·莱纳，2011）。以罗西瑙、杰索普、罗茨等为代表的治理理论的影响力不断提高，其主张对政府角色进行重新定位，政府应该充当“元治理”的角色，也即“同辈中的长者”，主要责任是指导和确认行为准则，实现与社会力量的合作共治，具体包括有限政府、去中心化、发展第三部门等。可以说，西方发达国家政府职能转变的历史演进是在自由放任和积极干预之间，不断地寻求某一个平衡点。

从我国来看，新中国成立以来，一般认为政府职能转变可划分为三个阶段。第一阶段是改革开放之前，学者们基本没有争议。依照苏联的理论和实践，构建的是以高度集权、计划管理、部门管理为主要特征的全能型政府职能体系，政府职能范围十分广泛，大包大揽、自上而下地对经济社会生活进行直接调节和全面控制（侯保疆，2003）。政府职能以政治职能为重心，政府开展工作“以阶级斗争为纲”“以抓革命促生产”（何士青，2006）。第二阶段始于 1978 年改革开放，党的十一届三中全会提出将党和国家的工作重心转移到经济建设，作出改革开放的重要战略决策。第二阶段的政府职能转变着重于经济职能的调整（何士青，2006）。

第二、第三阶段的划分，有学者认为是 1998 年、2002 年（万如意，2011），但多数学者认为是 2003 年（何颖，2010；竺乾威，2012；周志忍、徐艳晴，2014）①。第三阶段的政府职能转变着重加强社会管理和公共服务职能，同时改善市场监管和宏观调控职能。改革开放以来，基于我国的现实状况与基本国情，随着经济社会的发展，扬弃国外政府职能转变的经验和教训，我国政府不断推进政府职能转变，从职能范围来看，强调实行政企分开、政资分开、政事分开、政社分开，改变全能型政府职能模式，解决职能错位、缺位、越位等问题，减少不必要的政府干预与管制，更好地发挥市场和社会的作用；从职能结构来看，从以政治职能为重心，转变为以经济职能为重心，加强社会管理和公共服务职能；从职能方式来看，从微观管理、直接管理转变为宏观管理、间接管理为主。在行政手段之外，更多地应用经济手段、法律手段、市场手段等；从职能关系来看，调整中央政府和地方政府、上级政府与下级政府以及政府部门之间的权责

① 竺乾威（2012）进一步将第二阶段细分为从党政改革转向政府改革、从单纯精简机构人员的改革转向以转变职能为主旨的改革，以 1998 年为转折点。

关系，向地方政府下放权力、提高地方政府的自主权，理清和优化政府部门间的职责权限（侯保疆，2003；邹伟、陈华、张辉、熊水龙，2004；何士青，2006）。

竺乾威（2019）指出，当前已进入整体性履行政府职能的阶段，虽然在发展过程中，不同政府职能的重要性是不一样的，但要注意防范强调某一职能忽略其他职能带来的负面效应。在此基础上，有学者分析总结了我国政府职能转变的演进规律与特征。有观点指出，我国政府职能转变受到传统经济—行政体制的影响与制约，主要在政府系统内部开展，表现形式有政府机构调整、职权变动以及管理方式的探索改革等（侯保疆，2003），表现出定位性、适应性、人本性、稳定性、借鉴性、渐进性等特点（唐铁汉，2007），以自上而下的推动为主、政府系统内部调整为主（许明强，2009）。概括来说，我国政府职能转变的改革历程是从政府权力为中心到政府运作流程方式为中心再到以权力为中心（竺乾威，2017），存在央地联动、内部调整为主、渐进式等特点。

2.3.3　政府职能转变的基本目标

政府职能转变的基本目标如表 2－2 所示。对这些目标的讨论广泛地出现在学术文献中及各国领导人讲话、政府工作报告、政策文件、大众传媒中。分析不同目标的内涵，可以发现这些目标追求的核心价值不尽相同，涉及效率、经济、效能、法治、责任、民主、参与、公民权利、公众福利等。同时，不同的目标之间存在交叉与重叠，具有较强的包容性。政府职能转变的目标往往不是单一的，而是以多元目标为导向。当前，我国政府职能转变主要包括从无限政府到有限政府，从低效政府到高效政府，从人治政府到法治政府，从权力政府到责任政府，从管制型政府到服务型政府等（杨鸿台，2004；俞可平，2008；齐卫平、王可园、唐兴军，2013；吴敬琏，2014；李军鹏，2021）。

表 2－2　　政府职能转变的基本目标

目标	内涵
有限政府（Limited Government）	有限政府是指规模、职能、权力、行为等受到限制的政府，限制源于法律的明确规定、社会的监督与制约，其针对政府机构膨胀、人员冗杂、效率低下、权力越位等政府失灵问题而提出，以保障个体权利和自由为主要价值取向（负杰，2005；吴敬琏，2014）

续表

目标	内涵
有效政府/高效政府（Effective Government）	有效政府是指职能定位科学合理、能够高效并且低成本地履行各项职能的政府，包括理念有效、制度有效、行为有效、结果有效等，其针对政府能力与效率低下问题而提出，以有效性为主要价值取向（姜杰、蒋文丽、梁贝贝，2014；吴敬琏，2014）
服务型政府（Service - oriented Government）	服务型政府是指以公民本位、社会本位为导向，以为公民服务为宗旨，在民主制度的框架内，提供优质公共产品和服务的政府，其摒弃政府本位、权力本位的管制型政府理念，以民主、公民权、公共利益等为主要价值取向（珍妮特·登哈特、罗伯特·登哈特，2004；Knox & Qun，2007；施雪华，2010）
整体政府/协同政府/全面政府（Whole - of - government/Joined - up Government/Holistic Government）	整体政府是指实现思想和行动横向和纵向协调的政府，包括排除政策之间的干扰、更好地利用稀缺资源、促使特定政策领域或合作网络中不同关键利益主体协作、为公民提供无缝隙服务而不是一系列分散的相关服务，主要涉及组织内部合作、组织之间合作、上下级政府之间协同、组织与公民之间联合等。整体政府是后新公共管理运动西方国家改革的新趋势，针对分割式管理模式的弊端而提出，推崇效率、公平、正义等价值（Ling，2002；Christensen & Lægreid，2007；蔡立辉、龚鸣，2010）
法治政府（Government by Law/Government under Rule of Law）	法治政府是指权力由法律赋予、行为受法律约束、严格遵守法律的政府，包括组织法定、职权法定、程序法定、行为法定、责任法定等，其摒除人治的弊端，以法治为主要价值取向（刘旺洪，2006；马怀德，2008）
责任政府（Responsible Government）	责任政府是指对民意（或代议机构）负责、对自身行为负责的政府，包括道德责任、政治责任、行政责任、法律责任、诉讼责任、侵权赔偿责任，其摒除权力政府的弊端，积极回应公民诉求，以责任、民主、法治等为主要价值取向（陈国权、徐露辉，2008；罗敏、张佳林、陈辉，2021）
透明政府（Transparent Government）	透明政府是指提供给民众方便、快捷的渠道获取有关政府运行、服务等信息的政府，其以透明、责任、民主等为主要价值取向（Kim，Halligan & Cho，et al.，2005；Welch，2012）
参与式政府（Participative Government）	参与式政府是指提供给民众多元化的有效渠道参与公共事务和公共决策的政府，其针对公民参与缺失现象而提出，以参与、民主等为主要价值取向（Kim，Halligan，Cho，et al.，2005；Welch，2012）

续表

目标	内涵
廉价政府/廉洁政府/节约型政府（Economical Government）	廉价政府/廉洁政府/节约型政府是指在保证履行好应有职能的前提下，精兵简政、减少浪费、节约资源、廉洁自律，尽量降低成本的政府，其针对政府成本高昂、效率低下问题而提出，以经济、效率、效能为主要价值取向（王丽莉、高键，2004；赵兴，2007）
诚信政府（Credit Government / Honesty Government）	诚信政府是指具有良好信用的政府，其针对政府信用缺失现象而提出，要求强化政府的公信力，以诚信为主要价值取向（孙巧丽，2005）
企业家政府/市场式政府（Entrepreneur Government）	市场式/企业家政府是指遵循企业家精神、借鉴企业管理方法、应用市场的方式的政府，主要针对政府相较于私人部门效率低下问题而提出，以效能、效率为主要价值取向（戴维·奥斯本、特德·盖布勒，1996；彼得斯，2001）
无缝隙政府（Seamless Government）	无缝隙政府是指以灵活的、整体的、连贯的方式提供高质量公共服务的政府，其针对的是割裂化、碎片化的传统管理模式弊端，以效能、效率为主要价值取向（Huja，1995；拉塞尔·林登，2002）
回应型政府（Responsive Government）	回应型政府是指及时、有效回应公众意见和偏好的政府，其针对政府缺乏回应性问题而提出，以民主、回应、责任为主要价值取向（Hobolt & Klemmemsen，2005；卢坤建，2009）
生态型政府（Ecological Government）	生态型政府是指在促进经济社会发展中兼顾环境保护的政府，其针对环境破坏现象而提出，以责任、可持续发展为主要价值取向（姚志友、刘祖云，2008）

2.4 政府职能转变的动力研究

2.4.1 政府职能转变的动力因素

什么因素推动了政府职能转变？学者们从不同的研究视角出发，探讨了政府职能转变的动力因素。政府职能转变是多种动力因素综合作用的结果。梳理已有的相关文献，可以得出政府职能转变的动力因素主要包括情境因素、主体因素和执行因素三类。情境因素与政府的内外部环境有关，主体因素与影响政府决策与行动的主体有关，执行因素与推进政府职能转变的行动有关。

1. 情境因素

从外部情境来看，引发和推进政府职能转变的因素涉及政治环境、经济环境、社会文化环境、法律环境、技术环境、生态环境、国际环境、竞争环境。

（1）政治环境。政治体制改革、民主进程、政治行为者关系变化等政治环境因素对政府职能转变有推动作用。对以色列地方政府改革的研究显示，政治环境包括社会政治碎片化、政党对地方政治的参与等，对政府改革具有影响（Razin，2004）；对我国改革开放以来政府改革的研究，揭示了政治秩序的转型（从特权、不平等、封闭政治转变为普遍、平等、开放政治）对政府改革提出的新要求（李文钊、毛寿龙，2010）；Ongaro（2011）考察了1992—2007年意大利行政改革，将政治因素概括为政党制度、行政机关与立法机关的关系、政治家与官僚的关系等。

（2）经济环境。经济增长、经济发展方式转变、经济结构调整、经济体制改革、经济问题/危机等经济环境因素对政府职能转变有推动作用。有学者认为，韩国政府的新公共管理改革是应对经济危机带来的持续经济不景气的重要工具（Hong，2013）；郑小强（2013）发现粗放型经济增长方式转为集约型经济增长方式、短缺经济转为过剩经济、生产力水平的提高以及阶段性经济问题，推动了我国政府职能转变；计划经济与市场经济存在很大区别，经济体制转型是政府职能转变的最主要驱动因素（郭菊娥、袁忆、张旭，2018）。

（3）社会文化环境。社会进步、社会关系变化、文化变迁等因素对政府职能转变有推动作用。基于对发展中国家公共部门改革的研究显示，社会环境包括公共机构合法性、公民素质、社会现实等（Andrews，2008）。徐全忠（2010）则指出，文化塑造了影响组织行为的基本价值与规范，文化变迁是我国行政改革的重要动力；郑小强（2013）研究指出社会进步、社会关系的复杂化推动了我国政府转变职能。

（4）法律环境。法律环境变化对政府职能转变有推动作用。有研究指出，包括法律环境在内的制度环境的变化是我国行政审批制度改革的外部动力（潘秀珍、褚添有，2010）。

（5）技术环境。信息技术发展、新媒体普及、科技进步带来的新问题等技术环境因素对政府职能转变有推动作用。科学技术的迅猛发展、信息化浪潮是我国行政改革的重要动力（胡佳，2009），信息技术的发展、新媒体的普及也推动了我国政府转变职能（郑小强，2013；高翔，2021）。

（6）生态环境。环境破坏、资源紧缺等生态环境因素对政府职能转变有推动作用。生态、资源、环境等问题凸显，生态问题越来越受到重视，这也要求我国政府职能进行相应地转变（王虹、仇艳艳，2009），重视生态文明建设（鲍宗豪、崔翔，2014）。

（7）国际环境。全球化对政府职能转变有推动作用。来自西欧的经验显示，很多遵循新自由主义的政府改革都是为了适应国际环境的变化（Andersen，2008）。进一步的研究指出，欧洲一体化和全球化对地方政府改革具有一定解释力，在相同的外部环境压力下，不同的地方政府其回应是不同的，比如柏林致力提高行政效率和绩效，巴黎致力推进地方民主和加强公民参与（Kuhlmann，2006，2007）；全球化使得不同国家的政治、经济、文化等趋同化，要求政府职能与国际接轨，从而推动了政府职能转变（郑小强，2013）。

（8）竞争环境。示范效应、府际竞争等竞争环境因素对政府职能转变有明显的推动作用。周志忍（1995）指出，对 20 世纪 70 年代以来的西方国家行政改革来说，私人企业改革取得的成功对政府形成的压力以及示范效应是重要的动力因素，基于对地方政府创新奖入围项目的相关政府官员调查显示，有超过 10% 的创新想法最初源于学习其他地方经验（杨雪冬，2011）。孙涛等（2018）则认为，中央人事控制及大政方针引导下的地方政府间竞争是改革与发展的核心驱动力。

从内部情境来看，引发和推进政府职能转变的因素主要是政府自身的发展与变革以及面临的问题与困境。

（1）政府自身的发展与变革。政府管理理念的转变、行政范式的转变、行政管理水平的提高等政府自身的发展与变革因素对政府职能转变有推动作用。何强（2008）指出，政府管理理念的转变是我国地方政府职能转变的思想动力；郑小强（2013）认为，行政范式的转变、行政管理水平的提高、政府职能的自我扩张与自我收敛推动了政府职能转变；潘小娟（2019）指出，行政管理现代化的要求（包括法治化、民主化、科学化、高效化）是政府改革的重要动力。

（2）政府面临的问题与困境。财政压力、信任危机、管理危机等政府面临的问题与困境因素对政府职能转变有推动作用。改革是对传统官僚体制弊病的回应（Drewry & Chan，2001），来自英国、澳大利亚、新西兰等国家的证据显示，过去 20 年上述国家行政改革是对国际经济环境变化带来的财政压力的回应（Aucoin，1990）。总体来看，政府面临的困境（包括财政危机、管理危机、信任危机等）是 20 世纪 70 年代以来推动西方国家行政改革的重要动因（周志忍，1995），此外组织膨胀、权力异化、沟通与协同困难、缺乏创新等也是关键因素（徐全忠，2010）。

2. 主体因素

引发和推进政府职能转变的相关主体包括上下级政府、政党、立法机关、司法机关、公众、企业、社会组织、政府决策者、政府工作人员等。

（1）上下级政府。对丹麦 20 世纪 70 年代以来的地方政府改革研究显示，中央政府是占主导地位的改革推动者（Andersen，2008）。而在国内，基于对浦东综合配套改革中的政府职能转变研究指出，上级支持（国家领导人、正式文件、国家部委、上海市相关部门）是重要动力因素（罗峰，2011）；对地方政府创新奖入围项目的相关政府官员调查显示，有 7.2% 的创新想法源于上级部门选择本地作为试点，有 6% 的创新想法源于下级部门的创造（杨雪冬，2011）。

（2）政党、立法机关、司法机关。杨学渊（2001）指出，同级党组织、人民代表大会、法院、检察院等的督促是政府职能转变的重要动力；Light（2006）基于美国 1945—2002 年间政府改革的研究指出，改革源于国会对行政机关的干预变多，总统的抵制力变弱。

（3）公众、企业、社会组织、利益集团、大众传媒、学术界。基于对孟加拉国地方政府改革的考察显示，随着民众对公共事务参与意愿的高涨，新政治精英开始支持改革，改革得到了推进（Huque，1985）；自 20 世纪 70 年代以来的西方国家行政改革中，公众对政府期望的提高、大众传媒的普及以及监督作用的增长是重要动因（周志忍，1995）；基于对韩国政府改革的研究也指出，公众对政府期望的提高（公众要求智慧政府、知识型政府、高效的服务）是政府改革的重要动力（Kim，Halligan，Cho， et al.，2005）。

（4）政府决策者/领导者、政府工作人员。考察 1984 年以来新西兰的激进改革可以发现，强有力的改革倡导者（政策企业家）对改革具有重要影响（Aberbach & Christensen，2001）；对杭州市政府职能转变的研究显示，党政领导的个人因素是地方政府职能转变的推动力（操世元，2010）；基于对地方政府创新奖入围项目的相关政府官员调查显示，有 50% 的创新想法由某位有见识的领导率先提出，有 6.6% 的创新想法源于本部门具体工作人员创造（杨雪冬，2011）；对广东省顺德区荣桂街道的政府改革研究也指出，领导干部想要解决实际工作的问题以及学习、借鉴发达地区经验是推动改革的重要动力（郭明，2014）。

3. 执行因素

引发和推进政府职能转变的相关行动涉及愿景、领导、计划、沟通、培训、参与、资源、变革、技术、控制、制度等多个方面。实现政府职能转变，需要经由一系列互相联系、互相配合的行动。

有学者对政府职能转变的执行动力因素进行了较为系统的研究。实施成功的公共部门组织变革包括以下要素：（1）明确需要，管理者须明确并沟通变革的需要。（2）制定计划，管理者必须制定实施变革的行动计划和策略。（3）获得内部支持和克服阻力，管理者必须通过广泛的参与以及其他方式获得内部支持并克服阻力。（4）得到最高领导的支持和承诺。（5）得到外部支持，管理者必须获取政治监督者和关键外部利益相关者的支持。（6）提供资源，要求有充足的资源支持变革过程。（7）制度化变革，管理者和一般人员必须制度化变革。（8）追求全面变革，管理者必须发展一个全面的、整合的方法以实现子系统的一致性（Fernandez & Rainey，2006）。

Breul 等（2008）总结了布什政府和克林顿政府改革的成功经验，包括把问题及早提上议程，有坚实的基础，尽早开始，有高层领导的支持；明确努力推进的内容，明确基本原则、价值、方向并有效地传播；对改革的方案和过程达成共识；执行及后续工作开展，创建焦点行动，明确责任人，制定行动路线图，获得国会支持，发挥总统的作用，与部门有效地协调和合作，保持部门和雇员的焦点。Blackburn（2014）提出了 10 个公共服务改革成功的要素，包括愿景、紧迫感、识别阻力、沟通、与目标紧密联系、培训、强有力的领导、所有权、嵌入文化变革、客户效用。也有学者对政府职能转变的某几项执行动力因素进行了专门的研究。部分学者指出，绩效评估对政府职能转变有推动作用，有助于政府职能转变的理念、目标、举措的落实（包国宪，2005；朱丽峰，2010）。而在现阶段中国地方政府实践中，“互联网+政务服务”驱动推进“放管服”改革，是政府治理模式重塑的新动能（翟云，2018），从“最多跑一次”改革等切入构建层层倒逼、层层递进的改革推进机制，将有效推动政府职能转变（何显明、张鸣，2018）。

不同动力因素对政府职能转变所起到的作用及作用强度存在差异；情境因素、主体因素主要与政府职能转变的意愿有关，执行因素主要与政府职能转变的实施有关；对于特定的政府职能转变，某几项动力因素起到关键作用。

2.4.2 政府职能转变的动力机制

不同的动力因素直接或间接地作用于政府，形成某种合力，推动政府职能转变的发生和实现。相较于动力因素研究，政府职能转变动力机制的系统研究较为匮乏。总结归纳已有研究，主要有两种观点：

一种观点认为，政府职能转变是由外因和内因推动的结果，但对外因和外因的构成有不同的看法。基于对巴黎地方政府改革的研究可以发现，改革是一种制度变迁，由外生动力因素（全球化、外部经济—社会压力）和内生动力因素（行动者策略、历史路径依赖）共同推动（Kuhlmann，2006，2007）。操世元（2010）基于对杭州市政府职能转变的考察，指出政府职能转变是适应环境/对环境妥协的结果，外部动力包括贯彻执政党的政策、新公共管理运动的冲击、社会舆论压力，内部动力包括政府机构创新、经济社会发展的内在要求、党政领导的个人因素。王孝刚（2014）指出，政府职能转变是内因和外因互相作用的结果，职能异化、职能混乱、效率低下影响政府职能转变的必要性，科学技术进步、政治文化的丰富与深化、公民素质的提高影响政府职能转变的可能性。

另一种观点认为，政府职能转变是上级政府（自上而下）、社会公众（自下而上）以及自身（本级政府）推动的结果。政府职能转变的动力包括系统内自上而下的行政强制力以及部门和个人的认知，系统外同级党委、人民代表大会、法院、检察院的权力监督力，自下而上的民主推动力

（杨学渊，2001）。周志忍（2010）指出，行政改革原动力到具体行动与效果之间的反应链条可划分为两个过程：其一是自下而上的，从公众需求转化为改革意志，包括公众需求生成、表达和传递，政府官员的认可、整合和回应，改革意志的形成；其二是自上而下地从改革意志转化为改革行动和效果，包括政治家驱动官僚，上级政府驱动下级政府。部分学者指出地方政府改革有三种路径：一是自上而下的目标型改革线路；二是自下而上的环境型改革线路；三是上下结合的第三种路径（郭明，2014）。石亚军（2015）指出政府改革的动力有两种模式：一是内生驱动型模式，政府从完善自身的需要出发，主动推动改革；二是外压驱动型模式，政府在外部压力下，遵循中央政府、上级政府的指令推动改革。此外，有学者考察了动力因素之间的关系，更具体、深入地探讨了政府职能转变的动力机制。

2.5 政府职能转变的绩效研究

总体来看，政府职能体系必须与为其提供存在基础的生产力条件相适应，并能随着经济社会发展阶段的不同和体制机制的变迁而协同优化（张洁珺、陈国权，2000）。西方公共管理研究中先后出现的经济人、守夜人、道德人、政治人等政府角色，也反映出政府职能在社会由人治转向法治过程中主动适应社会需求的特点（杨渊浩，2016）。部分学者提出了“公民权”的概念，认为个体权力分为民权（civil right）、政治权（politic right）和社会经济权（social and economic right）①（Marshall，1950），以此来解释英国政府和社会发展，以社会大众权利为落脚点研究政府职能转变。也有学者从社会保障视角出发，强调在私营化的大浪潮下，转变中及转变后的政府职能体系必须有能力防止私营经济对社会保障造成空洞，

① 民权包括个人言论、思想、宗教信仰等自由权利，政治权是指公民具有参与政治及公共事务的权利，社会经济权涵盖人民享有最低限度的社会经济与保障权利。

Kornai（1992）基于社会福利和保障视角提出了公共福利部门改革需遵循的主要原则，涉及竞争环境、激励机制、政府定位、融资环境、个人权利等，并从伦理学层面研究政府改革重要性；Borzutzky（2003）认为智利政府将保险基金转让给私营部门的改革是历史倒退行为，这种做法经过10多年实践并未取得应有的效果，政府改革必须保障国民基本社会经济地位。

我国的政府职能转变是政府机构改革的核心和关键。改革开放以来，在行政管理体制改革和政府机构改革的浪潮中，政府职能体系逐步由以往以政治统治和经济管控为重心转向以社会治理和公共服务为重心，政府职能转变体现为外化、弱化、分化、下属化、综合化等特点（马春雨，2017）。部分学者对现阶段政府职能转变主要领域进行了总结，认为主要涉及执政理念转变、职能方式转变、经管职能转变、社会职能转变等4方面内容（马宝成、吕洪业、王君琦等，2017；郭菊娥、袁忆、张旭，2018；汪来杰、孙琪，2018），中心问题集中在国家与社会、政府与市场、公平与效率等3组相互关联的主题上（张国庆，2002），尤以前两者为研究热点（宋丙涛、潘美薇，2016；石亚军、高红，2017；郁建兴、朱心怡、高翔，2020）。代表性观点包括政府职能转变的前提条件是职能体系构建与定位，本质在于关注政府与市场的边界以及政府与企业间的协调关系（宋丙涛、潘美薇，2016），建立“政府主导型”的社会主义市场经济体制（肖丹，2019），注意引导市场主体自治，规范经济调节、市场监管职能，建设服务政府、责任政府、法治政府和廉洁政府（郁建兴、朱心怡、高翔，2020）。

2.5.1 政府职能转变绩效的实证测评

此前已有众多学者阐述过绩效评估在公共服务领域的必要性。社会服务领域引入绩效评估控制可提升透明性和责任性，能够提高公民对公共领域的关注度，提升公共管理领域的资金利用效率（Pontones & Pérez，2013）。OECD认为，对于一个国家来说，对预算和绩效加以测量基于如下原因：（1）提高管理工作的效率和效益，提高决策收益（内部作用）。（2）提高管理的透明性和责任性（外部作用）。而由于社会公共服务供给缺少竞争性市场，因此可从内部（提高效率效益情况）和外部（管理透明性、责任性以及公民参与情况）两个层面对标准、目标和实施绩效进行测量（Pontones & Pérez，2013）。

相比政府职能转变，世界各地学者对范围更大的政府改革绩效评估进行了大量研究。在东亚地区，在厘清地方政府改革概念的基础上，有学者分别从人员、结构（职能）、战略（工具）和过程等 4 个方面对中国的 8 次改革案例进行分析，结果显示，这 8 次改革对已有的目标进行了扩展，引入了全新的治理理念，带来了管理能力、组织能力、责任型和透明性、公众参与等提升（Xue & Liou，2012）；研究指出，日本 95% 的中心城市，91% 的重要城市，65% 的其他城市以及 25% 的城镇都引入了评估系统，约有 846 个各级地方政府（约占总体的 45.6%）将绩效评估系统运用在了行政工作当中，主要从效率性和透明性方面对评估效应进行分析，结果显示引入评估体系并保证评估结果向社会公开，有助于改变政府人员意识，提高政府责任性，提升政府行政效率和行政服务水平，是引导政府改革的有力工具（Yokoyama，2009）。

在澳大利亚，有学者基于正义视角，构建了涵盖程序正义、分配正义、交互正义的涉及区域水资源改革的社会正义分析框架（Lukasiewicza，Bowmerab & Symec，et al.，2013）。根据学术界对于社会正义分析框架的理解，具备感知性正义的组织决策体现在分配正义的框架中（Hegtvedt，2005），组织与管理决策过程着重体现程序正义（Wendorf，Alexander & Firestone，2002），而政策或规则制定者对于正义的感知、维护由交互正义解释和说明（Cropanzano，Prehar & Chen，2002）。结果显示，澳大利亚政府在水资源改革中分配维度得分最高，程序性问题最多。水资源改革中正义的实现主要依赖于以实际需求为基础确定的分配过程，同时还应当考虑政策制定的精确性、透明性和持续性。社会正义框架是一个从正义视角进行评估、改进的有力工具，它同样可被用于进行政策决断（见图 2－3），例如如何在相互竞争的利益关系中对自然资源进行最合理的分配（Lukasiewicza，Bowmerab，Symec et al.，2013）。

与澳大利亚的相关改革相比，北欧地区同样具有相似的理念，但在改革措施特别是改革评估方面，各国间存在差异（Hansen，2005）。对丹麦的政府改革案例分析显示，改革需要较长时间去培养和产生影响，并且争论的焦点集中在何时进行改革结果的评估（Boston，2000）。在面对为什么在改革工作已进行了很长时间但是评价工作迟迟未能系统开展的问题时，有学者认为，一是文化性原因，丹麦保守的行政文化以尽可能实现或

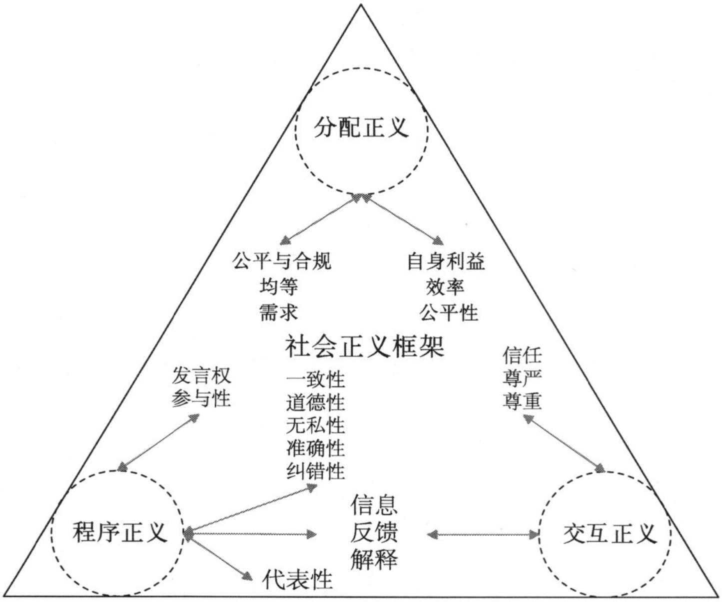

图 2-3 社会正义框架（Lukasiewicza，Bowmerab & Symec，et al.，2013）

保证政府运行的平稳性作为改革的目的，避免对体制造成过大的震动；二是政治性原因，只要政府不采用大胆的方式将其改革意图广而告之，就不太可能为那些进行中的错误承担责任（Greve，2003）。瑞典政府积极参与改革，并调动评估机构监督改革全过程，相反挪威政府在改革执行和结果评估方面并未开展太多工作。此外，两个国家强大的研究机构通常能够及时获取评估信息并解析出改革进展情况（Hansen，2005）。芬兰的公共部门改革自 20 世纪 90 年代就已经展开，但却体现出鲜明的开放性、独立性、系统性、包容性，这是与其他北欧国家明显不同的地方（Ahonen，Virtanen & Uusikylä，2002）。

上述研究成果显示，公共部门改革的评估结果是可以预测的。首先，评估可以从全局层面评判改革活动，也可以只聚焦于一类特定的因素，如绩效管理、市场化、公共服务的用户响应乃至绩效工资体系、外包服务等更为精细的主题；其次评估可以由内部进行，例如由财政部门开展，也可以通过咨询公司或研究人员等外部独立机构进行。公共服务用户满意度的评估已成为改善回应性的有力工具，然而现阶段改革活动的评价主体不够多元，多数以内部评估为主（Hansen，2005）。

近年来，在各方努力下，我国政府职能转变取得了一定成效，而如何科学准确地测评职能转变的效果？这就涉及政府职能转变绩效的测评研究。研究这一问题有助于防止公共部门借公共服务供给的机会谋取不正当利益，保障社会公平、提高服务质量、促进社会进步。绩效评估中使用的指标体系对质的规定性（包括政府提供公共服务的过程和供给公共服务的结果，是否符合职能规定并满足了公众要求）和量的规定性（涉及政府在其职能范围内做了多少）的要求都是政府职能的具体体现（蔡立辉，2003）。但政府职能配置过程的复杂性为政府职能转变的绩效评估带来了很大困难，政府职能体系朝着经济调节、市场监管、社会管理、公共服务、生态环境保护的方向优化，这一目标是清晰可辨的，不过尚缺乏可行的评判准则（应松年、杨伟东，2006）。

Buchanan 等学者（2000）基于公共管理视角，更看重财政资源的供给分配在政府职能体系中的作用，认为上述问题是解决处理个人与国家关系的核心与关键。万如意（2011）对上述视角进行了细化发展，认为国家层面财政支出结构的演进和变迁可以从侧面反映一个国家政府职能变动的轨迹和规律，并得出如下结论：一是当前我国政府职能体系中的经济职能权重在降低，从以往更关注主体的生存与培养，转而重视主体所处环境的维护与监管；二是相比经济职能，社会职能的重要性明显得到提升，由以往重视投资建设，转而将精力投入民生建设与公共服务中。

近年来，随着对政府职能转变绩效的深入探索，聚焦于绩效测评的文献开始丰富起来。代表性观点认为，厘清政府职能转变绩效内涵是设计科学、合理、可操作的测评指标的前提，随后的验证性结果表明上述维度划分标准是可行的。绩效测评结果则显示，现阶段我国政府职能转变总体上取得了显著成效，绩效水平较高；东、中、西部绩效得分存在明显差异，经分析这种区域差异通过了显著性检验。未来政府职能转变应从以下方面着手准备：一是做好职能转变工作的战略设计和统筹规划；二是建立完善均等化导向的公共财政制度，从而持续性优化政府与市场、社会的关系（张电电、张红凤、范柏乃，2018）。

通过对上述研究的比较分析可以进一步发现，只有研究者注意到社会机制和背景特征之间的相互作用以及它们在一段时间内的相互联系，厘清公共部门的定义及改革目标，才能对公共管理改革的结果作出可信的因果解释（Di Mascio & Natalini，2013）。明确的改革目标有利于实现公共服务供给的效率性和效果性、地方民主和公民参与、社会公正以及善治（Razin，2004；宋丙涛、潘美薇，2016）。事实上，由于未能对公共部门的定义进行清晰界定，改革政策和战略制定之间的关系的效应并未得到重视，公共部门改革在南亚地区仍是遥不可及（Shafiqul，2005）。

全新的管理理念强调要提高公共管理的专业性，其中就包括有关质量问题、客户满意度、政府的任务驱动和结果导向、授权和裁员、战略规划、绩效评估、网络和伙伴关系（Liou & Korosec，2009）。基于不同的理论和理念，改革已经开始关注公务员行为过程的变动情况，简化政府机构的架构，分散决策流程，衡量公共服务成果，并制定一种全新的公共管理文化。而无论业绩的增长取得了怎样的成功，在呼吁各类组织实现改革目标过程中，仍面临诸多挑战，大体可分为以下几类：（1）公共组织对业绩计量的利用不足。（2）维持业绩计量系统。（3）让公民参与改进业绩的努力。经验表明，绩效评估工具的成效需要长期致力于发展、使用和完善绩效测评，这种维持所需的长期承诺被认为是衡量测评成功与否的主要障碍之一；与此同时，绩效测评的效果在很大程度上依赖于社会公共服务领域成本信息的时效性，这意味着地方政府绩效需要更高等级的透明程度（Pontones & Pérez，2013）。

2.5.2 政府职能转变绩效的影响因素及影响机理

不同于市场过程，政治市场由于天然缺乏强有力的竞争机制，在政治意义上的制度变迁方面动力不足（史云贵，2016）。在保守思潮的推动下，政治主体往往倾向选择强化最初的制度安排，同时由于政治权力的非对称性、政治过程的非透明性等原因，政治领域的路径依赖较之经济领域更加明显（Pierson，2000）。为避免上述情况发生，政府有必要在明确政府职能转变绩效影响因素及影响机理基础上，主动打破原有的制度安排并做出适应性调整，以便更加适应政府职能转变现实需求（汪玮，2007；李丹，2019）。研究政府职能转变绩效的影响因素及影响机理，目的在于探讨包括政府职能转变在内的组织变革因何发生、如何调控，从而降低变革对组织造成的震荡，提高变革成功率。

1. 政府职能转变绩效的影响因素

当前发生的组织变革大致可归纳为“自愿导向”（Voluntary Orientation）和“自觉导向”（Deterministic Orientation）两类（Robbins & Judge，2012）：前者属于由内部主导的变革，起因是为了适应环境变化，本质上是“自我引导”（Astley & Van de Ven，1983）；后者则认为在组织变革过程中，组织是处于被动地位的，只是由于现有组织运营无法适应变化的外部环境而不得不做出的以生存为目的的行为。当然，现阶段有越来越多的学者相信，内部因素与外部环境是不可割裂的，组织变革的产生与两者间的相互作用有着密切的关系（Grinyer & McKiernan，1990）。代表性观点认为，情境动力和组织内动力共同作用导致变革的出现（Greenwood & Hinings，1996）。在我国，转变政府职能是推动党和国家机构改革、深化行政管理体制改革的主要内容和重要组成部分，转变政府职能也可看作是一类特殊的组织变革行为，因此政府职能转变绩效的影响因素也可分为外部环境因素和政府自身因素。

（1）外部环境因素。如果组织的战略定位与外部环境的要求不相匹配，将会有极大的概率导致相关变革失败（Armenakis & Bedeian，1999），主要涉及的影响因素包括经济社会发展、制度结构、市场质量、社会组织等（罗峰，2011），代表性观点有：构成组织外部环境的主要因素包括竞争（制度）环境、技术环境、市场环境等（Armenakis & Bedeian，1999），生产力发展水平影响政府在不同混合经济体制之间的选择（张洁珺、陈国权，2000；耿达，2016）；作为推动政府从自发走向自觉、从被动走向主动、从局部走向全局、从表层走向深层、从管理型走向治理型的主要力量，不同行政环境下市场、体制、政策和社会组织的不同强弱对比，形成了不同的职能转变模式（施雪华，2005；罗峰，2011）。

随着研究和实践不断深入，将市场竞争机制引入公共部门并在变革中发挥作用已经成为一种趋势（Peters，2012；熊光清，2016）。基于美国医疗行业变革的案例分析指出，市场竞争压力的快速增加可以解释为什么本领域的改革在 20 世纪 60 年代推进缓慢，而在进入七八十年代后速度进程明显加快（Meyer，Brooks & Goes，1990），一种可能的解释是，市场机制的引入促进了立法规范、优化了技术环境，一系列对组织变革产生的积极影响反过来也会对组织产生作用，体现为以组织财务绩效迅速提升的短期效应和以组织环境适应能力增强的长期效应（Haveman，1992）。以中国为研究对象的结果显示，组织变革很可能是由市场变化所引发，原因在于面对扩张性的市场环境，决策者更倾向于投入资源，尽可能先于竞争对手优化产品结构以吸引新的顾客进而引发变革（Zhou，David & Li，2006）。

当然，组织变革绩效并非只取决于对外部环境的适应程度，环境变化并不会必然导致组织变革，组织惯性等其他组织因素也不可忽视：惯性越大意味着越可能排斥变革，为了对抗保守地维持现状的态度，需要更大的外部力量推动变革（Sastry，1997）。通过研究 1978 年重组后的美国航空业，年轻的组织较之于成熟的组织会更多、更快速地进行产品、市场战略的调整，组织惯性的影响明显（Kelly & Amburgey，1991）。也有学者尝试从组织惯性和外部环境压力的方面定义组织与环境关系的数学模型，但由此得到的组织惯性构成因素存在一定差异。

（2）政府自身因素：文化、架构、资源、绩效。根据以往相关研究成果，政府自身层面对职能转变绩效产生影响的因素主要包括文化氛围、组织结构、资源配置能力（Sastry，1997）以及绩效导向（Donaldson，2000）。与前文持相似观点，成功的组织变革除了上述因素都能对职能转变绩效产生正向影响外，如何保证要素间的协同匹配也是重要的研究内容（Armenakis & Bedeian，1999），这种对组织变革过程中内部环境优化问题的探索①（Damanpour，1991）也已在学术界引发了广泛关注和讨论。

创新、稳定的组织变革过程离不开多元化的组织文化氛围（Milliken & Martins，1996）。组织文化包括价值观、信念、社会规范及实践行为等，Milliken 和 Martins（1996）认为竞争可以带来文化差异的积极结果，相互学习引发的规模性变革有助于保障组织在竞争中的领先地位。而在国家层面，变革不仅要考虑政治、经济环境，也要考虑历史、文化等特征，当代社会不同经济行为主体的价值取向也会受到文化的深刻影响（张洁珺、陈国权，2000；李永亮、高红，2018）。Baraldi 从文化遗产管理领域入手研究意大利公共管理变革成果，意在分析除高度守法的政治和制度背景之外，其他因素对变革结果的影响。研究表明法律话语优势在确定意大

---

① 内部环境因素共分为三类：第一类是内部情境变量，包括专业化、职业化、管理层对于变革所持的态度、管理任期、技术知识资源、闲置资源等；第二类是内容变量，包括功能性差异、正规化、集权化、管理集中度、垂直差异等；第三类是过程变量，包括内部沟通和外部沟通。其中，情境变量包括技术知识资源、管理任期、对组织变革的态度、专业化和规范化；内容变量包括正式化、中心化、管理集中度、任务分工、纵向任务分配；组织内部和外部沟通是两个过程变量。

利新公共管理改革效力过程中发挥了重要作用（Panozzo，2000；Capano，2003），管理变革过程的方式显著影响变革结果（Baraldi，2014）。

影响组织结构的细分因素包括机构运行效率、组织柔性设计、管理实践创新等（Caulfield，2006）。由于地方政府始终面临较大的外部经济发展压力和内部体制变革阻力，在面对组织变革浪潮中更倾向于维持组织现状，相比较而言中央政府面临的政绩考核压力和内部变革阻力较小，对组织变革的接受程度也较高（汪玮，2007；李华俊、赵立新、余湛，2020）。对以往组织变革案例的分析指出，多数变革失败的原因集中在政治资源不足、变革缺乏持续性推进力等方面（Olsen & March，1989），如果组织内的政治家或官僚能为正在发生或即将发生的变革提供持续的正向干预或实质性关注（Aucoin，1990；Christensen & Lægreid，1999；Razin，2004；Gualmini，2008），将可以极大加快改革进程，体现出政治家或官僚这一角色在组织架构中的特殊性和重要性（Baraldi，2014）。

资源配置的核心是财政资源（Caulfield，2006；Kwon，2013），学术圈讨论的焦点主要集中在央地权责划分、资金管理使用效率、财政集权与分权界定以及政治利益和公民利益的角色定位等[①]（Bel，Hebdon & Warner，2007）；不同于发达国家，法律健全度和监管有效性是影响发展中国家资源配置能力的核心原因（Kwon，2013）。在我国，现阶段人力资源、物力资源仍存在较为明显的地区差异，各级地方政府财政支付能力仍有隐患，已经成为制约经济社会发展和政府变革的最大挑战，解决这一难点的代表性思路包括加强问责机制建设、精简政府机构设置、优化政务服务系统，最大限度地保障地方政府财政支付体系的运行（Wong，2009）。

权变理论认为，组织变革可能是由过去拙劣的绩效引发（Zhou，David & Li，2006）。其重要目的之一是持续获得高水平绩效，即变革直接推力是对组织绩效的不满，根源在于经营环境的不利变动与经营者抱负水平的改变（Grinyer & McKiernan，1990）。可以预见，失败的经历、拙劣的绩效倒逼组织优化产品线、实行新计划；低下的绩效水平使组织陷入危机，组织价值降低，变革由此发生（Donaldson，2000）。

---

① 有学者认为，财政分权提高了政府产出，降低了政府预算和政府腐败，有助于提高经济效率、成本效率、可问责性和资源调度能力（Bird & Vaillancourt，1998），但如果没有足够的监管力度和法律约束，在发展中国家运用财政分权仍可能产生不良后果（Davoodi & Zou，1998；Kwon，2013）。

2. 政府职能转变绩效的影响机理

政府职能转变是在特定社会、政治和经济环境下进行的，鉴于其具有复杂系统的部分特征，研究政府职能转变绩效的影响机理的一种可行方法是借助系统动力学理论模拟分析，基于系统动力学视角的实证分析指出，内生结构性动力、内源性自主动力、功能性效用动力和外源性促进动力是影响政府职能转变绩效的主要因素。上述子系统共同作用于政府使其职能发生转变，而内、外部环境的变化引发了后续的职能转变进程。进一步研究指出，在构成推动力系统和牵引力系统的各子因素中，经济、社会、技术灵敏度较高，全球化、行政范式、管理水平灵敏度较弱（郑小强，2013）。

张婧、段艳玲（2013）正是对情境动力、组织内动力的分析框架（Greenwood & Hinings，1996）进行了完善和改良，使之用于评判组织变革的传导机制和作用路径，实证分析结果显示：（1）组织变革的情境动力主要来源于外部环境压力，而这一压力是由政治、经济、社会、制度等方面的发展演进共同导致的。（2）决策层的战略认定、价值判断和行动倾向是将情境动力转化为使能动力的决定性因素。研究指出，制度环境压力构成的情境动力一方面驱动涵盖危机变革意识、风险规避倾向等在内的触发动力，另一方面也促成了包括人力资源管理、信息技术应用等在内的内部支持系统构成的使能动力，最终对市场导向的组织变革产生综合影响（见图2－4）。

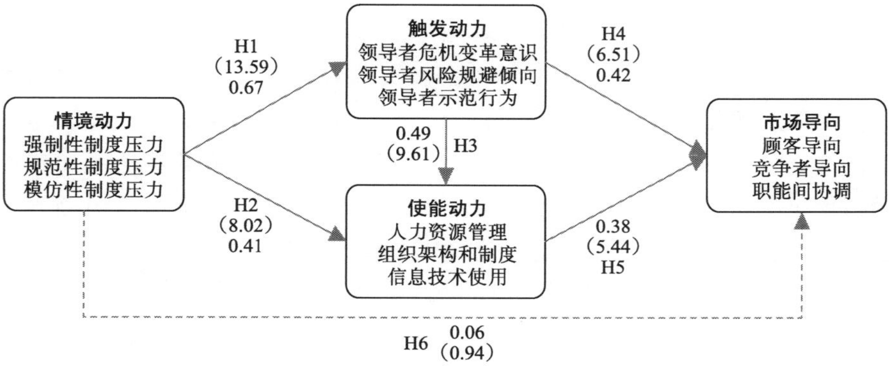

图2－4　我国制造企业组织变革动力机制的概念模型

（张婧、段艳玲，2013）

进一步的研究探索显示，欧盟通用评估框架（CAF）是一种用于分析地方政府职能转变的制度红利及其生成机制的可行性方案。在此基础上构建的分析框架揭示了这种生成机制的传导路径，相关实证分析指出领导力、行政审批流程、保障性资源管理等在释放地方政府职能转变制度红利的角色和路径，并从领导力提升机制构建、行政审批制度改革、强化公民参与力度等方面归纳进一步释放制度红利的突破方向（范柏乃、张电电，2018）。

2.6 政府职能转变的策略研究

2.6.1　政府职能转变的驱动策略

如何实现政府职能转变？学者们提出了很多的政策建议。梳理已有的文献可以发现，学者们提出的政府职能转变驱动策略可以分为三类，分别是：(1) 改革内容，即通过何种具体变革实现政府职能转变。(2) 行动主体，即如何发挥相关主体作用实现政府职能转变。(3) 推进策略，即通过何种具体策略实现政府职能转变。

1. 政府职能转变的改革内容

基于政府职能转变的目标以及政府面临的现实状况，学者们提出了实现政府职能转变的具体改革内容，涉及机构、流程、人员、体制、职权以及与市场、社会的关系等，重点是机构改革、行政审批制度改革、优化完善经济职能和社会职能、明晰府际和部门间的权责划分以及理清政府与市场、社会的职能边界。有学者指出，我国政府职能转变的基本路径由职权、体制、机构与人员四方面改革构成，职权方面要求重新划分政府职权（治理职权划分、府际职权划分、部门职权划分）并配置相应权力，体制方面要求推进公共财政体制、公共服务体制、公共决策体制、政府管理体制、社会保障体制、经济监管体制等体制改革，机构方面要求机构再造，包括机构分化、机构转型、机构规范、机构活力，人员方面要求解决健全机制、确立结构、培育文化、强化培训四方面的问题（林尚立，2007）。唐铁汉（2007）认为，进一步转变政府职能要科学界定政府的职能边界，推进政事分开、政企分开、政资分开、政府与中介组织分开；完善经济职能，健全宏观调控体系和机制、市场监管体系；强化社会职能，完善社会政策，创新社会管理体制和机制，采取措施满足民众的公共需求。何强（2008）提出制度创新是推进政府职能转变的基本路径，包括加强宏观经济调控职能、完善行政审批制度以及健全社会保障体系等。唐皇凤（2014）认为推进政府职能转变，要推进市场化改革，政府从经济生活的直接参与者转向市场规则的制定者和市场秩序的维护者；调整和优化地方政府职能配置，合理配置不同级别政府的职责权限；深化行政审批制度改革，进一步简政放权；深化政府机构改革，优化政府组织机构。而在政府职能转变未来发展趋势上，一是要在政府、市场、社会三者的动态均衡中调整职能边界，要实现政府职能转变和治理工具应用创新的有机统一，要推动职责体系重塑（吕同舟，2017）。二是进一步推进政府职能结构的优化，完善经济职能的基础上，进一步强化社会职能和文化职能；加强培育市场和社会力量，进一步理清政府与社会的关系，以人民美好生活需求为导向完善公共服务体系（马英娟、李德旺，2019；李军鹏，2021）。三是推动政府间关系的优化，实现政府和社会关系的良性互动，保障中国政治制度体系合理运转（李军鹏，2021）。

2. 政府职能转变的行动主体

政府职能转变的改革内容需要由相关主体推进，涉及本级政府领导、上级政府、党委、人民代表大会、民众、社会组织、企业等。实现政府职能转变，需要加强相关主体对政府职能转变的推动力度，包括增强上级政府、党委、人民代表大会对改革的支持、推动与约束，提升本级政府领导对改革的重视、支持、推动以及统筹协调，提高民众、社会组织、企业对改革的参与度等。政府职能转变的改革内容需要由相关主体推进，涉及本级政府领导、上级政府、党委、人民代表大会、公众等。实现政府职能转变，需要加强相关主体对政府职能转变的推动力度，包括增强上级政府、党委、人民代表大会对改革的支持、推动与约束，提升本级政府领导对改革的重视、支持、推动以及统筹协调，提高公众对改革的参与度和影响力等。

杨学渊（2001）指出，加快实现我国政府职能转变，要强化中央政府的权威，提高行政强制力，促进改革部署与意图的贯彻落实。要理清政府、党委、人民代表大会、司法机关之间的关系，充分发挥党委、人民代表大会、司法机关的监督作用。要推进社会主义民主建设，使得民众、企业、社会组织的诉求能为政府知晓并重视、回应。俞可平（2008）基于对地方政府创新案例的研究，提出推进政府创新，要求领导者有高度的责任感和强烈的改革创新精神，针对工作中的实际问题，主动实施改革。周志忍（2010）认为，摆脱政府职能转变动力困境的根本出路在于实现从政府主导型变革转变为民众主导型变革，让民意成为改革的推动力量，具体方式是通过制度创新，对公众赋权，使其对政府官员有更多的影响力和约束力。罗峰（2011）指出，地方政府在推进职能转变过程中，一方面要争取上级政府的支持，另一方面要吸纳民众的有效、有序参与。李华俊等（2020）则认为要推动可转移的政府职能转移外包，加强政府与社会组织之间的互动沟通，健全购买服务制度，引导和规范政府职能转变行为。

3. 政府职能转变的推进策略

政府职能转变的改革内容需要通过具体策略加以落实，涉及计划、沟通、参与、制度、控制等，具体包括绩效评估、法律规范、顶层设计、借鉴经验、系统变革、试点探索等。对政府改革进行绩效评估，了解改革的进展以及存在的问题，有助于后续改革的推进（Hansen，2005）。杨建顺（2006）指出，推进政府职能转变，需要对相关制度、法律规范进行完善，建立健全有助于科学合理界定政府职能并且符合市场规律的法律规范，从法律规范的角度明确机构改革的指导原则、标准要求以及程序步骤等，建立健全现代公务员制度，完善公共权力运行的监督制约以及救济机制。基于对地方政府创新案例的研究发现，推进政府创新需要转变和解放思想，确立总体战略和长远战略，建立良好的制度保障，借鉴学习先进做法与经验，从地方实际情况出发开展创新性试验，将改革创新做法制度化（俞可平，2008）。吴建南等（2015）基于对某县级市的案例研究，指出推进地方政府职能转变综合改革的策略包括对改革方案进行统筹，建立领导小组、工作组，制定和明确改革内容和改革路线。进行局部试点，通过先行试点工作为全面推行改革累积经验。引入智库参与，吸纳外部智库为改革建言献策。及时沟通督办，对改革进展、问题以及经验进行定期研探，修改完善改革方案，解决发现的问题，更好地推进改革。包雅钧（2017）指出推进政府职能转变，要强化改革整体研究设计，调动人的积极性，落实法治，推广好的经验做法，完善政府监管，加大协调力度等。

2.6.2 政府职能转变的绩效提升

在过去单一管理主体背景下，为应对不断增长的公共服务需求，地方政府必须扩大机构规模，由此也带来一系列负面效应。当下单一管理主体已难以适应全球化背景和中国转型需求，在政府内部提升方面，瞬息万变的经济社会发展现状及趋势对政府治理能力和治理体系的整体性提出了更大挑战；在外部保障层面，与经济、政治、社会、文化等领域相关联的职能转变过程日益体现出系统性、复杂性，其牵一发而动全身的耦合效应对保障能力和支持程度也提出了更高要求。

1. 内部提升策略

西方经济学认为，市场经济条件下的政府职能主要涉及以下几个方面：（1）宏观经济调节，短期经济波动和长期经济停滞等是市场经济体制下必然会遭遇的困境，而平抑短期经济波动、促进长期经济发展的重要举措是对货币、金融、财政政策的科学制定与合理运用。（2）公共产品供给配置，由市场供给公共产品，可能导致市场失灵并引发资源配置的效率低下，因此政府应当承担此类职责。（3）调节收入分配、实现社会公正，市场机制本质上是效率优先，而政府的公共性对维持社会公正提出了更高要求，政府必须通过社会保险、失业救济等措施调节收入分配，防止贫富差距过大（马英娟、李德旺，2019）。政府改革是一个持续不断的过程，而且几乎可以肯定的是，只要政府存在，这一过程就永远不会停止（Peters，2001）。从传统管理型政府到现代服务型政府的转变贯穿政府职能转变全过程，是认识、分析政府职能转变规律的基本路径（马斌、徐越倩，2010；宋宇文、刘旺洪，2016；马卫红，2016；孙涛、张怡梦，2018），这一过程的主要目标包括：（1）建立和完善宏观经济调控机制，建立完善适应社会主义市场经济要求的企业平台，构建统一开放、平等竞争的市场规则和市场体制。（2）优化提升社会保障体系，通过经济、法律、行政、社会等各种手段合理配置社会各种稀缺资源，提升资源分配效率、保持物价平稳发展、促进社会充分就业、保障人民收入公正（宋丙涛、潘美薇，2016；吕同舟，2017；叶托、周婷，2019）。

现阶段我国政府职能转变总体思路应当以行政管理体制改革为核心，转变地方政府行政理念、改革政府绩效考核机制，加强公务员队伍培训教育，体现地方特色。以此为基础，从经济（社会三义市场经济发展完善）、政治（党的执政能力建设）、理念（政府管理理念转变）、政府内部（政府机构改革）等几个方面展开（何强，2008；贲子通、段萱，2017；孙涛、张怡梦，2018）。通过制定针对性的政府改革战略，科学合理地界定部门职能界限，在提高公共服务供给水平同时尽可能降低行政成本，为从全能政府转向有限政府、从管理政府转向服务政府、从权力政府转向责任政府提供顶层设计与制度保障（Kettl & Fesler，2005；马宝成、吕洪业、王君琦、安森东，2017；孙涛、张怡梦，2018；孙萍、陈诗怡，2020）。具体来看，政府职能转变绩效的内部提升策略应从以下几个方面入手：

（1）建立健全跨部门协调运行机制。在决策、执行、评估、监督等环节嵌入“协同政府”理念①，达到政府职能转变相关政策在不同领域仍能保持一致性的目标（马国芳、刘洪，2009；宋宇文、刘旺洪，2016；李丹，2019）；加强对现行法律、法规和规章制度的评估，构建科学、合理、系统的制度体系（张晓峰，2016；张喜红，2019），尽可能避免由于“条块”分割和部门化所导致的政府职能相互割裂、相互掣肘等弊端（史云贵，2016）。

（2）合理定位政府职能。转变政府管理方式，由微观管理转向宏观调控（马卫红，2016），一方面需明确构建和谐社会要求政府应具备的能力，另一方面明确提高政府能力应采取的措施（竺乾威，2017）；进一步发挥经济调节、市场监管等职能，最大程度保障宏观经济长期稳定、经济环境公平有序，为市场主体持续健康发展提供保障，同时强化社会管理、公共服务、生态环境保护等职能，促进基本公共服务均等化，加快公共服务体系建设（马国芳、刘洪，2009；徐元元，2013；耿达，2016），最终

① 发端于西方语境下的“协同政府”治理理念主要强调政府的改革设计必须突出系统性、整体性和前瞻性，体现政府多项职能之间的合理平衡。

构建行为规范、运转协调、公正透明、廉洁高效的行政管理体制（马宝成、吕洪业、王君琦、安森东，2017；马春雨，2017；马英娟、李德旺，2019）。

（3）在中央和地方关系上，一是完善行政审批制度，实现审批规范化、责任化和法制化（尚虎平、肖丽，2019；张喜红，2019）；二是优化政绩评估制度和制约监督机制，实现政府职能均衡化（徐元元，2013；张士威、臧乃康，2016）；三是正确处理整体利益和地方利益的关系（徐元元，2013；马春雨，2017；吕同舟，2017），增强各级地方政府特别是基层政府的自主权，促进府际合作与竞争，整合优化纵向权力结构体系（曲延春，2017；汪来杰、孙琪，2018）。

2. 外部保障机制

政府职能转变是一个关联着各主客体和软硬件的系统工程，需要各要素配合支持（马国芳、刘洪，2009）。制度创新是地方政府职能转变的关键路径，政府公共管理职能的落实需要制度作保障（马春雨，2017）。法律体系规范化与政治秩序体系化是政府行为科学化、公共决策民主化的保证，也可为公共治理社会化和公共服务市场化提供制度安排，确保法律的权威性、政府的正当性以及对基本政治价值的认同性，推动政府职能转变有效完成。

地方政府管理者必须将注意力放在政治利益上（Bel，Hebdon & Warner，2007），涉及中央和地方（Fitch，2007）、公共生产者和私人生产者（Brown，Potoski & Van Slyke，2007；Dijkgraaf & Gradus，2007），也包括公民之间（Hefetz & Warner，2007）。为构建政府职能转变的保障机制，地方政府必须在政府与市场、政府与社会等领域做出权衡：

（1）在政府和市场关系上，新公共管理运动主张将市场机制引入公共服务组织的运作中，实现公共服务市场化（Walsh，1995），但并未明确界定政府和市场的关系（Warner，2008）。亚当·斯密认为，“看不见的手”可以带来价格上的压力，促进创新，保证公共服务质量，但这一系列优化的关键在于竞争，许多公共服务具备天然的垄断性，因而无法从亚当·斯密倡导的竞争市场中受益（Warner，2008）。应强化市场监督职能，坚持政企分开、政资分开、政事分开，政府与市场中介组织分开，充分发挥市场在资源配置中的决定性作用，促进市场环境健康发展、保障经营秩序守法规范。

（2）在政府和社会关系上，健全社会保障体系，注重公众对社会管理的参与（郑建君，2017；叶托、周婷，2019；陈冬仿，2020）。治理理论指出，社会组织的兴起与发展证明其在公共事务中能够发挥巨大作用，在公共服务供给的网络中，行动者既包括政府，但又有不同于政府的其他公共机构和私人机构（Stoker，1998），打破过去以政府为主导的单中心治理格局，构建“政府—市场—社会”的多中心治理格局，在政府、市场与社会的良性互动中实现地方治理（马斌、徐越倩，2010；李丹，2019）；参与型行政是增强政府职能转变可接受性的保障，同时加强法治思想宣传，发挥社会监督力量，实现政府主导与社会组织和公民参与的结合（郑建君，2017；陈冬仿，2020；李华俊、赵立新、余湛，2020）。

2.7 以往研究总结与评价

2.7.1 研究总结

现有研究成果涵盖政府职能的概念内涵与价值取向、政府职能与市场经济的关系、政府职能转变的演进与目标、政府职能转变的动力、政府职能转变的绩效、政府职能转变的策略等领域，呼应了行政管理体制改革乃至组织变革的一般规律，取得如下进展和共识：

（1）政府职能的基本含义是政府承担的职责和功能。从不同的角度出发，可对政府职能进行分类。政府职能由政治权力主体赋予，因其公权力主体地位而产生，具有公共性、普遍性、非营利性、强制性、动态性等特点。对于政府的基本职能，已形成普遍的共识，但对于可选择职能以及如何履行职能，则存在一些分歧。政府职能的共识与分歧，涉及价值取向问题。政府追求的价值不是单一的，其表现出复杂性、多样化以及内在冲突等特点。善治被认为是当代政府职能价值取向的基本共识，涉及参与、责任、法治、透明、稳定、有效性、合法性、公平、廉洁等基本价值。

（2）现有研究对市场与政府的关系主要从对市场与政府关系的现实

出发，研究市场与政府关系的演变过程。一般以政府角色为划分标准，对其演进阶段的划分与政府职能转变的演进过程基本同步；市场进程中政府角色研究则形成了无为之手、援助之手和攫取之手三种基本观点。无为之手强调市场运行良好，无需政府干预；援助之手强调政府在市场中的作用，积极参与地方的市场经济活动；攫取之手认为，过多的政府干预可能会导致政府的寻租和腐败。同时对市场经济体制与地方政府职能的互动关系进行了一定的探索，政府在经济发展中的地位和作用的变化与经济体制改革关系密切。

（3）政府职能转变的基本含义是政府根据需要对自身职能所作的调整，是从一种职能状态转变为另一种职能状态，主要包括职能范围的调整、职能结构的调整、职能方式的调整。政府现行的职能模式，是历经多次变革而逐步形成的。西方发达国家的政府职能转变伴随着资本主义生产方式的成熟与发展，在放任和干预之间，不断地寻求某一个平衡点。我国的政府职能转变伴随着计划经济体制向市场经济体制转轨的进程，经历从全能型权力政府到有限责任型政府、从生产建设型政府到服务效能型政府的过程。政府职能转变的基本目标主要包括有限政府、有效政府/高效政府、服务型政府、整体政府/协同政府/全面政府、法治政府、责任政府、透明政府、参与式政府、廉价政府/廉洁政府/节约型政府、诚信政府、企业家政府/市场式政府、无缝隙政府、回应型政府、生态型政府等。

（4）政府职能转变的动力因素主要包括情境因素、主体因素和执行因素三类。情境因素与政府的内外部环境有关，主要涉及政治环境、经济环境、社会文化环境、法律环境、技术环境、生态环境、国际环境、竞争环境。主体因素与影响政府决策与行动的主体有关，主要涉及上级政府、下级政府、政党、立法机关、司法机关、公众、企业、社会组织、政府决策者、政府工作人员、外国政府/国际组织。执行因素与推进政府职能转变的行动有关，主要涉及愿景、领导、计划、沟通、培训、参与、资源、变革、技术、控制、制度。关于政府职能转变的动力机制，主要有两种观点：一是认为政府职能转变是由外因和内因推动的结果，但对外因和外因的构成有不同的看法；二是认为政府职能转变是上级政府（自上而下）、社会公众（自下而上）以及自身（本级政府）推动的结果。

（5）尽管对政府职能转变绩效测评仍存在职能界定、标准设计等方面的困难，但分析相关实践可以发现，这一工作的重要性已不言而喻。相关文献中的大部分力图从全局层面对变革绩效进行完整评判，另有部分研究着重选取财政、正义等特定视角展开。绩效评估工具的引入有助于更为精确地描述政府职能转变实施效果。卓有成效的绩效测评很大程度上取决于公共服务领域成本信息的时效性，这对地方政府透明运作也提出了更高要求。伴随市场经济体制改革而生的政府职能转变，其实施效果受一系列因素影响，对影响因素的划分主要存在两类观点，一类将其分为外部环境因素和内部组织因素，前者主要涉及发展政策、体制机制、市场质量、社会组织，后者包括文化、架构、资源、绩效等；另一类则从政治、经济、社会、文化等 4 方面考量，可认为是经济发展、社会稳定和持续发展、经济体制目标、文化传统因素、公民意识提升、全球化等因素联合推动的结果。两类观点都得到学术界认同，也都随着研究深入开始出现对应的影响因素作用机理分析。

（6）政府职能转变驱动策略可以划分为三类：第一类是改革内容。即通过何种具体变革实现政府职能转变，涉及机构、流程、人员、体制、职权以及与市场、社会的关系等，重点是机构改革、行政审批制度改革、完善经济职能和社会职能、明晰府际和部门间的权责划分以及理清政府与市场、社会的职能边界等。第二类是行动主体。即如何发挥相关主体作用实现政府职能转变，涉及本级政府领导、上级政府、党委、人民代表大会、公众等，具体包括增强上级政府、党委、人民代表大会对改革的支持、推动与约束，提升本级政府领导对改革的重视、支持、推动及统筹协调，提高公众对改革的参与度和影响力等；推进策略，即通过何种具体策略实现政府职能转变，涉及计划、沟通、参与、制度、控制等，具体包括绩效评估、法律规范、顶层设计、借鉴经验、系统变革、试点探索等。政府职能转变绩效的内部提升策略主要涉及建立健全跨部门协调运行机制，加强对现行法律、法规和规章制度的评估，构建科学、合理、系统的制度体系；合理定位政府职能，转变政府管理方式，进一步发挥经济调节、市场监管等职能，最大限度保障宏观经济长期稳定、经济环境公平有序，为市场主体持续健康发展提供保障；在中央和地方关系上，一是完善行政审批制度，实现审批规范化、责任化和法制化；二是优化政绩评估制度和制约监督机制，实现政府职能均衡化；三是正确处理整体利益和地方利益的关系，增强各级地方政府特别是基层政府的自主权。外部保障机制建设核心在于进一步优化行政资源配置并完善“政府—市场—社会”多中心治理格局。政府需正确认识中国市场经济体制发展状况，充分发挥市场在资源配置中的决定性作用，但也必须强化市场监督职能、完善市场竞争规则、规范市场秩序，保持市场管理者地位；保证公民社会组织的健康化、制度化发展，逐步将微观层面的部分职能转移给社会组织，但又必须担负起提供基本公共服务、维护公平正义、保障公共安全和社会秩序等职责。

2.7.2 研究不足

基于对文献的系统梳理，可以总结已有相关研究中存在的不足：

（1）政府职能与市场经济的关系问题。对于市场经济体制与地方政府职能互动关系的研究较为匮乏，实证研究更甚。一些对市场、政府变量的研究往往将两者相互割裂，未能对两者的互动机理进行研究。市场经济体制与地方政府职能有关联吗？市场发展水平对地方政府职能的影响作用显著吗？若影响作用显著，具体体现在哪些方面？这些问题都需要进一步研究。对于市场经济体制改革、政府职能转变的过程，研究视角和研究方法单一，并缺乏时间、空间双重维度的研究。学术界对政府职能转变的研究虽已有大量有价值的并能取得一定共识的成果，但主要采用回顾式的纵向案例分析方法，且大多仅从时间维度进行考察，相对忽视空间维度的演进过程。市场经济体制与地方政府职能的互动是时间、空间双重维度的演进过程。从时间来看，在不同的时间点，市场经济体制、地方政府职能有不同的状态；从空间来看，不同政府的职能转变存在时序、特征的差异。结合采用定性和定量研究方法，并从时间、空间双重维度考察市场经济体制与地方政府职能的互动，有助于更全面、准确地把握地方政府职能的演进轨迹、演进阶段、演进规律、演进特点等。

（2）政府职能转变的动力因素问题。对于政府职能转变的动力因素，学者们做了大量的研究，提出了很多的动力因素，但至少存在4方面的不足：①缺乏对动力因素的系统考察。政府职能转变是从变革需要、变革引入、变革实施到变革成功的过程，政府职能转变的动力因素也应该包括与变革意愿相关的动力因素以及与变革执行相关的动力因素。在已有的研究中，对政府职能转变动力因素的考察较为零散，大部分研究考察了与变革意愿相关的动力因素（情境因素、主体因素），小部分研究考察了与变革执行相关的动力因素（执行因素），缺乏同时纳入不同类别动力因素的综合研究。②缺乏对动力因素的合理分类。已有研究中对动力因素的分类，大多采取了外因和内因的划分方法。该分类方法过于简单，仅表征了动力因素的来源。更有意义的分类方法是基于动力因素发挥的作用进行分类。③缺乏充分的理论支撑。已有的研究中对动力因素的确定，大多采取了归纳法，基于经验、观察等方法总结政府职能转变有哪些动力因素。组织变革、制度变迁、创新、政治学等领域已有大量的、可供借鉴的成熟理论，但是这些理论在政府职能转变的动力因素研究中缺乏有效、广泛的应用。④缺乏对通则式解释的实证支持。已有研究成果中对动力因素的实证考察，大多采取了案例研究的方法，案例研究属于个案式解释，对政府职能转变通则式解释的实证研究较为匮乏，如采取大规模问卷调查的方法。政府职能转变的关键动力因素有哪些？不同学者的看法既有共识也存在分歧。有待基于成熟的理论，构建政府职能转变动力因素的系统分析框架，对动力因素进行合理分类，进而基于已有相关研究成果以及采用问卷调查、访谈等实证研究方法，明确政府职能转变具体的关键动力因素。

（3）政府职能转变的动力机制问题。对于政府职能转变的动力机制，相关研究较为匮乏、不够深入，至少存在 4 方面的不足：①缺乏对动力机制的系统研究。已有研究中，对于政府职能转变的动力机制有两种主要观点——政府职能转变是外因和内因推动的结果、政府职能转变是相关主体推动的结果。这两种观点仅纳入了与变革意愿相关的动力因素（情境因素、主体因素），忽视了与变革执行相关的动力因素（执行因素）。②缺乏对动力因素间关系的研究。不同的动力因素之间存在着联系与影响。已有的研究中，主要考察了动力因素对政府职能转变的影响（直接效应），缺乏对动力因素之间关系的分析与考察。换句话说，缺乏对动力因素对政府职能转变驱动机制的研究。③缺乏充分的理论支撑。已有的研究中，对政府职能转变动力机制的构建缺乏坚实的理论基础。组织变革、制度变迁、创新、政治学等领域已有大量的、可供借鉴的成熟理论，这些理论在政府职能转变动力机制的研究中缺乏有效、广泛的应用。④缺乏对动力机制的实证研究以及定量研究方法的应用。已有的对政府职能转变动力机制的研究大多是理论研究，实证研究较少。已有的实证研究中，大多采用了案例研究的方法，定量研究较少。政府职能转变的不同动力因素各自发挥什么作用？彼此之间有怎样的联系？通过怎样的路径推动政府职能转变？对政府职能转变有怎样的影响强度？已有研究尚不能很好地回答前述问题，有待对政府职能转变的动力机制进行深入、系统的实证研究，基于成熟的理论构建研究假设，包括动力因素之间的影响、动力因素对政府职能转变的影响，通过问卷调查等方法收集数据资料，采用科学、恰当的方法对所收集的数据资料进行统计分析，检验所构建的研究假设。

（4）政府职能转变绩效实证测评问题。政府职能转变绩效实证测评方面仍需解决定量分析不足、评估主体单一等问题：①评估结果的定量描述。现有文献侧重于对绩效的理论探索和定性描述，缺乏定量化测评结论，理论与现实存在偏差的一个重要原因便是反映评估结果的评估报告以定性描述为主，缺乏客观标准，研究制定具有较高信度和效度的测评工具，将组织变革绩效评估已有成果引入政府职能转变领域，基于治理现代化背景测评相关绩效及区域差异。②评估主体的选取标准。现阶段对变革的全面评价不足，主要为内部评估，考虑到以内部自评为主的方式很容易被指责为是对自身错误的宽容，如何提高评估工作的公正性和准确性仍需深入研究。治理现代化强调政府、市场、社会的协同治理，对公民参与绩效评估工作必要性的讨论日趋显现，进一步的研究应着重优化评估标准，体现公民在绩效提升方面的作用。

（5）政府职能转变绩效的影响因素及影响机理问题。以往文献仍存在以下不足：①影响因素的理论分析。现有成果缺乏完整、系统的理论框架，影响因素归纳过程缺乏标准。下一步研究应基于绩效评估及相关领域理论成果，结合市场经济体制和民主政治建设现实需求，构建政府职能转变绩效影响因素及影响机理理论分析框架。②影响因素的作用机理。哪些影响因素在现阶段起关键作用，哪些还未得到重视；各因素如何影响政府职能转变绩效，影响路径呈现怎样的规律性？以往文献多停留在经验梳理和定性分析上，可在系统的理论框架下，进一步科学化、定量化分析影响因素的效用高低及原因，探索影响路径的分布情况及规律。

（6）政府职能转变的策略问题。对于政府职能转变的驱动策略，学者们做了大量的研究，提出了很多的对策建议，但至少存在 4 方面的不足：①缺乏系统性。已有的研究中，学者们提出的政府职能转变的驱动策略，有的关于改革内容，有的关于行动主体，有的关于推进策略，还有的混合了前述某两方面或三方面，存在一定的混乱，缺乏系统性。②缺乏实证研究的支持。已有的研究成果中，许多学者基于经验、观察、理论等提出政府职能转变的驱动策略，很少基于扎实的实证研究结果提出。③缺乏动力研究的支持。已有的研究成果中，许多学者基于政府面临的现实状况以及政府职能转变工作推进中存在的问题，提出政府职能转变的驱动策略，较少基于政府职能转变动力因素和动力机制的研究成果，提出政府职能转变的驱动策略。④缺乏实践经验的支持。事实上，一批以优化行政审批流程、推行权力清单制度等为代表的地方实践已经展开，需在以往重视与市场经济体制适应性互动的基础上，聚焦与民主政治建设的关系；基于地方经验梳理、比较政府职能转变实践案例，结合市场经济体制和民主政治建设现实需求，完善相应的内部提升策略和外部保障机制。已有的研究成果中，学者们提出的政府职能转变的驱动策略，较少结合实践中的已有做法和试验探索。如何有效地推进政府职能转变工作、成功实现政府职能转变？已有的研究尚滞后于实践的需要，有待基于实证研究结果，从政府的实际需要出发，提出推进政府职能转变的有效路径。

第3章

市场经济体制与地方政府职能的互动关系研究

3.1 市场经济体制与地方政府职能互动的理论考察

地方政府职能转变是地方政府根据所在区域的客观条件、主观因素等对地方政府职能进行调整，以适应地方政府所面临的治理环境的过程。地方政府职能转变具有动态性，从一种特定、有所侧重的政府职能组合转向另一种状态下的政府职能组合，包括职能内容的调整、职能重心的转移、职能方式的改变等。从制度变迁来分析政府职能转变，更能体现其动态性特征。以往对政府职能转变的研究主要侧重对政府职能转变中的关键行动者的分析，本章在对相关研究梳理的基础上，以“情境—过程”为视角，构建“环境—行动者—响应”的分析框架。

3.1.1 研究视角的转换：对制度环境的关注

政府行为理论以“中央—地方”纵向关系、地方政府的横向竞争、地方政府内部流程等为重点，以政府组织为核心，从政府内部关系与特征出发，基于权力结构、激励机制、政府内部特征等视角，对地方政府职能的转变模式、影响因素进行了系统的解释。该理论认为，地方政府职能转变是行为主体间互相作用的结果。但是，将地方政府置于不断变化的治理环境之中，政府系统内部因素并不是解释地方政府职能转变的唯一关键，政府的一切行为都必须考虑其所处的制度环境。

同一“配方”的政府改革方案，为何可能得到截然不同的结果？地方政府职能转变过程中的制度环境或许是解释这一现象的关键。在地域广阔、民族多元的中国，区域经济社会发展程度不同、文化差异明显，同一“配方”的政府职能转变方案可能不会得到统一的答案，根据区域的制度环境特征进行适应性调整才能体现“施政纲领”的精髓，以获得所辖地区民众的支持。

3.1.2　制度环境与组织变革的互动理论

社会生态系统诊断模型、“嵌入性”理论、新制度经济学、“组织—环境”匹配理论等在制度环境对制度变迁的影响机制方面进行了很好的尝试，为制度环境与地方政府的互动研究提供了坚实的理论基础。

1. 社会生态系统诊断模型

制度环境的复杂性和重要性导致在公共决策中并不能照搬理论或实践，必须对其进行诊断。埃莉诺·奥斯特罗姆提出建立社会生态系统（Social - ecological Systems）诊断模型，帮助研究者和实践者分析诊断这个复杂、多元、跨领域且不断变化中的系统（Ostrom，2007）。地方政府职能转变的制度环境或许是解释同样的政府改革方案在不同地区产生不同的效果的关键。

2. “嵌入性”理论

以 Polanyi、White 和 Granovetter 为代表提出的“嵌入性”理论，将“嵌入”的概念引入经济社会研究中，使用“嵌入性”来定位经济和社会的关系，在嵌入性视角下，制度变迁过程深受制度环境的制约（蔡长昆，2018）。Granovetter（1985）在《经济行动与社会结构：嵌入性问题》中提出的“市场中的经济行动必定嵌入于社会结构之中”的观点，使得制度环境的研究成为制度变迁研究中的一项重点。将“嵌入性”理论运用到组织和制度变迁中的研究认为，制度创新的意图在于对组织关系和制度安排的重新调整，而任何一种制度都必须成功地嵌入经济环境和社会文化之中，否则再合理的制度设计也会在制度环境中遭受强烈的“排异反应”，无法实现最终的目标和效果（李汉林、渠敬东、夏传玲等，2005）。这种“嵌入”需要经历“制度变通”和“制度适应”两个环节，其中“制度变通”是根据自身所处的制度环境对原有制度/外部制度的修订，使其“嵌入”新的制度环境，其主要动力来自外部环境的压力及其所带来的改革需求；“制度适应”则是当新的制度嵌入制度环境之后，人们对其的适应。

3. 新制度经济学

新制度经济学为制度环境对制度变迁的作用研究做了重要的探索。诺斯（North，1990）认为，经济学是一种选择的理论，多数经济学研究往往忽视了对选择发生的“背景”的探讨，而这种“背景”（环境）及解释这种环境方式的特征恰恰可能是制度可持续性的潜在源泉。

新制度经济学关注用于解释自身环境的信念以及人类为塑造自身环境所创立的政治的、经济的、社会的制度。制度环境构建了最基本的激励和约束机制，从而作用于制度变迁，同时也因沉没成本和报酬递增而使其存在“路径依赖”（North，1990）。

4. “组织—环境”匹配理论

“组织—环境”匹配视角更强调环境对组织战略的影响，认为组织必须更加关注如何适应环境的动态性和不确定性，更加详细地阐释了环境对组织行为的影响机理，特别是对战略选择的主导作用（何铮、谭劲松、陆园园，2006）。Greenwood 等（1996）认为，组织变革是外部环境和内部环境共同作用的结果，并阐释了外部环境对组织变革的影响机理，即市场环境、制度环境的变化会使得组织现行模式出现问题（包括组织内部各主体对利益分配不满、价值冲突等），影响组织的正常运行，进而产生组织变革的压力。Jacobs 等（2013）在此基础上提出了一个组织变革的综合模型，该模型将外部环境的变化作为模型的输入变量，通过组织识别、领导等一系列组织战略调整实现组织绩效、组织合法性的输出（见图 3-1）。

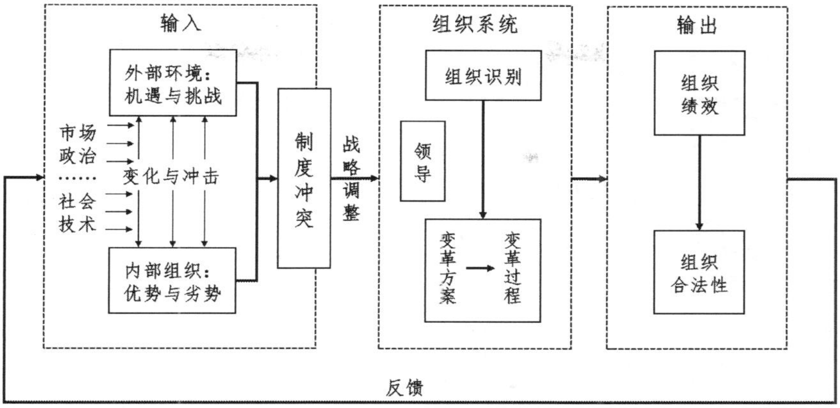

图 3-1 调整后的组织变革综合模型

3.1.3 市场经济体制与地方政府职能的互动——基于“环境—行动者—响应”的分析框架

本书基于 Jacobs 等（2013）提出的组织变革综合模型，结合制度变迁的关键行动者分析，强调地方政府职能的动态性，建立以“治理环境—行动者—治理响应”为逻辑链的分析框架（见图 3-2）。

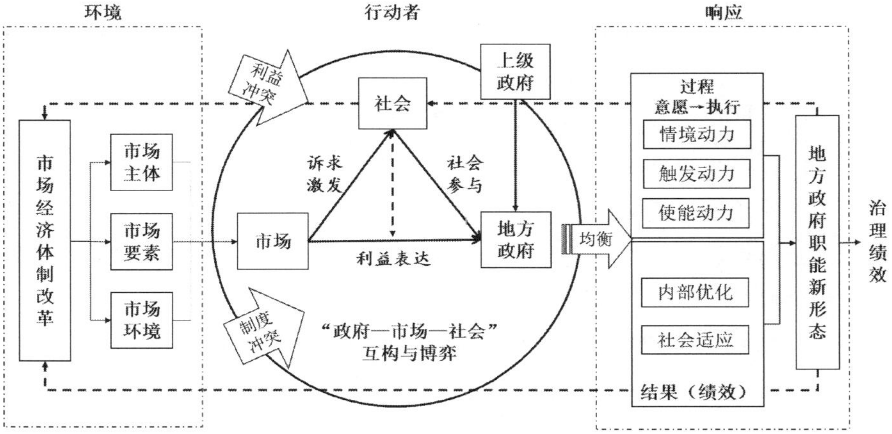

图 3-2 “环境—行动者—响应”：一个分析框架

1. 环境：市场经济体制改革对地方政府的冲击

自 1978 年改革开放以来，市场经济体制的改革引发了中国经济发展方式、社会分工模式、社会交往模式、社会价值规范系统等方面的巨大转变（李友梅，2018），为经济、社会、政治制度发展带来了巨大的制度红利，成就了中国发展的奇迹。由此在“环境—行动者”逻辑链中，市场对政府的倒逼机制逐渐形成。

（1）市场主体成长倒逼政府职能转变。随着市场经济体制改革不断深化，民营经济发展壮大，以企业为主的市场主体开始成为推动地方发展的重要力量，陈旧的政府职能结构与地方治理方式无法适应市场经济快速发展需要，倒逼地方政府职能转变。

一是市场主体参与意识觉醒。市场主体与地方政府之间对于利益分配、制度承诺的冲突与不满不断激化，希望政府为其提供更宽松、开放的发展环境。

二是改革开放以来，民营经济在地方经济发展中的地位提升，地方政府不得不更多地考虑市场主体的诉求，也使得市场主体在与地方政府博弈中的讨价还价能力不断提升，进一步影响政府在政策制定、职能定位中的决策。

（2）市场要素发育倒逼政府职能转变。在市场经济体制改革进程中，市场要素流动性不断增强、资源配置效率提升，市场机制在资源配置中的优势显现。

首先，随着市场要素的发育成熟，市场资源配置效率逐步提升，自由流动的要素资源更多流向了效率更高的市场而非政府，政府交易成本不断提升，失去了原本的相对优势。市场要素发育产生这种资源流动效应，倒逼政府精简队伍、提升效率，打造高效政府。

其次，市场机制在资源配置中的优势使其在社会经济发展中发挥越来越重要的作用，进而使得市场承载政府下放权力的能力不断提升，促使政府更多地向市场放权，更多地让市场配置资源，倒逼地方政府将更多的职能转移至市场与社会，形成新的地方政府职能体系。

（3）市场环境优化倒逼政府职能转变。市场环境的优化包括竞争性、开放性、法制性的提升，打造“产权有效激励、要素自由流动、价格反应灵活、竞争公平有序、企业优胜劣汰”的市场环境。而这种市场环境的优化为政府职能转变提供良好环境基础的同时，其竞争性的增强也为政府职能履行带来了巨大的挑战。随着市场经济体制不断发展，开放、法制的思维逐步植根于社会经济发展之中，对地方政府的包容性和法制化提出了更高的要求，倒逼地方政府进行职能转变，建设法治政府、开放政府。

同时，市场环境的优化尤其是开放性的提升，使得政府的回应性增强，地方政府对市场化行为模式的认同度不断提升，更加倾向于采用多元化手段解决治理问题。

然而，市场的竞争性也会导致社会经济发展不确定性和外部风险增加，政府为了抵御这种不确定性和外部风险带来的冲击，必须对部分政府职能有所侧重，引发地方政府职能转变这一行为；市场化进程必然带来不平等，政府必须通过政策调整等手段缓解这种不平等带来的社会矛盾与冲突，同时不断加强制度建设，确保市场竞争的公平性（周业安、冯兴元、赵坚毅，2004）。

2. 行动者：政府—市场—社会的互动

政府、市场、社会也被认为是现代国家治理结构的三大基本要素。地方政府作为政府职能转变的主要执行者，受到来自市场主体、社会组织、上级政府的作用，形成“政府—市场—社会”互动的地方政府职能转变逻辑。值得注意的是，在处理三者关系问题时，对政府、市场或联合性协调机制（公民社会）中任一机制的过度迷信都应极力避免，三种机制各有优劣，政府、市场、社会三者互相博弈，最终形成地方政府职能的新形态，进而提升政府治理绩效。

（1）地方政府职能转变中的市场驱动。地方政府行为特点的演化是地方政府根据制度环境所进行的适应性调整的结果，影响地方政府行为调整的环境因素主要包括市场化进程、宏观制度环境、微观制度环境、政策环境、意识形态约束等。作为本行政区域公共服务主要供给者的地方政府，其职能定位必须与经济发展模式等因素相契合，以更好地回应区域发展对政府职能的需要。在区域经济竞争日趋激烈的今天，地方政府必须积极回应辖区内微观主体，为其提供公共服务的内在动力不是来自纳税人和公共产品受益人直接的监督和评价，而是力图把这种投资环境和公共服务质量的提高转化为辖区经济的高速发展进而转化为政绩显示的经济指标（李军杰、钟君，2004）。

何显明（2018）等将浙江区域竞争中的重要优势归结为具有“市场增进”功能的“有效政府”，而这一解释“浙江现象”的关键变量则可以视为是以浙江为代表的地区在特定历史背景下形成的政府与市场及民间社会力量的互动关系，正是这一关系塑造出了能够顺应区域市场体系发育，及时调整政府角色定位和行为模式，并始终以营造良好发展环境、再创体制机制新优势为变革导向的“有效政府”。从浙江样本来看，从20世纪七八十年代默许个体私营经济发展，到90年代积极引导、扶持、规范个体私营经济发展，再到当下的以“最多跑一次”改革撬动各个领域的改革，积极探索“两只手”的协调关系，以浙江为代表的地方政府的角色定位及其行为方式发生了深刻而持续的演变，均是根据市场体系发育和市场秩序扩展的内在需求形成的政府与市场的良性互动。

（2）地方政府职能转变中的社会参与。政府体制改革的过程实质上就是政府、市场和公民社会三者关系动态变化的博弈过程，我国政府体制改革的目标是建立稳定的、相对独立的、分工合作的“新三元结构”。

随着公众生活水平提升、个体素质提高，其价值观念发生着改变，参与意识和权利意识增强，在政治生活中要求并越来越多地拥有话语权和影响力，也更积极地借助社会组织向政府表达和反映利益诉求。公众对地方政府职能的诉求通过公民社会进入政府系统，对政府形成压力和挑战，是地方政府职能转变的重要动力，并随着社会进步、民主进程发挥越来越重要的作用。

同时，社会组织在市场与政府之间充当了桥梁作用。一方面，市场经济的发展正在培育新型的公众个体和社会组织。随着市场经济的发展，普通的公众个体开始认识到自己具有合理合法的个人权益，他们或者以集群的方式，或者以志愿结成的组织，向政府部门进行制度内和制度外的利益诉求（胡宁生，2014）。另一方面，逐渐发展壮大的社会组织将市场主体的利益诉求向政府传递，市场主体通过社会组织更有效地与政府讨价还价，实现利益均衡。

（3）地方政府职能转变中的上级指导。政府体系内部的上下垂直关系是影响乃至左右政府运行效率的重要因素（马亮，2017），地方政府职能获得取决于国家权力机关和中央政府的授权。由于地方政府的多层级性，中央政府对地方各级政府职能配置往往通过科层体制的层层传递予以实现，因此上级政府牵头的某项具体法律法规的制定与修改或公共政策的规划与出台就成为了地方政府职能配置的重要来源之一。

尽管改革开放以来，地方政府自主性不断增强，但以人事制度为核心的中央集权化政治控制仍然对地方政府行为方向起主导作用，执政党的中央权威是政府行政改革的核心动力（徐晨光、王海峰，2013；蓝煜昕，

2013)；Andersen 等学者（2010）发现，丹麦的地方政府改革同样有明显的“中央集权”特征，中央政府是占主导地位的改革者，它发起改革同时参与经济、劳动力市场政策相关的治理网络。在我国，中央将执政纲领变化、公共政策调整等改革意图通过“改革发起方（中央）—细化与传递（省市）—改革承包方（县乡）”这一逻辑链条，层层“发包”下达到地方政府（陈丽君、傅衍，2016），同时借助官员的政治晋升通道，控制改革意图的实现。

3. 响应：地方政府职能转变外部触发机制

市场经济体制改革作为地方政府职能转变最关键的环境变量之一，给地方政府运行带来了极大的冲击，地方政府职能转变即是应对市场化挑战的一种回应。为应对市场经济体制改革所带来的市场主体能动性提升、市场资源配置效率提高以及市场竞争性和不确定性的冲击，地方政府通过简政放权、行政审批制度改革、服务型政府建设等，从政府管理理念、运行机制、施政规则、职能结构与重点等方面进行调整（俞可平，2018），实现从无限政府到有限政府、从低效政府到高效政府、从人治政府到法治政府、从权力政府到责任政府、从管制型政府到服务型政府的转变。

（1）从无限政府到有限政府。面对日益完善的市场经济体制，经济社会发展要求政府更多地向市场、社会放权，充分发挥市场在资源配置中的决定性作用，政府在市场中的角色逐渐从“划桨者”到“掌舵者”转变（陈升、王梦佳、李霞，2017），实现从无限政府向有限政府的转换，从直接参与市场转变为间接干预市场，保障资源配置效率，弥补市场失灵，降低失业率，维持经济持续增长（任保平、宋文月，2015）。

另一方面，对社会管理事无巨细、对企业主体关照过度会使得政府角色缺位错位（陈家喜、杨道田，2016），经济社会发展受限，影响政府治理绩效。有限政府的建设主要通过简政放权来开展，通过中央向地方放权、政府向市场放权、政府向社会放权来调动地方以及市场、社会的积极性，充分激发市场活力，提高资源配置效率①。

① “权力清单”改革是有限政府建设的重要途径，2014 年浙江省对 57 个省级部门 1.23 万项行政权力进行了全面梳理，最终保留 42 个部门 4236 项行政权力，精简程度超过六成，详见 http：//zjnews. zjol. com. cn/system/2014/06/25/020102113. shtml。

（2）从低效政府到高效政府。市场经济体制完善和市场资源配置效率提升对政府治理能力和治理绩效提出了更高的要求。长期以来，我国政府工作存在“踢皮球”“打太极”“乱收费”“乱罚款”等现象，政府工作效率低下，与市场经济体制的发展要求还有很大的差距，这与一些政府长期采用的审批手段、行为习惯有一定关系，审批事项过多、审批程序过于繁琐。

在从低效政府向高效政府转变过程中，行政审批制度改革成为职能转变的重点内容，“大幅减少和下放行政审批事项，真正向市场放权，发挥社会力量作用，减少对微观事物的干预，激发经济社会发展活力，从根本上遏制行政审批边减边增问题，严格事中事后监督，管住管好政府该管的事”（周光辉，2018）。以“放得彻底、管得到位、服务得好”为基本要求的行政审批制度改革在全国展开，以“四张清单一张网”“最多跑一次”为代表的地方实践取得了重要进展，政府治理绩效大幅提升。以浙江省“最多跑一次”改革为例，2016 年改革前企业投资项目开工前审批全流程办理平均为 192 个工作日，且一般项目全程需要跑 2—20 次，复杂项目则需要跑数十次，到改革后 2018 年完成全流程办理时间平均为 92 个工作日，并实现全流程网上办理，全程需要跑 0 次；新开办药品批发企业全程办理时间从 145 个工作日缩短到 65 个工作日，所需材料从 33 个减少到 16 个，全程要跑的次数也从 7 次减少到 1 次①，实现了政府效率的提升，营造了良好的营商环境。

（3）从管制型政府到服务型政府。市场经济体制改革的不断深化有力推动了经济社会迅速发展，特别是公民主体意识、权利意识、参与意识的觉醒，导致对公共服务的需求不断增长。快速增长的公共需求与数量、质量不到位的公共服务供给之间的矛盾愈发凸显（姜晓萍、陈朝兵，2018）。

从管制型政府向服务型政府转变，是根据市场经济体制发展阶段的特定需求做出的重心调整和转移。公共服务需求与供给之间矛盾激化背景下，地方政府逐步将职能重心从以经济职能为主向以公共服务职能为主发展，切实提高公共服务的能力和水平，逐步形成惠及全民、公正公平、水平适度、可持续发展的公共服务体系，切实提高为经济社会服务、为人民

① “最多跑一次”两周年改革成效［N］．《浙江日报》，2018－12－27，（5）．

服务的能力和水平（刘雪华，2008）。

（4）从人治政府到法治政府。市场经济体制改革是政府职能转变的关键环境变量，而支撑市场经济的核心制度体系是一套有效的法律制度体系（蔡长昆，2018）。法治政府建设能够优化市场环境、打造竞争有序的营商环境。

党的十八届四中全会对法治政府的目标定位是“各级政府必须坚持在党的领导下，在法治轨道上开展工作，加快建设‘职能科学、权责法定、执法严明、公开公正、廉洁高效、守法诚信’的法治政府”，也有地方性文件将推进社会公平正义视为法治建设的基本目标（郑方辉、邱佛梅，2016）。法治政府建设一方面可以确认企业的法律地位，有效制约政府的“掠夺之手”；另一方面可以借助于独立的第三方，实现政府和企业之间契约关系的治理，从而增强政府与企业之间权利关系的约束性。

总体来看，地方政府通过有限政府、高效政府、服务政府、法治政府建设实现政府职能转变，更好地适应现阶段市场经济体制发展要求，同时完善市场经济体制，克服市场和政府自身缺陷，实现市场与政府的良性互动，实现经济高质量、可持续发展（俞可平，2018），最终达到“繁荣市场”和“有为政府”共存的目标。

3.2 市场经济体制与地方政府职能的指标构建

为探究市场经济体制与地方政府职能的互动关系，必须对市场经济体制与地方政府职能的结构要素进行研究，并据此选择合适的指标，度量两者的发展程度进而研究两者的互动关系。

3.2.1 市场经济体制的结构要素与指标遴选

1. 结构要素

对市场经济体制测度变量选择与评价体系构建是市场经济体制研究的基础与关键，也不乏一些研究与探索。总体而言，从已有文献的研究结果来看，学者主要从以下几个方面来评价市场经济体制：（1）大市场的综合视角，一种观点涵盖法治、政府规模、监管效率、市场开放；另有观点涉及政府与市场关系、非国有经济的发展、产品市场的发育程度、要素市场的发育程度、市场中介组织的发育与法律制度（樊纲、王小鲁、朱恒鹏，2011）。（2）市场经济体制内涵视角，包括企业自由度、市场国内开放度、市场国外开放度、宏观调控（江晓薇、宋红旭，1995）。（3）市场构成视角，一种观点涵盖投资市场化、价格市场化、工业市场化、商业市场化（卢中原、胡鞍钢，1993）；另有观点涉及市场主体、市场客体、市场载体（刘澈元、闫磊，2005）。

国内学者针对中国现实也构建了市场化指数（周业安、冯兴元、赵坚毅，2004；樊纲、王小鲁、朱恒鹏，2011）。樊纲等（2011）把市场体系各个方面的建设看作一个系统发育和逐步完善的过程，从政府与市场的关系、非国有经济的发展、产品市场的发育程度、要素市场的发育程度、市场中介组织发育和法律制度环境等方面衡量市场化的进展。在此基础上，孙晓华等（2014）从政府行为规范化、经济主体自由化、要素资源市场化、产品市场公平化、市场制度完善化等5个方面来综合评价市场改革；戴魁早等（2013）借鉴樊纲等的市场化指数，从产品市场发育、要素市场发育、非国有经济发展、制度环境改善等4个层面出发，衡量市场化程度。总体来看，对于市场经济体制的评价主要包括非国有经济发展程度、要素市场发育程度、市场环境质量高低等。

对新时代中国特色社会主义市场经济理论的研究，同样为市场经济体制的评价提供了坚实的理论与实践基础。胡家勇（2016）认为，社会主义市场经济理论已凝练出许多重要理论观点，涉及政府与市场的关系、基本经济制度、收入分配制度、市场经济运行和对外开放等重大理论和实践问题，其中一些已构成中国特色社会主义政治经济学的基本原则。结合党的十八大、十九大以来新时代社会主义市场经济体制的最新表述，既反映了市场经济体制改革的基本目标与任务，也可以作为评价市场经济体制的标准，涉及产权制度、要素市场、价格机制、市场环境与企业竞争环境等方面。

综上所述，无论是学术研究还是实务操作，都为市场经济体制的评价提供了坚实的理论基础和实践探索。结合新时代中国特色社会主义市场经济的特征，本书将市场经济体制的结构要素概括以下四个部分：

（1）对外开放。改革开放 40 年来，我国经济社会发展很大程度上归功于对经济全球化历史机遇的把握，始终坚持对外开放的基本国策，并成功实现从封闭半封闭到全方位开放的重大转折（迟福林，2018）。对外开放度高低是评价市场经济体制的重要方面。

（2）市场主体。市场主体的多样性与活力是评价市场经济体制的重要维度，“积极发展混合所有制经济、推动国有企业完善现代企业制度、支持非公有制经济健康发展”是社会主义市场经济体制发展的重要目标。独立自主的企业制度、活跃的非国有经济主体均是市场主体考察的重点内容。

（3）市场要素。成熟的要素市场能够提升劳动力、资本、技术的流动性，进而提升资源配置效率，要素市场的发育程度是评价市场经济体制的重要维度。根据市场要素的划分，可以从劳动力、资本、技术三个方面进行评价，主要涉及金融业、劳动力市场以及技术市场。

（4）市场环境。市场经济体制改革必须以完善产权制度和要素市场化配置为重点，实现产权有效激励、要素自由流动、价格反应灵活、竞争公平有序、企业优胜劣汰。市场经济体制改革成功与否，很大程度上取决于市场环境的构建，主要包括中介组织发展和法律制度环境（见图 3－3）。

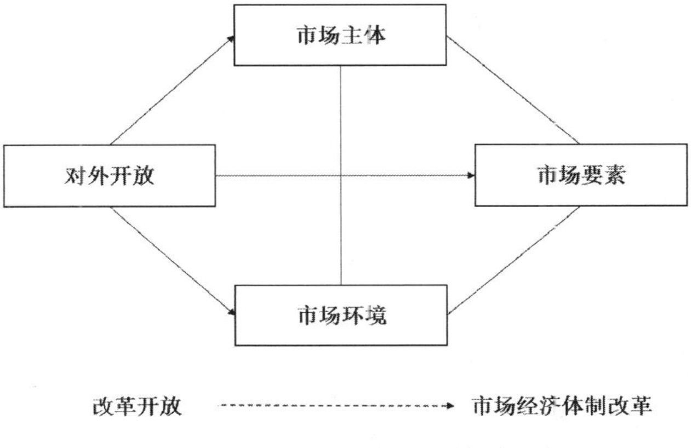

图 3－3　市场经济体制的结构要素

2. 评价指标理论遴选

对于市场经济体制的实证研究较为分散，部分研究采用樊纲等（2011）设计的市场化指数为代理变量，衡量市场经济体制发展水平，也有部分学者选取部分指标，分项对市场经济体制的各个结构要素进行衡量。本章采用统计数据对市场经济体制进行测度，侧重指标选取的科学性，兼顾数据可得性（见表3－1）。

表3－1　　　　市场经济体制评价指标的理论遴选

	二级指标	三级指标	文献依据
对外开放	FDI	外商直接投资占当地GDP比例	周黎安等（2009）
	外贸易依存度	进出口额占当地GDP比例	
市场主体	非公有制经济活力	非公有制经济贡献率：非公有制经济在工业企业主营业务收入中所占比例	郝娟（2006）、王小鲁等（2017）
		非公有制经济固定资产投资比重：非公有制经济在全社会固定资产总投资中所占比例	
		非公有制经济就业人数占比：非公有制经济就业人数占城镇总就业人数的比例	
	国有企业发展	国有亏损企业数/国有企数	郝娟（2006）
		国有控股企业工业成本利润率	—
市场要素	资本	金融相关比率	—
	劳动力	就业人口比、全员劳动生产率	赵伟等（2015）
	技术	技术市场成交额/GDP	郝娟（2006）、樊纲等（2011）、王小鲁等（2017）
市场环境	制度环境	产权保护：每万人国内专利申请授权量、专利侵权案件立案数量	孙晓华等（2014）
		劳动者保护：每万就业人口劳动争议案件受理数	—
	中介组织	租赁和商务服务业城镇单位就业人员/城镇就业人口、每万人律师数	唐保庆等（2018）

3. 评价指标实证筛选

根据评价指标的数据可得性、指标指向的确定性以及相关分析和鉴别力分析进行实证筛选，形成具有科学性、可行性的评价指标体系。

首先，根据指标的数据可得性对指标体系进行初步的筛选，删除数据可得性较差的“财政对国有企业亏损的补贴/GDP”“中介组织就业情况”：（1）由于2007年起财政收入数据中不再将“企业亏损补贴”单独列出，“财政对国有企业亏损的补贴/GDP”数据不可得，故将其剔除；（2）由于部分省（市、自治区）统计年鉴未能提供执业律师数量信息，故删去“每万人律师人数”，保留相对数据齐全的“租赁和商务服务业城镇单位就业人员/城镇就业人口”。

其次，根据指向的明确性，剔除指向较为模糊的“专利侵权案件立案数量”“每万就业人口劳动争议案件受理数”等两个指标。尽管专利侵权案件立案数量、每万就业人口劳动争议案件受理数能够反映市场经济体制下的产权保护力度和对劳动者权益的保护力度，但与“犯罪查处率”与“社会治安”的关系类似，专利侵权案件与劳动争议案件发生与处理的指向性较为模糊，很难明确判断两者反映相关机构的监督与查处力度，也难以判断其与市场经济体制开放程度关系的正负方向，故将其从指标体系中剔除。

再次，利用收集到的31个省（市、自治区）市场经济体制指标数据，分别对各二级指标下的三级指标间进行相关分析。结果显示，非公有制经济发展中三个三级指标之间相关系数较大，即三者反映的信息高度相关，需要对此进行进一步筛选（见表3－2）。

表3－2　市场经济体制评价指标相关分析（部分）

指标1	指标2	相关系数	显著性
非公有制经济就业占比	非公有制经济工业主营业务占比	0.854	<0.001
非公有制经济工业主营业务占比	非公有制经济固定资产投资占比	0.696	<0.001
非公有制经济就业占比	非公有制经济固定资产投资占比	0.693	<0.001
就业人口比	全员劳动生产率	0.399	<0.001

最后，利用变差系数比较指标的鉴别力，保留鉴别力相对较高的作为最终指标。通过数据可得性、指向明确性、相关分析、鉴别力分析，在非公有制经济活力指标中保留“非公有制经济就业占比”，在劳动力市场指标中选择“全员劳动生产率”（见表3－3）。

表 3-3　　　　市场经济体制评价指标鉴别力分析（部分）

二级指标	三级指标	平均值	标准偏差	变差系数
非公有制经济活力	非公有制经济就业占比	0.361	0.310	0.859
	非公有制经济固定资产投资*	0.382	0.244	0.640
	非公有制经济主营业务占比*	0.534	0.214	0.401
劳动力市场	人口就业比*	0.515	0.074	0.144
	全员劳动生产率	0.505	0.550	1.089

注：* 删去的指标。

经过四轮指标实证筛选，最终形成包括对外开放、市场主体、市场要素、市场环境等 4 方面 9 个三级指标在内的市场经济体制评价指标体系。所有指标数据从《中国统计年鉴》《中国劳动统计年鉴》《新中国六十年统计资料汇编》以及各省（市、自治区）统计年鉴获取。表 3-4 显示筛选后的指标的相关信息和数据收集情况。

表 3-4　　　　市场经济体制评价指标

	三级指标	计算公式	单位	指向	数据来源	收集年份
对外开放	A1 外商直接投资	外商投资企业投资总额 ÷ GDP × 100%	%	+	统计年鉴	1985—2019
	A2 对外贸易依存度	进出口总额 ÷ GDP × 100%	%	+	统计年鉴	1978—2019
市场主体	B1 非公有制经济就业占比	（私营就业人数 + 个体就业人数）÷ 全体就业人数 × 100%	%	+	统计年鉴	1978—2019
	B2 国有企业经营状况	国有控股企业工业成本利润率 × 100%	%	+	统计年鉴	2000—2019
市场要素	C1 金融相关比率	（金融机构人民币年末各项存款余额 + 金融机构人民币年末各项贷款余额）÷ GDP × 100%	%	+	统计年鉴	1978—2019
	C2 全员劳动生产率	（GDP ÷ 居民消费价格指数（1978 = 100））÷ 全体就业人数	万元/人	+	统计年鉴	1978—2019
	C3 技术成果市场化	技术市场交易额 ÷ GDP × 100%	%	+	统计年鉴	1987—2019
市场环境	D1 中介组织就业占比	租赁与商务服务业就业人数 ÷ 城镇就业人数 × 100%	%	+	统计年鉴	2003—2019
	D2 产权保护程度	国内专利申请授权量 ÷ 年末常住人口	件/万人	+	统计年鉴	1986—2019

4. 信度效度检验

科学、合理的评价指标必须通过指标的信度效度检验，确保市场经济体制评价指标的可靠程度和有效程度。

信度（Reliability）是测评工具反映被测评对象特征的可靠程度，本书采用 Cronbach's Alpha 系数对市场经济体制评价指标的内部一致信度进行检验。一般认为量表的内部一致性信度在 0.8 以上具有较高的可靠程度，0.6—0.7 的范围内也可接受。市场经济体制涉及 4 个维度的指标，其内部一致性信度均在可接受范围内，即认为评价指标具有一定的可靠性。

效度（Validity）是指测评工具究竟在多大程度上获得了真正想要测评对象特质的真实性和准确性的程度，即测评的有效程度。本书采用"内容效度比" CVR 判断市场经济体制评价指标与测评内容之间的吻合程度。计算公式为

$$CVR = \frac{n_e - \frac{n}{2}}{\frac{n}{2}}$$

其中，n_e 为参评专家中认为测评指标较好反映测评内容的人数；n 为参评专家的总人数。

本书邀请 35 位相关领域专家对评价指标进行内容效度的评价，根据收集的数据计算内容效度比均在 0.6 以上，表明评价指标具有较高的内容效度（见表 3 - 5）。

表 3 - 5　市场经济体制评价指标信度效度检验

维度	市场经济体制	对外开放	市场主体	市场要素	市场环境
内部一致性信度	0.841	0.682	0.682	0.665	0.667
内容效度比	0.714	0.943	0.886	0.829	0.657

3.2.2　地方政府职能的结构要素与指标遴选

1. 结构要素

自市场化取向的市场经济体制改革特别是转变政府职能的任务提出以来，政府职能问题受到广泛关注（姚锐敏，2011）。尽管学术界对政府职能的概念内涵尚有不同的理解，但却也有一定的相同之处。简单来说，政

府职能即政府做什么，涉及政府职能的定位（该做什么）、政府职能的重心（侧重什么）、政府职能的行使方式（怎么做）等三个核心问题（竺乾威，2017）。世界银行发布的《1997年世界发展报告：变革世界中的政府》对政府职能进行了系统的梳理与归纳，从政府职能的目标与作用程度提出政府职能的分析框架，将政府职能目标分解为解决市场失灵、促进公平两个方面，同时根据政府作用程度将政府职能分为基本职能、中间职能与积极职能：政府能力较弱的国家首先必须将注意力集中于提供国防等纯粹的公共物品和保护穷人等基本职能；在此基础上，政府可与市场和公民社会形成合作关系，保证解决外部性、规范垄断、克服信息不对称和提供社会保险等中间职能；对于能力较强的政府，则可以发挥协调私人活动、再分配等积极职能（世界银行，1997）。

2018年修订后的《国务院工作规则》指出，“国务院要深入贯彻新发展理念，围绕推动高质量发展，建设现代化经济体系，加强和完善经济调节、市场监管、社会管理、公共服务、生态环境保护职能，深化简政放权、放管结合、优化服务改革，全面提高政府效能，创造良好发展环境，提供基本公共服务，维护社会公平正义”。解答了政府职能的三个核心问题：做什么——经济调节、市场监管、社会管理、公共服务、生态环境保护；侧重什么——创造良好发展环境，提供基本公共服务，维护社会公平正义；怎么做——深化简政放权、放管结合、优化服务改革。至此，地方政府“五位一体”职能框架已基本成型，本书将政府职能概括为经济调节、市场监管、社会管理、公共服务、生态环境保护等五个要素。

（1）经济调节职能。经济调节是指政府对经济活动的宏观调控，通过对经济发展经济形势的研判，综合运用经济、法律手段并辅以必要的行政手段，引导和调控经济运行，实现经济增长、产业结构调整等。

（2）市场监管职能。市场监管是指政府对市场的监督管理，健全完善监管体系，防范化解重大风险，维护市场的统一开放、公平诚信、竞争有序，使市场在资源配置中起决定性作用，充分激发各类市场主体活力和社会创造力。

（3）社会管理职能。社会管理职能是政府对社会公共事务管理的职能，是对公共安全和社会正义的维护，健全公共安全体系、打造共建共治共享的社会治理格局，维护公共秩序、实现社会公平。

（4）公共服务职能。公共服务职能是政府提供公共产品和公共服务的职能，是对民生的保障，包括社会就业、社会保障服务、教育、科技、文化、体育、卫生等公共事业，实现劳有所得、病有所医、老有所养、居有所住。

（5）生态环境保护职能。生态环境保护职能是政府对生态环境的治理和修复，包括对环境污染的防治、对环境保护的监管，发动公民和社会形成绿色发展方式和生活方式，如节能减排、新能源开发、植树造林等。

2. 地方政府职能结构——基于财政支出的视角

地方政府职能的统计分析往往通过财政支出规模、结构展开，例如分析财政支出对经济增长的影响（刘生龙、龚锋，2017），财政支出对公共服务、民生的影响（官永彬，2011；姚林香、欧阳建勇，2018）等；也有学者将财政支出作为政府规模的指标，研究经济开放、经济聚集、产业调整对政府规模的影响（杨灿明、孙群力，2008；梅冬州、杨友才、龚六堂，2013；毛捷、管汉晖、林智贤，2015；陈淑云、曾龙，2017）。

财政支出是地方政府履行职能的资金保障，地方政府职能的结构与重点决定了财政支出的规模与结构（万如意，2011；陈天祥、赵慧，2016）。本书认为，财政支出的规模、结构及其变化能够反映地方政府职能的结构、偏好与方向。

（1）财政支出规模/政府规模。财政支出规模从一个侧面反映了政府介入社会经济生活的广度与深度，能够体现政府职能的规模。公共支出占经济总量的比例可以用来衡量政府对经济的影响，众多学者在研究中采用政府支出占 GDP 的比例计算政府规模（Alesina & Wacziarg，1998；Rodrik，1998；Ram，2009；梅冬州、杨友才、龚六堂，2013；毛捷、管汉晖、林智贤，2015；潘凤，2018），也有学者通过人均财政支出来估计政府规模（周黎安、陶婧，2009）。考虑到政府支出占 GDP 的比例能够消除通货膨胀等因素的影响，更能体现财政支出的实际变动，本书采用一般公共预算支出占 GDP 的比例来衡量财政支出规模/政府规模。

（2）财政支出结构。财政支出结构是指财政支出项目间配置情况，体现财政资金在政府各项职能间的数量、比例关系，体现政府行为的范围、取向和重点，反映政府职能的分配格局与执行情况（谢舜、王天维，2018）。

目前，对于财政支出结构的研究通常将地方财政支出分为维持性支出、生产性支出和民生性支出（李永友，2010；贾俊雪、宁静，2015），并将财政支出的具体项目根据三种支出类型进行分类归并。维持性支出主要用于维持公共部门的正常运行、维护社会的和谐稳定，包括一般公共服务支出和公共安全支出（2007 年后项目分类）；生产性支出则直接作用于地方经济发展，主要包括城乡社区事务、农林水事务、交通运输、资源勘探等项目；民生性支出则主要作用于社会福利、人民生活的提升，主要涉及公共服务相关支出，包括教育、科技、文化、卫生、社会保障等方面。

借鉴以上分类方式，结合地方政府职能结构要素，考虑到财政支出数据可得性等问题，将部分职能做出适当合并，在财政支出结构分析中重点关注经济调节、公共服务、环境保护职能的相关支出以及政府维持性支出，将财政支出分为如表 3 – 6 所示的类型。

表 3 – 6　　　　财政支出结构明细

分类	具体财政支出子项目（1978—2006 年）	具体财政支出子项目（2007—2019 年）	对应职能
建设性支出	基本建设支出、企业挖潜改造资金、地质勘探费、科技三项费用、流动资金、农业支出、林业支出、支援农村生产支出和各项农业事业费，以及农林水利气象等部门事业费、工业交通部门事业费、流通部门事业费、城市维护费、海域开放建设和场地使用费支出	城乡社区事务、农林水事务、交通运输、资源勘探电力信息等事务、商业服务业等事务、金融监管支出、国土资源气象等事务支出	经济调节 市场监管
服务性支出	教科文卫支出：文体广播事业费、教育事业费、科学事业费、卫生经费 社会保障支出：抚恤和社会福利救济费、行政事业单位离退休经费、社会保障补助支出	教科文卫支出：教育支出、科学技术支出、文化体育传媒支出、医疗卫生支出 社会保障支出：社会保障和就业支出、住房保障支出	公共服务
环境保护支出	—	环境保护支出	环境保护
维持性支出	行政管理费、国防支出、外交外事支出、武装警察部队支出、公检法司支出	一般公共服务支出、外交支出、国防支出、公共安全支出	社会管理 政府运行

2007 年财政支出明细项目发生变化，实行新的财政支出口径，很难将其与变化前的财政支出项目一一对应，使得具体财政支出分类难以实现直接比较，因此，本书将以 2007 年为分界点对财政支出结构进行分段分析。同时，考虑数据可得性等问题，将 1992 年、2007 年作为两个分界点，1978—1991 年财政支出数据中，建设性支出以基本建设支出、企业挖潜改造资金 + 支援农业支出之和近似度量，服务性支出以科教文卫支出之和近似加以度量，而维持性支出以行政管理费近似度量。1992—2006 年财政支出数据中建设性支出和服务性支出严格按照表 3 – 7 计算获得，维持性支出以行政管理费与公检法司支出之和近似表示。2007—2019 年财政支出数据中，建设性支出以城乡社区事务、农林水事务、交通运输、资源勘探电力信息等事务、商业服务业等事务、金融监管支出近似计算得到，服务性支出以科教文卫支出与社会保障和就业支出之和度量，维持性支出以一般公共服务支出与公共安全支出之和近似表示，环境保护支出则仅包含环境保护支出。

表 3 – 7　　财政支出结构计算公式

指标	计算公式			单位
	1978—1991 年	1992—2006 年	2007—2019 年	
政府规模	一般公共预算支出 ÷ GDP × 100%			%
建设性支出占比	（基本建设支出 + 企业挖潜改造资金 + 支援农业支出）÷ 一般公共预算支出 × 100%	Σ（基本建设支出、企业挖潜改造资金、地质勘探费、科技三项费用、流动资金、农业支出、林业支出、支援农村生产支出、各项农业事业费、农林水利气象等部门事业费、工业交通部门事业费、流通部门事业费、城市维护费、海域开放建设和场地使用费支出）÷ 一般公共预算支出 × 100%	（城乡社区事务支出 + 农林水事务支出 + 交通运输支出 + 资源勘探电力信息等事务支出 + 商业服务业等事务支出 + 金融监管支出 + 国土资源气象等事务支出）÷ 一般公共预算支出 × 100%	%

续表

<table>
<tr><th colspan="2" rowspan="2">指标</th><th colspan="3">计算公式</th><th rowspan="2">单位</th></tr>
<tr><th>1978—1991 年</th><th>1992—2006 年</th><th>2007—2019 年</th></tr>
<tr><td rowspan="2">服务性支出占比</td><td>科教文卫支出占比</td><td>文教科卫事业费÷一般公共预算支出×100%</td><td>文教科卫事业费÷一般公共预算支出×100%</td><td>（教育支出+科学技术支出+文化体育传媒支出+医疗卫生支出）÷一般公共预算支出×100%</td><td>%</td></tr>
<tr><td>社会保障支出占比</td><td>—</td><td>（抚恤和社会福利救济费+行政事业单位离退休经费+社会保障补助支出）÷一般公共预算支出×100%</td><td>（社会保障和就业支出+住房保障支出）÷一般公共预算支出×100%</td><td>%</td></tr>
<tr><td colspan="2">维持性支出占比</td><td>行政管理费÷一般公共预算支出×100%</td><td>（行政管理费+公检法司支出）÷一般公共预算支出×100%</td><td>（一般公共服务支出+公共安全支出）÷一般公共预算支出×100%</td><td>%</td></tr>
<tr><td colspan="2">环境保护支出占比</td><td>—</td><td>—</td><td>环境保护支出÷一般公共预算支出×100%</td><td>%</td></tr>
</table>

注：政府规模与科教文卫支出占比连续可比，其余指标均需分段分析。

3. 地方政府职能实施绩效

以地方政府职能实施绩效衡量地方政府职能现状，在一定意义上即是对地方政府治理绩效的反映。从地方政府经济调节、市场监管、社会管理、公共服务与生态环境保护五项基本职能出发设计地方政府职能实施绩效相关指标，由于市场监管职能与市场经济体制衡量的指标有很大的重合，在此将重点考察经济调节、社会管理、公共服务与环境保护 4 项职能。

经济调节绩效的衡量多从经济发展速度、经济发展结构、经济发展质量等角度出发进行测量，通用指标包括 GDP、人均 GDP、GDP 增速、第三产业占比、高科技产业占比、万元 GDP 能耗、全要素生产率等。

社会管理绩效的衡量多包括社会组织发展、社会安全、社会公平等方面，通用测量指标包括社会组织数量、犯罪率、城乡收入比、基尼系数、恩格尔系数等。

公共服务绩效的衡量多从公众满意度的视角出发，衡量公众对公共服务供给、质量等各方面的感知；从科教文卫等方面的客观数据对公共服务绩效进行衡量，主要包括科技经费投入、教育经费投入、师生比（中学、小学、高等教育）、每千人医疗机构床位数、每千人医师数等。

环境保护绩效的衡量通常从环境污染治理与生态环境建设等角度出发，包括工业废气排放量、工业废气二氧化硫排放量、人均园林绿化面积、森林覆盖率等。

通过数据可得性，指标相关分析及鉴别力分析，最终筛选得到 8 个指标（见表 3－8），所有数据均可从各省（市、自治区）统计年鉴获得。

表 3－8　　地方政府职能评价指标

	三级指标	计算公式	单位	指向	收集年份
经济调节	EDP1 经济增长	人均 GDP ÷ CPI（1978 = 100）×100	元	+	1978—2019
	EDP2 经济结构	第三产业增加值 ÷ GDP × 100%	%	+	1978—2019
社会管理	SMP1 消费水平	恩格尔系数	%	–	1980—2019
	SMP2 城乡差异	农村居民人均可支配收入 ÷ 城市人均居民可支配收入 × 100%	%	+	1987—2019
公共服务	PSP1 教育事业	普通中学专职教师数 ÷ 普通中学在校生人数（生＝100）× 100%	%	+	1978—2019
	PSP2 医疗卫生	职业医师数 ÷ 年末常住人口	人/千人	+	1978—2019
环境保护	EPP1 大气污染	工业二氧化硫排放量 ÷ 实际 GDP	吨/万元	–	1987—2019
	EPP2 城市绿化	城市园林绿地面积 ÷ 年末常住人口	平方米/人	+	1987—2019

3.3 市场经济体制与地方政府职能的时空演化分析

3.3.1　市场经济体制的时空演化与区域差异

在厘清市场经济体制的结构要素、构建市场经济体制评价指标体系的基础上，本书采集1978—2019年国家及31个省（市、自治区）的面板数据开展实际测度，从时间特征、空间分布、区域差异等方面进一步研究改革开放以来31个省级区域市场经济体制的演变轨迹。

1. 对外开放的时空特征与区域差异

根据市场经济体制评价指标体系，从时间特征、空间分布和区域差异三个方面对对外贸易依存度（FTD）和外商直接投资（FDI）占比进行分析。

（1）时间特征。对1978—2019年全国对外开放相关数据的统计分析显示，改革开放以来，全国对外贸易规模不断增大，进出口总额从1978年的206.40亿美元增长到2017年41071.64亿美元，增长近200倍。从外商直接投资占比来看，1994年之前外商直接投资占比呈现增长趋势，而1994年之后则呈现下降趋势（见图3－4）。

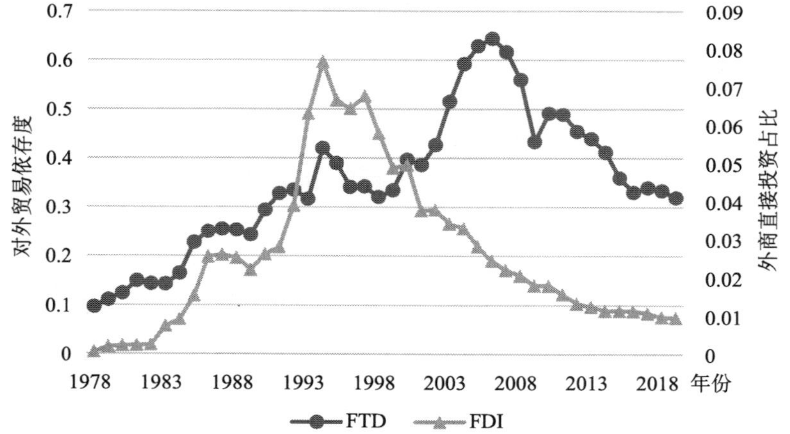

图3－4　1978—2019年全国对外开放情况

从对外贸易依存度（FTD）看，对外开放经历了以下几个阶段：①对外开放初期（1978—1994年），对外开放政策不断推广，形成了全方位发展的开放格局，依托改革开放红利，对外贸易规模不断扩大，进出口额年平均增长率达到17.0%，对外贸易依存度不断增大，从1978年的9.65%上升至1994年的41.98%，实现全面的对外开放。②稳步发展阶段（1994—2001年），1994年国务院出台《关于进一步深化对外贸易体制改革的决定》，以汇率并轨为核心进行外贸体制改革，推动外贸全面开放，出口补贴全部取消，降低关税幅度，经历了一次市场化的彻底变革，进出口额稳步提升，年平均增长率为12.0%，2001年进出口额达5096.51亿美元，而外贸依存度略微下降至38.6%。③高速发展阶段（2001—2006年），2001年12月中国加入WTO，对外开放政策红利进一步强化，对外贸易高速增长，逐步与世界接轨，2006年进出口总额达到14219.06亿美元，年平均增长率高达28.3%，外贸依存度高达64.36%。④增速放缓阶段（2006—2019年），受到美国次贷危机影响，对外贸易发展受阻，同时受到国内国际经济下行压力影响，对外贸易增速减慢，到2019年进出口贸易总额为45753.03亿美元，年平均增长率为8.03%，对外贸易依存度为31.93%。

由对外贸易依存度的空间分布图可以看出，改革开放以来对外贸易的发展呈现以下特征：①市场对外开放程度总体呈现增长态势，其中1978—1997年、1997—2007年期间增长态势明显，而到2007年以后对外贸易发展开始回落。②空间分布上，呈现东部沿海、边疆地区发展较快，中西部地区相对落后的特征，辽宁、北京、上海、广东、海南自改革开放以来对外贸易开放度一直相对较高，且增长速度较快；东部沿海地区（山东、江苏、浙江、福建）对外贸易依存度增长较快，而边疆地区（特别是新疆地区）对外贸易也达到较高水平。

改革开放以来外商直接投资占比呈现以下特征：①利用外商直接投资占比经历了从增高到回落的状态，其中1987—1997年增长态势明显，而到1997—2007年则呈现稍有回落。②空间分布上，呈现东部>中部>西部的特征，东部地区外商直接投资占比从1987年到1997年有较高水平的提升，而1997—2019年则有所回落，西部地区利用外资情况相对处于低位，与东部地区存在较大差距。

（2）区域差异。根据国家统计局对我国三大经济地带的划分[①]，进一步分析东部（11个省级行政区）、中部（8个省级行政区）、西部（12个省级行政区）地区市场经济体制发展程度的区域差异（见图3-5）。

① 将31个省（市、自治区）划分为东中西部，其中东部地区包括北京、天津、河北、辽宁、上海、江苏、浙江、福建、山东、广东和海南等11个省（市）；中部地区包括山西、吉林、黑龙江、安徽、江西、河南、湖北、湖南等8个省；西部地区包括内蒙古、广西、重庆、四川、贵州、云南、西藏、陕西、甘肃、青海、宁夏、新疆等12个省级行政区。

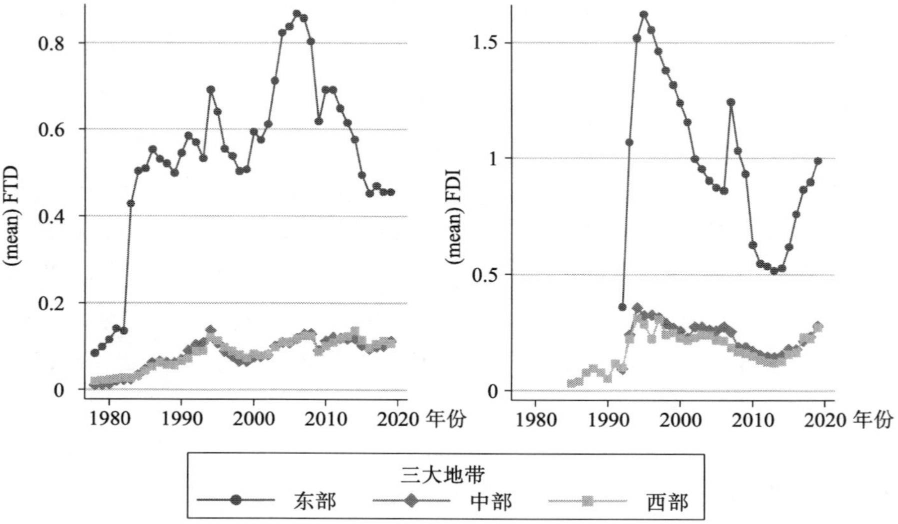

图 3－5　对外开放相关指标地区比较

三大经济地带对外贸易依存度与外商直接投资占比平均值的变化如图 3－5 所示，从中可以直观看到：①对外贸易依存度存在显著的区域差异，东部地区显著高于中、西部地区，尤其是 1983 年开始东部地区对外开放水平远远高于其他地区，且未有缩小趋势，而中部与西部之间对外贸易依存度并不存在显著差异。②利用外资方面同样存在显著的区域差异，自 20 世纪 80 年代中后期开始，东部地区外商直接投资占比显著高于其他地区，并将这种差距不断拉大，1994 年以后随着外商直接投资占比回落，差异开始逐步减小但并未消失；2000 年以后中部地区利用外资程度不断提高，逐渐缩小与东部的差距，同时与西部地区拉开距离，近几年外商直接投资占比有赶超东部地区的趋势。

方差分析结果进一步验证了以上观点（见表 3－9）。

表 3－9　　市场经济体制相关指标方差分析结果

	区域因素主效应 F	两两比较		
		东部—中部	东部—西部	中部—西部
FTD	271.668***	0.456***	0.454***	－0.002
FDI	181.230***	0.743***	0.762***	0.018
NPSOE	29.921***	0.070***	0.072***	0.002

续表

	区域因素主效应 F	两两比较		
		东部—中部	东部—西部	中部—西部
SOE	0.568			
FIR	34.016 ***	0.593 ***	0.251 **	-0.343 ***
LPR	71.311 ***	0.341 ***	0.374 ***	0.033
TM	67.093 ***	0.009 ***	0.009 ***	-0.000
MIO	30.566 ***	0.010 ***	0.009 ***	-0.001
IPR	43.148 ***	5.108 ***	5.429 ***	0.321

注：* $p < 0.05$，** $p < 0.01$，*** $p < 0.001$。

2. 市场主体的时空特征与区域差异

根据市场经济体制评价指标体系，从时间特征、空间分布和区域差异三个方面分别对非公有制就业占比（NPSOE）和国有企业经营状况（SOE）进行分析。

（1）时间特征。从全国范围来看，非公有制经济发展呈现增长趋势，1978 年除极个别个体就业外，绝大部分城镇就业人口均集中在国有经济和集体经济，非公有制就业占比仅 0.4%，随着市场经济体制改革的不断深化，民营经济等非公有制经济发展趋势喜人，成为了国民经济发展的主力军，创造了大量就业机会，到 2019 年城镇就业人口中非公有制经济就业人数占比已高达 87.0%，非公有制经济成为吸纳就业的主要渠道。国有经济发展总体较为平稳，国有企业经营状况呈现良好的态势，工业成本利润率维持在 6% 左右，在关系国家经济命脉的关键领域仍发挥着重要作用（见图 3 -6）。

（2）区域差异。三大经济地带非国有经济就业占比与国有控股企业工业成本利润率平均值的变化如图 3 -7 所示，可以直观看到：①2000 年以前，东、中、西部非国有经济就业占比不存在显著区域差异，2000 年以后东部地区私营和个体经济就业占比逐渐与中、西部地区拉开差距。②国有企业发展则有所不同，三大经济地带国有控股企业工业成本利润率平均值波动较大，总体而言，没有显著的地区特征。从方差分析结果（表 3 -9）可以看到，总体上，东、中、西部非公经济发展存在显著的差异，两两比较结果可知东部与中、西部存在显著差异；而国有企业发展地区间

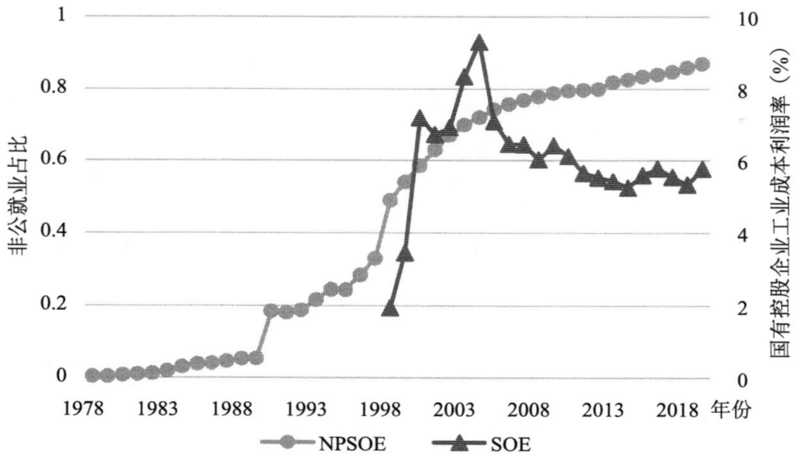

图 3－6　1978—2019 年全国市场主体发展状况

差异不显著（见图 3－7）。

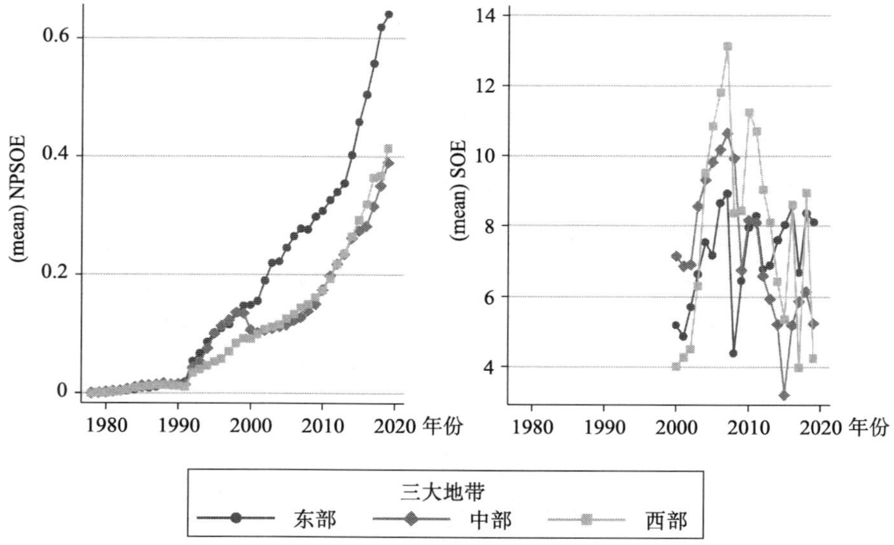

图 3－7　市场主体相关指标地区比较

3. 市场要素的时空特征与区域差异

从时间特征、空间分布和区域差异三个方面分别对金融相关比率（FIR）、全员劳动生产率（LPR）和技术成果市场化（TM）进行分析。

（1）时间特征。从全国范围来看，金融市场平稳发展，金融相关比率稳步增长，FIR从1978年0.83到2019年的3.50，实现了金融市场成熟度提升；劳动力市场竞争力不断提升，全员劳动生产率（LPR）迅速增长，从1978年916元/人年上升到2019年19054元/人年；技术成果市场化程度从前期略有波动，到后期稳步增长，技术市场成交额占GDP比重从1978年0.39%提高到2019年的2.27%，技术市场交易日益活跃，技术市场成熟度日益提升。总体来看，市场要素发展程度呈上升趋势，随着时间推移，市场要素市场化程度越来越高（见图3-8、图3-9）。

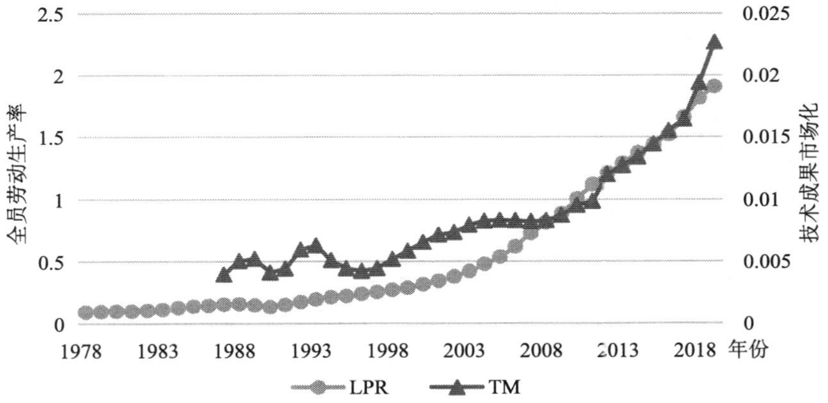

图3-8 1978—2019年全国市场要素发展状况（一）

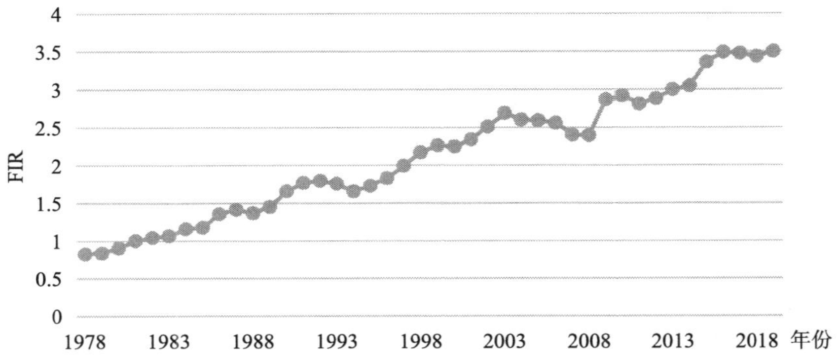

图3-9 1978—2019年全国市场要素发展状况（二）

各省（市、自治区）金融相关比率具有以下时空分布特征：①随时间推移，金融相关比率增长趋势明显，各地金融市场均得到了快速发展。②从空间分布特征看，北京、上海金融相关比率始终处于领先地位，而

1997 年海南金融相关比率超过上海成为第二，2017 年西藏的金融相关比率跃居第二，除部分特殊省份外，基本仍遵循东部高于中、西部的特征。

各省（市、自治区）全员劳动力生产率具有以下时空分布特征：①随时间推移，全员劳动力生产率不断增长，尤其是 1997—2019 年的 20 年间增长速度更是高于 1978—1999 年，劳动力市场竞争力大幅提高。②从空间分布特征看，东部沿海地区和内蒙古、新疆等地区处于领先地位，尤其是东部地区优势不断增大。

（2）区域差异。三大经济地带市场要素相关指标平均值的变化如图 3 - 10 所示。①金融市场发展同样存在显著的地域差异，方差分析两两比较结果显示，东、中、西部两两之间均存在显著的差异，呈现出东部 > 西部 > 中部的特征。②从劳动力生产率的区域比较结果看，劳动力市场竞争力存在显著的地区差异，东部地区的劳动力生产率显著高于中、西部，且这种比较优势在不断扩大，中、西部之间两条曲线基本重合，不存在显著差异。③与劳动力市场特征相似，技术市场发展上，东部地区显著领先于中部与西部，且领先优势不断扩大。

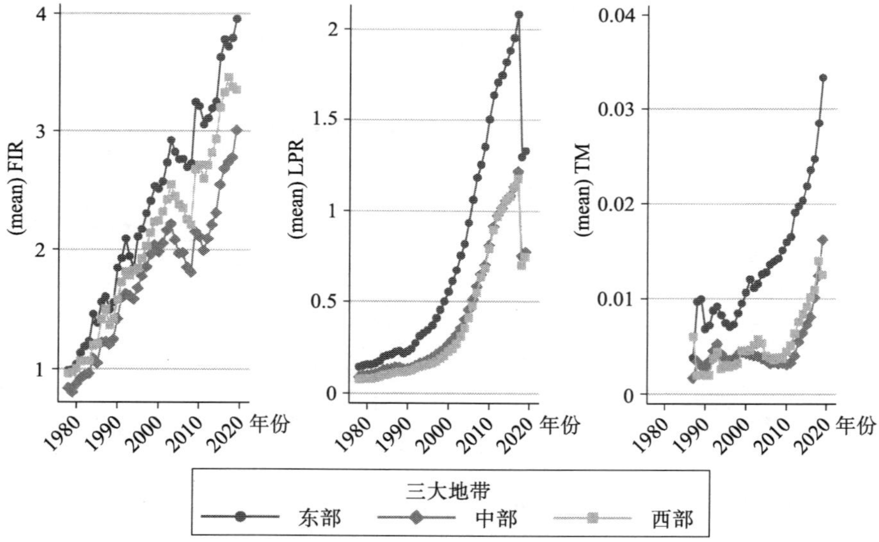

图 3 - 10 市场要素相关指标区域差异

4. 市场环境的时空特征与区域差异

根据市场经济体制评价指标体系，从时间特征、空间分布和区域差异三个方面分别对中介组织就业占比（MIO）和知识产权保护程度（IPR）进行分析。

（1）时间特征。从全国范围来看，市场中介组织发展总体呈现良好态势，除 2011 年、2012 年城镇就业人口中中介组织就业人数占比略有下降外，其余均呈现增长趋势，2003 年租赁与商务服务业从业人员占城镇就业人数比例为 0.7%，至 2019 年该比例增加到 1.5%，17 年间中介组织不断壮大，得到了良好的发展；知识产权保护方面，1984 年《中华人民共和国专利法》颁布以来，我国专利授予量增长迅猛，从 1985 年首批专利授权 111 件到 2019 年年度授权 259.2 万件，1985—2019 年累计专利授权量达到 1775.0 万件，每万人专利申请授权量从 1985 年的 0.001 件到 2019 年的 18.5 件，实现了专利申请授权的突破，知识产权保护水平迅速提高。总体来看，随着时间推移，中介组织不断发展壮大，知识产权保护力度不断提高，实现了市场环境优化（见图 3－11）。

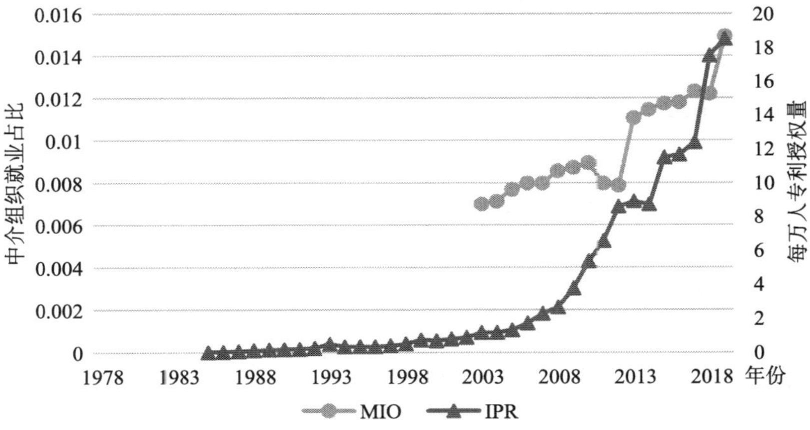

图 3－11　1978—2019 年全国市场环境发展状况

（2）区域差异。市场环境相关变量平均值的变化如图 3－12 所示，从中可以直观看到：①中介组织发展的区域差异显著，东部地区显著高于中、西部地区，并始终保持较大差距；2013 年起中、西部间差异开始明显，西部地区中介组织从业人员占比开始高于中部。②产权保护方面，同样存在显著的区域差异，东部地区的专利申请授权情况显著高于中、西部，且差距不断扩大，方差分析结果从统计上验证了以上结论。

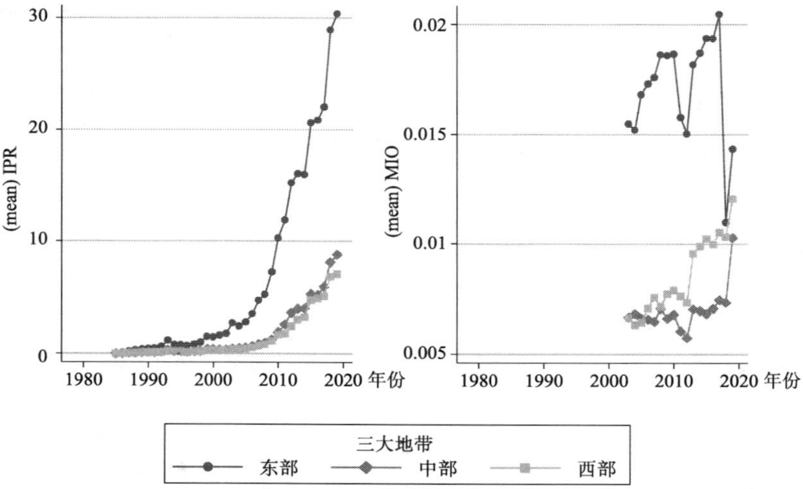

图 3-12 市场环境相关指标地区比较

3.3.2 地方政府职能结构的时空演化与区域差异

在厘清地方政府职能的结构要素、指标选择的基础上，本书采集1978—2019年31个省（市、自治区）的面板数据开展实际测度，从时间特征、空间分布、区域差异等方面分段研究1978—2019年31个省级区域地方政府职能结构的演变轨迹。

1. 财政支出规模的时空特征与区域差异

本书从绝对规模（实际人均财政支出 rPFE）和相对规模（财政支出占比 FE）两个层面来衡量政府规模，其中实际人均财政支出是名义人均财政支出根据 CPI 平减后的水平，更能体现财政支出真实规模。

（1）时间特征。1978—2019年全国实际人均财政支出平均值的统计分析结果显示，改革开放以来，实际人均财政支出平均的增长趋势明显，实际人均财政支出1978年94.53元，1999年实现翻番208.69元，到2019年达到2234.19元。财政支出占比则总体呈“V”字型变化，随着时间迁移经历了先下降再上升的过程，1978年财政支出占比平均值为23.4%，1997年最低（12.0%），之后又呈现上升趋势，到2019年为29.0%。1978年改革开放以后，一方面政府对市场、社会的干预开始减少；另一方面财政支出绝对规模的增长并没有超过GDP的增速，财政支出占 GDP 的比重不断下降。然而财政支出相对规模也带来了一些社会问题。1994 年财政分权改革之后，为吸引资源解决社会问题，地方政府间展开了激烈竞争，财政支出占比开始回升，1998 年以后政府规模得以较快的速度扩张（见图 3－13）。

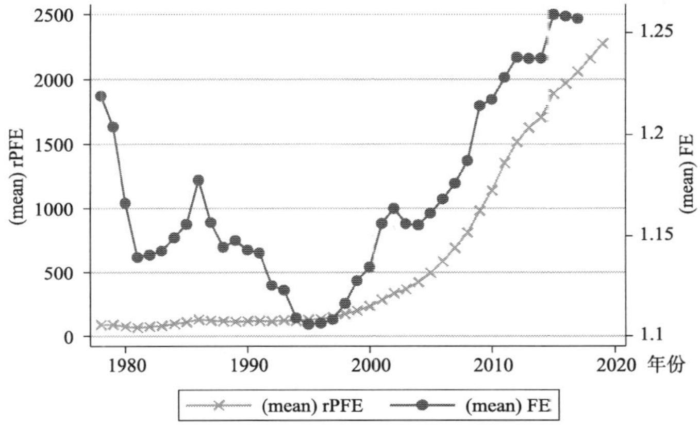

图 3－13　人均财政支出与财政支出占比

（2）区域差异。三大经济地带财政支出规模平均值的变化如图 3－14 所示，可以直观看到财政支出绝对规模和相对规模均存在显著的区域差异：①绝对规模上，西部与东部大于中部地区，东、西部之间差异并不明显。②相对规模上，则是西部 > 中部、东部，西部稍大于东部。方差分析结果进一步验证了以上观点（表 3－10）。

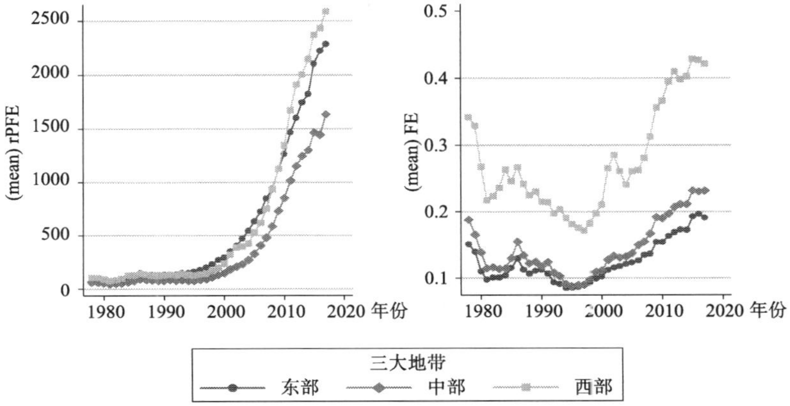

图 3－14　财政支出规模的区域差异

表 3－10　　财政支出规模相关指标方差分析结果

	区域因素主效应 F	两两比较		
		东部—中部	东部—西部	中部—西部
rPFE	10.452***	250.302***	－31.566	－281.868***
FE	186.609***	－0.021*	－0.154***	－0.133***

注：* $p<0.05$，** $p<0.01$，*** $p<0.001$。

由于政策等方面的原因，西部地区尤其边疆地区在财政支出相对规模上处于高位，同时由于其人口数量较低，在人均财政支出规模也处于相对领先地位。东部地区在人均财政支出规模上处于领先地位，而在财政支出相对规模上处于低位。

2. 财政支出结构的时空特征与区域差异

根据财政支出分项目的差异，以 1992 年、2007 年为分界点，分三个阶段（1978—1991 年、1992—2006 年、2007—2019 年）考察改革开放以来财政支出结构的时空特征与区域差异。

（1）财政支出倾向。从生产建设性支出、公共服务支出、维持性支出三大类支出结构倾向以及各类支出的绝对规模与相对规模等方面，对财政支出结构的时空特征与区域差异进行研究。

①1978—1991 年：重生产建设、轻公共服务。从生产建设支出、公共服务支出、维持性支出三类支出的占比来看，1987 年以前，生产建设性支出 > 公共服务支出 > 维持性支出，表明在此阶段，政府将更多的财政资金投入生产建设性事务中；1987 年以后公共服务支出开始超越生产建设性支出，但仍处于较低水平（见图 3－15）。

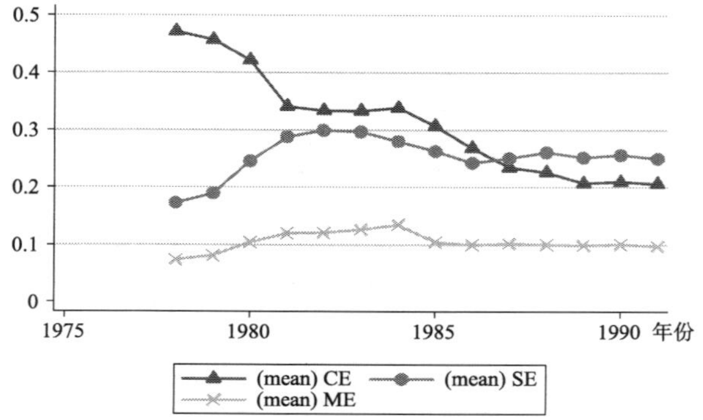

图 3－15　财政支出倾向（1978—1991 年）

②1992—2006 年：服务型政府建设调整期。从三大类支出所占比例来看，1992—1996 年间公共服务支出占比与生产建设性支出地位旗鼓相当，1997 年之后公共服务支出占比不断提高，开始超越生产建设性支出，成为政府职能的重点。特别是服务型政府理念提出以来，民生、公共服务不断强化，公共服务支出占比与经济建设支出占比的领先优势开始拉大（见图 3 - 16）。

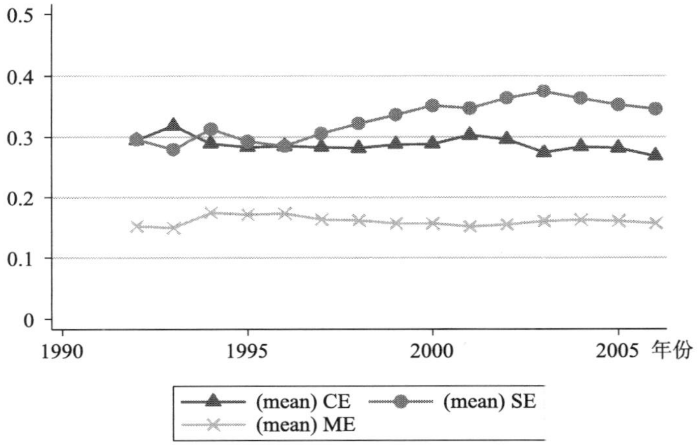

图 3 - 16　财政支出倾向（1992—2006 年）

③2007—2019 年：公共服务主导、经济建设并进。2007—2019 年间财政支出结构倾向主要呈现“公共服务支出 > 生产建设性支出 > 维持性支出 > 环境保护支出”的特征，公共服务的主导地位得到巩固，同时受到全球性经济危机与经济下行形势带来的影响，政府在经济建设方面支出不断加大，维持性支出占比下降。总体而言，财政支出结构呈现“公共服务支出主导、经济建设并进”的特征，反映出公共服务职能与经济建设、市场监管职能一并成为该阶段的重点（见图 3 - 17）。

（2）生产建设性支出。生产建设性支出对应的主要是政府的经济调节与市场监管职能，通过该类支出绝对规模与相对规模的分析，能够反映政府在经济调节与市场监管方面资金投入，进一步反映政府相关职能的履行。

①时间特征。1978—1991 年，受到改革开放政策影响，政府对生产建设干预减少，相关支出的绝对规模和相对规模呈下降趋势，生产建设性支出相对规模大幅下降，从 1978 年接近 50% 到 1991 年 20% 左右；而绝

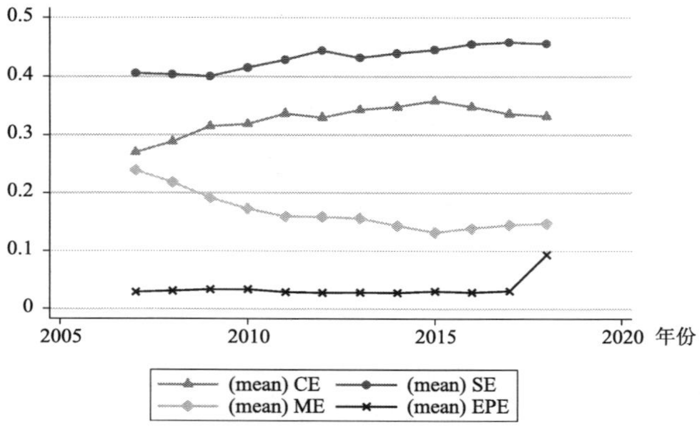

图 3 - 17 财政支出倾向（2007—2019 年）

对规模则有波动，最高点为 1978 年人均生产建设性支出 50 元左右，最低点则是 25 元左右。1992—2006 年生产建设性支出的绝对规模上升趋势明显，1992 年人均生产建设支出为 36. 38 元，到 2006 年达到 178 元，为 1992 年的 9. 1 倍，而相对规模维持在 30% 左右并有所下降。2007 年以后受到动荡的经济形势影响，政府在经济建设、市场监管领域的投入有所提高，生产建设性支出绝对规模和相对规模均呈现上升趋势，绝对规模 2019 年是 2007 年的 2. 9 倍，而相对规模也从 2007 年的 27. 2% 上升至 2018 年的 33. 6%（见图 3 - 18）。

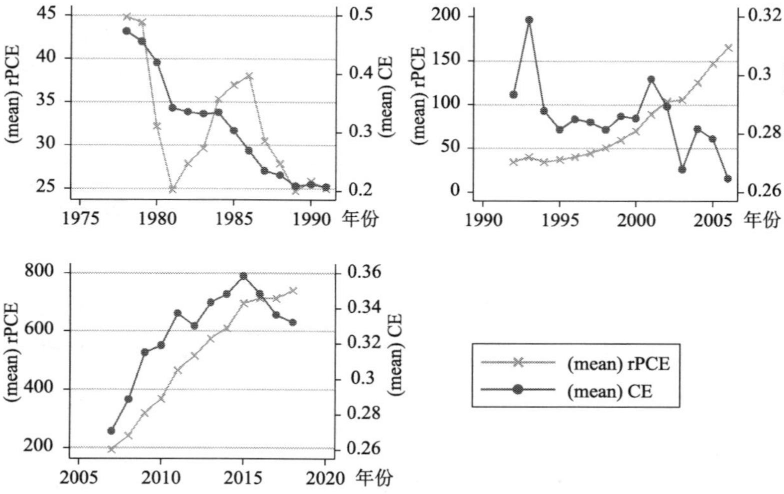

图 3 - 18 生产建设性支出趋势

②区域差异。三大经济地带人均生产建设支出的平均值变化如图 3－19 所示，可以直观看到：1978—1991 年间生产建设性支出绝对规模存在显著差异，中部显著低于东部与西部；1992—2006 年间生产建设性支出绝对规模呈现出“东部 > 西部 > 中部”的特征；2007—2019 年，中部显著落后于东部与西部，同时西部人均生产建设性支出开始超越东部并保持相对稳定的差距，方差分析验证了以上观点（见图 3－19）。

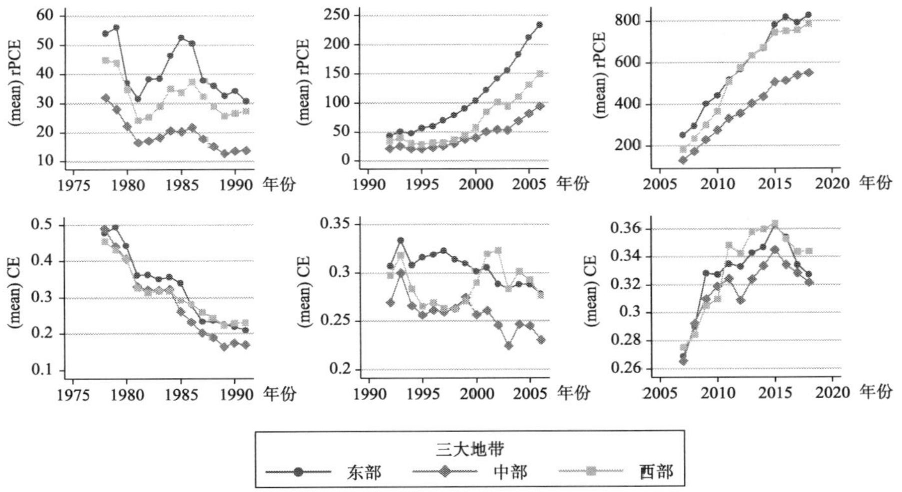

图 3－19　生产建设性支出的区域差异

生产建设性支出的相对规模方面：一是 1978—1991 年间生产建设性支出相对规模存在显著区域差异，中部显著低于东部与西部，其中 1978—1984 年西部与中部地区平均水平基本持平，而 1985—1991 年西部地区与东部地区基本持平。二是 1992—2006 年东、中部地区生产建设性支出占比平稳发展并有所下降，东部始终高于中部，并保持一定差距，西部地区生产建设性支出占比在 1992—1999 年下降，之后上升并保持高位。三是 2007—2019 年，基本呈现“西部 > 东部 > 中部”的特点，且仅西部与中部间存在显著差异。方差分析进一步验证了以上结论（见表 3－11）。

（3）公共服务性支出。公共服务性支出主要对应政府公共服务职能，能够体现政府在公共服务与民生领域的投入，进一步反映政府公共服务职能的履行。

表 3 - 11　　财政支出规模相关指标方差分析结果

	区域因素主效应 F	两两比较		
		东部—中部	东部—西部	中部—西部
rPCE1978	24.557 ***	36.13 ***	8.67	-27.46 ***
rPCE1992	17.785 ***	67.01 ***	24.96	-42.06 ***
rPCE2007	15.581 ***	203.55 ***	-110.92	-314.47 ***
CE1978	11.699 ***	0.040 ***	0.002	-0.040 ***
CE1992	22.700 ***	0.047 ***	0.010	-0.037 ***
CE2007	5.526 **	0.009	-0.014	-0.023 **

注：* $p<0.05$，** $p<0.01$，*** $p<0.001$。

①时间特征。三个阶段政府公共服务性支出绝对规模与相对规模均呈现上升趋势：公共服务性支出绝对规模以较快的速度增长，1978—1991年人均公共服务性支出翻一番，1992—2006年间人均支出从34元增长到201元；2007—2019年从287元增长到1068.18元。支出相对规模平均水平稳中有进，1978—1991年从17.3%增长到25.1%，1992—2006年从29.6%增长到34.6%，2007—2019年从40.1%增长到44.5%（见图3-20）。

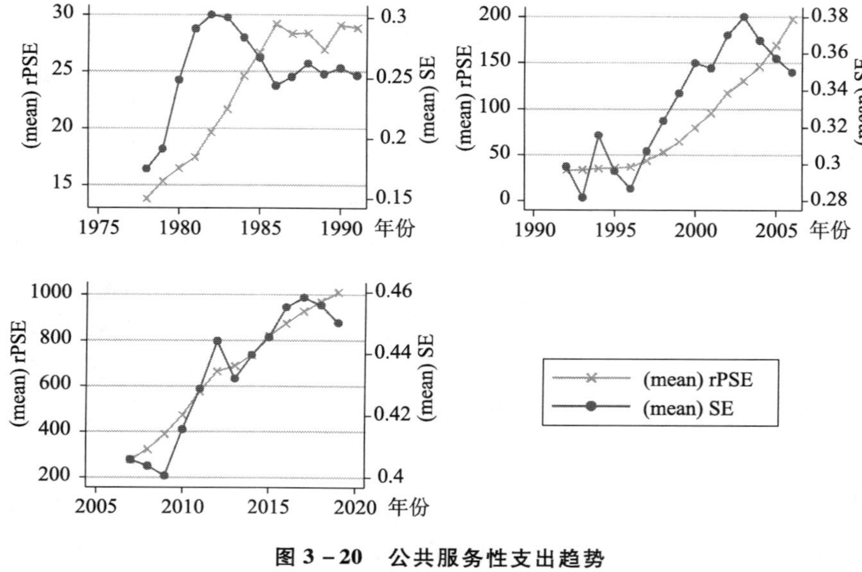

图 3 - 20　公共服务性支出趋势

②区域差异。三大经济地带公共服务性支出的平均值变化如图 3－21 所示，可以直观看到：其一，三大经济区域的公共服务支出绝对规模存在显著差异，1978—1991 年、2007—2017 年，东部与西部地区公共服务支出绝对规模大于中部地区，而 1992 年则呈现东部 > 西部 > 中部的特点。其二，公共服务支出占比存在显著区域差异，其中 1978—1991 年呈现东、中部地区显著高于西部地区，1992—2006 年、2007—2019 年中部地区开始与东部和西部地区拉开距离，公共服务支出占比显著高于西部与东部地区。

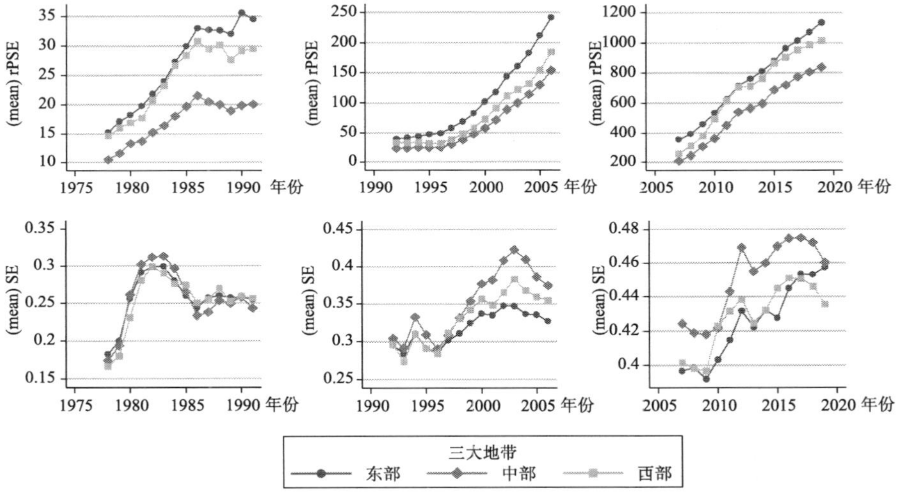

图 3－21　公共服务性支出区域差异

方差分析结果（表 3－12）也验证了以上结论。

表 3－12　　　　财政支出规模指标方差分析结果

	区域因素主效应 F	两两比较		
		东部—中部	东部—西部	中部—西部
rPSE1978	28.34***	25.15***	10.87**	－14.28***
rPSE1992	13.384***	42.63*	25.94**	－16.69***
rPSE2007	12.804***	200.70***	－24.26	－224.95***
SE1978	4.855**	－0.002	0.011**	0.009*
SE1992	16.056***	－0.034***	－0.005	0.029*
SE2007	20.196***	－0.026***	0.007	0.033***

注：* $p<0.05$，** $p<0.01$，*** $p<0.001$。

（4）维持性支出。维持性支出主要用于保障社会稳定、维持政府部门运作，与其对应的是政府社会管理职能，维持性支出规模分析能够体现政府社会管理职能与自身运行情况。

①时间特征。从维持性支出绝对规模的变化趋势看，人均维持性支出增长趋势显著，1978—1991 年从 6.67 增长到 11.76 元，前期增长速度较快，后期平稳发展；1992—2006 年从 17.26 元增长到 92.54 元，2007—2019 年从 172.15 元增长到 364.82 元，增长速度较快。从维持性支出相对规模看，1978—1984 年较快速度增长之后进入了较为平稳发展的阶段，1992—2006 年在平稳发展中略有下降，而 2007—2019 年则呈现显著的下降趋势后略有增长（见图 3－22）。

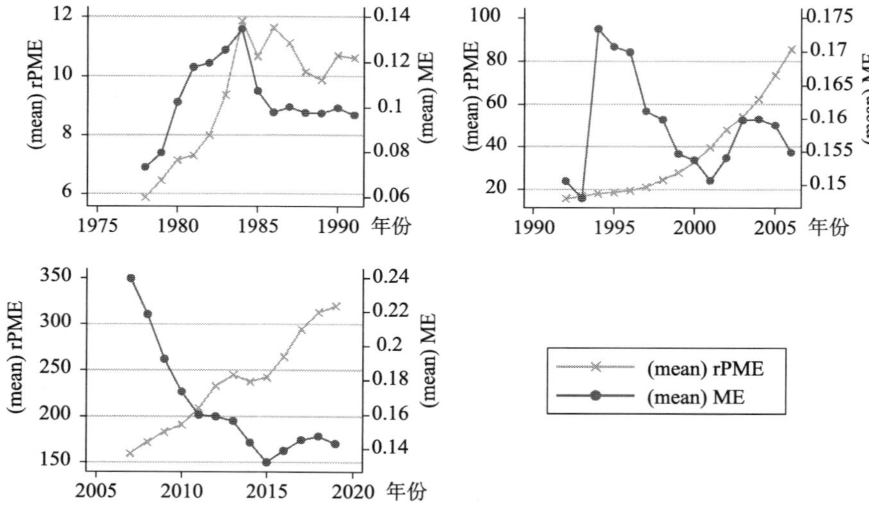

图 3－22　维持性支出趋势

②区域差异。三大经济地带维持性支出绝对规模存在显著的区域差异（见图 3－23）：1978—1991 年，西部地区人均维持性支出显著大于东、中部，1992—2006 年东、西部地区显著高于中部地区，2007—2017 年则是西部 > 东部 > 中部。相对规模上，1978—1991 年、1991—2006 年间中、西部地区显著高于东部地区，而 2007 年以后的一段时间内各区域间差异在统计上不显著（见表 3－13）。

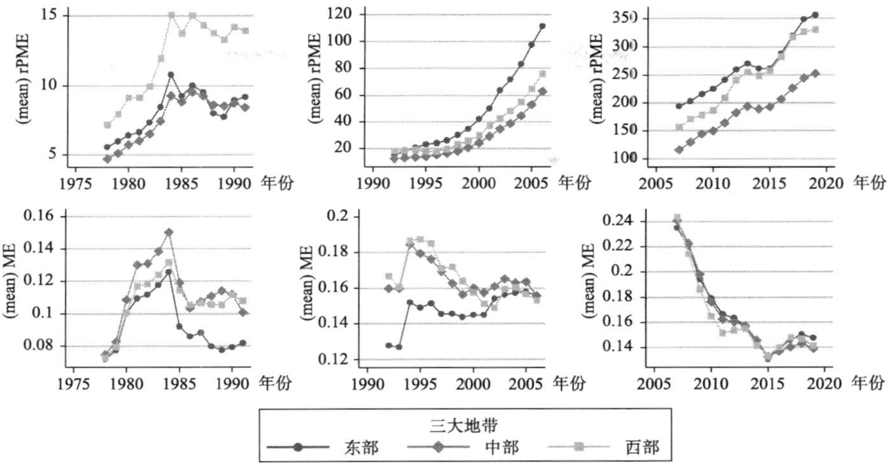

图 3－23　维持性支出区域差异

表 3－13　　　　维持性支出方差分析结果

	区域因素主效应 F	两两比较		
		东部—中部	东部—西部	中部—西部
rPME1978	26.763***	5.25***	－8.11***	－13.36***
rPME1992	11.586***	20.11***	3.89	－16.22***
rPME2007	15.685***	80.92***	－55.06*	－135.98***
ME1978	39.471***	－0.018***	－0.027***	－0.010**
ME1992	18.180***	－0.017***	－0.021***	－0.004
ME2007	0.098			

注：* $p<0.05$，** $p<0.01$，*** $p<0.001$。

（5）环境保护支出。环境保护支出主要对应政府生态环境保护职能，2007 年起财政支出分项目中单独列为一项，对其绝对规模与相对规模的研究能够体现政府生态环境保护职能的履行。

①时间特征。从时间趋势上看，环境保护支出的绝对规模平均水平随着时间推移而增长，人均环境支出从 2007 年的 20 元左右上升到 2019 年 120 元左右；相对水平方面，即环境支出占比经历了上升、回落再到平稳的状态（见图 3－24）。

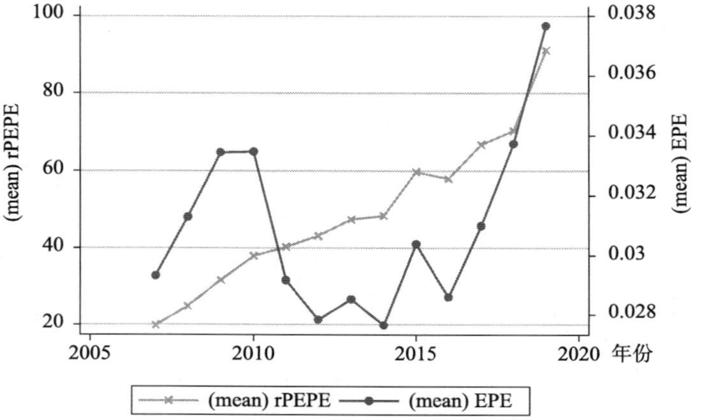

图 3－24 环境保护支出趋势

②区域差异。环境保护支出的绝对规模与相对规模存在显著的区域差异（见图 3－25、表 3－14）：环境保护支出绝对规模具有“西部 > 东部 > 中部”特征，且东部地区与西部地区的差距越来越小，逐渐持平。环境保护支出的相对规模则从发散逐渐收敛，从“西部 > 中部 > 东部”三者之间存在较大差异到三者差距逐步缩小，再到基本持平。

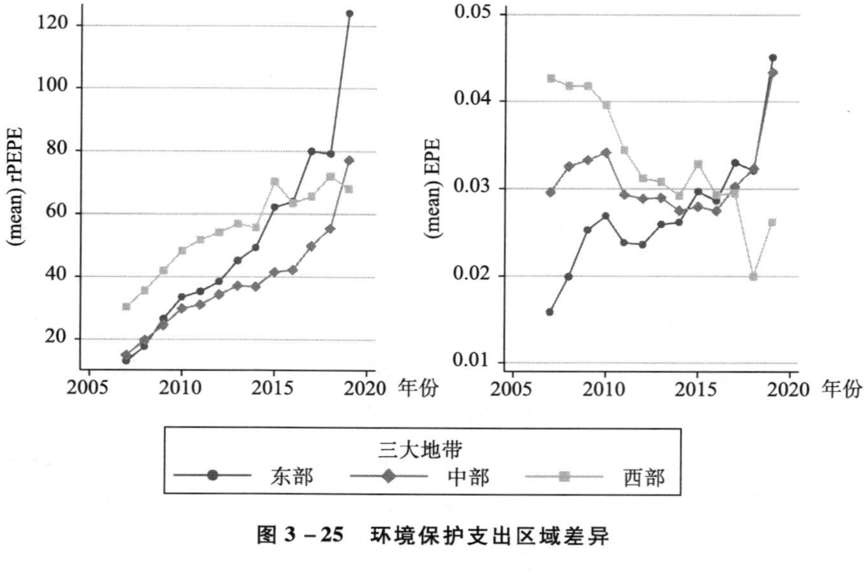

图 3－25 环境保护支出区域差异

表 3－14　　环境保护支出规模相关指标方差分析结果

	区域因素主效应 F	两两比较		
		东部—中部	东部—西部	中部—西部
rPEPE2007	6.262***	13.343*	－15.077	－28.420***
EPE2007	1.545			

注：* $p<0.05$，** $p<0.01$，*** $p<0.001$。

3.3.3　地方政府职能实施绩效的时空演化与区域差异

重点考察经济调节、社会管理、公共服务、环境保护等 4 方面地方政府职能实施绩效的时间特征、空间分布与区域差异。

1. 经济调节绩效的时空特征与区域差异

（1）时间特征。从时间趋势上看，经济调节绩效中两个单项指标均呈现上升趋势，其中实际人均 GDP 从 1978 年 459.68 元增长到 2019 年的 9594.63 元，第三产业占比从 1978 年的 19.76% 增长到 2019 年的 53.66%（见图 3－26）。

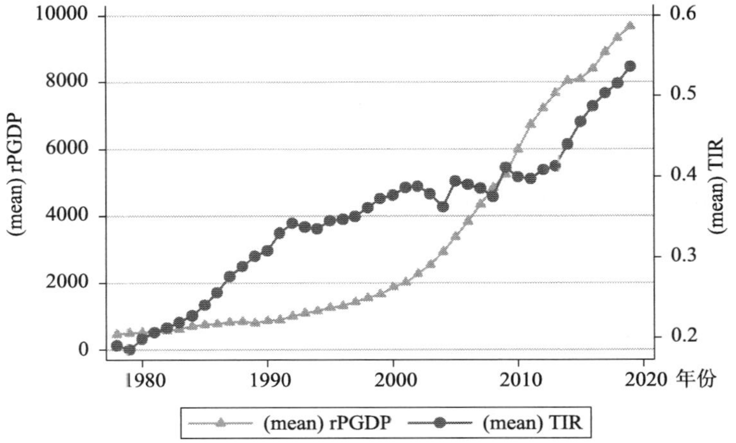

图 3－26　经济调节绩效时间特征

（2）区域差异。各省（市、自治区）经济调节绩效存在显著的区域差异（见图 3－27、表 3－15）：东部地区人均实际 GDP 显著高于中、西部地区，而西部与中部之间不存在显著差异。第三产业增加值占比则从起初的东、西部大于中部，发展到“东部 > 西部 > 中部”，而到后期西部与中部之间的差异逐步缩小，2015 年以后基本持平。

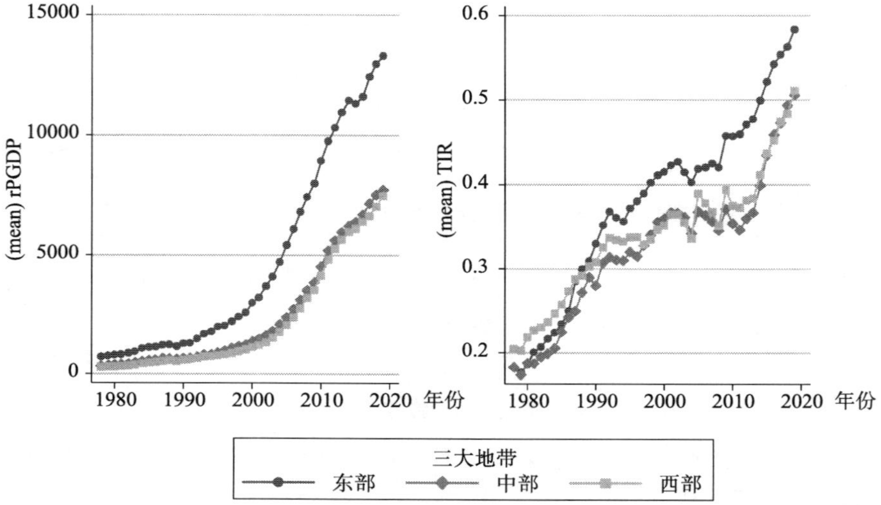

图 3-27 经济调节绩效区域差异

表 3-15 地方政府职能相关指标方差分析结果

	区域因素主效应 F	两两比较		
		东部—中部	东部—西部	中部—西部
rPGDP	73.353***	2235.275***	2467.350***	232.075
TIR	24.119***	0.054***	0.031***	-0.023***
ENGEL	0.514	-	-	-
DBTC	190.597***	0.040***	0.130***	0.090***
TSR	16.013***	0.431***	0.496***	0.065
DPR	54.037**	0.466***	0.400**	-0.066
SO2	82.291***	-220.856***	-888.851***	-667.995***
PGA	53.488***	6.033***	5.668***	-0.365

注：* $p < 0.05$，** $p < 0.01$，*** $p < 0.001$。

2. 社会管理绩效的时空特征与区域差异

（1）时间特征。从时间趋势上看（见图 3-28）：恩格尔系数不断下降，从 1978 年的 58.5% 下降到 2019 年的 28.98%，实现了人民生活水平的提升。农村居民收入与城镇居民收入比值经历了先上升后下降的趋势，表明城乡差距先缩小后又扩大，2010 年之后又开始逐步缩小差异并维持稳定，城乡差异在 1983 年最小，农村居民收入是城镇居民的 62.2%，2009 年差距最大（农村居民收入仅为城镇居民的 33.2%）。

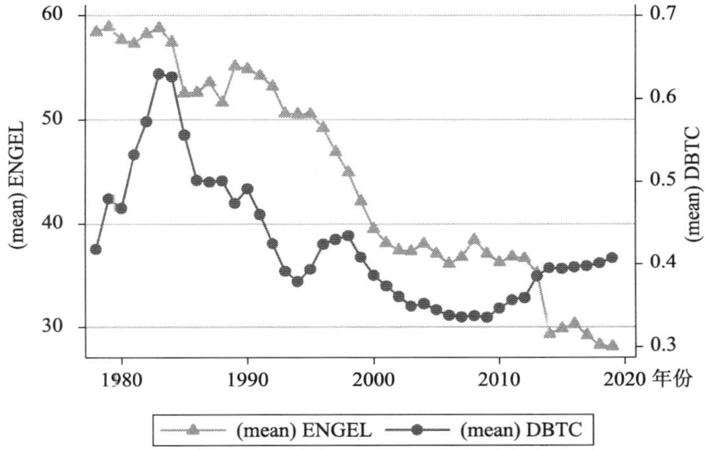

图 3－28　社会管理绩效时间特征

空间分布上：各省（市、自治区）恩格尔系数均随时间变化呈现下降趋势。农村居民收入与城镇居民收入比值在空间特征上呈现“东部 > 中部 > 西部”的特点，而北京、上海等地区农村与城镇居民收入比值较大，表明其城乡发展相对较为均衡。

(2) 区域差异。各省（市、自治区）恩格尔系数不存在显著的区域差异，城乡收入协调性方面则存在显著的区域差异，总体呈现城乡“东部 > 中部 > 西部”的特征，即东部地区城乡协调发展程度最高，而西部地区城乡差异最大（见图 3－29）。

3. 公共服务绩效的时空特征与区域差异

(1) 时间特征。从时间趋势上看，公共服务绩效两个单项指标的变化趋势相同，经历了先增长后下降再增长的特点。其中师生比从 1978 年的 4.84 上升至 2019 年的 8.30，医疗卫生事业方面，从 1978 年每千常住人口 1.32 名执业医师上升至 2019 年每千人 2.79 名，公共服务水平有所上升，但仍处于较低水平（见图 3－30）。

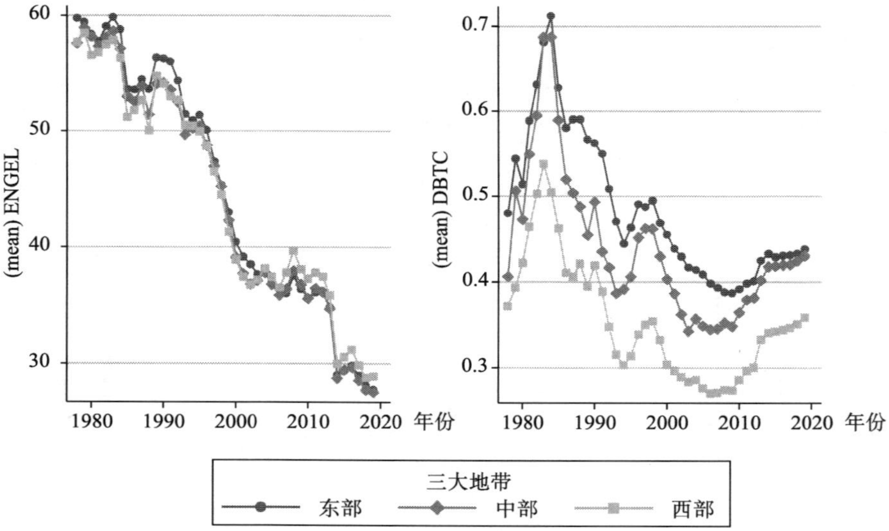

图 3－29　社会管理绩效区域差异

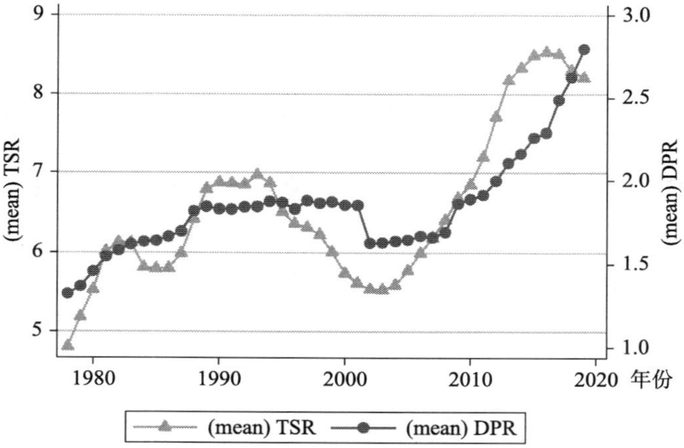

图 3－30　公共服务绩效时间特征

（2）区域差异。公共服务绩效区域差异显著：教育方面，东部地区显著高于西部与中部地区，而中、西部地区间差异并不显著，2003 年以后中部地区师生比开始高于西部地区并拉开差距。医疗卫生事业方面，东部地区显著高于中、西部地区，2000 年以前，西部地区高于中部地区，2000 年以后中、西部之间不存在显著的差异（见图 3－31）。

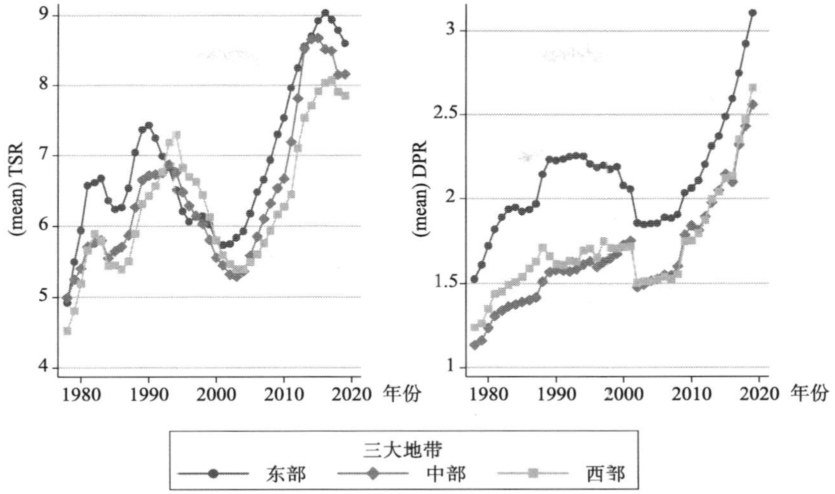

图 3-31　公共服务绩效区域差异

4. 环境保护绩效的时空特征与区域差异

（1）时间特征。从时间趋势上分析：①单位产出二氧化硫排放量下降趋势明显，每万元 GDP 二氧化硫排放量从 1985 年的 2310.1 吨下降到 2019 年 133.76 吨，环境污染治理成效较为显著、节能减排效果显著。②人均绿地面积增长趋势明显，从 1987 年 2.1 平方米增长到 2019 年 23.0 平方米，增长近 10 倍，生态环境建设成效突出，环境保护绩效不断提升（见图 3-32）。

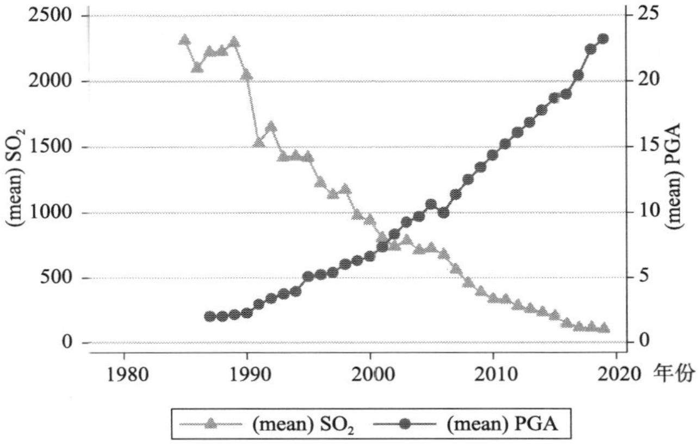

图 3-32　环境保护绩效时间特征

（2）区域差异。环境保护绩效存在显著区域差异：①单位产出二氧化硫排放量呈现西部 > 中部 > 东部的特点，环境污染治理方面绩效则为东部 > 中部 > 西部。②城市绿化建设方面，东部显著高于中、西部，中、西部间不存在显著差异（见图 3 – 33）。

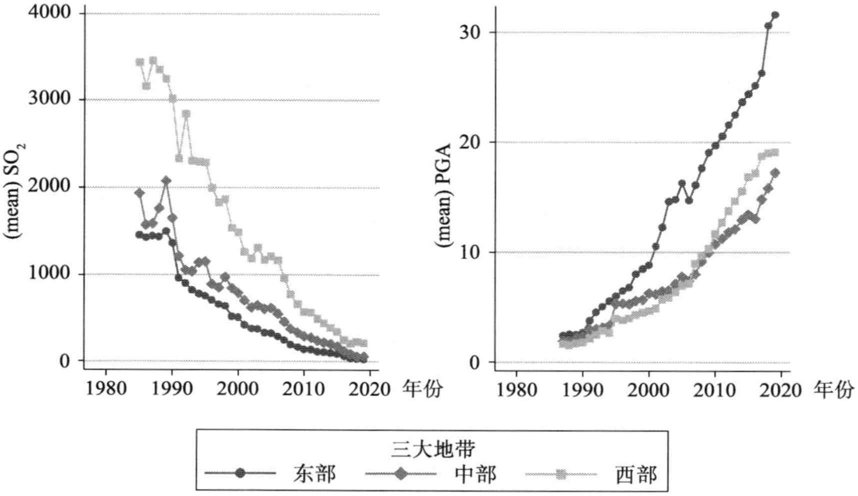

图 3 – 33　环境保护绩效区域差异

本节构建了市场经济体制、地方政府职能的评价指标体系，并在此基础上收集 1978—2019 年 31 个省、市、自治区数据，从时间特征、空间分布与区域差异等三个方面剖析市场经济体制、地方政府职能结构与地方政府职能实施绩效的时空演化规律，研究发现：

市场经济体制。除对外开放度呈倒“V 型”特征外，市场经济体制多数评价指标均随时间变化呈上升趋势，表明市场经济体制发展程度不断提升，且同一维度的多个指标发展趋势基本一致。市场经济体制相关指标的时空分布方面，总体呈现“东部 > 中部 > 西部”的特点，上海、北京等在大多数指标均显著高于其他地区，而西部地区在部分指标呈现较高水平。市场经济体制的区域差异方面，大部分指标在东部地区与中、西部地区间具有显著的差异，而中、西部之间差异不大。

地方政府职能结构。从财政支出规模看，财政支出占比总体呈“V”字型变化，随着时间迁移经历了先下降再上升的过程，空间分布上总体呈现“西部 > 中部 > 东部”的特点。财政支出方面，政府职能结构经历了三个阶段：1978—1991 年，重生产建设、轻公共服务；1992—2006 年，服务型政府建设调整期；2007—2019 年，公共服务主导、经济建设并进。从各项支出相对规模看，生产建设性支出先下降后有所回升，空间分布上呈现“西部 > 东部 > 中部”的特点；公共服务性支出随时间变化呈上升趋势，且呈现“中部 > 东部 > 西部”的特点；维持性支出随时间变化呈下降趋势，且呈现“西部 > 中部 > 东部”的特点；环境保护支出随时间变化，先轻微下降再上升，呈现“西部 > 中部 > 东部”的特点。

地方政府职能实施绩效。大多数指标均随时间变化发展良好，表明政府职能实施绩效不断提升，且同一维度的多个指标发展趋势基本一致，但城乡差异不断扩大。从时空分布来看，总体呈现“东部 > 中部 > 西部”的特点，上海、北京大多数指标均显著高于其他地区。区域差异上，东部地区地方政府职能实施绩效相对领先于中、西部地区，大部分指标在中、西部之间不存在显著差异。

3.4 市场经济体制与地方政府职能的综合评价及耦合协调分析

3.4.1　综合评价与耦合协调模型设定

本节采用综合评价方法对市场经济体制与地方政府职能进行整体性分析。

1. 数据采集与数据处理

（1）数据采集。根据前述设计的市场经济体制与地方政府职能评价指标体系，考虑数据可得性，排除数据可获得性较差的西藏地区，最终采集全国 30 个省（市、自治区）1987—2019 年 31 年数据，所有数据均来自《中国统计年鉴》《新中国六十年统计年鉴》以及各省（市、自治区）统计年鉴。

（2）无量纲化。由于各项指标的原始数据来自各类统计年鉴及各项统计数据的计算结果，不同的统计指标之间缺乏可比性，不能用一个统一的标准进行度量和比较，需要进行无量纲化处理。

在本书中，根据指标的性质，选择用直线型无量纲处理方法中的阈值法对数据进行处理。为方便起见，各单项指标效用值的区域范围设定为[0，10]，即基期各项指标最大的效用值为10，最小的效用值为0。

区分“正效用指标”和“负效用指标”，无量纲数据处理计算公式如下：

$$x_{ij}' = \frac{x_{ij} - x_{i\min}}{x_{i\max} - x_{i\min}} \times 10 \text{（当为正效用指标时）}$$

$$x_{ij}' = \frac{x_{i\max} - x_{ij}}{x_{i\max} - x_{i\min}} \times 10 \text{（当为负效用指标时）}$$

其中，x_{ij} 表示第 i 项指标在第 j 年度的原始数据；$x_{i\min}$ 和 $x_{i\max}$ 分别表示第 i 项指标在所有年度中的最小值和最大值；x_{ij}' 表示第 i 个指标在第 j 年度的效用值。

2. 综合评价模型设定

（1）指标权重设定。本书采用熵权法，根据指标变异性的大小来确定评价指标的权重。熵权法赋权的基本步骤包括数据无量纲化、信息熵（E_i）的计算、确定指标权重（W_i）。一般来说，指标信息熵越小，其值变异程度越大，信息量越多，在综合评价中起到作用也越大，其权重也就越大。

信息熵的计算公式如下：

$$E_i = -\frac{\sum_{j=1}^{n} p_{ij} \ln p_{ij}}{\ln n}$$

其中，E_i 表示第 i 个指标的信息熵，$p_{ij} = \frac{x_{ij}}{\sum_{j=1}^{n} x_{ij}}$，$x_{ij}$ 表示第 i 项指标在第 j 年度的效用值。

权重 W_i 的计算公式如下：

$$W_i = \frac{1 - E_i}{k - \sum E_i}$$

其中，k 为相关指标个数。

（2）市场经济体制综合评价模型。采用熵权法赋权后，市场经济体制综合评价模型包括对外开放、市场主体、市场要素、市场环境等4个维度共10项三级指标（见表3－16）。

表3－16　　　　市场经济体制综合评价模型

维度	权重	三级指标	分项权重	整体权重	指向	收集年份
对外开放	0.25	A1 对外贸易依存度	0.608	0.152	+	1987—2019
		A2 外商直接投资占比	0.392	0.098	+	1987—2019
市场主体	0.25	B1 民营经济就业占比	0.788	0.197	+	1987—2019
		B2 国有企业工业成本利润率	0.212	0.053	+	2000—2019
市场要素	0.25	C1 零售市场规模	0.279	0.070	+	1987—2019
		C2 金融相关比率	0.090	0.023	+	1987—2019
		C3 全员劳动生产率	0.223	0.056	+	1987—2019
		C4 技术成果市场规模	0.408	0.102	+	1987—2019
市场环境	0.25	D1 中介组织规模	0.341	0.085	+	2003—2019
		D2 产权保护程度	0.659	0.165	+	1987—2019

（3）地方政府职能综合评价模型。依托地方政府职能实施绩效衡量地方政府职能现状，采用熵权法赋权后，地方政府职能综合评价模型包括经济调节、社会管理、公共服务、环境保护等4个维度共8项三级指标（见表3－17）。

表3－17　　　　地方政府职能综合评价模型

维度	权重	三级指标	分项权重	整体权重	指向	收集年份
经济调节	0.25	EDP1 人均GDP（1978年价格）	0.836	0.209	+	1987—2019
		EDP2 第三产业占比	0.164	0.041	+	1987—2019
社会管理	0.25	SMP1 恩格尔系数	0.393	0.098	－	1987—2019
		SMP2 城乡居民收入比（城＝1）	0.607	0.152	+	1987—2019
公共服务	0.25	PSP1 普通中学师生比（生＝1）	0.465	0.116	+	1987—2019
		PSP2 每千人口执业医师数	0.535	0.134	+	1987—2019
环境保护	0.25	EPP1 每单位产出二氧化硫排放量	0.127	0.032	－	1987—2019
		EPP2 人均园林绿地面积	0.873	0.218	+	1987—2019

3. 耦合协调模型设定

参考学者耦合协调模型的构建（刘耀彬、宋学锋，2005；蒋晓娟、王月菊、陈兴鹏等，2015；范柏乃、蓝志勇，2018），并借鉴离差系数测度协调水平的思路，构建两个系统的协调度测度模型：

$$C = \left\{ \frac{f(X) \times g(Y)}{\left[\frac{f(X) + g(Y)}{2}\right]^2} \right\}^k$$

其中，$f(X)$、$g(Y)$ 分别为 X、Y 两个系统，k 为调节系数，其值通常是协调评价指标体系的层次数减 1。

为计算耦合协调度，引入发展度公式

$$D = \alpha f(X) + \beta g(Y)$$

其中，α、β 分别是 X 系统与 Y 系统的权重。

则耦合协调度公式为

$$S = \sqrt{C \times D} = \sqrt{\left\{ \frac{f(X) \times g(Y)}{\left[\frac{f(X) + g(Y)}{2}\right]^2} \right\}^k \times [\alpha f(X) + \beta g(Y)]}$$

3.4.2 市场经济体制与地方政府职能的综合评价

1. 市场经济体制综合评价

根据市场经济体制综合指数与分项得分情况，对市场经济体制进行综合评价。

（1）市场经济体制综合指数。根据市场经济体制综合评价模型，采用无量纲化后的效用值计算各省（市、自治区）1987—2019 年市场经济体制综合指数。从时间趋势上看，各省（市、自治区）市场经济体制发展整体呈现上升趋势，市场经济体制发展成效明显，尤其是北京、上海、天津、江苏、浙江等地区市场经济体制发展速度较快，在全国范围内处于领先地位。

对 1989 年、1999 年、2009 年、2019 年等关键年份各省（市、自治区）市场经济体制综合指数进行分析，同时根据各年度平均值与标准差，划分为四个梯队[①]：①横向比较 1989 年市场经济体制综合指数后发现，

① 由于市场经济体制综合指数方差较大，对梯度划分标准进行了一定的调整。

得分最高的北京为第一梯队，以2.56分遥遥领先其他地区，紧随其后的是广东、上海、海南，第二梯队得分在0.5—0.9分之间，也有部分地区得分在0.2分以下。②横向比较1999年得分可以看出，随着改革开放进一步深化，广东、上海、四川等地区市场经济体制迅速发展，逐步与北京一同成为市场经济体制综合指数最高的地区，海南、天津等东部地区后来居上，开始进入第二梯队。③到2009年，北京、上海分别以4.44分、3.78分位列第一、第二，成为第一梯队，江苏、浙江、广东、天津以2.3分左右的得分位列第二梯队，东部地区领先的形势已较为明朗。④到2019年，市场经济体制发展第一、第二梯队基本稳定，北京作为经济、金融中心，其市场经济体制发展优势进一步凸显，以6.43分的得分领先其他地区，上海以5.55分紧随其后，广东、浙江、江苏以4.00分以上的得分位列第二梯队（见表3－18）。

表3－18　　市场经济体制综合指数

地区	1989年	1999年	2009年	2019年	地区	1989年	1999年	2009年	2019年
北京	2.56	1.62	4.44	6.43	河南	0.08	0.35	0.87	1.68
天津	0.45	1.19	2.30	3.76	湖北	0.14	0.54	1.03	2.47
河北	0.12	0.79	1.07	1.74	湖南	0.11	0.45	0.84	1.61
山西	0.10	0.41	1.09	1.68	广东	0.88	1.54	2.21	4.27
内蒙古	0.12	0.57	1.24	1.85	广西	0.10	0.35	0.87	1.58
辽宁	0.34	0.92	1.67	2.40	海南	0.54	1.33	1.85	1.94
吉林	0.19	0.72	1.14	2.21	重庆	0.11	0.49	1.21	2.85
黑龙江	0.20	0.71	1.12	1.60	四川	0.22	1.59	1.00	1.90
上海	0.58	1.56	3.78	5.55	贵州	0.06	0.20	0.71	1.85
江苏	0.15	0.73	2.26	4.03	云南	0.08	0.35	0.95	1.49
浙江	0.15	0.83	2.25	4.05	陕西	0.11	0.57	1.05	2.51
安徽	0.07	0.41	0.85	2.06	甘肃	0.07	0.31	0.81	1.51
福建	0.30	0.83	1.55	3.17	青海	0.12	0.31	1.03	1.23
江西	0.09	0.39	0.95	1.95	宁夏	0.11	0.39	1.09	1.83
山东	0.21	0.67	1.29	2.74	新疆	0.17	0.49	1.22	1.64

分析各省（市、自治区）市场经济体制综合指数，从空间分布上看：各省（市、自治区）市场经济体制发展水平随时间推移有较为明显的提升，尤其是1999—2009年、2009—2019年两个阶段发展速度较快。东部

地区市场经济体制发展成效尤其突出，北京、天津、江苏、上海、浙江、福建、广东、海南自1999年起便在市场经济体制发展上崭露头角，处于领先地位，四川、重庆、湖北等地区也有不俗的表现。总体而言，市场经济体制发展情况东部优于中部，中部优于西部（见表3-19）。

表3-19　　　　市场经济体制综合指数梯队划分

年份	1989年	1999年	2009年	2019年
第一梯队	北京	广东、上海	北京、上海	北京、上海
第二梯队	广东、重庆、上海、海南	天津、北京、海南、重庆、福建	天津、浙江、广东、江苏	广东、浙江、江苏
第三梯队	福建、天津、辽宁、新疆、吉林	山东、重庆、四川、浙江、湖北、辽宁山东、四川、浙江、湖北、江苏、江西、辽宁、吉林、甘肃	福建、海南、山东、重庆、辽宁	天津、福建、重庆、山东、陕西、湖北、辽宁、吉林
第四梯队	浙江、黑龙江、山东、广西、四川、贵州、江苏、河北、安徽、湖南、青海、湖北、陕西、江西、内蒙古、河南、甘肃、云南、宁夏、山西	广西、陕西、青海、黑龙江、内蒙古、河南、云南、宁夏、湖南、贵州、山西、河北、安徽、新疆	湖北、广西、吉林、安徽、四川、内蒙古、江西、湖南、宁夏、青海、黑龙江、陕西、云南、河北、贵州、新疆、河南、甘肃、山西	安徽、江西、海南、四川、贵州、内蒙古、宁夏、河北、山西、河南、新疆、湖南、黑龙江、广西、甘肃、云南、青海

（2）市场经济体制分项得分。市场经济体制综合指数由对外开放、市场主体、市场要素与市场环境四个分项构成，对四个分项得分分别测算，整理各省（市、自治区）市场经济体制发展规律（见表3-20）。

表3-20　　各省（市、自治区）市场经济体制分项得分

	对外开放	市场主体	市场要素	市场环境		对外开放	市场主体	市场要素	市场环境
1989年					1989年				
北京	7.76	0.06	2.14	0.27	河南	0.10	0.06	0.16	0.01
天津	0.93	0.08	0.70	0.11	湖北	0.19	0.11	0.24	0.02
河北	0.29	0.02	0.15	0.02	湖南	0.12	0.07	0.21	0.03

续表

	对外开放	市场主体	市场要素	市场环境		对外开放	市场主体	市场要素	市场环境
山西	0.12	0.08	0.20	0.02	广东	3.16	0.15	0.21	0.02
内蒙古	0.14	0.16	0.16	0.01	广西	0.20	0.10	0.08	0.01
辽宁	0.62	0.20	0.48	0.06	海南	1.45	0.21	0.48	0.00
吉林	0.26	0.21	0.27	0.03	重庆	0.20	0.07	0.18	0.00
黑龙江	0.24	0.21	0.31	0.03	四川	0.17	0.33	0.36	0.02
上海	1.36	0.04	0.80	0.12	贵州	0.06	0.10	0.06	0.01
江苏	0.32	0.03	0.23	0.03	云南	0.15	0.04	0.11	0.01
浙江	0.33	0.07	0.16	0.03	陕西	0.14	0.08	0.20	0.02
安徽	0.10	0.10	0.06	0.01	甘肃	0.07	0.08	0.12	0.01
福建	0.89	0.15	0.15	0.01	青海	0.09	0.15	0.22	0.01
江西	0.16	0.10	0.09	0.01	宁夏	0.12	0.08	0.21	0.02
山东	0.55	0.02	0.23	0.02	新疆	0.24	0.21	0.23	0.01
1999 年					1999 年				
北京	2.90	0.61	2.20	0.76	河南	0.19	0.73	0.44	0.05
天津	2.48	0.68	1.36	0.26	湖北	0.40	1.14	0.55	0.06
河北	0.32	2.24	0.53	0.07	湖南	0.20	1.11	0.41	0.06
山西	0.26	0.90	0.44	0.05	广东	3.82	1.18	0.85	0.32
内蒙古	0.26	1.54	0.42	0.05	广西	0.44	0.66	0.28	0.04
辽宁	1.11	1.53	0.84	0.19	海南	3.16	1.07	1.01	0.07
吉林	0.44	1.66	0.69	0.10	重庆	0.34	0.77	0.81	0.06
黑龙江	0.28	1.86	0.61	0.10	四川	0.24	5.69	0.38	0.06
上海	2.74	1.50	1.61	0.41	贵州	0.19	0.41	0.19	0.03
江苏	1.19	0.99	0.61	0.14	云南	0.25	0.60	0.51	0.05
浙江	0.82	1.58	0.66	0.26	陕西	0.46	1.24	0.52	0.07
安徽	0.32	1.00	0.28	0.04	甘肃	0.15	0.68	0.38	0.03
福建	1.65	0.94	0.57	0.14	青海	0.26	0.61	0.35	0.04
江西	0.24	0.94	0.34	0.04	宁夏	0.35	0.74	0.44	0.05
山东	0.67	1.39	0.51	0.12	新疆	0.29	0.98	0.60	0.08
2009 年					2009 年				
北京	2.75	4.61	5.70	4.70	河南	0.15	1.90	0.93	0.49
天津	1.73	3.13	3.19	1.14	湖北	0.29	2.39	1.18	0.25
河北	0.32	2.59	1.18	0.21	湖南	0.18	2.09	0.79	0.29

续表

	对外开放	市场主体	市场要素	市场环境		对外开放	市场主体	市场要素	市场环境
山西	0.26	2.34	1.26	0.49	广东	2.56	3.25	1.75	1.29
内蒙古	0.18	2.81	1.76	0.23	广西	0.39	2.17	0.65	0.29
辽宁	0.95	3.32	1.85	0.57	海南	3.27	2.70	0.87	0.56
吉林	0.32	2.58	1.34	0.32	重庆	0.33	2.65	1.41	0.43
黑龙江	0.33	2.78	1.16	0.23	四川	0.36	2.33	0.93	0.37
上海	3.47	5.16	3.88	2.62	贵州	0.10	1.87	0.60	0.29
江苏	1.93	3.89	1.86	1.35	云南	0.27	2.35	0.77	0.41
浙江	1.43	3.65	1.79	2.15	陕西	0.21	2.52	1.19	0.28
安徽	0.32	2.05	0.81	0.24	甘肃	0.20	1.96	0.92	0.14
福建	1.32	2.67	1.44	0.78	青海	0.17	2.69	0.99	0.28
江西	0.43	2.47	0.77	0.11	宁夏	0.18	2.76	0.97	0.45
山东	0.69	2.44	1.56	0.46	新疆	0.47	2.88	1.00	0.52
2019 年					2019 年				
北京	2.40	7.83	8.90	6.59	河南	0.29	3.20	1.89	1.36
天津	2.06	4.03	4.20	4.75	湖北	0.34	4.87	3.08	1.59
河北	0.42	3.57	1.77	1.22	湖南	0.41	3.29	1.69	1.04
山西	0.34	3.83	1.71	0.85	广东	2.17	6.24	2.96	5.72
内蒙古	0.26	4.59	1.70	0.83	广西	0.62	3.76	1.20	0.74
辽宁	1.32	4.41	2.44	1.41	海南	1.25	4.26	1.37	0.88
吉林	0.46	5.17	2.33	0.87	重庆	0.69	6.80	2.40	1.51
黑龙江	0.41	3.31	1.60	1.08	四川	0.56	3.26	2.22	1.57
上海	2.95	9.35	5.45	4.46	贵州	0.16	4.50	1.76	0.97
江苏	1.40	6.52	3.55	4.67	云南	0.31	3.26	1.47	0.94
浙江	1.35	6.33	3.26	5.26	陕西	0.47	4.94	3.16	1.47
安徽	0.44	3.79	2.18	1.82	甘肃	0.20	3.43	1.68	0.74
福建	0.93	5.49	3.11	3.13	青海	0.12	2.76	1.22	0.81
江西	0.45	4.11	1.71	1.51	宁夏	0.44	3.87	1.59	1.43
山东	0.93	5.65	2.62	1.77	新疆	0.30	3.81	1.21	1.24

1989 年，各分项发展低迷：改革开放初期，四个分项得分均处于较低水平。尽管如此，也有部分地区在某些分项得分有不俗表现，如北京、

广东对外开放程度较高，而重庆市场主体活跃性方面较为突出。

1999 年，市场主体发育壮大：民营经济主体地位得到确认，民营经济迅速发展壮大。相较于其他分项得分，市场主体活跃性在 1999 年已得到较好发展，四川、上海、山东、广东、重庆、四川等地区市场主体活跃性处于相对优势地位，而广东、海南、北京、天津对外开放水平较其他区域更加突出。

2009 年，市场主体普遍活跃、东部地区快速崛起：市场主体活跃性发展相对最快，整体达到较高水平，江苏、浙江、福建、山东、广东、重庆等地区市场主体活跃性得分已达到 4 分以上，而对外开放、市场要素、市场环境等分项得分方面，东部地区快速崛起，相较其他区域领先优势较为明显。

2019 年，市场主体更加活跃、东部地区优势显著：市场主体活跃性总体达到相当高水平，发展也较为均衡，大部分地区得分均达到 7 分以上；市场要素与市场环境指数也有较大提升，特别是东部地区领先优势明显，北京、天津、上海、江苏、浙江、广东突出；受经济下行形势影响，对外开放方面较 2009 年有所下降，北京、上海、广东处于相对较高水平。

2. 地方政府职能综合评价

根据地方政府职能综合指数与分项得分情况，对地方政府职能进行综合评价。

（1）地方政府职能综合指数。根据地方政府职能综合评价模型，采用无量纲化后的效用值计算各省（市、自治区）1987—2019 年地方政府职能综合指数。从时间趋势上分析，各省（市、自治区）地方政府职能综合指数整体呈现上升趋势，尤其是北京、上海、天津等地在全国范围内处于领先地位（见表 3 - 21）。

表 3 - 21　　　　地方政府职能综合指数

年份	1989	1999	2009	2019	年份	1989	1999	2009	2019
北京	4.18	4.12	5.66	7.85	河南	1.48	1.81	2.45	4.25
天津	3.52	3.39	4.49	5.87	湖北	1.85	2.45	2.58	4.59
河北	1.87	2.20	2.93	4.17	湖南	1.37	1.95	2.53	3.86
山西	1.95	2.26	2.85	4.30	广东	1.57	2.40	4.20	5.47

续表

年份	1989	1999	2009	2019	年份	1989	1999	2009	2019
内蒙古	2.24	2.45	3.61	5.08	广西	1.13	1.71	2.07	3.49
辽宁	2.34	3.13	3.53	5.06	海南	1.75	1.95	2.31	3.93
吉林	2.35	2.77	3.25	5.19	重庆	0.86	1.68	2.45	4.71
黑龙江	2.14	2.58	3.28	4.36	四川	1.21	1.85	2.22	3.95
上海	3.78	3.47	4.50	7.82	贵州	0.89	1.28	1.69	3.62
江苏	2.10	2.58	3.92	6.37	云南	1.67	1.73	1.72	3.50
浙江	1.78	2.39	3.62	5.86	陕西	1.67	1.82	2.29	4.36
安徽	1.27	1.52	2.21	4.10	甘肃	1.20	1.64	1.92	3.48
福建	1.48	1.94	2.92	5.00	青海	1.64	2.17	2.19	3.64
江西	1.58	1.92	2.32	3.76	宁夏	1.87	2.21	3.13	4.83
山东	1.70	2.31	3.46	5.16	新疆	2.26	2.43	3.08	4.73

对 1989 年、1999 年、2009 年、2019 年等关键年份各省（市、自治区）地方政府职能综合指数进行分析，并根据各年份平均值与标准差划分发展梯队：①横向比较 1989 年地方政府职能综合指数发现，北京、上海、天津以较大优势领先于其他地区（3.52—4.18），第二梯队则是吉林、辽宁、新疆、内蒙古、黑龙江、江苏、山西、宁夏、河北、湖北等（1.85—2.34），总体还处在较低水平。②1999 年时点上，纵向来看，随着改革开放进一步深化，经济飞速发展同时，公共服务、社会管理等职能有所忽视，地方政府职能综合指数增长较慢；横向比较发现，北京、上海、天津得分有轻微下降但依然保持领先（3.47—4.12），辽宁开始跻身前列（3.13），吉林、黑龙江、江苏、内蒙古、湖北、新疆、广东、浙江、山东等组成第二梯队，东部地区开始崛起。③2009 年时点上，地方政府职能综合指数仍处于较低水平且增长较慢；横向来看，广东、江苏分别以 4.20 分、3.92 分跻身前列，与北京、上海、天津一同组成第一梯队，山东、宁夏进入第二梯队，到 2009 年东部地区地方政府职能综合指数后来居上，形成领先优势。④2019 年时点上，地方政府职能综合指数有较大幅度增长，浙江以 5.86 分跻身第一梯队，福建也以 5.00 分进入第二梯队，东部地区领先优势明显，内蒙古、宁夏、新疆等地区因人口数量较少等原因，在公共服务等方面也有不俗表现，维持在第二梯队（见表 3－22）。

表3-22　　地方政府职能综合指数梯队划分

	1989年	1999年	2009年	2019年
第一梯队	北京、上海、天津	北京、上海、天津、辽宁	北京、上海、天津、广东、江苏	北京、上海、江苏、天津、浙江
第二梯队	吉林、辽宁、新疆、内蒙古、黑龙江、江苏、山西、宁夏、河北、湖北	吉林、黑龙江、江苏、内蒙古、湖北、新疆、广东、浙江、山东	浙江、内蒙古、辽宁、山东、黑龙江、吉林、宁夏、新疆	广东、吉林、山东、内蒙古、辽宁、福建、宁夏、新疆
第三梯队	浙江、海南、山东、陕西、云南、青海、江西、广东、河南、福建、湖南、安徽、四川、甘肃、广西	山西、宁夏、河北、青海、海南、湖南、福建、江西、四川、陕西、河南、云南、广西、重庆、甘肃、安徽	河北、福建、山西、湖北、湖南、重庆、河南、江西、海南、陕西、四川、安徽、青海、广西	重庆、湖北、陕西、黑龙江、山西、河南、河北、安徽、四川、海南、湖南
第四梯队	贵州、重庆	贵州	甘肃、云南、贵州	江西、青海、贵州、云南、广西、甘肃

从空间分布上看，各省（市、自治区）地方政府职能综合指数呈现如下规律：①各省（市、自治区）地方政府职能综合指数随时间推移提升明显，尤其2009—2019年发展速度较快。②1989年北京、天津、上海、东北三省以及内蒙古、宁夏、新疆领先于全国，1999年东部地区（如江苏、浙江、广东）开始快速崛起，形成东部沿海、东北三省与北部边疆地区领先的特点。

（2）地方政府职能分项得分。对地方政府职能综合指数四个分项得分进行分析，寻找各省（市、自治区）的优劣势维度与发展规律。

1989年，地方政府职能综合指数较低，区域间发展相对均衡：改革开放初期，四个分项得分均处于较低水平，总体而言地方政府职能实施绩效不理想，但与市场经济体制发展水平相比，各地区间发展较为均衡。四个分项指标中社会管理绩效表现相对较好，经济调节绩效表现最差。地区发展均衡性方面，北京、天津、上海等地区各分项得分均在全国前列，尤其公共服务绩效领先优势明显。

1999 年，地方政府职能综合指数平缓发展，区域间发展差距进一步缩小：与 1989 年相比，各分项指标尤其是社会管理与环境保护绩效有所上升，但总体提升程度不大；区域差异方面，各地区发展相对均衡。

2009 年，各分项得分平稳发展，区域差异开始凸显：相对于 1989 年、1999 年，2009 年各分项得分发展平稳，尤其是经济调节、环境保护绩效有较高提升；从区域差异来看，东部地区领先优势开始凸显，北京、天津、上海、江苏、广东等地区处于全国领先地位，西部地区如贵州、云南、陕西等地区相对落后。

2019 年，地方政府职能综合指数快速发展，东部地区领先优势明显：2019 年各分项得分较 2009 年有较大幅度提升且发展均衡，没有明显的弱项或强项；从区域差异来看，东部地区领先优势十分明显，除河北外，各分项得分均处于全国领先水平，西部地区如贵州、云南、陕西、广西等相对落后（见表 3－23）。

表 3－23　各省（市、自治区）地方政府职能分项得分

	经济调节	公共服务	社会管理	环境保护		经济调节	公共服务	社会管理	环境保护
1989 年					1989 年				
北京	1.12	7.50	5.90	2.21	河南	0.31	1.93	2.52	1.16
天津	0.80	7.28	4.86	1.15	湖北	0.28	2.79	3.10	1.23
河北	0.43	2.66	3.40	1.00	湖南	0.21	1.97	2.26	1.03
山西	0.47	3.30	3.43	0.57	广东	0.59	1.48	2.90	1.33
内蒙古	0.56	3.37	3.86	1.16	广西	0.33	1.61	1.84	0.74
辽宁	0.66	3.44	3.69	1.55	海南	0.43	2.49	2.78	1.30
吉林	0.52	3.17	4.18	1.52	重庆	0.25	0.94	1.84	0.42
黑龙江	0.48	3.13	3.43	1.52	四川	0.29	1.82	2.12	0.59
上海	1.22	7.39	5.18	1.32	贵州	0.11	1.30	1.64	0.50
江苏	0.43	1.98	4.80	1.19	云南	0.31	1.60	3.72	1.05
浙江	0.48	1.53	4.03	1.09	陕西	0.36	3.04	2.43	0.86
安徽	0.27	1.22	2.40	1.19	甘肃	0.33	1.85	1.78	0.86
福建	0.52	1.93	2.17	1.28	青海	0.46	3.38	1.49	1.23
江西	0.31	1.62	3.28	1.11	宁夏	0.49	3.08	3.09	0.83
山东	0.41	2.05	3.39	0.98	新疆	0.46	3.65	3.33	1.59

续表

	经济调节	公共服务	社会管理	环境保护		经济调节	公共服务	社会管理	环境保护
1999年					1999年				
北京	2.54	6.22	4.51	3.22	河南	0.70	1.06	4.03	1.46
天津	1.97	4.58	4.84	2.15	湖北	1.01	2.27	3.96	2.55
河北	0.97	1.79	4.54	1.52	湖南	0.76	1.92	3.49	1.61
山西	0.76	3.25	3.87	1.16	广东	1.21	1.39	3.74	3.25
内蒙古	0.72	3.23	4.02	1.82	广西	0.63	0.93	3.11	2.17
辽宁	1.31	3.69	4.54	3.00	海南	0.93	1.91	2.80	2.17
吉林	0.83	3.42	4.55	2.29	重庆	0.85	1.84	2.75	1.28
黑龙江	0.87	2.71	4.44	2.31	四川	0.61	2.06	2.89	1.84
上海	2.79	4.76	4.30	2.03	贵州	0.38	1.35	2.46	0.95
江苏	1.32	2.08	4.70	2.21	云南	0.60	1.84	3.04	1.42
浙江	1.26	2.01	4.43	1.86	陕西	0.66	2.10	3.25	1.28
安徽	0.66	0.67	2.95	1.81	甘肃	0.55	1.97	2.80	1.23
福建	1.38	1.21	3.28	1.89	青海	0.85	3.47	2.83	1.52
江西	0.79	1.37	3.86	1.66	宁夏	0.69	2.75	3.93	1.44
山东	1.19	1.72	4.43	1.90	新疆	0.94	3.63	2.80	2.35
2009年					2009年				
北京	5.59	6.47	4.87	5.70	河南	2.07	1.90	3.73	2.08
天津	5.76	4.05	5.05	3.12	湖北	2.10	2.41	3.33	2.49
河北	2.51	2.92	3.92	2.35	湖南	1.80	3.00	3.26	2.08
山西	2.04	3.60	3.56	2.20	广东	5.12	1.76	3.36	6.56
内蒙古	3.68	4.17	3.84	2.75	广西	1.42	1.63	2.51	2.72
辽宁	3.15	3.38	3.80	3.79	海南	1.81	1.93	2.90	2.61
吉林	2.44	3.45	4.19	2.91	重庆	2.34	1.80	2.96	2.69
黑龙江	2.08	3.22	4.37	3.45	四川	1.55	2.00	3.06	2.26
上海	5.75	4.35	4.57	3.34	贵州	1.39	1.11	2.15	2.13
江苏	4.00	2.72	4.05	4.92	云南	1.44	1.66	1.95	1.83
浙江	3.68	3.26	4.45	3.10	陕西	2.04	2.54	2.61	1.99
安徽	1.65	1.42	3.12	2.67	甘肃	1.38	1.78	2.63	1.88

续表

	经济调节	公共服务	社会管理	环境保护		经济调节	公共服务	社会管理	环境保护
福建	3.10	2.55	3.30	2.72	青海	1.62	2.70	2.52	1.90
江西	1.64	1.86	3.48	2.32	宁夏	2.06	2.94	3.38	4.15
山东	3.43	3.19	3.93	3.29	新疆	1.85	3.69	3.38	3.39
2019 年					2019 年				
北京	9.59	9.48	5.54	6.79	河南	4.76	3.89	5.49	2.84
天津	6.81	5.59	6.14	4.94	湖北	5.23	4.43	5.25	3.43
河北	4.00	4.46	5.34	2.89	湖南	3.78	4.25	4.74	2.68
山西	3.55	5.55	5.02	3.08	广东	6.29	4.06	4.42	7.11
内蒙古	5.15	5.54	4.77	4.86	广西	2.94	3.25	4.59	3.19
辽宁	4.33	5.69	5.03	5.19	海南	3.68	3.97	4.32	3.75
吉林	3.42	5.97	5.65	5.73	重庆	6.04	4.13	4.51	4.15
黑龙江	2.82	5.13	5.80	3.68	四川	3.88	4.34	4.46	3.13
上海	9.72	5.84	5.71	10.00	贵州	3.36	3.82	4.09	3.23
江苏	8.47	5.28	5.50	6.22	云南	3.61	3.70	4.14	2.55
浙江	6.87	5.56	5.79	5.20	陕西	4.55	5.14	4.45	3.30
安徽	4.53	3.56	4.65	3.65	甘肃	2.63	4.75	3.87	2.68
福建	7.37	4.11	4.80	3.74	青海	3.10	4.44	4.22	2.80
江西	3.91	2.80	5.05	3.30	宁夏	3.83	4.34	4.90	6.26
山东	5.68	5.15	5.20	4.60	新疆	3.89	5.12	4.60	5.32

3.4.3 市场经济体制与地方政府职能的耦合协调分析

基于市场经济体制与地方政府职能的等级组合模式及耦合协调度，分析市场经济体制与地方政府职能的协调关系。

1. 市场经济体制与地方政府职能的组合模式分析

根据数据的集中趋势，以“均值 ± 标准差”为分界点将市场经济体制与地方政府职能划分为“高”“中”“低”三个等级（表 3 - 24），形成 3 × 3 的“市场经济体制—地方政府职能”组合模式，并对关键年度各省（市、自治区）两系统发展情况进行类型划分，分析其演变路径。

表 3－24　“市场经济体制—地方政府职能”矩阵划分标准

指数	N	均值	标准差	分类		
				低	中	高
市场经济体制	990	1.17	1.03	0—0.15	0.16—2.20	2.21—10
地方政府职能	990	2.77	1.21	0—1.56	1.57—3.98	3.98—10

对关键年度（1989 年、1999 年、2009 年、2019 年）“市场经济体制—地方政府职能”矩阵图的比较及汇总后可以发现，各省（市、自治区）市场经济体制发展与地方政府职能实施绩效不断提升，大部分地区从 1989 年的“低—中”“低—低”到 1999 年、2009 年的“中—中”状态，再到 2019 年的“中—中”“高—中”“高—高”状态（见图 3－34）。

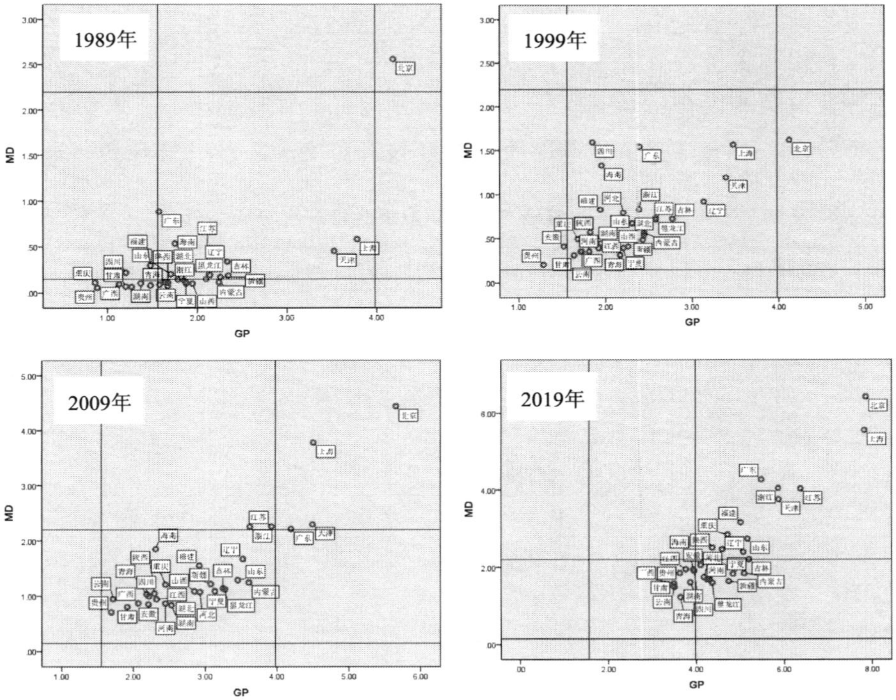

图 3－34　关键年度“市场经济体制—地方政府职能”矩阵

具体分析关键年度各地区矩阵图，可以发现：①1989 年，除北京（高—高）、广东、上海、海南、天津、辽宁、山东、黑龙江、吉林、新疆、江苏等地区（中—中）发展较为协调外，其余地区至少有一方面处于低发展水平，市场经济体制与地方政府职能均处于较低水平。②1999年，除安徽（低—中）、贵州（低—中）外，大部分地区进入“中—中”状态，但总体而言仍处于中等偏低水平。③2009年，北京、上海、广东、天津等地区市场经济体制与地方政府职能都进入较高水平，浙江、江苏进入“高—中”状态，其余24个地区均处于“中—中”状态，总体处于中等偏上水平。④2019年，北京、上海、浙江等12个地区进入“高—高”的发展状态，吉林、河南等9个地区地方政府职能优于市场经济体制，云南、甘肃等9个地区处于“中—中”状态。

2. 市场经济体制与地方政府职能耦合协调度测算

将市场经济体制与地方政府职能视作两个对等的子系统，对耦合协调度中的α、β均赋值0.5，计算市场经济体制与地方政府职能耦合协调度。同时根据各类指数分级方法，参照耦合协调度的大小，将市场经济体制与地方政府职能耦合协调度划分为“协调发展”“调整过渡”“失调衰退”三个阶段，对应“优质协调”至“极度失调”十个等级（见表3－25）。

表3－25　市场经济体制与地方政府职能耦合协调度等级划分

发展阶段	耦合协调度等级	耦合协调度取值
协调发展	优质协调发展	0.9—1.0
	良好协调发展	0.8—0.9
	中等协调发展	0.7—0.8
	初级协调发展	0.6—0.7
调整过渡	勉强协调发展	0.5—0.6
	濒临失调衰退	0.4—0.5
失调衰退	轻度失调衰退	0.3—0.4
	中度失调衰退	0.2—0.3
	严重失调衰退	0.1—0.2
	极度失调衰退	0.0—0.1

对各省（市、自治区）市场经济体制与地方政府职能耦合协调度进行计算与整理（表3－26）发现：市场经济体制与地方政府职能耦合协调度上升趋势明显，1989年耦合协调度的取值在0.11—0.56之间，除北京外，总体处于失调衰退阶段；1999年耦合协调度在0.19—0.48之间，部

分地区进入调整过渡阶段，绝大多数仍处于失调衰退阶段；2009年耦合协调度在0.32—0.71之间，大部分地区进入调整过渡阶段，也有部分地区进入协调发展阶段；到2019年耦合协调度取值在0.43—0.84之间，6个地区进入协调发展阶段。

表3-26　关键年度各省（市、自治区）市场经济体制与地方政府职能耦合协调度

年份	1989	1999	2009	2019	年份	1989	1999	2009	2019
北京	0.56	0.48	0.71	0.84	河南	0.12	0.24	0.36	0.49
天津	0.28	0.42	0.55	0.68	湖北	0.16	0.30	0.38	0.57
河北	0.15	0.34	0.40	0.50	湖南	0.14	0.27	0.35	0.48
山西	0.14	0.26	0.40	0.49	广东	0.34	0.43	0.54	0.69
内蒙古	0.15	0.30	0.43	0.52	广西	0.13	0.24	0.35	0.47
辽宁	0.24	0.38	0.48	0.57	海南	0.29	0.40	0.45	0.51
吉林	0.19	0.34	0.41	0.56	重庆	0.14	0.28	0.40	0.60
黑龙江	0.19	0.33	0.41	0.48	四川	0.19	0.41	0.37	0.51
上海	0.32	0.46	0.64	0.81	贵州	0.10	0.19	0.32	0.49
江苏	0.17	0.34	0.54	0.70	云南	0.12	0.24	0.35	0.46
浙江	0.17	0.35	0.53	0.69	陕西	0.14	0.29	0.38	0.56
安徽	0.11	0.25	0.35	0.52	甘肃	0.11	0.23	0.34	0.46
福建	0.22	0.34	0.45	0.62	青海	0.15	0.23	0.37	0.43
江西	0.13	0.25	0.37	0.51	宁夏	0.14	0.26	0.40	0.52
山东	0.19	0.32	0.43	0.60	新疆	0.18	0.28	0.42	0.49

以5年为一个周期计算得到耦合协调度平均值，根据耦合协调度的等级划分，得出如下结论："七五"期间（1987—1990年），除北京勉强进入调整过渡阶段外，绝大部分地区处于失调衰退阶段，且多处于严重失调衰退或中度失调衰退；"八五"期间（1991—1995年），大部分地区仍处于失调衰退阶段，但失调程度有所弱化；"九五"（1996—2000年）、"十五"（2001—2005年）期间，越来越多的地区进入调整过渡阶段，市场经济体制与地方政府职能开始相对协调；"十一五"期间（2006—2010年），东部地区部分省（市、自治区）（如北京、上海）开始进入协调发展阶段，大部分地区仍处于调整过渡阶段；"十二五"期间（2011—2015年），北京、上海、天津、浙江、江苏等处于协调发展阶段，且协调程度

进一步提升；“十三五”时期以来（2015—2019年），北京、上海、天津、浙江、江苏、广东等地区处于协调发展阶段，实现市场经济体制与地方政府职能的均衡发展（见图3－35）。

<table>
<tr><th>地区</th><th>1987—1990年</th><th>1991—1995年</th><th>1996—2000年</th><th>2001—2005年</th><th>2006—2010年</th><th>2011—2015年</th><th>2016—2019年</th></tr>
<tr><td>北京</td><td colspan="2">勉强协调</td><td>濒临失调</td><td colspan="2">初级协调</td><td>中等协调</td><td>良好协调</td></tr>
<tr><td>天津</td><td>中度失调</td><td>轻度失调</td><td colspan="2">濒临失调</td><td>勉强协调</td><td colspan="2">初级协调</td></tr>
<tr><td>河北</td><td>严重失调</td><td>中度失调</td><td colspan="3">轻度失调</td><td colspan="2">濒临失调</td></tr>
<tr><td>山西</td><td>严重失调</td><td colspan="2">中度失调</td><td colspan="2">轻度失调</td><td colspan="2">濒临失调</td></tr>
<tr><td>内蒙古</td><td>严重失调</td><td colspan="2">中度失调</td><td>轻度失调</td><td colspan="2">濒临失调</td><td>勉强协调</td></tr>
<tr><td>辽宁</td><td>中度失调</td><td colspan="2">轻度失调</td><td colspan="2">濒临失调</td><td colspan="2">勉强协调</td></tr>
<tr><td>吉林</td><td>严重失调</td><td>中度失调</td><td colspan="2">轻度失调</td><td colspan="2">濒临失调</td><td>勉强协调</td></tr>
<tr><td>黑龙江</td><td>严重失调</td><td>中度失调</td><td colspan="2">轻度失调</td><td colspan="3">濒临失调</td></tr>
<tr><td>上海</td><td colspan="2">轻度失调</td><td>濒临失调</td><td>勉强协调</td><td colspan="2">初级协调</td><td>中等协调</td></tr>
<tr><td>江苏</td><td>严重失调</td><td>中度失调</td><td>轻度失调</td><td>濒临失调</td><td>勉强协调</td><td colspan="2">初级协调</td></tr>
<tr><td>浙江</td><td>严重失调</td><td>中度失调</td><td>轻度失调</td><td>濒临失调</td><td>勉强协调</td><td colspan="2">初级协调</td></tr>
<tr><td>安徽</td><td colspan="2">严重失调</td><td>中度失调</td><td colspan="2">轻度失调</td><td colspan="2">濒临失调</td></tr>
<tr><td>福建</td><td>中度失调</td><td colspan="3">轻度失调</td><td>濒临失调</td><td colspan="2">勉强协调</td></tr>
<tr><td>江西</td><td>严重失调</td><td colspan="2">中度失调</td><td colspan="2">轻度失调</td><td colspan="2">濒临失调</td></tr>
<tr><td>山东</td><td>严重失调</td><td>中度失调</td><td colspan="2">轻度失调</td><td colspan="2">濒临失调</td><td>勉强协调</td></tr>
<tr><td>河南</td><td colspan="2">严重失调</td><td>中度失调</td><td colspan="2">轻度失调</td><td colspan="2">濒临失调</td></tr>
<tr><td>湖北</td><td>严重失调</td><td>中度失调</td><td colspan="3">轻度失调</td><td>濒临失调</td><td>勉强协调</td></tr>
<tr><td>湖南</td><td>严重失调</td><td colspan="2">中度失调</td><td colspan="2">轻度失调</td><td colspan="2">濒临失调</td></tr>
<tr><td>广东</td><td>轻度失调</td><td colspan="3">濒临失调</td><td colspan="2">勉强协调</td><td>初级协调</td></tr>
<tr><td>广西</td><td>严重失调</td><td colspan="2">中度失调</td><td colspan="3">轻度失调</td><td>濒临失调</td></tr>
<tr><td>海南</td><td>中度失调</td><td>轻度失调</td><td>濒临失调</td><td>轻度失调</td><td colspan="3">濒临失调</td></tr>
<tr><td>重庆</td><td colspan="2">严重失调</td><td>中度失调</td><td colspan="2">轻度失调</td><td colspan="2">勉强协调</td></tr>
<tr><td>四川</td><td>严重失调</td><td colspan="4">轻度失调</td><td colspan="2">濒临失调</td></tr>
<tr><td>贵州</td><td colspan="2">严重失调</td><td colspan="2">中度失调</td><td colspan="2">轻度失调</td><td>濒临失调</td></tr>
<tr><td>云南</td><td colspan="2">严重失调</td><td>中度失调</td><td colspan="2">轻度失调</td><td>轻度失调</td><td>濒临失调</td></tr>
<tr><td>陕西</td><td>严重失调</td><td colspan="2">中度失调</td><td colspan="2">轻度失调</td><td>濒临失调</td><td>勉强协调</td></tr>
<tr><td>甘肃</td><td colspan="2">严重失调</td><td colspan="2">中度失调</td><td colspan="2">轻度失调</td><td>濒临失调</td></tr>
<tr><td>青海</td><td colspan="2">严重失调</td><td>中度失调</td><td colspan="2">轻度失调</td><td colspan="2">濒临失调</td></tr>
<tr><td>宁夏</td><td>严重失调</td><td colspan="2">中度失调</td><td colspan="2">轻度失调</td><td>濒临失调</td><td>勉强协调</td></tr>
<tr><td>新疆</td><td>严重失调</td><td>轻度失调</td><td colspan="2">濒临失调</td><td colspan="2">勉强协调</td><td>濒临失调</td></tr>
<tr><td></td><td></td><td></td><td></td><td></td><td></td><td></td><td></td></tr>
<tr><td></td><td>图例</td><td></td><td>协调发展阶段</td><td></td><td>调整过渡阶段</td><td></td><td>失调衰退阶段</td></tr>
</table>

图3－35 市场经济体制与地方政府职能耦合协调度

本节构建了市场经济体制与地方政府职能综合评价与耦合模型，对1987—2019年30个省（市、自治区）市场经济体制与地方政府职能进行综合评价并开展耦合协调分析，研究发现：

（1）市场经济体制综合评价。改革开放以来，市场经济体制改革成效显著，市场经济体制高速发展，呈现东部地区领先的特征。对外开放、市场主体、市场要素、市场环境等4个分项的分析发现，市场主体发育速度最快，发展水平最高；对外开放水平则在平稳发展中有所下降，尤其是

2007 年全球金融危机后，对外开放水平呈明显下降趋势。

（2）地方政府职能综合评价。地方政府职能综合指数不断提升，但与市场经济体制发展相比，提升幅度较小；空间分布上，地方政府职能综合指数相对均衡，整体呈现“东部 > 中部 > 西部”的特点。经济调节、社会管理、公共服务、环境保护等 4 个分项得分相对均衡，前期社会管理相对领先，后期经济调节与环境保护提升较快。

（3）市场经济体制与地方政府职能耦合协调度。随着时间推移，市场经济体制与地方政府职能同步发展，两者相辅相成，耦合协调度不断提升；从空间分布来看，东部地区处于领先地位，耦合协调度较中、西部地区更好。

第4章

地方政府职能转变的动力因素与驱动机制研究

4.1 政府职能转变缘起与规划：西方经验与中国实践

政府是一个国家经济社会发展、社会公正保障和社会价值实现的重要制度安排。中国自20世纪70年代末开始市场化取向的经济体制改革以来，“政府如何正确行使职能”越来越受到重视。尽管对“政府职能”的理解不同，但各方观点仍具有相通之处。综合来看，政府职能即政府在一定时期内，根据国家和社会发展需要，在政治、经济、社会等领域承担的责任和发挥的功能。由于政治、经济、社会环境不断发展变化，所以政府承担的责任和发挥的功能也在不断调整。政府职能必须与赖以生存的经济基础相适应，并随着发展阶段的不同和经济制度的变迁而改变（林尚立，2007；万如意，2011），这就涉及转变政府职能的问题。由于职能调整必然带来与之相联系的权力运行机制、人事管理系统、绩效管理体系等一系列制度的调整适应，政府职能转变的波及范围已经远远超出政府职能的范畴，涉及更广泛的行政体制的变革。

为提升公共行政专业化水平，一系列企业管理理念正被应用于公共行政实践中，包括任务驱动、结果导向、战略规划、绩效评估、顾客满意度、授权与裁员等。基于上述理念，西方国家政府变革已发展到对公共部门雇员行为的变革，涉及政府机构精简、决策过程分权、服务供给测度，并逐渐衍生出新的公共管理文化（Liou & Korosec，2009）。在英国，公共部门变革在过去 30 年间一直是持续的治理主题（Pollitt & Summa，1997；Pollitt & Bouckaert，1999；Lee & Woodward，2002），从服务和职能私有化，到公共私营部门之间的复杂伙伴关系，它拥有多种表现形式（Ghobadian，Viney & Redwood，2009）；在美国，新公共管理运动代表人物 David Osborne 和 Ted Gaebler 总结了现代政府 10 项角色（Osborne & Gaebler，1992），倡导“小政府”，要求充分发挥市场调节作用，把政府职能限定在弥补“社会不能”和市场失灵的范围内（郁建兴、徐越倩，2012）。这些变革理念都在不同程度上指导着西方政府的变革进程（见表 4－1）。

表 4－1　　部分学者提出的政府变革战略理念

名称	内容
“再造政府”的 5C 战略（Osborne & Plastrik，1997）	核心战略（Core Strategy）、结果战略（Consequences Strategy）、顾客战略（Customer Strategy）、控制战略（Control Strategy）、文化战略（Culture Strategy）
公共部门管理变革的 5R 战略（Jones & Thomson，1999）	重构（Restructuring）、重建（Reengineering）、重塑（Reinventing）、重组（Realigning）、重思（Rethinking）

纵观西方国家实践探索，变革的目标可概括为：（1）政府的任务驱动、结果导向和顾客导向；（2）简化政府架构、优化决策流程，减少公民和企业的负担；（3）对环境适应性、管理专业性和文化变革实现路径的探索；（4）人力资源管理创新；（5）协同治理，国家职能审查和不同层级政府间权力的再分配（Bassanini，2000；Liou & Korosec，2009；Halligan，2012）。

相比西方国家公共行政实践，我国的政府职能转变过程与市场经济体制改革密不可分。我国政府职能必须根据市场经济发展情况及时调整完善，政府职能转变必须综合考虑经济体制改革的逻辑起点和最终目标。因此，伴随着我国 20 世纪 70 年代末开始的市场化取向的经济体制改革，一系列涉及职能转变、权力运行、人事管理、简政放权、绩效管理等内容的行政管理体制改革随之展开。其中，由于政府职能规定着政府管理的基本方向和主要内容，推动职能转变也成为行政管理体制改革的主线（黄新华，2009）。我国自1982年起实施的行政管理体制改革，其实质是对行政体系的组织变革和流程再造（何哲，2013）。因此，组织变革的基本规律（Burgelman，1983a，1983b，1984；Lewis，Schmisseur & Stephens，et al.，2006）同样适用于作为行政管理体制改革关键内容的政府职能转变，后者可看作是政府为适应内外部环境变化，对各职能要素进行调整、完善和创新从而更好实现国家治理现代化的过程。

作为行政管理体制改革关键一环，现阶段我国政府职能转变的基本目标，是从自上而下的传统管理型政府逐渐转变为以治理和善治为目标的现代服务型政府。相比农业社会的统治型政府和工业社会的管制型政府，服务型政府在理念上强调公民、社会本位，以服务为宗旨，建立、完善社会保障体系；强调政府的有限性，合理界定政府与市场的关系，保持宏观经济稳定和协调发展（施雪华，2005）。服务型政府理念萌发于新公共管理理论、新公共服务理论、治理理论、后现代公共行政理论等多种体系，强调厘清政府、市场、社会的作用边界，凸显公共管理中的公共性（郁建兴、徐越倩，2012）。从2004年温家宝同志明确提出建设服务型政府，到党的十八大报告进一步强调“建设职能科学、结构优化、廉洁高效、人民满意的服务型政府”，我国政府职能转变乃至行政管理体制改革规划设计逐渐清晰，即构建以服务型政府为核心的现代化管理体系。

对构建服务型政府的重视表明我国政府职能转变乃至行政管理体制改革价值取向的调整与发展（薛澜、李宇环，2014）。国家治理现代化强调将各治理主体的行为限定在完善的制度体系下；部分职能交由市场和社会，政府将更多资源投入监管和服务之中，实现政府、市场、社会的协同治理（唐天伟、曹清华、郑争文，2014；唐兴军、齐卫平，2014）。从这一角度看，服务型政府与国家治理现代化是一脉相承的。

然而地方政府职能结构优化过程中，强化社会管理、公共服务、生态环境保护等职能，并不等同于对经济调节、市场监管职能的忽视（孙彩红，2010；马卫红，2016；孙涛、张怡梦，2018）。事实证明，政府不干预或过度干预都不利于改革与发展，职能结构演进优化更有效的途径是在维持原有职能体系相对稳定的基础上，对体系内具体职能内容相对重要性进行适时调整（朱光磊、于丹，2008），必须在社会主义市场经济体制改革过程中，继续保持政府对经济社会发展的指导作用。

4.2 地方政府职能转变动力因素与驱动机制的理论解析

本节的主要内容是构建理论分析框架以及提出具体的研究假设。首先，基于组织变革理论，构建地方政府职能转变动力机制的分析框架；然后，基于理论分析、文献调研和访谈研究，明确地方政府职能转变具体的关键动力因素；最后，提出具体的研究假设，建立地方政府职能转变动力机制的概念模型。

4.2.1　理论基础：从意愿到执行

组织变革（Organizational Change）普遍存在于各种私人、公共组织中，关乎组织的生存与发展（Frohman，1998），受到管理实践者以及学者的关注和重视。组织变革是指组织在个体、群体抑或整体层面的一个或多个方面发生改变（Van de Ven & Poole，1995；Burnes，1996）。有学者认为，组织变革有三类主要焦点，包括结构、过程和态度，结构与组织架构、奖励制度、制度性的政策和程序等有关，过程与组织成员与现行结构的互动有关，态度与组织成员对现行结构和程序的看法有关（Bergquist，1992）；主要涉及结构、技术、物理环境以及人员四个方面，结构变革涉及权力配置、协调机制、工作设计等，技术变革涉及工作过程、方法以及设备等，物理环境涉及工作场所的位置和安排布局等，人员变革涉及组织成员的态度、期望、观念、技能、行动等（斯蒂芬·罗宾斯、蒂莫西·贾奇，2012）。典型的组织变革例如裁员、业务流程再造、组织结构调整、战略变革、文化变革、兼并与并购、全面质量管理等，地方政府职能转变也是一种组织变革。组织变革研究有着悠久而且广泛的传统，变革动力是重要的研究主题。本节在梳理总结组织变革的动力因素及动力机制研究的基础上，构建地方政府职能转变动力机制的分析框架。

组织变革的动力因素及动力机制是什么？换句话说，哪些因素推动了组织变革的引入和实施？这些因素各自发挥怎样的作用？彼此之间存在怎样的联系？通过怎样的路径推动组织变革的引入和实施？各自对组织变革有着怎样的作用强度？回答这些问题，对于理解组织变革的过程、成功实现组织变革有着关键的意义。组织变革的动力因素可划分为两类：一类是与组织变革意愿相关的动力，即引发变革需要的动力（Necessity/Need/Desire for a Change）；另一类是与组织变革执行相关的动力，即促进变革实施的动力（Facilitate the Implementation of Change）（Whelan - Berrya & Somerville，2010）。不同的动力因素发挥不同的功能，彼此之间存在一定的联系，通过不同的路径，共同推动组织变革的引入与实施。

1. 变革意愿

变革意愿是组织变革的前提（Fernandez & Rainey，2006；Whelan - Berrya & Somerville，2010）。组织打破固有的思维和行为，引入和实施组织变革，首先要有变革意愿，即对变革产生需要。引发变革需要的动力因素是多元的，有来自组织外部，也有来自组织内部（Tsoukas & Chia，2002）。对于不同组织实施的相同或不同变革、同一组织实施的不同变革，引发变革需要的动力因素不尽相同，甚至可能差异很大。对于特定组织实施的某项变革，引发变革需要的动力因素可能不止一个，其受到多个动力因素的影响。不同的组织变革理论对引发变革需要的动力因素有不同的理解和把握。有学者指出，组织变革包括四种基本理论，分别是生命周期、目的论、辩证和进化，这四种理论代表了由不同动力驱动并在组织不同层面实施的不同变革（Van de Ven & Poole，1995），并由其他学者进一步补充了社会认知、文化两种理论（Kezar，2001）。以下基于生命周期、目的论、辩证、进化、社会认知、文化六种理论视角，分析引发变革需要的动力因素。

（1）生命周期（Life Cycle）。组织变革被认为是组织发展阶段的有序演进，从初创期、成长期、成熟期到衰退期。组织变革是一种自然进步，是由组织生命周期的阶段性特征及不同阶段间的转变决定的，不能停止或改变。组织中的领导推进组织变革，目的是更好地适应组织的生命周期。

在同一发展阶段内，组织状态相对稳定，变革往往是一阶变革[①]的形式。当一个发展阶段结束进入另一个发展阶段，由于面临危机和挑战，变革往往是二阶变革[②]的形式（Kezar，2001）。

（2）目的论（Teleological）。组织变革被认为是一种有目的的干预性行为。组织变革的发生，是因为领导、变革推动者或其他人员认识到组织存在变革需要，从而引入和实施某种组织变革以实现特定目的（Kezar，2001）。主体对变革需要的认识以及其对变革的推动，可能是超脱个体的，认为组织存在问题、困境或是面临机遇、挑战，存在新的、更好的方式完成工作，开展组织变革对组织的效益及未来发展有益；也可能是与个体密切相关，希望通过组织变革，获取个人利益（金钱、职务晋升等）或寻求其他的某种改变（Frohman，1998）。

（3）辩证（Dialectical）。组织变革被认为是矛盾/冲突（Contradiction/Conflict）的结果，其源于黑格尔—马克思的观点[③]。组织矛盾主要包括不适应、无效率、利益冲突、制度冲突四种类型，不适应是指由于僵化的行为和思维模式导致组织对外部环境变化的适应力低下，无效率是指组织现有的绩效水平与市场机会之间存在差距，利益冲突是指与组织相关的不同群体之间存在利益纷争，制度冲突是指与组织相关的各种制度安排之间存在不一致和冲突（Seo & Creed，2002）。矛盾/冲突导致变革的引入和实施，当矛盾/冲突良性互动时，组织可能经历一阶变革；当矛盾/冲突陷入僵局，组织可能经历二阶变革（Kezar，2001）。

（4）进化（Evolutionary）。组织变革被认为是一种适应性行为，变革需求主要来源于组织所处外部情境的变化（Jacobs，Van Witteloostuijn & Christe - Zeyse，2013）。外部情境的变化带来机会和挑战，组织为了生存和发展，引入和实施某种组织变革，以适应变化了的外部情境。例如，全球化背景下市场竞争的加剧推动企业降低成本、集聚区域的生产要素、简化复杂矩阵结构。解除管制促进市场竞争，导致企业文化、人员的变革。社会进步伴随人们需求层次的提高，导致企业产品/服务、文化、人员的变革。技术变革带来弹性生产方式、缩短产品生命周期，导致企业采取更

---

① 一种增量变革，不改变原有的范式，仅改进旧状态。

② 一种革命性变革，改变原有的范式，将导致新状态。

③ 组织中的一种模式、价值、理想、规范总是有其对立面。

具弹性的组织结构。信息和通信技术的进步使得网络架构形成、应用并促进层级控制和横向知识共享（Pettigrew & Fenton，2000）。

（5）社会认知（Social Cognition）。组织变革被认为是主体学习与建构的结果，变革需要与适当性以及回应认知分歧有关（Collins，1998）。该理论视角源于现象学与社会建构主义理论。主体接受不同来源且存在分歧的信息，认识到现行的价值和行为存在不当，从而推动组织变革（Kezar，2001）。对组织变革来说，客观的内外部情境是相对次要的，只有通过个体才能被理解和实施。组织变革主要受到相关主体主观认知的影响，其是由主体解释并赋予意义，是一种学习与建构。

（6）文化（Cultural）。组织变革被认为涉及价值、信仰、观念、目标、使命、精神、象征等文化因素，变革过程复杂、漫长且关系到多个不同的层面。对于变革需要，该理论视角综合了辩证和社会认知理论的假设与观点，认为既源于矛盾/冲突（例如组织合法性），也源于主体的学习与建构（例如领导的认知与行为）。

以上六种理论视角并非互相排斥，而是经常互相交叉、重叠。一些学者在研究中采取了混合视角，或是综合了进化、社会认知、文化、技术理论（Senge，1990），或是综合了进化、技术、辩证、社会认知理论（Greenwood & Suddaby，2006），或是综合了进化、技术、目的论、社会认知理论（Jacobs，Van Witteloostuijn & Christe - Zeyse，2013）。不同的理论视角关注组织生活的不同方面，采取一个混合多个理论视角的综合观点是有益的（Van de Ven & Poole，1995）。但单一的理论视角虽然存在内在的缺陷，但也都增进了对组织变革的理解，从整体来看，综合不同理论视角的观点是理解组织变革的有效途径（Kezar，2001）。对于特定的组织变革，变革需要可能同时来源于组织成长（生命周期），组织问题/机遇、个体动机（目的论），矛盾/冲突（辩证、文化），外部情境变化（进化），主体学习与建构（社会认知、文化）等，或是以上引发变革需要的动力因素中的某项或某几项。不同的引发变革需要的动力因素作用强度存在不同，某项或某几项动力因素可能发挥主要作用，其他动力因素可能仅有微小作用或是不发挥作用。

2. 变革执行

即使组织有强烈的变革意愿，也不意味着变革能得到成功地执行。由于组织习惯于按原有的模式运作，组织中的个体对变革可能存在抵制（Colombo & Delmastro，2002）。根据已有的研究，组织变革实施失败的概率在 1/3 到 80% 之间（Whelan - Berrya & Somerville，2010），其根源多于组织惯性有关。有学者将组织惯性划分为两类：一是资源守旧，由于资源依赖、再投资激励等原因，未能改变变革资源的投资模式；二是程序老套，由于组织惯例的固化，未能改变使用变革资源的组织流程（Gibert，2005）。这两种情况都代表着组织没有能力实施组织变革。组织成员对组织变革的抵制，可能来源于变革风险带来焦虑和不安全感、改变习惯的工作方式和工作关系、变革损害个体利益和现有地位以及认知因素（组织成员认为现行模式好于被提议的变革）（Jacobs，Van Witteloostuijn & Christe - Zeyse，2013）。

破除变革阻力，成功实现组织变革，离不开一系列促进变革实施的动力因素，包括有助于变革执行的事件、活动、行为等，同时组织变革的过程是多层面、多阶段的。有学者将组织变革定义为一个解冻（Unfreezing）、转变（Mcving）、冻结（Freezing）的三阶段过程[①]，为组织变革的过程研究奠定了基础（Lewin，1947）。在组织变革阶段划分方面，主要有 Kotter 八阶段模型、Kast 六阶段模型、Schein 六阶段适应循环模型、Galpin 九阶段模型等。在归纳总结前人相关研究的基础上，Armenakis 等（1999）提出了组织变革过程的综合模型，既包括变革实施阶段（变革推动者行为阶段）——解冻、移动、冻结，也包括理解变革的阶段（变革目标推进阶段）——否定/抵制/预期/确认、探索/高潮、承诺/后果。Whelan - Berry 等（2010）则认为，组织变革包括五个阶段：（1）建立清晰的愿景，明确组织变革的原因与需求；（2）将变革扩散至群体和个体层面，使得不同地点、团队、部门理解变革愿景；（3）个体接受组织变革，改变他们的价值、态度和行为；（4）维持变革实施的动力，使得变革获得关注和资源；（5）制度化变革，使得变革成为组织文化、运作及过程的组成部分。前述关于组织变革过程的研究，无论是三阶段、五阶段，抑或六阶段、八阶段、九阶段，虽然具体划分存在不同，但本质上具有共通之处，即组织变革是经由愿景、计划、沟通、变革、巩固、制度化

① 解冻阶段主要打破既有的态度和行为，建立变革需要；在移动阶段，实施变革，形成新的态度和行为；冻结阶段主要目的是巩固新的态度和行为。

等一系列互相关联、互相配合并且一定程度上前后相继的行动展开。

促进变革实施的动力因素与组织变革过程中的具体行动相关，涉及领导、愿景、计划、沟通、参与、培训、仪式、考核、奖励、资源配置、人力资源管理、组织结构与流程、技术、文化变革等很多因素。不同的学者提出的促进变革实施的动力因素各有侧重，同时存在大量的交集。一种观点认为，提出明确不满、参与、奖励、时间和机会是鼓励变革的重要因素，愿景、杠杆点、领导、资源、计划、变革机构、反馈是管理变革的重要因素，关键权力群体的支持、领导者行为、符号与语言、稳定性构建是构建变革政治动力的重要因素（Nadler，1981）。还有观点指出，建立变革需要、领导、愿景、沟通、计划、组织文化变革等是实现成功变革的重要因素（Kotter，1995）。Gustafson 等（2003）认为，影响组织变革结果的因素包括领导（高层领导、中层管理人员）目标/参与/支持、员工参与和支持、变革推动者声望与承诺、设计、计划、资金、有效性的证据、工作环境、控制与反馈等。Armenakis 等（2009）指出，积极参与、内外部信息管理、人力资源管理实践、形式化活动、传播实践、仪式、说服性沟通等影响组织变革过程。进一步的研究则发现，促进变革实施的动力因素主要包括接受变革愿景、领导者变革相关的行为、变革相关的沟通、变革相关的培训、员工对变革相关活动的参与、调整的人力资源实践、调整的结构与控制过程等（Whelan - Berrya & Somerville，2010）。

鉴于刻画变革实施动力因素的模型并未达成共识观点，有学者指出有必要针对变革实施，建立具有可操作性的通用框架。这一框架的建立必须考虑以下三方面因素：

一是对于不同的组织变革，变革的基本过程是相似的，促进变革实施的动力因素也是相似的；任何组织变革要有效执行、获得成功，都离不开计划、沟通、参与、资源、控制等一系列与变革执行相关的动力因素。

二是促进变革实施的不同动力因素发挥着不同的作用。例如，愿景的主要作用在于明确组织变革目标实现的理想状态，便于就组织变革开展沟通以及获得支持；沟通的主要作用在于增强组织内部成员和外部利益相关者对变革的理解和承诺；领导的主要作用在于鼓励组织成员以及支持和推进变革；培训的主要作用在于为组织成员提供与变革相关的知识和技能；资源配置的主要作用在于为组织变革实施提供资金、人力等资源的支持（Abraham，Crawford & Fisher，1999；Whelan - Berrya & Somerville，

2010)。不同的动力因素虽然具体作用以及作用强度存在差异，但对于有效推进和成功实现组织变革，都有着重要的价值。

三是促进变革实施的动力因素有很多，可依据一定的标准进行必要的归类，以更好地把握促进变革实施的动力。例如，可划分核心过程动力因素和支持过程动力因素，前者与具有战略意义且通常对组织职能有重要影响的行动有关，后者与诸如沟通、培训等辅助核心过程的行动有关（Alas，2007）。

4.2.2 模型演进与分析框架

1. 模型演进

与变革意愿相关的动力因素和与变革执行相关的动力因素是两类不同的动力，各自发挥不同的作用，区分两类动力进行分别探讨是有益的。在此基础上，也有必要建立纳入这两类动力的动力机制综合模型。组织变革的意愿和执行不是割裂的，引发变革需要的动力越强，意味着组织变革的意愿越强，从而促进变革实施的动力越强，组织变革的执行越顺利，最终成功实现组织变革。例如，在高科技、快速发展、竞争激烈的行业，组织变革更为常见，也更容易推进，其原因是处于这些行业中的组织，引发变革需要的动力强烈，组织若不进行变革则有可能被竞争淘汰。强烈的变革意愿增强了促进变革实施的动力，变革相关的行动更容易有效实施，从而使得这些行业中的组织富有创新性和执行力，成功实现组织变革（Colombo & Delmastro，2002）。此外，组织变革的各项动力因素不是彼此孤立的，动力因素之间存在着影响与联系。综合模型有助于更全面、深入地把握组织变革过程中不同动力因素的作用、相互联系以及产生影响、发挥功能的作用机理。下面将系统梳理已有研究中具有代表性的组织变革动力机制综合模型。需要说明的是，部分组织变革动力机制综合模型或仅包括与变革意愿相关的动力，或仅包括与变革执行相关的动力，并未同时纳入两类动力。

组织变革动力机制综合模型最早可追溯至 Lewin（1951）提出的力场分析（Force Field Analysis），其认为组织变革是在动力和阻力的作用下从现行的状态（平衡状态）经历不平衡状态直到目标状态（平衡状态）。该模型过于简单、直观，对动力因素和动力机制都缺乏深入的分析。在力场分析之后，Leavitt（1965）提出了一个包含结构、任务、技术和人员四要素的模型，明确了组织的内部要素，但忽视了组织外部因素的影响，总体来看，依然是一个十分简单的模型。

Weisbord（1976）的六箱模型（Six - box Model）则将组织视为一个开放系统，认为同时从正式（如结构）、非正式（如文化）视角理解组织是重要的。该模型中的要素包括领导、目的、关系、结构、辅助机制、奖励。相较于 Leavitt 的模型，Weisbord 的模型不仅关注组织内部的正式系统，同时关注组织内部的非正式系统，还纳入了环境的影响，但对于内部要素间的互动关系、环境的具体影响等都有待进一步明确。在此基础上的相合模型（Nadler - Tushman Congruence Model）则是一个更为综合的模型，其明确了组织的输入、过程与输出，其中组织输入包括环境、资源、历史以及战略，过程包括非正式组织、任务、正式组织安排、个体因素，输出包括组织、群体、个人层面的产品、服务、绩效（Nadler & Tushman，1977）。同时，该模型认为各项因素之间应该寻求一致性（fit）以提升组织绩效。

20 世纪 80 年代提出的麦肯锡 7s 模型（Mckinsy 7s Model）是一个容易识别和记忆的模型，这一模型认为组织发展过程的核心要素包括结构、制度、风格、员工、技能、战略以及共同的价值观，这些要素之间存在交互关系，组织不可能通过改变前述 7 项要素的某一两个而改变整个组织；该模型未纳入组织外部因素的影响，也未探讨输出因素（如组织绩效）。Tichy 提出的包含技术、政治、文化的框架，相较于相合模型（Nadler & Tushman，1977）对组织行为的理解更加深入。在该框架中，技术系统是一个高度理性的视角，政治系统代表权力，文化系统提供共同的价值和规范（Tichy，1983）。该框架同样遵循“投入—过程—产出”的思路，核心要素包括外部环境、使命与战略（输入）、任务、人员、正式网络、组织过程、非正式网络（过程）、绩效（输出）。前述这些模型较好地解析了组织行为，有助于理解和把握组织变革的动力因素与动力机制，但针对性不强，对组织变革的动力因素与动力机制缺乏足够的解释力。

20 世纪 80 年代末 90 年代初以来，越来越多的学者对组织变革动力、过程、管理等进行专门研究，提出了更具针对性、解释力的模型。代表性的组织变革管理模型包括六个方面，即个体回应变革、变革内容、变革计划、变革中人员管理、变革中的组织管理、变革绩效评估（Sharma，2007）。而在一个组织绩效与变革的因果模型中，组织变革是从转换动力

(Transformational Factors)、交易动力(Transactional Factors)到绩效再到反馈的过程，转换动力包括外部环境、领导力、使命与战略、组织文化四项要素，交易动力包括管理活动、结构、系统、工作单元氛围、激励、任务与个体技能、个体需要与价值七项要素(Burke & Litwin，1992)。还有学者基于干预、工作环境(组织架构、社会因素、技术、物理环境)、个体行为到结果(组织绩效与个体发展)这一过程构建了理论模型(Porras & Silvers，1991；Robertson，Roberts & Porras，1993)。前述模型较为具体、准确地刻画了组织变革的引入、实施以及结果(从外部环境到干预行为，再到组织层面变化、个体层面变化，最后影响组织绩效)，但同时存在明显的缺陷。这些模型主要关注与变革执行相关的动力因素，相对忽视了与变革意愿相关的动力因素；仅提出外部情境这一引发变革需要的动力因素，未能有效解释组织变革为什么会被引入——外部情境中哪些具体因素引发了变革需要？外部情境中的具体因素与组织内部因素之间是如何互动联系的？除外部情境外，是否存在其他引发变革需要的动力因素？这些动力因素具体有哪些，与组织内部因素之间是如何互动联系的？上述问题，有待进一步回答。

Greenwood、Hinings(1996)提出的组织变革动力模型(见图4-1)富有洞见性，其认为组织变革的动力因素包括情境动力、触发动力、使能动力。其中，情境动力来自组织外部，包括市场环境和制度环境；触发动力包括利益不满、价值承诺，使能动力包括权力依赖、行动能力，均来自组织内部。组织变革的动力机制可被简要地描述为：在组织外部环境(市场环境、制度环境)的影响下，组织内部功能分化的群体对利益分配产生不满，利益不满的群体认识到现行的组织模式(Template/Archetype)是造成其劣势地位的原因，进而反对现行模式，支持替代模式，影响对现行模式的价值承诺，从而产生组织变革的压力。在存在变革压力的前提下，组织变革实际发生，还需要有权力对利益不满的群体、替代模式的支持(权力依赖)以及管理变革过程的能力(行动能力)。同时，权力依赖和行动能力受到组织外部环境的影响。Greenwood、Hinings(1996)的模型聚焦于情境因素与触发动力、使能动力的互动，解释了在外部情境压力相同的条件下，为什么不同组织的回应存在差异，深化了对组织变革动力机制的认识。但其至少存在三方面不足：一是从模型整体来看，将变革动力划分为组织外部动力(情境动力)和组织内部动力(触发动力、使能动力），忽视了内部情境动力（如组织绩效问题）以及外部触发动力（如利益相关者不满与诉求）、外部使能动力（如外部支持）。二是从触发动力来看，利益不满、价值承诺受到外部情境的影响，但市场环境、制度环境过于宽泛。对于影响利益不满和价值承诺的具体因素是什么，缺乏深入探讨。利益不满、价值承诺既可能受到内外部情境的影响，也可能受到群体/个体动机的影响。三是从使能动力来看，使能动力包括权力依赖和行动能力，权力依赖相对明确，但行动能力具体包含哪些关键因素，缺乏深入探讨。

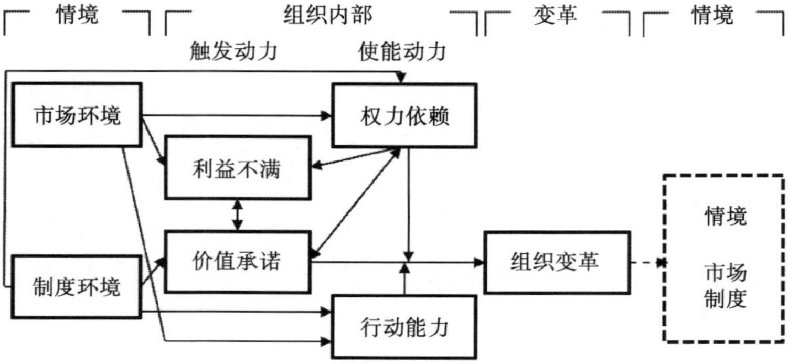

图 4－1　Greenwood、Hinings（1996）提出的组织变革动力模型

进入 21 世纪后，一些新的研究成果修正、补充、拓展了 Greenwood 等学者的模型。从与变革意愿相关的动力视角，Seo 等（2002）提出了一个涉及制度变迁的动力模型（见图 4－2），制度变迁是从矛盾、实践、变化再到制度化的循环过程，实践是从潜在的变革推动者到认知变化再到行动者动员最后到集体行动的过程，利益冲突带来潜在的变革推动者，无效率、不适应、制度冲突影响认知变化，制度冲突影响行动者动员，无效率影响集体行动。在此基础上构建的涉及制度企业家的过程模型则认为，网络位置（边界桥接、边界隔离、核心/边缘和不良绩效）影响矛盾（制度冲突、不适应、资源不对称、利益冲突、效率和和谐的矛盾），进而影响组织的嵌入程度（对替代逻辑的意识、对替代逻辑的开放、采取替代逻辑的动力），从而引发制度企业家行为（在权力的影响下从实践到制度变迁）（Greenwood & Suddaby，2006）。Smets 等（2012）则建立了一个实践驱动的制度变迁模型，除外部情境、冲突/矛盾、内部动力之外，变革需要还可能来源于个体的日常工作（实践动力）。Jacobs 等（2013）认为，组织外部机会、威胁与内部优势、劣势之间的不协调影响组织认同，进而在领导的支持下，开展组织变革，从而影响组织绩效、组织合法性。

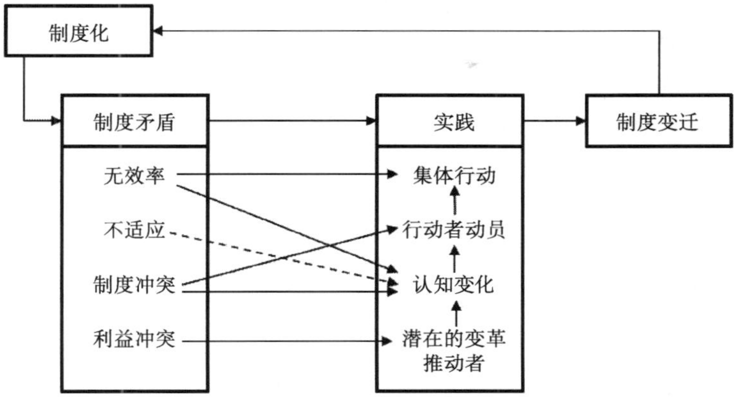

图 4-2　Seo、Greed（2002）提出的制度变迁的动力模型

从与变革执行相关的动力来看，Oakland 等（2007）构建的组织变革动力机制新框架（见图 4-3）包括变革意愿、变革执行两个相互作用的循环，前者从外部事件、变革需要、领导 & 方向、计划演进到过程，后者从过程、组织 & 资源、系统 & 控制、行为演进到过程。Falletta（2008）提出的组织智力模型（Organizational Intelligence Model）认为外部输入影响领导、战略和文化，进而在组织能力与执行关键要素（结构与适应性、信息和技术、领导者、测评和奖励、成长与发展、员工参与）的作用下，获得绩效产出。

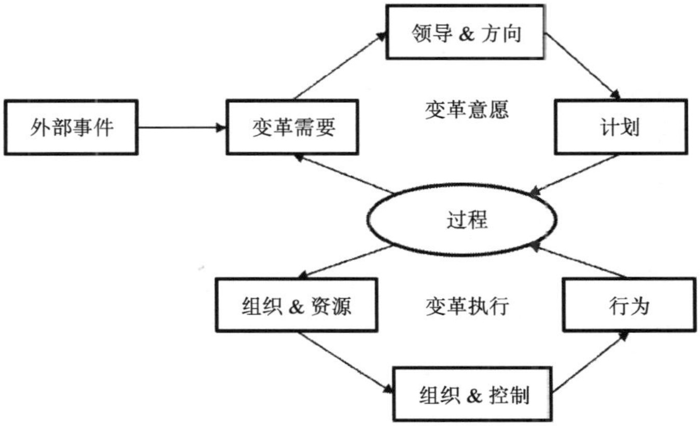

图 4-3　Oakland、Tanner（2007）提出的组织变革动力模型

由上可以得到，组织变革的综合模型是不断发展和逐步完善的，模型中嵌入的动力因素及动力因素间关系愈发复杂，有助于更好、更深刻地再现组织变革的过程，揭示组织变革的关键动力。此外，不同模型的视角以及重点存在差异，有的模型侧重于解析变革意愿的产生，有的模型关注变革是如何执行。对于研究特定组织变革的动力机制，在通用的综合模型基础上进行针对性探讨是必要的。

2. 分析框架

地方政府职能转变是指地方政府对自身职能所作的调整，即从一种职能状态转变为另一种职能状态，具体涉及职能范围、职能结构、职能方式等多方面的调整。从具体特征来看，首先，它是一种公共组织变革。公共组织以维护和实现公共利益为基本职责，私人组织则以营利为主要目的。公共组织与私人组织在民主的政治情境、法治的司法情境方面存在根本性差异，在环境需求、管理角色、外部控制、结构特征、决策程序、成员态度等多方面都存在着不同（Kuipers，Higgs & Kickert，2014）。其次，它是一种二阶变革。地方政府职能转变的主要目标，包括从无限政府到有限政府、从低效政府到高效政府、从人治政府到法治政府、从权力政府到责任政府、从管制型政府到服务型政府。这种变革是多方面、多层面的，从旧状态到新状态基于的是不同的理念和逻辑，采取的是新的模式、新的方向，是质的改变，属于二阶变革。然后，它是一种进化型变革。地方政府职能转变不是突然、剧烈的改变，而是逐步推进的，有一个较为长期、渐进的过程，最终实现变革，转变为新的状态。最后，它是一种有计划变革。地方政府职能转变是由政府自身主导引入和实施的变革，是一种有意识的、主动的、目的和任务都较为明确的变革。

基于组织变革基本理论并主要借鉴 Greenwood 等提出的组织变革动力模型，构建地方政府职能转变的动力机制分析框架（见图 4－4）。该分析框架的核心要素包括情境动力、触发动力、使能动力以及地方政府职能转变。其中，情境动力和触发动力主要与组织变革意愿有关（理论基础是组织变革目的理论、辩证理论、进化理论、社会认知理论等），使能动力主要与组织变革执行有关（理论基础是组织变革过程理论）。由于 Greenwood 等学者并未对上述三类动力内涵做出严格界定，本书首先对此进行补充修正。

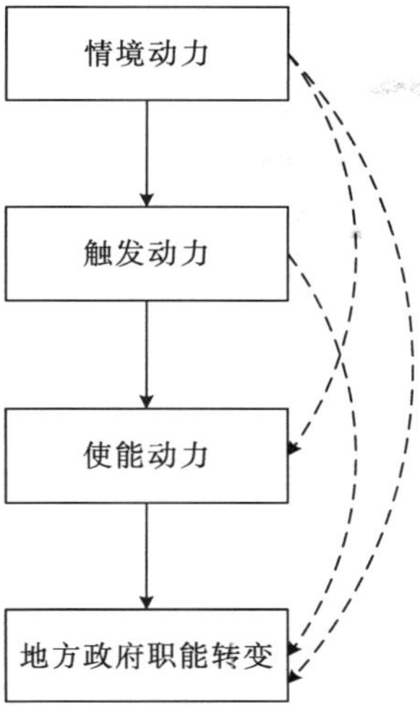

图 4－4　地方政府职能转变动力机制的分析框架

（1）情境动力（Context Dynamics）。情境动力是指导致现行模式（Existing Archetype/Template）危机的动力因素。情境动力包括外部情境动力因素和内部情境动力因素，这些动力因素导致组织出现不适应、制度冲突、无效率、利益冲突等矛盾。

（2）触发动力（Precipitating Dynamics）。触发动力是指促成新模式（New Archetype/Template）引入的动力因素。触发动力因素与影响组织决策和行动的主体有关，这些主体对现行模式存在不满，进而推动改变现行模式、引入新模式。

（3）使能动力（Enabling Dynamics）。使能动力是指推动新模式取代现行模式的动力因素。使能动力因素与组织变革执行的具体行动有关，这些行动推动组织变革实施，直到成功实现组织变革。

在以往相关研究（Greenwood & Hinings，1996；Seo & Creed，2002；Greenwood & Suddaby，2006；Oakland & Tanner，2007；Smets，Morris & Greenwood，2012；Jacobs，Van Witteloostuijn & Christe－Zeyse，2013）基础上，进一步界定情境动力、触发动力、使能动力以及地方政府职能转变之间的联系。具体来看，情境动力对地方政府职能转变有直接影响，同时可通过触发动力、使能动力对地方政府职能产生间接影响。触发动力对地方政府职能转变有直接影响，同时可通过使能动力对地方政府职能产生间接影响，使能动力对地方政府职能转变有直接影响。地方政府职能转变动力机制的主路径是“情境动力→触发动力→使能动力→地方政府职能转变”。具体可描述为：地方政府外部情境、内部情境中的某些动力因素导致地方政府现行职能模式出现不适应、制度冲突、无效率、利益冲突等矛盾，影响对地方政府决策与行为有影响力的相关主体的认知和行为。相关主体对地方政府现行职能模式产生不满，进而推动改变现行职能模式、引入新职能模式，从而导致地方政府职能转变的引入和实施。在地方政府职能转变实施过程中，一系列与变革执行具体行动相关的动力因素推动地方政府新职能模式取代现行职能模式，最终成功实现地方政府职能转变。

需要说明的是，本书的研究重点探讨的是地方政府职能转变动力机制的主路径，即“情境动力→触发动力→使能动力→地方政府职能转变”，且所构建的地方政府职能转变动力机制的分析框架是截面的、线性的。而在实践中，地方政府职能转变是历时的、动态的、迭代的、震荡的，并存在反馈。模型是对现实的简化，描述现实中的主要特征及机理，建模是为了更好地理解和把握现实。所构建的地方政府职能转变动力机制的分析框架涵盖了地方政府职能转变的关键动力因素，进一步理清关键动力因素之间以及与地方政府职能转变之间的联系，对现实具有一定的解释力。

4.2.3 动力因素

前文基于组织变革理论，构建了地方政府职能转变动力机制的分析框架。在此基础上将地方政府职能转变的动力因素分为三类，分别是情境动力、触发动力和使能动力。本节试图明确地方政府职能转变的情境动力、触发动力、使能动力分别都有哪些具体的关键动力因素，并采用如下方法选取：（1）理论分析，在理论的指引下，确定地方政府职能转变具体的关键动力因素。（2）文献调研，梳理归纳前人研究中提出的地方政府职能转变具体的关键动力因素。（3）实地访谈，以公务员为访谈对象，深入了解现实中地方政府职能转变具体的关键动力因素。三种方法，互为印证，最终确定地方政府职能转变具体的关键动力因素。

1. 情境动力

情境动力来源于地方政府的内外部情境，内外部情境中的一些因素导致地方政府现行职能模式出现危机，引发地方政府职能转变的需要。组织情境中哪些具体因素导致地方政府现行职能模式出现危机？Jacobs 等学者

(2013) 提出的 PESTL (Political – Economic – Societal – Technological – Legislative) 方法可作为分析组织变革外部情境的基础性框架，包括政治、经济、社会文化、技术、法律五个方面；ACCRE 方法 (Asset – Capabilities – Competencies – Resources – Evaluation) 可作为分析组织变革内部情境的基础性框架，包括资产、能力、竞争力、资源四方面。采用 PESTL 方法、ACCRE 方法分别分析地方政府职能转变的外部情境和内部情境，并以相关文献调研和访谈研究结果为印证，确定地方政府职能转变具体的关键情境动力因素。

(1) 外部情境。PESTL 方法是组织外部宏观环境分析的基础性工具。政治环境是指政治体制、方针政策等方面，经济环境是指经济体制、经济结构、经济发展水平、经济形势、经济政策等方面，社会文化环境是指社会结构、生活方式、价值观念、文化形态等方面，技术因素是指科技发展水平、技术变迁等方面，法律环境是指法律制度、法律意识等方面 (王建民，2013)。基于地方政府党代会报告、政府工作报告以及已有相关研究等，采用 PESTL 分析梳理近些年地方政府职能转变的外部情境，结果见表 4 – 2。

表 4 – 2　地方政府职能转变的外部情境分析结果

情境	主要特征
政治环境	政治体制改革稳步推进；政治生活民主化程度不断提高；民生领域得到越来越多的关注
经济环境	经济体制改革不断推进；现代市场体系不断健全；经济持续快速发展；经济结构优化调整；城镇化水平不断提高；对外贸易规模不断扩大
社会文化环境	人民生活水平不断提高；国民素质不断提高；非政府组织蓬勃发展；社会矛盾冲突增多；对外交流合作不断增多
技术环境	科技发展水平不断提升；技术创新能力进一步提高；信息技术应用更加广泛
法律环境	法律法规体系不断完善；社会法律意识不断增强；司法体制和工作机制进一步完善

当前，我国处于经济、社会双重转型期，从计划经济体制转向市场经济体制，从传统的农业社会转向现代的工业社会。地方政府的外部环境发生着改变，呈现出一些新的特征，导致地方政府现行职能模式出现不适应

和制度冲突问题。政治体制改革、民主化进程要求地方政府提高责任意识、实现公开化、增强对民众的回应性；市场经济体制改革、经济发展水平提高、经济结构调整要求地方政府减少微观管理、加强宏观调控和市场监管；人民生活水平提高、国民素质提高、社会矛盾增多要求地方政府加强社会管理、提高公共服务能力和水平；科技进步、信息技术应用要求地方政府提高效率，应对科技发展带来的新问题（如网络管理）；法律法规体系完善、社会法治意识提高要求地方政府治理权力任性现象，提高依法行政水平；对外开放水平提高，要求地方政府适应国际环境，与国际规则接轨。转型期的新形势、新要求，导致地方政府适应旧环境的结构和过程变得无效，与变化了的政治、经济、社会等体制、机制之间出现冲突和矛盾，引发地方政府职能转变的需要，推动地方政府转变职能。笔者对公务员的访谈结果，也肯定了经济、社会转型是地方政府职能转变的重要动力。

（2）内部情境。ACCRE 方法是根据组织目的分析组织资源的效率和效果的一种方法。资产是指组织拥有或控制的能为组织带来经济利益的要素；能力是指组织将各种要素转化为产品或服务的能力；竞争力是指组织能够比其他组织更有效地提供产品和服务的能力；资源是指组织拥有或控制的各种要素。

从资产来看，地方财政收入和支出一直保持持续增长。近年来，地方政府面临财政压力，财政收入增长速度减缓，而财政支出呈现刚性增长，收支矛盾进一步凸显。从资源来看，地方政府下设多个部门，拥有相当数量的行政权力以及工作人员。省级、地级、县级地方政府的部门数目多在10—60 个之间，公开的行政权力事项数目在 1000—5000 项之间①。以浙江省桐乡市为例，其下设编办、金融办、民政局、财政局、经信局、教育局、科技局、国土资源局、文化局等 40 个部门，公开的县（市、区）保留的行政权力有 3988 项，机关单位从业人数为 4769 人②。对于地方政府拥有的庞大资源，有批评指出地方政府存在机构臃肿、行政权力事项过多、人员冗杂等问题。从能力来看，地方政府有强大的内部管理以及经济社会管理能力，但效率、效果表现不佳。有观点认为，地方政府存在成本

① 基于地方政府权力清单公开信息估算。

② 数据来源：《桐乡市统计年鉴 2016》、浙江省政务服务网桐乡市站点。

高昂、效率低下、官僚主义、寻租腐败等问题，同时面对经济下行压力、社会矛盾凸显、环境破坏、资源短缺等现代经济社会发展中的负面问题，地方政府对之未能有效遏制和解决，进而引发民众对地方政府的满意度和信任度下降，损害地方政府形象以及合法性基础。从竞争力来看，不同地方政府的效率、效能存在差异，府际竞争给地方政府带来压力和挑战。一些地方政府的绩效相对优异，其可能得益于改革试点创新、上级政府扶持、资源禀赋优越、领导能力出众等。此外，相较于企业、非政府组织，地方政府在公共服务供给效率及质量方面也受到批评，政府购买服务、特许经营、私有化等成为替代的选择。

总结来看，地方政府面临财政、民众信任等多方面的绩效困境，揭示地方政府现行职能模式存在无效率和利益冲突问题，引发地方政府职能转变的需要，推动地方政府转变职能。对公务员的访谈结果，也肯定了地方政府存在的各种绩效困境是地方政府职能转变的重要动力。

（3）关键情境动力因素。基于前述对地方政府的内外部情境分析，并以相关文献的调研结果、对公务员的访谈结果为印证，确定转型压力、绩效困境是地方政府职能转变的关键情境动力因素。

①转型压力。转型压力指的是经济、社会转型导致地方政府现行职能模式出现不适应、制度冲突问题。现阶段，地方政府的政治、经济、社会文化、技术、法律等外部环境发生显著改变，这主要是由经济、社会双重转型带来的，可归纳为转型压力。

②绩效困境。绩效困境指的是地方政府绩效表现不佳，表明地方政府现行职能模式存在无效率和利益冲突问题。现阶段地方政府面临的绩效困境主要包括财政压力，内外部管理失调、失控，民众对政府的不满、不信任等。

2. 触发动力

触发动力与影响地方政府决策和行动的主体有关，相关主体的认知和行为促成地方政府新职能模式的引入，引发地方政府职能转变的需要。影响地方政府决策和行为的主体涉及上级党委/政府、本级政府领导层、本级政府普通工作人员、同级其他政府、下级政府、民众、企业、社会组织、专家、媒体等。在这些主体中，上级党委/政府、民众以及地方党政领导是具有关键影响力的主体。从地方政府的角色来看，其兼具代理人和自利者的双重角色（赵静、陈玲、薛澜，2013）。作为上级党委/政府和民众之间的桥梁，地方政府面临双重委托代理的状况。一方面，地方政府是上级党委/政府的代理人。地方政府执行上级党委/政府下达的要求和任务，上级党委/政府对地方政府实行监督考核。另一方面，地方政府是民众的代理人。地方政府回应民众的需要和期待，解决地方经济社会发展中的现实问题，民众对地方政府的决策和行动存在影响。地方政府的决策和行动还受到其自身意志以及利益的影响，尤其是拥有正式权力和权威的地方党政领导。对公务员的访谈结果，也肯定了上级党委/政府、民众以及地方党政领导的认知与行为是地方政府职能转变的重要动力。

（1）上级党委/政府。党的十八大报告提出“深化行政审批制度改革，继续简政放权，推动政府职能向创造良好发展环境、提供优质公共服务、维护社会公平正义转变”。党的十八届三中全会提出“必须切实转变政府职能，深化行政体制改革，创新行政管理方式，增强政府公信力和执行力，建设法治政府和服务型政府”。政府职能转变是中央的决策部署，是全面深化改革的重点和核心任务。根据党的十八大和十八届三中全会精神，十二届全国人民代表大会通过《国务院机构改革和职能转变方案的决定》，中央出台《关于实施<国务院机构改革和职能转变方案>任务分工的通知》，明确了2013—2017年实施《国务院机构改革和职能转变方案》的工作任务。改革从中央政府起步，之后延伸到地方各级政府。同年8月，召开的中共中央政治局会议审议通过《关于地方政府职能转变和机构改革的意见》（以下简称《意见》），提出“要把职能转变作为改革的核心、把深化行政审批制度改革作为重要抓手和突破口，继续简政放权，增强经济发展内生动力”，同时要求“充分发挥地方政府积极性，鼓励地方因地制宜、从实际出发进行改革探索，大胆创新”。根据中央《意见》，各省级政府陆续出台政府职能转变的意见和实施方案，推进省级层面的政府职能转变工作，并支持推动市县级政府、区/街道/镇/乡政府开展政府职能转变改革工作。在省级层面改革的基础上，市县级政府出台意见和实施方案，开展市县级政府层面的政府职能转变工作，并支持推动区/街道/镇/乡政府开展政府职能转变改革工作。对于地方政府职能转变，上级政府部署工作目标、工作任务，要求地方政府推进政府职能转变，鼓励地方政府开展政府职能转变的改革探索，为地方政府职能转变指引方向并提供支持，还对工作进展与成效进行考核，通过强化检查考核，推动地方政府落实政府职能转变工作。由此，可以认为地方政府职能转变主要是从中央政府到省级政府再到市县级政府、区/街道/镇/乡政府的自上而下的改革，遵循上级党委/政府的要求和部署，存在很大的共性。同时，在上级党委/政府的鼓励和支持之下，地方政府发挥能动性，因地制宜，开展创新性改革，探索政府职能转变的有效路径。

（2）民众。随着经济社会的发展，民众的收入和生活水平显著提高。与此同时，民众的个体素质提高，价值观念也发生着改变，参与意识和权利意识增强，在政治生活中要求并越来越多地拥有话语权和影响力，也更积极地向政府表达和反映利益诉求。民众对于政府有更高的要求和期望，具体包括降低政府成本、提升政府效率、提高政府透明度、改进机关作风、加强依法行政、杜绝权力滥用和官员腐败、推动民主决策、扩大公民参与、促进经济持续健康发展、维护社会公平正义、提供优质的公共服务、增进民生福祉、保护生态环境、治理环境污染等。民众对政府的诉求通过人民代表大会、政协会议的提案、议案和建议以及媒体报道、对政府工作的意见建议、民意调查等表达。地方政府现行职能模式与民众的要求和期望存在一定差距，无法满足民众的需要，地方政府职能转变成为民众的普遍要求。民众对地方政府职能转变的诉求，通过各种渠道进入政府系统，对政府形成压力和挑战。一方面，政府的目标是实现公共利益，关注并回应民众诉求是基本要求和应尽责任；另一方面，缺乏回应性、不能满足民众需要的政府遭遇民众的不满与批评，影响政府形象及公信力。虽然当前我国的公共权力配置，主要以政府为中心，公民社会发展相对不成熟、不充分，民众的参与广度和深度有限，但是民众诉求对政府决策与行为的影响力，是地方政府职能转变的重要动力，并随着社会进步、民主进程，将发挥越来越重要的作用。

（3）地方党政领导。地方政府在政府内部管理、制定和执行公共政策、管理地方事务和提供公共服务等方面具有一定的独立性和自主性。地方党政领导作为地方政府的主要管理者，在地方政府运作中扮演着关键角色。对于上级党委/政府明确部署的工作任务，地方党政领导的重视和支持影响任务是否能得到有效贯彻落实；对于上级党委/政府未明确部署但鼓励地方政府进行改革探索或交由地方政府自主决策的事项，地方党政领导的认知和行为对于地方政府活动起到决定性作用。地方党政领导推动地方政府职能转变主要有两种动机：一是出于社会责任感。地方党政领导有为地方经济社会发展作贡献、为地方民众谋福祉的抱负。面对政府存在的绩效困境、实际工作中遇到的问题、民众的诉求以及促进地方经济社会发展的需要，产生改变政府现行职能模式、引入新职能模式的想法，进而支持和推动政府职能转变。通过推进政府职能转变，解决实际问题，提升政府效能，促进地方经济社会发展，提高民众对政府的满意度和信任度。二是出于名利动机。地方党政领导希望获得晋升、声望等。在上级党委/政府重视和鼓励地方政府职能转变的背景下，积极推动政府职能转变，创造个人政绩，以获得上级提拔以及政治声望。该种动机在现实中有可能使得地方政府职能转变沦为“政绩工程”（李景鹏，2007；杨雪冬，2008）。现实中，存在着这样的状况，主要党政领导的职务调动影响地方政府职能转变的做法和持续性。领导新上任，改变原有的思路和措施，采取新的思路和措施。离任后，若是晋升了并且对原任职政府具有影响力，那么原有的思路和措施容易持续下去，若是调任了，则有可能“人走政息”。

（4）关键触发动力因素。基于前述对影响地方政府决策和行动的关键主体分析，并以相关文献的调研结果、对公务员的访谈结果为印证，明确政绩导向、民众诉求、领导推动是地方政府职能转变的关键触发动力因素。

①政绩导向。上级党委/政府推动地方政府转变职能。上级党委/政府部署地方政府转变职能的目标和任务，并鼓励地方政府探索职能转变的有效路径。地方政府在上级党委/政府的要求和支持下，推进政府职能转变。

②民众诉求。民众推动地方政府转变职能。民众对地方政府提出更高的要求和期待，要求地方政府改变现行职能模式，引入新职能模式。地方政府回应民众的诉求，推进政府职能转变。

③领导推动。地方党政领导推动地方政府转变职能。本级政府领导面对工作中的实际情况、上级党委/政府的要求、民众诉求等，出于社会责任感或名利动机，推进政府职能转变。

3. 使能动力

使能动力与地方政府职能转变实施的具体行动有关，一些具体行动推动地方政府新职能模式取代现行职能模式，最终成功实现地方政府职能转变。使能动力因素的范围十分广泛，涉及领导、沟通、参与、培训、奖惩、资源配置、控制、组织文化、人力资源、组织结构、组织流程、信息系统、外部伙伴等不同内容。与情境动力、触发动力存在不同，不同的组织变革的使能动力因素某种程度上是共通的。基于战略执行理论①分析地方政府职能转变执行力的构成，并以相关文献调研和访谈研究结果为印证，确定地方政府职能转变具体的关键使能动力因素。

战略执行力指的是执行并实现战略的能力，是战略获得成功的保障。国内代表性研究有薛云奎等（2005）提出的"战略共识、战略协同、战略控制"的三维战略执行框架；企业战略执行力研究，包括战略（战略制定、战略分解、战略监控）、企业制度（人力保障、人才使用、考核激励、组织协作）、企业文化（理念文化、公正文化、激情文化）三个维度（徐万里、孙海法、王志伟，2008）。总体来看，学者们对战略执行力的构成有不同的观点和看法，在研究中采取对相关要素进行取舍和组合，提出的框架和模型中包含的要素存在差异。综合国内外已有研究的基础上，采取薛云奎等学者提出的战略执行力框架作为地方政府转变执行力构成的分析框架。该框架对一些细分要素进行了合并，例如将结构、流程、资源配置、信息系统、人力资源管理等都纳入战略协同这一要素中。地方政府职能转变的执行力包括共识、协同、控制三个方面。相关文献的调研结果和对公务员的访谈结果也肯定了共识、协同、控制是地方政府职能转变的重要动力。

（1）共识。改革开放 40 多年伴随着认知分歧与论争，包括初期的"两个凡是"、改革开放，20 世纪 80 年代中后期的商品经济和反资产阶级自由化，20 世纪 90 年代的姓"资"还是姓"社"、姓"公"还是姓"私"。分歧与论争的结果是形成共识，然后得以破除改革阻力，推进改革并获得成功。党的十八大以来，全面深化改革是中央新时期、新形势下的战略部署，地方政府职能转变是全面深化改革的主要任务和重点内容。地方政府职能转变的共识，从内容层面来看，是对地方政府职能转变的目标、任务、具体路径的了解和认同；从主体层面来看，主要包括内部共识（政府工作人员对地方政府职能转变的了解和认同）、外部共识（民众对地方政府职能转变的了解和认同）。地方政府职能转变既是自上而下的战

---

① 基于以下考虑采用战略执行理论明确地方政府职能转变的使能动力因素：一是战略执行领域的研究成果较为成熟，对于战略执行力的构成有很多可供借鉴的理论模型；二是战略是指自上而下的整体性规划，地方政府职能转变是自上而下的有计划变革，在某种程度上可被认为是一种战略执行。

略部署，同时也有地方的试验探索。由此，共识主要是从中央向地方传递，从政治精英向政府普通工作人员、民众传递，同时地方政府、政府普通工作人员、民众也存在向上反馈，交互传递后形成共识。交互传递的过程，涉及领导、沟通、参与等行动。领导层面，涉及领导讲话、红头文件等。沟通层面，涉及会议、媒体宣传、非正式沟通等。参与层面，涉及基层政府参与、政府普通工作人员参与、民众参与等。当前，对于地方政府职能转变，目标、任务已有基本共识，但对于具体路径仍存在一些争议。同时，基层政府、政府普通工作人员、民众对地方政府职能转变的了解度与参与度仍有待提高。

（2）协同。地方政府职能转变是一个复杂的系统工程，涉及地方政府管理活动的方方面面。例如，地方政府出于加强公共服务职能、推进服务型政府建设的目的，建立行政审批服务中心。行政审批服务中心的建立，首先是对地方政府组织结构和工作流程的调整，行政服务中心是新建立的机构，原先分散于各职能部门的行政审批项目要集中于服务中心办理；其次是对资源配置的调整，行政服务中心的运作需要财政的支持，需要调配和招募工作人员，需要建立固定的场所；然后也涉及人力资源管理、信息系统等其他很多方面的调整。协同度低是现实中造成地方政府职能转变出现失败的主要原因，缺乏协同的部分成为短板，阻碍了地方政府职能转变的推进。

以简政放权为例，下级承接机构缺少必要的资金和人力，下放的权力成为负担，同时上级对下放的权力缺乏有效监管，导致出现权力滥用、真空等负面问题。良好的协同，需要围绕地方政府职能转变的目标与任务，进行总体部署，推进全面变革、系统变革，调整相关管理活动，涉及结构与流程、资源配置、人力资源管理、信息系统等多个方面，使得相关管理活动互相衔接、互相匹配，共同推动政府职能转变的实现。

（3）控制。地方政府职能转变从愿景、计划、沟通、变革、巩固到制度化，需要一定的时间实施完成。以政府职能转变与机构改革工作为例，一轮的实施期限有3—5年。在地方政府职能转变的过程中，会出现偏差，也会出现各种可预见的或是预期外的问题和障碍，导致地方政府职能转变失败。需要对地方政府职能转变过程进行控制，以保障其有效执行并获得成功。过程控制主要包括三方面的内容：一是计划。通过制定清晰具体、可操作性强的计划，明确地方政府职能转变的目标、任务、具体路径以及责任分工等，有序推进地方政府职能转变，同时为评估和反馈提供基准。二是考核。通过开展科学、有效的评估，了解地方政府职能转变实施的进展情况以及存在的问题，提供解决存在的问题以及进一步推进实施的方案和建议。三是反馈。基于评估结果，调整地方政府职能转变实践，解决存在的问题，对相关人员进行奖惩，提升地方政府职能转变的实施效率、效果。当前，对于地方政府职能转变，尚缺乏严格的过程控制，实践中存在形式主义、推进缓慢、责任模糊、方向偏差等问题，尤其是对于一些侵害相关部门、个体既得利益的地方政府职能转变具体措施的实施，需要严格、精准地控制，以遏制阳奉阴违、边改边回潮的现象。

（4）关键使能动力因素。基于前述对地方政府职能转变执行力构成的探讨，并以相关文献的调研结果、对公务员的访谈结果为印证，明确共识构建、组织协同、过程控制是地方政府职能转变的关键使能动力因素。

①共识构建。通过领导、参与、沟通等手段，使得相关主体（包括政府工作人员、民众等）对地方政府职能转变有共同的认识和承诺。

②组织协同。通过对结构与流程、资源配置、人力资源管理、信息系统等多个方面进行调整，使得地方政府管理活动与地方政府职能转变相协调和配合。

③过程控制。通过计划、考核、反馈等手段，对地方政府职能转变进行有效规划、监控以及调整。

4.2.4　研究假设与概念模型

本部分基于组织变革理论以及已有相关研究，分析动力因素之间以及对地方政府职能转变的影响，提出具体的研究假设。在此基础上，构建本章的概念模型。需要说明的是，所提出的研究假设以及构建的概念模型反映的是地方政府职能转变动力机制的主路径。一方面，本书聚焦于主路径，试图深入地解析和揭示地方政府职能转变的关键动力机制；另一方面，便于后续的实证检验。本书拟采用结构方程模型分析方法进行实证检验。过于复杂的概念模型不利于进行结构方程模型分析。

1. 研究假设

（1）情境动力。

①转型压力。外部环境变化被认为是组织变革的重要动力因素（Nadler & Tushman, 1977; Burke & Litwin, 1992; Greenwood & Hinings, 1996; Pettigrew & Fenton, 2000; Seo & Creed, 2002; Jacobs, Van Witteloostuijn & Christe - Zeyse, 2013)。组织是一个开放系统，与外部环境之间存在交换关系。外部环境是动态变化的，要求组织进行变革，以适应外部环境的改变。静态的、不适应外部环境发展变化的、不进行变革的组织是难以生存与发展的。已有的实证研究也证实了外部环境压力对组织变革有着推动作用，很多组织变革是对外部环境变化的响应（Armenakis & Bedeian, 1999）。外部环境变化影响相关主体对组织变革的认知与行为（Greenwood & Hinings, 1996; Kezar, 2001; Armenakis & Harris, 2009），涉及社会动荡、技术变革、竞争环境变化、规制变化等外部环境变化，影响相关主体认知，导致新想法、新模式的引入等（Battilana, Leca & Boxenbaum, 2009）。

不同主体对外部情境变化会有不同的解释，结合其他相关信息，判断推理进而形成对是否需要变革、需要何种变革以及变革需要是否紧迫的认知。在认知的影响下，主体有目的地进行干预，以推动和实现所期望的组织变革（Kezar, 2001）。已有的实证研究也证实了外部环境变化影响相关主体对组织变革的认知与行为。对前德意志民主共和国 61 家企业管理者的深度访谈发现，个体经历多个阶段回应外部环境的剧烈变化（Breu & Benwell, 1999）；对制造型企业的问卷调查发现，经济转型过程伴随的强制性制度压力、规范性制度压力、模仿性制度压力对企业领导者的认知和行为有正向影响。转型压力对地方政府来说，是一种外部环境变化（张婧、段艳玲，2013）。在转型初期，地方政府的职能模式对当时的经济社会环境具有合理性，但随着经济、社会转型，职能模式与外部宏观环境之间变得越来越不相适应和匹配，与政治、经济、社会等其他体制、机制之间出现冲突与矛盾，引发政府职能转变的需要。转型压力对政绩导向、民众诉求、领导推动有着正向影响。

从政绩导向来看，上级党委/政府的执政理念、施政理念呈现与时俱进的特征，随经济社会发展发生转变，是审时度势的产物。面对转型期的新形势、新情况，上级党委/政府认识到需要全面深化改革，并将加快转变政府职能作为改革的重要内容，进而推动地方政府转变职能（周志忍，2006）。

从民众诉求来看，民众对政府的要求和期待随经济社会发展而变化。

随着经济发展水平、人民生活水平以及对外开放度的提高，民众低层次的需求得到满足、需求层次普遍提高，对地方政府的管理和服务提出了更高的要求和期待，希望政府提高管理效能以及提供优质的公共服务，导致对地方政府现行职能模式产生不满，进而推动地方政府转变职能（胡佳，2009；郭明，2014）。

从领导推动来看，地方党政领导对具体工作的支持和推动随经济社会发展而发生改变。面对转型期地方经济社会发展的新情况、新问题，地方党政领导认识到地方政府职能转变的需要，进而推动地方政府职能转变（陈雪莲、杨雪冬，2009；郭明，2014）。由此，提出假设 H_{1a}、H_{1b}、H_{1c}。

H_{1a}：转型压力对政绩导向具有显著的正向影响。

H_{1b}：转型压力对民众诉求具有显著的正向影响。

H_{1c}：转型压力对领导推动具有显著的正向影响。

②绩效困境。组织变革是解决组织绩效困境的重要工具。当组织面临诸如组织膨胀、效率低下、机能失效、权力异化、沟通阻塞、缺乏创新等各种绩效困境时，会诉诸于结构、技术、管理制度、物理环境、人员等不同内容的组织变革。通过组织变革，解决绩效困境，保障组织的生存，促进组织的发展（Donaldson，1998；Weick & Quinn，1999；Colombo & Delmastro，2002）。基于组织变革目的理论，主体认识到组织存在问题、需要改进绩效，从而推动组织变革（Frohman，1998；Kezar，2001；Seo & Creed，2002）。组织变革的活动研究（Action Research）是典型的以问题为导向的组织变革过程，变革推动者从各种渠道收集信息，诊断和分析组织存在的问题，确定变革方案，进而采取具体行动推进变革，解决所发现的问题（斯蒂芬·罗宾斯、蒂莫西·贾奇，2012；Cummings & Worley，2014）。

已有的实证研究也证实了绩效困境影响相关主体对组织变革的认知与行为。对五大会计事务所的案例研究显示，不良的业绩表现（缓慢不明朗的增长率）引发组织从单纯提供审计服务到提供多元服务的逻辑转换，提高了组织采取替代逻辑的动机、意识以及开放性（Greenwood & Suddaby，2006）。地方政府职能转变是解决地方政府所面临的绩效困境的重要手段和途径（吴志华，2013）。当前，地方政府或多或少存在着以下问题：职能越位、缺位、错位，依法行政水平不高，决策不够科学、民主，民众对政府管理的参与度较低，机构设置和人员配置不合理，行政效率较为低下，财政压力和债务风险增大，运作透明度较低，铺张浪费、寻租腐败，社会管理和公共服务水平不高等。这些绩效困境的存在损害了地方政府的合法性基础，影响了地区的竞争力，亟待采取有效的措施消除绩效困境。

绩效困境对政绩导向、民众诉求、领导推动都有着正向影响。从政绩导向来看，上级党委/政府提出的全面深化改革的总体部署有着强烈的问题意识和问题导向。上级党委/政府认识到地方政府存在绩效困境，为解决绩效困境，进而推动地方政府转变职能。从民众诉求来看，民众面对地方政府存在的绩效困境，对政府产生不满，进而推动地方政府转变职能（杨学渊，2001；李景鹏，2007）。从领导推动来看，地方党政领导面对实际工作中遇到的绩效困境，产生解决绩效困境、提升政府效能的想法，进而推动地方政府转变职能（李景鹏，2007；杨雪冬，2011）。由此，提出假设 H_{2a}、H_{2b}、H_{2c}。

H_{2a}：绩效困境对政绩导向具有显著的正向影响。

H_{2b}：绩效困境对民众诉求具有显著的正向影响。

H_{2c}：绩效困境对领导推动具有显著的正向影响。

（2）触发动力。

①政绩导向。影响组织决策与行为的相关主体的态度、期望、观念、行为等是组织变革的重要动力（Greenwood & Hinings，1996；Seo & Creed，2002；Cummings & Worley，2014）。例如，相关主体要求组织以人为本、柔性管理，而组织却强调理性、漠视情感，主体诉求与组织现状之间出现矛盾/冲突，对组织不满的主体要求和推动组织变革，引发组织变革的需要。影响组织决策与行为的相关主体可成为组织变革推动者（Change Agent），其作用包括明确变革内容、推动变革引入、沟通变革需要、增强组织成员对变革的认同与承诺、减少和消除变革阻力、支持和推进变革实施等（Weick & Quinn，1999；Walker & Boyne，2006；Armenakis & Harris，2009；Battilana，Leca & Boxenbaum，2009）。

已有很多研究证实了影响组织决策与行为的相关主体对组织变革的重要影响。对56家软件企业的案例研究与经验报告指出，变革推动者是组织变革成功的重要因素（Stelzer & Mellis，1998）。在考察了澳大利亚的行政改革过程后，有学者认为影响行政改革的相关主体有政府、政治领袖、高级官员、预算单位、议会、人事单位、雇员、公众、审计机关、雇员代表、外部利益集团、顾问，不同主体对行政改革的影响力存在差异（Hammerschmid & Meyer，2003）。对于地方政府来说，上级党委/政府是影响其决策与行为的重要主体，也是地方政府职能转变的重要推动者，对下级政府进行有效引导与控制是上级党委/政府履行职能的基础和前提。

政绩导向具体体现在改革战略部署、意见方案以及对改革的支持、嘉奖等多个方面。一方面，上级政府面对前期改革的进展、成效以及新形势、新环境提出的任务和要求、实际中存在的绩效困境以及民众诉求，作出推进地方政府职能转变的战略部署。地方政府贯彻落实上级政府的方针政策和工作任务，进而推动政府职能转变。另一方面，上级政府鼓励和支持地方政府探索政府职能转变的有效路径，为地方政府进行相关改革探索提供政治保障和实践空间。政绩导向对领导推动有着正向影响。在“晋升锦标赛”以及现行的官员考核及升迁机制之下，地方党政领导的人事权归于上级政府，政绩考核主要是自上而下的，政绩考核结果影响官员的提拔与晋升，强化了地方党政领导“对上负责”、让上级满意的行为导向（周黎安，2007；陈国权、黄振威，2010）。上级政府要求、鼓励和支持地方政府职能转变，地方党政领导出于个人利益，有强烈的动机遵循上级政府的要求，推动地方政府转变职能。通过有效推进政府职能转变工作，创造政绩，获取优异的考核成绩，进而得到提拔晋升（吴建南、马亮、杨宇谦，2007；杨雪冬，2008）。由此，提出假设 H_{3a}。

政绩导向对共识构建、组织协同、过程控制有着正向影响。地方政府虽然有一定的管理自主权，但其权力来源于上级政府的授予或特许，上级政府通过立法控制、行政控制、财政控制、人事控制、司法控制等多种手段，对地方政府运作有着控制力（熊文钊，2005）。上级政府要求、鼓励和支持地方政府职能转变，有助于地方政府顺利推进共识构建、组织协同、过程控制等与政府职能转变相关的具体行动（郭明，2014）。由此，提出假设 H_{3b}、H_{3c}、H_{3d}。

H_{3a}：政绩导向对领导推动具有显著的正向影响。

H_{3b}：政绩导向对共识构建具有显著的正向影响。

H_{3c}：政绩导向对组织协同具有显著的正向影响。

H_{3d}：政绩导向对过程控制具有显著的正向影响。

②民众诉求。民众也是影响地方政府决策与行为的重要主体，是地方政府职能转变的重要推动者。政府的合法性基础源于民众的同意。政府与

民众之间存在着委托—代理关系，政府有责任回应社会需求和公民诉求。民众在与地方政府的互动中，扮演着服务对象、顾客、被管制者、参与者、诉讼当事人、基层公务员等多种不同角色，经由多种渠道对政府有着影响力（戴维·罗森布罗姆、罗伯特·克拉夫丘克，2002）。民众诉求对地方政府职能转变有着正向影响。随着经济社会环境的发展变化、民主进程的不断推进以及对外开放程度的提高，民众面对地方政府目前存在的种种绩效困境，一方面对政府产生不满，政府绩效困境给其带来困扰和利益损失；另一方面对政府提出了更高的要求，希望政府提高管理和服务水平。进而，通过各种方式、各种渠道向政府施加压力，推动地方政府转变职能，解决绩效困境，提高管理和服务效能（杨学渊，2001；李景鹏，2007；周志忍，2010）。

民众诉求对政绩导向、领导推动有着正向影响。从政绩导向来看，以人为本是改革开放的重要价值取向，是科学发展观的核心要义，民众的利益与需求是改革的出发点和落脚点，群众路线是改革的基石和必然要求。上级党委/政府提出全面深化改革并将政府职能转变作为重要内容，是对民众关注的热点问题的回应，也是对民众期盼和呼吁的回应。民众要求政府转变职能，解决存在的绩效困境，提高管理和服务水平，上级党委/政府应该顺应民意，满足民众的利益诉求，进而推动地方政府转变职能。从领导推动来看，民意影响地方党政领导的认知与行为。民众通过人民代表大会、政协、新闻媒体、社会组织、政府网站、政府热线、政府信箱等多元渠道表达利益诉求，让地方党政领导了解其利益诉求，施加压力和影响，促使地方党政领导就民众关切的问题做出回应。地方党政领导面对民众对政府的批评与不满以及民众对政府提出的新的、更高的要求和期待，认识到政府现行职能模式存在问题，出于社会责任感、为民众谋福利等动机，回应民众的诉求，进而推动地方政府转变职能。由此，提出假设 H_{4a}、H_{4b}。

H_{4a}：民众诉求对政绩导向具有显著的正向影响。

H_{4b}：民众诉求对领导推动具有显著的正向影响。

③领导推动。领导在组织中拥有正式的权力和权威，其决定组织资源的配置并且是其他组织成员的榜样。领导可以作为组织变革的重要推动者，推动组织变革的引入和实施，为推进组织变革提供支持，其在构建组织变革的合法性、增强组织成员对组织变革的认同和承诺、破除变革阻力

以及落实变革具体措施中扮演着关键角色。缺乏领导支持的组织变革则将会遭遇失败（Hinings，Brown & Greenwood，1991；Taylor - Bianco & Schermerhorn，2006；Gilley，Gilley & McMillan，2009；Higgs & Rowland，2011）。

已有很多实证研究证实了领导推动对组织变革的重要影响。以 Zenith 公司为研究对象的案例研究通过对领导和雇员的半结构深度访谈，采用发现导向的分析方法，指出领导对变革理念的推销、对变革的承诺与支持等推动组织实现结构变革（Ogbonna & Harris，1988）；基于对制造型企业的问卷调查研究发现领导的危机变革意识、示范作用对市场导向组织变革有显著的正向影响。在我国现行的政府管理体制下，地方党政领导对地方政府活动有着决策权和管理权（张婧、段艳玲，2013）。地方党政领导的责任心和进取心是地方政府改革的直接动力，领导的重视和支持是地方政府改革的重要保障。领导面对实际工作中的新情况以及政府存在的弊病，面对上级党委/政府的要求、民众的诉求，出于社会责任感或是想要获得晋升、声望等动机，产生转变政府现行职能模式的想法，进而推动地方政府转变职能（李景鹏，2007；吴建南、马亮、杨宇谦，2007；杨雪冬，2008；郭明，2014）。

领导推动对共识构建、组织协同、过程控制有着正向影响。地方党政领导作为地方政府的管理者，其对地方政府职能转变的重视和支持有助于顺利开展共识构建、组织协同、过程控制等相关行动。从共识构建来看，地方党政领导重视、支持地方政府职能转变，传递地方政府职能转变的相关信息（目标、任务、重要性等），与政府工作人员以及民众进行积极的沟通，有助于提高政府工作人员以及民众对地方政府职能转变的了解与认同，凝聚改革共识。从组织协同来看，地方党政领导重视、支持地方政府职能转变，统筹协调政府职能转变工作，有助于促进上下级政府以及政府部门之间的协调配合，协同推进机构与流程、资源配置、人力资源、信息系统等多方面的调整，实现系统变革。从过程控制来看，地方党政领导重视、支持地方政府职能转变，对政府职能转变工作进行总体规划和检查考核，对推进过程中出现的各种偏差与问题是否得到及时纠正进行督查，通过奖惩手段激励相关人员积极推进地方政府职能转变，有助于地方政府职能转变的有效落实。由此，提出假设 H_{5a}、H_{5b}、H_{5c}。

H_{5a}：领导推动对共识构建具有显著的正向影响。

H_{5b}：领导推动对组织协同具有显著的正向影响。

H_{5c}：领导推动对过程控制具有显著的正向影响。

（3）使能动力

①共识构建。组织变革需要得到组织成员以及其他利益相关者的接受和认同。共识程度越高，组织变革执行的效果越好。组织成员以及其他利益相关者对组织变革缺乏共识，会导致组织变革实施的失败（薛云奎、齐大庆、韦华宁，2005；Oakland & Tanner，2007；Whelan - Berrya & Somerville，2010）。从组织内部来看，组织成员对组织变革缺乏了解和认同，会造成个体的行动缺乏彼此协调和配合，在推进组织变革的过程中产生摩擦和冲突，制约和阻碍变革的推进，进而造成变革目标无法达成（Guth & MacMillan，1986；Floyd & Wooldridge，1992）。从组织外部来看，组织外部利益相关者对组织变革缺乏了解和认同，会导致影响和支持变革执行的外部要素遭到阻碍和破坏，进而影响组织变革的推进和实现（Kaufman，1990）。

已有的实证研究证实了共识构建对组织变革的推动作用。有学者采用探索性研究方法，基于对13位银行管理者和雇员的深度访谈研究，以客户关系管理（CRM）实施为研究对象，发现组织雇员对变革的承诺对组织变革的成功实施有着正向影响（Shum，Bove & Auh，2008）。基于对加拿大某公用事业公司放松管制变革以及印度某公司经历的重组变革两个案例的研究显示，组织成员对变革的承诺与支持是组织变革得以有效执行的重要因素（Meyer，Brooks & Goes，1990）。共识构建对地方政府职能转变有着正向影响。通过领导、沟通、参与、培训、仪式等各种具体行动，凝聚改革共识，增进政府工作人员和民众对地方政府职能转变的了解，增强其对地方政府职能转变的认同与承诺，进而促使政府工作人员和民众支持并合力推进地方政府职能转变，最终成功实现地方政府职能转变。由此，提出假设H_6。

H_6：共识构建对地方政府职能转变具有显著的正向影响。

②组织协同。组织变革有效执行需要组织管理活动各个方面的协调配合，协同度越高，组织变革的执行效果越好（Nadler & Tushman，1977；Burke & Litwin，1992；Fernandez & Rainey，2006；Whelan - Berrya & Somerville，2010）。组织变革执行效果差，其中的关键原因之一是组织管理活动的各个方面缺乏协同。根据组织变革的目标和任务，一些管理活动进

行了调整，而另一些管理活动未进行相应的调整，导致衔接不畅，组织功能出现失调、失控，制约和阻碍了组织变革的推进，造成组织变革的目标无法达成。有效的组织变革执行，要求围绕变革的目标和任务，进行系统变革、全面变革，调整相关管理活动，使得组织管理活动的各个方面与组织变革相匹配。

已有的实证研究证实了组织协同对组织变革的推动作用。有学者基于问卷调查发现组织结构设置、决策权分配、人力资源管理、信息系统管理等组织基础与战略的协同度对战略变革的执行效果有显著的正向影响（薛云奎、齐大庆、韦华宁，2005）；对制造型企业的问卷调查研究发现人力资源管理（基于市场的薪酬、基于市场的培训）、组织架构（部门间联系、正式化、信息技术使用）对市场导向组织变革有显著的正向影响（张婧、段艳玲，2013）。组织协同对地方政府职能有着正向影响。通过机构与流程、资源配置、人力资源、信息系统等多方面的调整，推进系统变革，促使地方政府各个方面的管理活动与新的政府职能模式相适应，从而推进并成功实现地方政府职能转变。由此，提出假设 H_7。

H_7：组织协同对地方政府职能转变具有显著的正向影响。

③过程控制。组织变革的有效执行需要对变革过程以及组织成员行为进行控制，防止和纠正变革过程中出现的问题与偏差，并有效激励组织成员推进组织变革（薛云奎、齐大庆、韦华宁，2005；Oakland & Tanner，2007；Whelan – Berrya & Somerville，2010）。过程控制越有效，组织变革的执行效果越好。对于组织变革，需要事先设定方向和轨道，指引组织变革的推进，同时作为变革过程追踪的基准。在组织变革的推进过程中，可能会出现一些新情况、新问题，组织成员也可能会有机会主义行为、自利行为，造成组织变革偏离事先设定的方向和轨道。若不进行有效追踪，监控组织变革的进展，督促和激励组织成员有效实施变革，并对变革过程中出现的偏差与问题进行及时纠正，会导致组织变革失败，无法达成变革目标。

已有的实证研究证实了过程控制对组织变革的推动作用。基于对 10 位新任命的高管人员历时 18 个月的纵向研究发现，组织控制系统（Control System）是管理组织变革的重要杠杆，除传统的测评和监控功能外，控制系统还被用来克服组织惯性、沟通新的战略议程、建立执行时间表和目标、确保持续的关注度等（Simons，1994）。薛云奎等（2005）基于问卷调查发现信息控制（执行效果的追踪、执行偏差的修正）和行为控制（对员工的业绩考核及奖惩）对战略变革的执行效果有显著的正向影响。过程控制对地方政府职能转变有着正向影响。通过计划、考核、反馈等一些具体行动，促使地方政府职能转变按照计划有序推进，督促和激励相关人员积极推进地方政府职能转变，防止和纠正实施过程中出现的问题与偏差，最终成功实现地方政府职能转变。由此，提出假设 H_8。

H_8：过程控制对地方政府职能转变具有显著的正向影响。

2. 概念模型

本书基于组织变革理论，通过文献调研以及逻辑推演，得出地方政府职能转变受到情境动力因素（转型压力、绩效困境）、触发动力因素（民众诉求、政绩导向、领导推动）和使能动力因素（共识构建、组织协同、过程控制）的共同影响，这些动力因素可以直接作用于地方政府职能转变，也可以通过其他动力因素的中介作用间接作用于地方政府职能转变。由此，提出了一些具体的研究假设。综合这些研究假设，可以得到地方政府职能转变动力机制的概念模型，如图 4－5 所示。

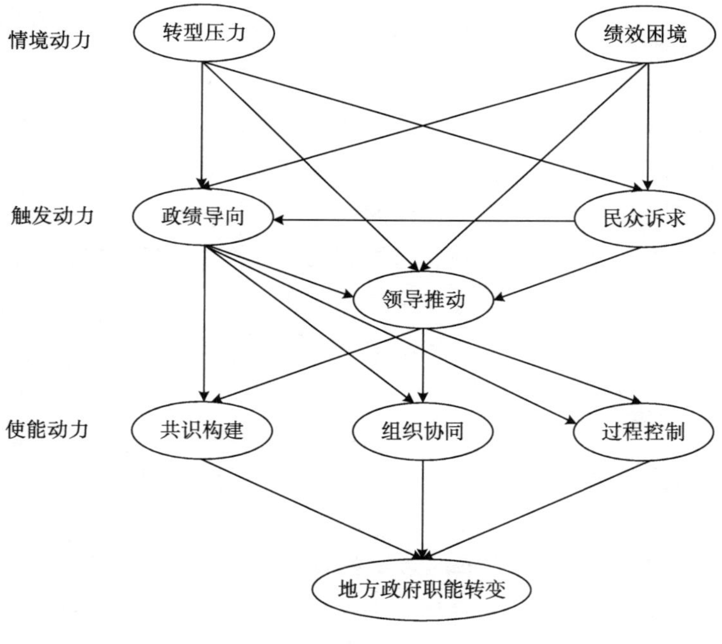

图 4－5　地方政府职能转变动力机制的概念模型

4.3
地方政府职能转变动力因素的问卷调查

前述构建的概念模型中所考察的变量，都是一些无法直接测评的复杂构念。因此，采取问卷调查法进行间接调查。本节的主要内容是确定变量的测评方法，形成调查问卷以及开展实际调查。基于已有的相关研究并根据本书的实际需要，经由小规模访谈，确定各项变量的测评指标；遵循问卷设计的原则和程序，经由预调查，对问卷进行信度和效度检验，形成最终的调查问卷；确定调查对象和样本容量，发放问卷，收集数据。

4.3.1　问卷设计

1. 问卷的设计程序

一份高质量的调查问卷，需要遵循特定的要求、程序和方法进行开发设计。问卷设计一般包括以下八项基本程序：（1）明确调查的目的。为什么需要开展问卷调查？需要通过问卷调查了解些什么？明确问卷调查目的是问卷设计的基础和前提。（2）明确调查的主题与范围。根据调查目的，确定调查内容、调查对象、样本容量、调查地点、调查时间以及所需要收集的资料等。（3）明确问卷的框架。根据调查目的和内容，构建问卷的框架体系，明确问卷的具体形式。（4）制定并编排问题。根据调查目的和内容，明确调查问项，对调查问项进行检查、筛选和修订。（5）确定问题的表达方式。明确调查问项的表达方式，调查问项的表述应当清晰、明确且不存在偏向，使填答人一目了然，能够准确并愿意如实回答。（6）确定问卷的排版与布局。问卷的排版和布局应整齐、美观、便于阅读、作答和统计。（7）开展预调查。通过开展问卷预调查，对问卷进行检验，考察问卷的合理性和有效性，即是否存在问题及不合理之处，是否能有效地收集所需要的资料。（8）问卷的修订和定稿。根据预调查结果，对问卷进行修改和完善，形成最终的问卷（范柏乃、蓝志勇，2018）。

本书遵循上述基本程序开展问卷设计，重点包括：一是确定变量测评指标和测评问项，即基本程序（4）和（5）。二是进行问卷检验，即基本程序（7）和（8）。

2. 问卷的基本结构

一般来说，调查问卷的基本结构包括调查说明、被调查者基本情况和调查内容3个部分。调查说明包括封面信和指导语，前者说明调查者的身份、调查的内容、目的、意义等以及调查不会损害被调查者的利益、对被调查者表示感谢等，后者主要说明如何填写问卷。调查说明有助于让被调查者从心理上和感情上接受调查问卷，愿意填答，并且诚实、准确地填答，减少个体偏差发生的可能。被调查者基本情况指的是有关被调查者个人信息的问项，如性别、年龄、职业、工作单位、学历、所在地区等，通过采集被调查者的个人信息，可确认问卷填答人的代表性，保证问卷调查数据的有效性。调查内容部分是问卷的主体，通过开放式问题或封闭式问题测量被调查者的特征、行为、态度等。

本书遵循调查问卷的基本结构，包括调查说明、被调查者基本情况和调查内容。在指导语部分，说明研究目的、内容、调查者身份、调查采用匿名方式并对被调查者表示感谢。在被调查者基本情况部分，调查问项包括性别、年龄、职务、学历、所在地。在调查内容部分，分为两部分，分别是对地方政府职能转变动力因素的判断和对地方政府职能转变实施状况的判断。采用李克特7点量表，请被调查者对问项的描述作出赞同程度的判断，1表示“极不赞同”，7表示“极其赞同”。

4.3.2 变量测量

根据前述确定的概念模型，本书中所涉及的变量可以划分为两类：一是自变量，即地方政府职能转变的动力因素——情境动力、触发动力、使能动力，其中情境动力包括转型压力、绩效困境，触发动力包括领导推动、政绩导向、民众诉求，使能动力包括共识构建、组织协同、过程控制。二是因变量——地方政府职能转变。对于所涉及的各项变量，学术界尚未建立权威的测评量表。因此，本书采取以下方法：一是尽可能收集已有研究中与所涉及变量相关的测评维度和测量问项，参考和借鉴已有的研究成果；二是根据各变量的概念内涵、已有的相关研究成果以及研究的实际需要，初步确定各项变量的测评维度和测量问项；三是开展小规模访谈，听取政府职能转变相关领域研究专家以及公务员对各项变量的测评维度和测量问项的建议和意见，并与他们进行深入交流，修正各项变量的测评维度和测量问项，最终确定各项变量的初始测评维度和测量问项。

1. 测评指标和测量问项的初步确定

（1）情境动力。

①转型压力。借鉴学者对我国发展转型的维度划分，从市场化、现代化、国际化三个维度测量转型压力①（洪银兴，2006）。

市场化测量代表性指标体系如中国市场化指数，包括政府与市场的关系、非国有经济的发展、产品市场的发育程度、要素市场的发育程度、市场中介组织的发育和法律制度环境五个维度（樊纲、王小鲁、朱恒鹏，2011）。现代化测量代表性指标体系如社会指标体系，包括人均国民生产总值、社会结构、人口素质、生活质量四个维度（朱庆芳，2001）；现代化评价指标，包括第一次现代化和第二次现代化两个维度，前者涉及经济指标和社会指标两大类，后者涉及知识创新、知识传播、生活质量、经济质量四大类（中国现代化战略研究课题组，2001）。国际化测量代表性指标体系如科尼尔全球城市化指数，包括商业活动、人力资本、信息交流、文化体验和政治事务等五个维度（科尔尼，2020）。参考借鉴前人研究中所用测评指标，并充分考虑之后问卷调查时填答人是否能准确回答，确定具体的测量问项（见表 4－3）。

表 4－3　转型压力的测评维度和测量问项

测评维度	测量问项	文献依据
市场化	民营经济持续较快发展	樊纲等（2011）
	企业税外负担不断减轻	
现代化	人民生活水平不断提高	朱庆芳（2001）；中国现代化战略研究课题组（2001）
	信息技术得到普遍应用	

① 关于发展转型的维度划分，存在不同的见解。有人认为，我国面临的转型主要包括经济上的市场化进程和政治上的民主化进程两个方面（徐湘林，2010），还有学者提出我国处于双重转型阶段，包括体制转型、发展转型（厉以宁，2013）。本书采取洪银兴（2006）的维度划分，主要基于以下考虑：（1）该维度划分涵盖较为全面，包含了经济转型、社会转型；（2）该维度指向较为明确，提出了转型的具体方向。

续表

测评维度	测量问项	文献依据
国际化	对外贸易规模不断扩大	科尼尔（2020）
	对外交流合作不断增多	

②绩效困境。财政危机、管理危机、信任危机是当代政府面临的普遍困境。财政危机指的是政府收不抵支的状况，赤字和债务是财政危机的主要表现（马骏，2013），常见的衡量地方政府财政危机状况的指标如财政赤字、财政赤字占GDP的比重、债务依存度、财政偿债率等（魏凤春、于红鑫，2002）。管理危机是指政府管理失调、失控、官僚主义和效率低下的状况（张康之，2000）。信任危机是指政府合法性、正当性受到怀疑和挑战的状况，主要表现为民众对政府的怀疑和不满（张成福、边晓慧，2013），常见的相关指标如民众对政府的信任度、满意度等。基于财政危机、管理危机、信任危机的内涵、表现以及已有相关研究中采取的测评指标，确定具体的测量问项（见表4-4）。

表4-4　　绩效困境的测评维度和测量问项

测评维度	测量问项	文献依据
财政	政府赤字规模扩大	魏凤春、于红鑫（2002）；马骏（2013）
	政府债务风险增大	
管理	政府官僚主义较为严重	张康之（2000）
	政府效率较为低下	
信任	民众对政府满意度降低	张成福、边晓慧（2013）
	民众对政府信任度降低	

（2）触发动力。

①政绩导向。对政绩导向的测评包括重视、推动两个维度。政绩导向的实质是上级党委/政府对地方政府行为的引导，主要表现为重视、推动两个方面，具体包括重视政府职能转变、部署政府职能转变的目标和任务、鼓励探索政府职能转变的有效路径（李景鹏，2007；郭明，2014）。上级党委/政府的重视和推动引导地方政府在各种工作安排中将政府职能转变置于优先地位，着力推进和有效落实政府职能转变。基于政绩导向的内涵和表现，确定具体的测量问项（见表4-5）。

表 4－5　　政绩导向的测评维度和测量问项

测评维度	测量问项	文献依据
重视	上级党委/政府对政府职能转变的重视度较高	李景鹏（2007）；郭明（2014）
推动	上级党委/政府明确部署政府职能转变的目标和任务	
	上级党委/政府鼓励政府探索政府职能转变的有效途径	

②民众诉求。从关注、态度两个维度测评民众诉求，此两个维度在已有相关研究中较为多见。关注是测评民众诉求的有效指标。如有学者采用公民网络关注度测度民众对环境保护的诉求（郑思齐、万广华、孙伟增等，2013）。态度是民意调查中的常见问项。例如在一项关于城市服务的研究中，对公民期望采用的问项为“你如何评价你对政府服务总体质量的期望，低或者高？”（Van Ryzin，2004）；在关于城市绿地供给的研究中，对公民态度和期望采用的问项为“你如何评价城市绿地功能/影响的重要性？”（Lo & Jim，2012）。参考借鉴前人研究，结合研究主题，确定具体的测量问项（见表 4－6）。

表 4－6　　民众诉求的测评维度和测量问项

测评维度	测量问项	文献依据
关注	民众对政府职能转变的关注度较高	郑思齐等（2013）
态度	民众对政府有更高的期待	VanRyzin（2004）；Lo、Jim（2012）
	民众对政府职能转变的要求较为迫切	

③领导推动。参与、支持、信息传递是领导推动组织变革的主要表现（Whelan－Berrya & Somerville，2010）。关于领导推动测度的相关研究较多，有学者在关于战略执行的研究中采取“领导在战略制定和执行过程的实际参与”“领导对新战略的支持力度”“领导传递项目及项目重要性的信息”三项指标（Okumus，2003）；有采用鼓励与支持、与组织成员的积极互动、明确项目的目标三项指标（Amabile，Schatzel & Moneta，2004）；通用评估框架（CAF）中关于领导力的测度包括为组织的使命、愿景和价值提供方向、管理组织及其绩效和持续提升、激励和支持组织成员、管理组织与政治权威和利益相关者的有效关系等四个维度（European CAF Resource Centre，2020）。参考借鉴已有研究成果，结合研究主题，确定具体的测量问项（见表 4－7）。

表 4－7　　领导推动的测评维度和测量问项

测评维度	测量问项	文献依据
参与	地方党政领导牵头推进政府职能转变工作	Okumus（2003）；Amabile et al.（2004）；Whelan－Berrya、Somerville（2010）；European CAF Resource Centre（2020）
支持	地方党政领导对政府职能转变工作的支持度较高	
信息传递	地方党政领导讲话中经常提及政府职能转变及其重要性	

（3）使能动力。

①共识构建。从了解、认可两个维度测评共识构建。共识构建是通过领导、沟通、参与等具体行动，使得组织内外部成员了解并且认可改革。薛云奎等（2005）对于战略共识的测评，采用了高层共识、员工共识、外部共识三项指标，具体问项为"高层管理者（中下层员工/外部相关者）了解企业战略""高层管理者（中下层员工/外部相关者）认同企业战略"。借鉴已有研究成果，结合研究主题，确定具体的测量问项（见表4－8）。不同于企业战略执行，政府职能转变的执行，不仅需要内部支持，也需要外部支持（Fernandez & Rainey，2006），因而相关主体既包括政府工作人员，也包括民众。

表 4－8　　改革共识的测评维度和测量问项

测评维度	测量问项	文献依据
了解	政府工作人员对政府职能转变工作比较了解	薛云奎等（2005）；Fernandez、Rainey（2006）
	民众对政府职能转变工作比较了解	
认可	政府工作人员对政府职能转变工作比较认同	
	民众对政府职能转变工作比较认同	

②组织协同。从结构与流程、资源配置、人力资源管理、信息系统四个维度测量组织协同。关于组织协同的测量，已有的相关研究如薛云奎等提出战略协同包括运营协同和组织协同，前者包括关键业务流程与战略的匹配、日常经营活动的重心与战略的匹配、战略所需资源的保障，后者包括组织结构与战略的匹配、人力资源与战略的匹配、信息系统与战略的匹配（薛云奎、齐大庆、韦华宁，2005）。组织协同涉及组织管理活动的很多方面。对于政府职能转变来说，结构与流程、资源配置、人力资源管理、信息系统四个方面尤为重要（Fernandez & Rainey，2006；Whelan－

Berrya & Somerville，2010）。借鉴前人已有的研究，结合研究主题，确定具体的测量问项（见表 4 – 9）。

表 4 – 9　　　　组织协同的测评维度和测量问项

测评维度	测量问项	文献依据
结构与流程	政府机构改革取得较好成效	薛云奎等（2005）；Fernandez、Rainey（2006）；Whelan – Berrya、Somerville（2010）
	政府工作流程得到较好优化	
资源配置	政府财政支出结构较为合理	
	政府各职能部门的工作人员数量较为合理	
人力资源管理	政府工作人员的素质和业务水平较高	
	政府工作人员的工作积极性较高	
信息系统	政府信息化建设取得较好成效	

③过程控制。计划、考核、反馈是组织变革过程控制的关键行动。计划为组织变革的执行设定明确的方向和轨道，考核和反馈确保组织变革按照预先设定的方向和轨道得到有效推进和落实并最终成功实现组织变革。关于过程控制的测量，已有的研究如 Okumus（2003）对控制与反馈，提出了执行过程的监测活动、沟通和执行计划两项指标。薛云奎等（2005）对控制与反馈，提出了信息控制、行为控制两项指标，测量问项包括“执行效果能够得到有效追踪”“执行偏差能够得到有效修正”“业绩评估系统与战略相匹配”“奖惩激励制度与战略相匹配”。借鉴前人已有研究，结合研究主题，确定具体的测量问项（见表 4 – 10）。

表 4 – 10　　　　过程控制的测评维度和测量问项

测评维度	测量问项	文献依据
计划	政府制定职能转变方案有序推进政府职能转变工作	Okumus（2003）；薛云奎等（2005）
考核	对政府职能转变工作的考核较为有效	
反馈	积极推进政府职能转变的部门/个人能得到有效激励	
	政府职能转变工作中存在的问题能得到有效纠正	

（4）地方政府职能转变。作为因变量的地方政府职能转变，具体来说指的是地方政府职能转变的实施进展与成效，即“地方政府职能转变执行得怎么样”。关于地方政府职能转变的测度，已有相关研究中有通过变革过程和变革结果两个维度测量组织变革，前者涉及变革速度、成本投

入、意外行为和事件等，后者涉及与变革初始目标比较、与预测未来状况比较、制度化进展情况等（Connor，Lake & Stackman，1988）。Okumus（2003）对组织变革结果的测量提出了“是否按照计划得到落实”“目标是否得到实现”“参与变革或受到变革影响的人对结果是否满意”“组织是否在变革过程中有所学习”四个关键指标。借鉴前人相关研究成果，结合研究主题，确定具体的测量问项（见表4－11）。关于行为维度的测量问项，从变革速度和任务落实两方面测度。关于结果维度的测量问项，从目标实现的角度进行测度，基于地方政府职能转变的主要目标的内涵与表现进行设置。政府职能转变的主要目标包括有限政府、高效政府、服务型政府、法治政府、责任政府（俞可平，2008；齐卫平、王可园、唐兴军，2013；吴敬琏，2014）。

表4－11　　地方政府职能转变的测评维度和测量问项

测评维度	测量问项	文献依据
行为	政府推进政府职能转变的速度较快	Connor et al.（1988）；Okumus（2003）
	政府职能转变的具体任务得到较好落实	
	政府行政权力得到较大缩减	
结果	政府工作效率得到较大提高	
	政府公共服务水平得到较大提高	
	政府依法行政水平得到较大提高	
	政府责任意识得到较大提高	

2. 小规模访谈

小规模访谈是变量测评指标修改、完善的重要工具。小规模访谈的主要目的包括：（1）初步确认测评维度和测量问项的有效性，测评维度和测量问项是否全面覆盖并能有效地测量，是否需要增加、减少或是修改测评维度和测量问项；（2）消除测量问项可能存在的歧义、不清楚、难以理解以及问卷填答人可能不会准确、诚实回答的问题。访谈对象包括1位专家、3位研究团队的博士，4位公务员。8位访谈对象对政府职能转变均有深入的了解和认识。访谈的内容主要包括：（1）测评维度和测量问项的数量是否合理？（2）测评维度和测量问项是否全面覆盖所要测量的变量？（3）测评维度和测量问项是否能有效地测量变量？（4）测量问项用语是否存在歧义，是否清晰、明确？（6）测量问项是否容易理解？（7）

测量问项对于问卷填答人来说是否存在不会诚实、准确回答的问题？

根据小规模访谈结果，对测量问项进行了修改，得到完善后的测评维度和测量问项见表 4-12。修改的题项包括：题项“企业税外负担不断减轻”对于填答人来说可能不易准确回答，修改为“企业面临市场竞争加剧”；题项“信息技术得到普遍应用”描述的不是随时间产生的变化，修改为“信息技术应用更加广泛”；题项“政府赤字规模扩大”对于填答人来说可能不易准确回答，予以删去，增加题项“政府成本较为高昂”“政府腐败较为严重”测评绩效困境；“政府信息化建设取得较好成效”对于填答人可能不容易理解，修改为“政府电子政务建设取得较好成效”。

表 4-12　基于小规模访谈结果修改后的测评维度与测量问项

变量	测评维度	测量问项
转型压力	市场化	1. 民营经济持续较快发展
		2. 企业面临市场竞争加剧
	现代化	3. 人民生活水平不断提高
		4. 信息技术应用更加广泛
	国际化	5. 对外贸易规模不断扩大
		6. 对外交流合作不断增多
绩效困境	财政	7. 政府成本较为高昂
	管理	8. 政府官僚主义较为严重
		9. 政府效率较为低下
		10. 政府腐败较为严重
	信任	11. 民众对政府的满意度降低
		12. 民众对政府的信任度降低
政绩导向	重视	13. 上级党委/政府对政府职能转变的重视度较高
	推动	14. 上级党委/政府明确部署政府职能转变的目标、任务
		15. 上级党委/政府鼓励政府探索政府职能转变的有效途径
民众诉求	关注	16. 民众对政府职能转变的关注度较高
	态度	17. 民众对政府有更高的期待
		18. 民众对政府职能转变的要求较为迫切
领导推动	参与	19. 地方党政领导牵头推进政府职能转变工作
	支持	20. 地方党政领导对政府职能转变工作的支持度较高
	信息传递	21. 地方党政领导讲话中经常提及政府职能转变及其重要性

续表

变量	测评维度	测量问项
共识-构建	了解	22. 政府工作人员对政府职能转变工作比较了解
		23. 民众对政府职能转变工作比较了解
	认同	24. 政府工作人员对政府职能转变工作比较认同
		25. 民众对政府职能转变工作比较认同
组织协同	结构与流程	26. 政府机构改革取得较好成效
		27. 政府工作流程得到较好优化
	资源配置	28. 政府财政支出结构较为合理
		29. 政府各职能部门的工作人员数量较为合理
	人力资源管理	30. 政府工作人员的素质和业务水平较高
		31. 政府工作人员的工作积极性较高
	信息系统	32. 政府电子政务建设取得较好成效
过程控制	计划	33. 政府制定职能转变方案有序推进政府职能转变工作
	控制	34. 对政府职能转变工作的考核较为有效
	反馈	35. 积极推进政府职能转变的部门/个人能得到有效激励
		36. 政府职能转变工作中存在的问题能得到有效纠正
地方政府职能转变	行为	1. 政府推进政府职能转变的速度较快
	结果	2. 政府职能转变的具体任务得到较好落实
		3. 政府行政权力得到较大缩减
		4. 政府工作效率得到较大提高
		5. 政府公共服务水平得到较大提高
		6. 政府依法行政水平得到较大提高
		7. 政府责任意识得到较大提高

4.3.3 问卷检验

前述对变量的测量问项的确定主要基于各变量的概念内涵、文献调研以及小规模访谈结果，存在较强的主观色彩。为提高问卷的质量，在形成正式问卷、开展大规模实证调查收集数据之前，有必要通过预调查的方式，也即前测（Pretest）的方式，对变量的测量问项的有效性进行分析和判断，并且依据预调查结果，对缺乏有效性的测量问项进行删除或修正。变量测量的有效性分析主要包括信度检验和效度检验。

预调查的调查对象为县级政府，问卷填答人为公务员和研究团队的博士生、硕士生。公务员和研究团队的博士生、硕士生对地方政府职能转变较为熟悉和了解。预调查发放问卷 70 份，回收有效问卷 65 份，有效问卷回收率为 92.9%。

1. 效度检验

效度可分为表面效度、结构效度、内容效度、标准关联效度等。一般来说，效度检验采取对内容效度和结构效度进行检验。内容效度指的是测量在多大程度上包含了概念的含义。本书中的测量问项基于前人的相关研究成果，并结合测量变量的概念内涵以及研究的实际需要进行设置。在此基础上，针对测量问项的设置，开展小规模访谈。基于小规模访谈结果修改完善测量问项。通过上述步骤，一定程度上保证了测量问项的内容效度。

结构效度是指测量结果所体现的结构与测值之间的对应程度。通常采用探索性因子分析对结构效度进行检验。以 SPSS 软件为工具，采用探索性因子分析对各项动力因素的测量问项的结构效度进行检验①。首先进行 KMO 检验和 Barlett 检验，检验结果如表 4-13 所示，KMO 值为 0.674（高于 0.5，接近 0.7），Barlett 检验 p 值 0.000，表明适合进行因子分析。

表 4-13　KMO 检验和 Barlett 检验结果

取样足够度的 Kaiser - Meyer - Olkin 度量		.674
Bartlett 的球形度检验	近似卡方	1971.457
	df	666
	Sig.	.000

在此基础上，对测量问项进行探索性因子分析，采用主成分分析法（Principle Component Methods），通过最大方差法（Varimax）旋转因子，以特征值大于 1 为因子个数决定标准，分析结果如表 4-14 所示。可以看出主成分分析一共抽取了 10 个因子，累积方差贡献率为 78.50%。其中，第一个因子对组织协同的测量问项影响较大，第二个因子对过程控制的测量问项影响较大，第三个因子对共识构建的测量问项影响较大，第四个因子对绩效困境的测量问项影响较大，第五个因子对领导推动的测量问项影

① 由于因变量仅有 1 个，故而不对因变量做结构效度检验，仅对自变量做结构效度检验。

响较大，第六个因子对转型压力的测量问项影响较大，第七个因子对政绩导向的测量问项影响较大，第八个因子对民众诉求的测量问项影响较大。虽然与原有构思未完全一致，但整体来看，结构效度较为良好。对测量问项进行筛选①，“信息技术应用更加广泛”“面临市场竞争加剧”自成一个因子，不具有内部一致性，予以删除。“政府成本较为高昂”“政府债务风险增大”原属于绩效困境的测量问项，但落入与共识构建相关的第三个因子，予以删除。“政府各职能部门的工作人员数量较为合理”原属于组织协同的测量问项，但落入与共识构建相关的第三个因子，予以删除。“民众对政府职能转变工作比较认同”因子负荷为 0.443（小于 0.5），应予以删除，但考虑到其测量的内容较为重要且无其他测量问项测量同一内容，予以保留。

表 4-14　　探索性因子分析结果（旋转成分矩阵）

成分	1	2	3	4	5	6	7	8	9	10
政府电子政务建设取得较好成效	.814	-.119	.127	-.204	.039	.193	-.142	-.023	.033	-.039
政府工作流程得到较好优化	.803	-.026	.184	-.083	.262	.110	.120	-.068	-.088	.078
政府工作人员的素质和业务水平较高	.683	-.148	.416	-.172	-.091	.064	.091	.096	.081	.240
政府财政支出结构较为合理	.626	-.163	.171	-.195	.285	.361	.098	-.028	.140	-.285
政府工作人员的工作积极性较高	.621	-.127	.416	-.263	-.007	-.021	.023	.021	.124	.261
政府机构改革取得较好成效	.593	-.036	.260	-.027	.444	.218	.057	.119	-.024	-.080
对政府职能转变工作的考核较为有效	-.015	.931	-.135	.003	-.066	-.154	.068	.028	.000	.050

① 筛选标准包括：（1）一个测量问项自成一个因子时，不具有内部一致性，考虑删除；（2）因子负荷系数小于 0.5，不具有收敛效度，考虑删除；（3）因子负荷系数同时在 2 个以上因子大于 0.5，属于横跨因子现象，考虑删除；（4）未落入预期维度的测量问项，考虑删除。

续表

成分	1	2	3	4	5	6	7	8	9	10
政府制定职能转变方案有序推进政府职能转变工作	-.024	.927	-.103	.007	-.095	-.163	.064	.029	.002	.081
积极推进政府职能转变的部门/个人能得到有效激励	-.168	.830	-.098	.266	-.146	.039	-.088	-.069	.013	-.145
政府职能转变工作中存在的问题能得到有效纠正	-.222	.817	-.118	.284	-.128	.013	-.185	-.093	.029	-.111
民众对政府职能转变工作比较了解	.239	-.088	.742	-.093	.215	.206	-.104	.173	-.135	.025
政府工作人员对政府职能转变工作比较了解	.201	-.187	.728	-.065	.392	.028	.095	-.113	-.040	.037
政府成本较为高昂	.318	-.181	.720	-.229	.136	.147	.028	-.066	.211	.012
政府工作人员对政府职能转变工作比较认同	.410	-.118	.638	-.272	.201	.002	-.069	.197	.165	-.193
政府各职能部门的工作人员数量较为合理	.195	-.216	.516	-.354	.350	.147	.013	.159	-.279	.116
政府债务风险增大	.447	-.206	.505	-.059	.256	.212	.092	.016	.372	.044
民众对政府职能转变工作比较认同	.409	-.051	.443	-.356	.256	.229	.006	-.075	-.017	-.036
民众对政府的信任度降低	-.261	.054	-.133	.808	-.250	-.140	-.102	-.203	.053	-.045

续表

成分	1	2	3	4	5	6	7	8	9	10
民众对政府的满意度降低	-.165	-.020	-.270	.768	-.116	-.227	.113	-.153	.127	.076
政府效率较为低下	-.213	.319	-.174	.725	-.075	.081	-.186	-.097	.123	-.140
政府腐败较为严重	-.079	.285	-.036	.710	-.121	-.172	-.228	.203	-.180	.045
政府官僚主义较为严重	-.060	.527	-.195	.551	-.121	-.027	-.084	.129	.026	-.397
地方党政领导牵头推进政府职能转变工作	.204	-.233	.252	-.158	.804	.028	-.010	.059	-.042	-.136
地方党政领导讲话中经常提及政府职能转变及其重要性	.052	-.006	.188	-.115	.783	-.057	.124	-.067	-.022	.259
地方党政领导对政府职能转变工作的支持度较高	.172	-.236	.226	-.238	.768	.063	-.070	.102	.031	-.008
对外贸易规模不断扩大	.214	-.233	.092	-.079	.094	.797	.066	.005	-.105	.186
民营经济持续较快发展	.209	-.087	.081	-.132	.114	.778	-.132	.014	.076	-.114
对外交流合作不断增多	.314	.027	.019	-.044	-.066	.714	.255	-.107	-.111	.341
人民生活水平不断提高	-.119	.012	.357	-.158	-.173	.667	-.015	-.199	.207	.109
上级党委/政府对政府职能转变的重视度较高	.040	-.028	-.148	-.001	.121	.066	.852	.005	.157	.047
上级党委/政府鼓励政府探索政府职能转变的有效途径	.038	-.037	.051	-.109	-.024	.040	.822	-.035	-.198	.022

续表

成分	1	2	3	4	5	6	7	8	9	10
上级党委/政府明确部署政府职能转变的目标、任务	-.003	-.013	.090	-.111	-.022	-.056	.787	.170	.067	-.076
民众对政府职能转变的要求比较迫切	-.108	.075	.135	-.071	-.073	-.069	-.062	.883	.087	-.115
民众对政府职能转变的关注度比较高	.261	-.074	-.025	.054	.036	-.087	.175	.764	-.275	.099
民众对政府有更高的期待	-.082	-.061	-.026	-.137	.137	.000	.093	.732	.299	.107
企业面临市场竞争加剧	.093	.050	.046	.104	-.057	.019	.015	.106	.817	.113
信息技术应用更加广泛	.068	-.092	.003	-.063	.113	.361	-.058	.087	.197	.722

注：提取方法：三成分。

旋转法：具有 Kaiser 标准化的正交旋转法。

a. 旋转在 9 次迭代后收敛。

2. 信度检验

信度包括重测信度、复本信度、折半信度、同质性信度和评分者信度等。以 SPSS 软件为工具，采用 Cronbach's Alpha 系数对测量问项进行信度分析，分析结果见表 4 - 15。可以看出各变量的 Cronbach's Alpha 系数均高于 0.7，说明测量问项具有良好的内部一致性信度。

表 4 - 15　信度分析结果

变量名称	Cronbach's Alpha 系数
转型压力	0.815
绩效困境	0.876
政绩导向	0.779

续表

变量名称	Cronbach's Alpha 系数
民众诉求	0.741
领导推动	0.855
共识构建	0.850
组织协同	0.889
过程控制	0.936
地方政府职能转变	0.897
总体	0.838

通过以上效度和信度检验，删除了“信息技术应用更加广泛”“面临市场竞争加剧”“政府债务风险增大”“政府成本较为高昂”“政府各职能部门的工作人员数量较为合理”五个问项，确定了正式问卷所采用的测量问项（见表4－16）。

表4－16　正式问卷所采用的测量问项

变量	测量问项
转型压力	Q11：民营经济持续较快发展
	Q12：人民生活水平不断提高
	Q13：对外贸易规模不断扩大
	Q14：对外交流合作不断增多
绩效困境	Q21：政府官僚主义较为严重
	Q22：政府效率较为低下
	Q23：政府腐败较为严重
	Q24：民众对政府的满意度降低
	Q25：民众对政府的信任度降低
政绩导向	Q31：上级党委/政府对政府职能转变的重视度较高
	Q32：上级党委/政府明确部署政府职能转变的目标、任务
	Q33：上级党委/政府鼓励政府探索政府职能转变的有效途径
民众诉求	Q41：民众对政府职能转变的关注度较高
	Q42：民众对政府有更高的期待
	Q43：民众对政府职能转变的要求较为迫切
领导推动	Q51：地方党政领导牵头推进政府职能转变工作
	Q52：地方党政领导对政府职能转变工作的支持度较高
	Q53：地方党政领导讲话中经常提及政府职能转变及其重要性

续表

变量	测量问项
共识构建	Q61：政府工作人员对政府职能转变工作比较了解
	Q62：民众对政府职能转变工作比较了解
	Q63：政府工作人员对政府职能转变工作比较认同
	Q64：民众对政府职能转变工作比较认同
组织协同	Q71：政府机构改革取得较好成效
	Q72：政府工作流程得到较好优化
	Q73：政府财政支出结构较为合理
	Q74：政府工作人员的素质和业务水平较高
	Q75：政府工作人员的工作积极性较高
	Q76：政府电子政务建设取得较好成效
过程控制	Q81：政府制定职能转变方案有序推进政府职能转变工作
	Q82：对政府职能转变工作的考核较为有效
	Q83：积极推进政府职能转变的部门/个人能得到有效激励
	Q84：政府职能转变工作中存在的问题能得到有效纠正
地方政府职能转变	Q91：政府推进政府职能转变的速度较快
	Q92：政府职能转变的具体任务得到较好落实
	Q93：政府行政权力得到较大缩减
	Q94：政府工作效率得到较大提高
	Q95：政府公共服务水平得到较大提高
	Q96：政府依法行政水平得到较大提高
	Q97：政府责任意识得到较大提高

4.3.4　数据收集

在确定正式问卷后，研究进入大规模问卷发放和数据收集阶段。在确定调查对象和样本容量的基础上发放问卷、收集调查数据，并对问卷填答人的基本情况进行描述性统计分析，以确定问卷填答人是否具有代表性，保障所收集的数据的有效性。

1. 调查对象和样本容量

本书选择县级政府作为问卷调查对象。这主要基于以下两方面的考虑：一是县级政府是地方政府职能转变的主要执行者。相较于省级、地市级，数量较多，便于开展大规模调查。相较于乡镇级，拥有相对独立的管理权限，对政府职能转变具有相对较高的自主权。二是县级政府是极具创新性的行政层级，近年来开展了大量与政府职能转变相关的工作。国内学者基于对政府创新项目主体的频数统计得到，区县级占比48.1%，是创新频率最高的行政层级（吴建南、马亮、杨宇谦，2007）。大部分地方政府创新与政府职能转变关系密切。

样本容量的选择主要取决于概念模型以及数据分析方法。本章的概念模型中有9个自变量，1个因变量，此10个变量共有39个测评指标，采用结构方程模型分析方法对所收集的测评指标数据进行分析。从模型观察变量数来看，样本数与观察变量数之比需大于5∶1。由此，本章采取东部地区选择150个县级政府，中部地区70个县级政府，西部地区40个县级政府①，一共260个县级政府。满足样本数在100以上，样本数与观察变量数的比例大于5∶1的要求。东中西部地区未能选择相同数量的县级政府，是因为研究条件的限制。

2. 问卷发放及回收情况

问卷发放采用纸质问卷、电子问卷两种形式，通过当场回收、邮寄回收以及网络问卷调查平台回收问卷。主要通过MPA班、公务员培训班、私人关系网络发放问卷。问卷的发放对象，也即填答人为公务员。由于问卷中的一些测量问项，需要填答人熟悉和了解地方政府职能转变的具体情况，公务员群体可以满足这一要求。调查共发放问卷382份，回收338份，有效问卷为319份，有效问卷回收率为83.5%，覆盖了我国260个县级政府，包括东部地区150个县级政府，中部地区70个县级政府，西部地区40个县级政府，每个县级政府为1—2份问卷②。

3. 样本的同源偏差检验

由于调查问卷采取的是李克特7点量表且设问方式都为正向，因而容易出现同源偏差问题（Common Method Variance）。此时，变量之间变异

① 东部地区包括北京、天津、河北、辽宁、上海、江苏、浙江、福建、山东、广东、海南；中部地区包括山西、吉林、黑龙江、安徽、江西、河南、湖北、湖南；西部地区包括重庆、四川、贵州、云南、西藏、陕西、青海、甘肃、宁夏、新疆、广西、内蒙古。

② 当某县级政府有2份有效问卷时，采用平均值作为该县级政府某测量指标的得分。

的重叠是由于使用了同类的测量工具，不能真正反映潜在变量之间真实的关系，采用哈曼单因子检测法对可能存在的同源偏差问题进行检验（Podsakoff & Organ，1986）。具体做法是：对所有测量问项进行因子分析，未旋转时得到的第一个主成分代表同源偏差问题的程度。以 SPSS 软件为工具，检验结果如表 4-17 所示。可以看出未旋转时第一个主成分的载荷量为 38.865%，所占比例未达到多数，表明同源偏差问题并不严重。

表 4-17　　哈曼单因子检测结果（部分）

成分	初始特征值			提取平方和载入		
	合计	方差的 %	累积 %	合计	方差的 %	累积 %
1	15.157	38.865	38.865	15.157	38.865	38.865
2	3.046	7.810	46.674	3.046	7.810	46.674
3	2.069	5.305	51.979	2.069	5.305	51.979
4	1.890	4.846	56.825	1.890	4.846	56.825
5	1.798	4.610	61.435	1.798	4.610	61.435
6	1.077	2.763	64.197	1.077	2.763	64.197
7	1.000	2.565	66.762	1.000	2.565	66.762
8	.892	2.287	69.049			
…	…	…	…			
27	.298	.764	93.697			
28	.275	.705	94.402			
…	…	…	…			

注：提取方法：主成分分析。

4. 样本的描述性统计分析

以 SPSS 为工具，对调查问卷填答人的基本情况进行描述性统计分析，以了解填答人的人口统计特征，确认问卷填答人的代表性。填答人的人口统计特征如表 4-18 所示。在性别方面，性别比例为 1.16:1，分布较为均衡。在年龄方面，40 岁以下比例为 82.4%，填答人相对较为年轻化，这与调查途径有关。从职务来看，领导职务占比 38.2%，具有一定的比例，处于领导职务的填答人可能对政府职能转变的相关情况更为了解和熟悉。从学历来看，本科及以上占比 84.0%，表明填答人的文化程度较高。文化程度较高的填答人更容易理解问卷题项，做出准确、有效的回答。总体来看，问卷填答人具有良好的代表性，所收集的数据应具有较高的有效性。

表 4-18　　问卷填答人的人口统计特征

人口统计特征	类别	频数	频率（%）
性别	男	171	53.6%
	女	148	46.4%
年龄	30 岁以下	138	43.2%
	31—40 岁	125	39.2%
	41—50 岁	49	15.4%
	51 岁以上	7	2.2%
职务	领导职务	122	38.2%
	非领导职务	197	61.8%
学历	高中及以下	8	2.5%
	专科	43	13.5%
	本科	180	56.4%
	硕士及以上	88	27.6%

4.4 地方政府职能转变动力因素的实证研究

本节首先采用描述性统计分析方法，对测评指标进行描述性统计分析，把握地方政府职能转变及其各项动力因素的现状；然后采用验证性因子分析方法，分别对情境动力、触发动力和使能动力进行验证性因子分析，确认动力因素的测评指标的结构效度。

4.4.1 描述性统计分析

以 SPSS 软件为工具，对测评指标进行描述性统计分析，分别计算总体以及东中西部地区各变量的平均得分。总体以及东中西部地区各变量平均得分的计算方法为：平均得分等于测量该变量的所有测评指标得分的平均值。计算结果如表 4 - 19 所示。

表 4 - 19　　总体以及东中西部地区各变量平均得分

动力因素	总体	东部地区	中部地区	西部地区
转型压力	4.8404	4.9433	4.7821	4.5563
绩效困境	4.4323	4.2040	4.6800	4.8550
政绩导向	4.8256	5.0378	4.5048	4.5917
民众诉求	5.4372	5.5022	5.3667	5.3167
领导推动	4.7295	4.9156	4.4952	4.4417
共识构建	3.9894	4.1617	3.7485	3.7648
组织协同	4.0231	4.1533	3.9010	3.7485
过程控制	4.1135	4.2933	3.7945	3.9975
地方政府职能转变	4.3033	4.4510	4.0662	4.1643

根据表 4 - 19 可以得到，总体上地方政府职能转变的各项动力因素、地方政府职能转变的平均得分处于中等略偏上的水平，其中，仅有民众诉求的平均得分高于 5，共识构建的平均得分略小于 4，转型压力、绩效困境、政绩导向、领导推动、组织协同、过程控制以及地方政府职能转变的平均得分在 4—5。此结果反映出，在给定的情境动力（转型压力、绩效困境）之下，触发动力（政绩导向、民众诉求、领导推动）、使能动力（共识构建、组织协同、过程控制）以及地方政府职能转变均存在较大的提升空间，呼应了以往研究中地方政府职能转变动力不足、有待提高的结论（杨学渊，2001；胡佳，2009；周志忍，2010；鲍宗豪、崔翔，2014）。

从各项动力因素来看，触发动力的平均得分（政绩导向、民众诉求、领导推动的平均得分为 4.9974）相对较高，情境动力（转型压力、绩效困境的平均得分为 4.6365）次之，使能动力（共识构建、组织协同、过程控制的平均得分为 4.0420）的平均得分相对较低。此结果反映出，相较于情境动力和触发动力，使能动力不足可能是制约地方政府职能转变的关键因素。虽然随着经济、社会转型以及绩效困境的存在，地方政府现行职能模式出现危机，上级党委/政府、民众、地方党政领导积极推动地方政府职能转变的引入和实施，但是执行不力，依然会导致地方政府职能转变的实施进展和成效不佳，甚至造成地方政府职能转变失败。当前，地方政府职能转变的难点与困境主要包括传统官本位观念、政治传统与惯性、事先设计不足、各项改革配套不够、缺乏制度保障、官员考核体系、权力利益格局、财税体制、缺乏社会力量参与等（李保林、刘强、高云，2014），这些难点、困境与使能动力关系密切，在实践中阻碍了地方政府职能转变的顺利推进。情境动力中，转型压力的平均得分高于绩效困境。此结果反映出，相较于绩效困境，地方政府面临的转型压力相对较大。触发动力中，民众诉求的平均得分相对较高，政绩导向次之，领导推动的平均得分相对较低。此结果反映出，相较于民众诉求，上级党委/政府、地方党政领导对地方政府职能转变的推动力度相对较低。究其原因，一方面，当前民众的政治参与度不高、参与渠道有限，政府官员的晋升和考核机制主要是自上而下的，民众对政府官员缺乏足够的影响力，导致政府对民众诉求的回应性不强（陈国权、黄振威，2010；周志忍，2010）；另一方面，上级党委/政府、地方党政领导可能出于自身利益的考虑，对推动地方职能转变缺乏积极性。政府职能转变是一场自我革命，存在内在矛盾，其要求政府放手或改革原有的干预方式，同时政府在改革的创议和实施中拥有主导权力（周志忍，2006）。实际改革中，既得利益、垄断利益是改革的障碍，存在将政府部门利益国家化、既得利益神圣化的观念和做法（陶庆，2015），部分政府工作人员存在反感改革的情绪，例如政府职能转变要求分权、放权，导致政府工作人员感到地位失落，采取各种手段应付甚至抵制改革（石亚军，2015）。使能动力中，共识构建、组织协同、过程控制的平均得分差异不大。

从地方政府职能转变来看（地方政府职能转变的测评指标的平均得分如表 4 - 20 所示），行为指标的平均得分（测评指标 Q91、Q92 的平均得分为 4.0789）相对较低，结果指标的平均得分（测评指标 Q93、Q94、Q95、Q96、Q97 的平均得分为 4.3931）相对较高。此结果反映出，相较于地方政府职能转变的实施成效（目标实现状况，即有限政府、高效政府、服务型政府、法治政府、责任政府的建设成效），实施进展（推进速度、任务落实）相对较差。行为指标中，推进速度（Q91）和任务落实（Q92）的平均得分差异不大。结果指标中，服务型政府（Q95）、法治政府（Q96）、责任政府（Q97）建设成效的平均得分相对较高，有限政府（Q93）、高效政府（Q94）建设成效的平均得分相对较低。此结果反映出，相较于服务型政府、法治政府、责任政府建设，有限政府、高效政府的建设成效相对较差。

表 4-20　　地方政府职能转变的测评指标的平均得分

测评指标	平均得分
Q91：政府推进政府职能转变的速度较快	4.1308
Q92：政府职能转变的具体任务得到较好落实	4.0269
Q93：政府行政权力得到较大缩减	4.0346
Q94：政府工作效率得到较大提高	4.1769
Q95：政府公共服务水平得到较大提高	4.5962
Q96：政府依法行政水平得到较大提高	4.5269
Q97：政府责任意识得到较大提高	4.6308

比较东中西部地区的差异，总体上东部地区地方政府职能转变的各项动力因素、地方政府职能转变的平均得分都高于中西部地区。绩效困境除外，绩效困境的平均得分从低到高排序为东部地区、中部地区、西部地区。中西部地区之间，有一些变量的平均得分，中部地区较高，西部地区较低；也有另一些变量的平均得分，中部地区较低、西部地区较高。相较于中西部地区，东部地区的经济社会发展水平较高、速度较快，对外开放程度较高，政府职能转变启动较早、进度较快，政府工作人员和民众的整体素质较高，政府总体绩效较好，因而东部地区地方政府转型压力相对较大，绩效困境相对较小，上级党委/政府、民众、地方党政领导对政府职能转变的推动力度较大，共识构建、组织协同、过程控制落实较好，地方政府职能转变的实施进展和成效较好。虽然西部地区的转型压力小于中部地区，绩效困境大于中部地区，但由于国家政策对西部地区多有扶持，加上西部地区自身的赶超意识，导致西部地区存在一些动力因素诸如政绩导向、共识构建、过程控制等高于中部地区，地方政府职能转变的实施进展和成效好于中部地区。该结果与已有的一些相关研究成果可以互相印证（唐任伍、唐天伟，2011；何增科，2014）。

4.4.2　验证性因子分析

因子分析可分为探索性因子分析（EFA）和验证性因子分析（CFA），前者所要达成的是建立量表或问卷的结构效度，后者是要检验此结构效度的适切性和真实性。在对预调查结果的效度检验中，对预调查得到的各项动力因素测评指标数据进行了探索性因子分析，以确认动力因素测评指标的结构效度，进而明确了正式问卷的测量问项。大规模问卷调查完成后，有必要考察实际收集的调查数据是否与动力因素测评指标的因素结构模型契合，检验测评指标是否可以有效作为潜在变量（因素构念）的测评指标。结构方程模型具有先验性，只有确认潜在变量的测评指标是适当的，方能通过结构方程模型对潜在变量之间的关系进行有效分析。验证性因子分析被认为是结构方程模型分析的前置步骤。本节基于前文构建的概念模型，以 AMOS 软件为工具，采用一阶验证性因子分析方法，选择固定负荷法和极大似然法进行估计，对情境动力、触发动力、使能动力分别进行验证性因子分析。

1. 情境动力

情境动力验证性因子初始模型如图 4－6 所示，初始模型拟合效果如表 4－21 所示。根据表 4－21 可以得到，模型的整体拟合效果不太理想，有 15 项拟合指标没有达到适配的标准或临界值。

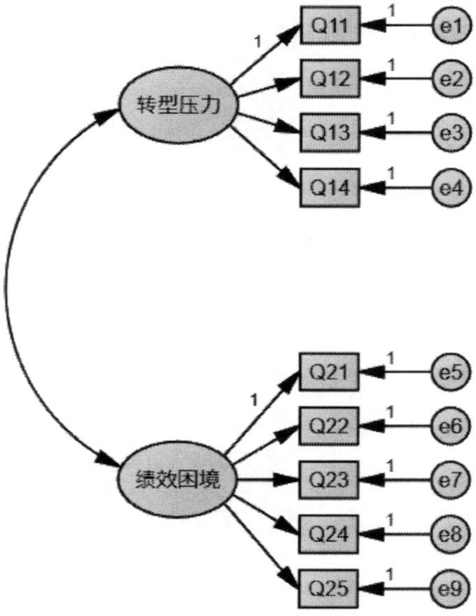

图 4－6 情境动力验证性因子初始模型

表 4－21　　情境动力验证性因子初始模型拟合效果

统计检验量	适配的标准或临界值	检验结果数据	模型适配判断
绝对适配指标			
χ^2 值	p＞0.05（未达显著水平）	Chi－square＝174.664 p＝0.000	否
RMR 值	＜0.05	0.130	否
RMSEA 值	＜0.08（若＜0.05 优良； ＜0.08 良好）	0.149	否
GFI 值	＞0.90	0.863	否
AGFI 值	＞0.90	0.763	否
增值适配度指标			
NFI 值	＞0.90	0.852	否
RFI 值	＞0.90	0.795	否
IFI 值	＞0.90	0.871	否
TLI 值（NNFI 值）	＞0.90	0.820	否
CFI 值	＞0.90	0.870	否
简约适配度指标			
PGFI 值	＞0.50	0.499	否
PNFI 值	＞0.50	0.615	是
PCFI 值	＞0.50	0.628	是
CN 值	＞200	68	否
χ^2 自由比	＜3.00	174.664/26＝6.72	否
AIC 值	理论模型值小于独立模型值， 且同时小于饱和模型值	212.664＞90.000 212.664＜1195.650	否
CAIC 值	理论模型值小于独立模型值， 且同时小于饱和模型值	299.317＞295.231 299.317＜1236.696	否

根据 AMOS 提供的修正指标对初始模型进行修正，修正后模型如图 4－7 所示，修正模型拟合效果如表 4－22 所示。模型的整体拟合效果已经基本达到理想状态。

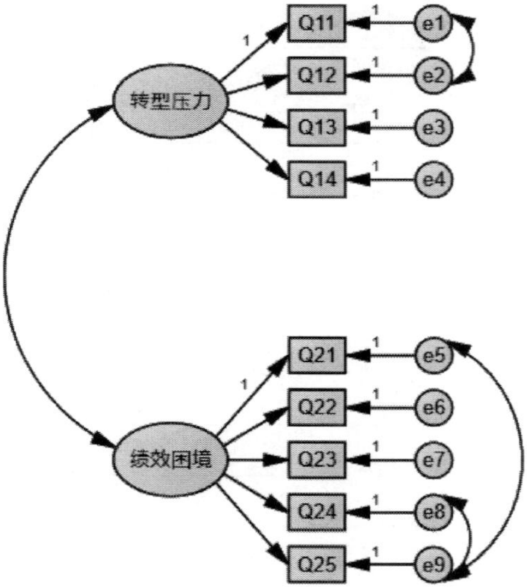

图 4-7 情境动力验证性因子修正模型

表 4-22 情境动力验证性因子修正模型拟合效果

统计检验量	适配的标准或临界值	检验结果数据	模型适配判断
绝对适配指标			
χ^2 值	p >0.05（未达显著水平）	Chi - square = 39.872 p = 0.016	否
RMR 值	<0.05	0.098	否
RMSEA 值	<0.08（若 <0.05 优良；<0.08 良好）	0.053	是
GFI 值	>0.90	0.967	是
AGFI 值	>0.90	0.936	是
增值适配度指标			
NFI 值	>0.90	0.966	是
RFI 值	>0.90	0.947	是
IFI 值	>0.90	0.985	是
TLI 值（NNFI 值）	>0.90	0.977	是
CFI 值	>0.90	0.986	是
简约适配度指标			
PGFI 值	>0.50	0.494	否

续表

统计检验量	适配的标准或临界值	检验结果数据	模型适配判断
PNFI 值	>0.50	0.617	是
PCFI 值	>0.50	0.629	是
CN 值	>200	220	是
χ^2 自由比	<3.00	39.872/26 = 1.53	是
AIC 值	理论模型值小于独立模型值，且同时小于饱和模型值	83.872 <90.000 83.872 <1195.650	是
CAIC 值	理论模型值小于独立模型值，且同时小于饱和模型值	184.207 <295.231 184.207 <1236.696	是

情境动力验证性因子分析结果如表 4 - 23 所示。根据表 4 - 23 可以得到，各测评指标除 Q24 外的因素负荷量均大于 0.7，信度系数均大于 0.5，达到标准要求。测评指标 Q24 虽未达到标准要求，但因素负荷量接近 0.7，信度系数接近 0.5，基本符合标准要求。由此，可以认为这 9 个测评指标可以作为情境动力两个潜在因子的测评指标，其信度是可以接受的。情境动力两个潜在因子的组合信度均高于 0.6，平均变异量抽取值（Average Variance Extracted，AVE）均高于 0.5，达到标准要求。由此，可以认为，情境动力两个潜在因子的信度和收敛效度都是可接受的。

表 4 - 23　　情境动力验证性因子分析结果

测评指标	因素负荷量	信度系数	测量误差	组合信度	平均变异量抽取值
Q11	0.779	0.607	0.393	0.860	0.606
Q12	0.755	0.570	0.430		
Q13	0.860	0.740	0.260		
Q14	0.712	0.507	0.493		
Q21	0.845	0.714	0.286	0.892	0.623
Q22	0.858	0.736	0.264		
Q23	0.793	0.629	0.371		
Q24	0.695	0.483	0.517		
Q25	0.744	0.554	0.446		

2. 触发动力

触发动力验证性因子初始模型如图 4 - 8 所示，初始模型拟合效果如

表 4－24 所示。模型的整体拟合效果基本达到理想状态。

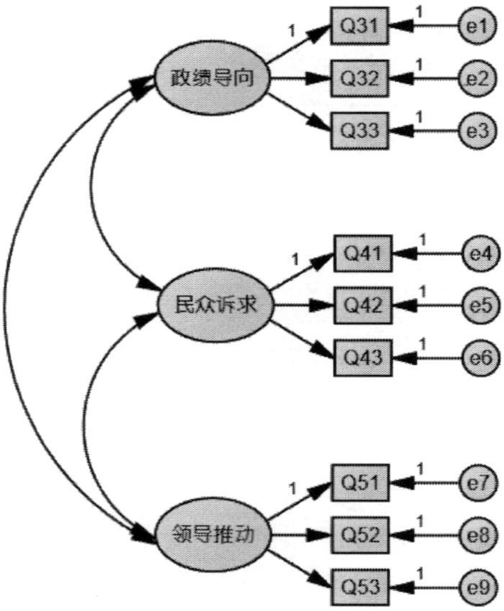

图 4－8 触发动力验证性因子初始模型

表 4－24 触发动力验证性因子初始模型拟合效果

统计检验量	适配的标准或临界值	检验结果数据	模型适配判断
绝对适配指标			
χ^2 值	p＞0.05（未达显著水平）	Chi－square＝80.491 p＝0.000	否
RMR 值	＜0.05	0.116	否
RMSEA 值	＜0.08（若＜0.05 优良；＜0.08 良好）	0.067	是
GFI 值	＞0.90	0.939	是
AGFI 值	＞0.90	0.901	是
增值适配度指标			
NFI 值	＞0.90	0.914	是
RFI 值	＞0.90	0.881	否
IFI 值	＞0.90	0.938	是
TLI 值（NNFI 值）	＞0.90	0.906	是
CFI 值	＞0.90	0.937	是

续表

统计检验量	适配的标准或临界值	检验结果数据	模型适配判断
简约适配度指标			
PGFI 值	>0.50	0.501	是
PNFI 值	>0.50	0.609	是
PCFI 值	>0.50	0.625	是
CN 值	>200	139	否
χ^2 自由比	<3.00	80.491/24 = 3.35	否
AIC 值	理论模型值小于独立模型值，且同时小于饱和模型值	122.491 >90.000 122.491 <950.999	否
CAIC 值	理论模型值小于独立模型值，且同时小于饱和模型值	218.266 <295.231 218.266 <992.045	是

触发动力验证性因子分析结果如表 4－25 所示。根据表 4－25 可以得到各测评指标除 Q41 外的因素负荷量均大于 0.7，信度系数均大于 0.5，达到标准要求。测评指标 Q41 虽未达到标准要求，但因素负荷量接近 0.7，信度系数接近 0.5，基本符合标准要求。由此，可以认为这 9 个测评指标可以作为触发动力三个潜在因子的测评指标，其信度是可以接受的。触发动力三个潜在因子的组合信度均高于 0.6，平均变异量抽取值均高于 0.5，达到标准要求。由此，可以认为，触发动力三个潜在因子的信度和收敛效度都是可接受的。

表 4－25　　触发动力验证性因子分析结果

测评指标	因素负荷量	信度系数	测量误差	组合信度	平均变异量抽取值
Q31	0.771	0.594	0.406	0.843	0.598
Q32	0.779	0.607	0.393		
Q33	0.770	0.593	0.407		
Q41	0.688	0.473	0.527	0.775	0.534
Q42	0.767	0.588	0.412		
Q43	0.736	0.542	0.458		
Q51	0.842	0.709	0.291	0.829	0.618
Q52	0.758	0.575	0.425		
Q53	0.755	0.570	0.430		

3. 使能动力

使能动力验证性因子初始模型如图 4－9 所示，初始模型拟合效果如表 4－26 所示。根据表 4－26 可以得到，模型的整体拟合效果基本达到理想状态。

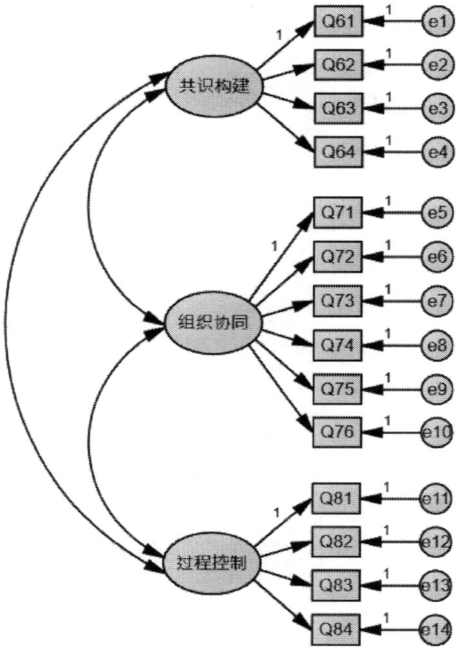

图 4－9　使能动力验证性因子模型

表 4－26　使能动力验证性因子初始模型拟合效果

统计检验量	适配的标准或临界值	检验结果数据	模型适配判断
绝对适配指标			
χ^2 值	p＞0.05（未达显著水平）	Chi－square＝165.843 p＝0.000	否
RMR 值	＜0.05	0.058	否
RMSEA 值	＜0.08（若＜0.05 优良；＜0.08 良好）	0.069	是
GFI 值	＞0.90	0.914	是
AGFI 值	＞0.90	0.878	否

续表

统计检验量	适配的标准或临界值	检验结果数据	模型适配判断
增值适配度指标			
NFI 值	>0.90	0.930	是
RFI 值	>0.90	0.914	是
IFI 值	>0.90	0.960	是
TLI 值（NNFI 值）	>0.90	0.950	是
CFI 值	>0.90	0.960	是
简约适配度指标			
PGFI 值	>0.50	0.756	是
PNFI 值	>0.50	0.780	是
PCFI 值	>0.50	0.644	是
CN 值	>200	165	否
χ^2 自由比	<3.00	165.843/74 = 2.24	是
AIC 值	理论模型值小于独立模型值，且同时小于饱和模型值	227.843 >210.000 227.843 <2399.294	否
CAIC 值	理论模型值小于独立模型值，且同时小于饱和模型值	369.224 <688.872 369.224 <2463.143	是

使能动力验证性因子分析结果如表 4-27 所示。根据表可以得到各测评指标的因素负荷量均大于 0.7，信度系数均大于 0.5，达到标准要求。由此，可以认为这 14 个测评指标可以作为使能动力三个潜在因子的测评指标，其信度是可以接受的。使能动力三个潜在因子的组合信度均高于 0.6，平均变异量抽取值均高于 0.5，达到标准要求。由此，可以认为，使能动力三个潜在因子的信度和收敛效度都是可接受的。

表 4-27　　使能动力验证性因子分析结果

测评指标	因素负荷量	信度系数	测量误差	组合信度	平均变异量抽取值
Q61	0.808	0.653	0.347	0.884	0.656
Q62	0.790	0.624	0.376		
Q63	0.868	0.753	0.247		
Q64	0.771	0.594	0.406		

续表

测评指标	因素负荷量	信度系数	测量误差	组合信度	平均变异量抽取值
Q71	0.718	0.516	0.484	0.882	0.556
Q72	0.747	0.558	0.442		
Q73	0.768	0.590	0.410		
Q74	0.748	0.560	0.440		
Q75	0.774	0.599	0.401		
Q76	0.717	0.514	0.486		
Q81	0.780	0.608	0.392	0.847	0.581
Q82	0.792	0.627	0.373		
Q83	0.732	0.536	0.464		
Q84	0.743	0.552	0.448		

4.5 地方政府职能转变驱动机制的实证研究

本节采用结构方程模型分析方法，以地方政府职能转变为内因变量，以地方政府职能转变的各项动力因素为外因变量、中介变量，进行结构方程模型分析，检验前述提出的研究假设，并对结果开展讨论。结构方程模型分析方法（SEM）是行为与社会科学领域重要的量化分析方法，其基于变量的协方差分析变量之间的关系，可对各种因果模型进行识别、估计和检验。

4.5.1 初始结构方程模型

基于本章构建的概念模型，地方政府职能转变动力机制的初始结构方程模型如图 4 – 10 所示，其中，椭圆形代表潜在变量，矩形代表观察变量，圆形代表残差项，单向箭号代表直接效果或单方向的路径关系，双向箭号代表相关或共变关系。初始模型中有 9 个潜在变量和 39 个观察变量。具体来说，转型压力、绩效困境属于外因变量，分别对应 Q11 至 Q14，

Q21 至 Q25 共 9 个观察变量，政绩导向、民众诉求、领导推动、共识构建、组织协同、过程控制属于中介变量，分别对应 Q31 至 Q33，Q41 至 Q43，Q51 至 Q53，Q61 至 Q64，Q71 至 Q76，Q81 至 Q84 共 23 个观察变量，地方政府职能转变属于内因变量，对应 Q91 至 Q97 共 7 个观察变量。除了外因变量、中介变量、内因变量以及其各自的观察变量外，模型中还存在 e1 至 e39 共 39 个观察变量的残差项和以及 e41 至 e46 共 7 个中介变量、内因变量、外因变量的残差项。

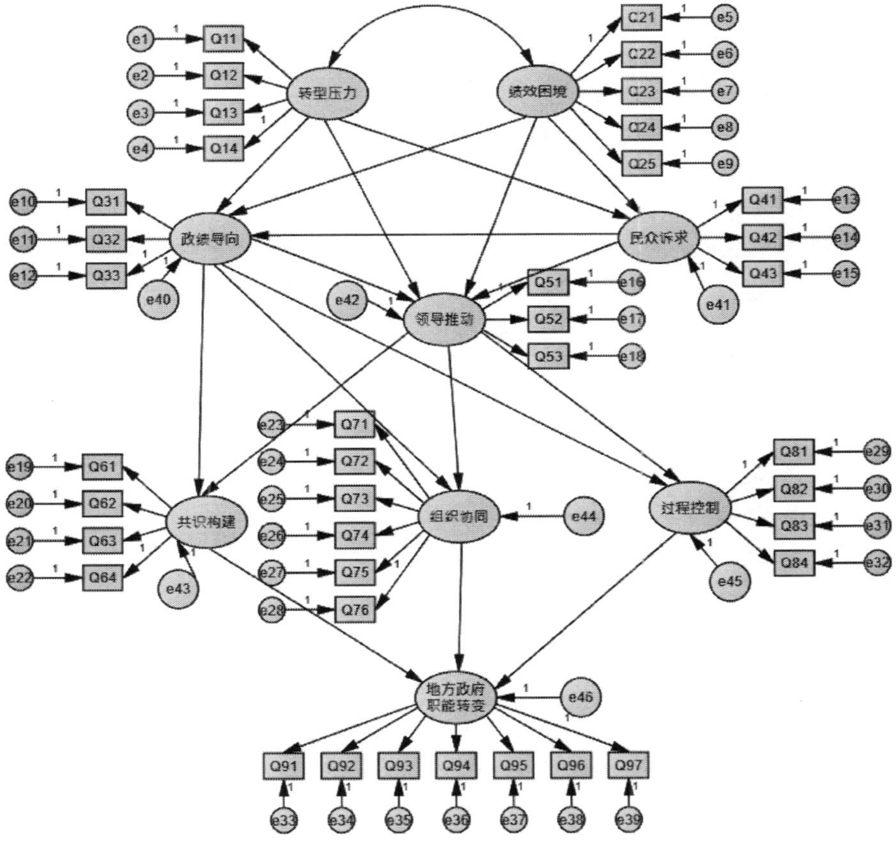

图 4-10　地方政府职能转变动力机制的初始结构方程模型

4.5.2　结构方程模型的拟合与修正

以 AMOS 软件为工具，计算初始结构方程模型的各项参数。地方政府职能转变动力机制的初始结构方程模型的拟合结果如表4－28所示，各变量的非标准化路径系数如表4－29所示。可以发现初始结构方程模型的拟合结果并不理想，有11项拟合指标没有达到适配的标准或临界值，尚需进一步改进，促使模型与调查数据相符合。根据表4－29可以得到大部分路径系数都在 $P<0.05$ 的水平上达到统计显著性水平，但“绩效困境→民众诉求”“民众诉求→领导推动”两条路径系数未达到统计显著性水平，“绩效困境→政绩导向”“绩效困境→领导推动”“政绩导向→共识构建”“政绩导向→组织协同”“政绩导向→过程控制”五条路径系数与理论预设相反。该结果反映出这五条路径的设置存在一定的问题，无法与调查数据相匹配。由此，需要对初始结构方程模型进行修正。通常来说，初始结构方程模型很少能达到理想的拟合效果，可能的原因是所构建的概念模型可能存在问题以及调查数据可能存在偏差。

表4－28　地方政府职能转变动力机制的初始结构方程模型的拟合结果

统计检验量	适配的标准或临界值	检验结果数据	模型适配判断
绝对适配指标			
χ^2 值	P＞0.05（未达显著水平）	Chi－square＝1474.190 P＝0.000	否
RMR值	＜0.05	0.094	否
RMSEA值	＜0.08（若＜0.05优良；＜0.08良好）	0.069	是
GFI值	＞0.90	0.765	否
AGFI值	＞0.90	0.731	否
增值适配度指标			
NFI值	＞0.90	0.808	否
RFI值	＞0.90	0.792	否
IFI值	＞0.90	0.884	否
TLI值（NNFI值）	＞0.90	0.873	否
CFI值	＞0.90	0.883	否
简约适配度指标			
PGFI值	＞0.50	0.670	是
PNFI值	＞0.50	0.745	是
PCFI值	＞0.50	0.814	是

续表

统计检验量	适配的标准或临界值	检验结果数据	模型适配判断
CN 值	>200	136	否
χ^2 自由比	<3.00	1474.190/683 = 2.16	是
AIC 值	理论模型值小于独立模型值， 且同时小于饱和模型值	1668.190 > 1560.000 1668.190 < 7171.434	否
CAIC 值	理论模型值小于独立模型值， 且同时小于饱和模型值	2110.577 < 5117.332 2110.577 < 7349.300	是

表 4－29　　初始结构方程模型各变量的非标准化路径系数

	Estimate	S. E.	C. R.	P
民众诉求 <－－－转型压力	.227	.092	2.463	.014
民众诉求 <－－－绩效困境	.059	.062	.949	.343
政绩导向 <－－－转型压力	.344	.079	4.344	***
政绩导向 <－－－绩效困境	−.156	.049	−3.170	.002
政绩导向 <－－－民众诉求	.161	.064	2.506	.012
领导推动 <－－－绩效困境	−.076	.027	−2.788	.005
领导推动 <－－－政绩导向	1.213	.143	8.477	***
领导推动 <－－－转型压力	.070	.029	2.427	.015
领导推动 <－－－民众诉求	.008	.013	.621	.535
共识构建 <－－－领导推动	3.982	1.264	3.152	.002
组织协同 <－－－领导推动	4.613	1.488	3.099	.002
过程控制 <－－－领导推动	4.733	1.525	3.104	.002
共识构建 <－－－政绩导向	−4.386	1.700	−2.580	.010
过程控制 <－－－政绩导向	−5.422	2.058	−2.634	.008
组织协同 <－－－政绩导向	−5.255	2.005	−2.621	.009
地方政府职能转变 <－－－共识构建	.338	.090	3.763	***
地方政府职能转变 <－－－组织协同	.259	.109	2.384	.017
地方政府职能转变 <－－－过程控制	.286	.102	2.817	.005

注：*** $P < 0.001$。

基于初始结构方程模型的结果，对模型进行修正，包括：（1）根据 AMOS 软件运行结果给出的修正指标，增加同一潜在变量的各观察变量的残差项之间的共变关系；（2）删除未达到统计显著性水平的“绩效困境

→民众诉求”“民众诉求→领导推动”两条路径以及与理论预设相反的“政绩导向→共识构建”“政绩导向→组织协同”“政绩导向→过程控制”三条路径。未删除与理论预设相反的“绩效困境→政绩导向”“绩效困境→领导推动”两条路径是因为若是删除这两条路径，绩效困境变量将成为孤立的变量。地方政府职能转变动力机制的修正结构方程模型如图 4 - 11 所示。计算得到修正模型的拟合结果如表 4 - 30 所示，各变量的非标准化路径系数如表 4 - 31 所示。可以得到模型的整体拟合效果已经基本达到理想状态，大部分适配度指标已达到适配的标准或临界值，个别未到适配标准的适配度指标与适配标准较为接近。路径系数都在 $p < 0.05$ 的水平上达到统计显著性水平。由此，可以认为修正后的结构方程模型具有较好的拟合优度，模型中各条路径在统计学意义上是可接受的。总体上，修正后的结构方程模型与调查数据有较好的匹配度，将其确定为最终的结构方程模型。

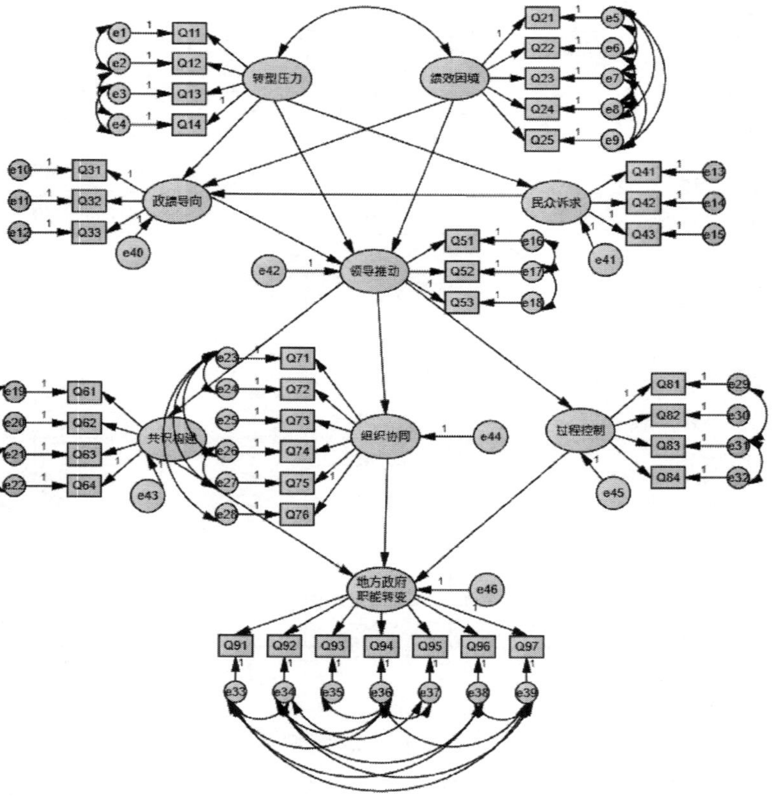

图 4 - 11　地方政府职能转变动力机制的修正结构方程模型

表 4-30　地方政府职能转变动力机制的修正结构方程模型的拟合结果

统计检验量	适配的标准或临界值	检验结果数据	模型适配判断
绝对适配指标			
χ^2 值	p > 0.05（未达显著水平）	Chi - square = 1256.649 p = 0.000	否
RMR 值	< 0.05	0.069	否
RMSEA 值	< 0.08（若 < 0.05 优良； < 0.08 良好）	0.058	是
GFI 值	> 0.90	0.851	否
AGFI 值	> 0.90	0.826	否
增值适配度指标			
NFI 值	> 0.90	0.903	是
RFI 值	> 0.90	0.892	否
IFI 值	> 0.90	0.918	是
TLI 值（NNFI 值）	> 0.90	0.906	是
CFI 值	> 0.90	0.917	是
简约适配度指标			
PGFI 值	> 0.50	0.670	是
PNFI 值	> 0.50	0.744	是
PCFI 值	> 0.50	0.809	是
CN 值	> 200	153	否
χ^2 自由比	< 3.00	1256.649/654 = 1.92	是
AIC 值	理论模型值小于独立模型值， 且同时小于饱和模型值	1508.649 < 1560.000 1508.649 < 3074.340	是
CAIC 值	理论模型值小于独立模型值， 且同时小于饱和模型值	2083.295 < 5117.332 2083.295 < 8252.206	是

表 4-31　修正结构方程模型各变量的非标准化路径系数

	Estimate	S. E.	C. R.	P
民众诉求 < - - - 转型压力	.265	.109	2.433	.015
政绩导向 < - - - 转型压力	.400	.113	3.538	***
政绩导向 < - - - 绩效困境	-.275	.062	-4.454	***
政绩导向 < - - - 民众诉求	.298	.082	3.660	***
领导推动 < - - - 绩效困境	-.192	.040	-4.787	***

续表

	Estimate	S. E.	C. R.	P
领导推动 < - - - 转型压力	.333	.072	4.597	***
领导推动 < - - - 政绩导向	.249	.046	5.440	***
共识构建 < - - - 领导推动	1.221	.138	8.833	***
组织协同 < - - - 领导推动	1.423	.154	9.241	***
过程控制 < - - - 领导推动	1.269	.137	9.278	***
地方政府职能转变 < - - - 共识构建	.252	.085	2.951	.003
地方政府职能转变 < - - - 组织协同	.247	.075	3.299	***
地方政府职能转变 < - - - 过程控制	.359	.089	4.048	***

4.5.3 假设检验与结果讨论

基于前述结构方程模型分析结果，判断本章建立的研究假设是否成立，判断结果如表 4 - 32 所示。

表 4 - 32　　研究假设检验结果

研究假设	检验结果
H_{1a}：转型压力对政绩导向具有显著的正向影响	证实
H_{1b}：转型压力对民众诉求具有显著的正向影响	证实
H_{1c}：转型压力对领导推动具有显著的正向影响	证实
H_{2a}：绩效困境对政绩导向具有显著的正向影响	无法证实
H_{2b}：绩效困境对民众诉求具有显著的正向影响	无法证实
H_{2c}：绩效困境对领导推动具有显著的正向影响	无法证实
H_{3a}：政绩导向对领导推动具有显著的正向影响	证实
H_{3b}：政绩导向对共识构建具有显著的正向影响	无法证实
H_{3c}：政绩导向对组织协同具有显著的正向影响	无法证实
H_{3d}：政绩导向对过程控制具有显著的正向影响	无法证实
H_{4a}：民众诉求对政绩导向具有显著的正向影响	证实
H_{4b}：民众诉求对领导推动具有显著的正向影响	无法证实
H_{5a}：领导推动对共识构建具有显著的正向影响	证实
H_{5b}：领导推动对组织协同具有显著的正向影响	证实
H_{5c}：领导推动对过程控制具有显著的正向影响	证实
H_6：共识构建对地方政府职能转变具有显著的正向影响	证实
H_7：组织协同对地方政府职能转变具有显著的正向影响	证实
H_8：过程控制对地方政府职能转变具有显著的正向影响	证实

根据表 4 – 32 可以得到，18 项研究假设中有 11 项得到证实，其他 7 项无法得到证实。被证实的研究假设有“转型压力对政绩导向具有显著的正向影响”“转型压力对民众诉求具有显著的正向影响”“转型压力对领导推动具有显著的正向影响”“政绩导向对领导推动具有显著的正向影响”“民众诉求对政绩导向具有显著的正向影响”“领导推动对共识构建具有显著的正向影响”“领导推动对组织协同具有显著的正向影响”“领导推动对过程控制具有显著的正向影响”“共识构建对地方政府职能转变具有显著的正向影响”“组织协同对地方政府职能转变具有显著的正向影响”“过程控制对地方政府职能转变具有显著的正向影响”。无法证实的研究假设有“绩效困境对政绩导向具有显著的正向影响”“绩效困境对民众诉求具有显著的正向影响”“绩效困境对领导推动具有显著的正向影响”“政绩导向对共识构建具有显著的正向影响”“政绩导向对组织协同具有显著的正向影响”“政绩导向对过程控制具有显著的正向影响”“民众诉求对领导推动具有显著的正向影响”。

有必要说明的是，本书以县级政府为调查对象，采集县级政府职能转变及其各项动力因素的测评指标数据，进而进行结构方程模型分析。得到的结论实质上针对的是：哪些动力因素导致某一些县级政府职能转变相对较快、较好，而其他一些县级政府相对较慢、较差？由此，检验各项动力因素对地方政府职能转变的影响，包括影响为正抑或为负以及影响是否显著。

表 4 – 33 是 AMOS 中输出的变量的标准化路径系数，表 4 – 34 是 A-MOS 中输出并经整理得到的各变量间标准化的影响效应。基于表 4 – 33、表 4 – 34，对结构方程模型分析结果开展具体讨论。基于所建立的概念模型以及最终结构方程模型，讨论将从四方面展开，即情境动力（转型压力、绩效困境）对触发动力（政绩导向、民众诉求、领导推动）的影响、触发动力之间的影响和触发动力对使能动力（共识构建、组织协同、过程控制）的影响、使能动力对地方政府职能转变的影响以及各项动力因素对地方政府职能转变的总影响。

表 4 – 33　　　　变量的标准化路径系数

	Estimate
民众诉求 < – – – 转型压力	0.204
政绩导向 < – – – 转型压力	0.273

续表

	Estimate
政绩导向 < - - - 绩效困境	-0.322
政绩导向 < - - - 民众诉求	0.264
领导推动 < - - - 绩效困境	-0.342
领导推动 < - - - 转型压力	0.344
领导推动 < - - - 政绩导向	0.377
共识构建 < - - - 领导推动	0.932
组织协同 < - - - 领导推动	0.940
过程控制 < - - - 领导推动	0.936
地方政府职能转变 < - - - 共识构建	0.280
地方政府职能转变 < - - - 组织协同	0.317
地方政府职能转变 < - - - 过程控制	0.412

表 4-34　　变量间标准化的影响效应

	转型压力	绩效困境	政绩导向	民众诉求	领导推动	共识构建	组织协同	过程控制
政绩导向	.326	-.322	—	.264	—	—	—	—
民众诉求	.204	—	—	—	—	—	—	—
领导推动	.467	-.463	.377	.100	—	—	—	—
共识构建	.435	-.432	.352	.093	.932	—	—	—
组织协同	.439	-.435	.355	.094	.940	—	—	—
过程控制	.437	-.434	.353	.093	.936	—	—	—
地方政府职能转变	.441	-.437	.356	.094	.944	.280	.317	.412

从情境动力对触发动力的影响来看，转型压力对政绩导向、民众诉求、领导推动有显著的正向影响，直接影响强度从大到小的排序为领导推动（0.344）、政绩导向（0.273）、民众诉求（0.204）。转型压力通过民众诉求影响政绩导向，对政绩导向的总影响效应为0.326。转型压力通过民众诉求、政绩导向影响领导推动，对领导推动的总影响效应为0.467。由此得出，转型压力对政绩导向、民众诉求、领导推动具有较强的推动作用。转型压力越大，上级党委/政府、民众、地方党政领导对地方政府职能转变的推动力度越大。对此的解释包括两方面：其一，相较于经济社会

发展以及经济、社会等其他体制改革，地方政府职能转变是相对滞后的。转型压力越大时，滞后越明显，也就容易被上级党委/政府、民众、地方党政领导感知到，上级党委/政府、民众、地方党政领导对地方现行职能模式有更多的不满，对新职能模式的引入有更多的要求，进而积极推动地方政府转变职能。其二，转型压力较大的地区，大多是经济社会发展速度较快、水平较高的地区。这些地区有较好的基础和禀赋，也有较多的改革经验。上级党委/政府对这些地区经济社会发展、政府改革的重视和支持程度较高，改革试点常常落于这些地区。这些地区的公民社会发展较好，生活在这些地区的民众的素质以及需求层次较高，对地方政府有相对更高的要求和期待，政治参与的活跃度及能力也相对较高。这些地区的党政领导创新精神较强，并且有较好的基础以及较多的资源开展创新性改革。前述的描述性统计分析结果也证实了这一点。相较于转型压力平均得分较低的中西部地区，东部地区的政绩导向、民众诉求、领导推动的平均得分相对较高。绩效困境对民众诉求的影响不显著，对领导推动、政绩导向有显著的负向影响，直接影响强度从大到小的排序为领导推动（-0.342）、政绩导向（-0.322）。绩效困境通过政绩导向影响领导推动，对领导推动的总影响效应为-0.463。该结果令人意外但实则符合现实。地方政府绩效困境的存在，虽然能引发上级党委/政府、民众、地方党政领导推动地方政府职能转变，但是并非某地方政府绩效困境越大，上级党委/政府、民众、地方党政领导对地方政府职能转变的推动力度越大。现实中甚至呈现了相反的状况，即绩效困境越大，上级党委/政府、民众、地方党政领导对地方政府职能转变的推动力度反而越小。可能的解释是绩效困境较大的地区，大多是经济社会发展相对落后的地区。这些地区的地方政府改革基础和能力相对较弱，组织惯性、既得利益等改革阻力较强，导致上级党委/政府、地方党政领导对推进地方政府职能转变的态度和做法较为保守。此外，这些地区的民众的需求层次以及对政府绩效有待提高的认知程度偏低，对地方政府的要求和期待相对较低，进而对地方政府职能转变的推动力度较低。前述的描述性统计分析结果也证实了这一点，相较于绩效困境平均得分较高的中西部地区，东部地区的政绩导向、民众诉求、领导推动的平均得分相对较高。对转型压力和政绩导向进行相关性分析，可以得到转型压力和绩效困境的相关系数为-0.183，在0.01的显著性水平上显著相关。该结果反映出转型压力与绩效困境之间是负相关关系，转型压力越大，绩效困境越小，反之亦然。故而，转型压力、绩效困境对政绩导向、民众诉求、领导推动的影响呈现相反的状况。

从触发动力之间的影响来看，政绩导向对领导推动有显著的正向影响，直接影响强度系数为0.377。政绩导向对领导推动有较强的推动作用，上级党委/政府对地方政府职能转变的导向性越强，地方党政领导对地方政府职能转变的重视程度和积极性越高，推动力度越大。在我国现行的上下级政府关系、治理机制以及官员考核和晋升制度下，政绩导向对地方党政领导的认知和行为有着重要影响。相关研究显示，在我国治官权主要由中央政府、省级政府掌握，包括选拔、任命、考核和奖惩的权力，上级政府运筹帷幄，引导、调控和监督地方党政领导的行政活动（曹正汉，2011）。对于地方政府职能转变来说，一方面，上级党委/政府将地方政府职能转变的任务下达给地方政府，要求地方党政领导负责推进地方政府职能工作，并对进展与成效进行督查，或是鼓励和支持地方党政领导开展政府职能转变的相关试验探索，对取得较好成效的地方党政领导给予嘉奖。另一方面，当上级党委/政府将地方政府职能转变的进展和成效作为地方党政领导奖惩的依据时，地方党政领导有较强的动机推动地方政府职能转变，以创造政绩，进而获得重用和提拔以及为所任职的地方政府争取更多的财政拨款、优惠政策、行政权力等。这与前人的实证研究结果可以互相印证。对地方政府创新推动者升迁的统计分析发现，升迁比例达到66%，其认为这对地方党政领导推动政府创新形成有效激励（陶建武，2015）；对我国30年来行政改革的考察显示，公众需求转换为改革动力、改革意志，进而转化为改革行动和期望效果的转换机制呈现单中心、单一回路的特征；中央高层在转换中发挥着核心作用，公众需求表达具有间接性的特征，需要经历层层上传再自上而下执行落实；对地方党政领导来说，民众对其政绩考核以及提拔晋升缺乏足够的话语权和影响力，也缺乏有力的约束机制要求地方党政领导回应民众诉求，从而导致民众诉求对领导推动缺乏直接影响，需要通过政绩导向进而影响领导推动（周志忍，2010）。学者倪星认为，我国属于典型的压力型体制，自上而下下达任务，并与考核检查、官员奖惩等相配套，以此推动地方政府活动。民众对地方政府活动的参与度较低，政府与民众之间缺乏广泛的交流与沟通，民众评议对政府部门及其工作人员的奖惩缺乏影响；地方政府的合法性主要依赖于政绩合法性，而非民众的认可与接受，导致政绩导向对领导推动的影响力明显高于民众诉求对领导推动的影响力（倪星，2006）。

从触发动力对使能动力的影响来看，领导推动对共识构建、组织协同、过程控制均具有显著的正向影响，影响强度系数分别为 0.932、0.940、0.936。地方党政领导作为地方政府的实际管理者，直接影响地方政府职能转变的相关行动，其影响力相对最高。政绩导向通过领导推动对共识构建、组织协同、过程控制的影响效应分别为 0.352、0.355、0.353。上级党委/政府对地方政府运作有着控制力，间接影响地方政府职能转变的相关行动，具有较强的影响力。有学者认为我国的纵向治理机制采取的是行政发包制。上级政府是发包方，地方政府是承包方，作为承包人的地方政府拥有许多自由裁量权，即有相当大的自主性去实施完成上级的目标、任务，长期沿用的“属地管理”机制也强调辖区内的事件由辖区行政首脑负责，上级政府对地方政府工作绩效主要采取结果导向的验收考核①（周黎安，2014）。在这样的机制下，领导推动对共识构建、组织协同、过程控制的直接影响强，而政绩导向对共识构建、组织协同、过程控制的影响主要是间接的，影响强度比领导推动弱。民众诉求通过政绩导向、领导推动对共识构建、组织协同、过程控制的影响效应分别为 0.093、0.094、0.093。民众诉求对地方政府职能转变相关行动的影响具有间接性和被动性。只有上级党委/政府、地方党政领导体察和回应民众诉求，民众诉求才能影响地方政府职能转变的相关行动（周志忍，2010）。此外，民众诉求表达机制不完善，民众诉求进入政府系统的渠道不通畅，政府对民众诉求缺乏反馈与回应，影响了民众诉求对上级党委/政府、地方党政领导的影响力以及民众表达诉求的积极性。故而，民众诉求对共识构建、组织协同、过程控制属于间接影响，且影响强度远弱于领导推动、政绩导向。

从使能动力对地方政府职能转变的影响来看，共识构建、组织协同、过程控制对地方政府职能转变均具有显著的正向影响，影响强度从大到小的排序为过程控制（0.412）、组织协同（0.317）、共识构建（0.280）。共识构建、组织协同、过程控制对地方政府职能转变具有较强的推动作

① 针对我国的政府纵向治理机制，存在其他的观点，如集权—分权、分割的权威主义、中国式联邦制、职责同构、压力型体制、十字型博弈、轴心辐射等（薛立强、杨书文，2010）。虽然学者的认识存在差异，但基本都认同地方政府具有相当的自主权，地方党政领导是地方政府活动的责任人。

用，其中，过程控制的推动作用相对较强，组织协同次之，共识构建的推动作用相对较弱。地方政府职能转变是一项系统工程，需要一系列互相协同配合的具体行动推进地方政府职能转变，最终成功实现地方政府职能转变。否则，地方政府职能转变仅停留在意愿、计划，得不到落实和实现。在实施过程中，未有效推进各项具体行为，执行不力，也会造成地方政府职能转变的失败。共识构建、组织协同、过程控制对于更快、更好地推进地方政府职能转变、成功实现地方政府职能转变都是不可或缺的。使能动力（共识构建、组织协同、过程控制）对于不同的组织变革来说具有共通性。本章提出研究假设时，已指出前人研究中肯定了共识构建、组织协同、过程控制对组织变革的推动作用。结构方程模型分析的结果证实了共识构建、组织协同、过程控制对地方政府职能转变这一组织变革类型的推动作用，并得出了这三项动力因素对地方政府职能转变的影响强度。

从各项动力因素对地方政府职能转变的总影响效应来看，转型压力、政绩导向、民众诉求、领导推动、共识构建、组织协同、过程控制对地方政府职能转变均具有显著的正向影响，影响强度从大到小的排序为领导推动（0.944）、转型压力（0.441）、过程控制（0.412）、政绩导向（0.356）、组织协同（0.317）、共识构建（0.280）、民众诉求（0.094）。绩效困境对地方政府职能转变具有显著的负向影响，影响强度为 -0.437。领导推动对地方政府职能转变的推动作用最强。政绩导向对地方政府职能转变的推动作用居于第三，民众诉求对地方政府职能转变的推动作用居于末位。在我国当前的地方政府职能转变中，地方党政领导的地位十分重要。长期以来，在我国地方政府管理中，决策、执行、监督等权力往往集中于地方党政领导手中，特别是“一把手”（王连伟，2014）。地方党政领导的意志很大程度上决定了地方政府的工作重心。获得地方党政领导支持的工作，容易得到重视，也容易得到资源支持，进而容易得到推进和落实，取得较好的成效。

我国地方政府职能转变主要是自上而下推动的，是中央政府主导下的有计划组织变革，推动地方政府职能转变的主要力量来自体制内部。近年来，地方政府在政府职能转变方面有很多试验探索，但这些试验探索遵循上级党委/政府的部署与要求，与上级党委/政府的改革导向相一致，同时需要上级党委/政府提供合法性支持以及实践空间。民众诉求对地方政府职能转变存在影响，地方政府职能转变是对民众期待与关切的回应，但由于公民社会发展不成熟、民众与政府的互动与沟通机制不完善、民众对政府活动的了解度和影响力有限，导致民众诉求对地方政府职能转变的影响有限。由此，上级党委/政府的推动作用较强，民众的推动作用较弱。这与前人研究的结论基本一致。相关调查显示，当问及地方政府创新的主要推动者时，58.7%的被调查者认为主要领导干部排在第一位，15.1%认为上级政府排在第一位，14.9%认为广大群众排在第一位。转型压力对地方政府职能转变的推动作用居于第二，绩效困境对地方政府职能转变具有显著的负向影响。转型压力的推动较强，这与前人实证研究的结论相一致（陈雪莲、杨雪冬，2009）。基于浙江省公务员群体的实证调查也显示，经济转型对行政改革影响深刻，90%的公务员认为影响行政改革的因素是由计划经济向市场经济转型（董礼胜，2012）。关于绩效困境的负向影响，前述已经对可能的原因进行了探讨，绩效困境较大的地方政府，改革基础和能力相对较弱，相关主体对改革的认知与行动相对保守。转型压力较大、绩效困境较小的多是发达地区地方政府，而转型压力较小、绩效困境较大的多是落后地区地方政府，转型压力的正向影响与绩效困境的负向影响，现实中会造成发达地区与落后地区之间地方政府职能转变的差距增大。这在已有的研究中也有印证。国内学者对六届“中国地方政府创新奖”获奖项目地区的统计显示，东部地区的创新活跃度呈现上升态势，中西部的创新活跃度呈现下降趋势。过程控制、组织协同、共识构建对地方政府职能转变的推动作用分别居于第三、第五、第六（何增科，2014）。推进地方政府职能转变，不仅是对内外部情境变化的回应以及来自相关主体的推动，还需要过程控制、组织协同、共识构建的推动，才能成功实现转变。使能动力对地方政府职能转变的进展与成效有着重要影响。

综上，可以得出：（1）从情境动力来看，转型压力对地方政府职能转变的推动作用较强，其通过影响触发动力、使能动力，进而影响地方政府职能转变。转型压力越大，上级党委/政府、民众、地方党政领导对地方政府职能转变的推动力度越大，地方政府职能转变的实施进展和成效相对越好。绩效困境对地方政府职能转变缺乏推动作用。绩效困境越大，并不导致上级党委/政府、民众、地方党政领导对地方政府职能转变的推动力度增大。（2）从触发动力来看，政绩导向对地方政府职能转变的推动作用较强，其通过影响领导推动、使能动力进而影响地方政府职能转变。民众诉求对地方政府职能转变的推动作用较弱，其通过影响政绩导向，进而影响领导推动、使能动力，再进而影响地方政府职能转变。领导推动对地方政府职能转变的推动作用强，其通过影响使能动力，进而影响地方政府职能转变。上级党委/政府、民众、地方党政领导都是地方政府职能转变的推动者。其中，地方党政领导的推动作用强，上级党委/政府的推动作用较强，民众的推动作用较弱。（3）从使能动力来看，共识构建、组织协同、过程控制对地方政府职能转变均具有较强的推动作用。加强共识构建、组织协同、过程控制，有助于更快、更好地推进地方政府职能转变。其中，加强过程控制的效果相对较好，组织协同次之，加强共识构建的效果相对较差。

4.6 地方政府职能转变驱动机制的新特征

党的十九大以来，地方政府职能转变的“情境动力—触发动力—使能动力”三元联合驱动机制呈现出新的特征，驱动力不断增强，推动地方政府职能不断优化，助力提升地方政府的绩效水平，更好地匹配经济社会发展的需求，提高人民群众对地方政府的信任与满意度。从情境动力来看，高质量发展引发新的转型压力和绩效困境，导致地方政府现行职能出现新的危机。从触发动力来看，地方政府之间的竞争，依然是政绩导向、领导推动、民众诉求的重要来源，推动地方政府引入新职能模式。从使能动力来看，数字化治理成为推动地方政府新职能模式取代现行职能模式的重要策略与工具。作为地方政府创新与改革的重要领域，深刻影响地方政府职能转变的共识构建、组织协同和过程控制。高质量发展、政府间竞争、数字化治理三者互相关联、彼此促进，成为新发展阶段驱动地方政府职能的关键动能，是地方政府职能转变三元联合驱动机制框架中的新变量。在未来一段时间内，也将是考察和把握地方政府职能转变驱动力的重要参数。

4.6.1 高质量发展

党的十九大报告指出，“我国经济已由高速增长阶段转向高质量发展阶段，正处在转变发展方式、优化经济结构、转换增长动力的攻关期，建设现代化经济体系是跨越关口的迫切要求和我国发展的战略目标。”高质量发展意味着我国经济进入了新的发展阶段。究其原因，一是全球化过程中中美经济互补性不可持续；二是 30 年来高速增长的粗放型发展模式难以依靠凯恩斯主义来维系（段文斌、张文、刘大勇，2018）。当前，我国经济体量已跃居世界第二，GDP 已破百万亿元，人均 GDP 已超过 1 万美元。在此背景下，经济发展的重点不仅仅再是量的增长，而是质的调整与优化。

党的十九大报告提出，“新时代我国社会主要矛盾已经转化为人民日益增长的美好生活需要和不平衡不充分的发展之间的矛盾”。具体来说，高质量发展要求实现产业结构的转型升级、产业体系的现代化、新旧动能的转换，从劳动密集型产业转向知识密集型、技术密集型、资本密集型产业，依靠技术进步与效率驱动推动经济增长，而非依靠劳动力、资源等要素资源的投入，从而进一步地推动经济的持续健康增长，提高在全球价值链体系中的地位，提升国际竞争力与影响力，并且要解决发展不平衡问题，缩小区域、城乡之间的发展差距，有效推动中西部欠发达地区、乡村地区的经济发展，优化经济发展的空间布局，从整体上实现优势互补、协同发展，避免重复建设以及发展差距的拉大。此外，还要推动经济建设更好地服务于社会发展，经济发展能为人民群众带来更多的幸福感和获得感，促进和满足需求端的消费升级，从而实现共同富裕的根本性目标。从国际经验来看，发达国家也经历了类似的发展阶段调整，并且充满挑战与风险。在当前全球经济持续低迷、国家间贸易摩擦不断的新形势下，促进高质量发展的阶段性转换不仅是我国经济发展的客观现实与需要，也是社会主义现代化强国建设的重大战略，并且是构建竞争优势、跨越中等收入门槛、提高国际地位的重要路径。

2018 年以来，高质量发展成为热词，延伸到多个相关领域，成为新发展阶段的特征乃至目标。高质量发展，是以满足人民日益增长的美好生活需要为目标的高效率、公平和绿色可持续的发展（张军扩、侯永志、刘培林等，2019）。在经济领域内部，高质量发展涉及具体产业、地区、企业等的高质量发展。除经济高质量发展以外，公共服务、文化、教育、政府治理、生态环境等高质量发展也受到越来越多的关注与重视。与此同时，政府在高质量发展中有着十分重要的地位。一方面，高质量的政府治理是高质量发展的重要组成部分。高质量发展是经济、社会等方方面面的高质量，这当然包括了政府治理的高质量。政府是经济社会体系的关键性主体，高质量发展不能缺失政府治理的高质量。另一方面，高质量的政府工作是高质量发展的重要推动力。

首先，政府要转变理念，对高质量发展的要求、特点与部署有充分和准确的认识，在思想和行动上保持统一，贯彻落实党中央、国务院的重大决策。各级政府要把推动高质量发展作为重点工作任务，加快完善相关体制机制，推动高质量发展不断取得新进展。其次，政府要推动供给侧结构性改革、双循环发展、乡村振兴、区域协调发展、文化建设、环境保护、对外开放等具体领域的工作，为推动高质量发展提供强大助力与坚实保障。经济社会高质量发展离不开政府在具体领域发挥关键性的引领、推动与规范作用。但政府并不必然是高质量发展的推动力，甚至有可能成为高质量发展的阻力，关键在于政府的干预是否合理、有效，是否能真正促进高质量发展。相关研究发现，中国政府干预促进经济高质量发展，且对本地区溢出效应为正；东、中部地区政府干预抑制相邻地区经济高质量发展，东北地区政府干预促进本地区经济高质量发展（王桂梅、赵喜仓、罗雨森，2020）。党的十九大以来，高质量发展成为各级政府的重点工作，出台了一系列的政策措施，促进高质量发展。以浙江省为例，《浙江省人民政府关于全面加快科技创新推动高质量发展的若干意见》《关于以新发展理念引领制造业高质量发展的若干意见》《浙江省深入实施促进经济高质量发展“凤凰行动”计划（2021—2025 年）》等相关政策，既涵盖全局，也有针对具体领域的部署。政府已成为高质量发展的重要推动力，尤其地方政府在推动高质量发展方面做了诸多探索创新，致力于解决各种影响高质量发展的桎梏因素，为高质量发展提供有力的支持与保障。

高质量发展带来新的转型压力和绩效困境，这要求地方政府转变职能，提高总体运行绩效，更好地匹配经济社会高质量发展的需求，更好地回应人民群众的要求与期待。

从转型压力来看，地方政府职能转变的主要驱动力主要涉及市场化、现代化、国际化三个维度，高质量发展对这三个维度均有突出影响。高质量发展要求更充分地发挥市场在资源配置的决定性作用，推动经济社会体系的现代化，提高对外开放水平。“十四五”规划指出，“以推动高质量发展为主题，以深化供给侧结构性改革为主线，以改革创新为根本动力，以满足人民日益增长的美好生活需要为根本目的，统筹发展和安全，加快建设现代化经济体系，加快构建以国内大循环为主体、国内国际双循环相互促进的新发展格局，推进国家治理体系和治理能力现代化，实现经济行稳致远、社会安定和谐，为全面建设社会主义现代化国家开好局、起好步”。高质量发展是前一阶段经济、社会转型的新发展，是更深层次、更高水平的经济、社会转型。故而高质量发展对地方政府职能转变带来新的、更大的转型压力，驱动地方政府调整和优化职能内容以及履职方式。例如，高质量发展要求推动供给侧结构性改革，相应地在地方政府职能领域要求更好地实施宏观调控，调整政府与市场的关系，深化简政放权改革，优化产业政策，激发市场活力和消费潜力等；要求更好地满足人民日益增长美好生活需要，相应地在地方政府职能领域要求优化社会政策，加强民生领域投入，创新公共服务供给方式，提高公共服务质量，推动实现共同富裕等。这些均是地方政府职能转变的主要任务，既有前一阶段地方政府职能转变的延续性，也有一些新的情况，对地方政府职能转变提出了更高的要求。

从绩效困境来看，地方政府职能转变的绩效困境涉及财政、管理、信任等多个维度，包括财政危机、效率低下、民众对政府的不满等。在高质量发展的情境下，这些绩效困境若得不到破解，将严重阻碍区域经济社会的高质量发展。同时，由于高质量发展对地方政府履行职能提出了更高的要求，故而也产生了一些新的绩效困境，比如应对高质量发展中的一些风险因素，包括可能出现的“黑天鹅”“灰犀牛”，这要求地方政府提升治理效能和风险防控能力。面对高质量发展情境下凸显的绩效困境，地方政府职能需要加快转变职能，解决绩效困境，提升总体绩效水平。2019 年起，浙江出台施行《浙江省保障“最多跑一次”改革规定》，对商事登记、企业投资项目、事中事后监管、数据共享等都作了明确的规定。浙江的“最多跑一次”改革，涉及职能内容、职能方式的调整，即是应对和解决绩效困境的一次成功的探索创新。

高质量发展正在不断推进，为地方政府职能转变带来持续性的驱动力。地方政府要实现治理的高质量，加快推进职能转变是重要任务和关键性抓手。这是一个动态的、不断调试和匹配的过程，地方政府要通过职能转变，适应和支持经济社会的高质量发展。对于地方政府来说，尚无标准化的模式和路径，需要根据区域发展的实际情况，开展探索创新，构建适应和支持高质量发展的职能体系，推动治理体系和治理能力现代化。

4.6.2 政府间竞争

政府间竞争一直是我国地方政府推动创新与改革、促进经济发展的重要驱动要素，是解释中国地方政府行为的重要视角。实践中，政府间竞争既有积极的意义，促进了区域经济社会的发展，特别是推动了区域经济的快速增长，也出现地方保护主义、重复建设、政绩工程、环境污染等因恶性竞争带来的负面影响。已有关于地方政府间竞争的理论有三大观点，包括“传统联邦主义”“市场保护型联邦主义”“为增长而竞争”（郭栋、胡业飞，2019）。对于我国地方政府竞争问题，“为增长而竞争”是相对最具解释力的理论视角。地方官员的晋升锦标赛模式是经济增长的重要根源。中央政府与地方政府之间存在委托代理关系，中央政府掌握人事权（包括晋升、任免等），地方政府拥有行政权力和自由处置权。通过引入地方政府之间的竞争机制以及相应的激励制度，可以有效激励地方官员为获得晋升机会而致力推动区域经济增长（周黎安，2007）。地方官员是影响地方政府的关键性主体，其动机与行为直接影响地方政府如何开展经济建设、社会管理等，进而影响区域经济社会的发展。近年来，政府间竞争呈现出一些新的特征。政府间竞争依然存在，也依然是地方经济社会发展的重要驱动要素，地方官员依然存在晋升激励而努力地干出政绩。但是在新常态下，激励目标面临调整，从“为增长而竞争”转变为“为发展而竞争”（崔兵、邱少春，2017）。这意味着政绩不仅仅源于经济的增长，要彻底破除唯 GDP 的竞争。地方政府在竞争中有着多元化的目标，既包括经济增长，也涵盖社会、文化、生态环境等多元领域的目标，要更好地回应民众的要求与期待，不能因重视某一领域的发展而损害其他领域的建设。

当前，政府间竞争呈现愈加激烈的态势。可以看到，越来越多的指标衡量地方政府的绩效，涉及政治、经济、社会、文化、生态环境等各个方面。地方政府的竞争优势也可以体现在具体的某个特定领域，比如行政审批、公共服务、技术创新、生态保护等，而不仅仅是区域的经济发展水平。以营商环境这一政府竞争的特定领域为例，世界银行的《营商环境报告》，粤港澳大湾区研究院、21 世纪经济研究院联合发布《地级及以上城市营商环境报告》，中国战略文化促进会、第一财经研究院等智库联合发布的《全国经济总量前 100 城市营商环境指数排名》等排名体系，都对区域营商环境进行了测度与比较。《中国营商环境报告 2020》梳理了地方政府优化营商环境的实践，包括天津市的“一制三化”改革、山西省的企业投资项目承诺制改革、浙江省的“最多跑一次”改革、江苏省的税务“掌上职能注销套餐”、广东省的“智能无人秒批”改革及“用地清单制”改革、海南省的“海南 e 登记”平台等。为取得营商环境方面的相对优势，地方政府采取了诸多创新性的改革措施，也借鉴和吸收其他地方的成功经验做法，推动自身的营商环境的优化。

再如人才培育与引进领域的竞争，地方政府出台了大量的人才政策，激励本地区人才培育与引进，既包括直接的补贴与奖励，也涉及落户、买房、医疗、教育等多个领域的优惠。人才在区域发展中的地位越来越重要，优质的人才政策能够提升区域对于人才的吸引力。地方政府为促进本区域发展，构筑竞争优势，纷纷出台人才领域的优惠政策，形成人才政策领域的政府间竞争。

除了营商环境、人才政策，政府间产生竞争关系的领域还有很多。良性的政府间竞争有利于经济社会的发展。东部沿海发达地区、一线城市之间互相竞争，保持和提升已有的竞争优势；相对欠发达地区通过竞争致力赶超，提高经济社会整体发展水平。当然，除了政府间竞争外，也看到政府间的合作也越来越普遍与紧密。一是以地理相邻为纽带，打造区域性的协同化、一体化发展。“十四五”规划提出，“优化提升京津冀、长江三角洲、珠江三角洲、成渝、长江中游等城市群，发展壮大山东半岛、粤闽浙沿海、中原、关中平原、北部湾等城市群，培育发展哈长、辽中南、山西中部、黔中、滇中、呼包鄂榆、兰州—西宁、宁夏沿黄、天山北坡等城市群”。二是对口支援与合作，相对发达地区通过招商引资、产业振兴等途径，对欠发达地区实施援助。

如何在地方政府间竞争中取得优势，关键是政府要更好地发挥推动经济社会发展的角色；依托政府营造的管理服务优势、制度环境优势，构筑经济社会发展新格局。一方面，要发现和解决现有政府工作的不足与问题，改变各种效率低下、不当干预等做法，提高工作效能；另一方面，要积极开展探索创新，引入一些新的、有效的做法。而这均与地方政府职能转变相关，通过转变职能内容、职能方式等，有助于提高政府绩效。由此，政府间竞争尤其是其中领导的推动是地方政府职能转变的触发动力。

除领导推动外，政府竞争也影响政绩导向、民众诉求两大主要的触发动力。从政绩导向来看，中央政府鼓励地方政府开展政府职能转变领域的改革与创新，给予政策等多方面支持。比如近年来各领域的试点示范项目，在推动地方政府改革与创新方面发挥着重要作用。试点示范项目争取本身即带有竞争性，地方政府的申报、争取、跨区域协作以及项目绩效的对比考核，都是地方官员政绩的体现。从民众诉求来看，由于各地方政府间竞争的存在，不同地方政府的管理服务水平存在差异，高绩效的地方政府促使民众持有更高的评判标准，进而对所在地地方政府治理效果乃至政府职能转变提出了更高的要求。以行政审批为例，在各地纷纷压缩审批时间、简化审批流程的背景下，民众自然要求所在地地方政府也推动行政审批领域的改革，实现行政审批的便利化。

政府间竞争影响领导推动、政绩导向、民众诉求这三大触发动力，是地方政府职能转变的关键影响因素，在当前和今后都将发挥重要的驱动作用，但是也要注意政府间竞争可能存在的负面影响。有研究表明，适度的地方政府竞争有利于区域经济协调发展，而过度的竞争可能产生不利影响（罗富政、罗能生，2019）。政府职能转变根本目标是提升政府绩效，更好地促进区域经济社会发展，不能异化为某种工具、手段，或是损害我国经济社会总体的健康发展。

4.6.3 数字化治理

当前，数字化深刻影响着经济、社会等各方面，政府也在积极推进数字化转型，特别是2020年以来的新型冠状病毒疫情更是加速了数字化转型进程。党的十九届四中全会强调，“建立健全运用互联网、大数据、人工智能等技术手段进行行政管理的制度规则。推进数字政府建设，加强数据有序共享，依法保护个人信息”。“十四五”规划明确提出，“加强数字社会、数字政府建设，提升公共服务、社会治理等数字化智能化水平”。政府的数字化转型已从电子政务阶段迈入数字政府建设的新阶段。目前，对数字政府尚无统一界定，但总体来看，数字政府是指政府引入数字化治理的理念、思维、技术、工具等，特别是应用大数据、人工智能、云计算、物联网、区块链等新一代数字技术，实现政府运作体系再造、效能提升、整体智治，更有效地推动经济社会高质量发展。数字政府的建设目标，包括网络基础设施由“人人互联”逐步走向“万物智联”，政府运作由分散化、科层化、手工化逐步走向整体化、扁平化、智能化，政府治理由部门封闭化、单一化逐步走向开放化、协同化，公共服务供给从以机构为中心逐步走向以市民为中心等（王伟玲，2019）。

从国外来看，美国、英国、德国、澳大利亚等西方国家近年来纷纷推进数字政府建设战略。在我国，从中央到地方也都高度重视数字政府建设，据此提高政府管理服务效能；北京、上海、浙江、广东等地方政府在数字政府方面已探索形成行之有效的经验做法，在实践中取得了良好的成效。日本早稻田大学数字政府研究中心发布《第 15 届国际数字政府评估排名报告》[①]。2021 年 2 月，浙江省出台《浙江省数字化改革总体方案》，明确指出未来五年内浙江将以数字化改革撬动各领域各方面改革，运用数字化技术、数字化思维、数字化认知对省域治理的体制机制、组织架构、方式流程、手段工具进行全方位系统性重塑，推动各地各部门流程再造、数字赋能、高效协同、整体智治，整体推动质量变革、效率变革、动力变革，高水平推进省域治理体系和治理能力现代化，争创社会主义现代化先行省。

数字化治理与地方政府职能转变密切相关。一方面，经济社会的数字化转型要求地方政府转变职能内容和履职方式，更好地匹配数字化时代对地方政府职能的要求；采取数字化、智能化的手段和工具，应对数字化时代对政府管理服务的需求。数字化时代的政府职能体现在数字技术研究与发展的推动者和整合者，指导计划的规划者与投资者，网络安全规范和网络伦理的维护者，隐私权和知识产权的保护者，方便、公正、平等接触数字服务的维护者，数字技术的应用者，数字社会转型的推动者等七方面的角色和功能（张成福、谢侃侃，2020）。另一方面，数字化治理为地方政府转变职能提供了变革的手段与工具，对地方政府管理与服务的理念与方式产生着巨大影响。数字化治理不仅是数字技术的应用，也是理念、流程、机制等多方面、全方位的变革。例如，可对行政审批流程进行数字化再造和变革，实现行政审批的线上便利化办理，提高行政审批的效率和满意度；可应用大数据、人工智能等技术辅助地方政府决策，提高决策的科

---

① 该报告所采用的指标体系，涵盖网络基础设施、管理优化/效率、在线服务、国家门户、政府首席信息官、电子参与/数字融合、开放政府、网络安全与新兴信息通信技术的使用等多个方面。

学性和有效性。

当前，数字化治理对地方政府职能转变的驱动作用主要源于对使能动力的影响，在共识构建、组织协同、过程控制等方面都发挥着重要作用。

从共识构建来看，基于数字化治理的地方政府职能转变成效是快速且显著的，这容易使相关政府人员形成改革共识，从而获得较高的接受度和认同感。比如浙江省推进的党政机关整体智治系统，打造全局“一屏掌控”、政令“一键智达”、执行“一贯到底”、服务“一网通办”、监督“一览无余”等数字化系统工作场景。数字系统的应用将直接改变党政机关人员的工作方式，显著提高工作效率，从而在实施的过程中不断构建共识、获得认同。此外，地方政府的数字化转型也有利于各种信息在地方政府内部不同部门、不同人员之间的流转，改革与创新的理念原则、决策部署可基于内部数字化平台和系统及时地传递给相关政府人员，促进相关政府人员对地方政府职能转变相关创新与改革的了解，也有助于提高认同度。

从组织协同来看，数字化治理有助实现地方政府内部不同部门之间数据共享、互联互通，进而有利于地方政府职能转变过程中各个部门间的协同与配合。地方政府职能转变的组织协同涉及结构与流程、资源配置、人力资源管理、信息系统等多个方面，需要多个部门、大量的人员互相配合、彼此支持，数字化治理有助于地方政府职能转变具体工作的协调配合。例如，通过构建一站式的数字化管理服务平台，可以集成相关部门的职能，梳理和优化业务流程，更好地配置相关资源，基于人工智能、大数据分析等为相关工作人员提供智能化辅助，从而实现履职方式的创新与改革，提升管理和服务绩效。

从过程控制来看，数字化治理有助于更好地掌握地方政府职能转变的进程，及时发现过程中出现的问题，进行有针对性地调整与优化，最终实现职能转变。地方政府职能转变是一个从愿景、计划、沟通、变革、巩固到制度化的过程，需要对过程进行有效的跟踪，纠正出现的偏差，保证政府职能转变实现预期的目标；通过汇集不同渠道的相关数据资源，准确且实时了解特定的创新改革项目的进展情况、取得成效以及相关人员的反馈信息等，进而发现当前存在的问题并提供进一步推动创新与改革的有效措施，有助于地方政府职能转变目标的达成。

第 5 章

地方政府职能转变绩效的实证测评及影响机理研究

5.1 地方政府职能转变绩效及影响机理——基于 CAF 的理论分析

5.1.1　地方政府职能转变绩效

1. 地方政府职能转变绩效的内涵界定

对于绩效的理解，学术界并未形成统一的认识。通过梳理文献，本书基本形成了面向过程的行为观、面向结果的结果观和将两者结合在一起的综合观等 3 类代表性观点（见表 5 – 1）。

表 5 – 1　绩效的代表性观点

类别	观点	文献依据
行为观	聚焦组织及其成员的日常行为或行动，以对其行为行动变动性的测量，考察与设定的绩效目标的匹配程度	Campbell et al.（1992）

续表

类别	观点	文献依据
结果观	聚焦组织及其成员的行为结果，通过对上述对象行为结果的评判考察绩效目标的完成情况	Yuchtman et al. （1967）
综合观	上述两种观点的有机整合，既考察组织及其成员的行为过程，也考虑行为带来的结果，两者共同对组织绩效评判发挥作用	Brumbrach（1988）

绩效这一概念同样适用于公共管理领域，用绩效的理念考核政府，就产生了政府绩效。与绩效类似，学术界对政府绩效的概念和理解也尚未达成一致意见，但综合来看，基本对政府绩效的特征达成了部分共识，即具有结果性、时效性和社会性（见表5－2）。

表5－2　政府绩效的特征

特征	内涵	文献依据
结果性	反映了政府运行业绩中扣除运作成本后的盈余情况，以公共利益最大化作为运行目标	臧乃康（2001）
时效性	政府绩效的测评应当考虑时间因素，反映了地方政府在某一特定时段内的运行业绩	吴建南等（2006）
社会性	政府绩效不仅需考虑政府本身产出与业绩，还应考虑这些业绩对外部环境的影响以及环境对政府自身的反作用	吴建南等（2004）

政府职能转变绩效是政府绩效的重要组成部分。地方政府职能转变绩效的意义在于推动地方政府在职能转变过程中相关公共产出的最大化，而且要考虑其时效性，即地方政府职能转变绩效是对地方政府一段时期内行为或结果的反映。与此同时，由于政府并非孤立存在，地方政府职能转变绩效不仅涉及政府在职能转变过程中自身行为与产出，还包括由于这一行为对所处制度环境的影响改变以及制度环境对政府的反馈响应，这意味着职能转变过程中所产生的自身业绩和社会影响性都应被考虑在内。

基于上述分析并参考作者前期相关成果，将地方政府职能转变绩效定义为：一段时期内由职能转变引起的地方政府自身运行过程的改善情况以及对外部环境适应性的提升程度。

2. 地方政府职能转变绩效的维度划分

包括政府职能转变在内的地方政府变革可看作是制度性政策（Institutional Policy）的一种特殊表现形式，对其绩效的评估更加依赖日益复杂的理论分析框架（Pollitt & Bouckaert，2008）。地方政府职能转变绩效的维度可从对绩效结构的研究中寻找参考和借鉴。“任务绩效—周边绩效”模型是目前绩效结构研究普遍采用的模型，有助于深入分析绩效的结构和相互间因果联系。任务绩效（Task Performance）反映了一定时期内，个体或组织依据明确的工作准则、通过直接的工作活动而为目标达成所做的贡献，周边绩效（Contextual Performance）则是指个体或组织不依据明确的工作准则或通过直接的工作活动，而是借助组织的社会或心理背景所作的贡献（Borman & Motowidlo，1997）。一般认为，周边绩效的改善同时可带来任务绩效及组织整体有效性的提升。

“任务绩效—周边绩效”模型甫一提出便引起学界广泛关注。尽管仍有研究质疑任务绩效与周边绩效结构的独立性（Stone - Romero，Alvarez & Thompson，2009），但大量证据显示，周边绩效确实独立存在。基于验证性因子分析的来自中国文化背景的研究也验证了任务绩效与周边绩效的存在性与独立性，两者具有不同构面（Construct Domain）（王辉、李晓轩、罗胜强，2003；方来坛、时勘、张风华等，2011）。

那么，这一划分标准在公共管理领域是否同样适用？对绩效及政府绩效概念进行系统梳理并进行德尔菲法分析后的结果显示，无论哪种类型的政府绩效，都存在任务绩效和周边绩效两个方面（尚虎平、李逸舒，2011）。政府的任务绩效主要体现为与政府治理工作直接相关的任务，周边绩效则与政府形象、生态环境、公众满意度等一系列因素相关。接下来，与政府绩效密切相关的地方政府职能转变绩效，又将如何分析？

在与政府职能转变类似的政府变革领域，部分学者已进行了研究。Sabine Kuhlmann（2009）认为，对德国地方政府变革绩效的分析应考虑 3 方面内容：（1）“政治—行政”系统内部的变革（即机构评估）。（2）机构变革对公共行政过程、效率、绩效产生的影响（即影响评估或绩效评估）。（3）“政治—行政”系统以外产生的更加深远的影响（即结果评估）。在这一研究中，机构评估和影响评估可划归为“任务绩效”维度，结果评估则属于“周边绩效”。

本书基于对地方政府职能转变绩效的定义，将“地方政府自身运行经济性、效果性、效率性、公正性的改善情况”界定为地方政府职能转变的内部优化绩效（任务绩效），反映职能转变过程中地方政府自身运行状况的变动，包括经济绩效和政治绩效（Kuhlmann，2009）：（1）经济层面。一是输入端（如成本节约、人员降低），涉及地方政府职能转变绩效经济性、效率性的改善；二是输出端（如公共服务供给有效性和质量），涉及地方政府职能转变绩效效率性、效果性的改善（Pollitt & Bouckaert，2008；Wollmann，2012）。（2）政治层面。一是政治问责、民主监督变动情况，体现在公民和民选议员能否以及如何影响政治决策和行政行为（Pollitt & Bouckaert，2008；Wollmann，2012）；二是政府协调能力（steering capacities）的变动情况（Kuhlmann，2009），涉及地方政府内部流程机制运行以及上下级、跨部门机构协调能力的变动情况。

将“地方政府对外部环境适应性的提升程度”界定为地方政府职能转变的社会适应绩效（周边绩效），反映地方政府在职能转变过程中为适应外部环境变化而采取的积极行动，主要涉及政府与市场、政府与社会的关系：（1）政府与市场的关系，反映政府从微观经济领域退出的程度和宏观调控方式转变的程度，涉及市场分配经济资源的比重、政府对企业的干预、企业的税外负担等（樊纲、王小鲁、朱恒鹏，2011）。（2）政府与社会的关系，包括政府为社会组织发展所创造的环境，社会组织的规模、活力、管理规范性以及政府对社会组织的管理水平与维护社会秩序之间的平衡等问题，反映了两者的合作绩效（周伟、练磊，2014；史传林，2014）。

5.1.2 地方政府职能转变绩效影响因素

1. 地方政府职能转变绩效影响因素的理论基础

从对地方政府职能转变绩效的定义中可以看出，绩效的生成与变动不仅取决于职能转变过程中政府自身的运营结果，包括政府内部高层领导、基层公务员的行为表现，而且还反映了地方政府对外部环境适应性的提升程度，涉及政府与市场、社会的关系。可以说，对地方政府职能转变绩效的评价涉及政府、企业、非营利组织、社区、公众等各类群体的利益。作为公民间的契约产物，政府本质上是为公民和社会共同利益服务的组织，因此地方政府在职能转变过程中不应仅仅追求特定主体的利益，必须综合考虑各类参与主体的利益诉求，这也就涉及“利益相关者”问题。

利益相关者理论最早可追溯至 Edith Penrose 的观点——企业是人力资本和人际关系的集合（Penrose，1995）。在“利益相关者”这一概念界定上，较为经典的是 R. Edward Freeman 的观点，即“任何能够影响企业组织目标实现或受这种实现影响的个人或群体”（Freeman，2010）。由于这一理论适应了企业管理实践及社会伦理观发展，开始逐渐受到学术界、业界的关注（李维安、王世权，2007）。而与之前传统的股东至上主义不同，利益相关者理论认为企业不应仅仅追求股东的权益，应当综合考虑企业目标实现过程中受其影响的所有个人和组织，满足相关各方的整体性利益。利益相关者与企业的生存发展密切相关，他们有的分担了企业的经营风险，有的为企业的经营活动付出了代价，有的对企业进行监督和制约，企业的经营决策必须考虑他们的利益或接受他们的约束。从这个意义讲，企业是一种智力和管理专业化投资的制度安排，企业的生存发展依赖于对各利益相关者利益诉求的回应的质量，而不仅仅取决于股东。

那么，从利益相关者理论出发，如何分析政府部门的绩效与变革？以平衡计分卡（The Balance Score Card，简称 BSC）（Kaplan & Norton，1992）为代表的绩效评估模型的广泛应用，标志着以利益相关主体价值最大化为导向的绩效测评系统的发展与成熟。在平衡计分卡的基础上，Andy Neely、Chris Adams 和 Mike Kennerley 基于利益相关者理论联合开发了绩效棱柱模型（The Performance Prism），借用三棱柱的 5 个面形象概括出与组织绩效有关的核心要素，包括利益相关主体贡献度、利益相关主体满意度、组织战略、业务流程和组织能力（Neely，Adams & Kennerley，2002）。与 BSC 相比，绩效棱柱模型不再仅仅关注“顾客”这一主体的利害关系，将范围扩大至与组织发展相关的所有利益主体；既强调利益相关主体对组织发展的贡献，又测量了它们对组织发展的满意程度（见图 5－1）。

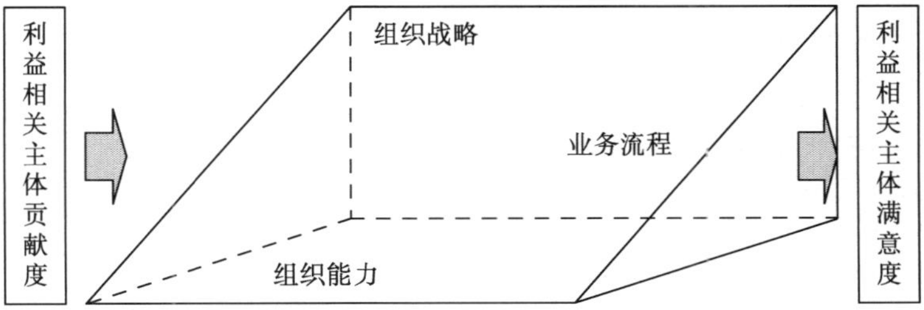

图 5－1　绩效棱柱模型（Neely，Adams & Kennerley，2002）

绩效棱柱模型认为，如果组织想将真正的价值传送给利益相关者，组织的战略、流程及能力必须整合。模型设计基于如下思路：组织利益相关者是谁，它们对组织的需求、期望有哪些，组织需要它们作出怎样的贡献；为保证实现分配给利益相关者的价值，必须制定切实可行的战略规划，制定符合组织需求的业务流程，为战略规划的落实提供既有效果又有效率的工具。适当的人力、良好的实践、领先的技术和物质基础结构的综合，决定了组织能够拥有良好的资源管理能力，保障流程顺利执行（见表5-3）。

表5-3 绩效棱柱模型各维度定义

维度	定义
利益相关主体贡献度	为了培育和发展组织能力，我们需要利益相关主体为我们作出怎样的贡献？
利益相关主体满意度	我们关键的利益相关主体是谁？他们需要从这里得到什么？
组织战略	为了满足利益相关主体的需要，我们应该采取怎样的策略？
业务流程	我们需要怎样的关键业务流程来实现组织战略？
组织能力	我们需要具备怎样的能力才能开展和改善组织业务流程？

绩效棱柱模型认为，绩效管理过程除关注事后评估外，事前规划、事中控制同样重要，有必要将绩效测评放在一个理论体系内考察；强调组织战略、流程、能力的匹配以及各利益相关者间的利益协调。绩效棱柱模型基于全过程视角，相应地绩效的影响因素可归纳为4类，即组织战略、业务流程、组织能力及利益相关者。因此，基于绩效棱柱模型分析地方政府职能转变绩效的影响因素，一方面要注重战略、流程、能力的匹配，其中战略负责为地方政府职能转变提供战略规划，能力决定了地方政府职能转变过程中资源利用水平高低，而流程则是将战略、能力转换为绩效的关键途径；另一方面，职能转变过程中人的作用也不可忽视，涉及高层领导、基层公务员、社会公众等多类利益相关主体。

此外，在一般组织中，变革绩效与组织层级针对性优化程度密切相关。而在公共部门特别是政府部门中，科层制层级并不会随外部环境和内在需求的变动发生根本性变革，这与能随市场环境和内在需求变动灵活作出适应性反应的私营组织有着很大不同。特别是多位学者已经指出，公共管理者在变革过程中是趋于保守谨慎的（Thompson，2000；Moon & DeLeon，2001），体制变迁过程中的路径依赖现象会增大变革阻力（Stark，1992；魏淑艳、英明，2015）。因此在分析地方政府职能转变绩效影响因素过程中，除愿景、战略、资源、人员、价值观等因素外，还应关注那些有助于打破路径依赖和组织惯性的力量，包括政府高层领导就职能转变愿景、战略、价值观等为政府部门指明方向而做出的努力，以及职能转变过程中利益相关者间的利益协调情况等。

2. 地方政府职能转变绩效影响因素的维度划分

（1）领导力。对领导力的最初研究始于 20 世纪 80 年代的企业管理领域，随着领导力角色作用的不断加强，其在公共管理领域的研究愈发为学术界所重视。公共管理领域的领导力研究则侧重于公共部门领导力及其社会责任。对于领导力的理解，学术界并未形成统一的认识，但通过梳理文献可看出仍然达成了一系列共识（见表 5 -4）。

表 5 -4　　领导力的特征

特征	观点	文献依据
愿景创造	领导力的作用在于创造一套将顾客期望与现实实践相结合的愿景，并通过愿景借助领导力实现对组织成员的激励，强调愿景在组织目标实现过程中的重要作用	Westley et al.（1989）
战略拟定	在建立的愿景基础上，通过强有力的组织领导力进一步细化阐述，形成明确可执行的战略，经由组织内的战略宣传及互动，增强组织成员的认同感、参与度和协同性，为组织目标的达成提供制度保障	Wright et al.（1998）
员工激励	员工心理波动将导致外在行为变动，适时地鼓励与激励有助于员工工作潜力的充分发挥，通过充分授权、树立榜样等调动员工积极性，为员工厘清工作期望及成长路径	Wright et al.（1998）

在美国管理协会结合中国现实提出的中国领导力模型中，管理运营、战略规划、发展能力和凝聚人心是领导力不可或缺的 4 个维度。管理运营强调管理者有能力开展计划、组织、指挥、协调、控制等工作，及时跟踪

管理实践并提出改进建议，在职能转变领域，要求地方政府高层领导重视职能转变推进情况。战略规划要求领导者必须具备战略思维，有根据外部环境变化及时做出变革的决心，这就要求领导洞悉政府职能转变的最新趋势及现实意义，注重阐释职能转变意义。发展能力是指了解管理实践对个人及下属的能力要求，安排合适的人从事合适的工作，通过合理授权充分发挥人的主观能动性，这要求领导在职能转变中善于发挥下属特长。凝聚人心要求领导需有宽容之心，能够接受并尊重他人的意见，统筹运用本部门所掌握的资源，通过有效的协商实现共赢，即领导善于协调职能转变中各方利益诉求。

综上所述，本书将地方政府职能转变中的领导力定义为：地方政府领导在职能转变过程中管理运营、战略规划、发展能力、凝聚人心等方面表现出的能力，从而确保地方政府顺利实现职能转变的目标。

（2）愿景与战略。公共组织建立的目的主要是满足社会需求和社会期望，其行为应表现出社会责任感，以实现国家、地方经济、政治、社会、文化等方面的可持续发展作为存在的意义。组织的愿景与战略对组织运营的产出（产品和服务）和结果（影响）有决定性影响，是公共组织实现建立目的、满足存在意义的重要手段。对企业的分析发现，高层管理者如想推动企业变革，应当制定、阐明能够激发热情并有助于成员共享的愿景（Bennis & Nanus，2012），而高效的领导力能够帮助组织中的领导者制订明确、服众的愿景与战略，在组织内部充分沟通的基础上，有助于激发组织创新、提升资源利用效率、改善组织承诺（Nutt & Backoff，1997）。

鉴于政府职能转变目标的复杂性、多样性，其实现首先应通过对地方政府职能转变愿景与战略的清晰完整表达进行。这要求公共组织高层的决策和战略重点应聚焦于确保产出、结果以及实现这些目标的手段的科学性合理性。地方政府职能转变的愿景与战略应当充分反映职能转变过程中各利益相关者的现实需求，能够根据环境变动不断调整完善，并有能力确保职能转变目标实现。政府部门的领导者通过向基层公务员和社会公众描述职能转变的愿景，制订职能转变的实施策略，并引导政府内部成员通过一定方式去实现。

因此，地方政府职能转变的愿景与战略是地方政府实现职能转变目标的手段。职能转变行为是否高效，职能转变绩效的高低，都可通过对愿景与战略的评估间接反映。

（3）公务员队伍建设。员工是组织最重要的资产。社会系统学派代表人物巴纳德认为，从组织最核心、最基本的组成单元—“人”—的角度分析，组织运转需满足3个基本要素：一个共同的目标、能够相互交流的人以及这些人愿意且有能力作出贡献（李瑛、杜逢明，2010）。组织变革的难点在于如何使基层员工在变革过程中对组织产生认同并全力投入，关键在于组织必须在个人和集体层面管理、开发、释放基层员工的个人能力和潜力，这是支持愿景与战略及业务流程有效运行的关键（European CAF Resource Centre，2020）。

任何组织的业绩很大程度上取决于组织成员能力和潜力的发挥，而员工个人能力和潜力的发挥又与其自身素质密切相关，因此员工个人素质最终影响了组织绩效。在政府部门，无论是提供公共产品和服务，还是设计、执行政府运作流程，都需要公务员的参与；由于公务员是政府与外界沟通联系的窗口，公民对政府绩效评价高低，某种程度上即是对政府各职能部门公务员工作态度和业务能力的认同程度（吴建南、陈妮，2006）。对政府公务员来说，必须树立为人民服务的意识，只有真正为人民办实事、办好事，才能显著提升公民对地方政府职能转变实现效果的满意度；如果缺失公务员这一运作主体或公务员自身素质、能力潜力达不到职能转变现实需求，政府职能转变的愿景与战略的实现就将大打折扣。而将公务员队伍建设与地方政府职能转变愿景与战略结合，有助于政府领导者从更高的战略高度判断政府职能转变进度，充分发挥领导者对政府运作的指导引领作用，进而将高层领导对地方政府职能转变的重视以及对愿景与战略的理解有效传达给基层公务员，帮助后者更新工作观念、优化服务理念，更好地完成本职工作。

因此，必须加大公务员队伍建设力度，提升基层公务员的自身素质和能力潜力，对公务员队伍等人力资源有效、合理的规划管理是地方政府职能转变顺利推进的重要保障。

（4）公共资源管理。对组织绩效差异根源的探究一直是管理学关注的焦点，学术界由此提出了企业成长理论、核心能力理论、资源基础理论等一系列解释框架。其中，基于企业成长理论发展起来的资源基础理论（Resources - based View）完善了由前者勾勒出的以“资源—能力—成长”为核心的组织成长内在动力模式（Teece，Pisano & Shuen，1997），指出一个组织所拥有的资源规模越大，其所能获得的有助于成长的能力也越强，也越有利于组织绩效提升（Penrose，1995）。

基于资源管理视角对组织绩效的研究同样适用于公共管理领域。公共部门同样需要充分管理人力、物力、财力资源，合理分配使用确保有效运作，为公共部门目标实现提供保障。从这一视角出发，行政管理可看作是以政府为核心的公共组织通过计划、组织、领导、控制、创新等活动，合理配置和有效利用财政、人力、信息等资源进而顺利实现公共目标的过程。由于政府职能范围会随着经济社会发展呈现出扩大趋势，对与之相关的各类行政管理资源的管理利用水平自然成为评判现阶段职能转变绩效的一个有价值的视角。在地方政府职能转变过程中，对政府各级成员的合理激励，有助于充分调动每个人的积极性，充分发挥下属的潜力，通过充分授权、树立榜样等调动员工积极性，顺利实现职能转变目标；强有力的资金供给必须以有效的管理配置能力作支撑，而政府职能转变顺利推进也需要可靠、稳定的信息处理利用能力；相关固定资产的投入则可为地方政府职能转变的顺利进行提供坚实的设备和场所保障。地方政府职能转变绩效也就是地方政府对输入其内部的人、财、物等资源进行整合、利用后得到的职能转变相关成绩与效果的输出（吴建南、陈妮，2006）。

（5）公民参与。多元主体参与一直是公共管理研究重点关心的学术领域之一。这一争议主题的讨论往往会与集权和分权的关系联系。有学者认为，公众参与的必要条件就是适度地分权，分权通过将公共权力向除政府之外的其他主体扩散，借助多主体协同治理等方式进一步优化公共服务供给效率，提升治理绩效（Cohen & Peterson，1999；Oxhorn，Tulchin & Selee，2004），从而为公众参与提供了更大可能。

在公众参与提高公共服务效率方面，通过将公众参与环节嵌入现阶段政府职能转变过程中，有助于拓宽公众与政府信息沟通的途径和方式，多元化的沟通方案有助于政府更好地倾听、掌握来自包括公众在内的各类治理主体的意愿和建议，提升公众对政府职能转变过程的满意度，也能够更加理解认同职能转变过程中制定、执行的一系列政策。

在公众参与改善公共治理效果方面，在现代政府治理过程中引入公众参与，有助于提升国家治理层面政治体系的代表性和回应性，进一步塑造国家的公民精神；提升社会治理层面的社群观念和整合意识，借助外部治理主体的制约监督间接提升政府的可问责性（郑建君，2017）。

（6）行政审批流程。任何组织的运作都离不开业务流程。对任何一个组织而言，连接资源输入与产品输出的中间环节即为流程，某种程度上也可将组织生产的产品或服务视作是流程的表达。通过将特定市场中的特定顾客的需求转换为对应的产品或服务，实现组织的价值。流程对于公共组织的重要意义是不言而喻的，在地方政府职能转变过程中，对外展现职能转变成效的环节来自行政审批流程。

在改革开放初期，计划经济体制下形成的“重审批、轻监管”的理念已经越来越不能适应社会生产力的发展。随着市场在资源配置过程中发挥着越来越重要的作用，旧理念下事项过多、时限过长的行政审批流程严重限制着市场主体活力，“重审批、轻监管”“严进宽管”等特点抑制了市场经济发展与体制改革。自1988年以来的历次职能转变实践，通过机构改革、绩效管理、权限下放、优化服务等一系列措施，目的在于理顺政府职能体系业务流程，探索政府权责体系乃至行政管理体制领域的深层次变革。行政审批流程作为政府面向市场、社会开放的窗口，是保障市场主体、社会公众与政府沟通联系渠道畅通的关键环节，很大程度上决定着政府职能转变的成效以及各类公共主体对职能转变的主观感受。

综上，地方政府职能转变绩效的影响因素主要包括领导力、愿景与战略、公务员队伍建设、公共资源管理、公民参与、行政审批流程等，这些影响因素及其相互作用将对地方政府职能转变绩效产生直接或间接影响。

5.1.3 基于CAF的地方政府职能转变绩效及影响机理分析框架

绩效分析框架也可称作绩效评估模型，反映了绩效评估体系中评估维度及测评指标的组织形式（李瑛、刘少山，2012）。由于组织目标各不相同、考核标准差异很大、业务架构多种多样，不存在针对绩效评估的普适性模型。纵观公共管理发展史，公共部门引入、使用的分析框架很多是对企业管理领域的经典模型发展、改造而得的。目前公共管理领域应用较广泛的分析框架，如关键绩效指标（KPI）、平衡计分卡（BSC）、TPC框架、GPP模型、绩效棱柱模型等，也多属于此。

这其中，与多数的绩效评估框架首先应用于企业所不同，欧盟公共部门通用评估框架（Common Assessment Framework，简称CAF）是专为公共部门量身打造的，这种天然的友好性和适用性使其越来越受到公共部门的青睐。

1. 通用评估框架（CAF）：背景、内涵及中国适用性

自20世纪70年代末80年代初开始，伴随着席卷西方的“新公共管理”运动，公共部门的管理质量问题越来越受到关注。欧洲许多国家开始尝试将企业界的质量管理工具引入公共部门，用以迎合、响应顾客导向、市场导向的变革趋势。1998年，欧洲质量管理基金会开发出“卓越模型”（Excellence Model of the European Foundation for Quality Management）并将其引入公共部门评估实践，尽管为多数欧盟成员国所采用，但由于成员国间缺乏对“质量”的统一的标准界定，评估实践并未达到预期效果（孙迎春，2006）。在文化和愿景日趋多样化的背景下，公共部门间的直接竞争已越来越不现实。为进一步提升公共部门绩效水平，建立一个通用的评估框架以便于部门间协同运作、经验共享及标杆管理已被提上议程（Engel，2002）。

为推动各成员国在政府现代化和变革创新方面的交流合作，在欧盟公共管理局的领导下，欧洲质量管理基金会（European Foundation for Quality Management）、德国施派耶尔学院（Speyer Academy）和欧洲行政学院（European Institute of Public Administration）组成了一个非正式工作小组——公共服务创新小组（Innovation Public Services Group），于1998年至1999年间合作完成了通用评估框架的最初设计。经过试用测试后CAF的正式版本于2000年发布，并于2002年、2006年、2012年、2020年分别发布修订版。2020版CAF与2012版类似，总共有9个一级指标（criterion）和27个二级指标（sub－criteria），其中5项一级指标为“能动”（Enablers）因素，即组织为达到绩效应做什么；4项一级指标为“结果”（Results）因素，指组织实际所取得的成果是什么（European CAF Resource Centre，2020）（见表5－5）。

CAF内容模块间有很强的内在逻辑性，顾客/公众、雇员、社会、关键绩效等结果因素受到领导力、人力资源管理、战略规划、合作伙伴与资源管理、流程与变革管理等能动因素影响。领导力是CAF过程中的首要驱动力，对其余各要素产生显著作用。从整体上看，5个能动因素驱动着

表 5－5 欧盟公共部门通用评估框架（Common Assessment Framework）

类别	一级指标	二级指标
能动因素	领导力	在开发和传递组织愿景、使命和价值观方面给予指导
		开发和实施组织管理的系统
		激励和支持员工并担当起恰当角色
		协调与政治家和利益相关者之间的关系
	战略规划	收集与利益相关者当前和未来需求有关的信息
		开发、评估和修正组织的战略和规划
		在整个组织内实施战略和规划
	人力资源管理	规划、管理和改进与战略规划密切相关的人力资源
		围绕个人、团队和组织的目标，确认、开发和运用雇员能力
		面向雇员开展对话和授权
	合作伙伴与资源管理	开展和实施关键的合作伙伴关系
		与公民/顾客开展、实施合作伙伴关系
		知识管理
		财务管理
		技术管理
		房屋和资产管理
	流程与变革管理	确认、设计、管理和改进流程
		面向公民/顾客开发和提供服务和产品
		对现代化和创新进行规划和管理
结果因素	顾客/公民结果	顾客/公民满意度测量的结果
		顾客/公民导向的测评指标
	雇员结果	雇员满意度和激励度测量的结果
		雇员结果的指标
	社会结果	社会绩效结果
		环境绩效结果
	关键绩效结果	目标的取得
		财务绩效

顾客/公民、雇员、社会等 3 个结果因素的实现，加之各因素间交互作用，最终决定了关键绩效水平的高低（见图 5－2）。

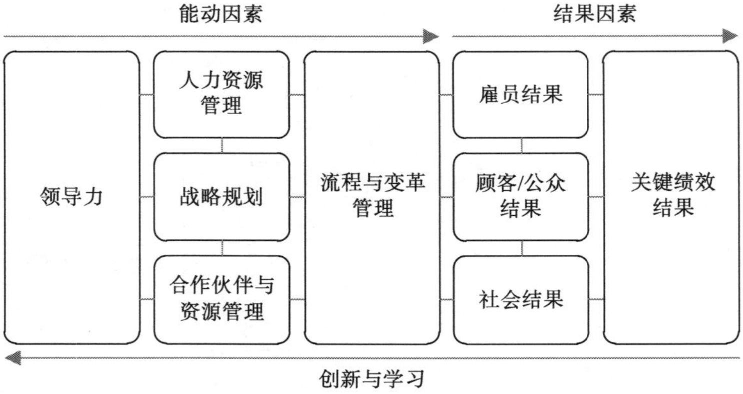

图5-2 欧盟公共部门通用评估框架

CAF依托全面质量管理理论，不同类型、不同规模和不同层级（国家/联邦层面、大区层面、地方层面）的公共部门都可使用这一框架进行比较和竞争（Bacala & Bibu，2013）。与质量周期、ISO9000、卓越模型等组织绩效评估模型相比，CAF设计简约、操作简便，既无需投入大量人力、物力、财力，又能调动员工共同参与，更容易被公共部门接受。尽管CAF是一个以自评估为核心的模型，但在修订版中也提到了自评估的后续跟进问题（刘旭涛、纵向东，2005），为更深入、更准确地进行绩效评估，一些辅助性评估手段，如第三方评估机构、公民参与等也开始被引入CAF。随着行政实践推进和内外环境变动，CAF也在不断发展完善。

自发布以来，通用评估框架在欧洲得到了广泛应用。这些公共机构涉及中央、州、大区、地方等多级政府，中央部委、执行局、国营企业或机构、地方与地区行政机构等各类组织，从运行正常（没有进行剧烈变革）的机构，到正在经历变革或重组的机构，再到准备引进或重新引进绩效管理测评工具的组织，CAF应用范围十分广泛。来自罗马尼亚等国家的实践经验显示，CAF的引入有助于这些国家的公共管理水平达到欧洲标准，同时具备透明度、可问责性、可预测性、适应性和高效性（Bacala & Bibu，2013）。截至2020年11月，共有约4160个组织使用了CAF，其被许多欧盟国家纳入公共行政改革战略之中，也逐渐被欧盟以外的国家地区实施并实践。

值得注意的是，在CAF提出的年代里，公共部门正面临一系列挑战，对社会需求的反应、对公民参与的态度、对任务驱动的认同使得政府部门逐渐成为变革主体。特别是在当前严峻的金融危机和成本削减背景下，公共行政开始越来越重视效率和效益、透明度和问责制以及公共服务供给的知晓度（Pollitt & Bouckaert，1999；Bacala & Bibu，2013）。作为系统性的变革方案的一部分，CAF 关注变革管理，强调在公共部门建立适应变革需要的业务流程的必要性。正是由于对公共部门的关注、对变革管理的重视，其既强调结果也关注过程、同时考虑绩效结果及其影响因素的特点，使得 CAF 应用于政府变革乃至政府职能转变领域成为可能。

CAF 也因上述特点具备在中国落地生根的潜力。改革开放 30 余年来，我国行政管理体制经历多次变革，涉及职能转变、权力运行、人事管理、简政放权、绩效管理等一系列领域。同时，法治政府、责任政府、服务型政府、回应性政府等理念也都已成为现阶段以职能转变为核心的行政管理体制改革阶段性目标。但顶层设计缺失、服务意识淡薄、人治管理依赖、运行标准不足等问题依然困扰着当代中国地方政府，权力至上、政绩导向的观念习惯也依然存在，组织惯性、路径依赖等更是使上述弊端呈现出复杂性、系统性等特点。

尽管不少地方借助目标责任制、文明机关评选、360 度评估、公民评议机关等工具开展了大量改革实践（王琦玮、马亮、吴建南，2009），但始终无法从整体层面解决问题。而在这方面，CAF 并非仅针对某一特定方向的专门工具，而是全面推进变革管理的系统工程（熊小平、傅小随、龚家瑞，2011）。从这一点看，它与我国地方政府职能转变乃至行政管理体制改革的现实需求是契合的。

首先，在 CAF 设计理念中，公共组织必须通过战略、能力、利益相关者等途径持续不断地管理、改进流程，为此 CAF 提供了一系列具体指标作为参考，并将公民作为改进、提升公共部门绩效的重要参与主体。地方政府主动落实这些评估指标，将在很大程度上改善回应性和透明性，提升服务意识，对优化社会管理、公共服务等职能大有裨益，在现阶段将建设服务型政府作为阶段性目标背景下，CAF 这一理念与我国变革实践一脉相承；CAF 已开始在部分使用这一理念的公共部门中产生效能和规范性，例如作为中国政府和欧盟委员会共同主办的“中欧公共管理项目”的一部分，CAF 已在厦门思明区、辽宁林业厅和黑龙江人民检察院哈尔滨铁路运输分院等公共部门试点，取得了显著成效（李瑛、杜逢明，

2010)。

其次，CAF 对顶层设计（战略规划）的重视也会对现阶段我国地方政府职能转变的理念、行为产生重大影响。在我国政府部门中，战略规划意识普遍缺失，政府领导特别是高层领导更关注权力配置及个人政绩，总习惯将顶层设计等宏观议题交由上级领导及部门决策处理。在这种官僚体制下，上至高层领导，下到基层公务员，都对政府长远规划缺乏清晰认知，对职能转变工作难免抱有走马观花、得过且过的心态。但 CAF 要求各级公共组织必须重视战略规划，强调收集与利益相关者当前和未来需求有关的信息，开发、评估和修正战略规划，在整个组织内实施战略规划。这对于克服因高层领导频繁调动引发的政绩导向短期投机行为和习惯有着积极的改善作用，有助于克服对人治管理的依赖，提升政府职能转变制度化、规范化水平。

作为一种较为初级的分析框架，CAF 对使用主体的标准要求不高，由于将逻辑和结果巧妙结合在了一起，有利于推动起步阶段的我国政府部门绩效评估模型发展和实践进步，其对公民顾客导向、变革流程管理的关注值得中国绩效评估体系学习与借鉴。作为一种具有多元评估主体的框架模型，CAF 对于避免目前绩效评估中出现的“数字陷阱”问题，推动评估主体多元化，优化评估体系和评估实践等都具有重要意义（孙迎春，2006）。

2. 地方政府职能转变绩效及影响机理分析框架

正是考虑到 CAF 对变革天然的适应性及在我国各级试点中取得的显著成效，本书基于 CAF 的设计理念，构建地方政府职能转变绩效及影响机理分析框架。

CAF 将影响绩效的因素归纳为领导类、保障类、流程类 3 种，公共部门绩效高低由这 3 类因素的表现及其相互作用决定（European CAF Resource Centre，2020）：

（1）领导类因素，主要包括领导力、愿景与战略等，这类影响因素决定了公共部门的战略、前景与发展方向，是决定公共部门绩效高低的首要因素。

（2）保障类因素，主要包括公务员队伍建设、公共资源管理、公民参与等，这类影响因素一是涉及公共部门对内部人力、物力、财力、信息等资源的管理水平；二是考察公共部门对外部环境的反馈与响应，是公共部门绩效产出的重要保障。

（3）流程类因素，主要涉及行政审批流程，反映了公共部门变革中行政审批流程环节的反馈与表现，这类影响因素连接着公共部门的愿景战略与最终产出，是将公共部门投入转化为绩效的唯一途径。

根据CAF的设计理念，公共部门绩效高低取决于组织是否拥有高效的领导力，是否由明确的愿景、战略及核心价值观所引导，是否得到与愿景战略、组织流程相匹配的人力、物力、财力、信息等资源的协调保障。公共部门绩效本质上是将资源投入在相关影响因素的制约下，经由公共部门运作流程转换为公共服务（产出）和社会影响（结果）过程的反映。我国地方政府职能转变绩效及影响机理同样遵循上述规律；与职能转变相关的资源投入经过“领导类因素—保障类因素—流程类因素”这一传导链的优化配置，最终体现为地方政府职能转变绩效（见图5-3）。

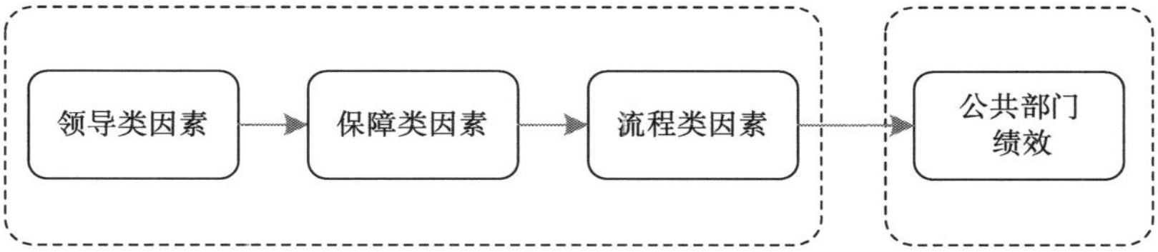

图5-3　基于CAF的公共部门绩效影响因素的作用机理

聚焦公民和其他利益相关者的价值、效率提升是驱动公共部门绩效改进的关键要素。对于公民来说，其参与公共管理进而对公共部门绩效产生影响主要体现在“合作伙伴与资源管理”模块，这要求公共部门充分利用变化中的技术、经济、人口等环境，充分发挥公民作为联合设计者、联合决策者、联合生产者和联合评估者的角色和作用，对公共部门绩效持续发挥作用。因此，地方政府职能转变绩效提升过程中公民参与所发挥的作用应得到进一步重视。本书将CAF中“合作伙伴与资源管理”模块进一步细化，归纳为“公共资源管理”和“公民参与”两大重点需求。

此外，CAF强调客观评价与主观评价相结合。在这一框架中，“雇员结果”和“顾客/公众结果”属于绩效评价中的主观评价，是基层公务员和社会公众对公共部门绩效的感知；“社会结果”和“关键绩效结果”属于绩效评价中的客观评价，涉及社会绩效、财务绩效、环境绩效等方面。本书计划通过问卷调查法，探究地方政府职能转变绩效及影响机理。在这一过程中，借助各利益相关者对地方政府职能转变现状描述的认同程度，近似地反映地方政府职能转变绩效，问卷题项既包含主观分析评价，也涉及客观数据采集，故将“雇员结果”“顾客/公众结果”等模块并入“社会结果”“关键绩效结果”中。

综合上述分析，本书构建了基于CAF的地方政府职能转变绩效及影响机理分析框架（见图5－4）。在此框架中，地方政府职能转变绩效受领导力、愿景与战略、公务员队伍建设、公共资源管理、公民参与、行政审批流程等多因素共同作用。而各影响因素对地方政府职能转变绩效的具体作用路径，接下来将重点讨论。

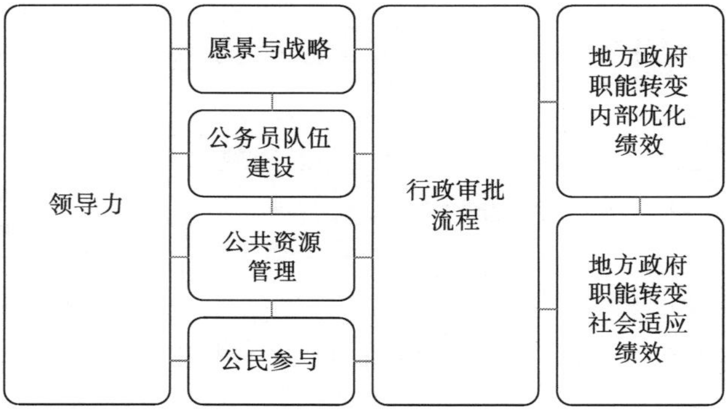

图5－4　基于CAF的地方政府职能转变绩效及影响机理分析框架

5.1.4　研究假设与概念模型

借助CAF对公共部门绩效影响因素的划分标准，本书将影响地方政府职能转变绩效的因素分为3类：其一，领导类因素，包括领导力、愿景与战略。其二，保障类因素，包括公务员队伍建设、公共资源管理、公民参与。其三，流程类因素，包括行政审批流程。接下来分析地方政府职能转变绩效影响因素的作用路径以及地方政府职能转变绩效内部的作用路径。

1. 领导因素影响路径

有学者指出，环境、组织和领导是企业绩效的函数，领导者必须根据企业内外部环境作出符合企业现实和发展预期的战略决策（Weiner & Mahoney，1981）。特别是进入 21 世纪之后，鉴于核心资源在企业运营发展过程中发挥越来越重要的作用，基于战略的领导力可以更好地帮助企业识别内外部环境中的波动和风险，更有效地优化配置人力资本、财务资本、社会资本等以强化企业核心资源，从而为企业创造更大价值（Ireland & Hitt，1999）。同时，企业高层领导者可通过愿景创造、战略拟定、员工激励等途径，降低员工工作倦怠感，提升员工满意度和绩效（Kotter，1999）。同样地在以科层制为主体架构的公共组织尤其是政府部门，一个优秀的领导者有能力将组织发展战略与个人领导力结合，带领组织走出困境或是获得竞争优势（徐碧琳，2011）。基于此，本书提出如下理论假设：

H_{1a}：领导力对愿景与战略具有正向影响。

H_{1b}：领导力对公务员队伍建设具有正向影响。

政府职能转变可看作是一类特殊的地方政府治理模式创新，这类系统性的模式创新需要服务质量、技术水平、环境支撑等多种因素的协同保障（Rubalcaba，Michel & Sundbo，et al.，2012），对社会资本、固定资产等各类资源的优化配置提出了更高要求，这就需要公共部门领导者必须具备战略眼光，能够从更高层次协调各主体利益关系，做好各类资源管理利用的协调工作（王飞绒、陈文兵，2012）。高水平的领导力体现为能够不拘泥于传统思路，通过学习总结已有知识和先进经验，创造性地对已掌握的财政资源、信息资源等各类资源进行协调整合，提高资源的协调利用效率，为地方政府治理模式创新提供系统性全面支撑和指导。基于此，本书提出如下理论假设：

H_{1c}：领导力对公共资源管理具有正向影响。

市场化取向的经济体制改革加快了我国社会主义市场经济体系的建立完善，随之产生的多元化市场经济主体更是大大增强了社会公众的民主参与意识。公民开始意识到政治不再仅仅是官员的事情，也与公民自身利益密切相关，逐渐开始要求在政策过程中发出自己的声音，维护自身利益、表达利益诉求（霍海燕，2011）。考虑到 1988 年以后尤其是 1992 年以来，竞争性环境使得机构设置和人员编制逐步规范、政府能力和行政效率显著提高、体制完善和机制创新成效显著，国家政治体系结构理念的完善优化为社会组织、公民社会的发展带来契机，对公民参与行政决策的接受度和需求度也在不断提升。但当前我国公民参与水平高低，很大程度上仍受制于政府对公民社会的态度、政府与公民社会的合作关系以及两者的博弈程度（霍海燕，2011）。从更一般意义来看，如果没有政治层面上的领导人的接纳和认同，更为广泛普遍的公民参与仍是不可能的（约翰·托马斯，2005）。基于此，本书提出如下理论假设：

H_{1d}：领导力对公民参与具有正向影响。

当今世界正面临百年未有之大变局，包括政府在内的各类公共组织已经不能忽视外部环境的激烈变化以及由此引发的生存危机，为最大限度规避风险，提升适应及发展能力，政府必须调动一切资源力量，提升组织绩效。而在公共部门，将高层领导的领导力和转变政府职能的高层愿景转变为切实可行的行动计划乃至卓有成效的绩效提升的是内部组织流程（余玮、张思复、贺茫等，2003）。

由于行政审批流程的调整必然带来政府内部权力机制的调整和利益格局的变动，随之而来的是利益相关主体对权、责、利等各类政治要素的矛盾求和意见分歧，这一过程需要强有力的领导机制和持久明确的愿景战略，合理平衡配置各方利益诉求，保证适应性变革顺利推进。基于此，本书提出如下理论假设：

H_{1e}：愿景与战略对行政审批流程具有正向影响。

2. 保障因素影响路径

在劳伦斯·克雷曼提出的人力资源管理实践模型中，通过对话获得授权的企业员工有机会参与制定组织的战略和目标，有机会参与设计、优化相应的工作流程并对优化后的实施方案加以确认（劳伦斯·克雷曼，1999）。人力资源管理实践可通过降低人工成本、改善产品服务等途径直接影响组织绩效，也可通过“人力资源管理实践—以员工为中心的结果—以组织为中心的结果—企业的竞争优势—组织绩效”这一流程，间接影响组织绩效。

人力资源是组织获取持续竞争优势的保障，有效的人力资源管理实践能够显著提升人力资源绩效（Paauwe & Richardson，1997），进而通过提升员工与客户满意度、维护加强公司信誉、支持大胆创新等方式积极正向地影响组织绩效（Gollan，2005）。在个体层面，公务员队伍建设有助于在政府内部建立良好的组织氛围，有效的公务员队伍建设有助于公务员为政府职能转变的愿景与战略作出贡献，促进公务员个体任务绩效、周边绩效的提升，这也是提升地方政府职能转变绩效的保障；在组织层面，公务员队伍建设通过与地方政府职能转变愿景与战略的动态协调，约束职能转变愿景与战略的制定方向，促进其实施，帮助地方政府在转变职能过程中不断适应外部环境进而形成持续的竞争优势，最终提升地方政府职能转变绩效。基于此，本书提出如下理论假设：

H_{2a}：公务员队伍建设对行政审批流程具有正向影响。

H_{2b}：公务员队伍建设对内部优化绩效具有正向影响。

在分析组织绩效差异原因的研究中，对于“资源”“能力”等因素作用机制的探索一直占据重要的地位。代表性观点认为，为充分发挥组织竞争优势，必须对组织所掌握的资源进行合理利用，这种合理利用的效果即为能力（Helfat & Raubitschek，2000）。其中，资源基础理论指出，组织所拥有的资源规模越大，其所能获得的有助于成长的能力也越强，也越有利于组织绩效提升。

这一理念也逐渐受到政府管理领域关注。自 20 世纪 70 年代兴起的政府变革运动以来，学术界愈发重视资源体系优化对政府绩效的提升作用。其中，完整论述管理能力对政府绩效机制的最具代表性的成果即是锡拉丘兹大学开展的 GPP 项目，其针对管理能力对政府绩效作用机制的分析显示，资金、资本、信息等各类资源在提升组织绩效方面均发挥着关键作用（Ingraham & Donahue，2000）。与 GPP 项目类似，政府职能转变过程中对资金的高效利用是推动政府职能转变战略规划顺利实施的前提条件；重视信息资源的利用有助于政府职能转变过程更加公开、透明，“互联网 + 政务服务”等理念的实践为政府职能转变的外部监督提供可能；职能转变顺利实施依赖公务员队伍的认同与执行，高效的人力资源管理有利于打消基层公务员的顾虑，通过制度设计激发其工作积极性进而主动参与变革。基于此，本书提出如下理论假设：

H_{2d}：公共资源管理对内部优化绩效具有正向影响。

H_{2e}：公共资源管理对社会适应绩效具有正向影响。

地方政府对行政管理资源的管理配置与组织内部对某类有价值的稀缺资源进行加工利用具有本质上的一致性，对这类资源的管理利用能力导致了组织绩效的差异（吴建南、陈妮，2006）。然而静态的资源并不能带来明显的绩效提升，关键在于对资源的协同管理和动态运用（Newbert，

2008)。锡拉丘兹大学开展的 GPP 项目展现了流程的关键作用，勾勒出“资源、流程、产出、结果”的逻辑关系（Ingraham & Donahue，2000）。此外，对组织绩效提升过程中信息资源发挥角色作用的研究显示，信息资源与组织业务流程的协同运作是保障企业针对顾客和市场需求作出积极反馈的重要条件，由此引发组织更加主动地进行适应性变革的倾向（毕新华、王磊、曹越，2015）；资金在组织业务流程中也发挥着类似的重要作用（Flynn & Saladin，2001）。基于此，本书提出如下理论假设：

H_{2c}：公共资源管理对行政审批流程具有正向影响。

一方面，政府职能转变过程中公民参与的缺乏可能会降低政治体制的代表性和回应性（戴维·罗森布罗姆、罗伯特·克拉夫丘克，2002）；另一方面，对公共部门的考核必须同时关注效率（Efficiency）和效果（Effectiveness）。前者代表由输入到输出的转化率，后者反映了目标实现程度。这说明在财政工具激励和公共支出削减等多方背景下，用于支持政府运作的各类资源必须得到有效利用且用于达成预期结果。我国政府的宗旨是为人民服务，公众则是公共服务的最终接受者。公众在公共服务中的重要地位决定了公民参与可以为政府提供有价值的信息，促进政府信息透明化、公开化。一般而言，政府支出必须获得公众同意并按正当程序执行，公民参与为社会各主体阐述对现有行政管理资源利用方案的态度提供了条件，达成的共识才能真正代表各阶层意愿。

传统行政理论认为，科层体制更注重效率而不是民主。因此自 20 世纪 70 年代起的一系列政府改革运动主张通过优化管理方式、提高回应能力等措施改革传统科层体制，这对行政管理资源与业务流程的整合提出了新要求。公民参与可对行政管理资源的使用、分配加以监督，一方面优化行政管理资源内部流转效率、降低行政审批流程运作成本；另一方面为政府提供外部反馈，帮助管理者从不同视角剖析业务流程进而改革传统行政决策模式（郑建君，2017）。

作为观察政府与市场、社会关系的关键途径，行政审批流程是提升职能转变绩效的关键因素。政府组织结构扁平化、公民参与积极性提升等都对政府回应性提出了更高要求，倒逼政府提升审批效率和服务质量。引入公民参与有利于明确政府变革的公共服务导向，推进服务型政府的建设。基于此，本书提出如下理论假设：

H_{2f}：公民参与对内部优化绩效具有正向影响。

H_{2g}：公民参与对社会适应绩效具有正向影响。

3. 流程因素影响路径

业务流程是组织实现战略目标的重要驱动力。业务流程决定了产品和服务的质量、效率、周期和成本，顾客需求通过业务流程满足，而缺失的不完整的流程无法对组织战略规划构成支撑，业务流程的障碍、阻滞、拖延将直接影响组织绩效的提升。在以流程为核心的组织架构中，流程的整体协同运作有助于提升组织对外部环境和顾客需求的响应速度，有助于更好地促进组织整体效率的改善。

组织运作依赖于与之相适应的业务流程，而流程是组织为将所掌握的资源（输入）转化为产品或服务（输出）所采取的一系列活动，其输入端与组织运作相关的各类资源链接，输出端即为组织提供的产品或服务。因此，对流程的优化成为提升组织绩效的核心与关键。

地方政府为提升区域竞争力，应当基于自身战略规划设计、优化内部运作流程。现阶段提升政府职能转变绩效关键在于正确处理政府与市场、社会的关系，而行政审批流程是地方政府与市场、社会、公众沟通的桥梁。特别是在当前“放管服”改革、“最多跑一次”等改革背景下，持续推进简政放权、放管结合、优化服务，是提高政府绩效，深化党和国家机构改革的关键。一套透明、高效、顾客至上的审批流程也有助于公众了解政府运作过程，更容易取得对政府职能转变的满意和认同，从而间接提升绩效水平。基于此，本书提出如下理论假设：

H_{3a}：行政审批流程对社会适应绩效具有正向影响。

4. 绩效内部影响路径

在“任务绩效—周边绩效”模型中，周边绩效表现为个体或组织不依据明确的工作准则或通过直接的工作活动而是借助组织的社会或心理背景所作的贡献（Borman & Motowidlo，1997）。周边绩效在提升整个组织有效性及促进任务绩效的同时也间接产生了正外部性，有利于营造良好组织氛围，进而有利于任务绩效的完成及整个组织绩效的提高。这说明，虽然周边绩效不在组织战略发展的量化目标中，但确实能够促进任务绩效及组织整体绩效的提升。在现实生活中，政府与市场、政府与社会关系的改善，也能够显著提升职能转变过程中政府自身的运行结果，改善政府自身运行的经济性、效果性、效率性和公正性。以治理主体多元化为代表的现代国家治理模式强调从单一主体的社会管理向多元主体共治的国家治理体系转变（汤摇梅、卜摇凡，2014；胡宁生，2014），日益复杂的经济社会形势迫切要求地方政府治理范式的创新，这对政府自身优化提出了更高要求。基于此，本书提出如下理论假设：

H_{4a}：社会适应绩效对内部优化绩效具有正向影响。

5. 概念模型

本部分基于“任务绩效—周边绩效”模型，分析了地方政府职能转变绩效的维度，以利益相关者理论为基础，将影响地方政府职能转变绩效的因素归纳为领导力、愿景与战略、公务员队伍建设、公共资源管理、公民参与、行政审批流程六类。基于 CAF 构建了地方政府职能转变绩效及影响机理分析框架，并提出研究假设。综合上述分析，可得地方政府职能转变绩效及影响机理的概念模型（见图 5－5）。

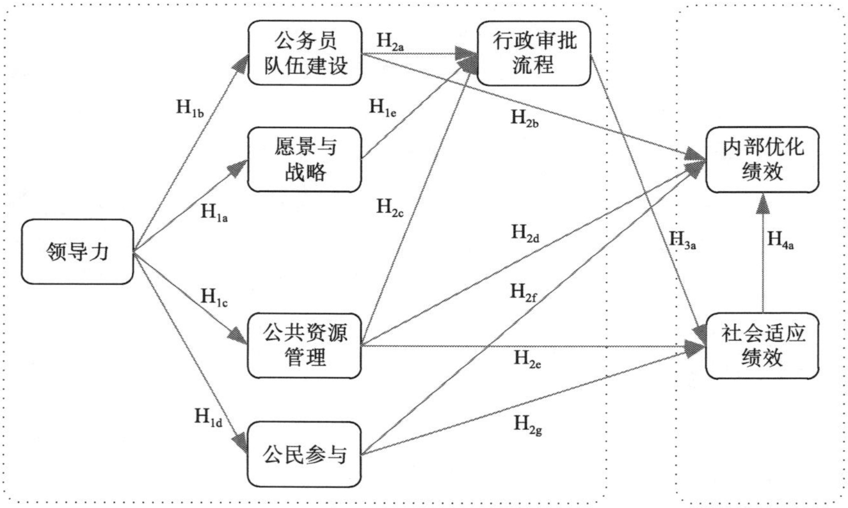

图 5－5 地方政府职能转变绩效及影响机理的概念模型

5.2 地方政府职能转变绩效与影响因素的问卷调查

在基于 CAF 的理论脉络和学术理念构建分析框架、设计概念模型基础上，本节重点讨论如何编制可信有效的调查问卷，探索指标构建、问卷试测、样本选取、数据采集等一系列问题，为将概念模型具体化进而开展实证分析提供支撑。

5.2.1 问卷设计

与经济学等学科不同，公共管理研究中涉及的许多对象、变量等很难通过统计年鉴、统计公报等客观数据直接分析，只能借助某些方法间接取得。例如，本书重点关注的"地方政府职能转变绩效""地方政府职能转变绩效的影响因素"两类变量，在统计年鉴、统计公报等资料中无法查询到对应的数据。在这种情况下，需要通过针对性的数据采集工具与方法进行间接判断。在一系列数据采集工具与方法中，问卷调查法借助量表等测量工具，通过问卷调查的形式标准化、定量化采集被调查者对某一类特定问题的观点和态度。而与其他数据采集方法相比，问卷调查法具有如下优点：

(1) 调查效率高、样本容量大。数据采集流程较为简单，通过填写问卷即可快速完成，不必像专家会议法、访谈法等需要与被调查对象面对面多轮交流才可获取数据，由于对数据采集环境要求不高，调查范围可以扩展很广，从而覆盖更多人群，这为高效地获取大样本容量的数据提供了可能。

(2) 外界干扰少。被调查对象接受问卷调查时不必直面调查者，多数调查问卷也不会要求被调查对象署名或实名填写，通过信函、邮寄、网络等方式传递问卷也有助于降低外界对问卷填写过程的干扰，被调查对象表达真实感想时没有后顾之忧。

(3) 调查成本低。问卷调查法通过信函、邮寄、在线网站、电子邮件等方式传递问卷，大大降低了差旅费、劳务费、人工费等调查成本，使数据采集在跨国、跨省、跨地区间的开展难度降低。此外，问卷题项多采用标准化表述，后期数据录入整理也较为简单。

（4）调查结果便于统计分析。调查问卷设计遵循统一严格的标准，相对成熟固定的框架有助于数据编码，结构化的提问方式、封闭化的回答方式有助于定量分析，采集文件格式与数据处理软件的兼容也为快速分析数据提供了便利条件。

正是由于一系列优点，研究地方政府职能转变绩效及影响机理适合采用问卷调查法，而顺利获取数据的关键在于制定一套具有较高效度和信度的调查问卷。本书将在分析以往文献基础上，借助李克特（Likert）7 点量表设计调查问卷。

1. 问卷结构

实证测评地方政府职能转变绩效及影响机理，关键在于确定并采集“地方政府职能转变绩效”“地方政府职能转变绩效的影响因素”这两类核心数据。一份包含上述内容的调查问卷由问卷名称、封面导语、背景信息、调查正文等部分组成。

（1）问卷名称。本调查问卷名称为“地方政府职能转变绩效及其影响因素调查问卷”。

（2）封面导语。封面导语需清晰详细表述本次问卷调查的目的用途、社会意义、涉及领域、调查内容，以便快速获得被调查对象的理解、认同和配合，如有必要，还需在封面语中明确指出本次问卷调查数据的使用去向以及对被调查对象家庭、个人等隐私信息的保密声明，保障被调查者填写问卷时无信息泄露等顾虑。“地方政府职能转变绩效及其影响因素调查问卷”用于了解现阶段被调查对象对地方政府职能转变绩效及其影响因素的判断与观点，所获取数据仅用于学术研究，无商业用途，研究者将对被调查对象家庭、个人等隐私信息严格保密。

（3）背景信息。此部分主要收集被调查者个人基本信息，如性别、年龄、学历、所在地区、工作年限、单位类型、所在部门、职位层级等，多用于分析用户特征并在后期研究中作为分类分析研究对象的标准和依据。

（4）调查正文。调查正文是调查问卷的核心内容，应为供被调查者作答的问题设计清晰、明确、无歧义的备选项，调查内容设计合理与否直接影响调查结果的信度和效度，本书设计的题项需被调查者依据对常住县（市、区）近 3 年发展现状的感知，对调查问卷各题项表述的赞同程度作出判断①。

2. 指标构建

由于现阶段针对地方政府职能转变绩效及其影响因素并未形成权威、成熟的指标体系，设计科学、严谨的调查问卷的一个重要途径即是参考国内外其他学者针对类似问题的研究成果（问卷题项）。此外，依靠研究人员、专业人士的智力优势，对现有指标体系的补充完善也能起到辅助作用。

（1）地方政府职能转变绩效。本书中的"地方政府职能转变绩效"，指一段时期内由职能转变引起的地方政府自身运行过程的改善情况以及对外部环境适应性的提升程度（张电电、张红凤、范柏乃，2018）。

将"地方政府自身运行过程的改善情况"命名为"内部优化绩效"，并从经济、政治两个维度（Kuhlmann，2009）设计指标：①经济绩效从输入、输出两方面测评，前者主要考察政府规模等因素（樊纲、王小鲁、朱恒鹏，2011），后者聚焦公共服务供给现状（Wollmann，2004；Pollitt & Bouckaert，2008）；②政治绩效主要涉及地方政府的协调能力（Kuhlmann，2009），包括同级政府部门间协同运作情况、上下级部门之间沟通顺畅程度等。

将"地方政府对外部环境适应性的提升程度"命名为"社会适应绩效"，主要测量政府与市场、政府与社会关系的变动情况。其中，以企业经营税外负担情况和企业投资审批周期考察政府与市场的关系（张伟、金玉国、康君，2005；樊纲、王小鲁、朱恒鹏，2011），以公共政策第三方评估机制构建、政府购买社会服务的意识、社会问题解决方式及社会组织成长情况等反映政府与社会的关系（包雅钧，2011；史传林，2014）。

---

① 本书使用李克特（Likert）7 点量表设计调查问卷，需被调查者依据对常住县（市、区）近 3 年发展现状的感知，对调查问卷各题项表述的赞同程度作出判断，1—7 依次表示极不赞同、不赞同、较不赞同、中等程度、比较赞同、赞同、极其赞同。

此外，研究人员通过多次开展组织变革、行政管理体制改革、政府职能转变、政府绩效管理等领域专家调研座谈，征求科研人员、政府公务员、社会公众等多主体意见，对研究思路进行调整、补充、完善，设计了地方政府职能转变绩效初始测评指标。地方政府职能转变绩效初始测评指标共 14 项，Y11 至 Y17 等 7 项测评地方政府职能转变内部优化绩效，Y21 至 Y27 等 7 项测评地方政府职能转变社会适应绩效（见表 5 – 6）。

表 5 – 6　　地方政府职能转变绩效初始测评指标

维度	指标名称	指标来源
内部优化绩效	Y11 政府规模保持在正常合理范围	樊纲、王小鲁、朱恒鹏（2011）
	Y12 政府部门的服务意识不断增强	H. Wollmann（2004）；C. Pollitt & G. Bouckaert（2008）
	Y13 政府部门的服务效率不断提高	根据访谈设计
	Y14 社会问题得到更加有效地解决	H. Wollmann（2004）；C. Pollitt & G. Bouckaert（2008）
	Y15 公共政策执行稳定性不断增强	根据访谈设计
	Y16 同级部门间逐步实现协同运作	S. Kuhlmann（2009）
	Y17 上下级部门之间沟通更加顺畅	S. Kuhlmann（2009）
社会适应绩效	Y21 企业经营税外负担逐渐下降	樊纲、王小鲁、朱恒鹏（2011）
	Y22 企业投资审批周期逐渐缩短	张伟、金玉国、康君（2005）
	Y23 公共政策第三方评估机制逐步完善	根据访谈设计
	Y24 政府购买社会服务的意识不断增强	史传林（2014）
	Y25 社会问题逐步通过协商等方式解决	包雅钧（2011）；史传林（2014）
	Y26 社会组织的专业服务水平不断提高	史传林（2014）
	Y27 社会组织的政治参与能力不断增强	根据访谈设计

（2）地方政府职能转变绩效影响因素。本书中的“地方政府职能转变绩效的影响因素”，主要包括领导力、愿景与战略、公务员队伍建设、公共资源管理、公民参与、行政审批流程 6 大类。

其中，在美国管理协会结合中国现实提出的中国领导力模型中，管理运营、战略规划、发展能力和凝聚人心是领导力不可或缺的 4 个维度[①]，涉及地方政府高层领导在职能转变过程中愿景传递、员工激励、利益协调等行为（李超平、时勘，2005；European CAF Resource Centre，2020）。

愿景与战略测量职能转变中愿景战略的利益保障程度、自我调整能力及后续保障机制（European CAF Resource Centre，2020）。

公务员队伍建设考察政府工作人员的服务态度、工作效率及权利保障情况（柯健、裴亮亮，2008；吕维霞、王永贵，2010；叶托、胡税根，2015；European CAF Resource Centre，2020）。

公共资源管理包含地方政府在职能转变过程中对专项资金、信息技术等资源的管理、使用能力（雷战波、姜晓芳，2006；马静、徐晓林、陈涛，2012）。

公民参与聚焦公民查阅获取政策法规文本途径是否便捷、参与监督政府决策方案的机会是否充足以及公民参与公共事务决策的频繁程度，以上述三方面表现综合考量公民参与现状[②]（李振志，2013；叶托、胡税根，2015）。

行政审批流程则基于 4E 标准，从效果（Effectiveness）、效率（Efficiency）、经济（Economy）、公平（Equality）等 4 方面测量[③]（范柏乃、

---

① 管理运营强调管理者有能力开展计划、组织、指挥、协调、控制等工作，及时跟踪管理实践并提出改进建议。在职能转变领域，要求地方政府高层领导重视职能转变推进情况；战略规划要求领导者必须具备战略思维，有根据外部环境变化及时做出变革的决心，这就要求领导洞悉政府职能转变的最新趋势及现实意义，注重阐释职能转变意义；发展能力是指了解管理实践对个人及下属的能力要求，安排合适的人从事合适的工作，通过合理授权充分发挥人的主观能动性，这要求领导在职能转变中善于发挥下属特长；凝聚人心要求领导需有宽容之心，能够接受并尊重他人的意见，统筹运用本部门所掌握的资源，通过有效的协商实现共赢，即领导善于协调职能转变中各方利益诉求。

② 公众政治参与具有多样化的形式和层次已得到广泛认同，有学者在分析公众参与发展趋势时指出，未来公众在政治参与中不再仅仅充当“信息交换者”（Information Exchange）的角色，也逐渐表现出“信息制造者”（Information Processing）的趋势，同时公众自发而有计划的努力使得直接参与决策成为可能（Abramson，Breul & Kamensky，2006）。

③ 效果体现本级产出对下级系统的作用，反映目标的实现程度及所带来的影响，行政审批带来的影响最终反映在政府与市场的关系上，以政府对市场的干预程度测量；经济关注如何投入最少的资源或如何使投入的资源获得最高效利用，对于行政审批过程而言，时间是其中重要的投入资源，用行政审批事项办结时长测量；效率目标在于投入产出比例最大化，通过测量行政审批办结服务的优质高效程度考察；公平关注获得公共服务的团体或个人能否得到与自身现状对等的待遇，行政审批流程的公平性主要表现为审批过程是否透明，审批结果是否及时公开并接受外部监督等。

朱华，2005；刘武、朱晓楠，2006；Kaufmann，Kraay & Mastruzzi，2011；毕克新、施芳芳、温巧云，2012；叶托、胡税根，2015；Schwab，2015）。

此外，研究人员通过多次开展组织变革、行政管理体制改革、政府职能转变、政府绩效管理等领域专家调研座谈，征求科研人员、政府公务员、社会公众等多主体意见，对研究思路进行调整、补充、完善，设计了地方政府职能转变绩效影响因素初始测评指标。地方政府职能转变绩效影响因素初始测评指标共 14 项，X11 至 X14 等 4 项测量领导力，X21 至 X23 等 3 项测量愿景与战略，X31 至 X33 测量公务员队伍建设，X41 至 X44 测量公共资源管理，X51 至 X53 测量公民参与，X61 至 X64 测量行政审批流程（见表 5 -7）。

表 5 -7　　地方政府职能转变绩效影响因素初始测评指标

维度	指标名称	指标来源
领导力	X11 领导重视职能转变工作的推进情况	李超平、时勘（2005）
	X12 领导注重阐释职能转变工作的意义	李超平、时勘（2005）
	X13 领导在职能转变过程中善于发挥下属的特长	李超平、时勘（2005）；European CAF Resource Centre（2020）
	X14 领导善于协调职能转变过程中各方利益诉求	European CAF Resource Centre（2020）
愿景与战略	X21 职能转变目标基本反映了各方的现实需求	European CAF Resource Centre（2020）
	X22 职能转变目标能够根据环境变动调整完善	European CAF Resource Centre（2020）
	X23 制定一批政策法规保障职能转变目标实现	European CAF Resource Centre（2020）
公务员队伍建设	X31 政府人员的服务态度不断改善	吕维霞、王永贵（2010）；叶托、胡税根（2015）
	X32 政府机关慵懒散现象逐渐减少	吕维霞、王永贵（2010）
	X33 基层公务员参与权建议权增加	柯健、裴亮亮（2008）；European CAF Resource Centre（2020）

续表

维度	指标名称	指标来源
公共资源管理	X41 专项资金逐渐从竞争性行业退出	根据访谈设计
	X42 专项资金挤占挪用情况逐渐减少	根据访谈设计
	X43 专项资金绩效评价体系逐步建立	根据访谈设计
	X44 政务信息网上公开程度不断提升	雷战波、姜晓芳（2006）；马静、徐晓林、陈涛（2012）
公民参与	X51 公民查阅政策文件途径更加便捷	根据访谈设计
	X52 公民愈发频繁参与监督政府活动	李振志（2013）；叶托、胡税根（2015）
	X53 公民愈发频繁参与公共事务决策	根据访谈设计
行政审批流程	X61 行政审批事项逐步减少	刘武、朱晓楠（2006）；K. Schwab（2015）
	X62 行政审批流程更加清晰	刘武、朱晓楠（2006）；D. Kaufmann, A. Kraay & M. Mastruzzi（2011）；叶托、胡税根（2015）
	X63 行政审批速度稳步提升	D. Kaufmann, A. Kraay & M. Mastruzzi（2011）；毕克新、施芳芳、温巧云（2012）
	X64 推诿扯皮现象逐渐减少	范柏乃、朱华（2005）

5.2.2 问卷试测

地方政府职能转变绩效及其影响因素初始调查问卷是在参考国内外学者研究以及征求专家学者、政府官员意见基础上设计的，问卷内容可能因主观性较强影响调查结果准确性和可靠性。为保证设计出的问卷尽可能准确反映各变量内涵，需借助问卷试测环节确保调查问卷效度、信度水平符合要求。

试测问卷共发放100份，回收有效问卷91份。由于试测问卷正文部分包括职能转变绩效和绩效影响因素两部分，因此分别对这两部分进行信度、效度检验。

1. 地方政府职能转变绩效问卷的效度、信度分析

试测问卷的效度包括结构效度和内容效度，通常采用探索性因子分析

(Exploratory Factor Analysis) 实现。KMO 检验和 Baetlett 球形检验[①]是进行结构效度检验的前置工作。首先将地方政府职能转变绩效部分的数据输入 SPSS，KMO 检验值为 0.890，Bartlett 球形检验对应的假设检验 p 值远小于显著性水平，两者共同说明这部分数据使用探索性因子分析是合适的，可以继续分析（见表 5－8）。

表 5－8　　试测问卷 KMO 检验和 Baetlett 球形检验（地方政府职能转变绩效）

Kaiser－Meyer－Olkin Measure of Sampling Adequacy.		.890
Bartlett's Test of Sphericity	Approx. Chi－Square	954.548
	df	91
	Sig.	.000

但分析地方政府职能转变绩效初始测评指标的共同度后可知，绝大部分指标共同度均在 0.55 以上，只有"Y17 上下级部门之间沟通更加顺畅"共同度仅为 0.346，即该指标仅有 34.6% 的信息可被提取出的公共因子解释，这一水平明显偏低（见表 5－9）。

表 5－9　　初始测评指标共同度（地方政府职能转变绩效）

	初始	提取
Y12 政府部门的服务意识不断增强	1.000	.828
Y13 政府部门的服务效率不断提高	1.000	.859
Y21 企业经营税外负担逐渐下降	1.000	.708
Y15 公共政策执行稳定性不断增强	1.000	.714
Y16 同级部门间逐步实现协同运作	1.000	.778
Y11 政府规模保持在正常合理范围	1.000	.626
Y14 社会问题得到更加有效地解决	1.000	.615
Y22 企业投资审批周期逐渐缩短	1.000	.561
Y23 公共政策第三方评估机制逐步完善	1.000	.564
Y24 政府购买社会服务的意识不断增强	1.000	.589

① KMO 检验主要用来分析变量之间的偏相关是否过小，KMO 检验值越接近 1，表明越适合进行因子分析，若 KMO 值小于 0.5，则不适合进行因子分析；Baetlett 球形检验主要分析变量的相关系数矩阵是否是一个单位矩阵。

续表

	初始	提取
Y25 社会问题逐步通过协商等方式解决	1.000	.710
Y26 社会组织的专业服务水平不断提高	1.000	.704
Y27 社会组织的政治参与能力不断增强	1.000	.620
Y17 上下级部门之间沟通更加顺畅	1.000	.346

使用 SPSS 提供的因子抽取最大方差法，结果显示抽取出的 2 个公共因子与问卷设计吻合。但原本应与 Y11 等指标同属第 2 公因子的 Y17，实际落入 Y21 等指标所在的第 1 公因子中；原本应与 Y21 等指标同属第 1 公因子的 Y22，实际落入 Y11 等指标所在的第 2 公因子中。这一现象很可能是由于 Y17 的共同度过低导致，考虑删去这一指标，对地方政府职能转变绩效初始测评指标进行修正（见表 5－10）。

表 5－10　试测问卷旋转成份矩阵（地方政府职能转变绩效）

成分	1	2
Y25 社会问题逐步通过协商等方式解决	.821	
Y27 社会组织的政治参与能力不断增强	.776	
Y26 社会组织的专业服务水平不断提高	.752	
Y21 企业经营税外负担逐渐下降	.637	
Y23 公共政策第三方评估机制逐步完善	.633	
Y24 政府购买社会服务的意识不断增强	.629	
Y17 上下级部门之间沟通更加顺畅	.521	
Y13 政府部门的服务效率不断提高		.902
Y12 政府部门的服务意识不断增强		.896
Y15 公共政策执行稳定性不断增强		.703
Y16 同级部门间逐步实现协同运作		.669
Y14 社会问题得到更加有效地解决		.621
Y11 政府规模保持在正常合理范围		.570
Y22 企业投资审批周期逐渐缩短		.537

修正后的地方政府职能转变绩效部分的 KMO 检验值为 0.889，Bartlett 球形检验对应的假设检验 p 值远小于显著性水平，两者共同说明这部分数据使用探索性因子分析是合适的，可以继续分析（见表 5－11）。

表 5－11　修正试测问卷 KMO 检验和 Baetlett 球形检验（地方政府职能转变绩效）

Kaiser – Meyer – Olkin Measure of Sampling Adequacy.		.889
Bartlett's Test of Sphericity	Approx. Chi – Square	918.797
	df	78
	Sig.	.000

使用最大方差正交旋转法重新进行探索性因子分析，结果显示抽取出的 2 个公共因子与问卷设计吻合，Y21 至 Y27 同属第 1 公因子，它们共同测评地方政府职能转变社会适应绩效；Y11 至 Y16 同属第 2 公因子，它们共同测评地方政府职能转变内部优化绩效，这与试测问卷中各相关维度吻合（见表 5－12）。

表 5－12　修正试测问卷旋转成分矩阵（地方政府职能转变绩效）

成分	1	2
Y25 社会问题逐步通过协商等方式解决	.829	
Y27 社会组织的政治参与能力不断增强	.771	
Y26 社会组织的专业服务水平不断提高	.763	
Y21 企业经营税外负担逐渐下降	.653	
Y23 公共政策第三方评估机制逐步完善	.645	
Y24 政府购买社会服务的意识不断增强	.627	
Y22 企业投资审批周期逐渐缩短	.532	
Y12 政府部门的服务意识不断增强		.900
Y13 政府部门的服务效率不断提高		.900
Y15 公共政策执行稳定性不断增强		.712
Y16 同级部门间逐步实现协同运作		.666
Y14 社会问题得到更加有效地解决		.611
Y11 政府规模保持在正常合理范围		.584

提取出的 2 个公共因子累计方差贡献率达到 68.634%，其中第 1 公因子方差贡献率 34.800%，第 2 公因子方差贡献率 33.834%，表明公共因子解释能力较强，即试测问卷中该部分内容效度较好（见表 5－13）。

表 5－13　　修正试测问卷解释总方差（地方政府职能转变绩效）

成分	初始特征值			旋转平方和载入		
	合计	方差的 %	累计 %	合计	方差的 %	累计 %
1	7.826	60.202	60.202	4.524	34.800	34.800
2	1.096	8.431	68.634	4.398	33.834	68.634
3	.861	6.623	75.256			
4	.593	4.562	79.818			
5	.569	4.375	84.193			
6	.409	3.143	87.336			
7	.387	2.976	90.312			
8	.371	2.852	93.164			
9	.255	1.964	95.128			
10	.207	1.596	96.724			
11	.191	1.468	98.192			
12	.138	1.059	99.251			
13	.097	.749	100.000			

注：提取方法：主成分分析。

只有当在不同的时间、不同的地点，由不同的调查者借助不同的调查方式，使用同一套调查问卷调查出基本一致的结果时，才说明使用的问卷是值得相信的，这涉及问卷信度的问题。

测量调查问卷的信度水平可使用 SPSS 软件中提供的 Cronbach's Alpha 系数。将地方政府职能转变绩效部分的数据输入 SPSS，其 Cronbach's Alpha 系数为 0.944，表明该部分信度水平是可以接受的（见表 5－14）。

表 5－14　　修正试测问卷 Cronbach's Alpha 系数（地方政府职能转变绩效）

Cronbach's Alpha	项数
.944	13

2. 地方政府职能转变绩效影响因素问卷的效度、信度分析

将地方政府职能转变绩效影响因素部分的数据输入 SPSS，KMO 检验值为 0.787，Bartlett 球形检验对应的假设检验 p 值远小于显著性水平，两者共同说明这部分数据使用探索性因子分析是合适的，可以继续分析（见表 5－15）。

表 5－15　　试测问卷 KMO 检验和 Baetlett 球形检验（地方政府职能转变绩效影响因素）

Kaiser－Meyer－Olkin Measure of Sampling Adequacy.		.787
Bartlett's Test of Sphericity	Approx. Chi－Square	1126.514
	df	210
	Sig.	.000

使用最大方差正交旋转法进行探索性因子分析，结果显示抽取出的 6 个公共因子与问卷设计吻合，除“X53 公众愈发频繁参与公共事务决策”外，其余指标所属公共因子都与试测问卷相符。整体来看，该部分结构效度是可以接受的；考虑到 X53 指标共同度也较高，可不必删去（见表 5－16）。

表 5－16　试测问卷旋转成份矩阵（地方政府职能转变绩效影响因素）

成分	1	2	3	4	5	6
X11 领导重视职能转变工作的推进情况	.879					
X12 领导注重阐释职能转变工作的意义	.812					
X13 领导在职能转变过程中善于发挥下属的特长	.668					
X14 领导善于协调职能转变过程中各方利益诉求	.565					
X53 公众愈发频繁参与公共事务决策	.541					
X43 专项资金绩效评价体系逐步建立		.871				
X42 专项资金挤占挪用情况逐渐减少		.754				
X41 专项资金逐渐从竞争性行业退出		.692				
X44 政务信息网上公开程度不断提升		.547				
X61 行政审批事项逐步减少			.820			
X63 行政审批速度稳步提升			.751			
X62 行政审批流程更加清晰			.655			
X64 推诿扯皮现象逐渐减少			.562			
X22 职能转变目标能够根据环境变动调整完善				.773		
X23 制定一批政策法规保障职能转变目标实现				.718		
X21 职能转变目标基本反映了各方的现实需求				.673		
X51 公众查阅政策文件途径更加便捷					.858	
X52 公众愈发频繁参与监督政府活动					.804	
X32 政府机关庸懒散现象逐渐减少						.771
X31 政府人员的服务态度不断改善						.682
X33 基层公务员参与权建议权增加						.548

提取出的 6 个公共因子累计方差贡献率达到 75.304%，其中第 1 公因子方差贡献率 14.567%，其余公因子方差贡献率分别为 13.867%、13.801%、11.840%、10.789%、10.441%，表明公共因子解释能力较强，即试测问卷中该部分内容效度较好（见表 5 – 17）。

表 5 – 17　试测问卷解释总方差（地方政府职能转变绩效影响因素）

成分	初始特征值			旋转平方和载入		
	合计	方差的 %	累计 %	合计	方差的 %	累计 %
1	7.746	36.885	36.885	3.059	14.567	14.567
2	2.577	12.273	49.158	2.912	13.867	28.434
3	1.729	8.236	57.394	2.898	13.801	42.235
4	1.563	7.445	64.839	2.486	11.840	54.075
5	1.129	5.378	70.216	2.266	10.789	64.864
6	1.069	5.088	75.304	2.193	10.441	75.304
7	.863	4.111	79.416			
8	.732	3.484	82.899			
9	.636	3.029	85.928			
……	……	……	……			
21	.090	.431	100.000			

注：提取方法：主成分分析。

最后将地方政府职能转变绩效影响因素部分的数据输入 SPSS，其 Cronbach's Alpha 系数为 0.911，表明该部分信度水平是可以接受的（见表 5 – 18）。

表 5 – 18　试测问卷 Cronbach's Alpha 系数（地方政府职能转变绩效影响因素）

Cronbach's Alpha	项数
.911	21

5.2.3　数据采集

1. 样本选取

在保证调查问卷具有较高信度、效度的基础上，还需采用科学的方法抽取调查样本，保证实证分析结果的真实性、有效性。本书选取县级政府作为调查对象，主要考虑到在拥有相对独立的公共事务管辖权的各级政府中，县级政府最接近公众，因此对其行为感知最为直接清晰。调查对象包括政府工作人员、企业职工、高校研究人员以及社会公众，借助科研讲座、实地访谈等途径开展调查，尽可能保证东、中、西部问卷数量平衡。

问卷发放自 2020 年 4 月持续至 2021 年 3 月，通过现场反馈、邮寄、在线网站等方式回收 594 份，其中有效问卷 532 份。

2. 样本人口统计学特征

基于收回的有效问卷，从所在地区、工作年限、单位类型、年龄、学历等方面描述样本的人口统计学特征（见表 5－19）。

表 5－19　　　　样本人口统计学特征

人口统计学特征	类别	频数	频率（%）	人口统计学特征	类别	频数	频率（%）
性　别	男	275	51.7	单位类型	政府	237	44.5
	女	254	47.7		事业	159	29.9
	缺失	3	.6		企业	103	19.4
年　龄	30 岁及以下	177	33.3		自由职业	2	.4
	31—40 岁	190	35.7		离退休	1	.2
	41—50 岁	117	22.0		其他	26	4.9
	51—60 岁	48	9.0		缺失	4	.8
所在地区	东部地区	194	36.5	工作年限	不满 1 年	59	11.1
	中部地区	157	29.5		1—5 年	149	28.0
	西部地区	181	34.0		6—10 年	99	18.6
学　历	高中及以下	3	.7		11—20 年	82	15.4
	专科	38	7.9		21—30 年	92	17.3
	本科	364	64.4		31 年及以上	47	8.8
	研究生	126	27.1		缺失	4	.8
	缺失	1	.2				

由表 5－19 可知，调查问卷地区分布方面大体平衡，东部地区 194 份，占比 36.5%，中部地区 157 份，占比 29.5%，西部地区 181 份，占比 34%。受访者年龄方面，31—40 岁年龄段最多，有 190 份，占比

35.7%；其次是 30 岁及以下年龄段，占比 33.3%，41—50 岁、51—60 岁分别占比 22.0%、9.0%。总体看来，近 70% 的受访者年龄在 40 岁及以下，能够很好反映当前地方政府职能转变绩效及其影响因素的现状。

工作年限方面，不满 1 年的 59 份，占比 11.1%；1—5 年的 149 份，占比 28.0%；6—10 年的 99 份，占比 18.6%；11—20 年的 82 份，占比 15.4%；21—30 年的 92 份，占比 17.3%；31 年及以上 47 份，占比 8.8%。受访者工作年限分布较为均衡。

单位类型方面，受访者在政府部门工作的最多，占比 44.5%，其次是事业单位和各类企业，分别占比 29.9% 和 19.4%，自由职业、离退休人员也有涉及，多数受访者从事职业有助于充分感知地方政府职能转变绩效及其影响因素的现状。

学历方面，64.4% 的受访者拥有本科学历，27.1% 的受访者拥有研究生学历，受访者整体受教育水平较高。

5.3 地方政府职能转变绩效的实证测评

本节着重讨论地方政府职能转变绩效的实证测评。首先对地方政府职能转变绩效及各维度进行典型相关分析、验证性因子分析、描述性统计分析，进而借助方差分析探索绩效得分结构差异和区域差异的原因。

5.3.1 典型相关分析

1936 年，美国统计学家 Harold Hotelling 在《生物统计》期刊发表探讨“两组变量之间相关关系”的论文中，正式提出“典型相关分析”的概念，随后被学术界广泛认可并应用推广。典型相关分析是测度两组变量间整体相关关系的统计分析方法。与其他相关统计方法（如 Pearson 相关、Spearman 相关、质量相关、品质相关等）相同的是，典型相关主要用于分析变量间是否存在相关关系以及相关关系的程度，但不同之处在于，它的分析对象是两组变量，且每组可能包含多个变量。

本部分采用典型相关分析探究地方政府职能转变绩效各维度（内部优化绩效、社会适应绩效）间是否存在相关关系，为下文针对地方政府职能转变绩效各维度的验证性因子分析提供依据。借助 SPSS 软件提供的宏程序，分析内部优化绩效（包含 Y11、Y12、Y13 等 6 个变量）与社会适应绩效（包含 Y21、Y22、Y23 等 7 个变量）间的典型相关关系。结果显示，内部优化绩效与社会适应绩效间有 6 对典型相关系数，其中第 1 典型相关系数 0.818，p 值远小于显著性水平，第 2、第 3 典型相关系数也在 0.05 水平上通过显著性检验。拒绝原假设，即认为内部优化绩效与社会适应绩效间具有相关关系（见表 5 - 20）。

表 5 - 20　　内部优化绩效、社会适应绩效间典型相关系数

典型相关系数		原假设：典型相关系数为 0			
		Wilk's	Chi - SQ	DF	Sig.
1	.818	.275	675.550	42.000	.000
2	.319	.831	96.948	30.000	.000
3	.197	.925	40.897	20.000	.004
4	.157	.962	20.069	12.000	.066
5	.115	.987	6.960	6.000	.325
6	.004	1.000	.007	2.000	.996

5.3.2 验证性因子分析

问卷设计与试测部分根据需要构建了研究变量，并根据变量内涵设计相应的问卷题项，用于反映研究变量水平，进而通过对试测问卷的效度、信度检验保证问卷质量。而在收回正式问卷后，需确认实际搜集的数据的内在结构，是否与理论设计及结构效度分析中提取出的因子相符，可借助验证性因子分析（Confirmatory Factor Analysis，简称 CFA）实现。又由于内部优化绩效与社会适应绩效间具有相关关系，并非两两正交，故使用斜交验证性因子分析检验相关数据的内在结构。

1. 初始验证性因子分析模型及其拟合效果

如图 5 - 6 所示，组成该模型的潜变量共有 2 个（内部优化绩效、社会适应绩效），分别由 6 个、7 个显变量测量。

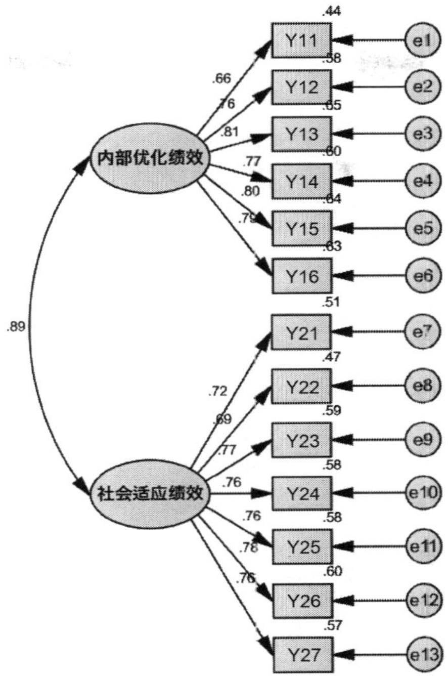

图 5－6　初始验证性因子分析模型（地方政府职能转变绩效）

验证性因子分析结果（表 5－21）显示，各潜变量对显变量影响的路径系数均通过了显著性检验，说明影响路径是成立的；每条路径对应的标准化估计系数[①]也都在 0.65 以上，这说明各显变量能够有效反映相应潜变量的内涵。

表 5－21　　初始验证性因子分析模型路径系数（地方政府职能转变绩效）

			估计系数	标准化估计系数	S. E.	C. R.	P
Y24	<---	社会适应绩效	1.060	.762	.063	16.897	***
Y23	<---	社会适应绩效	1.070	.771	.063	17.108	***
Y25	<---	社会适应绩效	1.048	.759	.062	16.845	***
Y22	<---	社会适应绩效	.872	.688	.057	15.271	***
Y26	<---	社会适应绩效	1.021	.776	.059	17.224	***

① 标准化路径系数代表的是潜变量对测量指标的影响，数值大小反映了测量指标在各潜变量中的相对重要程度，数值介于 0.50 至 0.95 之间，表示模型基本适配度良好；数值越大表示测量指标能被各潜变量解释的变异越大，测量指标越能有效反映要测得的潜在变量。

续表

			估计系数	标准化估计系数	S. E.	C. R.	P
Y21	< - - -	社会适应绩效	1.000	.715			
Y27	< - - -	社会适应绩效	1.033	.756	.062	16.779	***
Y11	< - - -	内部优化绩效	1.000	.663			
Y12	< - - -	内部优化绩效	.997	.764	.064	15.551	***
Y13	< - - -	内部优化绩效	1.072	.805	.066	16.252	***
Y14	< - - -	内部优化绩效	1.077	.774	.068	15.731	***
Y15	< - - -	内部优化绩效	1.020	.800	.063	16.168	***
Y16	< - - -	内部优化绩效	1.120	.794	.070	16.057	***

注：*** P<0.001。下同。

但整体模型的适配度指标显示，相当一部分统计检验量并未达到假设检验适配标准（17 个常见适配度指标中只有 10 个达到或基本达到），说明初始验证性因子分析模型有待改进（见表 5-22）。

表 5-22　初始验证性因子分析模型适配度（地方政府职能转变绩效）

统计检验量	适配的标准	检验结果数据	模型适配判断
绝对适配度指标			
卡方值 p 值	>0.05	0.000	否
RMR 值	<0.05	0.065	否
RMSEA 值	<0.08（若<0.05 优良）	0.105	否
GFI 值	>0.90 以上	0.878	基本达到
AGFI 值	>0.90 以上	0.827	否
增值适配度指标			
NFI 值	>0.90 以上	0.903	是
RFI 值	>0.90 以上	0.882	基本达到
IFI 值	>0.90 以上	0.916	是
TLI 值（NNFI 值）	>0.90 以上	0.897	基本达到
CFI 值	>0.90 以上	0.916	是
简约适配度指标			
PGFI 值	>0.50 以上	0.618	是
PNFI 值	>0.50 以上	0.741	是
PCFI 值	>0.50 以上	0.751	是

续表

统计检验量	适配的标准	检验结果数据	模型适配判断
CN 值	>200	102	否
卡方自由度比	<3.00	6.807	否
AIC 值	理论模型值小于独立模型值， 且同时小于饱和模型值	489.651 > 182.000 489.651 < 4514.189	否
CAIC 值	理论模型值小于独立模型值， 且同时小于饱和模型值	632.121 < 662.175 632.121 < 4582.785	是

AMOS 21.0 在拟合结构方程模型时也给出了模型中各参数的修正指标值①（Modification Indices，简称 MI），据此增列各显变量对应的误差间的共变关系，可显著提升模型的准确性和可靠性。例如，e2 与 e3 间修正指标值为 121.613，说明两者间共变关系较为明显，这可能是由于 e2 与 e3 分别对应的显变量“Y12 政府部门的服务意识不断增强”“Y13 政府部门的服务效率不断提高”所测量的部分内容类似，导致两测量误差间可能有某种程度的关联。类似地，e7 与 e8、e12 与 e13 间均存在较为明显的共变关系，可考虑增列（见表 5－23）。

表 5－23　初始验证性因子分析模型部分参数修正指标值（地方政府职能转变绩效）

			M. I.	Par Change
e2	< - - >	e3	121.613	.292
e7	< - - >	e8	69.088	.281
e12	< - - >	e13	34.212	.169
e3	< - - >	e5	13.122	-.088
e2	< - - >	e6	7.702	-.080
e2	< - - >	e5	14.868	-.099
e2	< - - >	e4	7.147	-.078
e12	< - - >	e5	7.561	.070
e12	< - - >	e2	4.599	-.059
e12	< - - >	e1	5.026	-.081

① 如果修正指标值大于 5，表示该参数的误差具有修正的必要；当参数的修正指标值较大时，进行变量间的释放或删除相关路径可有效改善卡方值。但无论是进行变量间参数的释放（建立变量间的共变关系）还是变量间因果关系路径的删除，均不能违反 SEM 的假定或与理论模型假定相矛盾（吴明隆，2010）。

2. 验证性因子分析模型修正及其拟合效果

根据初始验证性因子分析模型参数修正指标值，在 e2 与 e3、e7 与 e8、e12 与 e13 等误差间增列共变关系，对初始验证性因子分析模型加以修正（见图 5－7）。

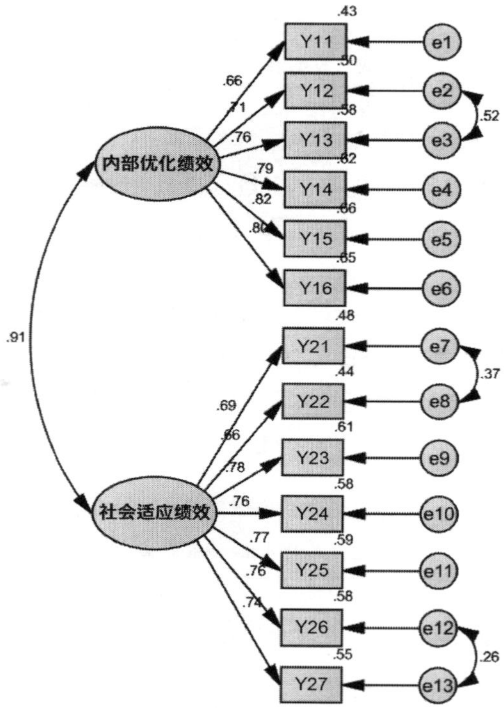

图 5－7 修正验证性因子分析模型

（地方政府职能转变绩效）

修正后整体模型的适配度指标显示，绝大多数统计检验量（RMR = 0.050，RMSEA = 0.065 < 0.08，GFI = 0.947 > 0.90，AGFI = 0.920 > 0.90，NFI = 0.956 > 0.90，RFI = 0.944 > 0.90，IFI = 0.969 > 0.90，TLI = 0.961 > 0.90，CFI = 0.969 > 0.90，PGFI = 0.635 > 0.50，PNFI = 0.748 > 0.50，PCFI = 0.758 > 0.50，CN = 217 > 200，CAIC = 414.768 < 662.175 < 4582.785）达到假设检验适配标准（17 个常见适配度指标中有 14 个达到标准），说明验证性因子分析模型适配度良好（见表 5－24）。

表 5－24　修正验证性因子分析模型适配度（地方政府职能转变绩效）

统计检验量	适配的标准	检验结果数据	模型适配判断
绝对适配度指标			
卡方值 p 值	>0.05	0.000	否
RMR 值	<0.05	0.050	基本达到
RMSEA 值	<0.08（若<0.05 优良）	0.065	是
GFI 值	>0.90 以上	0.947	是
AGFI 值	>0.90 以上	0.920	是
增值适配度指标			
NFI 值	>0.90 以上	0.956	是
RFI 值	>0.90 以上	0.944	是
IFI 值	>0.90 以上	0.969	是
TLI 值（NNFI 值）	>0.90 以上	0.961	是
CFI 值	>0.90 以上	0.969	是
简约适配度指标			
PGFI 值	>0.50 以上	0.635	是
PNFI 值	>0.50 以上	0.748	是
PCFI 值	>0.50 以上	0.758	是
CN 值	>200	217	是
卡方自由度比	<3.00	3.221	否
AIC 值	理论模型值小于独立模型值，且同时小于饱和模型值	256.468 > 182.000 256.468 < 4514.189	否
CAIC 值	理论模型值小于独立模型值，且同时小于饱和模型值	414.768 < 662.175 414.768 < 4582.785	是

修正验证性因子分析模型中，各潜变量对显变量影响的路径系数均通过了显著性检验，说明影响路径是成立的；每条路径对应的标准化估计系数也都在 0.65 以上，这说明各显变量能够有效反映相应潜变量的内涵（见表 5－25）。

表 5－25　修正验证性因子分析模型路径系数（地方政府职能转变绩效）

			估计系数	标准化估计系数	S. E.	C. R.	P
Y24	<---	社会适应绩效	1.094	.763	.067	16.252	***
Y23	<---	社会适应绩效	1.114	.779	.067	16.564	***

续表

			估计系数	标准化估计系数	S. E.	C. R.	P
Y25	< - - -	社会适应绩效	1.090	.767	.067	16.315	***
Y22	< - - -	社会适应绩效	.867	.665	.048	18.060	***
Y26	< - - -	社会适应绩效	1.036	.764	.064	16.220	***
Y21	< - - -	社会适应绩效	1.000	.695			
Y27	< - - -	社会适应绩效	1.047	.744	.066	15.821	***
Y11	< - - -	内部优化绩效	1.000	.656			
Y12	< - - -	内部优化绩效	.934	.708	.065	14.313	***
Y13	< - - -	内部优化绩效	1.021	.759	.067	15.176	***
Y14	< - - -	内部优化绩效	1.104	.785	.071	15.615	***
Y15	< - - -	内部优化绩效	1.051	.815	.065	16.091	***
Y16	< - - -	内部优化绩效	1.148	.804	.072	15.922	***

在验证性因子分析模型潜变量间关系中，内部优化绩效与社会适应绩效间相关系数为0.912且p值小于显著性水平，即变量间存在明显的相关关系，这也说明本研究采用斜交验证性因子分析是合理的（见表5－26）。

表5－26　　修正验证性因子分析模型潜变量间关系（地方政府职能转变绩效）

			协方差系数	相关系数	S. E.	C. R.	P
社会适应绩效	< - - - >	内部优化绩效	.706	.912	.068	10.386	***
e2	< - - - >	e3	.336	.520	.037	9.153	***
e7	< - - - >	e8	.285	.372	.040	7.210	***
e12	< - - - >	e13	.162	.260	.033	4.848	***

针对各潜变量、显变量的参数方差估计结果显示，各参数误差均为正值，绝对值也不高，且都通过了显著性检验。这意味着构建的验证性因子分析模型是合适的，没有明显的界定错误（见表5－27）。

表 5－27　　修正验证性因子分析模型各参数方差估计（地方政府职能转变绩效）

	Estimate	S. E.	C. R.	P
社会适应绩效	.759	.086	8.847	***
内部优化绩效	.790	.096	8.218	***
e7	.814	.055	14.786	***
e8	.721	.048	14.998	***
e9	.609	.044	13.853	***
e10	.650	.046	14.093	***
e11	.632	.045	14.047	***
e12	.580	.042	13.924	***
e13	.670	.047	14.164	***
e1	1.046	.069	15.115	***
e2	.687	.047	14.630	***
e3	.608	.043	14.117	***
e4	.600	.044	13.761	***
e5	.440	.033	13.155	***
e6	.568	.042	13.394	***

5.3.3　描述性统计分析

对照地方政府职能转变绩效指标体系，依次计算每个指标的平均得分。随后按照样本人口统计学特征，依次计算该指标在东、中、西部地区的平均得分，据此体现总体范围以及东、中、西部地区被调查者对近 3 年地方政府职能转变现状的感知。

由表 5－28 可知，在总体范围内，测评地方政府职能转变绩效的各指标平均得分都超过了 4.5（满分 7 分），得分率超过 60%。其中，得分最高的为 5.21 分的“Y12 政府部门的服务意识不断增强”，其次为 5.12 分的“Y13 政府部门的服务效率不断提高”，表明近年来开展的行政审批流程改革、“放管服”改革等一系列变革措施取得显著成效，各级政府部门的服务意识不断增强。得分最低的是 4.59 分的“Y16 同级部门间逐步实现协同运作”。

表 5－28　　地方政府职能转变绩效测评指标算术平均得分

维度	指标名称	所有地区平均值	东部地区平均值	中部地区平均值	西部地区平均值
内部优化绩效	Y11 政府规模保持在正常合理范围	4.79	5.16	4.55	4.6
	Y12 政府部门的服务意识不断增强	5.21	5.51	4.94	5.12
	Y13 政府部门的服务效率不断提高	5.12	5.43	4.89	4.99
	Y14 社会问题得到更加有效地解决	4.72	5.09	4.51	4.5
	Y15 公共政策执行稳定性不断增强	4.86	5.13	4.68	4.74
	Y16 同级部门间逐步实现协同运作	4.59	4.96	4.36	4.39
社会适应绩效	Y21 企业经营税外负担逐渐下降	4.75	5.1	4.5	4.6
	Y22 企业投资审批周期逐渐缩短	5.01	5.35	4.76	4.87
	Y23 公共政策第三方评估机制逐步完善	4.7	5.04	4.57	4.44
	Y24 政府购买社会服务的意识不断增强	5.03	5.31	4.87	4.88
	Y25 社会问题逐步通过协商等方式解决	4.79	5.12	4.66	4.55
	Y26 社会组织的专业服务水平不断提高	4.88	5.18	4.74	4.69
	Y27 社会组织的政治参与能力不断增强	4.73	5.04	4.58	4.53

在东、中、西部地区的指标得分中，“Y12 政府部门的服务意识不断增强”“Y13 政府部门的服务效率不断提高”得分均较高，“Y16 同级部门间逐步实现协同运作”“Y14 社会问题得到更加有效地解决”“Y27 社会组织的政治参与能力不断增强”得分均较低，说明东、中、西部地区指标得分具有一定的相似性（见图 5－8）。

进一步，如果将 Y11 至 Y27 指标的得分求和取平均，可近似反映地方政府职能转变绩效总体水平，其中 Y11 至 Y16 指标的平均得分反映了地方政府自身运行过程的改善情况（内部优化绩效）；Y21 至 Y27 指标的平均得分反映了地方政府对外部环境适应性的提升程度（社会适应绩效）。同理，可分别计算东、中、西部的区域得分（见表 5－29）。

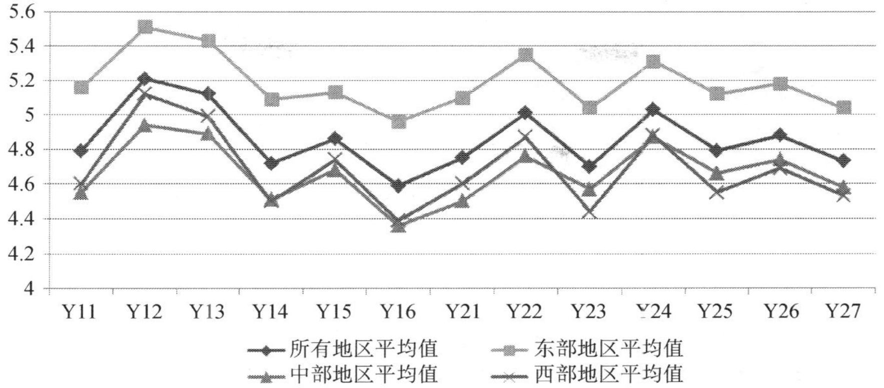

图5-8　测评指标得分趋势（地方政府职能转变绩效）

表5-29　地方政府职能转变绩效得分

	所有地区平均值	东部地区平均值	中部地区平均值	西部地区平均值
地方政府职能转变绩效	4.86	5.19	4.66	4.68
——内部优化绩效	4.88	5.21	4.66	4.72
——社会适应绩效	4.84	5.16	4.67	4.65

由表5-29可知，在地方政府职能转变绩效总体水平上，东部地区得分最高，西部地区次之，中部地区最低。单独分析内部优化绩效和社会适应绩效，也均为东部地区得分最高。这说明无论是体现政府规模、服务意识、协同运作的地方政府自身运行过程的改善情况，还是刻画政府与市场、社会关系的地方政府对外部环境适应性的提升程度，均为东部地区最好，中西部地区相当。

那么，根据对描述性统计分析结果的观察，哪些原因导致的上述绩效得分差异？是源自随机抽样带来的系统性误差，还是客观规律的真实反映？上述问题，可通过方差分析进一步验证。

5.3.4　方差分析

首先通过一元方差分析判断地方政府职能转变绩效在东、中、西部地区间得分差异是否具有统计学意义。方差分析的前置条件是判断实验指标在各实验因素间的总体方差是否齐性，通过SPSS提供的Levene检验（表5-30）实现。假设检验p值远高于显著性水平，这意味着不同区域间

（东、中、西部）地方政府职能转变绩效总体方差是齐性的。

表 5－30 方差齐性 Levene 检验（地方政府职能转变绩效）

F	df1	df2	Sig.
.285	2	529	.752

注：检验零假设，即在所有组中因变量的误差方差均相等。

表 5－31 报告了方差分析对应的模型的存在性检验结果，其中组间 F 统计量为 20.258，对应的假设检验 p 值远小于显著性水平，拒绝原假设，这意味着方差分析模型是成立的，不同区域间（东、中、西部）地方政府职能转变绩效的得分差异通过了显著性检验（见表 5－31）。

表 5－31 方差分析模型估计（地方政府职能转变绩效）

因变量：地方政府职能转变绩效					
源	Ⅲ型平方和	df	均方	F	Sig.
校正模型	32.572	2	16.286	20.258	.000
截距	12387.330	1	12387.330	15408.684	.000
O2	32.572	2	16.286	20.258	.000
误差	425.273	529	.804		
总计	13027.391	532			
校正的总计	457.845	531			

而要进一步探究导致东、中、西部地区间得分差异的原因来自哪里，需借助方差分析的“事后检验”功能实现。由于总体方差齐性，一般以 LSD 统计量为准。由表 5－32 可知，东部地区与中部地区差值为 0.5257，且 p 值远小于显著性水平；东部地区与西部地区差值为 0.5033，且 p 值远小于显著性水平。因此，东部地区的地方政府职能转变绩效高于中、西部地区通过显著性检验。中部地区与西部地区差值绝对值为 0.0224，假设检验 p 值远高于显著性水平，尽管两者得分有差异，但并未达到统计上的显著性（见表 5－32）。

接下来进一步分别探究组成地方政府职能转变绩效的内部优化绩效和社会适应绩效各自的区域性差异，是源自随机抽样带来的系统性误差，还是客观规律的真实反映。一般情况下，当然可以分别对内部优化绩效和社会适应绩效进行方差分析，最后将两次方差分析的结果汇总整理，但与上

表 5 – 32　　方差分析事后检验（地方政府职能转变绩效）

因变量：地方政府职能转变绩效					
	（I）所在地区（东中西部）	（J）所在地区（东中西部）	均值差值（I – J）	标准误差	Sig.
LSD	东部地区	中部地区	.5257	.09625	.000
		西部地区	.5033	.09266	.000
	中部地区	东部地区	–.5257	.09625	.000
		西部地区	–.0224	.09779	.819
	西部地区	东部地区	–.5033	.09266	.000
		中部地区	.0224	.09779	.819

文采用一元方差分析的地方政府职能转变绩效不同的是，内部优化绩效和社会适应绩效作为地方政府职能转变绩效的组成部分，两者之间并非相互独立的变量，如果简单做两次方差分析，因为未考虑不同实验指标间可能存在的相关关系，可能会导致方差分析结果出现偏差，而如果内部优化绩效和社会适应绩效的趋势不一致，更是无法得出方向一致性的最终结论。

因此，为验证组成地方政府职能转变绩效的内部优化绩效和社会适应绩效各自区域性差异的根源，应在进行方差分析时考虑两者间相关关系，而这时普通的一元方差分析就不再适用了，应当采用可同时对多个实验指标进行统计推断的多元方差分析。

多元方差分析与一元方差分析类似，检验前也需要对实验因素水平间协方差矩阵是否齐性和各实验指标在不同实验因素间协方差矩阵是否齐性分别进行检验，对应地由 SPSS 软件中的 Box 检验和 Levene 检验实现。用于判断实验因素间（即东、中、西部）协方差矩阵是否齐性的 Box 检验（表 5 – 33）显示，F 统计量为 0.920，假设检验 p 值为 0.479，明显高于显著性水平，不能拒绝原假设，这意味着实验因素间内部优化绩效和社会适应绩效的总体协方差矩阵齐性，需要选取对应的事后检验统计量。

表 5 – 33　　实验因素协方差矩阵齐性 Box 检验（地方政府职能转变绩效）

Box's M	5.549
F	.920
df1	6

续表

Box's M	5.549
df2	5758128.619
Sig.	.479

注：检验零假设，即观测到的因变量的协方差矩阵在所有组中均相等。

SPSS 中用于判断实验指标间协方差矩阵是否齐性的 Levene 检验（表 5－34）显示，内部优化绩效和社会适应绩效对应的 F 统计量分别为 0.202 和 0.373，对应的 p 值均明显高于显著性水平，因此不能拒绝原假设，即认为内部优化绩效和社会适应绩效在各实验因素水平间的总体协方差矩阵齐性。

表 5－34　实验指标协方差矩阵齐性 Levene 检验（地方政府职能转变绩效）

	F	df1	df2	Sig.
地方政府职能转变内部优化绩效	.202	2	529	.817
地方政府职能转变社会适应绩效	.373	2	529	.689

注：检验零假设，即在所有组中因变量的误差方差均相等。

在完成 Box 检验和 Levene 检验后，接下来分析多元方差分析模型的整体统计推断情况（表 5－35），在与东、中、西部地区得分差异相关的 O2 部分，假设检验 p 值均远小于显著性水平，因此拒绝原假设，这意味着内部优化绩效和社会适应绩效在区域间（东、中、西部地区）的得分差异具有统计学意义上的显著性。

表 5－35　多元方差分析模型估计（地方政府职能转变绩效）

Effect		Value	F	Hypothesis df	Error df	Sig.
截距	Pillai's Trace	.967	7694.272	2.000	528.000	.000
	Wilks' Lambda	.033	7694.272	2.000	528.000	.000
	Hotelling's Trace	29.145	7694.272	2.000	528.000	.000
	Roy's Largest Root	29.145	7694.272	2.000	528.000	.000
O2	Pillai's Trace	.074	10.175	4.000	1058.000	.000
	Wilks' Lambda	.926	10.328	4.000	1056.000	.000
	Hotelling's Trace	.080	10.481	4.000	1054.000	.000
	Roy's Largest Root	.077	20.265	2.000	529.000	.000

进一步要确认上述得分差异是由内部优化绩效带来的，还是社会适应绩效导致的，并且这种差异是否具有统计学意义上的显著性，通过分析多元方差分析事后检验表（表 5－36）实现。由于内部优化绩效、社会适应绩效在各实验因素水平间方差齐性，应以基于 LSD 的统计量的分析结果为准。

表 5－36　多元方差分析事后检验（地方政府职能转变绩效）

因变量		(I) 所在地区（东中西部）	(J) 所在地区（东中西部）	均值差值（I－J）	标准误差	Sig.
地方政府职能转变内部优化绩效	LSD	东部地区	中部地区	.5589	.10381	.000
			西部地区	.4911	.09993	.000
		中部地区	东部地区	－.5589	.10381	.000
			西部地区	－.0678	.10546	.520
		西部地区	东部地区	－.4911	.09993	.000
			中部地区	.0678	.10546	.520
地方政府职能转变社会适应绩效	LSD	东部地区	中部地区	.4972	.09995	.000
			西部地区	.5139	.09622	.000
		中部地区	东部地区	－.4972	.09995	.000
			西部地区	.0166	.10155	.870
		西部地区	东部地区	－.5139	.09622	.000
			中部地区	－.0166	.10155	.870

事后检验显示，内部优化绩效方面，东部地区与中、西部地区的绩效得分差异均为正值，假设检验 p 值也远小于显著性水平，因此拒绝原假设，这意味着东部地区内部优化绩效高于中、西部地区具有统计学意义上的显著性；中部地区得分尽管低于西部地区，但相应的 p 值为 0.520，高于显著性水平，不能拒绝原假设，即认为中、西部地区内部优化绩效没有显著性差异。对社会适应绩效进行分析后可得到类似结论，东部地区社会适应绩效高于中、西部地区通过了显著性检验，但中、西部地区得分差异不具有统计学意义上的显著性。

通过对地方政府职能转变绩效及其各维度的方差分析，结果显示在地方政府职能转变结果层面，东部地区表现更好，中、西部地区相对落后。其中，在反映职能转变过程中地方政府自身运行经济性、效果性、效率性、公正性改善情况的内部优化绩效方面，存在明显的区域差距，东部地区在经济状况、开放程度、社会发展等方面表现更好，为地方政府自身建设改进和公共服务供给提供了有利条件。反映职能转变过程中地方政府对外部环境适应性提升程度的社会适应绩效，主要反映政府与市场、社会的互动关系，地方政府购买公共服务是观察政府与市场、社会关系的很好的窗口，相关研究也表明经济发达地区政府购买社会服务现象更为普遍（史传林，2014）；基于公共财政视角的社会治理能力评估研究也发现，东部地区治理能力明显强于中、西部地区，且这种差距还在不断扩大（周武星、田发，2015）。

5.4 地方政府职能转变绩效的影响因素及影响机理

5.4.1 地方政府职能转变绩效的影响因素

上一节关注地方政府职能转变绩效的实证测评。本节着重讨论地方政府职能转变绩效的影响因素及影响机理，首先对相关影响因素进行典型相关分析、验证性因子分析、描述性统计分析和方差分析，在此基础上借助结构方程模型（Structural Equation Model，简称 SEM）揭示影响因素的作用机理。

1. 典型相关分析

采用典型相关分析探究地方政府职能转变绩效影响因素间是否存在相关关系，为下文针对地方政府职能转变绩效影响因素的验证性因子分析提供依据。首先分析领导力（包含 X11、X12、X13、X14 等 4 个变量）与愿景与战略（包含 X21、X22、X23 等 3 个变量）间的典型相关关系。结果显示，领导力与愿景与战略间有 3 对典型相关系数，其中第 1 典型相关系数 0.800，p 值远小于显著性水平，第 2 典型相关系数也在 0.05 水平上通过显著性检验。拒绝原假设，即认为领导力与愿景与战略间具有相关关系（见表 5－37）。

表 5－37　　领导力、愿景与战略间典型相关系数

典型相关系数		原假设：典型相关系数为 0			
		Wilk's	Chi－SQ	DF	Sig.
1	.800	.352	550.976	12.000	.000
2	.154	.975	13.481	6.000	.036
3	.041	.998	.901	2.000	.637

进而依次两两分析影响因素间典型相关关系，得到相应的典型相关系数（见表 5－38）。

表 5－38　地方政府职能转变绩效影响因素间典型相关系数（部分）

典型相关系数		原假设：典型相关系数为 0			
		Wilk's	Chi－SQ	DF	Sig.
领导力	公务员队伍建设				
1	.783	.353	548.383	12.000	.000
2	.278	.914	47.221	6.000	.000
3	.097	.991	4.977	2.000	.083
领导力	公共资源管理				
1	.752	.417	460.216	16.000	.000
2	.143	.961	20.761	9.000	.014
3	.114	.981	9.885	4.000	.042
4	.076	.994	3.012	1.000	.083
领导力	公民参与				
1	.690	.495	370.703	12.000	.000
2	.223	.945	30.015	6.000	.000
3	.076	.994	3.046	2.000	.218
领导力	行政审批流程				
1	.809	.331	582.553	16.000	.000
2	.198	.956	23.579	9.000	.005
3	.054	.995	2.474	4.000	.649
4	.043	.998	.958	1.000	.328

续表

典型相关系数		原假设：典型相关系数为0			
		Wilk's	Chi - SQ	DF	Sig.
愿景与战略	公务员队伍建设				
1	.779	.374	519.471	9.000	.000
2	.197	.950	27.217	4.000	.000
3	.109	.988	6.281	1.000	.012
愿景与战略	公共资源管理				
1	.799	.356	543.617	12.000	.000
2	.111	.987	7.039	6.000	.317
3	.032	.999	.544	2.000	.762
愿景与战略	公民参与				
1	.711	.486	380.838	9.000	.000
2	.127	.984	8.715	4.000	.069
3	.020	1.000	.203	1.000	.652
愿景与战略	行政审批流程				
1	.872	.206	832.651	12.000	.000
2	.371	.858	80.537	6.000	.000
3	.070	.995	2.553	2.000	.279
公务员队伍建设	公共资源管理				
1	.809	.328	586.895	12.000	.000
2	.219	.952	26.067	6.000	.000
3	.022	1.000	.249	2.000	.883
公务员队伍建设	公民参与				
1	.714	.458	411.594	9.000	.000
2	.252	.936	34.839	4.000	.000
3	.017	1.000	.160	1.000	.689
公务员队伍建设	行政审批流程				
1	.826	.299	635.554	12.000	.000
2	.223	.943	30.741	6.000	.000
3	.087	.992	3.982	2.000	.137

续表

典型相关系数		原假设：典型相关系数为 0			
		Wilk's	Chi - SQ	DF	Sig.
公共资源管理	公民参与				
1	.762	.396	487.836	12.000	.000
2	.219	.945	29.581	6.000	.000
3	.083	.993	3.617	2.000	.164
公共资源管理	行政审批流程				
1	.820	.311	615.229	16.000	.000
2	.193	.948	27.983	9.000	.001
3	.122	.985	7.944	4.000	.094
4	.005	1.000	.015	1.000	.901
公民参与	行政审批流程				
1	.722	.450	420.764	12.000	.000
2	.221	.941	31.831	6.000	.000
3	.102	.990	5.525	2.000	.063

由表 5 - 38 可知，对各影响因素两两做典型相关分析的结果显示，任意两影响因素间都至少有 1 对典型相关系数通过显著性检验，因此拒绝原假设，可认为地方政府职能转变绩效影响因素间存在相关关系，而这种相关关系呈现怎样的规律，可通过进一步的分析确认。

2. 验证性因子分析

与本书 5.3 节类似，由于地方政府职能转变绩效影响因素间存在相关关系，并非两两正交，故使用斜交验证性因子分析检验相关数据的内在结构。

(1) 初始验证性因子分析模型及其拟合效果。如图 5 - 9 所示，组成该模型的潜变量共有 6 个（领导力、愿景与战略、公务员队伍建设、公共资源管理、公民参与、行政审批流程），分别由对应的显变量测量。

验证性因子分析结果（表 5 - 39）显示，各潜变量对显变量影响的路径系数均通过了显著性检验，说明影响路径是成立的；每条路径对应的标准化估计系数也都在 0.70 以上，这说明各显变量能够有效反映相应潜变量的内涵。

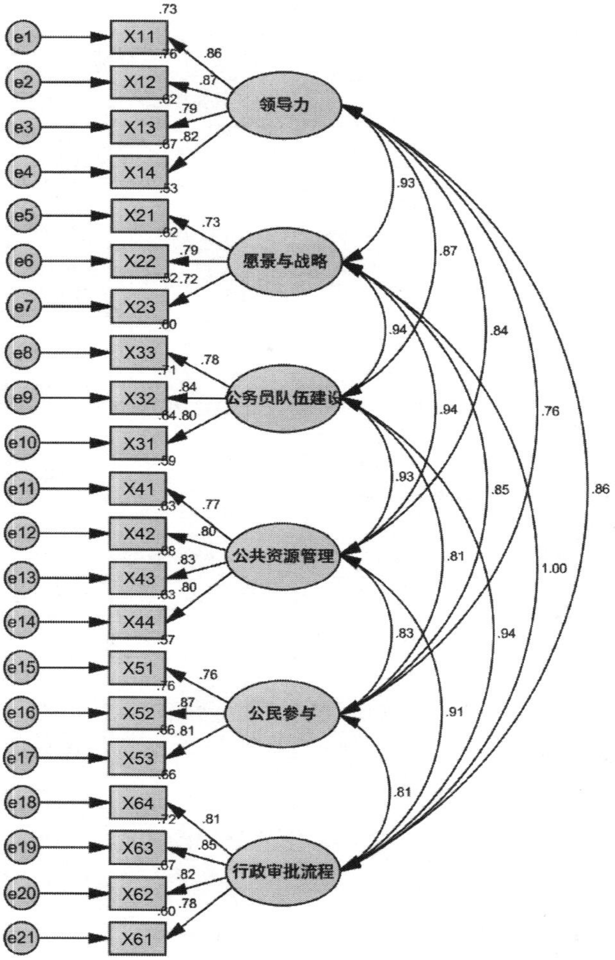

图 5－9　初始验证性因子分析模型（地方政府职能转变绩效影响因素）

表 5－39　初始验证性因子分析模型路径系数（地方政府职能转变绩效影响因素）

			估计系数	标准化估计系数	S. E.	C. R.	P
x14	<－－－	领导力	1.000	.818			
x13	<－－－	领导力	.954	.789	.046	20.911	***
x12	<－－－	领导力	1.038	.873	.043	24.208	***
x11	<－－－	领导力	1.002	.856	.043	23.511	***
x32	<－－－	公务员队伍建设	1.197	.845	.054	22.214	***

续表

			估计系数	标准化估计系数	S. E.	C. R.	P
x52	< - - -	公民参与	1.037	.873	.046	22.453	***
x22	< - - -	愿景与战略	1.069	.788	.058	18.397	***
x31	< - - -	公务员队伍建设	1.000	.800			
x33	< - - -	公务员队伍建设	1.161	.776	.059	19.839	***
x21	< - - -	愿景与战略	.979	.728	.058	16.929	***
x23	< - - -	愿景与战略	1.000	.721			
x51	< - - -	公民参与	.865	.758	.046	18.909	***
x53	< - - -	公民参与	1.000	.812			
x44	< - - -	公共资源管理	1.000	.796			
x43	< - - -	公共资源管理	1.086	.826	.051	21.373	***
x42	< - - -	公共资源管理	1.013	.795	.050	20.340	***
x41	< - - -	公共资源管理	.918	.770	.047	19.485	***
x61	< - - -	行政审批流程	1.000	.778			
x62	< - - -	行政审批流程	.958	.818	.046	20.732	***
x63	< - - -	行政审批流程	1.021	.851	.047	21.791	***
x64	< - - -	行政审批流程	1.108	.811	.054	20.508	***

但整体模型的适配度指标显示，相当一部分统计检验量并未达到假设检验适配标准（17 个常见适配度指标中只有 8 个达到或基本达到），说明初始验证性因子分析模型有待改进（见表 5 - 40）。

表 5 - 40　　初始验证性因子分析模型适配度
（地方政府职能转变绩效影响因素）

统计检验量	适配的标准	检验结果数据	模型适配判断
绝对适配度指标			
卡方值 p 值	>0.05	0.000	否
RMR 值	<0.05	0.066	否
RMSEA 值	<0.08（若<0.05 优良）	0.097	否
GFI 值	>0.90 以上	0.821	否
AGFI 值	>0.90 以上	0.763	否
增值适配度指标			
NFI 值	>0.90 以上	0.891	基本达到

续表

统计检验量	适配的标准	检验结果数据	模型适配判断
RFI 值	>0.90 以上	0.868	否
IFI 值	>0.90 以上	0.907	是
TLI 值（NNFI 值）	>0.90 以上	0.888	基本达到
CFI 值	>0.90 以上	0.907	是
简约适配度指标			
PGFI 值	>0.50 以上	0.619	是
PNFI 值	>0.50 以上	0.738	是
PCFI 值	>0.50 以上	0.752	是
CN 值	>200	106	否
卡方自由度比	<3.00	5.958	否
AIC 值	理论模型值小于独立模型值，且同时小于饱和模型值	1150.693 > 462.000 1150.693 < 9542.318	否
CAIC 值	理论模型值小于独立模型值，且同时小于饱和模型值	1451.462 < 1680.905 1451.462 < 9653.128	是

分析相应的模型参数修正指标值，由于 e1 与 e2、e6 与 e7、e9 与 e10 等误差间修正指标值较高，说明共变关系较为明显，可考虑增列，以此修正验证性因子分析模型（见表 5－41）。

表 5－41　初始验证性因子分析模型部分参数修正指标值（地方政府职能转变绩效影响因素）

			M. I.	Par Change
e2	< - - - >	e1	28.061	.103
e7	< - - - >	e6	56.146	.200
e10	< - - - >	e9	29.865	.130
e15	< - - - >	e14	37.943	.180
e20	< - - - >	e19	69.029	.157
e21	< - - - >	e19	34.618	-.132
e6	< - - - >	e20	20.620	-.098
e6	< - - - >	e21	23.488	.123
e6	< - - - >	e11	9.452	.075
e6	< - - - >	e12	4.416	-.052
e6	< - - - >	e14	4.873	-.054
e6	< - - - >	e5	23.268	-.123

（2）验证性因子分析模型修正及其拟合效果。根据初始验证性因子分析模型参数修正指标值，在 e1 与 e2、e6 与 e7、e9 与 e10 等误差间增列共变关系，对初始验证性因子分析模型加以修正（见图 5 - 10）。

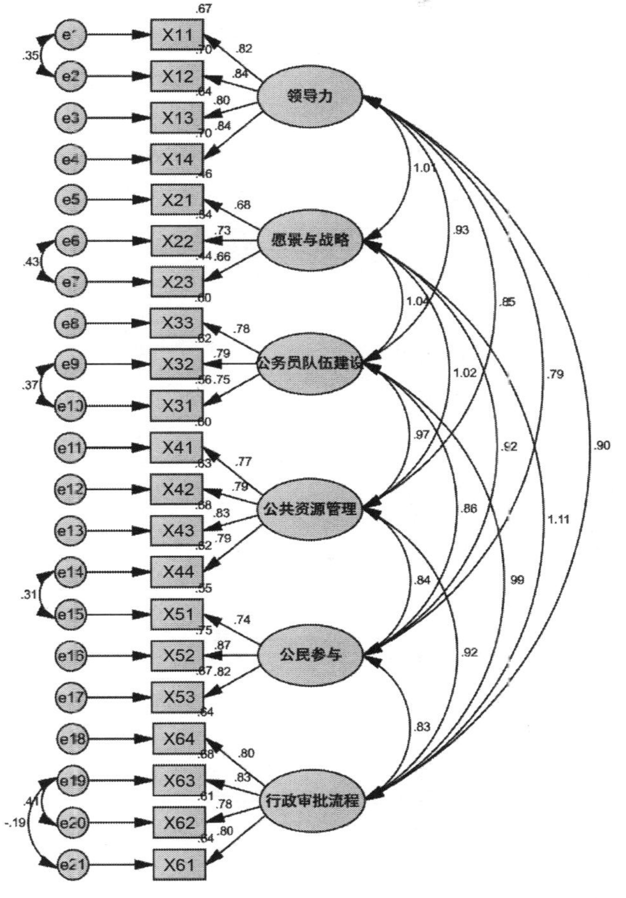

图 5 - 10　修正验证性因子分析模型（地方政府职能转变绩效影响因素）

修正后整体模型的适配度指标显示，绝大多数统计检验量（RMR = 0. 056，RMSEA = 0. 079 < 0. 08，NFI = 0. 924 > 0. 90，RFI = 0. 905 > 0. 90，IFI = 0. 941 > 0. 90，TLI = 0. 926 > 0. 90，CFI = 0. 941 > 0. 90，PGFI = 0. 640 > 0. 50，PNFI = 0. 739 > 0. 50，PCFI = 0. 752 > 0. 50，CAIC = 1178. 773 < 1680. 905 < 9653. 128）达到假设检验适配标准（17 个常见适配度指标中有 11 个达到标准），说明验证性因子分析模型适配度良好（见表 5 - 42）。

表 5－42　　修正验证性因子分析模型适配度
（地方政府职能转变绩效影响因素）

统计检验量	适配的标准	检验结果数据	模型适配判断
绝对适配度指标			
卡方值 p 值	>0.05	0.000	否
RMR 值	<0.05	0.056	基本达到
RMSEA 值	<0.08（若<0.05 优良）	0.079	是
GFI 值	>0.90 以上	0.880	否
AGFI 值	>0.90 以上	0.835	否
增值适配度指标			
NFI 值	>0.90 以上	0.924	是
RFI 值	>0.90 以上	0.905	是
IFI 值	>0.90 以上	0.941	是
TLI 值（NNFI 值）	>0.90 以上	0.926	是
CFI 值	>0.90 以上	0.941	是
简约适配度指标			
PGFI 值	>0.50 以上	0.640	是
PNFI 值	>0.50 以上	0.739	是
PCFI 值	>0.50 以上	0.752	是
CN 值	>200	147	否
卡方自由度比	<3.00	4.288	否
AIC 值	理论模型值小于独立模型值，且同时小于饱和模型值	846.344 > 462.000 846.344 < 9542.318	否
CAIC 值	理论模型值小于独立模型值，且同时小于饱和模型值	1178.773 < 1680.905 1178.773 < 9653.128	是

修正验证性因子分析模型中，各潜变量对显变量影响的路径系数均通过了显著性检验，说明影响路径是成立的；每条路径对应的标准化估计系数也都在 0.65 分以上，这说明各显变量能够有效反映相应潜变量的内涵（见表 5－43）。

表5-43　修正验证性因子分析模型路径系数（地方政府职能转变绩效影响因素）

			估计系数	标准化估计系数	S. E.	C. R.	P
x14	<---	领导力	1.000	.838			
x13	<---	领导力	1.016	.800	.043	21.754	***
x12	<---	领导力	.916	.836	.042	23.097	***
x11	<---	领导力	.888	.819	.042	22.347	***
x32	<---	公务员队伍建设	1.172	.789	.050	24.049	***
x52	<---	公民参与	.913	.867	.045	22.485	***
x22	<---	愿景与战略	1.062	.734	.049	22.268	***
x31	<---	公务员队伍建设	1.000	.747			
x33	<---	公务员队伍建设	1.333	.777	.066	18.780	***
x21	<---	愿景与战略	1.049	.675	.063	15.682	***
x23	<---	愿景与战略	1.000	.661			
x51	<---	公民参与	.668	.742	.045	18.606	***
x53	<---	公民参与	1.000	.819			
x44	<---	公共资源管理	1.000	.785			
x43	<---	公共资源管理	1.187	.825	.053	21.025	***
x42	<---	公共资源管理	1.197	.794	.052	19.992	***
x41	<---	公共资源管理	.996	.775	.049	19.398	***
x61	<---	行政审批流程	1.000	.798			
x62	<---	行政审批流程	1.075	.784	.044	20.476	***
x63	<---	行政审批流程	1.106	.825	.048	20.195	***
x64	<---	行政审批流程	1.289	.802	.050	21.143	***

在验证性因子分析模型潜变量间关系中，各影响因素间相关系数p值均远小于显著性水平，即变量间存在明显的相关关系，这也说明本研究采用斜交验证性因子分析是合理的（见表5-44）。

表 5 - 44　　　　修正验证性因子分析模型潜变量间关系

（地方政府职能转变绩效影响因素）

			Covariances Estimate	Correlations Estimate	S. E.	C. R.	P
领导力	< - - - >	愿景与战略	.832	1.005	.069	11.999	***
公务员队伍建设	< - - - >	愿景与战略	.701	1.045	.061	11.588	***
领导力	< - - - >	公务员队伍建设	.831	.933	.068	12.260	***
公务员队伍建设	< - - - >	公共资源管理	.766	.970	.063	12.134	***
愿景与战略	< - - - >	公共资源管理	.747	1.018	.064	11.752	***
领导力	< - - - >	公共资源管理	.829	.851	.069	12.065	***
公民参与	< - - - >	公共资源管理	.851	.836	.072	11.739	***
公务员队伍建设	< - - - >	公民参与	.798	.857	.069	11.582	***
公民参与	< - - - >	愿景与战略	.794	.918	.070	11.337	***
领导力	< - - - >	公民参与	.901	.785	.077	11.698	***
公民参与	< - - - >	行政审批流程	.882	.827	.075	11.821	***
公共资源管理	< - - - >	行政审批流程	.836	.923	.068	12.310	***
公务员队伍建设	< - - - >	行政审批流程	.819	.990	.066	12.360	***
愿景与战略	< - - - >	行政审批流程	.857	1.114	.070	12.299	***
领导力	< - - - >	行政审批流程	.921	.904	.073	12.542	***

针对各潜变量、显变量的参数方差估计结果显示，各参数误差均为正值，绝对值也不高，且都通过了显著性检验。这意味着构建的验证性因子分析模型是合适的，没有明显的界定错误（见表 5 - 45）。

表 5 - 45　　　　修正验证性因子分析模型各参数方差估计

（地方政府职能转变绩效影响因素）

	估计系数	S. E.	C. R.	P		估计系数	S. E.	C. R.	P
领导力	1.097	.094	11.630	***	e16	.414	.040	10.241	***
公务员队伍建设	.722	.074	9.765	***	e15	.675	.049	13.887	***
公民参与	1.200	.108	11.068	***	e7	.804	.052	15.600	***
愿景与战略	.624	.074	8.440	***	e6	.631	.045	13.911	***
公共资源管理	.864	.081	10.629	***	e5	.731	.050	14.763	***
行政审批流程	.948	.087	10.907	***	e14	.537	.038	14.141	***
e4	.466	.036	12.770	***	e13	.497	.037	13.391	***

续表

	估计系数	S. E.	C. R.	P		估计系数	S. E.	C. R.	P
e3	.551	.040	13.672	***	e12	.541	.039	14.017	***
e2	.446	.036	12.496	***	e11	.512	.036	14.294	***
e1	.473	.037	12.884	***	e21	.540	.038	14.396	***
e10	.571	.040	14.167	***	e20	.475	.033	14.619	***
e9	.626	.047	13.254	***	e19	.413	.031	13.455	***
e8	.731	.053	13.713	***	e18	.599	.041	14.630	***
e17	.588	.048	12.206	***					

3. 描述性统计分析

对照地方政府职能转变绩效影响因素指标体系，依次计算每个指标的平均得分。随后按照样本人口统计学特征，依次计算该指标在东、中、西部地区的平均得分。

由表5－46可知，在总体范围内，测评地方政府职能转变绩效影响因素的各指标平均得分都超过了4.5（满分7分），得分率超过60%。其中，得分最高的为5.15分的“X31政府人员的服务态度不断改善”“X44政务信息网上公开程度不断提升”。得分较低的是4.51分的“X53公民愈发频繁参与公共事务决策”以及4.58分的“X33基层公务员参与权建议权增加”。

表5－46　地方政府职能转变绩效影响因素测评指标算术平均得分

维度	指标名称	所有地区平均值	东部地区平均值	中部地区平均值	西部地区平均值
领导力	X11领导重视职能转变工作的推进情况	4.91	5.16	4.82	4.73
	X12领导注重阐释职能转变工作的意义	4.81	5.09	4.64	4.65
	X13领导在职能转变过程中善于发挥下属的特长	4.63	4.91	4.48	4.47
	X14领导善于协调职能转变过程中各方利益诉求	4.68	4.96	4.59	4.47

续表

维度	指标名称	所有地区平均值	东部地区平均值	中部地区平均值	西部地区平均值
愿景与战略	X21 职能转变目标基本反映了各方的现实需求	4.78	5.02	4.64	4.64
	X22 职能转变目标能够根据环境变动调整完善	4.73	4.99	4.62	4.54
	X23 制定一批政策法规保障职能转变目标实现	4.88	5.14	4.75	4.72
公务员队伍建设	X31 政府人员的服务态度不断改善	5.15	5.42	5.04	4.96
	X32 政府机关慵懒散现象逐渐减少	4.98	5.3	4.88	4.71
	X33 基层公务员参与权建议权增加	4.58	4.94	4.46	4.31
公共资源管理	X41 专项资金逐渐从竞争性行业退出	4.68	4.92	4.5	4.57
	X42 专项资金挤占挪用情况逐渐减少	4.96	5.16	4.85	4.84
	X43 专项资金绩效评价体系逐步建立	4.78	5.02	4.71	4.6
	X44 政务信息网上公开程度不断提升	5.15	5.4	5.03	4.97
公民参与	X51 公民查阅政策文件途径更加便捷	4.98	5.25	4.8	4.85
	X52 公民愈发频繁参与监督政府活动	4.77	5.1	4.62	4.56
	X53 公民愈发频繁参与公共事务决策	4.51	4.87	4.4	4.23
行政审批流程	X61 行政审批事项逐步减少	5.06	5.25	4.93	4.96
	X62 行政审批流程更加清晰	5.1	5.29	5.04	4.96
	X63 行政审批速度稳步提升	5.06	5.28	4.99	4.88
	X64 推诿扯皮现象逐渐减少	4.7	4.94	4.62	4.5

在东、中、西部地区的指标得分中，“X31 政府人员的服务态度不断改善”“X61 行政审批事项逐步减少”“X62 行政审批流程更加清晰”等得分较高，“X53 公民愈发频繁参与公共事务决策”“X33 基层公务员参与权建议权增加”等得分较低，东、中、西部地区指标得分具有一定的相似性。

进一步，如果将 X11 至 X24 指标的得分求和取平均，可近似反映领导力总体水平，将 X21 至 X23 指标的得分求和取平均，可近似反映愿景与战略总体水平，以此类推。同理，可分别计算东、中、西部的区域得分（见表 5－47）。

表5-47 地方政府职能转变绩效影响因素得分

	所有地区平均值	东部地区平均值	中部地区平均值	西部地区平均值
领导力	4.76	5.03	4.63	4.58
愿景与战略	4.80	5.05	4.67	4.63
公务员队伍建设	4.90	5.22	4.79	4.66
公共资源管理	4.89	5.13	4.77	4.75
公民参与	4.76	5.07	4.61	4.54
行政审批流程	4.98	5.19	4.89	4.82

由表5-47可知，在地方政府职能转变绩效影响因素总体水平上，行政审批流程、公务员队伍建设得分较高，领导力、公民参与得分较低。东部地区行政审批流程、公务员队伍建设得分较高，领导力、愿景与战略得分较低；中部地区行政审批流程、公务员队伍建设得分较高，领导力、公民参与得分较低；西部地区行政审批流程、公共资源管理得分较高，领导力、公民参与得分较低。东、中、西部地区指标得分具有一定的相似性。

那么，根据对描述性统计分析结果的观察，哪些原因导致的上述绩效影响因素得分差异？是源自随机抽样带来的系统性误差，还是客观规律的真实反映？上述问题，可通过方差分析进一步验证。

4. 方差分析

由表5-48可知，方差齐性Levene检验显示，p值略小于显著性水平，这意味着地方政府职能转变绩效影响因素间总体方差非齐性。

表5-48 方差齐性Levene检验（地方政府职能转变绩效影响因素）

因变量：各影响因素得分			
F	df1	df2	Sig.
2.316	5	3186	.041

注：检验零假设，即在所有组中因变量的误差方差均相等。

表5-49报告了方差分析对应的模型的存在性检验结果，其中组间F统计量为3.826，对应的假设检验p值远小于显著性水平，拒绝原假设，这意味着方差分析模型是成立的，即地方政府职能转变绩效影响因素间得分具有显著性差异。

表 5 -49　方差分析模型估计（地方政府职能转变绩效影响因素）

因变量：各影响因素得分					
源	Ⅲ型平方和	df	均方	F	Sig.
校正模型	21.909	5	4.382	3.826	.002
截距	75009.957	1	75009.957	65493.842	.000
O	21.909	5	4.382	3.826	.002
误差	3648.919	3186	1.145		
总计	78680.785	3192			
校正的总计	3670.828	3191			

而要进一步探究得分差异的原因，需借助方差分析的“事后检验”功能实现。由于总体方差非齐性，一般以 Tamhane 统计量为准。由表 5 -50 可知，行政审批流程与领导力差值为 0.2190，且 p 值小于显著性水平，因此前者得分高于后者通过显著性检验。同理，行政审批流程得分高于愿景与战略、行政审批流程得分高于公民参与也都通过了显著性检验。

表 5 -50　方差分析事后检验（地方政府职能转变绩效影响因素）

因变量：各影响因素得分					
	(I) 影响因素	(J) 影响因素	均值差值 (I-J)	标准误差	Sig.
Tamhane	领导力	愿景与战略	-.0357	.06538	1.000
		公务员队伍建设	-.1447	.06678	.371
		公共资源管理	-.1330	.06429	.448
		公民参与	.0031	.06773	1.000
		行政审批流程	-.2190	.06462	.011
	愿景与战略	领导力	.0357	.06538	1.000
		公务员队伍建设	-.1090	.06616	.793
		公共资源管理	-.0973	.06365	.869
		公民参与	.0388	.06712	1.000
		行政审批流程	-.1833	.06398	.062
	公务员队伍建设	领导力	.1447	.06678	.371
		愿景与战略	.1090	.06616	.793
		公共资源管理	.0117	.06508	1.000
		公民参与	.1479	.06848	.377
		行政审批流程	-.0742	.06541	.988

续表

	(I) 影响因素	(J) 影响因素	均值差值 (I-J)	标准误差	Sig.
Tamhane	公共资源管理	领导力	.1330	.06429	.448
		愿景与战略	.0973	.06365	.869
		公务员队伍建设	-.0117	.06508	1.000
		公民参与	.1361	.06606	.454
		行政审批流程	-.0860	.06286	.941
	公民参与	领导力	-.0031	.06773	1.000
		愿景与战略	-.0388	.06712	1.000
		公务员队伍建设	-.1479	.06848	.377
		公共资源管理	-.1361	.06606	.454
		行政审批流程	-.2221	.06638	.013
	行政审批流程	领导力	.2190	.06462	.011
		愿景与战略	.1833	.06398	.062
		公务员队伍建设	.0742	.06541	.988
		公共资源管理	.0860	.06286	.941
		公民参与	.2221	.06638	.013

通过对地方政府职能转变绩效影响因素的描述性统计分析和方差分析可知，现阶段各类影响因素中，行政审批流程得分最高，公民参与水平还较低。

结合现实与实践可知，鉴于政治体制改革的高成本和高风险，各级地方政府更倾向于通过行政管理体制改革和公共服务供给优化等实现政府改革与创新。其中，作为行政管理体制改革和公共服务供给优化的重要组成部分，行政审批流程是反映政府与市场、社会关系的重要窗口，也是推进新时期政府职能转变任务的关键途径。党的十九大报告强调“转变政府职能，深化简政放权，创新监管方式，增强政府公信力和执行力，建设人民满意的服务型政府”；党的十九届五中全会指出，必须“持续优化市场化法治化国际化营商环境”“实施涉企经营许可事项清单管理，加强事中事后监管，对新产业新业态实行包容审慎监管”。未来一段时期内，深化简政放权、放管结合、优化服务改革，推进政务服务标准化、规范化、便利化将继续成为改革的重点任务。

公民参与水平较低，反映出当前公民参与社会治理实践仍存在困境。事实上，包括杭州市政府常务会的“开放式决策”、浙江温岭“民主恳谈会”等地方实践仍局限在各自发起时所在地域，尚未实现更大范围的普及推广（何增科，2011）。党的十九届五中全会指出，完善社会治理体系需“完善基层民主协商制度，实现政府治理同社会调节、居民自治良性互动，建设人人有责、人人尽责、人人享有的社会治理共同体”，这说明现阶段对居民自治及社会各主体参与社会治理途径的机理尚未清晰界定，也从另一方面说明完善社会治理体系需要政府、市场主体、新社会阶层、群团组织等各方协调推进。

5.4.2 地方政府职能转变绩效的影响机理

1. 初始结构方程模型及其拟合效果

以领导力为外生潜变量，愿景与战略、公务员队伍建设、公共资源管理等为内生潜变量构建图 5 - 11 所示的结构方程模型。该模型中，领导力由“X11 领导重视职能转变工作的推进情况”“X12 领导注重阐释职能转变工作的意义”“X13 领导在职能转变过程中善于发挥下属的特长”“X14 领导善于协调职能转变过程中各方利益诉求”等外生显变量测量，愿景与战略、公务员队伍建设、公共资源管理等也分别由对应的内生显变量测量，借助 AMOS 21.0 拟合分析。

拟合后的适配度指标（见表 5 - 51）显示，相当一部分统计检验量并未达到假设检验适配标准（17 个常见适配度指标中只有 7 个达到或基本达到），说明初始的结构方程模型有待改进。

表 5 - 52 报告了图 5 - 11 的各路径系数，结果显示“公共资源管理→内部优化绩效”“公共资源管理→社会适应绩效”等两条路径的假设检验 p 值明显高于显著性水平，其余路径系数均通过了显著性检验。这意味着图 5 - 11 中，上述两条路径对应的研究假设与样本特征不符，需在此基础上做进一步修正。

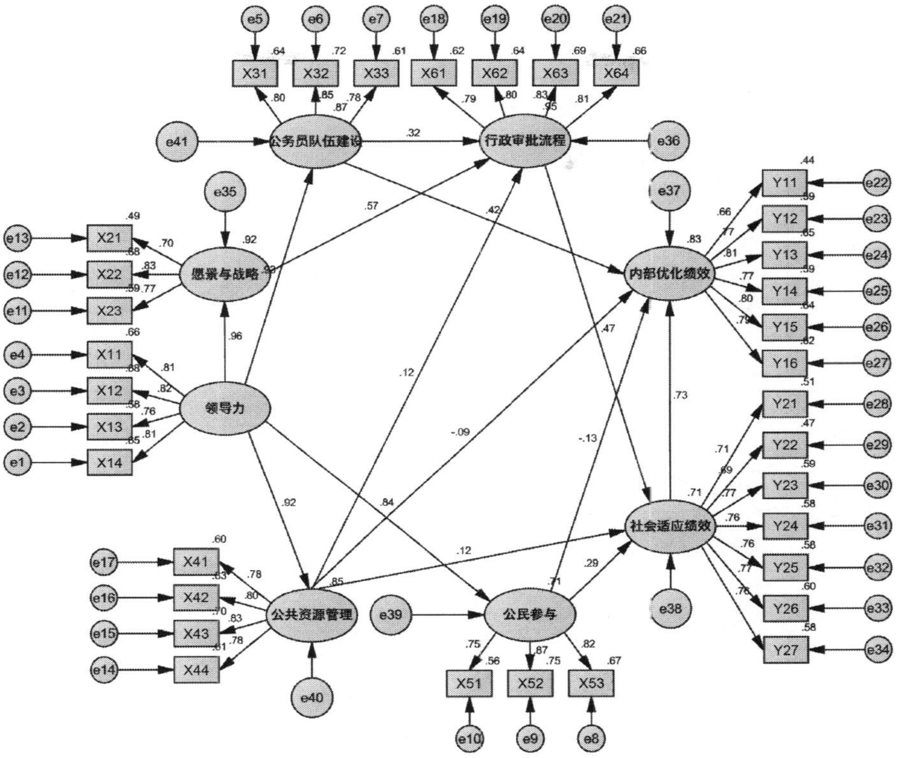

图 5 - 11　初始的结构方程模型

表 5 - 51　　结构方程模型适配度

统计检验量	适配的标准	检验结果数据	模型适配判断
绝对适配度指标			
卡方值 p 值	>0.05	0.000	否
RMR 值	<0.05	0.067	否
RMSEA 值	<0.08（若<0.05 优良）	0.081	基本达到
GFI 值	>0.90 以上	0.767	否
AGFI 值	>0.90 以上	0.730	否
增值适配度指标			
NFI 值	>0.90 以上	0.850	否
RFI 值	>0.90 以上	0.836	否
IFI 值	>0.90 以上	0.880	基本达到
TLI 值（NNFI 值）	>0.90 以上	0.868	否
CFI 值	>0.90 以上	0.880	基本达到

续表

统计检验量	适配的标准	检验结果数据	模型适配判断
简约适配度指标			
PGFI 值	>0.50 以上	0.662	是
PNFI 值	>0.50 以上	0.778	是
PCFI 值	>0.50 以上	0.804	是
CN 值	>200	133	否
卡方自由度比	<3.00	4.443	否
AIC 值	理论模型值小于独立模型值，且同时小于饱和模型值	2443.026 > 1190.000 2443.026 < 15287.398	否
CAIC 值	理论模型值小于独立模型值，且同时小于饱和模型值	2875.711 < 4329.603 2875.711 < 15466.804	是

表 5-52　　结构方程模型路径系数

			未标准化系数	标准化系数	S. E.	C. R.	P
公务员队伍建设	< - - -	领导力	.842	.933	.043	19.747	***
愿景与战略	< - - -	领导力	.871	.959	.045	19.244	***
公共资源管理	< - - -	领导力	.848	.921	.045	18.853	***
行政审批流程	< - - -	公务员队伍建设	.333	.317	.087	3.848	***
公民参与	< - - -	领导力	.917	.844	.051	18.081	***
行政审批流程	< - - -	愿景与战略	.599	.573	.110	5.467	***
行政审批流程	< - - -	公共资源管理	.123	.119	.074	1.657	.098
社会适应绩效	< - - -	行政审批流程	.442	.474	.098	4.520	***
社会适应绩效	< - - -	公民参与	.240	.295	.053	4.560	***
社会适应绩效	< - - -	公共资源管理	.114	.119	.093	1.229	.219
内部优化绩效	< - - -	社会适应绩效	.731	.727	.075	9.770	***
内部优化绩效	< - - -	公民参与	-.103	-.126	.050	-2.055	.040
内部优化绩效	< - - -	公务员队伍建设	.411	.417	.083	4.965	***
内部优化绩效	< - - -	公共资源管理	-.084	-.087	.075	-1.118	.263

2. 结构方程模型修正及其拟合效果

（1）第 1 次修正。鉴于图 5-11 中“公共资源管理→内部优化绩效”“公共资源管理→社会适应绩效”等两条路径的假设检验 p 值明显高于显著性水平，可将不显著的路径删除，实现模型的精简（吴明隆，2010）。基于此，本书删除上述两条路径，构建图 5－12 并重新估计模型参数。

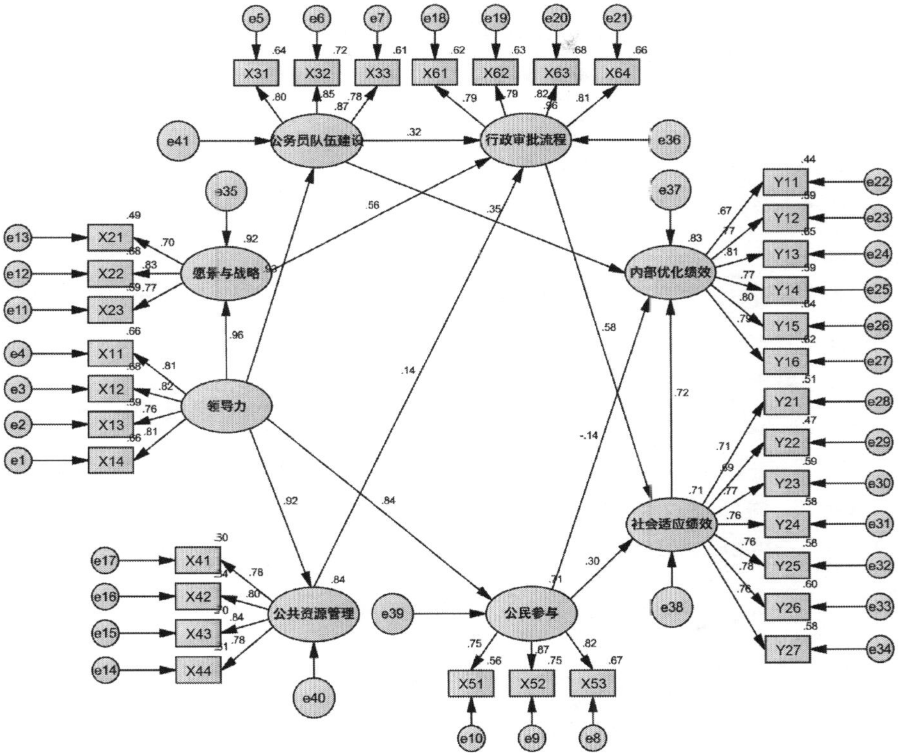

图 5－12　第 1 次修正后的结构方程模型

图 5－12 路径系数显示，在删除两条不显著的路径后，剩余 12 条路径的系数均在 0.05 的显著性水平上通过检验（其中 10 条路径系数 p 值小于 0.001），说明模型内在质量已较好（见表 5－53）。

表 5－53　　结构方程模型路径系数

			未标准化系数	标准化系数	S. E.	C. R.	P
公务员队伍建设	<－－－	领导力	.840	.931	.043	19.720	***
愿景与战略	<－－－	领导力	.871	.959	.045	19.267	***
公共资源管理	<－－－	领导力	.845	.918	.045	18.813	***

续表

			未标准化系数	标准化系数	S. E.	C. R.	P
行政审批流程	<---	公务员队伍建设	.337	.320	.084	4.028	***
公民参与	<---	领导力	.916	.844	.051	18.092	***
行政审批流程	<---	愿景与战略	.584	.558	.105	5.560	***
行政审批流程	<---	公共资源管理	.142	.137	.070	2.019	.043
社会适应绩效	<---	行政审批流程	.542	.582	.064	8.509	***
社会适应绩效	<---	公民参与	.244	.300	.053	4.642	***
内部优化绩效	<---	社会适应绩效	.724	.720	.074	9.792	***
内部优化绩效	<---	公民参与	-.115	-.140	.050	-2.316	.021
内部优化绩效	<---	公务员队伍建设	.348	.353	.062	5.597	***

拟合后图 5－12 的模型适配度指标（见表 5－54）显示，删除两条不显著路径对模型外在质量改善不多，17 个常见适配度指标中只有 7 个达到或基本达到假设检验适配标准，说明图 5－12 模型适配度仍需进一步完善。

表 5－54　　　　结构方程模型适配度

统计检验量	适配的标准	检验结果数据	模型适配判断
绝对适配度指标			
卡方值 p 值	>0.05	0.000	否
RMR 值	<0.05	0.067	否
RMSEA 值	<0.08（若<0.05 优良）	0.080	基本达到
GFI 值	>0.90 以上	0.768	否
AGFI 值	>0.90 以上	0.732	否
增值适配度指标			
NFI 值	>0.90 以上	0.850	否
RFI 值	>0.90 以上	0.837	否
IFI 值	>0.90 以上	0.880	基本达到
TLI 值（NNFI 值）	>0.90 以上	0.869	否
CFI 值	>0.90 以上	0.880	基本达到

续表

统计检验量	适配的标准	检验结果数据	模型适配判断
简约适配度指标			
PGFI 值	>0.50 以上	0.665	是
PNFI 值	>0.50 以上	0.780	是
PCFI 值	>0.50 以上	0.807	是
CN 值	>200	133	否
卡方自由度比	<3.00	4.428	否
AIC 值	理论模型值小于独立模型值，且同时小于饱和模型值	2440.575 > 1190.000 2440.575 < 15287.398	否
CAIC 值	理论模型值小于独立模型值，且同时小于饱和模型值	2862.707 < 4329.603 2862.707 < 15466.804	是

分析相应的模型参数修正指标值，由于 e1 与 e2、e12 与 e13、e23 与 e24、e28 与 e29 等误差间修正指标值较高，说明共变关系较为明显，可考虑增列，以此进一步修正结构方程模型。

表 5-55　　　　结构方程模型部分参数修正指标值

			M. I.	Par Change
e23	<--->	e24	113.711	.276
e20	<--->	e21	21.961	.110
e19	<--->	e20	102.328	.210
e33	<--->	e34	31.342	.159
e28	<--->	e29	67.858	.277
e12	<--->	e13	33.016	-.152
e5	<--->	e7	29.129	-.153
e5	<--->	e6	26.099	.121
e1	<--->	e2	28.648	.147

（2）第2次修正。根据表 5-55 给出的参数修正指标值，以图 5-12 模型为基础，在 e1 与 e2、e12 与 e13、e23 与 e24、e28 与 e29 等误差间增列共变关系，构建图 5-13 的模型并重新估计模型参数。

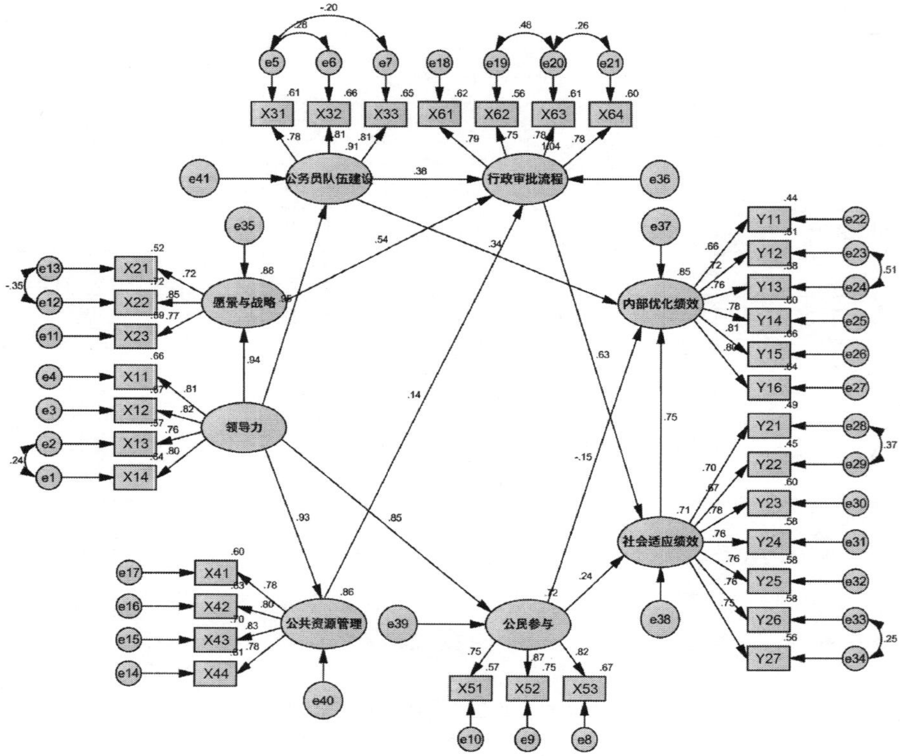

图 5－13　第 2 次修正后的结构方程模型

经过修正，多数适配度指标已达到或基本达到标准（RMSEA = 0.068；NFI = 0.884；RFI = 0.872；IFI = 0.915；TLI = 0.905；CFI = 0.914；PGFI = 0.702；PNFI = 0.798；PCFI = 0.825；CAIC = 2407.027 < 4329.603 < 15466.804），模型适配度良好（见表 5－56）。

表 5－56　　结构方程模型适配度

统计检验量	适配的标准	检验结果数据	模型适配判断
绝对适配度指标			
卡方值 p 值	>0.05	0.000	否
RMR 值	<0.05	0.060	否
RMSEA 值	<0.08（若<0.05 优良）	0.068	是
GFI 值	>0.90 以上	0.825	否
AGFI 值	>0.90 以上	0.794	否

续表

统计检验量	适配的标准	检验结果数据	模型适配判断
增值适配度指标			
NFI 值	>0.90 以上	0.884	基本达到
RFI 值	>0.90 以上	0.872	基本达到
IFI 值	>0.90 以上	0.915	是
TLI 值（NNFI 值）	>0.90 以上	0.905	是
CFI 值	>0.90 以上	0.914	是
简约适配度指标			
PGFI 值	>0.50 以上	0.702	是
PNFI 值	>0.50 以上	0.798	是
PCFI 值	>0.50 以上	0.825	是
CN 值	>200	169	否
卡方自由度比	<3.00	3.477	否
AIC 值	理论模型值小于独立模型值，且同时小于饱和模型值	1937.406 > 1190.000 1937.406 < 15287.398	否
CAIC 值	理论模型值小于独立模型值，且同时小于饱和模型值	2407.027 < 4329.603 2407.027 < 15466.804	是

在增列误差间共变关系后，图 5－13 模型中全部 12 条路径的系数（表 5－57）均在 0.05 的显著性水平上通过检验（其中 10 条路径系数 p 值小于 0.001），再次验证模型已具有较高的内在质量。

表 5－57　　　　结构方程模型路径系数

			未标准化系数	标准化系数	S. E.	C. R.	P
公务员队伍建设	< - - -	领导力	.850	.955	.044	19.258	***
愿景与战略	< - - -	领导力	.861	.940	.047	18.444	***
公共资源管理	< - - -	领导力	.864	.925	.046	18.710	***
行政审批流程	< - - -	公务员队伍建设	.412	.380	.107	3.847	***
公民参与	< - - -	领导力	.931	.847	.052	17.896	***
行政审批流程	< - - -	愿景与战略	.565	.537	.098	5.763	***
行政审批流程	< - - -	公共资源管理	.142	.138	.070	2.037	.042
社会适应绩效	< - - -	行政审批流程	.570	.627	.064	8.854	***
社会适应绩效	< - - -	公民参与	.193	.242	.053	3.631	***

续表

			未标准化系数	标准化系数	S. E.	C. R.	P
内部优化绩效	< - - -	社会适应绩效	.766	.749	.081	9.439	***
内部优化绩效	< - - -	公民参与	-.122	-.150	.051	-2.396	.017
内部优化绩效	< - - -	公务员队伍建设	.340	.338	.072	4.725	***

以上数据表明，经过两次修正后，结构方程模型中全部12条路径的系数均通过显著性检验，模型的内在质量较好；模型适配度较初始模型有了明显的改进，多数适配度指标已达到或基本达到标准，模型的外在质量较好。鉴于此，将第2次修正后的图5－13模型确定为最终的结构方程模型。

3. 研究假设检验与讨论

根据表5－57反映的图5－13模型路径系数的假设检验结果，可判断研究假设是否被证实。经整理分析，本章提出14条研究假设，其中11条被证实，1条被证伪，另有两条暂不能确定（见表5－58）。

表5－58　　　　假设检验结果

研究假设		检验结果
H_{1a}	领导力对愿景与战略具有正向影响	证实
H_{1b}	领导力对公务员队伍建设具有正向影响	证实
H_{1c}	领导力对公共资源管理具有正向影响	证实
H_{1d}	领导力对公民参与具有正向影响	证实
H_{1e}	愿景与战略对行政审批流程具有正向影响	证实
H_{2a}	公务员队伍建设对行政审批流程具有正向影响	证实
H_{2b}	公务员队伍建设对内部优化绩效具有正向影响	证实
H_{2c}	公共资源管理对行政审批流程具有正向影响	证实
H_{2d}	公共资源管理对内部优化绩效具有正向影响	不能证实
H_{2e}	公共资源管理对社会适应绩效具有正向影响	不能证实
H_{2f}	公民参与对内部优化绩效具有正向影响	证伪
H_{2g}	公民参与对社会适应绩效具有正向影响	证实
H_{3a}	行政审批流程对社会适应绩效具有正向影响	证实
H_{4a}	社会适应绩效对内部优化绩效具有正向影响	证实

进而可以绘制地方政府职能转变绩效的影响机理，如图 5－14 所示。

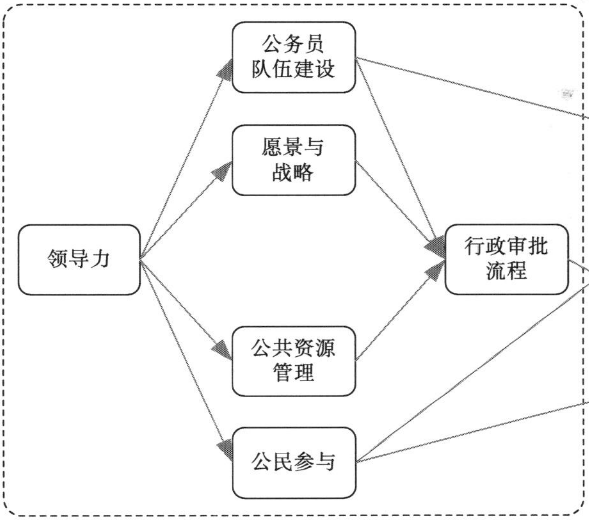

图 5－14　地方政府职能转变绩效的影响机理

根据 AMOS 运算输出中的标准化直接效应（Standardized Direct Effects）、标准化间接效应（Standardized Indirect Effects）和标准化总效应（Standardized Total Effects），可整理出结构方程模型潜变量间路径的标准化影响效应（见表 5－59）。

表 5－59　　结构方程模型潜变量间路径标准化影响效应

变量关系	直接效应	间接效应	总效应
领导力→公共资源管理	.925	—	.925
领导力→愿景与战略	.940	—	.940
领导力→公务员队伍建设	.955	—	.955
领导力→行政审批流程	—	.995	.995
领导力→公民参与	.847	—	.847
领导力→社会适应绩效	—	.829	.829
领导力→内部优化绩效	—	.817	.817
公共资源管理→行政审批流程	.138	—	.138
公共资源管理→社会适应绩效	—	.086	.086
公共资源管理→内部优化绩效	—	.065	.065

续表

变量关系	直接效应	间接效应	总效应
愿景与战略→行政审批流程	.537	—	.537
愿景与战略→社会适应绩效	—	.337	.337
愿景与战略→内部优化绩效	—	.252	.252
公务员队伍建设→行政审批流程	.380	—	.380
公务员队伍建设→社会适应绩效	—	.238	.238
公务员队伍建设→内部优化绩效	.338	.179	.517
行政审批流程→社会适应绩效	.627	—	.627
行政审批流程→内部优化绩效	—	.470	.470
公民参与→社会适应绩效	.242	—	.242
公民参与→内部优化绩效	-.150	.181	.031
社会适应绩效→内部优化绩效	.749	—	.749

第一，分析领导力的影响效应。可以明显看出，相比其他影响因素，领导力对各内生潜变量的总影响效应都在0.80以上，这一效应高于其他任何因素。上述结果证明，领导力在地方政府职能转变过程中起掌控全局的作用，对公共资源管理、愿景与战略、公务员队伍建设、行政审批流程、公民参与、社会适应绩效及内部优化绩效的高低都有很强的影响。

更重要的是，领导力对社会适应绩效和内部优化绩效的影响效应比其他任何影响因素都要高，说明领导力是提升地方政府职能转变绩效的决定性因素：变革成功首先归功于高效的领导力（Goleman，Boyatzis & Mckee，2002；Higgs，2003），随后才是其他因素（例如管理部门的努力）（Kotter，1999），正如Kotter（1996）所言，“变革活动的四分之三都与领导而不是与管理有关”。鉴于政治支持的缺乏及由此带来的变革推进力不足是变革失败的最重要原因，政治制度背景、政治家干预等因素在政府变革中的作用愈发关键，为获得良好的变革效果，高层领导有必要更为积极地参与变革进程的设计（Baraldi，2014）。

另外值得注意的是，领导力对行政审批流程的影响效应达到惊人的0.995，这一影响强度居各影响路径之首。说明在地方政府职能转变过程中，高层领导者的权力和影响力会尽可能通过愿景与战略转变为管理行为，激励组织成员追求目标（Wright，Kroll & Parnell，1998）。公共部门的愿景与战略也强烈依赖于官僚体制中高层领导者在愿景创造、战略拟定、员工激励方面表现出的能力。

第二，行政审批流程对地方政府职能转变内部优化绩效和社会适应绩效的总影响效应分别为 0.470 和 0.627，说明行政审批流程在提升地方政府职能转变绩效方面也发挥了巨大作用。进一步分析，行政审批流程对地方政府职能转变社会适应绩效的总影响效应（0.627）在所有影响因素中仅次于领导力，而对内部优化绩效的影响全部是通过社会适应绩效间接实现的。作为政府履行职能的关键途径，行政审批决定了政府职能转变的方向、规模和方式。过宽的行政审批范围很容易滋生腐败、产生寻租行为，同时也会增加成本、降低效率，阻碍经济社会良性发展。通过行政审批制度改革、优化行政审批流程，可使部分经济性管制的审批权取消或者下放至第三部门，有助于非政府组织参与公共物品或服务供给，构建“市场主导—社会自治—政府服务”的现代治理结构。

近年来，以商事制度改革为突破口的政府职能转变工作取得显著成效。截至 2020 年 7 月底，全国登记注册市场主体已经达到 1.32 亿户，其中企业达到 4110.9 万户，分别比 2019 年年底增长 6.7% 和 6.5%；2020 年 1 月至 7 月，市场主体每天平均新增 6.4 万户，其中企业平均每天增加 2.1 万户，净增 1.1 万户。通过进一步推进企业开办全程网上办事，深化注册登记制度改革，简化市场监管部门的企业生产经营和审批条件，加强事中事后监管等措施，助力企业开办便利化，有助于激发社会创业热情，激发市场活力。

第三，公民参与对地方政府职能转变内部优化绩效和社会适应绩效的总影响效应分别为 0.031 和 0.242。这说明公民参与在提升地方政府职能转变社会适应绩效方面的作用不容忽视，但对内部优化绩效的直接效应为负。上述结果说明，一是鉴于社会适应绩效更多地反映地方政府职能转变的社会影响性，公民参与更多影响着政府与市场、社会的关系，有助于那些在政治经济活动中无法掌握权力的民众的意见可被有计划地列入考虑之列（Arnstein，1969），使社会力量成为与政府、市场协商共治的治理主体，有助于激发全社会的创新积极性。二是考虑到政府所依托的科层制组织形式对分工专业化、工作指标化、人员统一化、工作秩序化、管理规范化等方面的要求，公众在专业背景、实践经验方面的不足可能会对政府内部运作产生不利影响，因此在公共管理实践中应优先在行政审批制度改革、商事制度改革等涉及政府与市场、社会关系领域引入公众参与，在政府与公众搭建沟通平台，帮助后者更好理解政府职能转变过程，提升对政府行为的认同度从而间接提升可问责性和职能转变绩效。

第四，愿景与战略、公务员队伍建设、公共资源管理等因素在地方政府职能转变绩效影响机理中的角色类似，都对行政审批流程、社会适应绩效和内部优化绩效产生影响，其中公共资源管理对行政审批流程的影响效应远高于内部优化绩效和社会适应绩效。这一结果说明，与地方政府职能转变相关的人力、物力、财力等资源的配置，对最终绩效的直接影响不大，绝大部分影响力必须通过行政审批流程等配套措施实现。愿景与战略直接包含了地方政府职能转变的概念和模式，其理念和原则直接决定了随后的行政审批流程的实现方式。行政审批流程等配套项目的实施都需花费资金，财务管理能力是地方政府职能转变的前提和保障，也是一种辅助绩效形成的管理能力。公务员队伍建设与行政审批流程的关系也类似，通常意义上的“顾客”指的是组织外部使用服务的社会公众，但从某些方面分析，组织内部的基层雇员同样是“顾客”的组成部分。如果组织是通过识别、设计主要业务流程而执行所确定的任务，那些负责贯彻、落实流程的基层雇员会产生巨大影响（Bugdol & Jarzebinski，2010）。

第五，在地方政府职能转变绩效内部，社会适应绩效对内部优化绩效也有影响作用，作用强度 0.749。这意味着政府与市场、政府与社会关系的改善，能够显著改善职能转变过程中政府自身运行的经济性、效果性、效率性和公正性。以治理主体多元化为代表的现代国家治理模式，强调从单一主体的社会管理向多元主体共治的国家治理体系转变（胡宁生，2014），公共事务治理成效越来越依靠地方政府与公民、社会、企业之间相互影响和良性互动。同时，日益复杂的经济社会形势迫切要求地方政府治理范式的创新，这对政府自身优化也提出了更高要求。

第 6 章

基于浙江的地方政府职能转变的维度建构与行动策略研究

转变政府职能是行政管理体制改革的核心内容，贯穿于行政管理体制改革的始终。早在改革开放初期，我国各级地方政府就开始了转变政府职能的艰难探索，并积累了丰富的经验。在地方实践探索中，浙江求真务实、积极探索、大胆创新，走在全国前列，彰显了“干在实处、走在前列、勇立潮头”的浙江精神。本章紧扣经济调节、市场监管、社会管理、公共服务等政府职能以及政府为优化自身体制机制而在行政管理职能方面的创新，在对浙江政府职能转变和行政管理创新实践进行深入调查和深度观察基础上，重点从提升经济调节职能、强化市场监管职能、优化社会管理职能、健全公共服务职能和创新行政管理职能等五个层面，对完善社会主义市场经济体制条件下政府职能转变进行维度构建，总结提炼了浙江的基本做法和典型经验，并提出了相应的行动策略，为兄弟省市学习借鉴浙江的治理理念、治理技术和治理经验提供行动导航。

6.1 提升经济调节职能

6.1.1 降低实体经济运行成本

实体经济是构建国民经济体系的基石，是承载民生福祉的骨架。党的十八大以来，习近平总书记多次强调发展实体经济的重要意义，并指出“我们这样一个大国要强大必须依靠实体经济”。我国已经进入经济发展新常态，促进实体经济健康运行已经受到各方的高度重视。我国经济长期赖以发展的生产要素低成本已发生了根本性变化，高成本成为传统实体经济发展之桎梏，减负降本已成为重振实体经济雄风之关键。浙江省的实体经济发展同样面临着运行成本过高的困境。

1. 实体经济运行成本过高的原因分析

国家统计局发布的数据显示，规模以上工业企业每百元主营业务收入中的成本，2012年以来一直维持在86元左右的高位，2017年1—10月为85.85元，同期企业利润率仅为5.71%。实体经济企业成本年均增速约为利润增速的两倍，成本负担感受较强。

第一，政府职能转变缓慢，制度性交易成本过高。最难降和最该降的成本是制度性交易成本。降低制度性交易成本是确保“降成本不反弹”的关键实招，是供给侧结构性改革核心思想。当前，我国政府职能转变缓慢，政府部门仍然通过大量的项目审批和市场准入等手段干涉企业的生产经营活动。世界银行《2016年营商环境报告》表明，在189个经济体中，我国营商环境仅排在第84位。近年来，国务院部门共取消和下放行政审批事项618项，占原有审批事项的36%，投资核准事项中央层面减少76%，前置审批事项85%改为后置审批。实体企业仍然感觉行政审批事项过多、环节过繁、时间过长、制度性交易成本过大。目前还存在大量的国务院部门行政审批中介服务事项，中介服务时间约占项目全部审批服务时间的60%—70%，中介机构的“二政府”现象使得中介审批服务收费高、耗时长。

第二，“五险一金”缴存比例高，用工成本上升过快。用工成本是实体经济企业的最大负担。过去 10 年，我国实体企业员工工资年均增长率约为 12%。目前我国法定的社保缴费之和占企业工资总额的 40% 左右，有些地区达到 50%，加上各地 10% 到 24% 的住房公积金缴费，“五险一金”名义费率达到 60% 左右，在 181 个国家中排名第一，约为 G7 国家的 2. 8 倍、北欧五国的 3 倍、东亚邻国和地区的 4. 6 倍。我国“五险一金”费率长期居高不下，再加上尚待完善的缴费基数确定和增长机制，成为带动企业用工成本持续上涨的主要因素，使我国实体企业竞争优势大打折扣。

第三，减税降费政策不落地，税费负担下降难。税费成本是实体经济企业最希望降低的成本。目前我国企业税负达 37% 以上，高于发达国家的平均水平 35%，但是我国在公共服务领域的企业福利却远逊于彼。实体经济企业一方面反映综合税负过高，另一方面反映虽然政府部门出台了许多优惠政策，但部分政策由于缺乏操作性的配套细则，地方政府又无权出台相应办法，一定程度上影响了改革成效。惠企政策宣传上各自为政，没有形成统一通道，影响了企业知晓率。部分地方惠企资金拨付程序复杂，申领手续繁琐，企业要多次跑、多部门跑，增添了企业负担。另外一些单位及其工作人员服务意识不强，办事效率不高，政策兑现迟缓。我国实体工业企业还需缴纳名目繁多的行政事业费和政府性基金，目前全国性的政府性基金还有 23 项，涉企行政事业性收费还有 71 项。虽然行政事业性收费经过连年清理后，收费项目已明确，但仍有部分部门在政策法规边缘打擦边球，变相强制收费。

第四，资本市场发展不健全，融资负担过重。融资费用是压垮众多小微企业的最后一根稻草。2015 年以来央行的 7 次降准 5 次降息，在一定程度上降低了企业的融资成本，但资本市场中资金传导渠道不通畅以及银行风险防范的强化，并没有解决当前企业融资难、融资贵的问题。我国资本市场还是一个远非成熟的新兴市场，金融资源的实际供给与实体经济的有效需求存在结构性矛盾，绝大多数小微企业只得到很少的正规金融资源，使得超过 50% 的传统实体经济企业存在融资缺口。银行通常会对小微企业实行基准利率上浮 30%—50% 的政策，加上占融资成本 20% 左右抵押物等级评估费用和年费率为 3% 左右的担保费用，小微企业融资成本居高不下。另外绝大多数银行在放款时，以预留利息名义扣除部分贷款本金，企业实际得到的贷款只有本金的80%，加重了企业负担。

2. 降低实体经济运行成本的政策建议

实体经济综合成本偏高，一方面使得实体经济企业盈利能力偏弱，资本在利益驱动下逐渐撤离实体经济进入虚拟经济，经济发展产生虚实偏离，实体经济企业融资更加困难，企业研发能力减弱，实体经济综合实力下降。另一方面使得我国制造业已出现“未强先高”问题，成本优势逐渐丧失，企业外迁问题日益凸显，我国一些劳动密集型企业将产能转移到东南亚、拉美和非洲等国家和地区，甚至一些企业准备或已经在美国投资建厂。我国实体经济的发展举步维艰、如履薄冰，“实业强国”战略无法完成。降低实体经济运行成本涉及面广、政策性强，需要坚持问题导向，多举措并举。主要建议如下：

第一，加快转变政府职能，降低制度性交易成本。持续推进简政放权、放管结合、优化服务，实现从管控型政府向服务型政府的转变，让市场在资源配置中起决定性作用，解决造成实体经济企业成本过高的体制机制问题。尽快建立政府权力清单和各个领域的负面清单，营造法治化的营商环境。权力清单和负面清单管理模式可以有效限制和规范公权，尤其是规范审批权，降低制度性交易成本。清理规范中介服务机构“二政府”现象，加快中介与政府脱钩，推进涉企审批中介市场化改革，打通政府职能转变“最后一公里”，减少实体企业不必要的时间成本和财物消耗。

第二，精简“五险一金”，降低用工成本。对“五险一金”内容进行全面分析，重新界定各险（金）种的内容，按照同类归并的原则进行合理的精简归并，如将生育保险并入基金结存金额富余的医疗保险。在精简归并险（金）种的基础上，对各险（金）种的缴交费率进行重新测算，在满足使用的前提下，适当降低缴交比例，切实减轻企业用工成本。政府认定符合产业转型升级发展方向的企业和困难企业允许缓缴医疗、失业、工伤、生育和养老保险缴费，缓缴的社会保险费免收滞纳金，缓缴期满后，企业再足额缴纳各项社会保险费。适度降低失业、工伤、生育和养老保险缴费比例，如对企业职工基本养老保险单位缴费比例超过20%的省份，将单位缴费比例降至20%。政府对缴纳社会保险费、转岗培训和技能提升培训三个方面进行补贴，如对认定的困难企业且裁员率低于4%

的，按照上年应缴失业保险费总额 50% 的比例予以补贴。

第三，落实减税降费政策，减轻税费负担。推出对成长型和科技型小微企业等享受税收优惠企业的认定管理方法和操作细则，深入推进惠企政策落实。简化优惠办理手续，对符合规定条件的企业享受优惠政策，除法律法规另有规定外，只需备案，无需税务机关审核批准。开发惠企政策信息推送平台、在各政务网站开设惠企政策专栏和惠企咨询服务平台，通过电视台、报纸、短信、网站等多渠道进行惠企政策宣传，扩大惠企政策知晓率。选取天津、山东、浙江和广东为试点省份，在其省级政务服务中心建立“惠企事项统一收件窗口”，窗口可将企业申办的惠企事项统一收件再转交相关职能单位，让企业“少跑路、快发展”，政府职能部门“多办事、办好事”。继续规范涉企政府性基金和行政事业性收费，将涉企行政事业性收费和政府性基金的名称、设置依据、收费标准进行设置，实施涉企收费目录清单化管理。国家和省政府明确停止征收的涉企收费项目，任何地方、部门不得以其他名目变相继续收取。

第四，促进民间资本交易市场发展，降低融资成本。促进民间资本交易市场发展，是从根本上破解中小微企业融资难、融资贵问题的战略选择，是有效降低实体经济融资成本的战略选择。颁发《关于推进各级民间资本交易市场建设的若干政策》，有层次地推进民间资本交易市场的发展。建立民间资本服务平台，拓宽融资渠道，让数以万计的小微企业找到资本；出台《各级民间资本交易市场管理条例》，规范民间资本交易市场的举办、经营和管理活动，维护市场交易秩序，保障各方的合法权益，促进民间资本交易市场的健康有序发展。另外加快民间资本交易市场的信用管理体系建设，营造良好的信用氛围，使得守信者处处受益，失信者寸步难行。

第五，编制实体经济运行成本指数，建立动态监测机制。建议由国家发展和改革委员会牵头，组织专家研究编制我国实体经济运行成本指数，对实体经济运行成本实施动态监测，正确了解和把握实体经济运行成本的变动规律，探寻引发实体经济运行成本变动的主要原因。对实体经济运行成本进行合理界定，根据各类成本特点确定对其变化的测评方法，运用隶属度分析、相关分析和辨别力分析等实证方法，对理论指标体系进行多重的实证筛选，构建具有较强前瞻性和可操作性的实体经济运行成本的动态监测指标体系，最后形成动态指数，为减负降本政策的制定提供科学的依据。

6.1.2 强化实施创新创业战略

1. 创新创业政策的主要缺陷与优化对策

“大众创业、万众创新”战略实施以来，中央和地方政府出台了2000多条相关政策。虽然政策利好消息频频释放，但纷繁复杂的政策让群众陷入了迷茫、纠结和困惑，群众的政策获得感和满意度较低，一些政策很难有效落地，政策中的“玻璃门”和“弹簧门”尚未得到根本解决。

（1）创新创业政策的主要缺陷

第一，政策出台过于密集，缺乏深度调查研究。近年来，中央和各级政府推动创业创新的政策出台过多过快过于密集，不少政策出台过于急躁，缺乏深度调查研究，导致一些政策无的放矢和针对性不强，政策供给质量较低，有些政策刚出台就遭遇质疑。创业创新政策的频繁出台让创业创新主体很难有足够的时间学习、消化和利用好现行政策，尤其是对小微企业来说，他们不得不停下脚步研究新政策，唯恐错过政策优惠窗口期或者在创业过程中遇到政策阻碍，在一定程度上干扰了企业的正常经营活动。

第二，政策条块分割和碎片化，缺乏顶层设计和系统性。创业创新政策涉及人、财、物、产、供、销、时间、信息和空间等多个方面，中央和地方的教育、科技、文化、卫生、财政、税务、工商、民政、人社和共青团等众多部门都不甘落后，纷纷出台了创业创新扶持和激励政策。由于事前缺乏系统的顶层设计和规划协调，政策条块分割和碎片化问题比较严重，很多政策不仅难以形成强大合力，甚至出现了政策相互冲突和功效相互抵消的困境。

第三，政策原则性和方向性规定较多，缺乏政策干货和含金量。各级政府出台的大部分创业创新政策，方向性、原则性、指导性、宏观性和战略性规定较多，缺乏具体的实施细则、推进措施和实操方案，政策干货少和含金量不高，而且操作流程比较复杂，提交材料较多，耗费时间较长，门槛要求过高，人民群众对政策的认同度偏低，政策的吸引力和感召力不足。

第四，政策宣传普及力度不够，缺乏足够的群众知晓度。中央和各级政府都高度重视政策制定出台，但普遍忽视政策宣传、推广和普及，政策在群众中的知晓度和美誉度较低，政策供给方和需求方信息严重不对称，很多政策难以真正发挥作用，降低了政策整体的实施绩效。

第五，政策落实措施不力，缺乏政策落实的考核问责机制。在目前已发布的各种类型创业创新政策中，大量政策特别是作为顶层设计的《国务院关于大力推进大众创业万众创新若干政策措施的意见》中都没有涉及政策落实的考核、监督和问责问题。因缺乏强有力的考核监督问责机制，不少地方政府在落实政策过程中出现了不作为或乱作为问题，进而导致了很多创业创新政策很难有效落地。

（2）创新创业政策的优化对策

第一，加强政策的深度调查，提升政策的针对性和精准性。建议国家相关职能部门组织专家学者成立研究小组，对当前我国创业创新的发展现状、突出问题和瓶颈因素进行深度调查，深入揭示创业创新的发展规律和演进趋势，正确把握人民群众对创业创新政策的需求内容、需求重点、需求强度和需求方式。根据人民群众对创业创新政策的需求特征，制定、调整和优化推动创业创新政策，提升政策的针对性、精准性和实用性。

第二，加强政策的顶层设计和统筹协调，提升政策的合成力和含金量。由相关部门领导和专家学者组成创业创新政策的统筹协调小组，对国家各部门出台的创业创新政策进行系统梳理和深入研究，正确把握不同部门推动创业创新的政策目标、政策内容和政策重点，深入揭示不同部门出台政策的聚焦点和冲突点，加强对创业创新政策的顶层设计，构建政策协调机制，消除政策冲突、放大政策公倍数，减少政策数量、提升政策质量，减少原则介绍、增加政策干货，进而全面提升创业创新政策的合成力和含金量。

第三，加强政策的宣传传播推广，提升人民群众对政策的知晓度和认同度。采取“统一组织、部门联动、搭建平台、纵深覆盖”的模式，像着力打造“中国好声音”和“星光大道”等娱乐电视节目一样，借助电视、电台和报刊等传统媒体以及互联网、微信和微博等新媒体，倾心打造创业创新政策的宣传解读平台，加强创业创新政策的宣传、传播和推广力度，让人民群众能够更直接、更方便、更全面和更准确地了解创业创新政策，提升人民群众对政策的知晓度和认同度，为用好、用足和用活创业创新政策奠定基础。

第四，加强政策的动态调整，提升政策的适应力和应变力。采取第三方评估方式对创业创新政策的落实情况和实施效果进行科学评估，了解政策实施效果，提炼政策实施经验，发现政策实施瓶颈。根据第三方动态评估结果，强化激励政策、废除阻碍政策、补齐短板政策。通过优化第三方的评估指标、评估主体、评估流程和评估方法，提高第三方评估的科学性，构建创业创新政策的动态调整机制，增强创业创新政策的适应力和吸引力，提升创业创新政策的供给质量和供给绩效。

第五，加强政策有效落地的考核监督问责，提升人民群众政策的获得感和满意度。探索构建创业创新政策有效落地的权责清单制度，清晰界定各个部门推动创业创新政策有效落地的权力，正确理清各个部门落实创业创新政策的具体责任，具体明确各项政策落实的牵头部门和协办部门。根据“法定职责必须为”的原则，详细规定政策有效落地的问责主体、客体、范围、程序和方式，对落实政策不力的责任人“对号入座”和追究责任，主管领导连带问责，以此倒逼推动创业创新政策的有效落地，提升人民群众对创业创新政策的获得感和满意度。

2. 创新创业发展的典型样本与发展思路

根据浙江科技创新“十三五”规划，到2020年，浙江要率先建成创新型省份，浙江要倾集全省之力打造杭州城西科创大走廊。城西科创大走廊从浙江大学紫金港校区至浙江农林大学，全长约33公里，宽6.9公里，总面积224平方公里，呈现“五带、三城、多镇”的空间结构。“五带”是指联结主要科创节点的科技创新带、科创产业带、快速交通带、品质生活带和绿色生态带。“三城”是指浙大科技城、未来科技城、青山湖科技城。“多镇”即为大走廊沿线分布功能各异的特色小镇，如梦想小镇、云制造小镇、西溪谷互联网金融小镇等。

“十三五”期间，浙江着力加大建设投资力度，全面推进城西科创大走廊发展：（1）交通，新增地铁（城际铁路）3条、高速公路一条、有轨电车2条、其他交通设施项目30个以上，总投资约600亿元；（2）重大科创产业项目总投资500亿元；（3）高等院校与重点科研平台总投资约320亿元；（4）重点公共服务设施项目总投资230亿元；（5）特色小镇项目建设投资估算1000亿元，省级创建2个，省级培育4个，规划中9个。此外，浙江将每年从省创新强省资金中安排4.5亿元共22.5亿元研发经费投入到城西科创大走廊。“十三五”期间，研发经费投入占GDP比重将达到 5%，预计信息经济年平均增长速度高达 15%。

到“十三五”末，城西科创大走廊将集聚 30 万名创新创业人才、1000 家高新技术企业、10000 家科技型中小微企业，5000 名海外高层次人才；规划建成 15 个特色小镇、15 所高校、100 家科研院所；各类基金资产管理规模达到 2000 亿元，投入小微科技企业超过 1500 亿元。

著名经济学家吴敬琏说：“杭州，是中国最有可能成为硅谷的城市。”浙江人民有理由相信，经过 30 年的持续打造和创新发展，杭州城西科创大走廊将成为最具活力和创造力的中国“硅谷”，将成为领跑全球信息经济的科创中心，将引领浙江走在世界前列的主引擎。

加快城西科创大走廊建设的对策建议如下：

第一，着力加快开放式创新体系建设。基于网络众包的面向全球的开放式创新，是当下发达国家尤其是美国、日本、德国等在互联网时代构建的科技创新的新模式。宝洁、英特尔、IBM、杜邦、朗讯、思科、飞利浦等世界著名企业通过实施开放式创新战略极大地提升了创新水平。由于浙江创新资源相对贫乏，浙江省的企业、高校和科研院所尤其 80 万家中小微企业如果仍仅依靠自身的创新资源实现科技创新与突破，这种封闭式或半开放式的创新模式很难适应科技创新能力提振的迫切需要，很难适应经济全球化和经济转型发展的新要求。在杭州城西科创大走廊，以浙大科技城、未来科技城、青山湖科技和阿里巴巴为网络技术支撑，加快构建基于网络众包面向全球的开放式创新体系，是把浙江市场化改革的先发优势转化为科技创新的领先优势，全面推进杭州城西科创大走廊的创新共同体发展，提振浙江的科技创新能力，促进浙江信息经济大发展的重大战略选择。

第二，着力加快风险投资发展。由于高投入、高风险和高收益的三重特征，传统金融资本很难大规模进入高科技产业。风险投资在培育高科技企业和推动高科技产业发展方面发挥了传统金融机构和公开资本市场无法替代的重要作用。硅谷风险投资约占全美 30%，美国风险投资约占全球的 30%，由此推算硅谷风险投资约占全球的 9%。硅谷的高科技企业有 70% 以上在其创立、成长和发展过程中得到过风险投资支持。硅谷成功经验表明，风险投资与高科技企业是一对孪生兄弟，在风险投资贫瘠的土地上长不出肥沃的高科技产业。杭州城西科创大走廊已云集了一批优秀的创新创业人才、科技型企业、风险投资机构和科研院所，为风险投资发展提供了适宜的外部环境。借鉴发达国家经验，从建立宽松的投资政策，增加风险投资供给；降低科技企业设立“门槛”，促进风险投资有效需求；加强对高科技产品政府采购力度，降低风险投资市场风险；实行优惠宽松的税收政策，提高风险投资预期收益；完善创新激励政策，强化对人才的激励功能；加强知识产权保护，增强风险投资者信心等维度，加快完善浙江的风险投资发展体系，推进风险投资快速发展。

第三，着力加快民间资本市场建设。融资难、融资贵是我国老大难问题。调研表明，能够从银行正规渠道获得融资的企业不足30%。目前，企业从银行借贷融资的名义成本约4%，银行不规范费用成本约2%（如购买银行的理财产品、借贷额度比例转存），银行以外第三方机构的贷款担保、风险保证金、资产评估、审计、公证、咨询等费用成本约2.5%，企业从银行借贷资本实际成本高达9%左右。如此高的融资成本让企业步履维艰，痛苦前行。破除企业融资难、融资贵的根本路径是突破国有银行的垄断地位，加快民间资本市场发展。浙江要像30年前培育义乌小商品交易市场一样，高度重视民间资本市场建设。把民间资本市场建设纳入浙江省委、省政府的重要议程，并在财政、税收、人才和土地供给等方面给予政策倾斜。浙江省政府与阿里巴巴通力合作，以阿里巴巴的支付宝和余额宝两大平台为基础，在杭州城西科创大走廊规划出500亩土地，在全国率先创建民间资本交易市场，力争在未来10年引进500家民间资本交易服务机构（包括风险投资公司、资产管理公司、地方商业银行、小额贷款公司、村镇银行、农村信用社、农村资金互助社、资产评估公司、风险评估公司、担保公司、保险公司、公证机构、律师事务所等），引导民间资本通过民间资本市场通畅地进入创业创新领域，到2025年末民间资本交易总额突破2万亿元，从根本上破解企业融资难、融资贵问题，让在城西科创大走廊生根发芽的科技企业能够低成本便利融资。

第四，着力强化高科技产品的政府采购力度。政府采购是促进高科技产业发展的强大动力。无论是发达国家还是新兴国家都建立了优先采购国产高科技产品的政府采购制度。在20世纪40—60年代，美国国防部在硅谷设立了军事采购基地，通过强大的军事采购，刺激了以航天工业和电子工业为代表的高科技产业发展，并直接导致硅谷的迅速崛起。优先采购国产机政策，使日本计算机企业成功抵御了美国IBM、苹果等制造商的强大压力，促进了日本计算机产业的蓬勃发展。韩国汽车工业的发展也同样得益于强大的政府采购政策。借鉴发达国家的先进经验，在国家层面推动修订完善《中华人民共和国采购法》，加快政府采购制度的地方立法，通过法律手段强化高科技产品的政府采购力度，为城西科创大走廊高科技产业发展注入强大动力。

第五，着力加快创业创新文化的培育。对比硅谷和波士顿的发展环境可以发现，两地科技水平基本上并驾齐驱，法律制度大体相同（差异仅体现在“禁止竞争”条款），但两地创业创新文化却大相径庭。鼓励冒险、宽容失败、勇于创业和积极创新的硅谷文化是硅谷成功的重要因素。筑波科技园（日本）、慕尼黑科技园（德国）、格勒诺布尔科技园（法国）、卡尔顿科技园（加拿大）、蒂布尔蒂纳科学园（意大利）、苏格兰科学园（英国）、希斯达科学园（瑞典），以及北京中关村和上海张江高科技园等发展远逊于硅谷，最根本的原因是这些高科技园区不具有硅谷的创业创新文化。要将城西科创大走廊建设成为真正意义上的“硅谷”，最根本是在弘扬优秀的中华文化基础上，认真吸收硅谷文化的先进内核，优化完善浙江的创业创新政策，夯实创业创新的文化基础，加快鼓励冒险、宽容失败的创业创新文化的培育，在城西科创大走廊营造浓厚的创业创新文化氛围。

3. 科技人才创新激励机制及其完善策略

习近平总书记指出，“当前世界，科技创新已经成为提高综合国力的关键支撑”“创新驱动实质是人才驱动，人才是创新的第一资源”。近年来，浙江省深入推进科技体制改革，科技创新实力居全国“第一方阵”，并且采取了一系列政策措施，改革收益分配激励机制，调动科技人员积极性。如2014年出台了《关于省级事业单位科技成果处置权收益权改革有关问题的通知》，实现了将科研成果处置权全权下放给事业单位等突破；2017年修订了《浙江省促进科技成果转化条例》，对重要贡献人员的奖励比例下限从上位法的50%提高到70%；2018年又出台《关于全面加快科技创新　推动高质量发展的若干意见》（即“科技新政50条”），赋予科研人员更大的人财物自主支配权和技术路线决策权，对完成科技成果作出重要贡献的人员可给予70%以上的权属奖励。

虽然浙江省在科技体制改革上做了一些积极探索，但总的来说，市场配置创新资源的决定性作用发挥还不充分，企业、高校和科研院所的创新能力与动力不强。高校、科研院所行政化管理束缚创新创业活力，目前实施的绩效工资在一定程度上导致分配平均主义倾向，限制了科研人员创新积极性。亟需采取有效措施从体制机制上强化科技人才的创新激励，最大限度激发和释放科技人才创新活力，驱动浙江省经济高质量发展。为此提出以下建议：

第一，推进绩效工资的制度创新，强化科技人才创新激励的基础保障。在事业单位分类改革的基础上，制订个性化的绩效工资政策，给予高校、科研单位的自主权。尽快出台《高校和科研机构绩效工资实施办法》，明确绩效工资的总量核定标准和核定程序，优化绩效工资的分配方案，简化绩效工资计算方式，提高基础性绩效工资水平，加大奖励性绩效工资比重，明确同一单位同一职级科研人员的薪酬差距。监督各高校和科研机构尽快制定体现自身特点的具有可操作性的绩效考核和绩效分配办法，实行与岗位职责目标相统一的收入分配激励机制，让每个科研人员都拥有体面的生活。

第二，优化科研经费的科目设置，强化科技人才创新激励的团队力量。科研经费统一归口于项目负责人的经费管理方式，不利于激发团队成员的创造活力。应细化科研经费拨款，在课题申报中列出子课题经费预算，直接将经费划拨给子项目负责人，提高团队成员对科研经费的自主支配权。设立团队提成科目，用于整个课题组团队的绩效提成奖励和团队建设。提高间接经费比重，设立“创新贡献费”等智力劳动经费报销科目，项目负责人根据科研人员对项目的实际创新贡献支付智力劳动费用。

第三，加强科研项目的绩效审计，强化科技人才创新激励的审计作用。针对不同类别的研究领域，制定以科研成果为导向的差别化、个性化的管理规定，弱化经费的过程控制，加大科研人员自主使用经费的权力，动态调整科研经费的拨付进度。简化费用审核报销的繁文缛节，指定统一简洁的操作细则。优化项目预算编制，变精准预算为比例概算。

第四，完善科技成果转化的市场培育，强化科技人才创新激励的市场导向。依托大数据和人工智能，建立科技成果交易服务平台，实现科技成果的精准推介。制定信息披露的规范制度，逐步建立技术价值评估工作标准，加强专利库、企业数据库、技术生命周期数据库等方面的数据整理和分析，提高技术价值评估结果的质量，解决科技成果交易信息不对称等问题。加快科研成果转化专员人才队伍建设，提升科研服务企业能力，打造一支金牌“科技经纪人”队伍。建立以产业需求为导向的科技成果转化模式，以需求倒逼技术创新。

第五，提升科技人才的社会地位，强化科技人才创新激励的精神动力。加强对优秀科技工作者的宣传力度，动员广大文艺工作者深入高校、企业和科研机构，多创作反映科技工作者追求真理、实事求是的科研精神，敢于拼搏、敢于坚守、敢为人先的时代精神和甘于奉献的人生情怀的新时代文艺作品。新闻媒体要加强对优秀科学家先进事迹和突出贡献的宣传报道，展示新时代科技工作者的新面貌、新作为、新形象和新精神。强化对全社会尤其是中小学生对科学家精神的学习教育，逐步形成全社会理解、尊崇、爱护和争做科技工作者的良好社会氛围。

第六，推动科技创新政策的有效落地，夯实科技人才创新激励的政策保障。对科技人才政策需求进行深入调研，把握科技人才对政策的需求内容、需求强度、需求重点和需求特征。编制《浙江省科技创新政策汇编》，设立政策咨询热线，组织政策宣讲解读队伍，进高校和研究机构开展政策宣讲。充分利用报纸、微信、微博、抖音等媒体加强科技创新政策的宣传传播。探索科技创新政策有效落地的权责清单，清晰界定和理清各个部门推动政策有效落地的权力和具体责任，制定政策有效落地问责的主体、客体、范围、程序和方式，对落实政策不力的责任人追究责任，主管领导连带问责，倒逼政策的有效落地。

6.1.3　加快推动绿色城市发展

2018 年 5 月，浙江省委、省政府印发了《浙江省大花园行动计划》。次月，浙江省发展和改革委员会出台了大花园建设系列配套举措，明确将丽水列为全省大花园建设核心区。经过一年多的探索实践，丽水大花园核心区建设已取得显著进展，并成为浙江生态经济的新引擎、“诗画浙江”的鲜活样板，在实现“两个高水平”新征程中展现绿色担当。但与此同时，实践工作的政策困扰较多，大规模生态建设的资金短缺，人民群众日益增长的优质森林需求和不平衡不充分的森林发展之间的矛盾日益凸显。面对全面实施大花园建设行动计划的历史新机，必须坚持生态自觉和生态自信，秉持绿色发展的理念和“八八战略”的精神，进一步巩固既有成效，突破发展瓶颈，实现生态环境高水平保护和经济高质量发展的协同推进。为此，应着力优化大花园核心区建设的政策环境，创新大花园核心区建设的体制机制。

1. 大花园核心区建设成效及瓶颈

浙江省委、省政府向来关心支持丽水经济社会发展。近年来，在车俊书记、袁家军省长、冯飞常务副省长等领导的殷切关心指导下，在省发展和改革委员会等部门的大力支持下，丽水市委、市政府深入贯彻省第十四次党代会精神，着力打好五张牌、培育新动能、建设大花园，力争率先把丽水打造成为浙江生态经济的新引擎、“诗画浙江”的鲜活样板、世界一流生态旅游目的地，全力创建丽水国家公园，积极推进浙江（丽水）绿色发展综合改革创新区工作，在实现“两个高水平”新征程中展现绿色担当。当前丽水市经济稳定向好，社会和谐稳定，经济指数和生态指数齐头并进。森林生态更加良好，根据最新一轮森林资源调查成果，近十年丽水市森林资源主要指标在历史高位上再创新高，实现历史性突破，其中全市森林覆盖率达到81.7%（比上期增加0.9个百分点），活立木蓄积8597万立方米（比上期增加2697万立方米），林地面积2199.2万亩（比上期增约5.5万亩），实现“三增长”，2017年森林和湿地生态系统生产总值（GEP）为4178.73亿元（比上期增长了87.46%）。

与此同时，丽水市在新形势下也存在一些发展瓶颈，主要是：

一是人民群众日益增长的优质森林需求和不平衡不充分的森林发展之间的矛盾日益凸显。随着人们生活水平的提高，人民群众对优质森林的需求不断增长，特别是在健康养生、森林旅游等方面方兴未艾。丽水市正在大力推进“诗画森林、康养森林、文化森林、活力森林、平安森林”建设。虽然丽水有着较高的森林覆盖率，但森林质量短板却十分突出：林种结构单一，生态系统脆弱，可持续性不足。森林中大部分为次生阔叶林和人工松杉基地林，中幼林和纯林均约占2/3，针叶林中以马尾松和杉木为主。乔木林单位面积蓄积量约为全国平均水平的78%，更是远低于世界平均水平。这就导致了目前丽水森林景观较为单一、缺乏季相变化、可观赏性不强。丽水的自然特点形成了多样化的生态系统，但森林抚育滞后、历史欠账较多，造成森林生态系统极不稳定，抵御雨雪冰冻等各类灾害能力弱，近年来松材线虫病疫情形势严峻。生态系统一旦破坏，极难修复。人民群众日益增长的优质森林需求与不平衡不充分的森林发展之间的矛盾，越来越突出。

二是政策困扰较多、破题力度不够。主要表现为，森林经营改造时林农所有权和政府经营意愿之间的矛盾。林权改革后，林农千家万户各自为政，林业经营效益低下，林农收入不高，林业发展步伐缓慢。目前山区林农外出打工谋生现象普遍，在家的多为老弱病残，无力经营山林，资金投入严重不足，部分山林长期闲置。丽水市林地 95% 以上是集体林，且绝大部分已经分山到户，林农自主改造积极性不高，工商资本投入困难。此外，还面临相关政策的制约，如国有林场采伐限额的审批、非国有林中的商品林不得规划实施森林抚育等诸多技术规程上的限制，建设工程的招投标工作、政府采购等项目管理程序上的繁冗复杂，财政资金年度结算要求年底前结清与林业生产冬春季造林时节的跨年度矛盾等问题，影响森林质量提升与建设进程。

三是建设资金缺乏、筹资难度较大。目前国家和省政府已经实施多项森林经营补贴政策，但仅为补贴政策，不是开展森林经营的实际资金需求，收益范围窄、标准偏低，不能满足森林经营全面开展。以林相改造为例，美丽林相建设每亩地投资额需 2000 元以上，一些重要区块（样板工程）则要上万元。而目前森林抚育、彩色健康森林建设等补助为每亩 300—600 元。建成的几个样板工程均为林业部门投入或以义务植树形式开展。森林质量提升、林相改造、平原绿化、村庄绿化等因资金问题后续管护无法到位，绿化效果得不到巩固。加上森林提升与美丽林相建设周期长，见效慢，目前工商资本缺乏投入积极性，筹资难度较大。

2. 大花园核心区建设的创新路径

（1）增强思想共识，推动建设全国践行“两山”理论的示范区。大花园核心区（丽水）是习近平总书记生态文明思想的重要萌发地与“两山”理论的重要发源地。目前，生态环境部已将包括丽水市在内的全国 16 个市县列为第二批“两山”实践创新基地初选名单。为继续增强大花园建设的理论共识和思想共识，须加强产学研互动力度，推动丽水与国内外科研院所及机构交流合作，支持成立浙江（丽水）“两山”建设研究院、浙江（丽水）大花园建设研究院。

推动成立生态产品价值实现机制国家示范市（试点）。在全国率先探索实施政府购买生态产品制度以代替生态保护补偿制度；由各级政府统一向大花园核心区购买生态产品，并根据每年 GEP 数值，实行动态调整。

开展大花园建设示范县创建活动。采取正向激励机制，加大对大花园建设转移支付补助，科学设定评价指标，对大花园创建工作开展较好的县（市、区）在项目经费、省大花园项目安排方面予以奖励。着力将大花园核心区打造成全国“多功能森林经营样板基地”“生态康养样板基地”“山水林田湖系统治理样板基地”。

（2）加强调查研究，科学制定政策支持体系。大花园建设是一项综合性的系统工程，涉及公共治理和公共服务的诸多方面。目前，相关规定和实际情况相脱节、政策解读不一致、政策限制与政策鼓励相并行等问题，使丽水大花园核心区建设在林业、人才、财税等方面遭遇阻力，需要进一步完善政策支持体系。

推动政策清理和新规出台。在深入实地调研和充分借鉴国内外经验的基础上，针对国有林场的采伐限额、商品林的规划限制等问题进行政策法规的分析和清理，统一政策解读，推动具有前瞻性、针对性和可操作性的新规出台。同时，加大对丽水大花园核心区规划编制的指导，提供综合性政策支持。

针对专业人才培育提供政策支持。进一步完善人才引进政策和技能型人才开发机制，对林业、园艺等领域的技能型人才培训基地和服务全国的技能型人才交易市场给予政策倾斜，从生活补贴、税收优惠等方面鼓励人才落户，引导校企共建绿色产业紧缺学科专业，多维度增强人才黏度。

推动实施绿色发展的税收优惠和生态补偿政策。借鉴加拿大马尼托巴省、渥太华等地的经验，以税收优惠政策鼓励当地林农、居民、企业在其权属范围内保护当地生态系统。同时，启动生态补偿方案，着力建立健全生态环境损害赔偿制度，对造成环境损害的个人行为或组织行为依法执行赔偿，倒逼产业升级，释放新动能。

对重点项目予以政策倾斜。支持大花园核心区优先在交通沿线、城镇周边开展珍贵林种培育项目。对土壤酸碱度、土壤肥力、海拔、温度、降水量、光照等有关数据进行统计，强化基础科研支持力度，对标世界一流旅游目的地制定“规划地图”，解决现有规划方案层次不高、示范作用不强的问题，推进大花园核心区森林质量精准提升与林相改造。

完善绿色发展绩效监测评估体系。在参考《浙江省大花园建设行动计划指标体系》的基础上，以大花园核心区为试点，以推广全省为目标，研究完善绿色发展绩效指标体系，由政府、社会组织、社会公众等利益相关者参与评估，进一步保障政策实施效果。

（3）强化顶层设计，点线面结合协调滚动推进建设。浙江大湾区大花园大通道建设是一个有机整体，是统筹生产、生活、生态空间的顶层设计。应从浙江大湾区大花园大通道建设的总体格局出发，加快推进综合交通建设。对外加快打通省域、市际快速通道；对内加快实施瓶颈路专项行动，承接浙江大通道战略的“3 个一小时”规划思路，对各县、乡镇至主城区中心基础设施的交通路线进行统一规划。通过内外路网协同推进，在全省率先打造美丽经济交通走廊示范区，逐步汇成全域“大花园”。

以绿色城市发展为核心理念，兼顾功能设计和形态设计。在大花园战略背景下，制定并完善城市规划和建筑物等方面的地方性绿色环保标准是当务之急，应继续优化、创新国家公园“功能分区”模式，合理规划地标布局、形态，将城市绿色建筑发展要求纳入土地出让（划拨）条件，在建设全过程中严格执行节能、节水、节地、节材和环境保护等绿色建筑技术要求。

以整体美学为追求，融合历史文化资源和自然生态资源。把握丽水本地文化的辨识度，充分发掘本地故事，将人文景观融入丽水生态环境的整体美学，持续推进文化森林建设，从“面子”到“里子”树立大花园核心区的文化标杆。

（4）加快林权改革，促进大花园核心区林地流转。丽水市林地 95% 以上是集体林，且绝大部分已经分山到户，林农自主改造积极性不高，林地流转困难，面临着林农所有权和政府森林经营意愿之间的矛盾。为破解林地权属问题对大花园建设工作的制约，需深化林权改革。

利用丽水“全国集体林业综合改革试验示范区”的契机，规范和完善林地经营权流转的条件和程序。对《浙江省林地经营权流转证管理办法》予以修改完善，进一步简化林地经营权流转办证程序，扩大办证范围，规范林地经营权流转证办理抵押贷款的条件和程序。同时，深化三权分置改革，对生态关键节点试行国家赎买方式，将集体林转为国有林，由国有林场管理经营；对重要区域探索租赁、流转等方式，由林业部门统一组织实施；对其他区域采取以省、市项目的形式给予补助或赠送苗木的办法，支持林地经营者组织实施；对政策处理难度大的区域采取以奖代补方式，根据规划由当地能人申请并组织实施，经林业、财政、审计等部门验收，符合森林建设要求的，由财政以奖代补。

持续强化和改进林权登记管理和林地经营监督。一方面，推进林权登记精细化管理和数据清理整合，提高林权勘界准确度，明确自留山、责任山的权利边界，划分林业部门与国土资源部门的职责界限；整合“三中心一机构”，建立林权管理一体化服务平台。另一方面，严格按照《关于规范集体林权流转市场运行的意见》《浙江省林地经营权流转证发证管理办法》对林地经营权流转的资格和程序要求，探索建立第三方监督机制，对集体经济组织和林农的管理行为及经营行为严格把关，规范林权流转市场。

加快林地流转的地方立法，建立林地流转法制体系。尽早出台“丽水市林权流转交易管理细则”，规范林地经营权流转程序，依法建立完善林权线上交易平台，提供林权评估、抵押、处置的机构保障，引导林农依法、自愿流转承包林地。同时总结推广庆元法律援助中心县林业局工作站的实践经验，进一步健全林权纠纷调解仲裁机制，将依法仲裁和民间调解有机结合，为林地流转提供法制保障。

（5）推进融资模式创新，引导工商资本进入。丽水市森林覆盖率达80%，孕育了398种野生大型真菌种质，生产的植物药占全省的98%、占华东地区的77%，然而丰富的自然生态资源与工商资本投入规模相脱节，亟须从产业集群建设和金融产品创新两方面破解大花园核心区建设的融资瓶颈。

承接和融合浙江大花园和大湾区的规划思路，大力发展生态旅游产业和健康产业集群。在森林旅游、体验式户外旅游、美丽乡村、民宿生态圈等特色产业的现有基础上，进一步推动文旅融合、农旅融合，总结推广丽水植物园PPP项目经验；继续推动建设浙江省养生旅游示范基地，发挥森林康养板块的天然优势，建设示范型居家养老服务照料中心。依托丰富的植物药和绿色食品资源，充分借鉴新西兰、澳大利亚等国的先进经验，以保健品、营养食品为主要突破口，大力发展供应全国、出口全球的健康产业基地。

支持成立地方性绿色银行，推动绿色金融产品创新。在大花园核心区率先探索成立专注于服务绿色产业的民营银行，推动绿色直接融资。引导绿色银行通过发行绿色债券，与林业、金融等相关部门加强合作，扩大大花园核心区建设投融资建设规模。同时积极借鉴国际碳交易和碳金融的先进经验，设计碳资产抵（质）押贷款机制，开发更多与污染权排放市场相挂钩的低碳金融产品。

（6）完善激励机制，动员广大群众参与建设。大花园建设行动是以“绿色生态”为底色，以浙江人民的美好生活为追求的战略举措，群众的诉求和智慧是影响大花园核心区发展绩效的重要因素。要加快推动基层民主治理创新，健全民主决策机制。注重总结推广龙泉市宝溪乡省级创新实验区经验、莲都区村级事务阳光票决制、青田县“乡贤议事会”典型做法，进一步拓宽政民沟通渠道，强化民意导向，建立相应奖补标准，引导激励基层群众在大花园核心区建设中建言献策。

加强宣传教育，形成大花园核心区建设的全民认同感。一方面，通过电视、纸媒、新媒体等多元媒介，做好政策解读和案例宣传，使群众充分理解政府工作。另一方面，加强生态产品的市场供应和消费引导，使群众深入了解大花园建设的内涵和价值。

聚焦利害关系主体，保证信息透明、决策科学、资源共享。建立参与式监测评估体系，加快完善“花园云”大数据平台项目，围绕土地利用、生物多样性、基础设施、行政范围等公众关心的问题搭建透明、共享的空间信息系统。

6.1.4　优化数字经济发展生态

浙江是数字经济的先行地，近年来浙江省全面推进数字经济“一号工程”，深入实施“五年倍增计划”，大力推进“三区三中心”建设，聚焦产业数字化、数字产业和政府数字化转型，强化数字赋能，充分利用互联网、大数据、人工智能和5G等新技术，研发和推广智能防控、远程办公、智慧医疗和网络教育等新产品，推动跨境电商、移动支付和共享经济等新业态发展，着力争创国家数字经济的示范省。2019年，浙江数字经济增加值突破了2.7万亿元，占GDP比重超过了43%，比全国同期高出7个百分点。

发达国家和先进地区的发展经验表明，数字经济发展与数字经济生态系统是一对孪生兄弟，数字经济高质量发展离不开数字经济生态系统的有力支撑。有什么样的数字经济生态系统，就会有什么样的数字经济发展效率、发展质量和发展成果。所谓数字经济生态系统，是指在一定的区域空间内，数字经济形成、演化和发展所需要的外部条件和因素的总和，数字经济与生态系统之间相互影响、相互制约，并在一定时期内处于相对稳定的动态平衡状态。浙江要驱动数字经济高质量发展，着力擦亮数字经济发展的“金名片”，努力建设具有中国气派和浙江辨识度的“重要窗口”的标志性工程，需要奋力打造与数字经济高质量发展相适应的最佳生态系统，主要包括法治保障系统、政策支撑体系、新型基础设施、数字经济人才队伍以及面向数字经济高质量发展的政绩考核机制等。

1. 强化数字经济高质量发展的法治保障系统

法律是治国之重器，良法是善治之前提。社会主义市场经济本质上是法治经济，依法推动浙江省数字经济高质量发展是社会主义市场经济的内在要求。无论是保障数字经济市场机制的良好运行，还是保护数字经济市场主体的合法权益，抑或激发数字经济高质量发展的内生动力，都离不开强有力的法治保障。习近平总书记强调，法治是最好的营商环境。为了推进数字经济高质量发展，浙江将各地数字经济发展的好做法、好经验和好政策，上升至更高层面的法律意志，浙江省十三届人民代表大会常委会第二十二次会议审议了《浙江省数字经济促进条例（草案）》（以下简称《条例》），该《条例》重点从数字基础设施、数字资源的有效利用、产业数字化、数字产业化、治理数字化以及激励和保障措施等方面对促进浙江省数字经济高质量发展作出了明确的法律规范和立法保障。

建议在《条例》出台后，浙江省委宣传部要科学部署宣传贯彻工作，强化新闻媒体宣传工作的责任意识和行动自觉，加大宣传力度和广度，增强知晓度和影响力，做到家喻户晓，为有效实施统一思想、凝聚力量，营造良好的社会氛围；省政府要根据《条例》的框架体系和主体内容，及时制定相应的实施细则、考核办法和保障措施，明确实施的主体责任，制定实施计划，落实实施责任，确保能够全面有效落地；省人民代表大会要强化《条例》实施的执法检查，系统评估其实施效果，发现实施中所存在的主要问题，正确了解和把握影响实施效果的主要因素，找出立法的短板和不足，确保学习贯彻到位、落地实施到位、监督跟踪到位，不折不扣地落实《条例》提出的各项要求，并为以后修订和完善积累扎实的数据资料。浙江省要以实施《条例》为契机，通过科学立法、严格执法、公正司法和全民守法，努力构建更加公平公正、公开透明、互惠共赢的法治化营商环境，强化对浙江省数字经济高质量发展的法治保障系统。

2. 完善数字经济高质量发展的政策支撑体系

数字经济政策是政府为了实现数字经济发展目标，以推进数据资源的有效利用、数字产业化和产业数字化为路径，做大做强数字经济产业的一系列政策措施总和，其功能主要是弥补市场缺陷，有效配置资源，推动数字经济持续和高质量发展。近年来，为了有效推进数字经济发展，全国各地相继制定了一系列的政策措施。2017 年 2 月，贵州省发布《贵州省数字经济发展规划（2017—2020 年）》；2018 年 4 月，福建省发布《2018 年数字福建工作要点》；2018 年 9 月，浙江省出台《浙江省数字经济五年倍增行动计划》；2018 年 10 月，安徽省出台《安徽省支持数字经济发展若干政策》；2019 年 7 月，山东省发布《支持数字经济发展的意见》；2019 年 10 月，广东省发布《广东省培育数字经济产业集群行动计划（2019—2025 年）》。

建议省委、省政府组织相关专家学者，对浙江省已经出台的数字经济发展相关政策进行系统梳理和深入调查研究，全面了解浙江省数字经济政策的供给规模、供给结构和供给特征，科学评估现行政策的实施效果和主要影响因素，正确把握市场主体对数字经济发展的政策需求。以《浙江省数字经济促进条例》为基础，根据数字经济发展的政策供给与需求匹配原理，充分吸纳发达国家和兄弟省市数字经济政策的合理内核，从新型基础设施与平台建设、数据资源的有效利用、数字经济创新能力建设、产业数字化、数字产业化和数字经济人才队伍建设等多个维度，科学制定相关的产业发展基金、政府采购、税收优惠、金融支持、土地供给、生产要素配置以及知识产权保护等相互协同和全方位的政策支撑体系，通过政策引导、激励和推进浙江省数字经济的高质量发展。

3. 夯实数字经济高质量发展的新型基础设施

2018 年 12 月，中央经济工作会议首次提出“新型基础设施建设”，主要包括 5G、人工智能、工业互联网和物联网等。2020 年 3 月，中央政治局常委会提出，要求加快 5G 网络、数据中心等新型基础设施建设速度。新型基础设施是数字经济高质量发展的重要依托，是数字经济生态系统不可或缺的重要组成部分。与传统基础设施相比，新型基础设施是传统基础设施的数字革命，是围绕数据为中心，深度整合计算、存储、网络和软件资源，以充分挖掘数据价值为目标所设计建设的数据基础设施，具有“融合、协同、智能、安全、开放”等基本特征。不同于铁路、公路、机场和桥梁等传统基础设施聚焦在物理空间，新型基础设施建设注重数据信息的传输，强调数字空间与物理空间的相互融合以及硬件设施和软件系统的协同推进。新型基础设施，不仅需要集成电路、传感器、光纤网、5G基站、数据中心和网络终端等硬件基础设施建设，更需要操作系统、数据库系统、大数据系统和云服务系统等对数据进行加工处理的软件系统的强大支撑。

建议浙江省要根据创建国家数字经济示范省的高标准和高定位，科学编制浙江省新型基础设施建设中长期规划和具体行动计划，以数字化基础设施、数智化基础设施、创新性基础设施为重点，加快涵盖接入、存储、计算、管理和数据使能等五大领域的新型基础设施建设，提升“采—存—算—管—用”全生命周期的支撑能力，让数据“存得下、流得动、用得好”，构建全方位的数据安全体系和保障系统，为推进浙江省数字经济高质量发展营造良好的生态系统。

4. 加强数字经济高质量发展的人才队伍建设

人才是数字经济的核心要素，是驱动数字经济高质量发展的重要支撑。2018 年，美国数字经济规模达到 12.34 万亿美元，居全球首位；中国数字经济 4.73 万亿美元，列全球第二。G20 – 17 个成员国数字经济 28.3 万亿美元；OECD – 32 个成员国数字经济 23.7 万亿美元；APEC – 14 个成员国数字经济 21.9 万亿美元；金砖五国数字经济超过 6 万亿美元。随着越来越多国家和地区加快推动数字经济的发展布局，全球对以计算机科学、软件工程、人工智能、计算科学、数据科学和信息工程等学科为背景的数字经济人才需求迅猛增长，数字经济人才供需缺口越来越大。据统计，在全球 367 所设有人工智能研究方向的高校中，我国还不足 30 所，人工智能人才供需缺口巨大。尤其是在决定数字经济核心竞争力的算法领域，人才缺口更为突出。从浙江省数字经济发展的实际需求来看，在云计算、大数据、物联网、网络数据安全、集成电路和人工智能六大数字经济重点发展领域的人才紧缺问题越来越严重，已经成为制约数字经济高质量发展的重要瓶颈。

建议浙江省委、省政府要高度重视数字经济发展的人才缺口问题，把数字经济人才队伍建设摆在数字经济工作的核心位置，采取强有力政策措施加强数字经济人才队伍建设：一是加强数字经济人才队伍建设的顶层设计和规划引领。深入开展浙江数字经济发展的人才供给与需求的调查研究，正确了解和把握浙江省数字经济发展的人才需求规模、需求结构和需求特征，科学制定推进浙江数字经济高质量发展的人才发展规划，以规划引领和推动浙江省数字经济人才队伍建设。二是加快高层次创新平台和高能级平台型企业培育，吸引和集聚数字经济优秀人才。全力推进之江实验室、阿里达摩院等一批高能级创新平台建设；深化与阿里巴巴、华为、中国电科等战略合作，推进127个数字化重大建设项目，加快千亿级平台型企业培育；推进“1+N”工业互联网平台体系建设，健全平台接单、按工序分解、多工厂协同的共享制造模式；大力支持具有产业链、供应链带动能力的平台型企业培育和产业数据中心的打造。通过数字经济高层次的创新平台和高能级的平台型企业培育，加快浙江省数字经济产业集群，以产业集群的极化效应与规模效应吸引和集聚数字经济高质量发展的优秀人才。三是大力支持和推进浙江省高校数字经济人才的培养。加强对浙江省高校计算机科学、软件工程、电子工程、信息工程、人工智能、数据科学等数字经济相关学科建设的支持力度，通过强化财政投入、扩大招生规模和加强师资队伍培训等政策措施，引导高教资源向数字经济相关学科倾斜，着力提高浙江省高校数字经济人才培养的规模和质量。

5. 健全数字经济高质量发展的政绩考核机制

政绩考核是指挥棒，有什么样的政绩考核，就会有什么样的政府行为，就会有什么样的经济发展成果。改革开放40多年来，我国经济之所以取得以年均9%高速增长的世界奇迹，其中一个关键变量是建立了以GDP为核心的省、市、县和乡镇四级政府的政绩考核机制，强化了各级政府经济发展理念和内在动力。但现行的政绩考核机制，主要是侧重于GDP、进出口、投资规模和财税收入等数量型经济发展的考核指标，一定程度上驱动了一些地方政府单纯依靠投资拉动、规模扩张和资源推动，过度发展了一些低端产业，致使一些地方经济长期处于粗放型发展状态，原材料消耗大、能源利用效率低、产业技术层次低和产业缺乏核心竞争力，这不利于驱动浙江省数字经济高质量发展。

建议科学研究浙江省数字经济的演化过程、发展模式和发展形态，正确认识和把握数字经济发展的基本特征、支撑条件和生态系统，紧密结合《浙江省数字经济促进条例》《中共浙江省委关于制定浙江省国民经济和社会发展第十四个五年规划和二〇三五年远景目标的建议》《浙江省数字经济发展五年倍增计划》以及建设国家数字经济示范省的实际需要，研究建立以“数字基础设施建设”“数字资源的有效利用”“产业数字化”“数字产业化”“政府数字化转型”和“数字网络普及”等为关键指标，具有前瞻性、较高信度和效度的政绩考核指标体系以及相应的考核程序、考核办法和奖惩措施。探索构建面向数字经济高质量发展的政绩考核机制，努力做到可量化、可评价、可检查和可操作，并真正能够落地见效，以此树立各级政府数字经济高质量发展的发展理念，强化数字经济高质量发展的政府行为，实施数字经济高质量发展的实际行动。

6.1.5 自贸区建设如何勇立潮头

当前，中国经济正处于转型升级的重要阶段，为适应经济全球化和区域经济一体化新趋势，充分发挥各地区的区位优势，深化与周边国家和地区的经贸合作，更好地服务对外开放总体战略布局，我国已经分多批次批准了 18 个自贸试验区，形成了东西南北中协调、陆海统筹的开放态势。习近平总书记指出，“建设自由贸易试验区是党中央在新时代推进改革开放的一项战略举措，在我国改革开放进程中具有里程碑意义”，并且强调“要在深入总结评估的基础上，继续解放思想、积极探索，加强统筹谋划和改革创新，不断提高自由贸易试验区发展水平，形成更多可复制可推广的制度创新成果，把自由贸易试验区建设成为新时代改革开放的新高地”。浙江省委、省政府高度重视浙江自贸试验区建设，在 2018 年 5 月召开的全省对外开放大会上明确提出，学习践行习近平总书记关于对外开放的重要思想，大手笔谋划推进中国（浙江）自由贸易试验区 2.0 版，奋力走在新时代对外开放的前列。车俊书记强调，浙江自贸试验区作为落实和服务一系列国家战略的重大平台，要集中力量、集聚资源、集成政策，推动自贸区建设提速提质，不断创造新动能，努力成为浙江省高质量发展的重要增长极。

浙江省自贸试验区于 2017 年 4 月 1 日正式挂牌，是我国唯一由陆域和海洋锚地组成的自由贸易园区，承担着“为国家试制度、为开放搭平台、为地方谋发展”的重要历史使命。2017 年 3 月 15 日，国务院发布

《中国（浙江）自由贸易试验区总体方案》，明确了浙江自贸试验区的发展定位与核心任务：以制度创新为核心，以可复制可推广为基本要求，将自贸试验区建设成为东部地区重要海上开放门户示范区、国际大宗商品贸易自由化先导区和具有国际影响力的资源配置基地。浙江自贸试验区尽管成立的时间并不算长，距离国内外先进自贸试验区尚有一定差距，但浙江自贸试验区取得的一系列改革成果有目共睹，在制度创新试验与扩大对外开放领域的重要作用无可替代。如何克服发展中遭遇的困难，帮助自贸试验区走在前列、勇立潮头，实现创新赶超，具有特别重要的现实意义。

1. 浙江省自贸试验区的建设成效与突出问题

浙江省自贸试验区自挂牌以来，在省委、省政府坚强领导下，围绕《中国（浙江）自由贸易试验区总体方案》（以下简称《总体方案》）的整体要求，立足国家战略，充分利用舟山独特的区位优势、岸线资源以及“一带一路”“长江经济带”“浙江舟山群岛新区”“舟山江海联运服务中心”“自由贸易试验区”等多重国家战略的叠加效应，在制度创新、大宗商品交易、贸易自由化等领域取得了一系列令人瞩目的成绩。截至 2019 年 2 月底，《总体方案》89 项试点任务 100% 启动实施，有效实施率达到 90% 以上。探索形成 59 项制度创新成果，其中全国首创 23 项，6 项被国务院复制推广；率先开展国际航行船舶进出境通关无纸化和口岸港航通关服务一体化“4 + 1”功能，船舶通关时间从 16 小时缩减到 2 小时，舟山速度令全国惊叹；突出抓好 LNG 产业发展，新奥 LNG 项目一期正式运营，年接卸能力达到 300 万吨，进一步强化了长江三角洲地区气源保障；浙江自贸试验区在世界油气行业领域的知名度不断提升，连续两年举办世界油商大会，通过油商大会累计签约重大项目 45 个，协议涉及金额 2230 亿元；在金融服务领域，依托人民币国际化示范区建设这一国家战略，自贸试验区在全国率先开展资本项目收入结汇支付便利化试点，便利化程度位居全国首位，开展跨境人民币结算业务的银行机构增加到 15 家，挂牌以来累计完成跨境人民币业务交易量超千亿元，交易地域辐射境外 39 个国家和地区。

与此同时，浙江自贸试验区建设也存在比较明显的瓶颈，特别是对标上海、广东等先进自贸试验区，浙江省自贸试验区改革创新步子迈得还不够大，基本上还是以传统的开发模式、管理体制在运作。一些省级部门对自贸试验区理解不深入不到位，部门政策互相“踩脚”，部分改革难以深入推进，迫切需要省委、省政府进一步采取切实有效措施，推动浙江自贸试验区建设提速提质。当前浙江自贸试验区建设，主要存在如下问题：

（1）政策落地见效困难，“为国家试制度”效应滞后。自贸试验区承担着国家重大战略实施先行探索和创新的使命，被赋予了较大的改革创新自主权，然而在制度运行层面，政策落地难度依旧较大，“为国家试制度”效应滞后。具体表现为三个方面：

第一，自贸试验区的治理能力与治理结构还存在优化空间。一方面，当前自贸试验区自身无法高效地解决政策难题，没有形成有效的政策反馈机制来对接上级政府寻求业务指导，导致政策推进效率较低；另一方面，治理结构存在缺陷，自贸试验区内各机构、部门还没有形成系统化的协同联动机制，仍以各部门承担对应工作的传统模式为主，部门间壁垒问题较为严重，沟通协调成本过高，政策落实能力不足。

第二，部分改革的深入推进遭遇瓶颈。浙江省自贸试验区获批后仍有大量单项改革事项需报相关部门逐项审批，而且与自贸试验区建设高度关联的审批权限主要集中在中央与省级层面，部分行政审批权限迟迟无法完成下放。例如，目前全国共有 12 家企业在自贸试验区开展保税油供应业务，其中新批的 7 家舟山牌照企业，受限于港口管理体制无法开展跨港供油；浙江物产中大石油有限公司是 2019 年商务部批复同意的首例原油非国有贸易企业资质，但迟迟无法开展实际经营；国务院明确“自贸试验区内医疗机构可根据自身的技术能力，按照有关规定开展干细胞临床前沿医疗技术研究项目”，浙江自贸试验区已有部分注册企业有较强需求开展相关业务，但有关部门持谨慎态度，政策尚未落地；关于人类辅助生殖技术服务机构的审批，省级有关部门也不同意舟山增加。自贸试验区层面进行制度创新的自主空间不够，在政策执行过程中难以发挥出先行先试的政策优势。

第三，特定领域的行业牌照获批困难，自贸试验区在大宗商品交易、金融服务供给等领域仍存在诸多的行业准入限制，政策设计严重落后于现实需求，这在很大程度上限制了自贸试验区创新发展的步伐，也导致了许多既定的国家战略与政策目标落实效率较低。

（2）市场开放程度不高，“为开放搭平台”尚未实现。党的十九大报告明确提出，新时代的中国要“推动形成全面开放新格局”，而进一步扩大市场开放水平是“推动形成全面开放新格局”的重要内容。在这一重大战略部署之下，身负“为开放搭平台”使命的浙江自贸试验区，市场开放程度显然还不够。具体体现在两个方面：

一是受到行政区划的掣肘，地方政府各自为政，市场分割的状况较为严重，使得自贸试验区在国际竞争中处于劣势地位，无法发挥出全国市场广阔这一得天独厚的优势。以保税船用燃料油领域为例，2018 年舟山保税船用燃料油供应量达 359.3 万吨，结算量 566.3 万吨，首次跻身全球十大供油港。但与第一大供油港新加坡相比，由于市场分割等原因的制约，舟山燃料油成本价格每吨大约比新加坡高出 20 美元，直接导致了舟山港在竞争中的全面劣势。

二是金融领域的开放极为有限。以持牌金融机构数与融资租赁企业数为例，截至 2019 年 8 月，浙江自贸试验区仅有持牌金融机构数 69 家、融资租赁企业数 264 家，相较于 2018 年分别增长了 2 家、1 家，总量与增幅都较低。而金融领域开放的速度限制了自贸试验区供给金融服务与吸纳外资的能力，不利于自贸试验区实现“为开放搭平台”的战略任务。

（3）辐射带动能力有限，“为地方谋发展”作用不强。浙江自贸试验区在承担国家战略任务的同时，还肩负着“为地方谋发展”的使命，充分利用政策优势，带动地区经济实现跨越式的发展。在当前阶段，受制于舟山尖端人才匮乏、经济动力不足、产业链体系不够完善等因素的影响，舟山地区经济基础相对落后，GDP 总量约占全省 GDP 的 2.34%，对全省经济增长的贡献有限。而在产业辐射方面，浙江自贸试验区响应国家战略，产业布局主要围绕大宗商品交易、油品全产业链、口岸贸易等领域展开，传统的行业也是舟山特色的海洋产业，与浙江其他地区产业布局的契合度不算太高，产业辐射带动能力不强。

与此同时，虽然浙江自贸试验区坚持制度创新，“首创率”位居全国前列，但整体上在全省、全国的复制推广工作相对滞后，制度创新的影响力有限。自贸试验区先行先试的制度优势还没有发挥出来，辐射带动能力不强，“为地方谋发展”作用有待进一步强化。

（4）创新能力较为薄弱，传统产业转型升级艰难。创新能力是产业转型升级的基本驱动力，对提升经济附加值水平与提高市场竞争力起着极为关键的作用。现阶段浙江自贸试验区的创新能力明显不足，具体体现在两个领域：

一是科技创新投入严重不足。华为2018年总收入7212亿元，研发费用达到1015亿元，占收入的14.1%，近十年研发费用超过4800亿元；2018年浙江全社会研发经费支出达1440亿元，占GDP比重2.52%；而舟山只有大约14亿元，占GDP比重1.16%，远低于全省平均水平，科技创新投入严重不足。

二是创新人才与科研创新机构支撑乏力。舟山境内缺少重点高等院校和科研机构，现阶段能够依靠的科研单位仅有浙江海洋大学与浙江大学海洋学院，科研院所的引进与合作力度与自贸试验区创新发展需求严重失调，造成了整个区域创新能力的不足。

创新能力不足带来的直接后果是传统产业转型升级困难，主要表现在舟山的海洋产业领域。舟山是我国首个以海洋经济为主题的国家级新区，同时作为我国唯一的群岛型设区市，其区位与特色资源优势明显。海洋产业作为浙江自贸试验区的传统支柱产业，与舟山的经济发展和民生改善有着极为紧密的联系。现阶段舟山的海洋产业模式依然以传统的资源消耗型为主，创新能力薄弱，科技投入不足。大多数相关企业以海产品的粗加工为主，行业整体利润低下，市场竞争力严重不足。而在科技含量较高的海洋生物制药、海洋食品精加工领域，大部分企业处在起步探索的阶段，虽然已经出现了以海力生集团等为代表的部分企业开始尝试海洋药物与食品的研发，但产业的集聚效应尚不明显，研发力量也较为薄弱，产业转型升级的前景仍不乐观。

（5）高端专业人才匮乏，熟练技术工人严重短缺。人才资源是一个地区经济社会发展的首要资源。仅在2018年，自贸试验区新增注册企业数就达到了7413家，企业与各类机构人才需求旺盛。自贸试验区在人才集聚方面具有天然优势，但是仅仅数量上的支撑是不够的，高素质、专业化、国际化复合型人才等高端人才资源才是自贸试验区发展的关键。由于舟山基础设施相对落后、经济动力不足、产业链体系不够完善等因素的存在，无法满足国内外高端人才的配套需求和发展愿景，不仅难以吸引高端专业人才进入自贸试验区，本土人才的流失状况也十分严重。面对这一状况，浙江自贸试验区虽然于2017年5月出台了《中国（浙江）自由贸易试验区扩大对外开放积极利用外资暂行办法》，明确了自贸试验区引进境外高端人才的优惠政策，但却还没有出台专门的人才引进与人才培养措施，填补国内高端人才引进与引入后经费支持、住房保障、安家补助、职业发展等一系列配套支撑措施的空白，人才生态环境亟待进一步优化。

与此同时，随着人口红利逐步消失，舟山地区劳动力成本上升，熟练技术工人快速向外流失。以舟山传统的远洋捕捞业为例，因为平均工资水平较低，近年来从事捕捞生产的舟山本地居民数量一直呈现下降趋势，雇佣海外劳工成了一项技术工人招募的新来源，但自贸试验区在海外劳工的雇佣资质方面仍无法进行有效的政策突破，生产环节出现了劳动力短缺的现象。从事基础生产活动的劳动力不足，给自贸试验区经济的健康发展带来了极大的困扰。

2. 浙江自贸试验区勇立潮头的政策建议

当前，我国经济已经从高速增长进入了高质量发展的新时代，落实新发展理念，推动产业转型，建设现代化经济体系既是国家战略的切实要求，也是浙江自贸试验区提速提质引领高质量发展的现实目标。基于这一时代背景，从强化向先进自贸试验区对标、强化政策调查研究能力、强化与上级政府沟通对接、强化整体性政府建设、强化人才生态环境打造、强化营商环境建设、强化工业互联网的应用和强化试验成果的复制推广八个方面出发，建立更加精干高效的管理体制，在更多领域开展自由贸易探索，打响浙江自贸试验区的特色品牌，全面提升浙江自贸试验区的治理能力，推进浙江自贸试验区始终走在前列、勇立潮头，为全面深化改革和扩大开放探索新途径、积累新经验。

（1）强化向先进自贸试验区对标，全面提升自贸试验区科学管理水平。浙江自贸试验区成立的时间并不算长，距离国内外先进自贸试验区尚有一定差距。要实现发展的赶超，需要从两个方面突破发展难题：一是要通过对标国内外具有竞争优势的自贸试验区，学习先进经验，快速克服自贸试验区科学管理水平不够的问题；二是通过比较不同自贸试验区的产业布局特点，挖掘舟山特色，找寻浙江自贸试验区的相对优势条件，打造独具浙江特色的自贸试验区品牌，避免出现产业结构雷同，资源配置效率低下的情况。在国际高标准之下，助推自贸试验区开展全方位、深层次、根本性的创新变革。

建议从五个方面入手：①定期组织干部赴国内外成熟发达的自贸试验

区考察学习，帮助干部更新工作观念，加深对自贸试验区建设重大意义的认识，了解其他先进自贸试验区改革创新实践中最新的理念和举措。②对标高标准国际经贸规则，在全面深入研究自贸试验区发展需求的基础上，加快制定出台具有浙江自贸试验区特色的贸易法规，强化自贸试验区的法治建设，为完善贸易法律法规体系积累可供借鉴的经验。③对标先进自贸试验区的技术与管理创新，主动学习新加坡自贸试验区、西雅图港对外贸易区、上海自贸试验区等地成熟的经验，引进先进的管理技术，发挥后发优势，全面提升科学管理水平。④探索浙江自贸试验区的特色品牌，在学习先进经验的同时，挖掘舟山特色优势，与上海自贸试验区形成产业布局差异化、优势互补的发展态势，进一步强化市场竞争力。⑤配合长江三角洲区域一体化，尽快实现长江三角洲地区海关、海事、港航和边检的一体化管理。

（2）强化政策调查研究能力，加快自贸试验区政策的落地见效。政策调研能力是自贸试验区高效率发现问题与总结试验经验的集中体现，也是科学争取支持政策、加快现有政策落地见效的根本保障。现阶段自贸试验区政策调研能力还比较欠缺，主要体现在两个方面：一是挖掘政策需求的能力不足，无法科学、精准地向上级政府反映自贸试验区的真实诉求；二是执行过程中推动政策落地的能力不足，无法破除体制壁垒，快速地形成政策执行的具体措施与执行过程的有效反馈。因此，自贸试验区应加速强化政策调查研究能力，保障自贸试验区政策有效落地，这也是对浙江省委关于“大学习大调研大抓落实”要求的积极响应。

建议：①由浙江省委政研室牵头，定期组织相关部门领导和专家学者深入自贸试验区开展调查研究，了解自贸试验区发展的最新状况，及时梳理总结自贸试验区建设过程中碰到的新问题、新困难，探究发展过程中政策突破的需求与瓶颈，形成长效的政策反馈机制，为自贸试验区相关政策的科学决策提供参考。②建议由自贸试验区管委会牵头，会同浙江大学等高校科研机构，发起“浙江自贸试验区创新发展”高峰论坛，广邀国内外自贸试验区负责人与公共政策领域的专家开展定期研讨，探讨自贸试验区发展过程中遭遇的政策难题，为政策突破探索有效途径，加快自贸试验区政策落地见效。③召开省级有关部门协调推进会，从省级层面协调解决自贸试验区建设有关具体问题。协调省交通运输厅、浙江海事局，推广“保税燃料油跨港区供应模式”，允许舟山牌照企业开展跨港供油业务；

协调省卫生健康委员会，加大向上对接力度，争取国家卫生健康委员会支持浙江自贸试验区开展干细胞临床前沿医疗技术研究；协调推动浙江物产中大石油有限公司申报原油进口配额尽快开展实际经营；协调省税务局，推动数据系统接入国际贸易“单一窗口”早日实现等。

（3）强化与上级政府沟通对接，争取更多有效实用政策。浙江自贸试验区拥有多重国家战略叠加效应这一得天独厚的优势，应进一步强化与上级政府沟通对接，争取更多有效实用政策。目前浙江自贸试验区的沟通对接工作主要停留在自贸试验区管委会这一层级，未在全省形成协调联动机制，向中央争取政策支持的力度不足；与此同时，省级有关部门对舟山的业务指导力度不足，自贸试验区管委会与舟山市政府受到自身治理水平的限制，无法高效地向上级政府进行政策诉求的反馈。

建议：①由浙江省委、省政府牵头，组织省级有关部门与自贸试验区干部认真梳理国务院、国家部委和省级部门出台支持浙江自贸试验区建设的各类政策文件，领悟文件精神，总结自贸试验区政策支持的真实需求，主动对接上级政府，科学精准地争取优惠政策。②由省级相关部门牵头，会同自贸试验区管委会及舟山市政府，构建沟通协调的联动机制，畅通自贸试验区向上反映诉求的通道，再由省级部门加大向职能对应的国家部委进行政策争取的力度。例如，协调浙江省商务厅加大向商务部争取力度，支持将成品油批发资质审批权限下放至浙江自贸试验区商务主管部门，尽快赋予浙江石化原油进口资质、成品油批发经营资质、成品油出口资质与配额，扩大自贸区油品贸易规模；协调省财政厅、省税务局加大向上争取力度，推动财政部、国家税务总局研究出台支持浙江自贸试验区油气全产业链发展的税收政策，特别是低硫燃料油出口退税政策等。③省级有关部门加强对舟山市具体业务的指导，强化省级部门与舟山市相关政策执行部门的沟通对接，确保政策突破后能尽快落地见效。

（4）强化整体性政府建设，增强自贸试验区的协同推进能力。在当前阶段，自贸试验区大体沿袭部门之间职责分立的传统组织结构，由自贸试验区管委会、舟山市政府、舟山群岛新区管委会实行“三块牌子、一套班子”，各部门承担相应的工作，协同推进的能力不强，部门间壁垒问题仍然较为严重。而自贸试验区肩负着扩大对外开放的国家战略，涉及大宗商品交易、金融服务等领域的政策试验，往往无法由单个部门完成，需要以整体性政府发展理念为指导，对政府机构与组织运行机制进行有效整合和优化，才能最大限度增强自贸试验区跨机构、跨部门协同推进的能力。

强化整体性政府建设，建议从三个层面系统化地进行推进：①职能整合。依托《中国（浙江）自由贸易试验区总体方案》的要求，明确自贸试验区的职能定位与发展目标，通过自贸试验区平台将分散在政府各部门的职能加以整合，构建起统一化的协调沟通机制，有效地降低部门间的合作成本。②机构整合。由省委、省政府牵头，相关部门抽调人员配合，共同负责自贸试验区重大事项的研究与决策，构建一个多层级、跨部门、全流程的管理平台，探索自贸试验区管理的协同联动机制。③业务整合。加快审批权限下放到自贸试验区的改革步伐，打破部门与政府层级的界限，打造以协同推进为核心的业务工作流程，推动自贸试验区全流程联动模式的探索。

（5）强化人才生态环境打造，促进自贸试验区紧缺人才集聚。人才是社会最重要的资源。这既是一个极为深刻的命题，又是一个非常普遍的真理。要实现浙江自贸试验区的长期繁荣，强化人才生态环境打造，集聚紧缺人才的重要性不言而喻。然而现阶段自贸试验区的人才生态环境却不容乐观。由于基础设施相对落后、产业链体系不够完善，又没有针对性的人才优惠政策，无法满足高端人才的配套需求和发展愿景，加之上海地区对人才的“虹吸效应”，浙江自贸试验区人才的流失状况十分严重。与此同时，随着人口红利逐步消失，舟山地区劳动力成本上升，熟练技术工人加速向外流失，生产环节也出现了劳动力短缺。

建议省里出台专项政策，在以下四个方面给予自贸试验区支持：①由浙江省人力资源和社会保障厅协助自贸试验区做好人才资源的评估与规划，依据自贸试验区的发展战略，确立人才引进的目标，建立自贸试验区紧缺人才目录，有的放矢地开展人才引进。②针对自贸试验区制定特定的人才优惠政策，在经济上、生活上对专业人才给予政策倾斜，提高补贴标准，改善工作条件与生活待遇，吸引各类自贸试验区建设过程中紧缺的创新型人才进入到舟山。③通过创新人才评价体系、探索高效的人才激励机制、完善人才教育培养的常态机制等措施，打造优良的人才生态环境，保障人才在自贸试验区广阔的职业发展空间与成长机会，发挥出创新型人才的真正效用。④推动自贸试验区海外劳工雇佣资质相关政策加速落地，引进自贸试验区相关产业紧缺的熟练技术工人，缓解企业在生产环节劳动力短缺的困局。

（6）强化营商环境建设，推进“131 + X”重大产业发展。经济发展质量与营商环境紧密关联，要驱动自贸试验区经济高质量发展，需要进一步了解新时代营商环境的变化特征，先行谋划，早作部署。现阶段自贸试验区的营商环境建设仍存在两大问题没有突破：一是自贸试验区并未形成制度化的企业家保护条例与企业家培养体系。企业家在自贸试验区产业结构转型和经济高质量发展中发挥着无可替代的作用，保护其权益不受侵害是营商环境建设中极为重要的一环。二是金融服务领域未能完成突破。我国中小微企业总量已经突破200万家，融资需求巨大，而现行的地方商业银行、小额贷款公司、农村信用社等非银行性的金融机构根本无法满足其需求。利用自贸试验区“为国家试制度”的独特政策优势，能够从根源上解决中小微企业的融资问题，吸引更多具有创造力的新兴产业落户自贸试验区，同时也能为自贸试验区“131 + X”重大产业战略的实施保驾护航。

建议：①加快完善自贸试验区外商投资准入负面清单，在自贸试验区进一步放宽市场准入，加快投资审批权限下放与行政审批事项缩减的步伐，广泛吸纳外资企业参与自贸试验区的产业建设。②通过制定企业家保护法、强化知识产权保护、构建创业保险体系、加快民间资本市场培育、构筑信用监管公共治理机制等措施，帮助自贸试验区的优化营商环境，为企业家营造优越的创业环境。③继续深化“最多跑一次”改革在舟山的实践，深入推进“互联网 + 政务服务”，在审批事项、办事流程、办理时限等方面再挖掘，全面降低制度性交易成本，同时根据舟山港特色区位环境，加快国际贸易“单一窗口”建设，尽快建成覆盖跨境贸易管理全链条的“一站式”服务平台，持续优化口岸营商环境。④在自贸试验区推动新一轮的金融改革，稳步扩大金融业开放。以金融服务业为主要抓手，逐步推进资本项目开放，打造跨境融资平台，降低自贸试验区内市场主体的融资成本，推进“131 + X”重大产业发展。

（7）强化工业互联网的应用，推进传统产业的转型升级。近年来，网络、信息等技术加速向产业渗透，平台经济、共享经济蓬勃发展，线上线下快速融合，互联网以不可阻挡之势，与各领域、各行业迅速融合。工业互联网模式拥有广阔的发展前景，是自贸试验区产业转型升级的重要机遇。现阶段舟山的产业模式依然以传统的资源消耗型为主，科技投入不足，利润率较低，产业结构亟待转型升级。舟山是我国首个以海洋经济为主题的国家级新区，其区位与特色资源优势明显，基于此背景推出的大健康产业、海洋生物制药产业等发展卓有成效，但整体上规模较小，还没有打开新兴产业的市场，产业的集聚效应并不明显。要从根本上改变这一现状，需要充分引入“互联网＋”思维，强化工业互联网模式与传统产业的融合，以其信息化、智能化的技术优势推动自贸试验区传统产业的转型升级。

为强化工业互联网的应用，建议：①推动“数字浙江”战略与浙江自贸试验区发展高度融合，将“聚焦数字产业化和产业数字化，建设新型贸易中心、新兴金融中心的”战略目标嵌入自贸试验区工业互联网模式中，以浙江省数字经济的资源优势推动自贸试验区传统产业的转型升级。②集中技术资源帮助自贸试验区搭建一体化的线上平台，推动自贸试验区信息资源的全面整合，推进物流、仓储、现货交易等领域服务的全面提升与发展，提供有效的信息增值服务，助力贸易发展。③出台税收减免政策支持自贸试验区内新兴的互联网相关企业发展，推动信息技术产业与舟山特色产业融合，实现传统产业的在线化、数据化、智能化，完成产业的转型升级。

（8）强化试验成果的复制推广，增强对全省的辐射效应。自贸试验区在政策领域先行先试，其他地方依托成功经验跟进，在动态复制推广的过程中寻求新的突破，这是国家赋予浙江自贸试验区进行制度探索的重要使命。只有强化试验成果的复制推广能力，增强辐射效应，才能让自贸试验区的创新成果发挥出更大的效应。但现阶段自贸试验区的辐射效应明显不足，一方面体现在浙江自贸试验区成立时间较短，又毗邻国内发展最成熟的上海自贸试验区，难以将影响力迅速向外扩展；另一方面，自贸试验区现阶段的国家战略试验、特色产业布局未能与浙江省的发展方向高度契合，对浙江其他地区的产业带动效应不明显，部分试验成果复制推广的匹配性较低。

建议：①由自贸试验区管委会牵头，会同浙江大学和浙江省委党校，共同编制《中国（浙江）自贸试验区创新发展白皮书》，梳理总结自贸试验区创新成果，扩大自贸试验区的影响力。②由浙江省委党校编制“自贸试验区创新发展”教学案例，纳入各级党校和行政学院党政干部教育培训计划，并在舟山设立常态化的教学点和实践交流基地，让全省各级党政干部能够系统地了解自贸试验区创新试验成果。③由浙江省委、省政府牵头，会同自贸试验区管委会，争取中国（浙江）自贸试验区扩区政策，突破自贸试验区发展的地理空间限制，实施功能性扩大区域。借鉴美国自贸试验主区—辅区并行运营的创新模式，依据自贸试验区整体需求在浙江其他地市设置辅区，例如首先尝试在宁波设置自贸试验区的辅区，把一部分不适合扎根舟山的产业向外转移，推进宁波舟山一体化发展，将舟山主区打造为浙江自贸试验区的窗口，增强自贸试验区对全省的辐射效应。

6.2 强化市场监管职能

6.2.1　强化食品安全监管

“民以食为天，食以安为先”。食品安全关乎国计民生，是广大人民群众最直接、最现实的利益需求。“瘦肉精”“苏丹红”“毒奶粉”“地沟油”“氢化油”等事件的频频引爆，暴露了我国现行食品安全政府监管模式的缺陷，呼唤构筑公众参与的食品安全公共治理新模式。

1. 食品安全政府监管模式的主要缺陷

目前，我国食品安全治理属于典型的“自上而下”的政府垄断和多部门分段管理的治理模式。这种模式表面上看，似乎存在多重保障机制，然而实际中导致了各部门事前竞争预算和治理权力，事后推卸责任的问题。其主要缺陷：各个部门之间存在机会主义，相互指望，交叉模糊地带无人负责，形成管理的空档，一旦出现问题，很容易造成各部门之间的相互推诿；导致了大量的重复检测和重复收费，提高了治理成本，降低了治理效率；缺少必要的民意沟通，忽视了公众及消费者在食品安全中的地位，忽视了民众的智慧和力量。政府在食品安全监管方面尽管做了不懈努力，但各种各样的食品安全问题依然存在。

食品安全治理，既需要“自上而下”的政府监管，更需要“自下而上”的民众围观和舆论压力。因此，将公众参与引入食品安全治理的全过程，构筑公众参与的食品安全公共治理模式，以提高食品安全治理的效率，是十分重要的。

2. 食品安全公共治理模式的创新路径

公众参与是一种制度化的民主制度，是政府与公众互动决策和公共治理的过程。公众参与食品安全的公共治理是指公众以提供信息、表达意见、发表评论、阐述利益诉求等方式参与食品安全的决策和行为过程。构筑公众参与的食品安全公共治理模式具有重要意义。

第一，公众参与食品安全公共治理是对政府失灵的重要补充。我国食品生产者、经营者众多，数量巨大、业态复杂，而且以分散经营为主要形式，加之政府人力、物力、财力有限，因而仅仅依靠政府治理的力量是远远不够的。如果忽视公众在食品安全治理中的重要作用，不仅不会带来食品安全，还会导致更大的食品危机。社会公众，尤其是消费者，是最直接、最有动力的食品安全治理力量。发动食品安全社会各方的力量，构筑公众参与的食品安全公共治理模式，是解决我国目前食品安全政府监管模式缺失和治理能力不足的重要途径。

第二，公众参与食品安全公共治理是对消费者弱势地位的公平矫正。由于信息不对称性使得消费者相对于食品生产经营者处于弱势地位。消费者的知情权受到极大的限制，丧失了自我保护的能力，无法分辨市场中的食品是否安全，价格低廉的食品是否会更有风险，其安全食品的选择权也难以得到有效保障。公众参与食品安全治理，既有助于消弭信息不对称性，也能让消费者获得充分的有关食品质量、安全、标准等信息，引导其购买安全的食品，实现消费者的平等地位。

第三，公众参与食品安全公共治理是多元治理模式的客观要求。在食品安全多元治理模式架构下，政府、企业和社会公众联合起来共同完成对食品安全的治理。三者之间的关系是相互补充、相互支持、相互监督的关系。它们依据不同的原则在食品安全的治理中发挥着不同的功能。政府是以国家利益和行政区域内的公共利益为取向，对食品安全的治理进行制度安排。企业依据相应的制度安排进行食品的生产经营。由于社会公众的参与，形成了有第三方介入的食品安全治理模式，更能有效发挥治理模式的作用。社会公众独立于政府体系之外，形成特有的多样性和灵活性，形成平等的参与式的组织结构，可创造出比政府更低的成本和更高的效率。

我国食品安全正处于风险高发期和矛盾凸显期。通过一套有序的制度安排，构筑公众参与的食品安全公共治理模式，能够有效地提高食品安全的治理能力，能够有效地规避和降低食品安全风险。

第一，加强公众参与食品安全公共治理模式的制度设计。通过理性选择的公众参与途径，精良设计的公众参与制度，不仅有助于达成公众参与的实质效果，而且可以预防由非制度化公众参与带来的不良后果。公众参与食品安全公共治理可分为三个层面：一是公众食品立法和决策层面的参与，主要是指公众对食品立法和公共决策的重要影响；二是食品安全执法层面的公众参与，主要是食品安全治理；三是公众参与食品安全执法，主要是发动食品安全诉讼和损害赔偿。很有必要从上述三个层面对公众参与食品安全公共治理模式进行制度设计，以便让公众依法有序高效地参与食品安全治理。

第二，着力构建食品安全的新闻媒体治理模式。新闻媒体监督机制，是指新闻记者通过新闻媒体，采取不同方式发现并披露食品生产、运输、销售等过程中的不当行为和违法行为，并且督促该食品安全问题得到有效解决的公众参与模式。各级政府在食品安全治理工作中，要更多地考虑动员新闻媒体力量，组织新闻记者参与食品安全治理，充分发挥媒体力量。围绕食品安全新闻媒体监督环境营造、监督网络构建、媒体记者食品安全监督素质培育、监督权力的法律保护、监督结果的披露以及对被披露单位惩戒等问题，构建食品安全的新闻媒体监督治理模式。

第三，探索食品安全的内部特工培育及发现机制。食品安全问题具有很强的隐蔽性、地下性和欺骗性，食品生产、运输、经营和销售等各个环节的不良行为和违法行为通常是很难被外界发现的。要尽早发现食品安全隐患，并对违法行为形成强大的威慑力，很有必要在大型的农产品生产基地、加工基地、运输企业、超市、批发市场和餐馆等设立食品安全的内部举报机制。

第四，强化食品安全的公众举报与奖励机制。从我国食品安全执法实践看，绝大多数食品安全违法行为都是由公众举报才引起行政执法和司法处理。为有效发动公众参与食品安全治理，鼓励举报者同违法行为作斗争，建立对举报者的特别法律保护和奖励制度十分必要。针对我国对举报者、证人的法律保护严重不足，国家应及时出台有效保护举报人的专门法律，并采取有效措施，切实保护好举报者，并根据举报查处的实际情况，给予较高的物质奖励。围绕举报范围、举报机构设置、举报权利实现、举报制约机制、举报查处与反馈机制、举报保障机制以及举报奖励机制等，着力构建我国食品安全的公众举报与奖励机制。

第五，探索食品安全的团体诉讼机制。团体诉讼是指“在法律上允许一人或数人代表其他具有共同利害关系的人提起诉讼，诉讼的判决对所有共同利害人有效”。团体诉讼的判决具有扩张力，效力及于遭受侵害的所有受害人。因此，在我国尽早建立食品安全团体诉讼制度，赋予消费者保护组织或其他公益组织提起公益性团体诉讼的权力，代表消费者打官司，将会对经营者形成有效的实质性制约。团体诉讼是实施公众参与食品安全决策制度的有力监督手段和法律救济方式，完善的团体诉讼机制有利于提高公众维权积极性，有利于强化公众参与食品安全治理的动力。

6.2.2 加强网约消费监管

网约消费是通过线上共同约定，在线下实施消费的新型消费模式。随着“互联网+”和“大众创业，万众创新”的不断推进，网约消费从网约车逐渐拓展到餐饮、休闲娱乐、教育、医疗等多个领域，对服务群众、刺激消费、促进就业和推动创业等都起到了巨大的推动作用。

然而，由于相关政策法规滞后于网约消费发展，针对这一新兴消费模式的监管体系尚不完备，在网约消费过程中，产品虚假夸大宣传、产品和服务质量没有保证、售后服务无法保障等问题层出不穷。据消费者网在线投诉平台统计，2016 年平台接到有关电商投诉 2184 件，占到投诉总量的 57.22%。网约消费暴露出的问题，本质上是市场监管效能未能匹配新经济发展要求的问题。

在网约消费过程中，商品交易和服务行为具有明显的虚拟性和跨时空性。经营者和消费者之间的交易行为很大程度上依赖于交易双方的互信。然而，由于我国在网络交易市场信用建设方面既缺乏征信、信用评价、信用服务等领域的法律规范，也没有统一规范的信用中介和评级机制，信用信息分散，对引导经营主体规范经营，维护正常交易秩序带来了很大的困难。另一方面，网约消费以互联网为运营空间，市场的参与度、开放度和自由度相较于传统消费都有了巨大的提高，网约消费中的违法行为和手段也不断翻新，对传统的市场巡查、“一对一”监督检查模式提出了挑战。

网约消费关联线上和线下两个层面，涉及政府、企业、服务平台、中介机构、供给者和消费者等众多参与主体。在这种情况下，迫切需要构建以信用为核心的协同治理机制，促进浙江省网约消费持续健康发展。

第一，加快构建网约消费的信用激励惩戒系统。从信用的采集、记录、加工、输送、查询和使用等环节，全面构建网约消费各方参与主体的信用激励与惩戒系统，并将其纳入信用浙江建设的重要内容。首先要建立完善的网络信用评价体系，对网约消费经营者、第三方平台、消费者的网上行为进行信用评估，记录信用等级，同时完善信用信息公示制度，加强市场主体信用信息归集、存储和运用。建立健全跨地区、跨部门、跨领域的信用体系建设合作机制，加强信用信息共享和信用评价结果互认。在此基础上推进诚信典型红名单和严重失信主体黑名单制度建设，对诚信典型主体提供行政审批"绿色通道"和优先提供公共服务等便利服务措施，对黑名单主体采取网约消费行为限制、行业禁入等措施，做到"一处违法，处处受限"，提高失信成本。

第二，加快出台网约消费的地方法规政策。由省政府分管领导牵头，组织法律、经济、管理、工商领域的专家学者等对网约消费的各个环节进行深度调查，系统把握网约消费的运行特点、演化过程和演化规律，以规范网约消费各方参与者的责任权利为重点，逐步规范网约经营主体准入与退出机制，完善消费者合法权益保护机制，尽早出台《网约消费信用信息公开和失信惩戒办法》等规范性文件，尽快出台关于平台交易规则、跨境网约消费、网约消费案件移送等方面的规章制度，为网约消费监管执法提供制度保障。

第三，加快构建网约消费的纠纷处理机制。构建以维护消费者合法权益为落脚点，由网约消费供给者、消费者和政府共同参与的网约消费纠纷处理机制。构建与全国各省市联通的消费纠纷登记平台，打破 12315 登记平台的地域性限制，通过开通网络投诉、短信投诉等功能，降低消费者投诉难度；建立第三方平台数据与 12315 数据共享机制，实现平台交易数据与工商部门的共享，便于工商部门及时掌握网络消费数据；建立网络消费纠纷快速处理机制，登记平台可直接将属于平台或平台所属商家责任的纠纷分流到平台售后部门处理，由平台负责举证和处理，证据确凿的，由平台进行先行赔付；建立工商监督与限时介入机制，及时将处理流程及负责人反馈消费者，若平台拖延处理则由工商部门介入，对于网约消费平台有过失的，追究平台责任，不断推进平台售后服务机制建设完善。

第四，加快推进网约消费服务的标准化建设。标准化对保障网约消费信息共享、业务协同、互联互通、安全保密都起着积极作用。网约消费牵涉到各行各业，相应的准入标准和服务标准亦不尽相同。网约消费的标准化建设可由行业主管部门牵头，联合消费者、行业协会共同制定“网约消费服务标准体系”，围绕网约消费服务，采用国家相关标准、行业标准，建立服务通用基础标准、服务提供标准、服务保障标准，同时鼓励有关社会组织、产业技术联盟制定团体标准，支持各地结合发展规模、城市管理等差异化需求，制定运营、维护等地方标准，鼓励企业制定更高水平的产品质量、运营管理、售后服务等企业标准，推进企业产品和服务标准自我声明公开，形成较为完善的服务标准体系。运用生产许可、认证认可、监督抽查等手段建立标准化监督检查制度，保障标准的有效实施。

第五，加快提升网约消费的政府监管能力。信息的互联互通和共享能够实现对不良商家负面信息的锁定，一方面方便了消费者维权取证，另一方面监管部门可以按图索骥，让监管有的放矢。建议以大数据为载体，信息系统为手段，构建负面信息线索库。同时通过科学的统计抽样方法，对提供网约消费服务的第三方机构和经营者进行不定期抽查，增强网约消费的监管机制的威慑力，提高政府对网约平台、企业和中介服务机构等的精准监管能力。

第六，加快构建网约消费的公共治理平台。网约消费系统是非常复杂的大系统，涉及企业、服务平台、中介机构、供给者和消费者等众多参与主体，光靠政府力量是无法实施有效监管的，必须充分发挥公众力量，充分激发社会公众的主动性、积极性和创造性。构建集民意反馈、监督举报、信息披露为一体的网约消费的公共治理平台，一方面要充分发挥行业协会、产业联盟等各方作用，支持制定发布行业公约，贯彻实施相关标准，强化服务质量监管、第三方评价等，加强行业服务和自律管理，让行业在自律和共治中发挥对网约消费的牵动性的作用；另一方面要强化消费者在网约消费立法、决策和执法层面的参与，为消费者参与网约消费监管提供有效的渠道。

6.2.3 打造新型营商环境

改革开放以来，我国政府在致力于改善营商环境方面做了大量的工作。但通过深入系统分析可以发现，营商环境建设具有鲜明的时代特征，在不同时期和不同阶段，营商环境建设具有不同的目标任务、建设重点和基本做法。习近平总书记指出，“中国特色社会主义进入了新时代，我国经济发展也进入了新时代”“我国经济已由高速增长阶段转向高质量发展阶段”“推动高质量发展是当前和今后一个时期确定发展思路、制定经济政策、实施宏观调控的根本要求”，并在中央财经领导小组会议上强调，要“改善投资和市场环境，加快对外开放步伐，降低市场运行成本，营造稳定公平透明、可预期的营商环境，加快建设开放型经济新体制，推动我国经济持续健康发展”。

发达国家的实践表明，经济发展质量与营商环境紧密关联，相互促进。有什么样的营商环境就会有什么样的经济发展质量。新时代要驱动经济高质量发展，需要打造最佳营商环境，持续保持政府有为、市场有效、企业有利、百姓受益的体制机制领先优势；需要了解新时代营商环境的变化特征，深刻把握营商环境的八大转变趋势，先行谋划，早做部署；科学确定新时代营商环境的建设目标和建设重点，科学制定建设规划和建设方案。

1. 从弹性化的政策保护，转向持续稳定的立法保障

弹性化的政策保护发挥过历史性作用，但仍难解企业家的财产权焦虑。保护企业家合法权利，是最基本的营商环境。习近平总书记强调，“稳定预期，弘扬企业家精神，安全是基本保障”。改革开放以来，在相关法律不健全的情况下，出台政策文件为企业家提供保护，对提高企业家投资信心、激发企业家创新精神、促进企业健康发展发挥了重要作用。但是政策的弹性化特点，让保护效果大打折扣。例如，政策时松时紧，缺乏稳定性、透明性和可预期性；政出多门、政策“碎片化”、部门政策互相矛盾。政策执行的随意和不协调常常造成企业家或无所适从、或心存疑虑、或来回折腾、或钻政策空子，甚至合法的人身和财产权益受到侵害。

打造新时代营商环境需要更加突出持续稳定的立法保障。面对社会上多次出现过一些否定、怀疑民营经济的言论，个别部门利用公权力对民营企业家的“合法伤害”，企业家更期待稳定、透明、可预期的法治化营商环境。实现持续稳定的立法保障，强化对企业家合法权益保护的权威性、稳定性和强制性，减少权力的任性空间，更有利于提高企业家的安全感，激发企业家的活力，激励企业家长远规划、放心投资、安心经营、专心创业和潜心创新。

建议加快构建持续稳定的地方法律保障体系。一是开展立法调查研究。深入企业，充分听取企业家对人身和财产安全、企业健康发展方面的诉求，对现有法律、政策中涉企条款的意见建议，了解企业家最担心什么、最害怕什么、最忧虑什么、最期望什么。二是加快制定出台企业家和企业保护法规。由全国人民代表大会牵头，以企业家期待和需求为重要导向，把过去引导、支持、鼓励企业发展的好政策、好做法、好经验总结出来，把容易对企业家和企业合法权益造成侵害的环节和漏洞寻找出来，制定一批法规，趋利避害，让法律成为企业家健康成长、企业健康发展最根本、最稳定、最长久的保障。

2. 从特殊投资项目定向优惠，转向公平公正普惠

特殊投资项目定向优惠促进了地方产业发展，但也造成负面影响。为吸引外资、龙头企业投资，各地政府通常采用“一企一策”的招商引资方式，对特殊投资项目给予特定优惠和特别照顾，在提高地区经济开放水平、发展新兴产业、培育产业集群方面发挥了积极作用。但是，差异化、选择性的优惠也带来了负面影响。例如，我国连续多年成为全球遭遇反倾销、反补贴调查最多的国家；平等参与市场竞争、平等使用生产要素、平等保护产权的环境受到冲击和破坏，热了少数企业的心、冷了多数企业的心；市场配置资源的机制被扭曲，甚至成为官商勾结利益输送的渠道。

打造新时代营商环境需要更加突出公平公正普惠。《小康》杂志 2018 年推出的“中国营商环境满意度大调查”显示，公平问题成为营商环境十大难题之一。有 42.2% 的受访者表示“政府对各类企业不能一视同仁、待遇平等；司法执法公平有待提高”。以浙江省为例，虽然浙江在调查中被列为“公众心目中营商环境最优的十个省份”榜首位置，但相关问题同样存在。一些企业反映，“某行业市场前景好，企业本身也没什么问题，但却不在政府鼓励发展的产业指导目录中，不仅优惠政策享受不到，还处在搬迁的忧虑之中”。进入新时代，我国参与全球经济治理体系变革，更加注重规则等制度型开放，公平公正普惠将成为基本经贸规则；无论外商、民企，都期望获得更多平等竞争机会。因此，需要打造竞争中性的营商环境，从特殊投资项目定向优惠转向公平公正普惠，适应市场化改革、扩大高水平开放新格局，进一步激发民企、国企、央企、外企活力。

建议加快推动形成公平公正普惠的营商环境。一是强化负面清单管理，在市场准入上实现公平公正。在总结各地负面清单管理典型经验和主要短板的基础上，借鉴国外经验，以清单方式明确列出禁止和限制企业投资经营的行业、领域、业务等，清单以外则充分开放，实行统一的市场准入制度；加快完善负面清单的配套法律法规，提高负面清单管理的刚性。二是强化待遇平等，在企业政策上实现普惠。破除获取垄断性资源要素和政府采购的身份歧视，有效保障所有企业依法平等使用生产要素、基础设施和市场资源，公平参与市场竞争，同等受到法律保护和承担法律责任。

3. 从投资项目环境打造，转向人才生态环境打造

投资项目环境打造增强了地方招商引资竞争力，目前已经成为标配。改革开放以来，各地区为吸引投资，不断改善投资环境，为产业落地及企业入园创造良好条件。那些率先从“三通一平”升级到“五通一平”“七通一平”的地区，率先从园区生产平台升级到产城融合发展的地区，获得了招商引资的竞争优势，受到了投资者青睐。但是，这些硬环境打造已经基础化、普遍化。要吸引更多市场主体，需要针对创业创新创造中的新难点，培育新的竞争优势。

打造新时代营商环境需要更加突出人才生态环境打造。据中山大学 2018 年对 16 省份营商环境调研统计，企业面临的主要困难已从办照难、办证难、退出难，转向招工引智难、市场竞争难、降低成本难。浙江省衢州市的最近一次调查也表明，人才匮乏成为困扰企业的共性问题。一些企业反映，“人才生态环境不好，人才留不住，频繁招聘，培养员工的费用占很大的成本”。新时代的一个显著特征，就是新旧动能加快转换，各个国家和地区从低端生产要素的竞争拓展到高端生产要素的竞争，人才将逐渐超过资本成为最稀缺资源，成为引进高端产业、吸引大公司的总部及核心部门、培育发展新动能的核心引力和关键砝码。因此，打造新时代最佳营商环境，在进一步优化投资项目环境的同时，必须更加突出人才生态环境。

建议加快打造高水平人才生态环境。一是组织人事部门牵头，以“三服务”活动为抓手，通过直接与各个层次人才面对面交流，调研建设人才强国情况，查漏补缺。二是采用大样本调查方式，对各类人才在创新创业创造、生活学习工作等方面的诉求进行梳理归类，对各类企业在人才生态环境等方面的诉求进行梳理归类，为我国打造满足多层次多类型人才需求、有更大包容性、有更强竞争力的人才生态环境提供高质量的对策建议。

4. 从重视政府诚信，转向区域性社会信用体系建设

政府诚信建设在社会信用体系建设中具有表率作用，但总体而言仍然缺失。近年来，我国各级政府加大了信用建设特别是“信用政府”建设力度，对全面改善社会信用状况起到了很大作用。但是，政府不兑现承诺、新官不理旧账、拖欠企业款项、政策朝令夕改等现象，仍然不同程度存在。有企业主反映，“政府部门不履行合同，或以各种理由相互推诿，企业主怕得罪政府不敢投诉，加上行政诉讼的成本和潜在的关系束缚，多数企业只能无奈地等待”。也有企业主抱怨，“政策说变就变，对实体经济影响非常大，尤其是对长远规划投资影响较大”。不仅政府诚信存在问题，企业诚信缺失更加严重。中国财政科学研究院的抽样调查表明，我国诚信水平较高的样本企业只有 49.6%。

打造新时代营商环境需要更加突出区域性社会信用体系建设。相互不信任或相互欺诈的社会，必然会耗费大量的资源用于界定和实施契约，带来交易成本的大幅增加。据统计，我国每年有 2000 多亿元的赖账、2000 多亿元的假冒伪劣产品和 2000 多亿元的“三角债”，每年因信用缺失导致 1 万亿元以上的经济损失。同时，因信用缺失，企业在一些经营活动中需要缴纳保证金、抵押金，需要付出较高的融资成本、诉讼成本等。正因如此，65% 的市场主体会到国家信用信息系统上查看交易对象的信用信息，越来越多的企业主体把信用当作新时代核心的营商环境。

建议加快打造信用体系。一是发挥政府在信用建设中的示范性、关键性、决定性作用，运用“最多跑一次”改革理念推进信用政府建设，建立“失信黑名单”和信息共享机制，强化信用应用，降低企业维权成本。二是强化“双随机一公开”工作机制。重拳打击不守合同、制假售假、偷逃贷款、拖欠工资及货款等信用欺诈和信用缺失行为。三是着力构筑公众参与的信用监管公共治理机制。构建信用监管的新闻媒体治理机制、内部监管机制、公众举报与奖励机制、团体诉讼机制等“四大机制”，将公众参与引入信用监管的全过程。

5. 从吸引单一投资项目，转向吸引平台型企业

吸引单一投资项目增加了地方产出，但在带动多方共赢方面尚有局限。毋庸置疑，每一个投资项目的引进，都为经济增长作出了贡献。如果引进项目是龙头企业，还可能带出一批中小型协作企业，形成一个产业集群。但绝大部分投资项目的引进，都只是新增了一家独立运行的企业，鲜有联结产品（服务）交易或交互的双方或多方的功能，对当地营商环境的贡献微乎其微。

平台型企业是新时代创新创业创造的推进器。新时代的商业竞争，不再只是单个企业之间的肉搏战，而是更系统、更深层的赢利模式之间的竞争，甚至是跨产业联合体之间的角逐，亦即生态圈之间的竞争。唯有主动构建和优化生态圈，与生态伙伴营造共生、互生、再生的生态系统，才是赢得未来商业的途径。平台型企业是构建生态圈的枢纽，通过对平台场域内资源和社会资源聚合、整合与优化配置，改变原有产业内外分工与合作的格局，进而重构服务业内部、制造业内部、产业间新一轮秩序或系统，为大量中小企业创业创新创造提供条件。

建议加快吸引平台型企业。将平台型企业作为提升营商环境的重要手段，依据当地产业基础和发展趋势，加大吸引培育平台型企业力度。发挥平台型企业大规模用户资源、跨市场网络效应、先进创新模式等优势，搭建多边市场成员互动的生态系统，激发网络效应，打造一个可持续的多主体互利共赢的生态圈，形成新的竞争优势。

6. 从注重降生产要素成本，转向降制度性交易成本

改革开放以来，各地注重降低生产要素成本，打造“成本洼地”，吸引企业投资。降生产要素成本为企业发展提供了红利，但也使企业不可避免地遭遇发展天花板。以浙江省宁波市政府2006年制定的工业用地基准价为例，一级、二级、三级、四级土地价格分别为每平米957元、754元、631元和513元；2016年的价格分别为每平米2193元、1546元、1366元和1027元，10年间工业地价翻了一番。劳动力成本也在不断增长，2014年至2017年，浙江省全社会单位就业人员年平均工资的实际增长率分别为6.4%、5.4%、6.9%、6.0%。

打造新时代营商环境需要进一步降低制度性交易成本。2018年，全国规模以上工业企业每百元主营业务收入中的成本为83.88元，每百元主营业务收入中的费用为8.7元，主营业务收入利润率为6.49%。近年来，实体经济成本年均增速约为利润增速的两倍，高成本问题被列为中国营商环境十大难题之首。其中，制度性交易成本是导致实体经济成本高企的重要因素。在创新驱动高质量发展的新时代，具有决定性作用的高端和创新型生产要素不同于一般生产要素，对制度性交易成本更为敏感，必须从注重降生产要素成本转向降制度性交易成本，打造“制度性交易成本洼地”。

建议加快拓展降制度性交易成本新空间。一是继续深化“最多跑一次”改革，在审批事项、办事流程、办理时限、申办费用等方面再挖掘。二是打造“办事不求人”的政务环境，用长期的制度改善替代现有的“百名局长帮企纾困解难”等临时性机制。三是利用“信用+技术”，以诚信体系逐渐替代保证金制度，应用大数据加快资金拨付、退税退保速度等，拓展降低制度性交易成本新空间。

7. 从打造关键性政府部门，转向打造“整体性政府”

打造关键性政府部门有效改善了营商环境，但难以解决政务服务事项的综合性与政府服务功能碎片化的矛盾。过去各地将涉企政府部门作为关键性部门，通过提供便利化服务、提高行政效率、强化监督考核，推动改善营商环境。但仅仅打造关键性政府部门，部门之间缺乏协同，企业的“一件事情”被分割成若干环节，分散在各个部门，极易造成政务服务流程相互纠缠、重复、卡壳或者部门推诿，提升营商环境遭遇天花板。比如一些企业反映“同样的检测，不同的部门来测评都要重复做，所需的设备、材料、工具等都是重复的”，一些企业反映“投诉时部门推诿扯皮”。

打造新时代营商环境需要更加突出“整体性政府”建设。营商环境问题普遍不是一个孤立的问题，而是一个综合性、复杂性问题。随着经济社会的发展，政务服务事项的综合性、复杂性程度会越来越高。浙江省“最多跑一次”改革的成功实践以及世界上一些国家“整体性治理”的实践表明，以部门协同集成服务为特征的“整体性政府”建设，是缓解政务服务事项的综合性和政府职能的碎片化矛盾的核心机制。

建议加快打造“整体性政府”。一是以互联网和大数据技术为支撑，体现用户思维，完善“众多机构，一个政府”的综合集成管理模式，为企业和群众提供非碎片化、非分离的服务。二是推进政府数字化转型。将政务服务的“最多跑一次”改革、“标准地”制度、“亩均论英雄”改革、“双随机、一公开”监管制度等通过数据有机联结，形成审批、服务、监管、生产要素配置的整体化操作流程，打造“政府管理共同体”，实现跨部门高效协同推进工作。

8. 从注重打造责权利统一体，转向打造命运共同体

打造责权利统一体激发了政府和企业活力，但容易产生无形的藩篱。责权利相辅相成、相互制约，形成一个统一体，既清晰界定了政府和企业的行为边界，又激发了各类主体的活力。但不同主体的责权利行为边界，容易产生无形的藩篱。政府和企业更多地考虑自己的责权利，缺少相互关怀，时常出现政府对政策影响考虑不周、企业不能充分考虑到社会责任问题。比如有企业反映，“一些部门在应急联动执法过程中存在不尊重企业家、执法方式方法粗暴生硬等现象，特别是涉及联合执法的，兴师动众，影响企业正常生产秩序，给企业和企业家的声誉带来极大影响”。同时一些企业不守信用，逃避监管，不规范、不合规合法经营。

打造新时代营商环境需要更加突出打造命运共同体。进入新时代，大国之间的竞争日趋激烈，外部经济环境总体趋紧，国内经济存在下行压力，防范化解重大风险形势严峻。虽然政府与企业是监管与被监管、服务与被服务的关系，有时甚至是矛盾的一方，但根本利益是一致的，政府有为才能市场有效，企业强则国家强。为了应对各种挑战，需要打造命运共同体，发挥各自优势，弥补对方失灵，互动增能，协力推动实现中国梦。

建议加快打造亲清型政商命运共同体。一是构建常态化的政商互动制度。搭建党委和政府与企业沟通协商制度化平台，建立涉企政策的企业参与机制，确立解决问题促进企业更好发展的监管导向，打造有利于企业家成长的优越政商环境。二是培育企业的责任担当。抓好企业家尤其是年轻一代企业家的教育培训工作，提高规范、合规合法经营的自觉性，在把事业做大的同时，主动承担应尽的社会责任。

6.2.4　如何优化人才生态环境

1. 人才生态环境的现实短板及优化对策

浙江省在全国率先提出打造人才生态环境最优省份，并制定实施了“五位一体”人才生态环境优化工程，取得了显著成效，但还存在一些短板，需要加大力度，更好地凝才聚力。

（1）浙江省人才生态环境的现实短板

第一，城市房价高企，居住成本高昂。至2016年10月，全省新建商品住宅销售价格连续19个月上涨，杭州当月同比增幅高达31.5%，已赶超北京、上海同期同比增幅。一些县级市如瑞安、义乌、永康等房价也纷纷超过万元/平方米。二手住宅销售价格和房屋租赁价格也多有上涨。另一方面，政府实施的住房保障政策着重于让人才“有房住”，不能解决“有住房”的问题，政策并未导向让人才拥有商品房产权及相应的资产性收入，而这恰恰是令人才对城市有归属感，能够安心创业和工作的核心。扶摇直上的房价令众多青年人才特别是高校毕业生望而生畏，“被迫”流失。

第二，城市交通拥堵，交通时间成本偏高。由高德地图发布的《2015年度中国主要城市交通分析报告》显示，杭州市每天有7个小时处于拥堵或严重拥堵状态，全年累计拥堵时长达到1600个小时，超过“堵王”北京的1510小时，成为年度全国堵车时间最长的城市。交通拥堵由杭、甬、温等大城市向义乌等中小城市蔓延，从浙北、浙东等发达地区向浙中、浙西南欠发达地区蔓延。交通拥堵浪费了大量的有效工作和休息时间，所造成的紧张抑郁情绪也易对人才的工作效率和生活品质造成负面影响。此状况若持续恶化，无疑将加剧人才流失。

第三，水质污染严重，饮用水质量偏低。以嘉兴市为代表的部分县市，由于以化工、印染、造纸、电镀、制革等重污染传统行业为支柱产业，存在突出的区域性、结构性水污染问题；特别是钱塘江流域、甬江流域、椒江流域和京杭运河流域，因传统行业所占比例偏高，造成工业结构性污染突出。湖库型饮用水水源富营养化趋势明显，部分水库出现过藻类异常增殖现象，城乡居民饮用水安全仍存在隐患，对人体健康构成威胁。基本饮用水安全问题让国内外高层次人才对浙江望而却步。

第四，优质教育资源紧缺，难以满足需求。教育环境关系到子女的健康成长，是人才选择工作地点的重要考量因素。浙江省学前教育和中小学教育整体办学水平不高，教育理念在不少方面仍比较滞后，过度应试教育现象仍较为突出。优质教育资源紧缺，且相对集中于杭州、宁波等经济发达的大城市，浙西南山区教育发展仍面临许多困难，导致区域间教育发展差距过大，产生教育不公平。这些问题使浙江省的教育环境难以满足高水平知识型人才对于优质教育资源的需求，可能由此损失宝贵的人才资源。

第五，大高等院校和科研院所、大企业供给不足，对人才的承载能力较弱。当前浙江省的高端人才发展平台还不够多，人才承载能力弱于一线城市。突出表现在高等院校和科研院所方面，目前仅拥有浙江大学等少数几所高水平重点院校，国家级科研院所数量较少，特别是金华、衢州等城市，高端人才发展空间有限。此外，浙江省内世界性大企业数量极少。《财富》杂志发布的2016年最新世界500强企业排行榜显示，中国上榜的110家公司中总部在浙江的仅有2家。而总部在广东和上海的都有9家，总部在北京的多达58家。大院大所、大型企业供给不足直接制约高端人才的引进。

第六，国际化和对外开放水平偏低，难以引进和留住国际人才。杭州国际化水平排名远在北京、上海、广州之后，且综合得分相差较大，城市国际化整体功能不够完善。由于生活配套欠缺，许多国外专家来杭生活成本较高，缺乏国际化的生活氛围。同时，由于缺少与国外教育接轨的国际化学校，引进人才的子女被迫异地求学，导致来杭工作的国外人才家庭两地分居。

（2）浙江省人才生态环境的优化对策

第一，加强人才公寓和住房保障体系建设，着力解决人才安居问题。当前浙江省急需通过加强人才公寓和住房保障体系建设来缓解高房价对人才的挤出效应，更加灵活地匹配人才的需求，构建多层次的人才住房保障体系。一方面，扩大保障房建设规模，探索建立“内循环”流转机制，形成一个独立于商品住房市场的保障房流转市场，从而隔绝商品住房价格上涨的冲击。另一方面，试点建设一批以较大户型和大户型为主的人才公寓，并将其从保障房体系中单列出来，以满足引进高层次人才的需求。人才公寓可采取政府（开发商）与购房人共同拥有产权的过渡模式，让符合条件的人才以更低的门槛进入购房市场。共有产权可上市交易，使得人才也能够分享到房价上涨带来的财产性收入。“有恒产者有恒心”，补齐住房保障的短板将极大地消除人才的后顾之忧，使人才全身心投入创新创业的热潮中去。

第二，加强公共交通系统和交通文明建设，着力优化交通环境。为改善当前浙江省各城市特别是省会杭州的交通拥堵状况，亟需加快构建一体化的公共交通系统，优化公交、地铁车站位置，实现公交、轨交等各种公共运输方式的协调发展与无缝接驳。以举办2022年亚运会等国际赛事为契机，加快建设城际公交，与轨道交通形成互补。全面推行城市公交一卡通，并配套设置合理的阶梯式价格优惠政策，鼓励公交出行。大力推进交通文明建设，强化对市民出行观念的引导，使广大市民自觉遵守交通规则。促进市民的广泛参与和交通消费意识的转变，使政策措施真正落实到位。

第三，加强“五水共治”和饮用水水源管理，着力提高饮用水质量。坚持治理存量与优化增量两手并举，一方面狠抓截污纳管工作，加快实现城乡生活污水收集、处置体系全覆盖；另一方面积极实施嘉兴太湖引水、千岛湖引水、舟山大陆引水三期等引调水工程，着力提升城市供水能力，促进城乡饮用水质全面提升。加强饮用水水源管理。加快编制实施饮用水水源环境保护规划，完成全省集中式饮用水水源地环境状况摸底评估，优先治理超标水源。各级政府及相关供水单位定期监测、检测和评估本行政区域内饮用水水源、供水厂出水和用户水龙头水质等饮水安全状况，并将监测信息及时向全社会公开，以消除有意来浙发展的人才对于饮用水安全的顾虑。

第四，加强师资队伍建设，优化教育资源配置，着力提升中小学教育质量。多措并举加强中小学师资队伍建设。重点发展高等师范类院校，创新培养方式，提升办学水平，提高中小学教师职前培养质量。重视职后培训，学习教学理论和方法，更新其教学观念。改善教师工资和福利待遇，建立偏远地区农村教师特殊津贴制度，稳定不发达地区师资队伍。进一步优化教育资源在区域间、城乡间均等化配置，继续实施“基础教育重点帮扶县提升计划”以及教育对口支援工程，在教育投入上向落后地区适当倾斜。探索建立校长和教师定期轮岗制度，促进教师合理有序流动，把师资丰富地区或学校超编教师调整到缺编的地区或学校任教，实现优质教师资源共享，逐渐缩小浙南、浙西地区同浙东、浙北地区的教育资源供给差距。

第五，加强大高等院校和科研院所、大企业的培育和引进力度，着力提升人才承载能力。依托新一代电子信息、新能源新材料、先进装备制造等优势产业，加大引进力度、共建一批国家级科研院所、国内一流大学、世界500强企业研发机构。对研发实力强、产业化潜力大的科研机构给予重点支持，鼓励创业创新，打造“类硅谷”的科技生态环境，吸引高端人才入驻。积极培育总部经济。在科学论证和规划的基础上，以义乌、海宁、绍兴等有条件的中等城市为载体，全面构建包括金融、保险、会展、商贸、物流、旅游、教育培训、法律会计、中介咨询等领域在内的专业化服务支撑体系，吸引国内外大型企业集团总部和营销总部集聚，最大化产业关联效应，促进当地及其周边地区的产业从传统的板块经济形态向现代产业集群形态转型，全面提升人才承载能力。

第六，加快城市国际化和对外开放度，着力提升国际高端人才集聚水平。建议加快国际化生活社区的规划布局，使国际社区的管理、文化氛围、医疗服务、宗教场所等能够满足外籍人才、在浙华侨的需要。推进公共服务国际化，研究制定符合国情和省情的境外人士劳动保障体系，整合公安、外事等外籍人才服务项目，建立统一的外籍人才服务窗口。办好和扩大现有国际学校，积极推进本土学校国际化，解决在浙外籍人才子女的入学问题。加强城市国际化软环境建设，提高对外开放度，建立与国际接轨的市场体系和制度环境。积极放大“后峰会、前亚运”效应，借助承办世界游泳锦标赛和 2022 年亚运会等国际赛事的有利契机，着力打造具有国际性、开放性和民族性的城市品牌，提升城市国际化形象，吸引更多国际高端人才集聚浙江。

2. 人才生态环境建设的典型实践与策略

《宁波市推进“中国制造 2025”试点示范城市建设的若干意见》明确强调，要集全市之智、举全市之力擦亮用好这块金字招牌，全力打造“中国制造 2025”标杆城市。《浙江省国民经济和社会发展第十三个五年规划纲要》明确提出“支持宁波努力打造具有国际影响力的制造业创新中心”。基于对宁波市经济和信息化委员会、人力资源和社会保障局、人才培训中心、智能制造协会，以及 20 多家职业技术院校和制造企业的调研，提出“着力将宁波打造为高技能人才队伍建设中国高地，全面推动‘中国制造 2025’示范城市建设”的政策建议。

（1）宁波高技能人才队伍建设的实际需求。2015 年 5 月 8 日，国务院印发了《中国制造 2025》，总体目标是使中国制造业由大变强，由制造业大国迈入制造业强国。到 2025 年迈入世界制造业强国行列，到 2035 年居于制造强国中位，到 2045 年进入制造强国第一方阵。

制造业是先进生产力和国家竞争力的重要体现，是区别发展中国家和发达国家的主要标志，是推动经济持续增长的主导力量。发达国家经验表明，高技能人才是制造业发展的强大支撑。全球高技能人才缺口约5000万人，主要集中在高科技产业和战略新兴产业领域。2008年金融危机以来，发达国家纷纷颁布了高技能人才国家战略，把强化职业技能教育、培养高技能人才作为制造业发展的战略举措。美国要打造世界一流的高技能人才队伍，重返制造业巅峰，实施了6亿美元的就业培训计划，着力加强高技能人才培养。英国发布的“为可持续发展而提高技能”和“为可持续发展而加强技能投入”两个高技能人才开发的战略文件，并指出英国未来经济增长的主动力源于高技能人才。德国实施工业4.0国家战略，通过加强高技能人才培养和引进，打造智能制造的德国新标准，以稳固全球制造业的龙头地位。

落实“中国制造2025”，推进中国制造业进入世界强国行列，离不开数量充足、素质优良、结构合理的高技能人才强大支撑。我国拥有一定职业资格等级的技能劳动者约占全国就业总量的19%，高技能人才仅占5%，高技能人才总量明显不足，供需缺口超过1000万人。目前高技能人才年龄结构不合理，平均年龄超过了50岁，新生力量匮乏。高技能人才主要分布在传统大中型企业，在民营中小企业和民营高科技企业中高技能人才严重短缺。在信息通信、高端装备制造、生物医疗、新能源、新材料和航空航天等高科技领域，高技能人才短缺已成为企业转型和产业升级的瓶颈。没有一流的高技能人才队伍，就没有一流的宁波制造业。推动宁波制造业进入世界前列，迫切需要建设一流的高技能人才队伍，亟需将宁波打造为高技能人才队伍建设中国高地纳入省委、省政府的战略议程。

（2）宁波高技能人才队伍建设的现实基础。2016年8月，宁波成为首个“中国制造2025”试点示范城市，既是中央对宁波制造业发展的充分肯定，也是国家赋予探索“中国制造2025”实施路径的重大使命。全面推进试点示范城建设，离不开高技能人才队伍的强大支撑，需要将宁波打造为中国高技能人才队伍建设中国高地。目前，宁波拥有打造高技能人才队伍建设中国高地的坚实基础。

第一，拥有国家级专业技术人员继续教育基地。国家级专业技术人员继续教育基地是经人力资源和社会保障部认定、以对专业技术人员进行补充和更新知识、拓展知识结构、提高综合素质和创新能力为基本内容开展教育培训的机构，是国家培养培训高层次、急需紧缺和骨干专业技术人才的服务平台。实践证明，国家级继续教育基地的设立，将会极大地推动地区人才队伍建设。2017 年，宁波市人才培训中心被国家人力资源和社会保障部授予国家级专业技术人员继续教育基地，成为全省第四家、宁波第一家国家级继续教育基地。长期以来，宁波是国内经济最为活跃的地区之一，高技能人才培育土壤肥沃、基础扎实，初步建立了技能人才网络化培养体系，但由于“核芯”的缺乏，导致培训标准不一、高度不够，国家级继续教育基地的设立，有助于将宁波地区分散的高技能人才教育资源高度集聚，有助于高技能人才队伍建设向着“特色化、高端化、平台化、信息化”的目标迈进。

第二，建立了政府、院校、企业联合培养高技能人才的网络体系。“十二五”期间，宁波重点实施以紧缺技能人才培养、企业优秀青工进修培训、技师研修为主体的“三大培训计划”，着力打造以公共实训中心、技能大师工作室、百校千企合作交流平台为支柱的“三大服务平台”。建成龙头骨干企业为代表的高技能人才培养基地 38 家、技能大师工作室 39 家、就业训练中心 11 家、民办职业培训机构 193 家。在职教师 1165 人，具有高级专业技术职称、技师和高级技师的教师 449 名，占在职教师总数的 38%。全市技工院校在校生数量超过 1.7 万名，每年开展各类职业技能培训突破 20 万人次，初步建立了政府、院校、企业三方联合培养高技能人才的网络体系。

第三，构建了较为完善的高技能人才培养的激励保障制度。颁布了《宁波市“首席工人”评选试行办法》，规定了首席工人的基本职责、评选条件、评选规则、物质待遇和管理办法。出台了《宁波市优秀高技能人才奖励办法》，对高技能人才的评选条件、评选程序、评选数量和奖励额度作出了明确规定。出台了《关于进一步完善职业培训补助政策的通知》，实现了高技能人才岗位补贴政策全覆盖。制定了《宁波市高技能人才公共实训基地管理暂行办法》，规定了公共实训基地的设立条件、功能定位、运行管理和保障措施。发布了全国首个职业技能培训的地方法规《宁波市职业技能培训条例》。此外，制定了具有全国影响力的《宁波市高技能人才队伍建设“十三五”规划》《“技能宁波”三年行动计划》等。

第四，形成了较为浓厚的高技能人才成长的社会环境。“十二五”期间，全市 1 人荣获“中华技能大奖”，4 名高技能人才享受国务院特殊津贴，44 人享受市政府专项津贴，3 人荣获“浙江省钱江技能大奖”。每年开展宁波市“首席工人”评选表彰工作，全市有近 600 名优秀技能人才荣获宁波市“首席工人”荣誉称号。每年评选 15 名“宁波市优秀高技能人才奖”，每 2 年评选一次，并给予 10 万元奖励。“劳动光荣、技能宝贵、创造伟大”的高技能人才成长社会环境逐步形成。

（3）宁波高技能人才队伍建设的推进策略。将宁波打造为高技能人才队伍建设中国高地，是推进“中国制造 2025”试点示范城建设的重要抓手，是打造具有国际影响力制造业创新中心的战略举措。将宁波打造为高技能人才队伍建设中国高地是一项复杂的系统工程，需要着力做好以下六个方面的重点工作。

第一，科学编制《宁波打造高技能人才队伍建设中国高地发展规划》。宁波贯彻落实“中国制造 2025”、创建试点示范城工作，得到了浙江省委、省政府高度重视。《浙江省国民经济和社会发展第十三个五年规划纲要》明确提出“支持宁波努力打造具有国际影响力的制造业创新中心”。浙江省委、省政府像打造杭州城西科创大走廊一样，要尽快将宁波打造高技能人才队伍建设中国高地列入浙江省重大建设规划，组织专家科学编制《宁波打造高技能人才队伍建设中国高地发展规划》，从发展方向、目标任务、战略举措、重点项目、支撑条件和保障措施等方面，对宁波打造高技能人才队伍建设中国高地作出统筹安排和系统规划，集全省之力将宁波打造为高技能人才队伍建设中国高地。

第二，建立健全高技能人才教育培养体系。以建设国家级专业技术人员继续教育基地为契机，紧紧围绕“专业化、高端化、智能化、国际化”的建设目标，加大国家级专业技术人员继续教育基地的建设投入，全面推进国家基地管理体制机制的改革创新，充分发挥国家基地在专业引领、师资培训、师资引进、课程设置、案例开发、资格认定、质量评估、实训基地建设、技能大赛和政策调研等方面的高技能人才教育培养的公共服务职能。按照“政府引导、市场主导、社会参与、共建共享”的基本原则，强化法律规范、政策支撑和项目引导，充分激发大专院校、行业协会和骨干企业参与高技能人才教育培养的积极性，努力吸引国际机构和国内品牌机构进入宁波高技能人才教育领域，有效链接港澳台地区优秀培训资源，重点建设 5 家省级专业技术教育基地、100 家专业性（行业性）市级专业技术教育基地，建立健全由 1 家国家级、5 家省级和 100 家市级专业技术教育基地构成的高技能人才教育培养体系，全面提升宁波高技能人才的教育培养能力和全球竞争力。

第三，着力推进“155”公共实训基地建设。《“技能宁波”三年行动计划》明确指出，紧密结合宁波产业发展导向，整体规划、合理布局，建设 1 家开放性、综合性、公益性的公共实训中心，面向社会提供职业技能研修培训、师资培训、职业技能鉴定、职业技能竞赛和职业技术成果交流等服务，充分发挥综合性公共实训中心对高技能人才队伍建设的示范引领作用。结合区域经济发展的特点和产业发展的需求，在区县周边共建 5 个区域性公共实训基地。发挥行业组织、龙头企业、职业院校、社会培训机构在专业领域的特色优势和优质资源，建设 5 个专业性公共实训基地。以打造具有国际影响力制造业创新中心为历史使命，以“专业化、高端化、智能化、国际化”为建设目标，着力推进“155”公共实训基地建设，为将宁波打造为高技能人才队伍建设中国高地提供强大的公共实训基地。

第四，通过法律手段强化职业技术教育的投入强度。职业技术教育投入不足，是影响职业技术院校办学条件和办学水平的重要因素，也是制约高技能人才队伍建设的主要瓶颈。在学习借鉴国内外先进经验基础上，宁波要通过地方立法，运用法律手段明确规定职业技术教育的投入强度，确保职业技术教育投入增长幅度高于普通教育。通过具体实施“职业技术教育质量提升行动计划”和“高技能人才队伍建设行动计划”等重点项目，进一步强化对职业技术院校的校园设施、实验设备、实训基地、课程建设、专业能力和师资队伍建设等的投入强度，努力改善办学条件，提高办学质量和办学水平，着力增强宁波职业技术院校的竞争力，做大做强职业技术教育，为将宁波打造为高技能人才队伍建设中国高地奠定基础。

第五，争取国家试点创新宁波职业技术教育管理体制机制。管理体制机制已成为严重束缚职业技术教育发展和高技能人才队伍建设的主要瓶颈。要打造高技能人才队伍建设中国高地，省委、省政府要着力争取国家有关部门支持，在宁波实施职业技术教育管理体制机制创新的国家试点，在职业技术教育管理体制机制方面实现重大突破：其一，借鉴德国、英国、澳大利亚、瑞士和中国香港等的先进经验，由市里统一牵头，建立统一高效权威的宁波职业技术教育管理机构。重点对双轨管理和双轨运行的职业学校和技工院校进行有效整合，实现职业技术教育资源的统筹协调，提高职业技术教育资源的配置绩效。其二，将优秀学生报考职业技术院校纳入中学绩效考核范畴。绩效考核体系如同指挥棒，有什么样的中学办学绩效考核体系，中学校长就会有什么样的办学政绩观，就会有什么样的教育发展观。将优秀学生报考职业技术院校纳入中学绩效考核范畴，引导中学校长树立正确的办学政绩观和科学的教育发展观，让全体教师将“崇尚一技之长、不唯学历凭能力”“技能成就梦想”和“工匠精神”等职业技术教育观融入中学教育全过程，激发优秀学生报考职业技术院校的积极性。其三，加快推进职业资格证书和学历证书“双证书”制度。打通从中职、专科、本科到研究生的上升通道，让职业技术院校学生和高技能人才也有机会取得专业硕士、博士学位，拓宽职业技术院校学生和高技能人才的职业成长空间和发展通道。其四，积极参加或主办全国性和国际性职业技能大赛，努力打造具有宁波特色的地方技能大赛，塑造宁波地方技能大赛品牌，为职业技术院校学生和高技能人才提供展示技能的广阔舞台，激发青年学生和产业工人“学技术、练本领、强素质、争一流”的热情。

第六，着力提高产业工人的社会地位和政治待遇。产业工人社会地位和政治待遇低，是制约职业技术院校发展和高技能人才队伍建设的重要因素。浙江要坚持“使用和培养相结合、考核和选拔相结合、业绩和待遇相结合”的原则，引导企业建立完善产业工人激励机制。宁波要积极探索在企业关键职业（工种）、关键岗位、关键工序，建立“首席工人”“首席技师”“技能带头人”等激励制度，并给予相应的较高物质待遇。适当提高产业工人在政协委员、人民代表大会代表、党代表、群团组织、劳动模范和先进代表等评选中的比重，着力提高产业工人的社会地位和政治待遇，吸引优秀中学生报考职业技术院校，不断提高职业技术院校的生源质量，为打造高技能人才队伍建设中国高地注入持续的发展动力。

6.2.5 深化综合行政执法改革

综合行政执法是与老百姓生活联系最紧密、最广泛，同时也是最能体现党和政府形象的执法行为。党的十九届三中全会通过的《深化党和国家机构改革方案》把深化综合行政执法改革作为一项专门任务进行部署，凸显了这项任务的重要性和紧迫性。党的十九届五中全会进一步指出，到2035年基本建成法治国家、法治政府、法治社会。综合行政执法改革已成为建设法治政府和推进现代政府挑战复杂社会问题治理的关键。

1. 浙江省综合行政执法法治化改革现实需求

浙江人民求真务实，积极探索，大胆创新，全力担起新时代“三地一窗口”的崇高使命。近年来，浙江省持续深化转职能、转方式、转作风，全面推进综合行政执法改革，为“两个高水平”建设作出重大贡献。当前，浙江已进入法治政府建设的决胜期和综合行政执法改革的攻坚期，亟需将改革推到新的高度。

第一，综合行政执法改革是浙江推进治理现代化重要举措。2015 年初，浙江省发布《关于深化行政执法体制改革全面推进综合行政执法的意见》，这是浙江省委、省政府推动综合行政执法改革、建设现代法治政府的重大战略。随后，浙江先后出台了一系列涉及行政执法“三项制度”的规范，并根据国家要求于 2019 年制定出台《浙江省全面推行行政执法公示制度执法全过程记录制度重大执法决定法制审核制度实施方案》，显著提高了行政执法工作水平。目前浙江省行政处罚决定和行政审批结果已实现基本在网上全公开；90% 以上县（市、区）的综合执法人员均已配备并投入使用执法记录仪。在规范执法主体上，自 2017 年起，浙江省开展行政执法主体以及执法人员资格认证工作，对省、市、县、乡四级具有行政执法主体资格的部门进行公告确认，并于 2019 年 10 月底前完成。截至 2020 年，行政执法机关的平均持证率在 90%。在执法方式上，各地各部门积极创新执法方式。目前，浙江省已有 50% 以上的行政执法部门实现了网上办案，协同处理执法投诉、行政处罚和风险预警。公安、交通运输和综合行政执法等部门探索推行非现场执法，运用信息化手段和部门之间的协作机制。

第二，浙江是国家综合行政执法改革的先行者。浙江始终以敢为人先、勇立潮头为使命，勇于自我革命，打造服务型政府。2015 年，自国务院首次提出“放管服”改革以来，浙江在“简政放权”方面做了大量创造性工作，取得了切实成效，走在全国的前列。在“放”方面，2016 年，浙江首次提出“最多跑一次”改革，旨在实现群众和企业到政府办事能够少跑、跑一次甚至不跑，实现一次性办成事，打造了“放”改革的重要窗口；在“管”方面，针对“九龙治水，一水不治”的问题，温州率先探索了综合行政执法改革，有效整合了执法职能、执法内容以及执法方式相似的执法队伍，并运用大数据等先进技术，将过去多头管理、难以协调的“外部交易成本”内部化，实现执法机构精简89%，提供了“管”的浙江经验；在“服”方面，浙江省国土资源厅规范“办事清单+办事流程+办事指南”，通过开展县级代填报服务、重大项目提前介入、专人服务等方式，提升了服务水平和审批速度。嘉兴市南湖区建立预约咨询“快车道”、绿色专窗“直通道”、定制专线“加速道”，让数据跑、代办跑、专员跑、快递跑，办事群众表示“到政府办事比以前更加方便”，为全国展示了“服”的新样板。

第三，浙江是中国综合行政执法改革的“标兵”。浙江是中央决策部署的坚定执行者，始终以目标、问题为导向，结合浙江实际，全力推进综合行政执法工作，领跑全国。2017年2月，浙江省政府出台《加快推进“最多跑一次”改革实施方案》，认真梳理“四张清单”，充分运用“互联网+政务服务”，开启变“群众跑腿”为“数据跑腿”的服务新模式，全面推进政府自身改革。全省“最多跑一次”实现率达92.9%，人民群众满意率达97.1%。2019年，浙江出台《关于深化综合行政执法改革的实施意见》，整合组建五大领域综合行政执法队伍。构建“综合执法+专业执法+联合执法”的行政执法体系。2020年，浙江出台《浙江省民营企业发展促进条例》，实施优化营商环境“10+N”行动，落实促进民营经济高质量发展31项举措，搭建惠企服务一站式平台。此外，浙江不断强化行政权力监督机制，定期发布《浙江省政务公开指数报告》，加强行政监督，深入推进政务公开。

加快现代化法治政府建设、深化综合行政执法改革以及确保浙江综合行政执法的“高水平”，都迫切需要尽快制定“浙江省综合行政执法条例”，为浙江综合行政执法改革和现代化法治政府的建设保驾护航。

2. 浙江省综合行政执法法治化改革优化路径

一是明晰各级政府及部门间纵向和横向权责关系。妥善解决多头执法、选择性执法和无人执法的问题。首先，要厘清行政执法体系中上下级的权责关系。各地市政府在落实行政执法改革过程中，都存在着一般性与特殊性的冲突，如何解决这个冲突且制定出符合本地区发展的具体规范，均需要各地政府进行深入研究。其次，要明确综合行政执法体系中不同职能部门的权责关系。综合行政执法涉及多个领域，在执法中时常出现交叉执法问题。建议根据各部门自身职能定位，深入梳理职能权限，制定权责明晰的责任清单，同时根据需要定期更新和调整责任清单。

二是推动执法队伍编制管理改革。综合行政执法队伍的建设关系着地区综合行政执法的水平提升，对地区民生也有着较为明显的影响。以立法形式明确综合行政执法队伍的人员身份，在法定编制总额内从严、从紧重新核定，这样不仅有利于综合行政执法队伍的管理，而且有助于不断提升队伍的专业性和稳定性。全省一盘棋，积极探索编制跨层级、跨区域调整。同时，以多种方式确保综合行政执法队伍的稳定。综合行政执法体系改革不可避免地会影响一些单位、人员的利益，在优化执法队伍专业结构和平衡执法队伍地区结构的过程中，应形成多部门协同，确保改革过程中人心稳定、队伍稳固以及工作平稳，持续提升综合行政执法队伍人员的执法素质。

三是完善执法过程监督体系。坚持以强化行政权力监督制约为主线，推动行政权力公开运行规范有效。根据行政法的权责统一原则，综合行政执法部门的执法活动应受到法律约束。对此，必须对综合行政执法活动的违法责任制度进行明确，建立问责机制，对综合行政执法活动进行监督。此外，进一步增强监督的公开性、独立性以及民主参与性。赋予公众对损害公共利益的行为，而相关部门不予以及时处理的时候，向上级部门申请的权利。对执法的力度加大，增加媒体的曝光度，建设市民投诉机制，加强执法人员的责任，使行政执法决策公众利益化。

四是推进综合行政执法信息化建设。信息化执法是综合行政执法发展的重要手段和必然趋势。推进执法信息化建设，首先要做好信息化技术设备保障工作。加强执法装备、设施的配置，确保实现执法过程的全程留痕、可视监督。其次要完善执法监控视频布局，实现视频监控联网共享。最后要建立健全信息化执法平台。强化与其他部门的资源整合，加强与公安（交警）、建设、规划、市场监管等部门的数据对接和信息共享，并积极探索人工智能技术、物联网技术的深度应用，建立符合执法工作需要的基础数据库。

五是深化综合行政执法基层治理。一方面，要积极推进基层网格化管理。基层网格化管理要加快构建“全覆盖”“无缝隙”的管理网格，科学划分网格单元，健全基层管理网络；加大基层执法力量，明确网格管理责任人，落实管理要求，落实常态化、精细化、制度化执法要求。另一方面，要积极发挥基层组织作用。综合行政执法部门应将综合行政执法工作纳入乡镇（街道）建设，加快建立社区综合信息平台，设置执法服务站，以提升基层综合行政执法治理水平。

六是加大财政投入和建立行政执法专用基金。增加财政经费投入有助于综合行政执法机制的顺利运行。首先，建立优质的执法队伍，需要适当提高综合行政执法人员待遇，如建立特殊岗位津贴制度、休假奖励制度等。其次，不同部门在公务协作过程中存在产生争议与纠纷的可能，既可能对行政任务的协作完成造成阻碍，而且还可能对处于相对弱势地位的执法部门造成消极影响。因此有必要建立专用基金，用来加强公务协作的流畅性和避免某些部门负担过重。最后，推动综合行政执法信息化建设需要大量财力物力支持。强大的财政投入是保证执法现代化建设的重要基础。

6.3 优化社会管理职能

6.3.1 推进“平安浙江”建设

平安为本，本固邦宁。习近平总书记强调，要“把人民群众对平安中国建设的要求作为努力方向，坚持源头治理、系统治理、综合治理、依法治理，努力解决深层次问题，着力建设平安中国，确保人民安居乐业、社会安定有序、国家长治久安”。十多年来，平安建设在各地蓬勃展开，各地积极探索、努力实践、完善机制、创新模式，积累了有益经验。“平安浙江”建设已持续了12年，效果十分明显，经验比较典型，在全国有推广价值。

2004年5月，在习近平同志倡导下，浙江省委作出了《关于建设平安浙江促进社会和谐的决定》，对“平安浙江”建设作了全面部署，提出了“五个更加”的总体目标，即经济更加发展、政治更加稳定、文化更加繁荣、社会更加和谐、人民生活更加安康。12年来，浙江走出了一条以平安建设促进经济社会协调发展、维护社会和谐稳定、保障人民群众安居乐业的“平安路”。浙江刑事发案、信访总量、生产安全事故总量连续实现“零增长”，群众安全感满意率逐年提升，被公认为全国最安全省份之一。浙江城乡居民人均收入始终位于全国各省区前列，城乡居民收入差距不断缩小，浙江社会发展总水平位居各省区第一位，就业、教育、医疗、社会保障等民生领域的城乡居民同等待遇将变为现实。

以下总结提炼“平安浙江”建设的七条典型经验，这些经验具有较强的代表性、前瞻性、操作性和推广性，并考察“平安浙江”建设尚存在的缺陷，提出建立健全“平安浙江”公共治理机制的政策建议。

1. “平安浙江”建设的主要经验

（1）坚持动态优化考评体系，强化平安建设的主体责任。2005 年 7 月，浙江省委、省政府制定出台了《浙江省平安市、县（市、区）考评办法》。根据“大平安”理念，设定考评框架，考评指标涵盖了社会安全、经济安全、政治安全、文化安全和生态环境安全等各个方面。以人民群众对平安需求为导向，根据中央政府和浙江省委、省政府对深化平安建设的总体部署，每年对“平安浙江”考评体系进行动态优化。2015 年，委托浙江大学专门开展《平安浙江考评体系的优化方案设计》课题研究，建立了由结果性指标、过程性指标、群众满意度指标三大模块组成的“平安浙江”考评指标体系，创立了由自我评估、认同度评估、社会公众评估和第三方评估“四位一体”的考评办法，增强了“平安浙江”考评的针对性、有效性和可操作性。

浙江省委、省政府根据动态优化的考评体系，每年对全省市、县（市、区）的平安建设实施成效进行考评，并把考评结果与党政领导干部实绩考核紧密挂钩。平安市、县（市、区）由省委、省政府予以通报表彰，平安市由省政府给予奖励，平安县（市、区）由各市给予奖励。考评不合格的平安市、县（市、区）予以通报批评，并按照有关规定追究领导责任。连续三年被评为平安市、县（市、区）的，才能授予“平安鼎”，连续六年的授予“平安铜鼎”，连续九年的授予“平安银鼎”，连续十二年的最终授予“平安金鼎”。

坚持动态优化的“平安浙江”考评，强化了平安建设的主体责任，催生了“一把手抓、抓一把手”的平安建设的工作机制，确保了平安建设的各项政策措施的有效落地。

（2）坚持走群众路线，强化平安建设的矛盾纠纷人民调解。早在 20 世纪 60 年代，浙江枫桥镇的干部群众就创造了“枫桥经验”。“枫桥经验”主要是发动和依靠群众，坚持矛盾不上交，就地解决，实现了捕人少、治安好。浙江坚持走群众路线，不断完善和发展“枫桥经验”，构建多元化全方位的矛盾纠纷人民调解组织网络，强化平安建设的矛盾纠纷人民调解。

2008 年 7 月，中国首个人民调解组织“和事佬”协会在杭州萧山衙前镇成立。“和事佬”协会是民间自治的人民调解组织，由社区工作经验丰富和纠纷调解能力强的居民担任会员，授予“和事佬”称号，主要职责是走访居民家庭，调解群众纠纷。2010 年，杭州市司法局与电视台共同推出全国首个“和事佬”“老娘舅”等栏目，为矛盾纠纷调解开辟了新途径，同时也传播了“和为贵”的理念。目前，杭州所有社区（村）全部建立了“和事佬”协会。“和事佬”是政府公权力的有效补充，显示的是草根的智慧和力量。

2013 年 4 月，“中国小商品城”义乌市在全国首创涉外纠纷人民调解委员会，特聘外籍调解员 11 人。2014 年 3 月，浙江省人民调解协会成立，其职能包括协助司法机关选拔、培训人民调解员，提高人民调解员的法律意识、政策水平和业务能力。目前，全省建有村居、乡镇街道调解委员会 33541 个，新型区域性调解委员会 1065 个，企事业单位调解委员会 6944 个，行业性专业调解委员会 1181 个，共有人民调解员 170704 人，已建立了多元化全方位的矛盾纠纷人民调解组织网络。

哪里有矛盾纠纷，哪里就有人民调解组织。浙江充分发挥人民调解组织“第一道防线”作用，自 2008 年以来，全省各类人民调解组织共调解矛盾纠纷 350 余万件，年均调解成功率 98%，有力地保障和推进了“平安浙江”建设。

（3）坚持社会管理创新，强化平安建设的公共治理。浙江始终坚持推进社会管理创新。1999 年，温岭在全国率先推出“民主恳谈”，就镇、村发展的重大事项或群众普遍关注的问题，与群众平等对话、公开讨论、听取意见和商讨对策。2001 年，社会公共服务平台（81890）在宁波成立，采取政府搭台、市场运作、社会参与的方式，为市民、企业和社会提供无偿公共服务。2007 年，平湖在全国率先设立了新居民事务局，用“新居民”替代“农民工”，用“居住证”替代“暂住证”，推动了以治安管理为主的外来人口管理模式向以社会服务为主的新居民管理模式的转变。2012 年，衢州推出了“三民工程”，建立了“村情、户情、事情”

民情档案“三张清单”“一日一值班、一周一集中、一月一沟通”的民情沟通方式以及“一条服务热线、一个服务网络、一个便民服务中心”的为民服务平台。浙江社会管理创新，提高了社会管理的科学化水平，提升了政府的服务能力，满足了人民群众的平安需求和发展需求。

浙江加快社会组织培育，建立了与平安建设相适应、门类齐全、功能互补、覆盖广泛的社会组织体系。近年来，全省社会组织以年均10%的速度快速增长，2015年全省三级民政部门登记的社会组织达到了4.4万家。各类社会组织在提供公共服务、反映利益诉求、规范社会行为、促进社会公平、扩大公众参与和化解社会矛盾中发挥了重要的作用。此外，浙江重点加强专兼职巡防队、平安志愿者、专兼职网格员、专职保安力量等队伍建设。目前，浙江已建立了由230多万人参与的35037支平安志愿者队伍。

浙江充分发挥党政主导作用，整体推进社会管理创新，加快培育社会组织，形成了党委领导、政府负责、平安综治协调、各部门齐抓共管、社会组织参与、全省上下众志成城保平安的公共治理格局。

（4）坚持固本强基，强化平安建设的网格化服务管理。浙江坚持固本强基，秉承“让每一个地方都有人管理，每一户人家都有人服务”的基本理念，强化平安建设的网格化服务管理，不断巩固“平安浙江”的根基，以社区（村）的基层平安促进大局平安，以局部平安推进全省平安。

网格化服务管理是指以家庭为基本单位，在现有的社区（村）区划不变的前提下，以“尊重传统、便于管理、促进发展”为原则，根据社区（村）所辖范围、分布特点、人口数量等情况，合理设置网格。按照对等方式整合公共服务资源，组织服务团队，对网格内的居民提供多元化、精细化和个性化服务。在普陀区桃花镇先行试点基础上，2008年8月，舟山推行网格化服务管理，全市43个乡镇（街道）分成2464个网格、共对接37万户、97万名普通群众。每个网格配备一支服务团队，团队里有乡镇干部、社工、民警、教师、医生等。他们进村入户，了解民情，倾听民声，解决问题。2009年8月，浙江全面推广网格化服务管理。全省1502个乡镇（街道）、32469个村（社区）全部实施了网格化服务管理，建立了纵向到底、横向到边、全面覆盖的8万多个服务管理网格。

经过8年的实践探索，浙江的网格化服务管理取得了明显效果：①实现了政府工作重心下移、人员下沉和服务扎根；②提高了社会管理的科学化和精细化水平；③构建了感情沟通之网，密切了党群干群关系；④使政策在基层得到落实、纠纷在基层得到化解、困难在基层得到解决。网格化服务管理对于做强基层，夯实基础，维护基层社会和谐稳定发挥了重要作用。

（5）坚持社会稳定风险评估，强化平安建设的源头治理。单靠刚性的强力的手段来维稳，成本很高、收效甚微，甚至造成越维稳社会越不稳的困境。浙江坚持政府重大决策的社会稳定风险评估，强化平安建设的源头治理，从源头上预防和减少社会矛盾，把矛盾纠纷解决在萌芽状态。

政府重大决策不仅关系经济发展，更关系到民生与人民群众的切身利益。社会稳定风险评估是强化源头治理、预防社会矛盾的重要环节。2006年，龙游县在全国率先推出政府重大决策的社会稳定风险评估，并运用于国家重点建设项目龙游县杭长客运专线建设工程。该工程完工后，未发生一起群体性事件和集体上访事件，未发生一起重大矛盾纠纷。随后，浙江一直致力于完善社会稳定风险评估机制：嘉兴出台了重大决策社会稳定风险评估操作指南；宁波出台了第三方评估管理制度和稳定评估责任追究制度；浙江省住房和城乡建设厅出台了《浙江省住房城乡建设系统重大事项社会稳定风险评估实施办法》；浙江省发展和改革委员会出台了《省发改委审批、核准重大固定资产投资项目社会稳定风险评估暂行办法》；浙江省政法委出台了《浙江省县级重大事项社会稳定风险评估办法》。到2010年9月底，浙江省11个市和90个县（市、区）全部建立了政府重大决策的社会稳定风险评估机制，全省共评估重大事项1017项，其中暂缓实施和不予实施的102项，约占10%，从源头上预防和减少了社会不稳定因素，有效地促进了平安建设。

（6）坚持整合公共救援平台，强化平安建设的应急能力。随着城市化、工业化和全球化进程的加快，各种矛盾和风险逐渐凸显，社会冲突和安全事故可能随时引爆。应急联动救援系统是应对社会风险、减少控制灾害和维护社会稳定的重要保障。浙江坚持整合现有的公共救援平台，强化平安建设的应急救援能力。

2007年，金华市依托110指挥中心，将110、119、120三个平台整合为一个平台，而且还进一步联合了卫生、工商、城建、供电、供水等68家具有应急处置和紧急救援职能的部门，建立了集中、统一、权威、高效的市政府应急联动指挥中心，形成了“一拨110，67家联动单位一呼百应”的强大应急救援能力。大到公共突发事件，小到百姓日常求助，只要拨打110，都能得到快速求助，妥善解决。

目前，浙江全省11个地市都已建立了“集约化接处警、智能化指挥调度、一体化应急联动”的应急联动救援系统。一些地市，已经把应急联动救援的“触角”延伸到乡镇（街道）、村（居），将基层派出所、国土、工商、环保、卫生等基层站所纳入联动范围。当人民群众遇到急、难、险、重情形时，应急联动救援系统凭借其专业、快速的优势，都能为人民群众提供高效、优质的服务，真正做到早发现、早解决，有力地促进了社会和谐稳定和人民安居乐业。

（7）坚持以法治思维解决问题，强化平安建设的法治基础。没有法治基础的平安是“易碎品”，没有平安基础的法治是“奢侈品”。浙江省建立健全地方法规，坚持以法治思维解决问题，强化平安建设的法治基础，用法治手段保障和推进平安建设。

2006年4月，在习近平同志倡议下，浙江省委召开全会作出了建设法治浙江的重大决策部署，率先开启了法治中国在省域层面的实践。10年来，省人民代表大会常委会共制定（修订）地方性法规110件，修改和废止73件。浙江省委秉承“一张蓝图绘到底、一任接着一任干”的信念，大力推进依法执政，健全党内民主，完善依法决策机制，把党的领导贯彻到法治浙江建设的全过程。浙江政府心怀“干在实处永无止境，走在前列要谋新篇”的决心，用法治保障腾笼换鸟、机器换人、空间换地、电商换市和培育名企、名品、名家，用法治推进“四边三化”“三改一拆”“五水共治”“四单一网”，用法治促改革、促转型、促发展、保稳定。办事依法、遇事找法、解决问题用法、化解矛盾靠法已逐渐成为浙江干部群众的自觉行为。2016年，浙江公民法治素养指数为72.2，公民法治素养总体水平较高，分别拥有109个和107个国家级、省级民主法治村（社区）。

法治思维解决了浙江经济社会发展的一系列深层次问题，法治力量推动了“平安浙江”建设，维护了社会安定有序，保障了人民安居乐业。

2. “平安浙江”建设的主要问题

（1）社会利益表达机制不足，各类矛盾纠纷比较突出。30多年来，不断推进的各种改革造就了浙江繁荣发展的局面。每一次改革都是社会利益格局的调整，使部分人得益的同时也会使部分群体利益受损。在当今利益主体多元化和利益分层加剧的情况下，民众直接的利益诉求表达通道缺失。尤其是当弱势群体合法权益受损而又不能得到公正解决时，缺少合适的利益表达渠道，滋生了大量社会矛盾，导致各类矛盾纠纷比较突出。

（2）社会力量参与平安建设机制滞后。各地普遍感到当前平安创建最大的困难，在于难以贯彻“共建共享”方针，不能充分调动广大人民群众参与积极性与工作热情。此外，随着市场经济的发展，大量的自治组织、社会组织涌现。引导社会团体、行业组织、中介机构、志愿者团体等社会各界力量参与平安建设的机制滞后。

（3）应急预警机制不足。应急预警机制是指政府能够敏锐、准确地昭示风险前兆，及时防止或控制突发事件爆发和扩散的一套预警运行内在的有机构成。科学合理的应急预警机制可以对社会运行的状况进行全方位全天候的检测，以引起社会管理者和社会公众注意，以便及时采取对策，降低甚至消除社会风险。当前，基层政府预警机制的构建存在着薄弱环节，表现在：一是民意不够重视；二是忽视对民怨的监测；三是对民意视而不见或者敌视对待。

（4）关于“平安浙江”建设的理论研究、宣传推广尚未充分开展。“平安浙江”建设工作已经连续开展了十多年，在积累了一定经验的前提下，关于“平安浙江”建设的白皮书（蓝皮书）尚未发布，在理论层面对“平安浙江”建设经验进行总结、梳理、推广的机制有待建立；尚未充分有效地开展对平安创建的内容和任务大众化、实用化、常态化的宣传，部分地区民众关于平安建设的知晓率、参与率仍然较低，“平安浙江”建设工作尚未转化为公众的自觉行动，“平安浙江”的舆论氛围和社会氛围有待进一步营造。

（5）信息化建设程度较低。在当前的平安创建工作中，尚未建立起有效的信息传递和信息处理机制。政府部门、社会公众与绩效评估者之间还存在着严重的信息不对称、信息沟通与反馈渠道不通畅的问题。大数据、云计算、物联网、地理信息、卫星定位等现代信息技术的基础设施建设比较落后；统筹公安机关专业信息、社会管理信息、互联网信息，开展平安建设的情报线索搜集、汇总、分析、处置体系尚未建立；平安建设信息在部门内部、部门之间、地区之间、政府与民众之间的合并与共享机制缺失。

（6）平安创建考核体系科学性有待加强。“平安浙江”考核体系在实际操作过程中存在着诸多问题：在考评指标设置上，存在着指标“臃肿”、重点不突出、部分指标科学性不强的问题；在评估主体选择上，主要是以 66 个省级部门评估为主，权力机关、社会公众、第三方机构等外部评估主体参与评估的途径也很少；在考评程序上，存在着人情干扰等导致考评结果失真、失实的问题；在结果运用方面，考评结果的激励奖惩机制有待进一步完善。

3. 建立健全“平安浙江”公共治理机制的政策建议

深化“平安浙江”建设是创新社会治理、推进社会治理体系和治理能力现代化走在前列的必然要求，是保障浙江全面深化改革顺利推进的必然要求。深化“平安浙江”建设的具体建议如下：

（1）完善党委政府主导下的社会治理结构。多元主体参与是社会治理的鲜明特征，而实现治理主体的多元化，又要从我国国情出发，充分发挥党委政府的主导作用，最大限度整合各方资源、调动各方力量，凝聚社会共治的强大合力。要重点加强三个方面工作：一是坚持党委的政治领导，更加重视社会行为规则的制订与执行，领导政府、社会单位、各类组织以及公民参与平安建设；二是完善以综治中心为平台的共治模式，明晰基层政府与基层群众自治组织的权责边界，规范引导群众自治组织和社会组织以多种形式参与平安建设；三是拓宽群体利益诉求表达渠道，通过建立和完善听证、咨询、民意调查等制度，鼓励公众参与各项公共决策，从源头上减少社会矛盾。

（2）积极鼓励和引导社会组织参与平安建设。社会组织是社会治理的重要主体，具有“非官方，自治性”的特点，能够有效弥补政府部门开展平安工作的不足，是构建“大平安”公共服务体系的重要组成部分。首先，积极推进社会力量参与平安工作在人、财、物方面的整合。对各支平安志愿者、群防群治队伍、企业单位等各方力量，重新登记造册、整编入队、统一管理。其次，健全社会组织参与平安建设的动员机制。扩大治安防控有偿服务的范围，设立社会力量参与治安防控专项资金，运用经济杠杆吸引更多社会力量参与平安创建。走进综治组织网络的薄弱地带，通过开展活动、招募会员的形式积极参与基层平安建设的社会新生力量。最后，探索适应新形势新要求的体制机制和方法手段，积极拓展平安建设的新领域，向各类新经济组织、社会组织延伸。进一步推动社会组织孵化器建设，培育、发展行业协会、科技类、公益慈善类和社区服务类等社会组织，引导其参与平安创建工作，提升平安建设的专业化水平。

（3）培育采集社会平安情报的“特工”。培育能够采集平安工作情报的专职人员，构建特工化的监督机制。在现有的平安创建和考评过程中，存在着大量因为信息不对称导致的欺上瞒下问题。由于缺乏独立的外部监督，官员的譬如隐瞒安全事故、统计数据造假等行为，在实际工作中很难有效地发现。通过在每个市县的普通公务员队伍和社会公众中放置若干名可以采集特定方面信息的“特工”，将地方部门上报的结果与“特工”的调查结果对比，可以对地方部门形成强有力的警示和威慑力。“特工”监督方式多样、成本低廉，与暗访等其他监督形式互相配合、互相促进，就能够有效解决瞒报、漏报、错报等问题，成为掌握平安建设情况的重要信息渠道。

（4）系统开展对“平安浙江”治理工作的经验总结和宣传教育。为了加快推进“平安浙江”建设的发展，着力抢占平安建设发展的制高点，使浙江省在“平安建设”方面走在全国前列，编制具有系统性、科学性和前瞻性的“平安浙江”建设蓝皮书显得特别重要。在对平安建设组织领导体系、工作体系、考核体系进行系统梳理的基础上，研究制定《××年浙江省平安建设蓝皮书》，明确“平安浙江”建设发展的指导思想、目标任务、建设重点、建设内容、推进阶段、保障机制和成功经验等。加大平安建设的宣传力度，强化宣传部门和媒体记者的舆论引导。定期召开全国性的研讨会，通过专家学者的力量，总结“平安中国”建设的浙江经验、浙江样本和“浙江模式”，把浙江的经验在全国进行推广、复制和使用。争取在理论上有所突破，为“平安中国”建设提供理论贡献。

（5）推进与传统有效做法紧密结合的治理手段信息化。在现代信息技术迅猛发展的背景下，推进社会治理现代化，必然要求充分利用现代信息手段来应对新的挑战。建议从三个方面推进平安治理信息化建设：一是大力推进立体化现代化治安防控体系建设。加快建设全天候视频图像采集系统，逐步实现视频图像采集系统对主要公共区域、场所、治安保卫重点单位及其周边区域、治安复杂区域等部位和公共交通工具全覆盖。二是建立健全综治信息系统，建立以群众举报为基础的信息收集机制。全面加强对人口、房屋、证件、车辆、场所、网络、组织等各类基础信息的实时采集、动态录入。打破各部门之间的信息“壁垒”，加强信息资源整合，努力实现网络互联互通、信息共享共用。三是建立预警机制，着力强化信息技术的深度应用。充分运用大数据技术，对社会治理涉及的海量信息数据进行分析比对，及时发现问题，实现对社会治安的动态管控、对重大案（事）件的预警防范。充分运用新一代互联网、物联网、视联网、云计算和智能传感、遥感、卫星定位、地理信息等技术，打造一批社会治理与智慧城市建设有机融合的示范工程，提升社会治理智能化水平。

（6）创新以认同度评估法为主要内容的新型评估方法。优化考核方法，从导向上深化“平安浙江”建设。针对当前平安考评方法不尽科学、考评信息不对称的难题，构建认同度评估法。认同度评估是自评与他评的有机结合，它是指评估对象（项目单位）首先根据绩效评估指标对自身工作进行核查，对评估内容进行自评，评估主体（第三方评估机构）对评估对象的自评分进行认同度打分，自评分与认同度的积和即为评估对象的最终绩效评分。认同度评估法能推动自评结果客观性、完整性的提高，促进自评与他评的相互联系和制约，从而解决“平安浙江”考评过程中信息不对称的难题，提高评估结果质量，以发挥考核的导向作用。

6.3.2　深化村社治理体系改革

基层强则国家强，基层安则天下安。2018年以来，《中国共产党农村基层组织工作条例》《中国共产党农村工作条例》《中共中央 国务院关于建立健全城乡融合发展体制机制和政策体系的意见》等中央文件均明确要求全面推行村党组织书记、村委会主任“一肩挑”，同时将任期延长为五年。按照中央的要求，截至2020年底浙江全省2.4万个村社换届工作圆满完成。然而，换届完成只是“万里长征走完第一步”，如何在换届后最大限度地把党的领导制度优势转化为治理效能，则是更加重要的“后半篇文章”。“一肩挑”“三改五”换届对村社治理带来的主要影响与挑战，如何有效监督小微权力、激发村社主职干部工作积极性以及进一步完善相关配套制度等，仍有待进一步探索研究。

1.“一肩挑”“三改五”换届后村社治理面临的问题

（1）主职干部“一言堂”，民主决策面临挑战。通过对杭州、嘉兴、绍兴、金华、衢州等地60余位换届后的村社干部、乡镇（街道）干部及部门负责人和群众进行深度访谈，并采用网络问卷进行大样本调查，结果显示，“一肩挑”“三改五”换届后“能人治村”“头雁领航”的趋势愈发明显，“一肩挑”干部集政治领导权、人事权、财权、事权和村民（居民）自治权于一身，具有毋庸置疑的“话语权”，在“能谋善断”中容易形成个人专断，而与家族势力结合之后更易滋长家长式作风、裙带作风。同时，随着任期的延长，一些干部和群众担忧，拥有更大权力的“一肩挑”干部容易出现骄傲自大情绪，在敢于担当、讲求效率、事急从权等名义下以及借基层民主制度执行成本过高的理由，随意精简规范的决策程序，使“一言堂”作风更具有“合理性”，并导致其他“两委”干部变成纯粹的执行者，事事“问书记”，缺乏主动性和创造性。

（2）权力监督制衡弱化，权力寻租空间扩大。调查发现，换届后村（居）监委会开展监督的独立性、权威性存在弱化倾向，在原有内部监督机制运行不畅而新型监督机制尚未健全的情况下，“一肩挑”干部的权力寻租空间显著扩大。尤其在富裕地区，同时兼任合作社董事长的“一肩挑”干部掌握着数额很大且日益增值的村级资源的分配权和管理权。以杭州市为例，2020年杭州全市村级集体经济总收入55.5亿元、经营性收入34.1亿元，村均分别为289万元、177万元，土地资源价值更高。其中，余杭区2020年村级集体经济总收入18.59亿元、经营性收入12.68亿元，村均分别为483.97万元、330.21万元，有35个村（社区）仅经营性收入就超过1000万元，6个村（社区）超过2000万元，最高的文一社区达到5358.12万元。调研中，多名县级纪委监委干部认为，这给上级监督以及村集体内部监督都带来极大挑战，并表达了类似的观点：“一肩挑”干部违法乱纪，上级党组织可直接免去其书记职务，但无法免去其主任职务。多数群众碍于情面不愿投票伤人，导致罢免执行难度很大。一旦出现“一肩挑”干部犯错又不主动辞职的，上级党组织需做大量群众工作，如果罢免不成功，还将严重影响党的威信。

（3）主职干部责任加重，工作激励措施缺位。换届后，村社主职干部逐步向全职化、专业化转型，承担更繁重的工作任务。村社各项工作的处理和落实都压在“一肩挑”干部一个人身上，所有大事小事都需要统筹协调和安排落实。然而作为村社“一把手”和家中“顶梁柱”的“一肩挑”干部收入水平普遍不高。浙江省经济欠发达地区村主职干部的职务年收入仅 3 万元左右，经济较好地区 6 万元左右，经济发达地区 10 万元左右，与所在地区乡镇（街道）普通在编工作人员的收入水平存在较大差距，甚至难以满足家庭正常开支需要。接受问卷调查的村社主职干部中，78.38%的税后年收入在 10 万元以下。同时，换届后“一肩挑”干部待遇保障措施尚未及时跟进，缺乏统一的关心关爱政策。这种状况极易影响新当选的“一肩挑”干部全心全意为人民服务、带领群众致富的积极性。此外，一些新当选“一肩挑”干部本人履职的真实意愿不强、人岗匹配度不高，当选后也未常住所在村社。主职干部离村化现象可能对村社未来发展及治理埋下隐患。

（4）主职干部精力分散，易出现治理疏漏。大部分地区和部门将主要精力放在换届选举“高参与率、高当选率”上，对村社主职干部工作能力提升、工作精力保障缺乏系统的谋划考虑。同时，疫情防控常态化的工作要求和健全“四治”（自治、法治、德治、智治）融合城乡基层治理体系的目标，对主职干部治理能力特别是数字治理能力提出了迭代升级的新要求。但一些地区新当选的村社主职干部年龄结构仍以 50 岁以上为主，数字治理能力往往较为薄弱，访谈中有年龄较大的主职干部坦言对一些基层治理 APP、互联网掌握应用不熟练，上级派到村里的各项任务经常因村党支部缺乏懂电脑、懂技术的人而被拖延。与此同时，部分村社特别是城市社区行政化现象较为严重，造成主职干部较多精力用于完成上级下派的大量维稳、执法协助、检查评比等行政性任务。而且部分街道长期借用社区干部，甚至一“借”就是两三年，致使社区在岗人员工作精力更加分散。

（5）官僚主义倾向显现，片面对上负责侵蚀村民合法权益。随着村社干部职业化转型和治理任务层层压实压严，村社干部机关化倾向已经有所显现。换届后，全职型村社主职干部对上级党委政府负责的关系比以前更加明确，正面临着更多更频繁的开会、汇报、检查、陪同等“对上”的事务。在这种情况下，如果主职干部自身不能妥善正确处理“对上负责”与“对下负责”的关系，极易不自觉地被卷入行政官僚体系中，蜕变为基层“机关派驻人员”，衍生官僚主义、形式主义，从而对群众诉求的关注度、反应灵敏度下降，最终侵蚀村民合法权益。

2. “一肩挑”“三改五”换届后村社治理的优化路径

（1）加强村社干部订单式培训，着力提升村社干部履职能力。首先，提高对村社干部教育培训的重视程度。尽早把村社干部教育培训纳入党的基层组织建设、现代乡村治理和全面推进乡村振兴的战略规划，建立县（市、区）定期研究村社干部队伍建设和村社干部教育培训规划的制度，乡镇（街道）定期制定村社干部梯队培养和教育培训方案。其次，建立健全村社干部的订单式培训，以需求为导向，依托县级党校，分层分类开展现代农业、农村电商、乡村旅游、社会治理和数字乡村等针对性培训，加强案例教学，切实增强村社干部带领群众致富、应对复杂治理问题的实际能力和履职水平。

（2）强化工作激励与保障机制，激发村社干部履职尽责的内生动力。一是建立村社干部待遇增长机制。使村社干部待遇与所在村社的年人均收入、集体经济收益挂钩，尤其要保障考核称职的“一肩挑”干部经济待遇不低于所在乡镇（街道）普通干部薪资标准，优秀的要达到中层干部薪资水平。二是探索村社干部择优纳编机制。按一定比例统筹配置事业编制，专项用于对“一肩挑”干部择优纳编。三是拓宽村社干部晋升发展通道。更多地从优秀的“一肩挑”干部中选拔乡镇（街道）副科级干部，推选“两代表一委员”。

（3）构建全方位数字化监督体系，着力规范村社小微权力的运行机制。一是整合构建简约严密的村社权力监督制度体系。将条线的各类监督制度梳理集成，形成内容更加简明扼要、执行机制更加简便高效的村社权力监督制度体系。二是完善村社权力监督执行机制。注重村监委会主任人选把关，加强乡镇（街道）纪（工）委对村监委会履职的规范、指导。严格执行重大决策“五议两公开”，完善村民代表大会、“三务”公开、“双述双评”等制度。每半年由乡镇（街道）召开“一肩挑”干部述职述廉会议，县（市、区）有关部门领导、村（居）民代表参会，共同对“一肩挑”干部履职绩效、党风廉政情况等进行科学评议打分。三是开发村社权力运行与监督的数字化平台，小微权力线上运行，全过程接受监督，风险实时预警。加快村社资金结算非现金化，实现股份分红、财政补贴发放等一键兑付。

（4）推进县乡治理资源向村社下沉，夯实村社组织的治理基础。首先，推进村（居）委会“去行政化”。厘清县、乡、村、全科网格之间的职责边界、事项清单和责任清单，严禁上级政府将其职责范围内的行政事务交由村社承担。确需委托交办的，要严格审核并听取村社意见。在此基础上，要推进一步推进县乡治理资源向村社下沉。一方面，完善“组团联村”服务机制，将“组团联村”与信访包案等工作机制相结合，定期赴挂联村社开展服务。另一方面，编制村社治理场景化“一件事”清单及工作规范，使村社遇到自身无法处理的“一件事”时便可“点兵点将”，推动上级政府和部门“跑步进村”。此外，在县级层面探索建立由组织、政法、民政、公安、建设、综合执法、财政等部门参加的基层治理联席会议制度，定期研究村社治理热点难点问题，加强统筹衔接、信息沟通，形成“全县域、全政府”基层治理整体合力。

（5）全面提高村社党组织建设质量，强化村社治理的党建引领力。第一，完善组织体系，强化村社党建的组织保障。在总结先行地区经验的基础上推广建立乡镇（街道）党建办，构建党建办干部联系村社的服务管理体系，实行对村社党建的目标管理。第二，创新工作形式，强化村社党建的机制保障。压实“一肩挑”干部的党建工作责任，通过交叉任职、定期召开联席会议等方式推动党支部和村委会的工作融合。第三，统筹加强村社、企业、机关、学校、社会组织等基层党组织建设，破除城乡分割、系统管辖、区域界限等壁垒，健全村社与辖区单位“契约化”共建机制，通过资源共享、经验互鉴等方式全面提高村社党建质量。

6.3.3　保障技能人才稳定就业

习近平总书记强调，劳动者素质对一个国家、一个民族发展至关重要。技术工人队伍是支撑中国制造、中国创造的重要基础，对推动经济高质量发展具有重要作用。要健全技能人才培养、使用、评价、激励制度，大力发展技工教育，大规模开展职业技能培训，加快培养大批高素质劳动者和技术技能人才。国务院发布的《关于进一步做好稳就业工作的意见》（国发〔2019〕28 号）中指出，坚持把稳就业摆在更加突出位置，强化底线思维，做实就业优先政策，健全有利于更充分更高质量就业的促进机制，坚持创造更多就业岗位和稳定现有就业岗位并重，突出重点、统筹推进、精准施策，全力防范化解规模性失业风险，全力确保就业形势总体稳定。

我国就业问题的突出矛盾，是劳动者的职业技能类型、职业技能水平与产业、企业就业岗位要求不相适应，主要表现在“普工剩、技工荒”和高技能人才严重匮乏。近年来，技工求人倍率一直维持在 1.5 以上，高技能人才求人倍率维持在2以上的水平，而且技工的短缺从过去的东部沿海地区逐步蔓延到中西部地区，从过去的季节性演变为经常性。

2016年8月，宁波成为首个“中国制造2025”试点示范城市，既是中央对宁波制造业发展的充分肯定，也是国家赋予探索“中国制造2025”实施路径的重大使命。全面推进试点示范城建设，离不开高技能人才队伍的强大支撑。对宁波技能人才队伍建设及其在稳就业中的重要作用进行调研分析，有助于全面深入地了解宁波市技能人才队伍建设、就业现状及其两者之间的关系。

1. 宁波技能人才队伍建设的主要成效

近年来，宁波市委、市政府始终坚持把加强技能人才队伍建设作为稳就业的关键一招，不断完善工作机制、加大财政投入、拓宽培养途径、强化激励引导，抓平台强实训、抓评价促规范、抓竞赛强引领，初步形成了政府、院校、企业三方携手加强技能人才队伍建设的新格局，全面提高劳动者素质，不断壮大技能人才队伍。截至2019年9月，技能人才总量突破161万人，高技能人才近48万人，占技能人才总量约30%，在全国城市中位居前列。

一是建立了政府、院校和企业相互协作的技能人才建设网络体系。宁波建立了国家级专业技术人员继续教育基地1家、宁波市人才培训中心1家、技工院校12所，龙头骨干企业为代表的技能人才培养基地38家、民办职业培训机构300家。目前，技工院校在校生数量超过1.7万名，各类培训主体每年开展职业技能培训突破15万人次。

二是创建了一批国家级、省级、市级相互衔接的技能人才建设平台。宁波创建了世界技能大赛集训基地2家、高技能人才公共实训基地11家，市级以上技能大师工作室90余家，技能创业孵化基地14家。各级各类平台年均培训高技能人才4.5万人次。

三是优化了社会、院校、企业相结合的技能人才多元评价体系。优化了以社会化评价为主体，以企业自主评价为重点，职业（技工）院校评价认定和“以赛代评”认定等为补充的技能人才多元化评价体系。突出以赛代评，目前共举办六届“技能之星”，每年开展100余项技能大赛，带动企业行业上百万人技能比武、岗位练兵。

四是健全了技能人才队伍建设的制度保障体系。发布了全国首个职业技能培训地方法规《宁波市职业技能培训条例》，颁布《宁波市“首席工人”评选试行办法》，出台《宁波市优秀高技能人才奖励办法》，制定《宁波市高技能人才公共实训基地管理暂行办法》，全市1人荣获“中华技能大奖”、9名高技能人才享受国务院特殊津贴、44人享受市政府专项津贴、3人荣获“浙江省钱江技能大奖”、近千名优秀技能人才荣获宁波市“首席工人”。

五是在稳就业中发挥了重要作用。2019年宁波城镇新增就业18.31万人，同比增长5.15%；就业登记人数达到384.34万人，同比净增13.43万人。在2019年第二季度的《中国就业市场景气报告》中，宁波在就业较好的十个城市中位居第二。

2. 宁波技能人才队伍建设的瓶颈

（1）生源规模不足和生源质量差的制约。由于技工院校招生迄今尚未纳入教育系统的招生系列，技工院校始终无法吸引足够的生源，生源规模不足和生源质量差问题非常突出。目前，宁波普通高中在校生8.6万名，中职学校在校生6.6万名，而技能人才培养主体的技工院校在校生仅1.8万名，总体规模还不及广州的一所技工院校的规模。

（2）晋升通道狭窄的制约。技工院校管理体制未能理顺，因主管部门不同，技工院校毕业证书和学历学位互认尚未打通，人力资源和社会保障部门主管的技工院校毕业生获得的是毕业证和职业资格证书，没有教育部门颁发的学历证书，严重影响了技工院校毕业生的职务晋升和职业发展。

（3）工资薪酬偏低的制约。企业薪酬分配很大程度上与学历、专业技术资格相挂钩。由于我国的专业技术资格与职业资格未打通，不少企业尤其是国有大型企业在薪酬系统上很难突破学历和身份的限制，导致了技能人才薪酬普遍较低。目前，宁波制造业一般操作工年薪中位为5.75万元（略高于前台4.91万元），高级技师年薪中位为9.32万元（远低于一般管理人员14万元）。对部分技能大师工作室带头人调查表明，70%的带头人月收入在8000元以下，其中32.1%的带头人在5000元以下，大多数技能大师月收入低于中层管理人员。

（4）传统观念和职业声望的制约。“劳心者治人，劳力者治于人”的传统价值观念根深蒂固，很多年轻人都希望奔向党政机关、事业单位、金融、房地产和现代服务业等白领工作岗位，愿意从事模具、汽修、电焊、装配和维修等制造业一线生产工岗位工作的年轻人越来越少。长期以来，高等教育被大众视为最重要的社会流通通道，而职业技术教育则被过度矮化。

3. 充分发挥技能人才队伍稳就业作用

就业是民生之本，财富之源。当前浙江省就业形势保持总体平稳，但国内外风险挑战增多，稳就业压力加大。稳就业既是一个经济问题和社会问题，也是一个政治问题和发展问题，必须成为各级政府的一项重要工作。《国务院办公厅关于印发职业技能提升行动方案（2019—2021 年）的通知》要求把职业技能培训作为保持就业稳定、缓解结构性就业矛盾的关键举措，作为经济转型升级和高质量发展的重要支撑。大力推行终身职业技能培训制度，大规模开展职业技能培训，加快建设知识型、技能型、创新型劳动者大军。浙江省各级党委和政府需要更加重视技能人才队伍建设，全面强化技能人才供给，充分发挥技能人才在稳就业中的重要作用。

第一，加强技能人才政策的优化整合，着力增强政策的协同效应。近 10 年来，浙江省出台了“高水平打造高技能人才队伍”“高技能人才建设项目”“职业教育改革实施方案”“职业技能提升行动实施方案”“新时代产业工人队伍建设改革实施方案”“百千万高技能领军人才培养工程”“关于提高技术工人待遇的实施意见”等一系列政策措施，形成了技能人才培养、选拔、评价、使用和激励的政策体系。但总体上看，技能人才政策碎片化，尚未体系化和系统化，由于政出多门或政出不同时期，政策与政策之间协调性较差，有些政策相互冲突和相互矛盾，政策宣传力度不足和公众知晓度较低。实地考察和座谈研讨结果表明，现行技能人才政策的实施效果并不理想。建议由省人力资源和社会保障厅牵头组织专家学者对技能人才政策进行全面梳理和分析评估，对省级层面上的技能人才政策进行优化整合，消除政策与政策之间的冲突，着力增强政策的协同效应。同时，加强对技能人才政策的宣传力度，提高政策的公众知晓度，强化政策执行的监督检查，并把政策执行纳入各级政府综合绩效考核范畴，狠抓政策措施的落实，确保技能人才政策的落地见效，全面推进浙江省技能人才队伍建设。

第二，尽快出台“浙江省技能人才队伍建设条例”，用法律强力推进技能人才队伍建设。经济社会发展，离不开法治护航；技能人才队伍建设，有赖于法治赋能。依法推进技能人才队伍建设，不仅是制度文明的发展，更是运用法治思维和法治方式破解技能人才队伍建设瓶颈的迫切要求。近 10 年来，浙江省制定出台了加强技能人才队伍建设的系列政策，但与法规相比，政策缺乏权威性、稳定性和强制性，很难做到一张蓝图绘到底。因此，很有必要把全省各地在技能人才队伍建设方面积累的好做法、好经验和好政策及时加以总结和归纳，上升至更高层面的法律维度，加以固化和长效化。建议尽快将技能人才队伍建设纳入浙江省的立法计划，加快制订出台“浙江省技能人才队伍建设条例”，从技能人才的培养、评价、使用、激励和保障等各个环节为技能人才队伍建设保驾护航，用法律全面推进技能人才队伍建设，为稳就业和促就业作出重要贡献。

第三，教育资源向技能教育大力倾斜，着力破解技工院校经费短缺、招生难和办学条件差的瓶颈制约。一是坚持以提高质量、稳就业、服务发展为导向，优化教育招生资源分配方向，不再扩大本科生和研究生教育的招生规模，促进教育招生资源向技能教育大力倾斜，确保技能教育与普通教育协调发展，并纳入浙江省各级地方政府政绩考核范畴。二是改革完善技工院校考试招生办法，将技工院校招生纳入统一招生平台，加快学历证书和职业技能等级证书互通衔接，鼓励更多普通高中、中职毕业生、退役军人和下岗失业人员、农民工和新型职业农民等群体报考，着力破解技工院校生源规模不足和生源质量差问题。三是大幅地增加财政资金对技能教育的投入，确保地方教育附加用于技能教育的比例不低于 30%，优化技能教育和培训布局，建设一批领军型技工院校，重点支持建设一批高质量对接区域主导产业、支柱产业、特色产业、战略新兴产业和数字经济的现代化实训基地，切实推动技工院校内涵发展，把技工院校打造成为浙江省技能人才教育和培训的主阵地。四是动员全社会的力量，加大对技能教育的投入，扩大技工院校奖助学金覆盖面、提高补助标准，健全学生资助制度，提高技工院校的吸引力。

第四，着力破除技能人才成长的体制机制障碍，拓宽技能人才的成长通道。着力破除技能人才成长的体制机制障碍，促进技能人才与专业技术人才及各类高层次人才同步推进、同步提升和共同成长，拓宽技能人才职业发展通道，研究制订“浙江省拓宽技能人才成长通道实施办法”。一是完善技术工人评价机制。加快实施职业资格评价、职业技能等级认定、专项职业能力考核等多元化评价。推动企业自主开展技能人才评价，加大对技术工人创新能力、现场解决问题能力和业绩贡献的评价比重。开展技师、高级技师直接认定试点，技能高超、贡献突出的优秀技能人才，可破格参加技师、高级技师考评。推动企业设立技能专家、首席技师、特级技师等岗位。发挥行业协会学会、龙头企业作用，全面推进企业、行业协会学会、社会人才评价机构职业技能等级认定试点工作。二是突破技工院校毕业生就业的体制机制障碍。技工院校中级工班、高级工班、技师班（预备技师班）毕业生在参加企事业单位招聘、确定工资起点标准、职称评定、职位晋升及参加专业技术资格考试方面，分别按照中专、大专、本科学历享受相关待遇。三是突破岗位转换与职称认定的体制机制障碍。全面实施职业资格、职业技能等级与相应职称比照认定制度。取得相应职业高级工、技师、高级技师职业资格的技术工人，可申报工程技术系列助理工程师、工程师、高级工程师职称，可按规定享受本单位助理工程师、工程师、高级工程师同等待遇。将高技能人才列入高层次“双创计划”，对引进的高技能人才同等享受引进高层次人才有关政策。四是突破报考机关事业单位的体制机制障碍。参加浙江省事业单位相应岗位招聘的技能人才，其高级工、技师、高级技师职业资格可与初级、中级、高级专业技术职称报考条件相对应；对于取得高级工、预备技师职业资格证书的技工院校毕业生，其学历可按照全日制大专、本科对待。

第五，全面提高技能人才政治待遇、经济待遇和社会待遇，大力弘扬工匠精神。以高技能领军人才为重点，加强服务保障，全面提高技能人才政治待遇、经济待遇和社会待遇。在政治待遇上，党代表、人民代表大会代表、政协委员、劳动模范和五一劳动奖章评选获得者中，逐步提高技术工人的比例。在经济待遇上，着力推动企业深化工资分配制度改革，加快建立从初级工、中级工、高级工、技师、高级技师、首席技师到技术专家的职工职业等级评聘体系和薪酬体系，以最终形成技术工人提升技能的激励机制。推行高技能领军人才股权期权激励，鼓励和指导企业在工资结构中设置体现技术技能价值的工资单元，或对关键技术岗位、关键工序和紧缺急需的技术工人实施协议工资、项目工资和年薪制等分配形式。在社会待遇上，高技能领军人才在购买自用商品住房、参加社会保险、省内就医和子女入学等方面按照高层次人才给予相关待遇。健全优秀技术工人疗休养制度，定期组织、分级实施疗休养活动，做好优秀一线技术工人带薪疗休养工作，享受补贴的一线职工疗休养活动安排不低于 30% 的比例用于优秀技术工人。完善优秀技能人才表彰奖励制度，加大表彰奖励力度。加大对重视技能人才培养、使用和激励企业典型的宣传，引导全社会关爱技能人才，积极营造劳动光荣、技能宝贵、创造伟大的社会氛围，大力弘扬工匠精神。

第六，大规模推进职业技能培训，加快建设知识型、技能型、创新型劳动者大军。加大职业技能培训机构建设，大力支持各类企业和职业技工院校合作建设职工培训机构、企业大学和继续教育基地，全面推动设备设施、教学师资和课程教材等培训资源共建共享，加强公共实训基地和产教融合实训基地建设。加快新兴产业的职业培训开发，强化职业技能标准和职业培训开发力度，建立健全浙江省紧缺职业目录编制发布制度。推进《浙江省职业技能提升行动实施方案（2019—2021 年）》的有效落实，制定实施浙江省职业技能培训中长期规划，加大职业培训补贴和生活费补贴力度。针对不同对象分类开展精准培训，全面开展企业职工技能提升培训或转岗转业培训，组织失业人员参加技能培训或创业培训，实施农民工、高校毕业生、退役军人、建档立卡贫困人口、残疾人等重点群体专项培训计划，全面推行企业新型学徒制、现代学徒制培训，加快建设知识型、技能型、创新型劳动者大军。

6.3.4　打赢新冠疫情狙击战

我国经济发展能够创造“中国奇迹”，民营经济功不可没。民营经济贡献了 50% 以上的税收、60% 以上的国内生产总值、70% 以上的技术创新成果、80% 以上的城镇劳动就业以及 90% 以上的企业数量，在推动发展、促进创新、增加就业、改善民生和扩大开放等方面发挥了不可替代的作用。

党中央历来支持和鼓励民营企业发展。习近平总书记多次作出重要指示，重申坚持“两个毫不动摇”的重要方针，强调鼓励、支持、引导非公有制经济继续发展壮大。2018 年 11 月 1 日，习近平总书记主持召开民营企业座谈会并发表重要讲话，特别强调我国民营经济只能壮大、不能弱化，不仅不能“离场”，而且要走向更加广阔的舞台。近年来，党中央出台一系列扶持民营经济发展的改革举措，民企发展的政策环境向好。2019 年 1 月 17 日，财政部、国家税务总局联合发布《关于实施小微企业普惠性税收减免政策的通知》；2019 年 1 月 25 日，中共中央办公厅、国务院办公厅颁布《关于加强金融服务民营企业的若干意见》；2019 年 12 月 4 日，中共中央、国务院印发《关于营造更好发展环境支持民营企业改革发展的意见》，进一步激发民营企业活力和创造力。

突如其来的新冠肺炎疫情使民营企业逐渐向好的发展势头受到冲击。市场端的需求萎缩叠加疫情导致的产业链效率下滑，使得民营企业遭受重创，部分抗风险能力较弱的小微企业面临破产倒闭风险。民营企业既是恢复生产经营的重要力量，确保抗疫期间就业稳定、民心安定的重要载体，也是疫情影响的重灾区，一旦“失守”将引发严重问题。众志成城应对疫情的同时，还需要密切关注民营企业运行状况，正确把握民营企业的政策需求，采取有力措施，帮助民营企业渡过难关，尽早恢复正常经济秩序，着力将稳企业、稳就业和稳增长工作做细做实。

浙江省是我国民营经济最活跃的省份，是了解疫情对民营经济影响、掌握民营企业政策需求的最好样本。2020 年 2 月 3 日《新型肺炎疫情对经济影响、企业政策需求与应对策略》问卷调查启动以来，得到民营企业家广泛支持，截至 2020 年 2 月 9 日 24 时，共收集浙江 11 个地市 15 个行业 1315 家企业的问卷数据。调研过程中，企业家普遍反映疫情对企业、行业和经济影响较大，市场信心明显深受打击，主要表现为：

一是民企受疫情影响严重，生产经营面临严峻挑战。新冠肺炎疫情使处于下行压力的经济形势遭受打击，民营企业发展“雪上加霜”，被调研的企业普遍无法复工，企业家对企业经营、收入预期及发展信心均受不同程度影响。表现为预期员工复工率低、市场需求萎靡、无法完成订单成为疫情冲击下民企所面临的最大困难，风险还可能进一步沿供应链和担保链传导，引发局部性危机；因防控疫情需要避免大规模流动和聚集，工人返工、工厂复工推迟，生产活动无法进行；企业营业收入将比预期明显下降，疫情对民营企业要素供给、市场需求产生双侧冲击。

二是行业发展信心不足，住宿和餐饮业受创尤为严重。企业家对行业发展信心明显受挫，不同行业企业家对所在行业发展影响判断存在差异。餐饮和住宿、旅游、交运、娱乐等服务性产业受疫情冲击更为持久，恢复也相对较慢。调查结果显示，80%左右的住宿和餐饮业受访企业对行业发展前景担忧，信心严重受挫；金融业、建筑业、房地产业以及水电煤等行业影响相对较小。

三是市场信心普遍受损，经济增长预期悲观。调研结果显示，企业家对疫情对经济发展影响程度的平均评分为3.7分，普遍认为疫情对中国经济发展造成了较大影响，其中32.9%的企业家认为产生了极大负面影响。具体到疫情对经济运行“六稳”工作带来的冲击和影响，稳外贸受到冲击最大，其次是稳企业、稳就业、稳外资、稳预期，负面影响平均在3.3分左右，冲击最小的是稳金融、稳投资在3.2分以下。总体而言，疫情对“六稳”工作的负面影响普遍存在。

1. 面对疫情的负面影响，千家民企对政府有何政策需求？

调研结果显示，现阶段中小微民营企业侧重于期待政府出台更多更强的有关“加大民企降本减负力度”“强化民企金融支持强度”“稳定企业劳动用工队伍”等短期应急性政策，而大中型和龙头民营企业则期待政府在“加快民企转型发展”“保障民企平等准入”“构建高效法治环境”等领域加快建设长效体制机制。细化到具体政策，受访企业家普遍希望政府出台更加快速、精准的应急性措施，帮助民企纾缓困难，同时希望国家从法律制度层面为民营企业提供更强大、更安全的保障。

加大降本减负力度方面，除减费减税政策外，诸多企业家希望加快恢复交通运输、物流秩序。为了防控疫情的蔓延，部分城市临时采取封闭交通等导致物流不畅，人员、物资的流动大为放缓，导致企业周转速度放慢，恢复交通运输、物流秩序将成为企业迅速恢复生产的重要保障，希望政府能安排有序开工。

强化金融支持强度方面，调研中企业集中反映资金周转困难，希望“适度降准降息，降低市场融资成本”；部分企业还希望“放宽个人和企业因为疫情带来的负面征信评价”；出台针对性措施彻底“制止企业贷款企业家承担连带担保责任这一不合理要求”。

稳定企业劳动用工队伍方面，调研过程中许多企业反映“企业停工期间，收入和现金流中断，但人工成本刚性支付，对企业产生致命性打击”，希望通过减免税收方式全额抵扣；也有企业反映“90%民企员工放假期间没有工资，希望由政府给企业员工统一补贴”。此外，一些企业家反映“假期延长对员工工作状态影响非常大，后续影响可能持续加大”，希望确保疫情可控的前提下，有序推动企业复工复产。

加快民企转型发展、保障民企平等准入、构建高效法治环境等三类长效机制政策未能成为企业当前阶段的主流选择。但也有三成以上企业家迫切希望能够“加快出台民营企业保护法，促进民营经济发展”“稳定市场情绪、增强市场信心”。

2. 如何攻克疫情难关，确保稳企业、稳就业和稳增长?

新冠肺炎疫情对民营企业、行业以及中国经济秩序的破坏和冲击巨大。短期来看，经济活动骤然降温，民营经济面临严峻挑战，亟需出台应急性扶持政策，避免企业大面积资金链断裂、产生企业破产倒闭潮。长期来看，疫情的冲击会使经济下行压力加大，要警惕悲观情绪带来的长期影响；疫情使得中小微企业发展长期积累的根本性问题暴露，更要通过长期硬核的治本政策，保障民企平等准入、构建高效法治环境，从根本上改善民企营商环境。

为攻克疫情难关，稳企业、稳就业和稳增长，政策制度应长短结合、标本相济、精准施策，以短期应急政策为“定心丸”，为民企纾困，减免各项税费，降低民企经济损失；以长期治本政策为“长效药”，营造良好法治环境，打造公平的竞争秩序，促民企转型发展。

(1) 以精准应急措施为“定心丸”，全面提振民企信心

①加大降本减负力度，推动政策效果长效化。为打赢疫情防控狙击战、维护经济稳定发展，针对加大民企降本减负力度，提出以下建议：第一，精准落地降税减费政策，快速降低企业税费成本。快速出台税费减免、缓缴政策，为企业提供财税支持，同时在政策执行过程中要避免“一刀切”，根据行业特征、受疫情影响程度，精准、有效落地，特别是一些政策盲区需要进一步细化。第二，尽快恢复交通物流，助力企业快速恢复生产。建议充分发挥市场基础性、决定性作用，尽快恢复交通运输物流，升级物流网络，降低企业运输物流成本。第三，加紧研究“后疫情”时期企业降本减负长效机制。此次疫情让许多企业措手不及，各级政府出台了一系列应急政策，但长期来看，需要进一步实施更大范围内降税减费措施，加紧研究企业所得税、土地使用税、房产税、社会保险费等优惠策略，使减负效果长效化。第四，深化“放管服”改革，着力降低制度性交易成本。以“最多跑一次”深化“放管服”改革，打造“审批事项少、审批速度快、办事效率高、投资环境优”的发展环境，切实降低企业制度性交易成本。第五，研究制定民营经济运行成本实时监测预警机制，提升政策制定效率。参考重大突发公共卫生事件响应机制，制定民营经济运

行应急响应机制，稳定企业发展信心。第六，出台的各种政策措施要相互匹配形成强大合力，避免政策冲突。各级政府及部门在政策措施制定和执行中要加强政策协调性，重视政策的连续性和稳定性，形成强大合力，防止政出多门，避免政策叠加冲突。

②加大财政支持力度，稳定市场发展预期。当前疫情对宏观经济的影响尚不明朗，财政政策将是解决短期内疫情防控、恢复生产、企业信贷等问题最有效的手段：第一，适当加大基建投资力度，刺激市场需求。加大对交通物流、教育、医疗等基础建设项目投资，刺激需求、稳定就业，提高中国经济潜在增长率。第二，加大财政补助力度，帮扶民营企业发展。对于受到疫情影响严重的企业、行业，研究出台相应财政补助政策，扶持受损企业、行业尽快恢复正常运行。第三，加快有关财政资金的申报和拨付，优化财政资金使用绩效。加快各级财政涉企资金的拨付进度，确保各类资金及时拨付到有关企业；全面落实预算绩效管理，提高资金使用绩效。第四，财政政策要避免政府请客、企业买单。疫情防控攸关全体利益，政策制订过程中不能为保护某个群体的利益，而让其他群体承担过重代价。

③强化金融支持力度，切实保障民企资金流动性。“融资难、融资贵、融资慢”一直是困扰民企发展的痼疾，要进一步降低民营企业特别是小微企业融资成本，助力民企渡过难关：第一，细化落实《关于进一步强化金融支持防控新型冠状病毒感染肺炎疫情的通知》的相关支持政策。对受疫情影响较大的地区、行业和企业提供差异化优惠的金融服务，进一步细化相关扶持政策，加大政策执行力度，切实降低民营企业融资成本。第二，研究制定个人和企业受疫情影响的负面征信评价包容机制。第三，加快建立银行“敢贷”“愿贷”“能贷”机制。实行差异化监管，激励商业银行提高民营企业融资业务，建立健全民营企业贷款尽职免责和容错纠错机制，制止企业贷款企业家承担连带担保责任等不合理要求。第四，破除银行贷款的所有制歧视，强化银行贷款融资的公平待遇。落实民营企业公平信贷原则，推动出台在贷款周期、贷款额度、贷款费用等方面的公平政策，切实做到国有企业和民营企业一视同仁。

④稳定企业劳动用工队伍，保障企业正常运营。为进一步稳定企业用工队伍，提出以下建议：第一，给予用工补贴，降低疫情期间用工成本。建议对不裁员或少裁员、疫情停工期间继续发放工资企业，给予适当的企业疫情期间用工补贴。第二，精简“五险一金”，长效降低用工成本。通

过合并归类，降低“五险一金”的缴存比例，适当延迟缴纳“五险一金”以及对特别困难实体经济企业进行政府补贴等措施着力降低企业用工成本。第三，研究制定疫情相关劳动纠纷调解机制，缓解劳资双方紧张关系。因受疫情影响导致生产经营困难的企业，可以研究制订与职工集体协商机制，采取协商薪酬、调整工时、轮岗轮休等措施缓解紧张关系。第四，出台政策鼓励企业灵活用工。疫情期间居家办公、视频会议成为新风尚，建议出台政策鼓励企业灵活用工，探索“共享员工”等新型用工机制。第五，把技能人才培训纳入政府工作重要议程，强化技能人才培训，壮大企业技术工人队伍。大规模推进职业技能培训，将技能人才培训作为工作重点，发挥技能人才在稳就业中重要作用。

（2）以长期治本政策为“长效药”，激发民营经济活力。此次疫情对民营企业发展是一次重大考验，应清楚地认识到民营企业遇到的很多问题和困难一直存在。面对疫情影响，阶段性应急政策固然重要，但更为重要的是从根本上解决疫情中所暴露的体制机制问题，以长期治本政策为“长效药”，做到真正的平等准入、强有力的产权保护、良好的法治环境。

①构建公平竞争环境，实现民营企业平等准入。2020 年在全国各地要全面落实《中共中央　国务院关于营造更好发展环境支持民营企业改革发展的意见》，把贯彻落实该意见纳入各地党政一把手政绩考核范畴，并制定更为具体的实施细则、督察办法和问责机制：第一，进一步放开民营企业市场准入。在电力、电信、铁路、石油、天然气、基础设施、社会事业和金融服务业等领域尽快制定市场开放的时间表和路线图，并由国务院组织督察组持续跟踪、定期评估市场准入有关政策落实情况，全面排查、系统清理各类显性和隐性壁垒。第二，在银行业金融机构贷款融资方面，严禁企业所有制歧视。民营企业正常生产经营活动产生的现金流量以及提供的担保物价值等条件已符合贷款审批条件的，银行业金融机构不得再违法要求该企业法定代表人、股东、实际控制人、董事、监事、高级管理人员及其近亲属提供保证担保。第三，强化待遇平等，在企业政策上实现普惠。除法律、法规和国家另有规定外，政府采购的采购人、采购代理机构以及依法必须进行招标项目的招标人，不得实施限定供应商、投标人的所有制形式、组织形式或者股权结构，限制或者排斥民营企业参与政府采购、投标活动的行为。

②构建高效法治环境，强化民营企业和民营企业家合法权益保护。法

治是最好的营商环境，进一步强化对民营企业和民营企业家财产权、人身权和知识产权保护，让民营企业能够真正放心投资、安心经营、潜心创业：第一，抓紧出台“民营经济保护法”。让民营企业财产更加安全，民营企业家权利更有法治保障，让“民营企业和民营企业家是我们自己人”在全国生根发芽。第二，运用法治思维，加快平反民营企业家的冤假错案。要尽快加大涉产权、涉民营企业的冤假错案的纠正力度，让民营企业家放下“原罪”的沉重包袱，轻装上阵，切实增强民营企业家的安全感，充分激发民营经济活力。第三，全面清理、修改和完善法律法规，司法政策和解释。凡是有悖于平等保护民营经济的法律法规和政策条款，要坚决废止或调整完善，让“两个毫不动摇”“三个没有变”在全国真正开花结果。

③强化民营企业创新支持力度，推动民营企业转型发展。抓紧制定促进民营企业技术创新和转型发展的三年行动计划和政策支撑体系，强化民营企业创新支持力度，推动民营企业转型发展：第一，建立健全以市场为导向的国家科技项目的立项机制。探索民营企业独立或与有关方面联合承担国家各类科研项目，参与国家重大科学技术项目攻关的体制机制。第二，加快科研平台向民营企业开放，推动民营企业科技创新。加快高校和研究院所国家重点实验室、国家工程研究中心、国家重大科研基础设施和大型科研仪器向民营企业开放步伐，充分盘活和有效利用科技资源，推动民营企业技术创新。第三，强化对民营企业参与国有企业改革的政策支撑力度。引导中小民营企业走“专精特新”发展之路，促进民营企业兼并重组和做优做强，培育更多具有全球竞争力的世界一流企业。

6.3.5　推进互联网医院发展

“没有全民健康，就没有全面小康”。习近平总书记在党的十九大报告中指出，“人民健康是民族昌盛和国家富强的重要标志。要完善国民健康政策，为人民群众提供全方位全周期健康服务”，为实施健康中国战略指明了方向。医疗卫生服务直接关系到人民身体健康。长期以来，看病难、看病贵一直是我国民生建设的一大痛点。医疗卫生资源总量不足、质量不高、结构和布局不合理、服务体系碎片化等问题导致了我国医疗卫生资源的严重浪费，增加了人们的就医成本。随着我国经济社会的转型、城镇化率的不断提高以及人民生活方式的快速转化，人们对医疗卫生服务的需求进一步释放，对更高水平的医疗卫生服务的需要和医疗卫生资源供给不平衡、不充分之间的矛盾更加突显。破解这一矛盾，是我国推进“健康中国”战略的重要任务。

近年来，云计算、物联网、移动互联网、大数据等信息化技术快速发展，为优化医疗卫生业务流程、提高服务效率提供了条件，推动了我国医疗卫生服务模式和管理模式的深刻转变。2015 年，国务院颁布《关于积极推进“互联网 +”行动的指导意见》，提出推广在线医疗卫生新模式，为互联网医疗的发展提供了政策支持。2016 年，《“健康中国 2030”规划纲要》更是明确了对“互联网 + 医疗”的态度。乘着“互联网 +”的东风，互联网医院的建设在全国范围内如火如荼地展开。截至 2016 年 11 月，全国大约有 36 家互联网医院，其中 25 家已落地运行。互联网医院通过发展和完善远程诊疗、移动医疗、移动护理系统等方式拉近了医护人员与患者的距离，简化了就医流程，减少了等候时间，有效改善了患者的就医体验；通过医疗联合体的建设，优化医疗服务流程，提高了医护人员的在线协作效率和医院的运营管理绩效。更为重要的是，互联网医院的建立打破了传统医院的空间地理限制，促进了优质医疗资源的下沉，推动了医疗卫生资源的优化和整合，扩大了基本卫生医疗服务的惠及面。作为“中国式医改”的重要表现，互联网医院不仅为推进“健康中国”建设增添了强劲动力，也为解决世界医疗改革的难题提供了中国智慧。

1. 互联网医院发展的现实困境

互联网医院的出现是我国医疗改革进程中的一个巨大进步。但是目前我国医院互联网化率仍低于 10%，医院互联网化还处于启动期，互联网医院在发展过程中存在着许多亟待解决的问题。

第一，互联网医疗法律制度不健全。互联网医疗的发展使得卫生行政部门的管理行为、医疗行业的运营行为、医务人员的执业行为、患者的就医行为都发生了重大改变，但法律制度严重落后于互联网医疗的发展，尤其是互联网医疗纠纷方面缺乏政策设计和法规细则，现行的《医疗机构管理条例》《互联网医疗保健信息服务管理办法》《处方管理办法》等法规条例均未涉及互联网医疗行业。互联网医院是一个完整诊疗过程，涉及患者、医生、医院、电子药商等多个主体，法律制度的缺失使得各主体责任难认定，容易造成用户维权困难，引发医患矛盾。

第二，互联网医疗行业标准模糊。医疗质量是互联网医疗的核心，需要通过规范行业标准来确保互联网医疗的安全和优质。目前多点执业的医生审核标准、硬件设施标准、确保资料数据传输保存可信赖的技术标准、电子处方格式、开具机构的资质都未明确，导致互联网医疗行业鱼龙混杂，甚至成为非法违规行医的潜伏和藏匿之所，对消费者权益构成危害，也直接影响了患者对互联网医院的信任。

第三，跨区域协同程度不高，医疗健康大数据未能普惠共享。整合数据是互联网医疗的最大优势。通过数据共享和跨区域合作，互联网医疗实现了资源的整合和优化配置。然而目前医院的互联网化多数是靠医院自身推进，由于数据编码格式和数据质量存在差异等因素，各医疗机构、健康管理服务提供的数据信息较为封闭，数据孤岛难以消除，对基于同一区域的医院业务协作和基于患者需求的核心病种会诊都造成了一定的阻碍。

第四，全周期诊疗服务尚未形成。医院的互联网升级集中在诊前和诊中环节，诊后服务还需深化。我国大部分知名的医院都已进行了互联网升级，但多数医院的互联网实践集中在预约挂号、候诊提醒、检查报告推送、疾病筛选等诊前和诊中环节，患者最为看重的诊后随访、康复指导和前期的医患沟通没有被重视，难以为人民群众提供全方位全周期的健康服务。

第五，互联网医院开放度低，业务链闭环尚未打通。医疗不仅仅是患者与医院、患者与医生之间发生诊疗活动关系，完整的医疗活动还包括药品、保险支付等环节。传统医院的互联网革新还在稳步推进中，但医院往往“独善其身”，对同一健康服务生态内的医药厂商、器械厂商、保险厂商等关注度不高，联系不紧密。例如在保险支付上，异地就医产生的医疗费用，医保往往无法异地支付，以至于不少患者对互联网医院望而却步。

第六，运营管理人才匮乏。医疗行业相对其他行业保护壁垒比较强，因此，互联网医院所需要的人才是既熟悉医疗系统又具备互联网思维的复合型人才。目前互联网医院的管理者大部分都是由医生或实体医院院长担任，运营概念相对比较淡薄。虽然少数一部分互联网医院拥有专业管理人才，但是在人才招聘的过程中，也频频遭遇跨界融合人才难招的困境。随着互联网医院覆盖面积不断加大，人才需求会越发明显，人才问题是互联网医院亟需突破的一个瓶颈。

2. 推进互联网医院发展的建议

互联网医院是医疗改革的新引擎，它对解决我国医疗资源不平衡、不充分和人们日益增长的健康医疗需求之间的矛盾，实现“小病在基层，大病到医院，康复回社区”的就医新格局具有重要意义，也是推进“健康中国”战略的重要助力。加快推进互联网医院的发展，就是要依托传统医院的医疗资源，加快推进医院的互联网步伐，打造一个有法律保障，有标准化制度，基于患者的“全周期诊疗、线上线下协同服务”的O2O互联网服务体系，为老百姓提供高效公平的医疗服务，真正解决“看病难”问题。

第一，加快出台互联网医院发展有关的法律法规。法律保障是促进互联网技术与健康事业衔接的重要前提。要联合卫生健康委员会、发展和改革委员会、财政部、人力资源和社会保障等，加快出台“互联网医院管理办法”及相关配套制度，探索制订市场准入和运营标准、质量评价与监管体系、医疗数据安全、药物配送、医疗费用支付等方面的法律法规，明确政府、医院、企业和社会组织在互联网医疗发展中的责任和义务，明确上下级医院之间的责任划分，将互联网医院发展纳入法制轨道。

第二，加快推进互联网医院医疗服务的标准化建设。标准化建设是保证互联网医院医疗服务质量以及促进信息共享的基础。建议借鉴国外互联网医疗的服务标准和制度，研究制订互联网医院医疗服务标准体系，建立包括结构标准（硬件设施标准、业务术语标准、数据标准）、过程标准（服务规范、诊疗流程等）、结果标准（诊疗结果评估标准等）在内的完整的标准体系，确保患者互联网诊疗过程的质量与安全。同时建立可管理、可维护的标准库，为实现医疗信息共享建立基础。

第三，加快责任明确的区域间医疗业务协同机制建设。一是要在全国范围内构建医疗业务协同应用平台，建立区域影像、区域检验检查、区域心电、区域病理诊断中心，促进跨地区、跨机构医疗信息共享和业务协同；二是完善等质化的网络分级诊疗机制，明确医疗风险责任界定，采用上下级医院医生合作的模式，由上级专家对基层诊断资料进行同等质量控制和诊断指导，实现网络医疗服务的同质同责；三是建立专家网上咨询机制，实现与其他地区优质医疗资源的对接，对疑难杂症等问题进行及时解答和指导。

第四，探索构建线上线下联动的云医院体系。互联网医院的运营的关键在于打通线上线下，推动全周期诊疗服务，形成服务链、业务链和价值链的闭环。探索构建以三甲医院为依托，以专职医生为保障，以基层医疗及家庭医生为触角，以第三方机构（药店、保险机构、高校等）为补充的云医院体系，保持向相关业务合作伙伴的数据对接、端口开放，保持相应的数据同步、服务对接，通过线上线下联动，为患者提供从门诊到检验检测、远程会诊、健康管理、康复诊疗、诊后随访等涵盖诊前、诊中、诊后的全方位医疗服务，实现医院窗口云化、医生诊室云化、检查检验云化、医联体云化、区域居民健康档案云化、医保支付结算云化；推进医院和各类医药器械等厂商、高校的医学新课题研究，放大优质医疗资源的高效供给，努力构建“健康服务生态圈”。

第五，加快医疗健康大数据的开发应用。基于卫生计生各业务系统及区域人口健康数据库，开发医疗健康大数据分析系统，开展特定专题分析，辅助卫生政务。建立疾病分类、居民健康服务利用、就诊行为、医院管理、卫生计生决策等主题数据库，拓展数据库深度应用与研究。探索建立临床症状流行病监测系统，逐步实现与各级疾控机构、医疗机构实验室互联互通，提高传染病疫情处理的及时性、敏感性。

第六，探索构建以互联网+健康医疗为导向的人才培养模式。互联网医院管理人才的培养需要汇聚政、行、企、校等多方力量。建议鼓励各级地方政府通过购买服务的方式加强医疗行业从业人员的互联网技能和管理技能培训；依托高校、科研机构和企业的智力资源和研究平台，建立“互联网+健康医疗”联合实训基地，为互联网医院提供更多的人才储备；充分利用全球互联网人才资源，通过产业合作、学术交流、设立海外研发中心等方式引进和培养“互联网+医疗健康”领域的高端人才。

6.4 健全公共服务职能

6.4.1 健全“权力清单”制度

权力清单制度是浙江深化服务型政府和法治政府的新举措，是简政放权的重要抓手。推行权力清单是建立阳光政府的重要步骤，亮出权力清单就是要把权力关进制度的笼子，让公众知道政府的权力边界。只有简政放权放到位，政府职能转变到位，才能有效刺激民间的投资潜力，进一步激发社会的活力和创造力，从而促进经济的可持续发展。

1. “权力清单制度”的主要经验与成效

浙江是全国第一个省市县三级统筹设计、梯次推进权力清单制度的省份，在实施过程中积累了有益经验，为全国权力清单制度建设提供了浙江样本。

一是制定权力清单制度建设指导意见。2013 年 11 月，浙江省编办印发了《关于开展政府部门职责清理规范行政权力运行工作的通知》。2014 年 3 月，浙江省政府下发了《关于全面开展政府职权清理推行权力清单制度的通知》，细致规定了推行权力清单制度的范围内容、工作任务、工作流程、工作要求、时间安排及分析审核的重点内容等。

二是组织权力清单制度建设业务培训。在权力清单制度全面推开之初，浙江省编办编写了《省政府部门职权清理推行权力清单制度工作指南》，对市县编办、审改、法制等部门业务骨干分两期进行培训，并明确了权力清单工作的重点任务、工作步骤、清理范围、审核标准等，从而使全省各地在统一标准下有序地推进制度建设。

三是引入独立第三方审核评估组织。政府关起门来的自我改革往往带有不彻底性和妥协性，为了化解改革阻力，浙江省政府引入了独立的审核评估组织——浙江省公共政策研究院，成立专家咨询团队，从第三方的角度对省级部门权力清单的合法性、合理性、合规性和必要性进行分析审核。

四是建立“三报三审三回”工作流程。浙江在权力清单出台过程中建立了“三报三审三回”工作流程。“三报”是指省级部门初次上报权力事项，各部门对审核意见提出拟采纳或不拟采纳意见，并作出说明，然后第二次、第三次上报省编办。“三审”即专家咨询团队及省编办、省审改办、省法制办等对各部门总共三次上报的权力事项或反馈意见进行分析审核，并提出取消、转移、下放、整合、严管等调整意见。“三回”即把三次分析审核后的调整意见回复给各部门。

实践中，权力清单制度取得了显著的成效，提高了政府的自身效能，同时也获得了社会的普遍认可，有助于浙江省经济社会的快速健康发展。

第一，摸清了权力家底。在权力清单推进过程中，浙江省明确要求各部门按行政许可、非行政许可审批、行政处罚等10大类清理行政权力，把政府部门对公民、法人和其他组织权利义务产生直接影响的行政权力除保密事项外"一网打尽"，要求各部门详尽上报，从而基本摸清了省市县三级政府部门的权力底牌。

第二，管住了行政权力。浙江对于省级部门保留的行政权力，要求编制运行流程图，并全部上网公布。每项公布的权力不仅有名称、类别、法律依据等静态信息，对涉及企业、公众切身利益的行政审批类职权还统一公布了申报材料、申请条件、办理流程图、收费情况等信息，并统一注明承办机构、承诺时限，通过标准化管理的刚性效应，有效完善了运行机制。

第三，方便了群众办事。对于保留的行政权力，浙江以"环节最少、时间最短"为宗旨进行流程再造，以提高办事效能，提供优质服务。调查显示，有72.1%的被调查者对权力清单制度在"方便群众办事"方面所发挥的作用表示满意。

第四，加快了政府职能转变。在权力清单制度建设过程中，浙江通过行之有效的办法，增强了简政放权的合法性、合理性、合规性和针对性，同时也在一定程度上破解了制约政府职能转变的老大难问题，进而加快了政府职能转变。

第五，激发了市场活力。通过权力清单制度建设，浙江省级部门职权由1.23万项减少至4236项，实现了政府部门的权力"瘦身"。与此同时，政府还权于民间和社会，使社会交易成本显著降低，极大地激发了民间经济的活跃度。

2. "权力清单制度"存在的问题与挑战

制定权力清单，不是简简单单地下放权力，而是要科学界定权力的边界，实现依据准确、内容规范、流程科学，实现权责同步、权责相符。权力清单制度在实际落地过程中面临一些问题和挑战，主要表现在以下五个方面：

第一，权力整合不科学、不到位，仍需继续清理归类。简政放权"放精准"，需要做到"法无授权不可为"。现行法律法规滞后与缺位并存，难以适应改革的需求，导致"厘权确权"不科学，"清权减权"不到位。部分事项虽有法律法规规章依据，但不符合全面深化改革的要求，地方政府相关部门一时难以处置。“红头文件”设定变相审批、前置条件和部门审批“体外循环”等问题依然存在，一些互为前置的“连环套”尚未解开。同时在实际操作中还存在一些行之有效的职权没有法律法规规章依据的现象，亟待完善。

第二，下放的权力含金量低，与之配套的信息也没有同步下放。简政放权“放到位”，需要上级政府放实权。上级政府在下放权力时，只放复杂、要负重大责任的权限，而把操作简单、“权力含金量高”的权力留在手中，倘若不能从体制和机制上彻底遏制权力部门利益和剔除权力留恋症，权力下放的实效将大打折扣。同时与权力相对应的资料、数据等配套信息也需同步下放，做到权力下放全面到位。

第三，下级政府在承接权力过程中存在“不能接”“不敢接”现象。简政放权也需下级政府“接得好”。下级政府在承接上级政府下放的权力时，由于缺乏实践的经验，无法做到对权力的快速吸收与运用，也因为需要承担相应的职责而出现怠于承接的现象。上级政府与下级政府之间权、责、利三者关系不协调，导致下级政府难以真正做到“接得好”。

第四，监管机制不高效、不透明，难以反映民众意见。据调查，33.0%的群众认为政府部门信息共享不够；34.5%的群众认为政府信息公开不够及时全面；34.9%的群众认为社会公众监督能力尚弱。在评估放权、接权及政务服务网建设的成效上，仍然缺乏行之有效的绩效考核方法，存在监管方式不够高效、奖惩信息不够透明、民众反馈渠道不够通畅问题。只有推进与群众挂钩的实时监管机制，权力清单才能得到进一步的落实。

第五，政务服务网集约化程度不高，影响范围不广。作为打通政府服务“最后一公里”的重要抓手，政务服务网运行维护、效果综合评价等机制亟待完善。据调查，受访者主动登录政务服务网或政府部门网站查看的比例虽达到69.9%，但其中只有6.4%的人表示“每天”或“经常”登录查看，有32.5%的人“偶尔”登录查看，有30.9%的人“很少”登录查看。从登录者的网上操作来看，基本是以查询或咨询办事流程为主，真正进行网上办事的较少，如进行“网上提交申请”的比例为14.1%，进行“网上预约办事”的比例仅为8.7%。这主要是由于系统集约化程度不高、资源共享障碍较大以及民众对政务服务网缺乏直观认识所导致的。

多年来形成的电子政务纵强横弱、条块分割格局，致使业务系统整合和信息资源共享存在“中梗阻”现象，再加之对政府服务网的宣传力度不够，最终导致政务服务网的使用频率不高、覆盖范围不广问题。因此，继续优化政务服务网，让更多的企业和群众学会使用政务服务网已成为当务之急。

3. 健全“权力清单制度”的对策与建议

权力清单制度的落地既要高度重视权力“瘦身”，又要着力实现责任“强身”；既要做到上级“该放的权要放到位”，防止“放虚不放实、放明不放暗、放责不放权”，又要做到下级“承接的权力要接得好”；既要“把权力关进制度的笼子里”，又要防止“权力在笼子里睡大觉”。进一步建立健全权力清单制度，有以下几点建议：

（1）系统清理法律规范，建立法治型权力清单。推进依法行政、建立法治政府是深化行政管理体制改革的重要任务，也是加强政府自身建设的重要方面。权力清单的确定必须以法律规范为基础，没有法律依据的权力，一律不得行使。存在个别“权力”面临合理不合法或合法不合理的困局，这种困局主要源于三个方面：一是法规规范滞后，明显不适应当前经济社会发展的需要；二是法律规范本身不合法或多余，某些部门为了保护本部门的利益会制定部门法律规范，这在部门法中表现得尤为明显；三是法律规范之间“打架”，表现为法律和部门规章、地方性法规之间的不一致。

要确立科学合理的法治型权力清单，就必须从系统清理法律规范着手。首先，在清理主体选择上，应建立起以具有立法权的机关主导、相关部门配合、专业第三方监督建议的多元合作主体，确保清理主体的权威性、专业性和民主性。其次，在清理依据上，除了上一级法律规范外，更要注重法律规范的合理性，要在认真梳理各级人民代表大会代表的议案提案、充分调查研究、广泛听取意见的基础上形成法律法规清理意见，尽可能使“法”向“理”靠拢。再次，在清理方式上，可由拥有立法权的地方人民代表大会或政府批量公布“立、改、废”的具体条款，对涉及立法权在中央的法律法规，尽快向中央提出相应建议。然后，在清理结果运用上，可根据不同情况分为三种清理类型：废止、修改、增加。人民代表大会立法规划和立法计划的形成都应充分运用法律法规清理成果，注重法规制度设计的前瞻性和系统性，为未来的改革发展预留空间。最后，要注意法律法规的配套制定工作，在废止或者取消某种法律制度的同时，必须考虑到相应法律制度之间的衔接，不能出现混乱和空白。

（2）展开权力需求调查，建立需求型权力清单。权力清单实质上就是要收敛政府的手，放活市场的手，补强社会的手。一份有效的权力清单必然是明确规定政府哪些可为，哪些不可为。然而，目前对政府与市场、政府与社会之间的分工笼统表述为“凡是市场能做的政府不做，凡是社会能做的政府也不做”，这便使“权力清单”问题比较模糊，直接导致权力清单效果大打折扣。

政府究竟削减哪些权力，下放哪些权力，权力下放给谁，企业或社会组织是否具备承接权力下放的能力，这些问题都不应该是拍脑袋决策的结果，而是除了必须遵循合理合法的准则外，需要对企业、社会组织以及公众的需求和承接能力进行调查，其调查的形式可以多样，包括问卷、访谈、实地考察以及实验等。最终以客观实在的调查结果决定是否削减权力或授权以及由谁承接下放的权力，确保权力正当和准确行使。

（3）完善公众监督机制，建立阳光型权力清单。阳光是最好的防腐剂，为防止权力清单流于形式，就需要将权力清单置于阳光下并接受公众监督。目前，要建立有效的公众监督机制有几方面的障碍：一是公众获取信息的渠道有限；二是公众表达民意的渠道有限；三是公众参与监督的专业能力有限；四是公众参与监督的积极性不高。

为提升公众监督成效，建立阳光型权力清单，政府应从以下几个方面加以引导：一是加强权力清单制度的宣传。除了“一张网”以外，还可以通过电视、讲座、社区公告栏以及宣传册等宣传手段向企业、社会组织以及公众传播权力清单相关知识，这是公众监督的基础。二是畅通民意表达渠道。包含渠道的建立和收集民意思维的转换。在渠道建立上，除了网站、信箱、电话以及接访等传统渠道外，还需要开拓微信等新传媒手段。与此同时，政府收集民意思维还需要从被动接受民意转向主动接受民意，也就是说可委托第三方主动向公众收集民意。三是建立民意激励机制。民意激励机制包含民意回应机制和民意奖励机制，具体来说就是对所有的民意都要回应，同时对有价值的民意进行奖励，确保民意能得到及时响应和肯定，以此提高公众监督的积极性。四是培养公众参与监督的能力。主要是通过扶持社会组织的生长、培养社会组织的独立性以及宣传公众监督的知识来提升社会组织以及公众参与公共事务的能力，尤其是集体行动的能力，以保障公众监督顺利实现。

（4）改革绩效评估机制，建立绩效型权力清单。政府绩效评估在不同程度上发挥了明确政府目的、规范政府行为、了解民众意见的现实作用。同样，开展权力清单制度实施绩效评估，将进一步明确该制度的意义和目的，规范制度的运行，正确地了解权力清单制度实施现状和系统地把握公众对该项改革的满意度。绩效评估为审视现状提供了系统的观察，也为未来的发展提供了视角和思路。

探索权力清单制度实施绩效评估从以下几个方面着手：从绩效评价内容上来看，权力清单绩效评价可以以平衡计分卡模型作为建立绩效标准的理论框架，试图从行政成本、群众满意度、行政流程以及政府、市场、社会的学习与成长四个维度设计绩效评价指标；从绩效评价主体上来看，可以采用360度绩效考核办法，政府部门、上一级政府主管部门、专业第三方以及企业和公众都参与权力清单绩效考评；从绩效评价结果的运用上来看，首先必须向公众公开评价结果，其次要将结果作为进一步调整权力清单依据，再次要对评价结果较差的部门要给予提醒，必要时给予批评和限期整改，最后还可以将评价结果作为政府预算的重要依据；从绩效评价周期上来看，可以采取中、长评价周期结合的办法，即“一年一小评，五年一大评”的模式。

（5）构建动态调整机制，建立动态型权力清单。权力清单改革在运行过程中存在不足实属正常也在所难免，可以确定的是，权力清单存在总比缺失好。权力清单涉及的内容广泛、受环境的影响也非常深刻，尤其是所撬动的利益可能会非常顽固，这些特征注定了完善权力清单是一场持久战。要使权力清单克服既有瑕疵，最大限度发挥改革效能，持续释放制度红利，就必须构建动态调整机制，并及时地修正权力清单。

经本级政府审核确认的部门权力清单，具有相对稳定性，同时，应根据法律法规的“立改废”、机构改革和职能调整的进展情况，及时对公布的权力清单进行调整，并按规定程序在政府网站等载体向社会公布，确保权力清单科学有效、与时俱进。调整修正权力清单主要包含两方面的内容：一是调整修正法律法规，对不合理的法律法规要进行废止或修正，尤其是对部门法律规范需要仔细审核，分析其必要性和可行性，对于效力小或者过时的部门法律规范，在充分论证的情况下作出调整或废止的决定；

二是调整修正权力清单内容，根据法律规范的要求以及对企业及公众的需求调查，进一步明确削减哪些权力事项，哪些下放事项，确实做到政府、市场及社会各尽所能、各负其责。

（6）健全行政问责机制，建立责任型权力清单。权力清单是否能取得预期成效，很大程度上取决于权力清单的执行。“权力”在某种意义上是利益的代名词，因此权力清单意味着利益的减少或消失，此时既得利益集团可能会阻扰权力清单执行或拒绝执行，进而影响改革成效。

为了维护权力清单的严肃性、规范性和权威性，必须强化监督和问责，就必须建立健全行政问责机制。首先要建立权责体系，根据权责一致的原则，一个层级一个层级、一个部门一个部门、一项一项地把政府的行政审批、提供公共服务方面以及监管方面的权力和责任理清，分解到位，建立权责清单。其次要明确问责程序，包括启动程序、认定程序、认定程序以及救济程序等，用程序来保证问责沿着法治轨道推行。再次要公开问责过程，做到全程透明，接受媒体、公众的监督，不能内部消化处理，中国青年报社会调查中心数据表明，有93.9%的公众希望问责公开。最后要加强问责文化建设，在行政系统内部营造有权必有责、用权受监督、违法受追究、侵权要赔偿的浓厚氛围。

6.4.2 深化“最多跑一次”改革

以人民为中心的发展思想是习近平新时代中国特色社会主义思想的重要内容。“坚持把人民群众的小事当作自己的大事，从人民群众关心的事情做起，从让人民群众满意的事情做起”是党的十九大报告明确提出的要求。浙江省遵循这一思想以及“把以人民为中心的发展思想体现在经济社会发展各个环节，做到老百姓关心什么、期盼什么，改革就要抓住什么、推进什么”的工作要求，于2016年12月在全国率先提出实施“最多跑一次”改革。

“最多跑一次”是指群众和企业到政府办理“一件事情”，在申请材料齐全、符合法定受理条件时，从受理申请到作出办理决定、形成办理结果的全过程一次上门或零上门。“最多跑一次”改革是一场以人民为中心的改革，把“立党为公、执政为民”的理念融入了政府施政目标、施政方式、施政过程，充分体现了党全心全意为人民服务的根本宗旨，彰显了全面深化改革的根本价值取向。自2017年初“最多跑一次”改革正式启动以来，浙江全省各级、各部门对标改革目标，通过优化办理流程、整合政务资源、融合线上线下等方式扎实推进各项改革举措。目前，改革已取得明显的阶段性成效。2017 年底，省级“最多跑一次”事项达到 665 项，设区市本级平均达到 755 项，县（市、区）平均达到 656 项，全省“最多跑一次”实现率达到 87.9%，办事群众满意率达到 94.7%。“最多跑一次”改革通过最大限度降低企业制度性交易成本，撬动了供给侧结构性改革落地见效。2017 年全年，浙江生产总值同比增长 7.8%，约比全国平均水平高 1 个百分点。以新产业、新业态、新模式为主要特征的“三新”经济增加值占 GDP 的 24.1%。信息经济核心产业增长 16.7%，呈现出实体经济全面振兴、新动能不断发展壮大、转型升级步伐加快的良好态势。

李克强总理在政府工作报告中指出，深入推进“互联网 + 政务服务”，使更多事项在网上办理，必须到现场办的也要力争做到“只进一扇门”“最多跑一次”。这是中央对“最多跑一次”浙江改革的充分肯定。下面将总结浙江省“最多跑一次”改革的主要经验，分析典型个案，在此基础上，为深化“最多跑一次”改革提供对策建议。

1. “最多跑一次”改革的主要经验

（1）坚持以人民为中心，强化各级干部改革共同体意识。基于以人民为中心的发展思想，“最多跑一次”改革站在“用户体验”的角度，以群众眼中的“一件事情”为标准，整合归并以往由一个或多个部门办理的多个相关事项，推动群众办事“一件事情”全流程最多跑一次。如作为浙江办件量最大的涉及多部门多环节的不动产登记事项，包含了交易、登记、缴税三个环节，以往由建设、国土和地税部门分别办理。在“最多跑一次”改革过程中，浙江按照“一件事情”的标准明确三部门各自责任，推行并联办理、互认结果等措施，从而实现不动产登记全业务、全过程的“最多跑一次”。群众办理“二手房”交易过户正常情况下不超过 50 分钟即可办结，极大增强了群众的获得感。在此基础上，浙江按照群众和企业到政府办事“最多跑一次”的理念和目标，大力强化各级干部的改革共同体意识。通过成立改革领导小组、明确部门职责分工、加大舆论宣传、举办全省“最多跑一次”改革专题研讨班等多种方式强化各级干部的改革共同体意识、大局意识和担当精神，从而为突破利益固化的藩篱、稳步推进改革打牢了思想基础。

（2）坚持允许试错和宽容失败原则，增强改革者积极性和主动性。习近平总书记多次指出，改革要“允许试错、宽容失败”，并强调要支持和保护那些作风正派又敢作敢为、锐意进取的干部。坚持允许试错和宽容失败原则，对于调动干部队伍的改革积极性和主动性十分必要。“最多跑一次”改革是一项复杂的系统工程，涉及部门整合、资源配置、流程再造、信息共享、集成服务和新技术应用等一系列工作，因此在改革探索过程中出现一些失误、偏差在所难免。在“最多跑一次”改革推进过程中，浙江各地把建立健全改革容错纠错机制作为助推改革的重要举措，明确将探索政务服务新模式、创新审批流程等推进改革过程中主动作为、积极担当但出现一定失误的情形纳入容错免责范围，同时细化对不作为、慢作为、乱作为等现象的责任追究机制，从而促进了既鼓励创新、表扬先进，也允许试错、宽容失败的良好改革氛围的形成，有效激发了干部队伍谋事创业的改革激情，增强了改革动力。

（3）坚持全面精简办事材料，健全政府咨询服务体系。行政审批和政务服务“证明多”“盖章多”是导致群众“办事慢、办事繁、办事难”问题的重要原因。为了从根本上解决这一顽疾，浙江在从群众角度界定“一件事情”的同时，按照“没有法律法规依据的一律取消、能通过个人现有证明来证明的一律取消、能采取申请人书面承诺方式解决的一律取消、能通过网络核验的一律取消”的要求积极推进减少办事材料。2017年，浙江全省各级、各部门依法为公民办理相关社会事务开具的证明事项从135项减少到97项，需要群众和企业提供的证明事项从860项减少到359项。与此同时，浙江依托各级行政服务中心、政务服务网及“12345”统一政务咨询投诉举报平台，完善办事咨询服务体系，更新配套知识库，多渠道加强宣传，为群众提供方便快捷的咨询解答服务，显著提升了办事咨询的便利度、可及性和准确性，大幅减少了由于了解准备不足导致的“跑多次”。

（4）坚持政府流程优化再造，实行“一窗受理、集成服务”。政府部门职能分工过细、各自为战、办公场所分散，是造成群众办事跑多次的重要原因。为了解决这一问题，浙江省按照习近平总书记倡导的系统集成方法，把推行行政服务中心“一窗受理、集成服务”改革作为“最多跑一次”改革的主抓手。“一窗受理、集成服务”即把各部门行政审批过程的受理环节分离出来，将原来按部门设置的窗口由行政服务中心分类整合为投资项目审批、商事登记、不动产交易登记、医保社保、公安服务等综合窗口，再按职责分工由业务部门后台分别审批，从而使群众只需进行政服务中心“一个门”、到综合窗口“一个窗”就能把“一件事”办成，实现群众办事从“找部门”到“找政府”转变。同时，强化行政服务中心作为第三方的监督评价职责，对各部门审批进行全流程监督考核，从而将各部门的行政审批权力转变为行政责任。此外，浙江将“一窗受理、集成服务”改革与乡镇（街道）便民服务平台和村（社区）代办点建设相结合，在完善乡镇（街道）便民服务平台、村（社区）代办点软硬条件的同时推进“一窗受理”平台向乡镇街道延伸，探索出了一条“乡镇（街道）、村（社区）前台综合受理，县级后台分类办理，乡镇（街道）、村（社区）统一窗口出件”的政务服务新模式，促进了政务服务“就近能办、同城通办、异地可办”。

（5）坚持打通“信息孤岛”，推动公共数据深度共享。实现群众办事“最多跑一次”的关键在于部门协同作战，而数据共享是实现部门协同作战的基础。为了推进数据共享，让数据多跑路，群众少跑腿，浙江在“最多跑一次”改革过程中，下大力气推进各级各部门信息系统互联、基础数据库建设和公共数据共享，推动“一次录入、大家共用”和“一个数据用到底”。一方面，浙江省加强信息化建设顶层设计，新建“一窗受理”信息平台，积极推动部门业务联办。2017年底，已有24个部门的43个业务应用系统基本完成与“一窗受理”信息平台的对接，同时有76套市级系统和27套县级系统完成与“一窗受理”信息平台的互联互通。另一方面，浙江专门成立浙江省数据管理中心，作为推进政府数据资源整合开放的管理机构。在省数据管理中心的推动下，浙江已公布两批《省级公共数据共享清单》，共计开放57个省级单位3600项数据共享权限。在此基础上，浙江梳理各部门办事事项数据需求清单，并由省数据管理中心负责统一采集、归集数据，建立“覆盖全省、统筹利用、统一接入”的公共数据库。2017年，个人综合库、法人综合库、信用信息库数据归集基本完成，可信的电子证照库、办事材料共享库基本建成并投入使用，有效促进了数据流与业务流同步运行，避免了群众多头、重复提交材料，并推动了“深度应用、上下联动、纵横协管”的协同治理大系统形成。

（6）坚持互联网与政务融合发展，强化网上服务功能。推行“互联网+政务服务”，是提升政务服务智慧化水平，让群众享受“全天候、零距离”便捷服务的重要手段。在推进“最多跑一次”改革的过程中，浙江坚持网上网下政务服务体系融合发展，更多依靠网络让群众少跑腿甚至不跑腿。首先，依托省、市、县、乡、村五级联动的浙江政务服务网，推进权力事项集中进驻、网上服务集中提供、政务信息集中公开、数据资源集中共享。2017 年，省、市、县可网上申请办理事项的开通率已分别达到 79.9%、61.5%、55.9%。这些事项通过政务服务网便可实现网上查询、网上申请、网上办理、网上反馈。同时，促进实体政务大厅向网上延伸，推行网上预约、网上评价、网上支付、自助终端办理等。其次，完善“互联网 + 政务服务”的技术支撑体系。目前，浙江已建成电子印章、电子档案技术支撑平台，37 个省级部门已建立行政审批电子文件在线归档工作机制。政务服务网行政权力运行系统的开发和应用也逐步深化，推动了更多行政权力、公共服务事项网上运行，通过全链路数据跑腿，让更多办事事项从“最多跑一次”到“一次不用跑”。此外，通过借助大型第三方网络支付平台用户众多、实名认证的优势，浙江政务服务网的各项便民服务打包进驻支付宝和微信，进一步提高了政务服务效率，改善了政务服务质量，使群众在共享“互联网 + 政务服务”发展成果上得到了切实的好处和获得感。

（7）坚持督察评估有机结合，强化改革效果导向。强化督察评估，充分发挥督察评估的指挥棒作用，是推进工作落实的有效手段。在“最多跑一次”改革推进过程中，浙江坚持督察评估有机结合，强化改革的效果导向，有力促进了改革举措落地见效。首先，发挥督察“利器”作用，促使各级、各部门扑下身子抓落实。目前，“最多跑一次”改革已纳入浙江省委经济工作目标责任制度考核、“平安浙江”考核体系。省“最多跑一次”改革办公室建立了每月例行督察制度和周报告、月报告制度，跟踪督促各地做好改革落实工作。同时，省人民代表大会、省政协、省政府督察室、各民主党派也根据自身职能有针对性地开展“最多跑一次”改革督察。各项督察的常态化进行有力推动了各地党政一把手亲力亲为抓改革，扑下身子抓落实，把“最多跑一次”改革打造成为社会满意的“民心工程”。其次，引入外脑开展第三方评估，增强群众改革评判权。为了建立科学的改革成果评价机制，浙江引入国家行政学院、浙江省社会科学院等作为第三方评估机构，运用多种数据采集和分析方法对“最多跑一次”改革绩效进行评判，全面客观地反映改革的实施成效与问题短板。同时，在政务服务网开通“调查评估”“改革建言”等栏目，全省群众均可评价“最多跑一次”改革实施情况，提出意见建议，使群众在改革评估中的发言权有效增强。

（8）坚持标准化、法治化改革路径，强化改革可推广性。标准化、法治化是保障改革平稳推进、巩固深化及改革成果复制推广的重要手段。习近平总书记多次指出要通过补齐制度短板，巩固改革成果，放大改革效应。为了在改革实践中形成更多制度性成果，以形成不可逆的改革态势，浙江把标准化作为基础工作和长效机制，及时总结提炼改革中涌现的好做法、好经验，制定发布全国首份《政务办事“最多跑一次”工作规范》地方标准，明确规范“最多跑一次”的事项范围、工作要求、监管要求、制度建设等内容。同时，加紧构建标准统一、口径规范、内容完整办事事项清单和办事指南，使群众在全省各地都能享受统一规范的政务服务。针对改革实践中遇到的法律法规及规章制度问题，浙江严格按照法定权限、法定程序进行“立改废”，如颁布《浙江省公共数据和电子政务管理办法》政府规章，明确电子签名、电子证照、电子文件等在政务活动中的法律效力。同时，在桐庐县开展“最多跑一次”改革与法规规章衔接绿色通道试点，为改革攻坚克难提供法治支撑。

2. “最多跑一次”改革的先进样本

宁海县建立的“审批法庭”机制，是浙江“最多跑一次”改革的先进样本，构建了一整套“最多跑一次”改革的有效推进机制和深化机制，取得了显著的效果，值得在全省甚至全国推广仿效。

（1）宁海“审批法庭”机制的基本做法。宁海从构建“最多跑一次”改革的推进机制和深化机制这个核心问题入手，设立深化“最多跑一次”改革专项工作部，下设综合协调、前置清理、一窗受理和数据共享 4 个工作组，借鉴司法法庭的审判模式，以市场参与主体和群众的实际需求为导向，建立了独立于相关利益部门的“审批法庭”机制，对行政权力、公共服务事项和行政流程进行“裁决”。

①“审批法庭”的基本架构。宁海“审批法庭”实行“庭长”负责制，“庭长”由县政府办公室主任担任，原告由前置清理组成员担任，并负责“审批法庭”案件采集和庭审召集工作。政府审批部门负责人作为被告，实行“单数庭审制”“二审终审制”，“二审”采用书面复核形式。

其他“庭审”成员由县委、县政府深化“最多跑一次”改革专项工作部，根据“庭审”的实际需要，以“法律+审批”专业人员为主体，在国家机关工作人员、两代表一委员和法律工作者队伍中精心遴选产生，同时邀请人民代表大会代表、政协委员和人民群众参与旁听。

②“审批法庭”的主要职责。宁海“审批法庭”重点围绕减少前置条件、简化申请材料、优化办理流程等，逐个裁定和逐个清理，其主要职责：一是对行政部门设立的已有的前置事项，凡于法无据的，一律给予清除；二是对行政部门新增的前置事项，凡未经“审批法庭”裁决通过的，一律不得实施；三是通过“减事项、减材料、减环节、减时间”的“编纂”方式，实现行政部门前置事项（条件）的规范化、法定化和标准化；四是要求清理后各个行政部门必须设置明确的办事事项、办事材料、工作流程、数据流程，禁止使用兜底条款和模糊表述，制订公布《宁海县各部门行政权力和公共服务事项清单》。

③“审批法庭”的裁决规则。遵循“法不授权便无权”的原则，宁海出台了《“最多跑一次”改革“审批法庭”工作规程》。“审批法庭”以独立公正的第三方立场，根据四个“一律”的裁决规则对行政审批、公共服务事项和行政流程进行裁决清理和“瘦身”：凡法无设定的，一律取消；证照能证明的，一律取消；书面可承诺的，一律取消；网络可核验的，一律取消。

④“审批法庭”的裁决落地机制。凡于法无据的，行政审批部门应自觉清除；凡于法有据的，行政审批部门应全面翔实地向“审批法庭”提供法律依据；凡群众有反映的，“审批法庭”应全面审查。行政审批部门不在规定时间自觉清除于法无据的事项，不在规定时间向“审批法庭”提供法律依据，不在规定时间执行“审批法庭”裁决决定的，由县纪检部门进行督查通报，按行政不作为或乱作为追究相关领导的行政责任，并列入全县目标管理考核的扣分项，倒逼行政执法、监管部门主动从“重审批、轻管理”转向“轻审批、重管理”，加大执行和监管力度，最终由“审批法庭”逐个审核把关，确保“裁决”结果的真正落地见效。

（2）宁海“审批法庭”机制的实施成效。宁海通过构建“审批法庭”机制，创建了“审批之审批”的宁海模式，实现“最多跑一次”改革的法定化、程序化、标准化和信息化，较好地解决了“为什么改”“改什么”“如何改”和“怎么落地”等“最多跑一次”改革的关键问题，强化了“最多跑一次”改革的推进机制和深化机制，并进一步加强事中事后监管，全面推进和深化了“最多跑一次”改革，极大地提高了行政审批速度和效率，充分激发了市场活力和释放内需潜力，促进了宁海经济社会的高质量发展。“审批法庭”机制被评为第五届浙江省公共管理创新案例，最大民生事“最多跑一次”被评为浙江省民生获得感示范工程，2018年度“最多跑一次”改革综合测评成绩97.9%，位居全省首位，获得省级事业单位改革精简收回事业编制指标奖励。

第一，全面撬动和深化了“最多跑一次”改革。宁海“审批法庭”机制创设以来已开庭41次，共对49个部门的988项行政权力和公共服务事项进行裁决清理，清理取消了317项事项中的前置条件427条，清理493项事项的申请材料2100份，取消兼并审批事项46项，从理念、制度和执行三个维度撬动和深化了“最多跑一次”改革，破除了审批部门之间和与项目属地之间的原始壁垒，实现“跨层级、跨部门、跨区域”的有效融合，强化了行政部门的系统性、整体性和协同性，推进了宁海“整体性政府”建设。

第二，极大地提高了行政审批的速度和效率。“审批法庭”机制最大限度精简事项和优化流程，并以“一件事”改革为目标，嵌入信息化技术实现数据共享，将涉及多事项多部门的“一件事”在“政务钉钉”上开发微信应用，构建“同平台、同时办、同协商、同监管”的扁平化管理体系，形成审批部门、项目属地、中介、业主共生共荣的新审批。作为改革难点的企业投资项目审批，企业投资项目开工前审批，全省目标是“最多100天”，而宁海是“最多37天”，走在全省前列。2018年7—12月份备案赋码的42个项目全部实现“最多100天”，实现率为100%，数量和比率均居全宁波市第一。不动产登记在宁波市率先60分钟出证，常态化企业开办全流程5小时办结。

第三，充分激发了市场活力和释放了内需潜力。“审批法庭”机制独立于改革各利益相关部门，突破利益固化和墨守成规藩篱，有效地突破了企业投资项目审批部门“不能砍”“不敢砍”“不想砍”的传统观念，以及“一件事”整合过程中前置过多过杂、缺乏系统性统筹推进机构的体制障碍，从制度上避免了各个行政部门随意扩张行政许可、滥设前置事项的行为，从机制上彻底斩断了阻碍改革的利益链，充分激发了宁海的市场活力和释放了内需潜力。自2017年9月企业住所申报承诺制改革以来，截至2018年12月，宁海市场主体平均月增长量1040家，比改革前2017年1—9月平均月增长量716家增长46%，市场主体总量从前几年的5万家增至6.6万家。民宿经营许可由原先向4个部门提交5次材料减少为向公安部门提交1次材料。通过“最多跑一次”改革，宁海民宿月增长率、营业额、带动农产品销售额均“翻一番”。

第四，有效地推进了公共服务领域改革，不断增强群众获得感。“审批法庭”紧紧围绕群众呼声最高、数量最大的民生“关键小事”。一是“生”。新生儿父母只要登录“浙江政务服务网”宁海站的个人办事版块，即可进行户口申请，再由公安派出所户籍窗口进行审核，通过审核之后，选择快递上门的方式签收相关文件，父母在家“坐等”即可。二是“老”。高龄老人生活津贴发放“根本不用跑”，全流程由政府内部操作运行，调查、核实、征询由政府工作人员主动上门。三是“病”。向全县人民公开承诺医疗卫生服务领域“最多跑一次”首批10项便民服务，接受社会监督。四是“死”。亲人身后事“一次也不跑”，只需拨打“12345”热线，防保医生即上门开具死亡证明，其他所有事项由有关部门实现“体内循环”，2018年6月全省推广。五是“住”。不动产登记“一事联办”，将登记、交易、契税以及水、电、气、数字电视等7个事项联动办理，不动产登记综合受理从“跑8次至少4小时”缩减至“跑1次18分钟”。六是“行”。公交卡办理“一次也不跑”，办理学生卡时无需提供学生证明材料，办理老年卡时，实行集中统一办理。

第五，促进了经济社会的高质量发展。“审批法庭”机制激发了市场活力和释放了内需潜力，续添了经济社会发展的新动能，促进了宁海经济社会转型升级和高质量发展。2018年，宁海主要经济指标实现又好又快增长，民间投资增长20%，GDP增长7.7%，商品销售额增长15%，网络零售额增长30%，R & D经费支出增长14%并高于全省平均，城乡居民人均可支配收入分别增长8.3%和9.2%，全国综合实力百强县排名提升6位升至第53位，全国“两山”发展百强县位居第2位，宁海绿色发展指数跃升至浙江省第15位并居宁波榜首，安全生产事故起数、死亡人数分别下降68.9%和37.5%。

3. 深化“最多跑一次”改革对策建议

“最多跑一次”改革是浙江的创造，是浙江人民改革智慧的结晶，为中国的政府改革提供了浙江经验。“最多跑一次”改革让昨天的“门难进、脸难看、话难听、事难办”成为过去时。“最多跑一次”改革放活了市场、激活了企业、拉近了政府和群众的距离、提升了群众的获得感和满意度，让浙江领跑中国改革。目前，“最多跑一次”改革进入了深水区，遇到了很多艰难险阻，必须着力处理好前行中十大关系，才能将“最多跑一次”改革进行到底。

第一，“最多跑一次”改革与依法行政。“最多跑一次”改革是一场深刻的行政效能革命，通过“一窗受理、集成服务、一次办结”的服务模式创新，让企业和群众到政府办事情实现“最多跑一次”的行政目标。依法行政是依法治国的重要内容，要求行政机关根据现行的法律法规行使其行政权力，并对其行政行为的后果承担相应的责任。由于现行法律法规尤其是行政法规是根据串联式、分立式和小部制模式的行政部门体制制定的。各地在全面深化“最多跑一次”改革过程中，遇到了现行行政法规的瓶颈制约。迫切需要对浙江省投资项目审批、工商登记、行政处罚、安全管理、社会治理以及公共服务等领域的地方法规（规章）进行系统梳理和科学评估，根据“最多跑一次”改革的目标任务和具体要求，对地方法规进行及时调整和完善，破解行政法规对“最多跑一次”改革的瓶颈约束，正确处理好“最多跑一次”改革与依法行政的关系，全面推进“最多跑一次”改革向纵深化方向发展，将“最多跑一次”改革进行到底。同时，积极引导和推动国家层面的法律法规尤其是行政法规的调整和完善。

第二，“最多跑一次”改革与政绩考核。政绩考核是政府工作的指挥棒，有什么样的政绩考核，就会有什么样的政绩观；有什么样的政绩观，就会有什么样的改革行为和政府效率。改革开放以来，驱动我国经济持续高速增长最重要的动力源是以GDP为核心的政绩考核。要有效持续驱动“最多跑一次”改革向纵深化方向发展，并在全省各级政府和政府部门生根、发芽、开花和结果，最根本的是根据“便民、高效、廉洁、规范”的改革宗旨，在省、市、县和乡四级政府调整优化政绩考核指标，将“办事时间”“办事成本”“办事效率”“营商环境”“群众获得感”和“群众满意度”等与“最多跑一次”改革紧密关联的指标纳入政府和政府部门的政绩考核范畴，并做到可量化、可评价和可检查。通过科学的政绩考核，引领改革的正确方向，强化改革的持续动力，将“最多跑一次”

改革进行到底。

第三，“最多跑一次”改革与容错纠错机制。“最多跑一次”是指通过优化办理流程、整合政务资源、运用线上线下、采纳新技术等方式，企业和群众到政府办理“一件事情”在申请材料齐全、符合法定受理条件时，从受理申请到作出办理决定、形成办理结果的全过程一次上门或零上门。“最多跑一次”改革是浙江的首创，也是一项复杂的系统工程，涉及部门整合、资源配置、流程再造、信息共享、集成服务和新技术应用等一系列众多工作，需要从服务、政策、制度、流程、信息、技术和环境等众多维度全面优化供给。各地在“最多跑一次”改革过程中出现一些失误、偏差在所难免。习近平总书记指出基层改革要“允许试错、宽容失败”，并强调要支持和保护那些作风正派又敢作敢为、锐意进取的干部。李克强总理也明确提出：“健全激励机制和容错纠错机制，给改革创新者撑腰鼓劲，让广大干部愿干事、敢干事、能干成事。”因此，要正确处理好“最多跑一次”改革与容错纠错的关系，通过科学设立容错纠错机制，鼓励政府和政府部门既能大胆地实践探索，又能在出现失误、偏差后予以及时纠正，在实践探索和纠错过程中，最大限度地激发改革的激情，释放改革的活力，将“最多跑一次”改革进行到底。

第四，“最多跑一次”改革与市场有效监管。“最多跑一次”改革旨在减少办事环节、节省办事时间、加快办事速度、提高办事效率，通过行政改革，降低制度性交易成本，激发企业潜力，激活市场活力。现实当中面临的一个亟待解决问题是“最多跑一次”改革后如何加强对市场有效监管。因此，必须抓紧构建“最多跑一次”改革后的市场有效监管机制。根据谁审批、谁监管，谁主管、谁监管的基本原则，全面厘清政府各部门的市场监管职责，推进市场监管法治化、制度化、规范化、程序化，创新监管方式，着力构建权责明确、透明高效的事中事后监管体系，正确处理好“最多跑一次”和事中事后监管的关系，着力维护好市场竞争秩序。同时，加快推进以法治为基础的社会公共治理，健全社会监督机制，切实保障市场主体和社会公众的知情权、参与权、话语权和监督权，建立健全市场主体自治、行业自律、社会监督和政府监管的公共治理体系，将“最多跑一次”改革进行到底。

第五，“最多跑一次”改革与服务型政府建设。“最多跑一次”改革的实质，是充分运用“互联网 + 政务服务”和大数据，让企业和群众多办事少跑路、让数据多跑路，是加快审批型政府向服务型政府转变的抓手，是打造服务型政府的突破口。“最多跑一次”改革实施以来，全省各地企业和群众到政府办事确实便捷了、速度快了、成本低了、效率高了，但同时在一些地方也出现了事后政府对企业和群众服务数量减少和服务质量下降问题，尤其是对小微企业、困难群众和弱势群众提供的帮助短缺和滞后引起了企业和群众对政府新的不满。服务型政府的本质要求，就是坚持一切从人民群众的根本利益和现实需求出发，牢固树立以人民为中心的发展理念，全心全意为人民服务。服务型政府建设，要求政府建立为企业和群众全程服务和长效服务的工作机制，让企业和群众“事有地方快捷办、困难有人马上帮、问题有人速度解决”，企业和群众的事情马上办，上门办、主动办，办得了、办得好，真正使各级领导干部当好服务企业和群众的“店小二”。服务型政府是一个为全社会提供公共产品和公共服务的政府，把资源投向以改善人民群众生活质量，关乎千家万户生活命脉的义务教育、公共医疗、社会福利和社会保障、劳动力失业和培训、环境保护、公共基础设施、社会安全和秩序等领域，把钱真正用到惠及老百姓的日常生活，全面提升人民群众的获得感和幸福感。

第六，“最多跑一次”改革与行政成本问题。政府改革的终极目标是降低行政成本和提高效率。行政成本是否有效降低是衡量“最多跑一次”改革成败的重要标准。地方政府为了方便企业和群众办事，解决“最后一公里”问题，将行政服务机构和办事大厅延伸到乡镇（街道）、村（社区），建立了全覆盖、全方位的市、县、乡镇（街道）和村（社区）的行政服务体系，增加了一大批编外人员，极大了提高行政成本，而前来服务机构办事的企业和群众却寥寥无几。在财政蛋糕规模既定的约束下，行政成本增加了，投入公共产品和公共服务的支出就会相应减少，进而导致企业和群众获得感和满意度的下降。各级政府领导需要正确处理好“最多跑一次”改革与行政成本的关系，将严格控制和有效降低行政成本纳入“最多跑一次”改革的工作计划和目标任务。在交通和通信如此便捷发达的今天，将行政服务机构和办事大厅过度延伸至乡村（社区），并不是行政资源的优化利用，而是行政资源的极大浪费，违背了“最多跑一次”改革的终极目标。

第七，“最多跑一次”改革与信息数据共享。互联网、信息化和大数据是支撑“最多跑一次”改革的技术基础，但现实中各地政府普遍反映信息共享度低和信息孤岛是制约“最多跑一次”改革全面深化的重要瓶颈。层级间、条块间和部门间网络信息孤岛、数据壁垒等信息互通不畅问题在各地各级政府普遍存在。当前，互联网发展和数据库管理系统等网络技术突破使得系统对接、数据全面共享在技术层面上没有任何障碍，关键是条块分割行政管理体制机制的约束。为打通信息孤岛和实现数据共享，下阶段必须在行政管理体制改革上实现重大突破，着力解决公共数据和电子政务领域存在的基础设施条块割裂、网络互联互通不畅、业务系统缺乏协同等问题。各级政府领导要有强烈的改革共同体意识，拥抱改革、支持改革和推动改革，在信息数据共享上为“最多跑一次”改革保驾护航，将“最多跑一次”改革进行到底。

第八，“最多跑一次”改革与政务服务标准化。服务标准化是规范和提升政务服务水平，打造优质、高效、便捷的政务服务模式的重要基础，也是现代政府区别传统政府的重要标志。“最多跑一次”改革是浙江首创，没有现成经验可以学习借鉴。凭着“摸着石头过河”的精气神，根据浙江省委、省政府的统一部署，“最多跑一次”改革在 11 个地市、90 个县市区全面展开。各地各部门因地制宜、积极探索、扎实推进、特色鲜明、成效显著。为将“最多跑一次”改革进行到底，需要省委、省政府领导牵头，组织专家学者对各地各部门积累的改革经验进行科学总结，在浙江省人民政府印发的《加快推进“最多跑一次”改革实施方案》（浙政发〔2017〕6 号）和省编办、省标准化研究院等起草的《“一窗受理、集成服务”工作规范》（省级地方标准）的基础上，省级政府各部门统一制定部门的“最多跑一次”的服务标准，加快推进机构名称及硬件配套标准化、窗口建设标准化、服务事项标准化、办事制度标准化、事项办理标准化、政务公开标准化、服务行为标准化和监督评议标准化，建立覆盖全面、科学有效的“最多跑一次”服务标准体系，确保政务服务“一切工作有标准，一切标准有程序，一切程序有监督，一切监督有公开”。

第九，“最多跑一次”改革与大部制改革。按照政府部门的职能大小和机构数量，政府机构设置通常有“小部制”与“大部制”两种模式。我国属于典型的小部制模式。小部制模式的主要特征部门管辖范围小、机构数量大、专业分工细、职能交叉重、相互扯皮多。小部制模式是导致我国行政机构臃肿、行政人员冗余、行政成本高和行政效率低下的根本原因，也是导致企业和群众到政府办事难、环节多、费时长和成本高的关键因素。大部制是政府政务综合管理组织体制，其特征是“大职能、宽领域、少机构”，政府部门的管理范围广，职能综合性强，部门扯皮少。浙江要争当大部制改革的排头兵和领头羊，通过“最多跑一次”改革推动大部制改革，加快政府职能转变，在省、市、县三级层面力争党政机关机构改革一步到位，将原先众多机构调整为“经济工作部”“社会服务部”“市场治理部”“党务工作部”“综合协调部”五大部门，并根据“老人老办法、新人新办法”的原则，将政府公务员缩减到 40%，为中国大部制改革提供浙江智慧和创造浙江模式。

第十，“最多跑一次”改革与信用浙江建设。信用数据共享和社会总体信用是影响营商环境的关键变量，也是关乎“最多跑一次”改革成败的重要因素。浙江要以“最多跑一次”改革为契机，加快信用浙江建设。同时，要通过信用浙江建设，全面深化“最多跑一次”改革。在“十三五”期间，着力强化政务诚信、商务诚信、社会诚信和司法诚信等四大领域的信用建设，全面推进综合创新示范工程、信用标准体系建设工程、小微企业和农村信用体系建设工程、征信机构培育工程、发展改革领域应用示范工程、信用地理信息工程、社会信用满意度评估工程等七大重点工程建设，加快构建与浙江现代治理体系和高水平全面建成小康社会相适应的社会信用体系，全面深化“最多跑一次”改革，将“最多跑一次”改革进行到底。

6.4.3　优化“政府热线”服务

政府热线（便民服务电话）是政府与民众沟通联系的重要渠道，是政府了解民众需求、提供公共服务的重要窗口。当前，各级政府开设了大量热线，很多热线的服务效率及质量低下，难以充分满足民众需求。针对存在的困境，一些地方政府开展了有益探索，如杭州市 12345 热线、金华市 8890 热线、宁波市 81890 热线等。在总结借鉴地方经验的基础上，当前亟待对政府热线进行有效治理，以提升政府热线服务水平。

1. “政府热线”服务的现实困境

政府热线成“冷线”的现象屡见不鲜、广受诟病。对民众来讲，存在着号码多、难打通、诉求得不到解决等糟糕的服务体验。对政府来讲，意味着财力、人力、物力等公共资源的巨大浪费。

第一，号码过多，不便记忆。除少数号码统一的热线外，大量热线由政府及其职能部门自行赋号。由于缺乏统一协调和综合管理，有的一级政府拥有多达几十甚至上百条不同号码的热线，导致民众不便记忆，有需要时甚至不知道该拨打什么号码。以浙江金华为例，在综合集成之前，仅96、12开头的热线就有170多条，市民每月拨打1万次以上的只有4条，1000次以上的只有12条，1000次以下的占90%以上，拨打个位数的占43%。

第二，部分地方热线电话多达数十个，却存在难打通、难沟通、难办事等问题，不仅难以发挥应有效力，也给政府公信力带来了负面影响。

第三，打通艰难，求助更难。据多项调查显示，政府热线不乏存在长时间无人接听、长时间占线甚至是空号的问题。究其原因，包括工作时间不够人性化和便民化、未配备专职人员、未及时清理无效号码等。打通了也存在诉求得不到及时处理和有效解决的问题，不清楚、管不了、踢皮球、拖拉、瞎指挥、没回音等容易引发民众不满。这与服务意识不强、人员素质不高、制度不健全、职能边界不清、资源缺乏整合等因素有关。

第四，投入过大，效率低下。开设一条政府热线需要投入大量人力、物力和财力。以某地级市12315热线为例，前期建设投入为200多万元，年运行成本达到800万元到1000万元。政府热线数量多、布局分散、缺乏互通与共享的状况，造成重复投资、资源浪费，导致政府热线投入过大、效率低下。利用率低的政府热线占据和消耗了大量公共资源，民众常用的政府热线则面临着资源紧张问题。

第五，政府热线超半不合格。政府热线服务质量参差不齐，在专业性、便民化、规范性等方面都存在不足，造成民众对政府热线的满意度较低。2014年9月，中国市场学会服务质量专业委员会发布的报告显示，地方政府部门便民电话服务质量不合格率为51.1%。2015年9月，该会又发布报告显示，京津冀环渤海地区政府部门便民电话服务质量不合格率为63.1%。

2. “政府热线”服务的治理模式

针对政府热线凸显的现实困境，通过多元主体的共同参与，采取综合集成、流程再造、标准化建设、技术升级等具体措施，实现对政府热线的有效治理，能够破解政府热线存在的问题，提高政府热线的服务效率和质量，提升民众满意度及政府形象。

第一，实现“一个号码”找政府。按照精简、效能的原则，梳理、整合、归并现有的政府热线，建立统一的服务平台，实现“一个号码”找政府。具体来说，分为三个层面，一是一级政府一条热线一个号码。同一级政府的所有非应急热线，包括全国统一的热线（12315、12320、12369 等）、公共服务热线（市长热线、区长热线、社区服务热线等）、政府职能部门及下属单位热线等，应集成一条热线，采用一个容易记忆的号码。二是构建多层级联动的服务网络。上下级政府采用统一的热线号码，通过呼叫分区落地、上报后处理或派发的方法实现互融互通、统一管理。重点是建立市、县（区）、街道（镇）、乡（社区）四级联动的政府热线服务平台。三是加强与公安 110 的互补与对接。有效分流 110 平台的非应急事项求助的同时，优化警政联动工作机制，推动政府热线与 110 平台的无缝隙对接。

第二，打造一体化便民服务平台。以民众的需求为导向，构建横向和纵向的协同机制，采用交互的、合作的方式与技术，打造一体化便民服务平台。具体来说，涵盖四个方面。一是咨询、求助、建议、投诉功能综合集成。拓宽服务范围和受理事项，提供咨询、求助、建议、投诉等多元化服务。二是政府、市场、社会资源有机整合。整合政府职能部门及下属单位、服务业企业、公益性组织的服务资源，更好地满足民众的服务需求。三是受理、交办、监管机制无缝衔接。全天 24 小时集中受理民众诉求。区分诉求类别，分类交办，限时办结。通过回访、考评、问责等加强监管，确保民众诉求得到解决。四是电话、网络、短信、微信全面覆盖。拓展和畅通受理渠道，除传统媒介外，利用好新媒体，增强友好性和交互性，方便民众传递诉求。

第三，推进标准化服务体系建设。标准化是提高公共服务效率和质量的有效工具与手段。借鉴国内外公共服务标准化的做法和经验，制定政府热线标准化建设工作计划与实施方案，推进政府热线的标准化服务体系建设，重点落实四方面的标准化。一是组织架构的标准化，明确政府热线服务平台的机构设置及各机构的职责权限、人员配备等。二是业务流程的标准化，对受理、交办、监管一整套工作程序进行详细、严格的规定，明确相应人员的工作内容、方式、责任等。三是服务规范的标准化。制定推广政府热线服务规范的标准化体系，明确工作人员语言、态度、行为等方面的服务标准。四是服务评价的标准化。建立健全政府热线服务评价的标准化体系，明确评价指标、评价主体、评价方法以及评价结果应用等。

第四，探索智能化热线数据应用。政府热线积累了海量的民众诉求数据。探索智能化热线数据应用，对这些数据进行提取、过滤及综合分析，可为政府多项工作提供有价值的参考和依据。具体来说，涉及三个方面。一是社情民意监测。通过对民众诉求数据进行处理分析，发现诉求背后的共性、规律性、倾向性问题，有助于政府及时掌握社情民意动态以及预警热点问题和突发事件。二是政府决策支持。通过对民众诉求数据进行汇总分析，准确把握民众的意见和建议，为政府决策提供有力支持，有助于提高决策的科学性和有效性。三是政府绩效考核。通过对民众诉求数据进行深度挖掘，提取民众对政府部门及人员的评价信息，纳入政府部门及人员的绩效考核范围，有助于提高政府部门及人员绩效考核的客观性和准确性。

6.4.4 加强人才称号统筹治理

近年来，我国人才工作取得显著成效，科技人才队伍迅速壮大，目前科技人力资源总量超过 7100 万人，跃居世界第 1 位。但我国人才发展仍然存在科学前沿领域高水平人才、高端研发人才和高技能人才存在较大的供给缺口。中央各部委出台一系列重点人才支持计划，两院院士、长江学者奖励计划、海外高层次人才引进计划等，各级地方政府也纷纷推出一系列人才支持计划。各类人才计划的实施在取得显著成效的同时，人才称号过多过滥的问题也愈演愈烈。

1. 人才称号过多过滥问题分析与负面影响

我国人才计划与工程总量庞大。从纵向看，国家层面人才计划与工程 84 个，省级层面 639 个，市县层面数量更多。北京市有北京学者等 16 项重点人才计划与工程，上海市包括浦江人才计划等 30 项，河南省有 811 青年人才工程、中原崛起百千万海外人才引进工程等 26 项。市、区（县）级人才工程更是不胜枚举，江苏省市级层面人才计划 16 个、区（县）级层面人才计划多达 36 个。横向来看，国家层面每个部门设立的人才计划与工程数量众多，以中央层面为例，教育部 11 个、科技部 13 个、环境保护部（生态环境部）11 个、自然科学基金委 14 个以及各部门联合实施的人才计划与工程等。各层级、各部门的人才计划名目繁多、杂乱无章，人才争抢“帽子”现象，与培养人才的初衷背道而驰，严重干扰了人才发展。

第一，乐此不疲追求称号，助长科学研究浮躁之风。我国人才称号评选以论文数量与质量为基本条件，一定程度上推动了我国论文产出的增长，但在引领性、原创性的成果产出仍相对较少。2016年，SCI数据库收录中国论文32.42万篇，占世界份额的17.1%，CNS三大顶级期刊中国学者论文产出仅占5%左右，而美国CNS论文占比超过40%，美国SCI论文为27.5%，我国在科学前沿以及基础研究方面仍存在较大差距。一些人才热衷于追求人才称号，追求论文数量，助长了科研浮躁之风。为了申请各项人才称号，研究人员往往避开难以快速出成果的研究问题，而不是面向国家重大发展战略需求、国际科技发展前沿选择研究方向，凑够论文数量，难以做出引领性、原创性的成果。这样助长了科学研究浮躁之风，不利于在前瞻性基础研究中实现重大突破。

第二，人才计划交叉重叠，降低科技资源配置效率。不同职能部门和不同政府层级都存在人才计划交叉重叠的问题。横向来看，各项人才称号与人才计划分属不同部门管理，各部门的人才计划定位对象、学科领域等方面存在重叠交叉的状况。以中组部等11个部委联合设立的千人计划和中组部的百人计划为例，千人计划中的青年项目、顶尖人才项目与百人计划所支持的学术帅才（A类）、青年俊才（C类）重叠。纵向来看，各层级政府出台的人才计划也很大程度存在重叠交叉。如北京市的北京学者计划、北京市通州区“510英才计划”、千人计划等在支持对象方面以及支持领域存在重合。各类人才计划与工程交叉重叠现象严重，加上部分人才称号关联科研课题申报，导致科技资源向少部分人才过度倾斜，降低科技资源的配置效率。

第三，缺乏有效监督机制，滋生人才称号评选腐败。目前人才称号评选主要由政府部门组织专门评审小组，聘请有关专家进行评审，评审过程缺乏有效的监督机制。部分人才为了评选上各类称号，出现向评审人员行贿等腐败行为，如评选过程“拼关系”、评选前向评审委员“打招呼”等。在院士评选中，一些院士候选人以邀请开会等名目“招待”拥有投票权的院士，部分院士表示刚参加完这届院士评审，就有人提前“拜访”以“预约”下一届的院士。人才称号评选腐败不仅导致评选不公平不公正，打击其他人才的积极性和创造性，而且让更多年轻人染上投机钻营的恶习，滋生人才称号评选腐败。

第四，人才称号定价机制，挫伤多数人创新积极性。近年来，院士、长江学者等人才称号与各种物质利益挂钩，尤其是在学科点评审、双一流科学、项科研项目申请等方面的科技资源分配。各高校、科研机构之间的人才竞争也逐渐演化成“头衔”争夺战，依据“头衔”为人才定价，部分高校开出最高住房补贴 800 万元、最高年薪 100 万元，首席科学家提供 3000 万元科研启动经费，院士 500 万元年薪等等。人才称号定价机制，使科技资源向人才称号倾斜，没有称号的人才缺少资金开展科研活动，挫伤了多数科研人员的创新积极性。

第五，假冒人才充斥市场，扰乱人才市场健康发展。近年来，学术造假层出不穷，存在伪造获奖经历、研究成果涉嫌抄袭、“包装”学术成果等学术造假现象。2011 年，因长江学者李连生代表著作严重抄袭和经济效益数据不实等问题，科技部公开撤销其 2005 年国家科学技术进步奖二等奖获奖项目“涡旋压缩机设计制造关键技术研究及系列产品开发”。2017 年 4 月，学术出版商施普林格·自然出版集团由于第三方机构虚构同行评议专家信息，一次性撤销了《肿瘤生物学》2012 年至 2016 年发表的来自中国的 107 篇文章，其中涉及一名工程院院士候选人。部分单位或个人为了评选上院士，将很多人的成果集中到一个人头上，如 6 年之内获得 5 项国家大奖，奖项和论文成果多到不可能完成等。部分假冒人才拿着造假的学术成果去评选人才称号，伪造荣誉信息，违背求真求实的科学精神，破坏公平竞争的学术规则，扰乱人才市场健康发展。

2. 人才称号过多过滥问题的统筹治理方案

我国实施的各项人才计划旨在资助各职业生涯阶段的科研人员，帮助和促进其快速成长，壮大科研人才队伍合作提升整体研究水平。而我国人才称号过多过滥的问题已经干扰了人才健康发展，亟待采取科学治理。

第一，尽快制定出台人才计划管理办法，加强人才计划的法治管理。建议加快制定出台人才计划与工程管理办法，明确各类人才称号与人才计划的目标定位、支持对象、支持方式、选拔程序、评选规则、评价方式等内容，确定人才计划与工程的统筹管理部门和权责，建立人才计划退出机制，为了促进人才计划规范化管理。

第二，采用“关、停、并、转”等方法，精简人才计划和人才称号。各级人才计划与工程负责部门组织专家对各级人才计划实施效果进行评估，关闭“僵尸”人才计划，停办低效率的人才计划，合并同类和定位相近的人才计划，精尖人才计划和人才称号，形成以国家层面的各类人才称号与人才计划为主，省、市、区县及以下层级人才计划为辅的人才计划体系。

第三，借鉴发达国家先进做法先进经验，切断人才称号背后利益链。人才称号“去利益化”，取消各人才称号的经济待遇和学术待遇。在多数的西方发达国家，人才称号只是一种荣誉头衔，反映对科研贡献、学术能力的认可，并不附带任何的经济或者行政权力。将学科点设置、重点学科评选、科研启动经费、个人升迁以及学术成果评价等与人才称号脱钩。各用人单位不得简单以“学术头衔”确定薪酬待遇、配置学术资源，将人才的角色还原为纯粹的科研工作者，将人才称号还原为一种科学荣誉。

第四，提高人才称号评选的科学化水平，强化人才计划的激励功能。提高评选指标科学化水平，以研究成果质量与研究潜力为核心，将评选标准由聚焦人才身份向聚焦人才能力转变，针对不同类型的人才、不同学科领域实行分类评价指标。评选过程公开化，制定评审公开相应的法规，明确评审公开的内容、力度、时限等，推动评审公开制度化。建立评审监督机制，对评审全过程进行严格监督，建立责任追究机制，严厉打击评审过程中的违纪腐败行为。

第五，完善人才计划实施绩效评价机制，提高科技资源的配置效率。着力发展人才计划实施绩效动态评估机制，建立事前、事中、事后的动态绩效评估机制，实现对人才计划从设立到考核各环节的动态监督。科学设置绩效评估指标，根据不同类型的人才计划设计绩效评价指标，静态评估指标与动态评估指标相结合，形成一套科学合理、简便实用的指标体系。强化考评结果的应用，充分运用人才计划实施绩效评价的结果，适时调整人才计划，提高科技资源配置效率。

6.4.5　促进哲学社会科学发展

改革开放以来，我国哲学社会科学与时代同发展、与人民齐奋进，为党和国家事业发展作出了不可替代的重大贡献，积累了宝贵的历史经验。党的十八大以来，以习近平同志为核心的党中央高度重视哲学社会科学，作出一系列重大决策部署。2004 年 1 月 5 日，中共中央发布《关于进一步繁荣发展哲学社会科学的意见》，指出“社会主义现代化，应该有发达的自然科学，也应该有繁荣的哲学社会科学”；2017 年 5 月 16 日，中共中央印发《关于加快构建中国特色哲学社会科学的意见》，强调“需要充分发挥哲学社会科学的作用，需要哲学社会科学工作者立时代潮头、发思想先声，积极为党和人民述学立论、建言献策”；国务院出台了《国务院关于优化科研管理提升科研绩效若干措施的通知》（国发〔2018〕25 号），一系列促进哲学社会科学发展的计划方案与政策措施，为制定促进浙江省哲学社会科学发展方案政策提供了坚实的基础和依据。

浙江是繁荣发展哲学社会科学的排头兵和先行者。2005 年 7 月，浙江省委十一届八次全会发布《关于加快建设文化大省的决定》，实施“八项工程”。习近平同志亲任“浙江文化研究工程”指导委员会主任，定方向、出题目、提要求、作总序。2017 年 4 月 12 日，中共浙江省委办公厅、浙江省人民政府办公厅印发《关于进一步完善省财政科研项目资金管理等政策的实施意见》（浙委办发〔2017〕21 号）。近年来，浙江省积极助推哲学社会科学的发展，抓住机遇，坚定不移地践行习近平总书记在哲学社会科学工作座谈会上讲话的精神，深入实施“文化强省”战略，推进文化研究工程建设，着力打造人才集聚地，为进一步推动哲学社会科学事业大发展大繁荣提供了强大支撑。

1. 促进浙江省哲学社会科学发展的现实需求

第一，哲学社会科学是浙江践行“文化强省”战略重要支撑。哲学社会科学是一个国家民族综合素质和文化力量的重要体现和标志。它的发展决定了文化建设的成效，是文化建设的重要内容。在浙江工作期间，习近平同志把加快建设文化大省作为实施“八八战略”的重要内容，提出了文化建设的顶层设计，体现了他对发展先进文化先行探索与实践的高度自觉。历届浙江省委、省政府坚持一张蓝图绘到底，以文铸魂、以文育德、以文图强、以文传道、以文兴业、以文惠民、以文塑韵，既一脉相承又与时俱进，在不同历史条件下，不断推动文化建设跃上新台阶，促进哲学社会科学发展实现由文化大省递进到文化强省、再升级到文化浙江。浙江哲学社会科学发展的先进实践，不仅为增强文化自信，走出一条具有中国实践特色、民族特征和时代特点的文化发展道路发挥了先行探索和实践的作用，而且也为书写“重要窗口”文化新篇章奠定了基础。

第二，浙江是中国文化研究工程建设的排头兵。早在 2005 年浙江省就启动了“浙江文化研究工程”建设。2017 年浙江文化研究工程第一期结束，财政专项投入超过 1 亿元，设立研究项目 811 项，共组织全省哲学社会科学界 1000 多位专家学者参与课题攻关，出版学术专著达 1000 多部。一大批优秀学术成果获得多项国内高水平奖项，如《郁达夫全集》等获得中国出版政府奖提名奖；《宋画全集》《元画全集》填补了中国宋画、元画整理汇编的历史空白，开创中国绘画历史大型断代集成的先河。目前，浙江省已经圆满完成“浙江文化研究工程”第二期研究任务，立重大课题 65 项、重点课题 284 项，出版各类专著千余部，推出了一批在全国具有重要影响的优秀成果。在 2019 年评出的第二十届省哲学社会科学优秀成果奖中，获奖成果得到了省外评审专家的高度评价。其中，不少成果入选了国家社科基金文库，一些成果填补了国内外学术研究的空白，在学术话语构建、学术体系的建构、研究范式拓展等方面具有开创意义。

第三，浙江是哲学社会科学人才的集聚地。人才是哲学社会科学生产力的决定性要素。浙江主要从两个层面推进人才的引、育、留、用，建设人才高地。一是引进高层次哲学社会科学人才。浙江省各地各单位有力地推动了浙江省哲学社会科学研究水平的提升。如浙江大学近两年连续引进了赵鼎新、周晓虹、许钧、刘同舫等一批国内顶尖人文社科学者，提升了相关学科发展水平；浙江师范大学引进的刘鸿武教授，开辟了非洲学这一新的学科领域，扭转了浙江省在国别研究和国际关系研究领域的弱势局面。其领导的非洲研究院连续两年入选《全球智库报告》“最佳区域研究中心”榜单，在全国相关学科领域占据绝对领军地位。二是强化青年哲学社会科学人才培养。浙江省各高校、科研单位积极采取多种举措。其中省社会科学联合会组织实施了“之江青年社科学者行动计划”，共遴选三期 386 名青年学者，通过项目扶持、导师引领、研修培训、学术研讨等方式，促进青年哲学社会科学人才加快成长，初步形成了一支具有创新激情、富有学术潜质的青年社科生力军。浙江大学实施了优秀青年人才引进“百人计划”，每年面向海外招聘 50 名左右 35 岁上下的优秀青年学者，其中包括一大批青年哲学社会科学人才。

深入实施“文化强省”战略，加快着力推进浙江文化研究工程建设以及打造哲学社会科学人才的集聚地，都迫切需要尽快制定“浙江省哲学社会科学促进条例”，为繁荣发展哲学社会科学保驾护航。

2. 促进浙江省哲学社会科学发展的对策建议

为规范高等学校、党政研究机构、党校、社会科学院等哲学社会科学研究主体的行为、促进科研协同网络建设、全面治理学术腐败、促进科研成果本土化、强化科研成果的国际影响等，经广泛深入的实证调研和专家访谈，应重点从哲学社会科学研究网络建设、哲学社会科学研究诚信体系建设、哲学社会科学原创性研究基金建设、哲学社会科学一流智库遴选、青年哲学社会科学人才的政策支持等方面进行突破，进一步提升浙江哲学社会科学的水平和能力尤其是服务经济社会发展的功能，使之与实践贴得更紧，以满足国家发展的需要、党和人民的期望。

第一，加强哲学社会科学研究网络建设。深入推进浙江省高等学校创新能力提升计划，以国家急需、世界一流为出发点，以国家和区域经济社会发展重大问题为研究对象，以人才、学科、科研三位一体的创新能力提升为核心任务，构建大科研协同网络，建设若干协同创新平台。推进省部共建重点研究基地建设，探索高校与国家部委、地方政府相互促进、共同发展的新模式。推进立足原始创新、涵育学术思想的基础型平台建设，组建人文高等研究院，构筑涵养学术大师、培育原创思想和重大理论成果的学术特区。加强教育部人文社会科学重点研究基地建设，争取在教育部新一轮高校人文社会科学重点研究基地评审中助推更多科研单位取得新突破。

第二，加强哲学社会科学研究诚信体系建设。浙江省社会科学联合会是在中共浙江省委领导下的社会科学学术性群众团体，是浙江省社会科学界的联合组织，是省委、省政府联系社会科学界的桥梁和纽带，是促进浙江省社会科学事业繁荣发展的重要力量。浙江省哲学社会科学规划办公室是全省哲学社会科学发展的主管部门，负责全省哲学社会科学研究规划和基金项目的管理工作；两者协同推进浙江省的科研管理与服务工作，全面治理学术腐败。在浙江省哲学社会科学规划办公室、浙江省社会科学联合会的领导下，充分发挥新闻舆论的监督作用，运用社会舆论力量加强对学术腐败的监督；进一步加强对于社会腐败进行惩治的法律体系建设，设计专门针对反学术腐败的法律条文；着手反学术腐败的法律体系建设及其配套制度建设。基于该体系建立更为科学有效的过程管理监督机制和科研诚信监管机制。

第三，建立哲学社会科学原创性研究基金①。以增设基金的方式增加哲学社会科学的经费投入，有助于原创性研究的顺利开展。由政府相关部门牵头出台智库成果认定办法，针对人文科学、社会科学、文化艺术、智库研究等不同领域，加强分类评价，推动学术研究与智库建设相结合。引导和支持科研机构和学者使用哲学社会科学原创性研究基金，拓宽原创性研究基金的适用范围及其资金来源。

第四，遴选哲学社会科学一流智库。一流智库建设可为哲学社会科学更好服务浙江经济社会发展提供平台。首先，聚焦国家、区域和国际经济社会政治发展中出现的重大前瞻性、战略性和公益性问题，通过整合力量，突出重点，持续积累，在若干重大领域形成理论和对策研究的优势。其次，深化与国家、地方、企事业单位和社会组织的交流协作，积极与国际著名智库建立合作关系，推动智库平台建设网络化，进一步增强解决各类现实问题的能力。最后，根据实际需要，建设或培育若干新的智库平台。

第五，加大对青年哲学社会科学人才的政策支持力度。在全省范围内持续强化针对青年哲学社会科学人才的科研成果转化收益激励政策、人才安家补贴、购（租）房补贴、人才公寓政策等，使他们有更多的时间从事研究工作，产出更多原创性研究成果，而不是将大量精力投入非学术性生产活动之中。通过优先给予哲学社会科学工作者经济支持、法律保护、平台支持和政策支持，践行“文化强省”战略，促进哲学社会科学事业大发展大繁荣。

---

① 原创性研究基金具体包括，设立高水平学术著作出版基金、重大基础理论研究专项、重大项目培育专项等，持续涵育学术思想，培育重大项目与成果，以培育学术精品。

6.5 创新行政管理职能

6.5.1 全面激发基层党政干部活力

当前，我国正处于全面深化改革重要战略机遇期。新时代背景下各项事业的持续健康发展，不仅需要全党同志登高望远、居安思危，更要守正创新、担当作为。然而，在基层的治理实践中存在着以僵化倦怠行为应对组织内外挑战，以消极被动态度规避组织创新风险的现象，直接损害了基层治理所需的积极性、主动性和创造性。特别是广大基层党政干部，身处各项改革工作的最前沿，面对的社会矛盾多、工作压力大、心理负荷重，产生情绪耗竭、低成就感、身心疲惫和职业迷茫等倦怠心理。这一问题成为摆在各级党政主要领导面前的重要难题。如何化解基层干部倦怠、激发基层政府活力、凝聚基层发展力量，已成为亟待解决的共识性问题。

1. 基层党政干部职业倦怠的特征及危害

中国社会科学院公布《中国基层公务员心理状况调查报告》，基层干部队伍中，轻度倦怠近80%，重度倦怠占6.4%。2018年《人民日报》推出“基层干部状况调查”显示，“工作难干，活多人少待遇低”所引发的职业倦怠已成为基层干部的常态。

第一，低成就感，价值取向降低。从调查情况分析，工作成就感较低的基层党政干部占69.5%。具体表现有：一是人民群众不理解。当前，基层各项改革正处于攻坚期，各种矛盾问题易发多发，各种利益诉求不断涌现，各类不稳定因素交织叠加。广大基层干部易成为矛盾的焦点。某街道城建办事处的干事告诉我们，“拆除违章建筑本来是为了老百姓的安全着想，但很多村民法治意识淡薄，不听劝阻，屡教不改”。二是上级部门不支持。部分基层党政干部对于工作中碰到的问题很有自己的想法，希望通过更好的方式改进工作绩效。但现实中碍于职级的权限，很多意见得不到上级领导的重视，导致参与感不高，影响工作积极性。三是考核部门不认同。“人少事多、权小责大”是目前基层工作的真实写照。基层工作细碎繁杂，不少以层层加码或是签责任书的形式责令完成。在推进过程中，存在严重的权责不对称现象。西南地区一驻村干部表示，精准扶贫、征地拆迁、社会维稳、环境保护等重大领域稍有不慎就要被问责，加上“一票否决”制，每天都是战战兢兢、如履薄冰、疲于应对。

第二，身心疲惫，职业焦虑加剧。从调查情况说明，患有中等焦虑的占55.6%，轻度焦虑占44.4%。痕迹主义、形式主义、官僚主义等在基层又有新表现。近几年，“指尖上的形式主义”成为基层干部的新负担。电子政务在推动政府信息化建设的同时，也有不少干部整天忙于网络投票、各类微信工作群、僵尸公众号等，工作重心偏移，职业焦虑加剧。此外，还包括：一是忙于应付检查。按工作进度进行检查本是对工作负责任的表现，但如果检查过多，三天一小检，十天一大检，不但无法保证检查质量，而且势必出现应付检查的心理，偏离本职工作。二是忙于开会。党的十八大以来，中央出台“八项规定”全面整治“四风”积弊，党风政风为之一振。但是近年，部分地方文山会海痼疾反弹回潮，大有卷土重来之势。据统计，乡镇长平均每年参加会议250多项，收到文件简报1900多份。各类报表填表、文案书写、年终汇报等使“王加二，白加黑”沦为常态。三是忙于接待。近年来，各类蜻蜓点水、走马观花式的参观、考察、调研络绎不绝。西南某县一科级干部曾透露，当地一乡镇是全省出名的“被调研明星乡”，一年有500多批领导干部前来调研，平均每天至少都有一拨领导，一线干部不堪重负。

第三，情绪低落，工作热情衰竭。从调查情况来看，出现情绪衰竭的基层干部占63.7%，其中患有中度衰竭的占90.1%。具体表现有：一是能力不足。当前我国经济发展步入新常态，全面深化改革进入攻坚期和深水区，工作难度日益加大，面临许多新问题新挑战。部分基层干部对长期形成的工作方法存在路径依赖，认识和能力严重不足，习惯于“依葫芦画瓢”，遇到改革中的“硬骨头”不敢碰硬，出现本领恐慌。二是激情减弱。不少新进的基层干部都是经过组织层层选拔出来的优秀人才，对自身工作有较高的期望。但到实际工作后发现与预期有较大差距，这种期望与现实的剧烈冲突导致其干事创业的热情下降，情绪沮丧，丧失斗志，产生倦怠心理。三是年龄衰老。部分年纪较大的基层干部因为临近退休，不愿意承担和年轻人一样繁重的任务，态度消极，得过且过。“宁可整天捧着茶杯转悠，也不愿沉下心来踏实工作”。

第四，职业迷茫，辞职意愿增强。统计结果说明，感到职业迷茫的基层干部占51.1%，其中中等迷茫占81.6%。不少地方出现基层干部队伍青黄不接的现象。具体表现有：一是归属迷茫。部分异地挂职的干部不安心乡镇工作，回城愿望很高，宁愿回县直机关当一般干部，也不愿在乡镇当领导。乡镇生活条件艰苦，基础设施欠缺，使其心生去意，出现农村留不住人，人才不愿意返乡的局面。二是升迁迷茫。在晋升方面，不少地方没有严格按照“依绩提拔”的原则，存在“论资排辈”情况，使其逐渐心生去意。此外，在落实绩效工资制时，未能严格按照“多劳多得、同工同酬”的原则。三是职业迷茫。近年来，基层干部队伍中辞职倾向持续上升，一大部分年轻、有能力、经验丰富和有晋升潜力的优秀党政人才离开基层干部队伍，职业认同感和归属感不断减弱。

习近平总书记在《关键在于落实》的讲话中，明确指出：“基层是一切工作的落脚点。我们的各项政策措施落实了没有，落实得好不好，基层群众最有实际感受。落实得好、落实得快，群众就拥护；落实得不好、落实得慢，群众就会有反映。”基层党政干部作为责任层层落实和压力层层传导的神经末梢，承担重大使命担当。长此以往的倦怠情绪将会影响干部身心健康、工作效率，关系到机关作风和政府形象。

第一，影响了基层党政干部的身心健康。倦怠问题的积累严重导致基层干部长期处于劳累、失眠、头痛等亚健康状态，心情抑郁，精神紧张，甚至出现精神变态、自杀等倾向。据《南方周末》记者统计，2003年9月至2014年3月，自杀官员达112人，其中乡科级及以下占46.43%。官方鉴定的自杀原因中63%由抑郁、焦虑和倦怠所引起。

第二，降低了基层党政干部的工作业绩。部分基层干部意志消沉，得过且过。“身在岗位不作为，拿着俸禄不干事”，存在不作为、慢作为、乱作为现象。有的基层领导干部做事“庸、懒、散、拖”，尸位素餐，只图“平平安安占位子、庸庸碌碌混日子”，让来办事的老百姓“只听楼梯响，不见人下来”。这类慵政懒政怠政的问题严重漠视群众呼声，辜负群众期望，降低工作绩效。

第三，阻碍了地方经济社会的持续发展。基层干部被视为政策落地的“最后一公里”，国家、省、市各级的大政方针最终由乡镇街道来落实。

不少情绪倦怠的基层干部对贯彻党中央精神“说起来重要、喊起来响亮、做起来挂空挡”，导致“任务落不了地、工作到不了位、承诺兑不了现”，阻碍地方经济发展。有的干部求稳怕乱、因循守旧、墨守成规，甘当“太平官”，不愿改革创新。有的对地方经济发展不思进取，对群众问题不闻不问，激化干群矛盾，淡化群众观念，退化服务意识，拉远群众距离，给基层治理带来负面影响。

第四，制约了基层党政干部的健康成长。部分基层干部在改革试验中抱有倦怠情绪，不愿先行先试，积极探索，不思进取，消极怠慢，错失学习教育机会，制约自身健康成长。不少年轻的干部受到社会不良风气的影响，心浮气躁、急功近利，甚至年纪轻轻就想退休。这深刻反映了优化基层干部成长路径的重要性和迫切性。

2. 基层党政干部职业倦怠统筹解决方案

党的十九大报告指出，党的干部是党和国家事业的中坚力量，要关心爱护基层干部，主动为其释疑解惑、排忧解难。日前，中共中央办公厅印发《关于进一步激励广大干部新时代新担当新作为的意见》，对教育引导干部担当作为、干事创业提出明确要求。职业倦怠是我党基层党政干部队伍建设中的“顽症”和“痼疾”，需要抓紧采取措施统筹解决，使各项改革沿着党的十九大报告指定的轨道上前进。

第一，研究制定《基层党政干部职业倦怠的关爱行动计划》。一是着力打造“关爱家园”。在各市委党校建立心理健康关爱中心，并在教育局、公安局、卫计局等重点部门建立二级站点。地方结合各地发展状况，细化关爱行动，大胆探索创新，营造良好的社会环境和用人环境，做强基层干部生力军。二是加快组建“关爱团队”。从教育、卫生、科研院所等机构聘请有关情绪管理、睡眠障碍咨询、家庭婚姻关系方面的咨询师，把脉各地基层干部的心理健康。充分发挥退休干部对基层年轻干部“引传帮带”的积极作用。三是齐心集聚“关爱智库”。组建有心理专业背景和丰富咨询经验的干部人才库。与国内外高校进行合作，定期开展心理健康案例的诊断、评估、培训等服务。真正做到待遇上有“甜头”，工作上有“奔头”，政治上有“盼头”。四是积极开展“关爱活动”。开展以论坛、读书会、文体活动等关爱活动，确保关爱渠道畅通，关爱工作深入。

第二，建立健全基层党政干部职业倦怠的心理干预体系。首先强化事前预警机制，深化管理，跟踪监测。通过科学合理的心理测试选拔任用抗压能力强、心理素质过硬的基层干部。建立“一人一档”，实行保密管理，定期调整岗位设置和能力培养。其次建立事中控制系统，合理调度，有效疏导。完善和落实谈心谈话制度，及时为倦怠程度较高的基层干部释疑解惑、加油鼓劲。开设微信公众号和电话热线，定期到乡镇开展讲座、团体辅导等活动。最后完善事后干预体系，克服障碍，纠正偏差。对于职业倦怠问题极其严重的干部，组织应及时给予心理疏导，视情转换岗位，配备相应的医疗人员加以治疗，使其走出心理亚健康的阴影。

第三，探索基层党政干部职业教育与发展的长效机制。一要强化党性教育，大力引导担当作为干事创业。积极引导广大基层干部树立对党忠诚、为党分忧、为党尽责、为民造福的政治担当，时不我待、只争朝夕、勇立潮头的历史担当，守土有责、守土负责、守土尽责的责任担当。二要优化成长路径，提供能力培训和实践锻炼。加强心理健康教育和时间管理能力培训，提高专业思维和专业素养，弥补知识弱项、能力短板、经验盲区，做到理论联系实际。三要完善轮岗制度，建立基层干部职业生涯规划。注重广大青年干部在艰苦一线和困难地区培养锻炼，通过多岗锻炼，建立个人职业生涯规划，提高工作积极性，增强荣誉感、归属感和获得感。

第四，构建基层党政干部的激励机制和容错纠错机制。一是充分发挥考核评价的激励鞭策作用。坚持严管和厚爱结合，激励与约束并重。完善考核评价机制，推进全过程绩效管理，构建符合基层工作实情的考核指标体系。加强考核结果反馈，激励引导基层干部担当作为。二是突出强调政治上激励，工作上支持，待遇上保障，心理上关怀。建立“无功即是过，庸碌就是错”的正向激励机制。完善体检、休假、疗养等制度。健全基层干部待遇激励保障制度体系和功勋荣誉表彰制度。继续加大对深度贫困地区和脱贫攻坚第一线的基层党政干部政策倾斜力度，主动排忧解难。三是建立健全容错纠错机制，切实为敢于担当的干部撑腰鼓劲。宽容干部在改革创新中的失误错误，坚持事业为上、实事求是、依纪依法、容纠并举等原则，结合动机态度、客观条件、程序方法、性质程度、后果影响以及挽回损失等，对该容的大胆容错，不该容的坚决不容，真正做到“让担当者担当，让实干者实惠”，奋力谱写社会主义现代化新征程的壮丽篇章。

6.5.2　把控好地方主要领导调整节奏

习近平总书记在中共十八届二中全会第二次全体会议讲话时要求各级领导干部“发扬钉钉子的精神，一张好的蓝图干到底”。面对严峻复杂的国际环境和艰巨繁重的国内改革发展稳定任务，确保地方主要领导稳定性并树立其威信是坚持稳中求进工作总基调，保持战略定力，做好经济筑底企稳，维持社会团结与政治稳定的政治前提。目前，我国地方主要领导过于频繁调整已严重影响经济、社会、政治健康发展。以地级市为例，我国共有地级市293个，所辖范围覆盖全国除港澳台地区、直辖市和部分少数民族地区外的全部行政区域。地级市政府承担落实中央、省级政府政策的任务，兼有组织、引导、调控所辖县、乡经济社会发展的职能，是我国地方治理体系中承上启下的关键枢纽。然而，近年来地级市主要领导在任时间不足3年已成为普遍现象。2011年至2015年4年时间内，江苏无锡三易市委书记，其中2任书记在任时间不到1年。2001年至2016年，邯郸市有7任市委书记、10任市长，市委书记平均在任时间2.3年，市长平均在任时间仅为1.6年。近16年来，内蒙古自治区乌海市、辽宁省本溪市分别有6任市委书记、7任市长，每任市委书记平均在任时间2.6年，市长则为2.3年。四川绵阳在2001年至2016年间共有市委书记、市长各6任，每任市委书记、市长平均在任时间为2.7年。对全国27个省、自治区的80个地级市党政主要领导统计分析表明，2001年至2016年，我国地级市市委书记平均在任时间仅为2.7年，市长平均在任时间为2.6年。当前，过于频繁调整地方主要领导的危害已经凸显，采取有力措施确保地方主要领导稳定性迫在眉睫。

1. 地方主要领导调整过于频繁的危害性

科学地选拔任用领导干部，会有效推进经济社会健康发展，增进人民福祉。领导干部选拔任用导向偏误或机制不健全，会阻碍经济社会发展，甚至导致灾难性后果。地方主要领导的频繁调整容易寻致政府的短视决策与行为，由此取得的短期成效是发展隐患的天然庇护。但随着国家各项事业进入新常态，改革进入深水区，速度当头的粗犷发展模式失效，地方主要领导不稳定的危害性日益凸显，主要体现在以下四个方面：

第一，不利于产业转型升级和战略新兴产业培育，影响了经济持续增长。当前全球新一轮科技革命、产业革命和经济变革正在加速演进，我国既面临跨越赶超的历史机遇，也面临差距拉大的严峻挑战。促进产业转型升级、加快战略新兴产业培育是我国持续提升经济发展的速度和质量，开辟发展新空间，实现弯道超车的必然选择。近20年，国家出台相关政策，鼓励、推进产业转型升级和战略新兴产业发展，在诸多方面取得有目共睹的成绩，但一些地方在发展过程中仍存在产业升级持续动力不足、社会“工匠精神”缺乏等问题。上述难题产生的一个重要原因是地方主要领导调整过于频繁。囿于在任时间过短，地方主要领导无暇思考制约经济转型升级的深层次“病因”，难以针对当地实情对产业发展进行具有前瞻性的布局，制定出台治标不治本的产业发展政策，使一些地方产业转型升级、战略新兴产业培育表面“捷报频传”，实际停滞不前。久之则产业发展可持续性不足的积弊逐渐凸显，地方经济发展整体陷入滞胀。以东北三省为例，近年来，辽宁、吉林、黑龙江三省经济出现断崖式衰退。三省最近16年各市平均每任市委书记、市长在任时间仅为2.7年，其中牡丹江市2001年至2016年共有8任市委书记和10任市长，平均在任时间均不足2年。东北地区如此，经济社会总体发展水平较高的浙江也存在同样问题。2001年至2016年，绍兴市共有6任市长、7任市委书记，各任市长、市委书记平均在任时间均不足3年，产业转型升级步伐缓慢，经济结构性调整缺乏实质进展。2011年至2015年，绍兴虽GDP总量仍维持较高水平，但GDP年增长率连续5年下滑。2016年1月至9月，绍兴GDP增长率仅为4.8%，在浙江省各市中排名垫底。

第二，不利于民生改善和人民群众生活质量提升，影响了社会稳定发展。改善民生是一切工作的出发点和落脚点，是提升人民群众“获得感”的有效途径，是老百姓能够享受国家发展与改革“红利”的最直接体现。党和国家积极探索和推进医疗、教育等领域改革，近年来对人民群众广泛关注的环境治理方面高度重视并取得一定成效。但民生领域建设仍存在决策过程不科学、执行过程效率低、执行效果打折扣等现象，例如一些民生工程烂尾、闲置、拖欠工程款，损害百姓切身利益，伤害人民群众感情，影响政府公信力。安徽凤阳县自2009年起兴建大量民生工程、市政工程，2014年县政府拖欠安置房、廉租房工程款3亿元，导致建筑工人薪资欠发，暴露出对用于民生工程的财政资金缺乏中长期合理规划的问题。凤阳县2011年至2016年有县委书记、县长各3任，每任县委书记、县长平均在任时间不到 2 年。由此可见，地方主要领导调整过于频繁正是此类现象的背后成因之一。由于调整过于频繁，一些领导为追求“政绩”，热衷于将资源投入“短平快”建设项目，对耗时多、问题杂、投入大、见效慢的民生建设则选择性地忽视或家长式地推进，致使诸多民生问题始终得不到解决，成为地方治理过程中的沉疴宿疾。

第三，不利于领导干部攻坚克难和健康成长，影响了党的干部队伍培养。扎根岗位、攻坚克难的意志品质向来是党培养干部的重要内容和选拔干部的重要标准，是优秀共产党干部的本色。焦裕禄、孔繁森、任长霞等领导干部都用自己的行动乃至生命对此进行诠释。过于频繁职务调整，使一些领导陷入对“经历丰富”的盲目追求，忘记为人民服务的初心，在地方治理过程中，对容易解决的表面问题迅速解决并大肆包装宣传，制造“政绩”以求职务调动与升迁，对难以在短期内解决但严重影响地方可持续发展的难题则避之不及，致使干部队伍内部兴起浮躁之风，严重影响领导干部健康成长。

第四，不利于解决领导干部腐败问题，影响了党的形象和政治安定有序。反腐工作作为推进全面依法治国、全面从严治党的突破口，成效显著，受到人民群众和国际社会的一致好评。然而，反腐“永远在路上”，在打击腐败过程中不断总结经验教训，发现滋生腐败的源头问题，是探索反腐长效机制，实现制度反腐的必由之路。回顾党的十八大以来落马高官们的腐败过程，四川李春城、河北梁斌等无不利用手中权力操纵他人职务调动、升迁，进行权钱交易、权色交易。这些案例充分说明地方领导干部过于频繁地调整，在客观上制造巨大权力寻租空间，是滋生腐败主要诱因之一。由此造成的买官卖官、跑官要官等现象严重影响党的形象和政治安定有序。

2. 确保地方主要领导稳定性的有效措施

采取强有力的保障措施，确保地方主要领导的稳定性，是加快经济转型升级、促进社会稳定和谐、切实发展民生事业、科学培养干部队伍的重要前提。可以重点从明确制度保障、科学用人导向、有效激励机制、健全民主监督和严格责任追究等方面，研究制定确保地方主要领导稳定性的保障措施。

第一，不断完善并不折不扣地执行《党政领导干部职务任期暂行规定》，通过制度有效实施保障地方主要领导的稳定性。中共中央办公厅于2006年印发《党政领导干部任期暂行规定》（以下简称《暂行规定》），作为党政领导干部任期制度规范。但《暂行规定》仅仅规定了党政领导干部的任期时间、任期计算等问题，对如何确保领导干部履职期满、领导干部任期内职务调整程序等未作具体规定，可操作性不强，致使领导干部任期内职务调整仍有较大任意性。有必要进一步修订《暂行规定》，强化刚性约束，对党政领导干部任期内职务调动的事由范围、规范程序、监督机制、相关主体职责等作出明确规定。此外，应尽快构建以《暂行规定》为核心的党政领导干部职务任期制度体系，通过探索激励机制、民主监督机制、问责机制等，确保《党政领导干部任期暂行规定》切实有效落地，运用制度力量保障地方主要领导的稳定性。

第二，努力探索“五年磨一剑”的党政干部用人导向，通过激励机制保障地方主要领导的稳定性。用人之要，重在导向。党政干部用人导向决定干部评价标准，直接影响地方主要领导的绩效观和发展观。现行《党政领导干部选拔任用工作条例》规定提任县处级以上领导职务“一般应当具有在下一级两个以上职位任职的经历”，对是否在某一职位履职期满未作明确要求，进而演化成“多岗位锻炼”的领导干部用人导向，对提升领导干部队伍活力、丰富领导干部执政经验等方面起到一定积极作用。但过度强调“多岗位锻炼”，使长期扎根同一岗位踏实工作的干部被视作“能力不足”，客观上导致部分领导干部产生投机思想，无心化解地方发展与治理难题。在改革关键时期，迫切需要树立“五年磨一剑”的用人导向，确保地方主要领导稳定性。

激励机制是干部导向落实的重要载体，创新激励机制是树立用人导向的主要实现路径。为切实贯彻“五年磨一剑”导向，可以探索“期望年薪”制度和地方主要领导职务职级并行制度。“期望年薪”制度是指对地方主要领导除正常工资外，设置绩效年薪并逐年累积，在领导干部任期届满时一次性发放的制度，从经济上对志愿扎根岗位的领导干部予以激励。地方主要领导职务职级并行制度，旨在对能够在同一岗位任满五年的领导干部予以政治激励，使更有能力处理政策执行过程中微观事务的领导干部能够得到职级晋升，促使他们安心投入基层地方政府工作。

第三，加强党政干部提拔任用的民主监督体系建设，通过有效的民主监督保障地方主要领导的稳定性。缺乏有效民主监督，是领导干部提拔任用任意性较强的重要原因，影响地方主要领导稳定性。伴随法治观念逐步深入人心，人民群众对党政干部提拔任用的监督意识逐渐增强，规范化、公开化程度不足的任期内职务调动、晋升容易引起人民群众对党政干部提拔任用合理性、合法性的质疑。建立民主监督体系，是回应这种挑战的有效途径。制定出台“党政干部提拔任用民主监督办法”，将党政干部提拔任用民主监督过程纳入法治框架，在实现民主监督的同时规范监督行为。建立多元渠道的党政干部提拔任用信息公开体系，着力推进党政干部提拔任用透明化，通过各类媒体平台向公众公开干部提拔任用的原因、程序、法律依据等相关信息，打破当前民主监督主体处于信息不对称弱势地位的局面。探索领导干部提拔任用监督质询回应制度，建立领导干部提拔任用主体与监督主体间规范化沟通机制，公开回应来自人民代表大会代表、政协委员、普通群众等多元监督主体对干部提拔任用过程中反应集中的问题。

第四，明确落实党政领导干部提拔任用的主体责任，通过责任追究保障地方主要领导的稳定性。行之有效的责任追究机制，是责任政府建设视角下保障制度落实的重要手段和工具。通过建立责任追究机制，倒逼相关责任主体在党政领导干部提拔任用过程中谨慎决策、依法决策，扬弃任意性较强的思维与作风，进而保障地方主要领导稳定性。梳理、制定党政领导干部选拔任用“权责清单”，明确各主体的权力与责任，确定主体责任追究的法律依据，为责任追究机制有效运行提供制度前提。制定“党政领导干部提拔任用主体责任追究办法”，对追究主体责任的主客体资格、启动程序、取证程序、抗辩程序、认定程序等进行具体规定，保障责任追究机制能够规范执行落实。

6.5.3　着力整治“文山会海”乱象

改革开放之初，我国就开始治理“文山会海”，治理了近 40 年，不但没有解决，反而愈演愈烈。学习会、动员会、汇报会、部署会；交流会、研讨会、总结会、推广会；调度会、庆祝会、纪念会、表彰会；办公会、洽谈会、招商会、博览会；年会、季会、月会、周会；国家、省级、地市、乡镇会议；还有经济、金融、工业、农村、教育、科技、文化、卫生、外事、思想、宣传、组织、统战等系统的工作会议……种类之齐全，形式之多样，数不胜数。“你开会，我开会，领导在开会；你发文，我发文，大家都发文”，是对我国“文山会海”问题的真实写照和辛辣嘲讽。

对近300位领导干部和行政秘书的调研表明，乡镇长（书记）平均每年需要参加370多个会议，收到文件简报2500多份；县级市长（书记）平均每年需要参加490多个会议，收到文件简报3600多份；地级市长（书记）平均每年需要参加580多个会议，收到文件简报4400多份。领导干部的时间精力在“文山会海”中流失耗费，公共财政的宝贵资源在“文山会海”中消耗浪费，经济社会的发展机会在“文山会海”中擦肩而过，人民群众的不满情绪在“文山会海”中累积放大。“文山会海”与“中央八项规定”的精神相抵触，与“实干兴邦”相背离。“文山会海”再不能日复一日、年复一年继续持续下去了，到了应该而且必须统筹治理和彻底解决的时候了。

1. “文山会海”的现实危害

我国各部门各单位的文件堆积如山，会议多如海洋，已经泛滥成灾，领导干部疲于应付，苦不堪言。调查表明，“文山会海”危害性越来越严重，严重削弱了领导干部为人民服务的能力、滋长了形式主义和官僚主义、制约了地方经济社会的发展、损坏了党和政府的形象。

第一，削弱了领导干部为人民服务的能力。“文山会海”导致很多领导干部沉溺于繁文缛节，疲于应付各种会议。本来可以现场拍板就地解决的事，要开会；本来可以一次会议解决问题，非要开数次会才行；可开可不开的会要开；可长可短的会要长开；可大可小的会要大开；一个问题涉及几个部门的，几个部门都要开，形成会议连环阵。有的为了让上级领导满意，通常都会安排好几位与会议内容无关的领导陪会；有的为了增加参会人数显示会议规模，组织者会挖空心思地从各部门各单位抽调无关人员参加陪会。调研表明，领导干部每年近一半时间泡在“文山会海”里。“文山会海”消耗了领导干部大量的时间和精力，耗费了大量的公共财政资源，使得领导干部没有足够时间和精力谋发展、抓落实、促工作、保民生，削弱了领导干部为人民服务的能力。

第二，滋长了形式主义和官僚主义。一些地方开会成瘾，不管大事小事，有用无用，都要开会。“文山会海”导致一些领导干部习惯于用会议贯彻会议，以文件落实文件，用表态表示拥护，用动员来推动工作；习惯于对上级领导的工作部署戴“帽”穿“靴”，照本宣科，生搬硬套；习惯于将工作计划和工作任务写在红头文件里，将工作动员和工作部署落实在会议里，将工作成就和工作创新体现在汇报里。调研表明，不少领导干部重形式轻内容、重过程轻执行、重发文轻落实、重部署轻检查。普遍存在着“开会才算重视，发文才算落实”的惯性思维。一些地方和部门“文山会海”滋生了严重的形式主义和官僚主义。

第三，制约了地方经济社会的发展。一些地方部门单位不管会议重要不重要，也不管大事还是小事，无不冠之以“重要会议”。很多领导干部几乎每天都会接到好几个会议通知，而且动不动就要求一把手和主要领导参会。有时候因为领导班子成员分身乏术，不得不安排非领导班子成员去开会。不少单位通常会安排调研员、巡视员等业务相对较少的干部去“职业”顶会。近年来，“职业”开会现象非常盛行。在很多地方单位和部门，领导就是开会，开完后回来就是组织学习会议精神和布置工作任务。“文山会海”让领导干部心力交瘁。2017年6月25日《人民日报》披露：一个乡镇政法委副书记一年开了280多个会，一个工作日平均超过一个会。镇里到县城有两个多小时路程，来回路上就得花半天多时间，再加上半天开会时间，一天开一个会，基本上就没有时间办实事和做本职工作了。“文山会海”就像一条锁链，困住了很多领导干部的手脚，导致领导干部难以静下心来聚精会神地研究思考重大问题，难以安排出足够时间认认真真地到基层做调研，难以沉下身来扎扎实实地抓好重点工作，进而制约了地方经济社会的发展。

第四，损坏了党和政府的形象。“主要领导在台上讲得累，分管领导陪得累，参会代表在台下听得累”。一个既没有核心观点，也没有创新内容的领导讲话，都会被会议主持人总结为：思想政治站位高、指导性强的“重要讲话”，并要求参会的领导干部深刻领会、贯彻落实。不少地方把发文、开会的多少作为执行领导工作部署、衡量单位工作成绩和应对上级评估检查的重要手段。一些单位因会议审批审核不严格，会前调研论证和准备工作不充分，缺乏明确的会议主题、任务和议程，会议效果很差。有的甚至通过开会发文来增加单位预算。调研表明，“文山会海”像一道鸿沟，撕裂了干群关系，损坏了党和政府的形象。

2. “文山会海”的治理对策

“文山会海”是长期形成的“毒瘤”和“顽症”，形成原因复杂多变。要从根本上解决“文山会海”问题，必须根据“中央八项规定”精神，加强顶层设计、全面部署、综合施策、统筹治理和整体推进。

第一，加快文件会议的立法进程。长期以来“文山会海”的治理效果不明显，重要原因是治理措施过软，缺乏权威性、稳定性和强制性。因此，要从根本上解决“文山会海”问题，不能仅仅依靠领导干部的思想自觉，更需要形成强大的法律倒逼。在总结比较各地“文山会海”治理的先进经验基础上，尽快将地方经验上升到法律规范和国家意志，加快立法进程，以法律的强制性划定文件会议的法律边界，清晰界定文件会议的内涵特征、形式内容、运行流程、数量规模、质量规格、构成要素和费用支出，明确什么样的工作部署应该通过会议传达，实行会议报备制度、许可证制度和限额管理；法律规定什么样的工作任务可以通过文件发布落实，推行行政规范性文件合法性审查和市场主体经济活动的文件公平竞争审查制度。通过加快立法，尽快建立健全文件会议的法律约束机制，运用法律手段强化对“文山会海”的统筹治理。

第二，强化文件会议的计划管理。结合“中央八项规定”精神，要求各级党委政府强化对文件会议的计划管理，科学制定文件会议的年度计划和中长期规划，出台文件会议管理的实施细则，对文件会议进行分门别类，按不同类别明确权限职责和具体操作程序，分级管理，经费包干，奖惩结合，责任落实到具体领导。通过实施计划管理，一是严格规定文件简报和会议活动的报批程序，把好程序关；二是严控文件简报和会议活动的年度总量，把好数量关；三是严格遵守文件的行文规则和切实改进会议的活动形式，严格把好质量关；四是创新文件会议的方式方法，充分利用网络信息平台，让数据多“跑腿”，干部少“跑路”，除涉密文件、会议外，尽量采用网络、视频、电话、微信和短信等方式传达上级精神，布置安排工作。通过强化计划管理，推动各级党委和政府少开会、开短会，少发文、发短文，少发号施令、多调查研究，统筹计划好会议活动，严格规范文件简报，切实做到开有用的会、发管用的文，确保计划管理执行到位、落实到人，真正从源头上着力遏制“文山会海”问题。

第三，加强文件会议的监督检查。尽快将文件会议监督检查纳入各级党委和政府的监督检查工作范畴，研究制定各地文件会议监督检查的工作规范（包括工作目标、工作程序、工作内容、工作重点，工作方式和工作职责），建立健全各地文件会议监督检查的长效工作机制，要求各地党委和政府每季度都要如实填写文件会议统计报表，按规定时间报送到上级纪委和监察委员会，并按规定程序公开披露，接受社会各界的批评监督。通过采取定期检查、明察暗访、随机抽查和公众举报等多种形式，对各级党委和政府文件会议的数量、规模、规格、质量、效果，计划性、合法性和公平性以及文件会议的费用支出进行全面监督检查。对不按年度工作计划规定印发文件、召开会议和费用支出，要严肃执纪问责，严格责任追究，并要求期限整改，引导领导干部把更多时间和精力放在解决实际问题、狠抓工作落实和为民办实事上面。

第四，完善领导干部的政绩考核机制。政绩考核是党委和政府工作的指挥棒。有什么样的绩效考核指标和考核方式，就会有什么样的政绩观和领导行为。近年来，各地各部门推行的“痕迹”管理方式以及领导干部缺乏担当和不作为进一步加剧了“文山会海”。在很多地方，发文开会是领导干部下放责任的重要途径，上级领导安排部署工作后，就赶紧发文赶紧开会，把自己承担的责任逐级下放给下级单位和基层干部，而且要做到有“痕迹”可查。当出现问题时，就用发布的文件和召开的会议来理直气壮地应对上级检查，开脱责任。因此，要从思想观念上解决“文山会海”问题，精简文件会议，提升文件会议质量，最根本的是根据中央八项规定精神，尽快在省、市、县和乡镇四级党委和政府建立健全以结果为导向的领导干部政绩考核机制，将“经济社会发展”“行政成本”“人均收入”“人民满意”和“群众获得感”等结果导向型指标纳入各级党委和政府的政绩考核范畴，并做到可量化、可评价和可检查。通过建立健全党政领导干部的政绩考核机制，树立领导干部正确的文件会议观，引领“文山会海”治理的正确方向，努力营造“少开会、开短会，少发文、发短文、讲实效、办实事”的思想氛围，从思想上解决“文山会海”问题。

第五，推进政府机构的大部制改革。长期以来“文山会海”难以有效遏制，与我国政府机构设置的小部制模式紧密相关。政府机构设置通常分为大部制和小部制两种模式。小部制模式特点是政府机构设置过多过细和职能错位交叉，这不仅导致了“文山会海”问题，造成政府部门之间相互扯皮，行政效率低下，更重要的是使得政府难以有效履行“经济调节、市场监管、社会管理和公共服务”等基本职能。因此，必须加快对现行政府机构的有效整合，着力改变政府机构繁多、职能交叉的小部制现象。可以让浙江和广东等地争当大部制改革的排头兵和领头羊，根据政府的职能定位，将原先众多机构有效整合为“经济工作部”“社会服务部”

“市场治理部”“党务工作部”“综合协调部”等五大部门，在省、市、县三级层面，力争党政机关机构改革一步到位，并根据“老人老办法、新人新办法”的原则，将政府公务员缩减到40%。通过加快推进大部制改革，减少政府机构数量，拓宽政府机构的管理幅度，强化政府管理的综合职能，进而从体制机构上加快解决“文山会海”问题。

6.5.4 推进地方政府政绩治理现代化

我国政绩考核管理发端于20世纪80年代初，通过近40年的积极探索和艰苦实践，目前各级地方政府都已初步建立了较为系统的政绩考核管理体系，在抓落实、转作风、惠民生、保生态和促发展方面发挥了积极作用，对推进经济社会发展作出了重要贡献。党的十九大报告强调指出，经过长期努力，中国特色社会主义进入了新时代，这是我国发展新的历史方位。我国经济已由高速增长阶段转向高质量发展阶段，正处在转变发展方式、优化经济结构、转换增长动力的攻关期，建设现代化经济体系是跨越关口的迫切要求和我国发展的战略目标。我国现行的政绩考核管理体系还不能适应现代化经济体系建设的需求，还不能适应经济高质量发展的需求，需要根据党的十九大精神，运用现代公共治理理论对我国现行的政绩考核管理体系进行改造优化和转型升级，推动从现行的政绩考核管理走向新时代的政绩治理，实现政绩治理现代化。

政绩治理现代化，是国家治理体系和治理能力现代化的重要内容和重要保障。只有实现政绩治理现代化，才能推进国家治理能力现代化，才能有效驱动经济高质量发展。改革开放43年来，浙江的经济社会发展和政府改革一直走在全国前列。浙江农村居民可支配收入连续33年位居全国各省（区）首位，城镇常住居民可支配收入连续17年位居全国各省（区）首位；浙江在1%的国土上，创造了全国6%的GDP；浙江在政府改革方面曾经创造了许许多多的全国第一。在政绩治理现代化建设方面，浙江要大胆探索、有所作为、走在全国前列，为全国提供浙江智慧和浙江样本。根据习近平总书记对浙江工作“干在实处永无止境，走在前列要谋新篇，勇立潮头方显担当”的重要指示精神，通过“大学习大调研大抓落实”，加快构建新时代浙江政绩治理体系，着力推进政绩治理现代化，让新时代的政绩治理能够持续服务于浙江现代化经济体系建设，能够有效地驱动浙江经济高质量发展。

1. 构建驱动高质量发展的政府政绩考核体系

政绩考核体系是指挥棒，有什么样的政绩考核体系，就会有什么样的政府行为，就会有什么样的经济发展成果。改革开放 43 年来，我国经济之所以取得年均 9% 高速增长的世界奇迹，其中一个重要决定因素是建立了以 GDP 为核心的政绩考核体系。由于传统的政绩考核体系过度强调 GDP、财政收入、出口总额和投资规模等数量型考核指标，在一定程度上忽视了经济性、效率性和效果性等质量型考核指标，驱动一些地方政府单纯依靠投资拉动、规模扩张、资源推动，过度发展了一些低端产业，致使我国经济长期处于粗放发展模式，原材料消耗大、能源利用效率低、环境污染严重、产业技术层次低和产业缺乏核心竞争力。

我国经济经过 40 多年的高速增长，已经过了“刘易斯拐点”。由高速增长转向高质量发展，是突破结构性矛盾、资源环境瓶颈和产业低端陷阱，实现更高质量、更有效率、更加协调、更加绿色和更加公平发展的必然选择，也是实现现代化的必经之路。我国经济高质量发展，是能够更好满足人民日益增长的美好生活需要的发展，是体现“创新、协调、绿色、开放、共享”理念的发展，也是生产要素投入少、资源配置效率高、资源环境费用低和经济社会效益好的发展。

持续驱动高质量发展是我国当前和今后一个时期确定发展思路、制定经济政策、实施宏观调控的根本遵循。显而易见，驱动浙江高质量发展不能再继续沿用传统的数量型政绩考核体系，迫切要求加快构建驱动高质量发展的质量型政绩考核体系，并基于此建立标准体系、统计体系和政策体系，以此推动浙江各级政府将高质量发展理念尽快转化为高质量发展的具体行动。因此，要有效持续地驱动浙江高质量发展，最根本的是根据高质量发展的基本特征，尽快构建以“经济性”“效率性”“效果性”“创新性”“协调性”“开放性”“低排放性”等质量型考核指标为主体的政绩考核体系，并做到可量化、可评价、可检查和可操作，并能够全面有效地落地。

2. 全面实施驱动高质量发展的预算绩效管理

全面实施预算绩效管理是推进国家治理体系和治理能力现代化的内在要求，是优化财政资源配置和提高财政使用绩效的重要举措，也是驱动我国经济高质量发展的基础保障。2018 年 9 月，中共中央、国务院发布了《关于全面实施预算绩效管理的意见》，要求各级政府全面实施预算绩效管理，形成政府预算、部门和单位预算、政策和项目预算全方位绩效管理格局；要求将绩效理念和方法深度融入预算编制、执行和监督各环节，实现预算和绩效管理一体化。力争用 3—5 年时间基本建成全方位、全过程、全覆盖的预算绩效管理体系。

浙江省现行预算绩效管理还存在着不少问题：一些地方和部门存在重投入轻管理、重支出轻绩效的意识；绩效管理的广度和深度不足，尚未覆盖所有财政资金，一些领域财政资金低效无效、闲置沉淀、损失浪费的问题较为突出；激励约束作用软化，绩效评价结果与预算安排和政策调整的挂钩机制尚未建立起来。

浙江省各级政府要根据《关于全面实施预算绩效管理的意见》要求，第一，尽快制订“浙江省全面实施预算绩效管理的实施细则”，将绩效管理覆盖一般公共预算、政府性基金预算、国有资本经营预算和社会保险基金预算，并延伸至政府投融资活动；第二，尽快建立全面规范透明、标准科学、激励约束并重的预算管理制度，根据不同类型财政预算支出的功能定位，科学设置预算绩效管理指标，构建具有前瞻性和可操作性的财政预算支出绩效的动态评估机制，对财政预算支出进行事前、事中和事后动态评估，做好绩效运行监控工作，对实施期超过一年的重大政策和项目实行全周期跟踪管理；第三，抓紧建立绩效评价结果与预算安排和政策调整挂钩机制，将本级部门整体绩效与部门预算安排挂钩，将下级政府财政运行综合绩效与转移支付分配挂钩，对低效无效资金一律削减或取消，对长期沉淀的资金一律收回并按照有关规定统筹用于亟需支持的领域；第四，尽快完善财政预算绩效管理的责任约束机制，对重大项目的责任人实行绩效终身责任追究制，切实做到花钱必问效、无效必问责。

3. 构筑驱动高质量发展的多元参与的质量监管模式

纵览世界经济发展史，一个国家经济发展质量和这个国家质量监管模式和监管能力密切相关。有什么样的质量监管模式和监管能力，就会有什么样的经济发展质量。我国现行的质量监管模式属于典型的自上而下的政府垄断和多部门分段割据的监管模式。这种监管模式表面上看似乎存在多重保障功能，然而实际中导致了各部门事前竞争预算和治理权力，事后推卸责任的问题。其主要缺陷体现在：一是各个部门之间存在机会主义，相互指望，交叉模糊地带无人负责，形成监管的空档，一旦出现问题，很容易造成各部门之间的相互推诿；二是导致了大量的重复检测和重复收费，提高了监管成本，降低了监管效率；三是缺少必要的民意沟通，忽视了公众及消费者在质量监管中的地位，忽视了民众的智慧和力量。这种监管模式监管能力有限，难以有效应对复杂的经济系统，难以发现经济质量问题，难以驱动我国经济高质量发展。

浙江省质量监管正处于风险高发期和矛盾凸显期。要驱动浙江经济高质量发展，必须全面改造提升浙江省产品质量、服务质量和工程质量的监管模式。通过一套有序的制度安排，构筑多元参与的全面质量监管模式，全面提升质量监管能力和监管水平，及时有效地发现和纠偏复杂经济系统中的质量隐患，进而驱动浙江省经济高质量发展。重点要做好以下四方面的工作：第一，着力构建质量监管的新闻媒体治理机制。各级政府在质量监管工作中，要更多地考虑动员新闻媒体力量，组织新闻记者参加到质量监管中来，充分发挥媒体力量。第二，探索质量监管的内部特工机制。质量欺诈具有很强的隐蔽性、地下性和欺骗性，通常是很难被发现的。要尽早发现质量欺诈和质量隐患，并对违法行为形成强大的威慑力，有必要在产品质量、服务质量和工程质量的监管中，加快设立和培育质量监管的内部“特工”。第三，强化质量监管的公众举报与奖励机制。大多数质量欺诈和质量违法行为都是由公众举报才推动行政执法和司法处理的。为有效发动公众参与质量监管，鼓励举报者同违法行为作斗争，需要建立健全对举报者的特别法律保护和奖励制度。第四，探索质量欺诈和质量安全的团体诉讼机制。团体诉讼是构筑公众参与质量监管机制的有力监督手段和法律救济方式，完善的团体诉讼机制有利于提高公众维权的积极性，有利于强化公众参与质量监管的动力。

4. 加快推广驱动高质量发展的海宁经验：“亩产效益论英雄”

推进我国生产要素的市场化改革，是加快经济发展方式转变的前提，是驱动高质量发展的关键所在。2013 年 9 月，浙江省政府正式批复海宁市开展生产要素改革试点，海宁市围绕土地、能源、环境容量等要素配置改革，根据“精准、精细、协同”的基本原则，深入推进生产要素资源差别化配置改革，充分发挥市场在资源配置中的决定性作用，建立了亩产效益综合评价体系。政府主管部门每年要对县域内用地3亩以上的工业企业进行全面的“体检”，根据前一年全面“体检”结果对企业进行综合排序，排序最靠前10%的企业界定为A^+类企业；排序在10%—80%的企业界定为A类型，排序在80%—95%的企业界定为B类企业；排序最后5%的企业界定为C类企业（落后淘汰企业）。

不同类别的企业，享有不同的资源待遇，要支付不同的资源使用成本。如用地，A^+类企业每年的土地使用税可以减征80%，A类可减征50%—60%，B类只能减征20%，而C类不予减征；用电，A类、B类企业享有正常电价，C类每千瓦时得加价0.1元，超限额则加价更多；用能、用水、排污等所有要素，排名越是靠后的企业，所要支付的成本就越高。列入C类的“差生”企业，使用资源要素时，支付的是惩罚性价格。

海宁市以“亩产效益论英雄”，精准实施差别化要素配置，引导土地、能源、金融、科技人才等要素，流向效益最好企业，优化了生产要素配置，极大地提高了资源使用效率。经过五年多的实践，海宁企业转型发展的积极性、主动性和创造性明显增强，经济发展质量明显提升。海宁的GDP总量、固定资产投资、财政总收入、地方财政收入、科技创新投入、授权专利数量和高科技产业发展等指标都有了较大幅度增长。

加快推广驱动高质量发展“亩产效益论英雄”的海宁经验，并制定相应的保障措施和制度安排，让“亩产效益论英雄”在浙江大地落地生根和开花结果。

5. 加快浙江省驱动高质量发展的政绩治理的地方立法

政绩治理立法是保障和推进政绩治理现代化的重要路径。美国、英国、澳大利亚和日本等国家都制定了相应的法律和法规，保障、规范和促进本国政绩治理的健康发展，并以此推动政府改革和政绩治理现代化。

为有效持续地强化政绩治理活动，美国出台了许多相关的法律法规。例如克林顿总统执政期间，共签署了90个相关法案和50个总统行政命令，国会通过了85项立法以保证国家绩效评估委员会所提出的主张得以实施。在众多的法案中，影响最广泛的是《政府绩效与结果法案》（GPRA，1993）。该法案以立法的形式确立了对政绩进行评估与治理的国家制度。在GPRA的要求下，对政绩评估与治理从以往的投入—产出模式转换为目标—结果模式，不再是以往简单地对行政资源的配置过程进行考察，而是根据各个政府部门所设定的目标任务及实现度来衡量。

我国政绩治理现代化无论在理论还是在实践上都还很不成熟，与美国和英国等发达国家存在着较大差距，尤其是在政绩评估与治理方面还缺乏法律保障。长此以往，可能会误导政府行为，导致政府职能的扭曲变形，影响政绩治理现代化和国家治理能力现代化，进而阻碍现代化经济体系建设和经济高质量发展。因此迫切需要借鉴发达国家的经验，通过加快政绩评估与治理的立法，全面推进政绩治理现代化。

在政绩考核、管理及治理方面，浙江各级政府已经有了很多先进做法，并积累了许多典型经验，尽快将这些先进做法和典型经验进行系统总结和归纳提炼，并进行固化和上升至地方立法，加快制订“浙江省驱动经济高质量发展的政绩治理条例”，对政绩治理目标、治理指标、治理主体、治理程序、治理方法、治理评估以及评估结果应用等关键问题作出明确的法律规定，为构建新时代浙江政绩治理体系和推进政绩治理现代化，进而驱动经济高质量发展提供法治保障。

第7章

地方政府职能转变的动力再造与绩效提升研究

7.1 加快地方政府职能转变的动力再造

本节提出加快地方政府职能转变的动力再造策略，以期对进一步推进我国政府职能转变工作、实现政府职能转变目标提供决策参考。前述地方政府职能转变的动力因素与驱动机制研究结果显示，当前我国地方政府职能转变的实施进展与成效处于中等略偏上的水平，有待更快、更好地推进政府职能转变。如何更快、更好地推进地方政府职能转变？从动力因素和动力机制的角度出发，措施包括两方面，分别是提升动力因素本身以及提升动力因素的影响强度。本节拟通过构建一整套正式的、非正式的制度安排，强化地方政府职能转变的各项动力，从而更快、更好地推动地方政府职能转变。

根据地方政府职能转变的动力因素与驱动机制研究中描述性统计分析及结构方程模型分析结果，主要基于以下具体思路提出加快地方政府职能转变的动力再造策略：

第一，情境动力。由于转型压力和绩效困境是地方政府的内外部情境因素，对于地方政府来说是给定的，故而不考虑提升转型压力和绩效困境本身。结构方程模型分析结果显示，转型压力对政绩导向、民众诉求、领导推动有显著的正向影响，影响强度较强。绩效困境对政绩导向、领导推动有显著的负向影响，影响强度较强，对民众诉求的影响不显著。故而考虑提升转型压力对政绩导向、民众诉求、领导推动的正向影响强度，转变绩效困境对政绩导向、民众诉求、领导推动的负向以及不显著影响，使其对政绩导向、民众诉求、领导推动产生显著的正向影响。通过推行科学诊断，包括健全专家顾问制度、优化政府绩效评估，促使上级党委/政府、民众、地方党政领导对转型压力、绩效困境形成正确的认知，进而促使上级党委/政府、民众、地方党政领导积极推动地方政府转变职能。

第二，触发动力。描述性统计分析结果显示，民众诉求的平均得分较高，政绩导向次之，领导推动的平均得分相对较低。结构方程模型分析结果显示，政绩导向对领导推动有显著的正向影响，且影响强度较强。民众诉求对政绩导向、领导推动有显著的正向影响，但影响强度较弱。领导推动对共识构建、组织协同、过程控制有显著的正向影响，且影响强度强。故而考虑提升民众诉求对政绩导向、领导推动的正向影响强度，同时提升政绩导向、领导推动本身。发挥主体合力，包括加强地方改革统筹部署，提高上级党委/政府对地方政府职能转变的导向性；改进诉求表达机制，促进民众诉求进入政府系统，得到上级党委/政府、地方党政领导的重视和回应；增强地方领导改革动机，促使地方党政领导积极推动地方政府职能转变。

第三，使能动力。描述性统计分析结果显示，相较于情境动力和触发动力，使能动力的平均得分相对较低。结构方程模型分析结果显示，共识构建、组织协同、过程控制对地方政府职能转变均具有显著的正向影响，且影响强度较强。故而考虑提升共识构建、组织协同、过程控制本身。加强变革管理，包括构建改革共识、推进系统变革、加强过程管控，促进地方政府职能转变的有效实施。

7.1.1　推行科学诊断，再造情境动力

诊断是有计划组织变革的起点。诊断类似于医生了解病人到底得了什么病，进而才能对症开药、治病救人。组织变革有两个基本目标：一是提高组织对外部环境变化的适应能力；二是解决组织存在的绩效困境。由

此，在组织变革之前，需要对内外部情境进行科学的诊断，以准确地了解外部环境变化对组织提出的适应性要求以及组织存在的亟待加以解决的绩效困境。对于地方政府职能转变来说，健全专家顾问制度、优化政府绩效评估，有助于科学、准确地诊断地方政府面临的转型压力和存在的绩效困境，重构情境动力，使得上级党委/政府、民众、地方党政领导等相关主体形成正确的认知，进而推动地方政府转变职能。

1. 健全专家顾问制度

很多组织变革都有专家顾问的身影，包括外部顾问和内部专家。专家顾问影响相关主体对组织变革的认知与行为（Rafferty，Jimmieson & Armenakis，2013）。大量组织变革的成功案例证实了专家顾问对组织变革的重要价值。随着客观环境的变化，组织亦需要做出相应的调整和改变，但相关主体往往不知道组织需要在哪些方面进行变革以及如何进行变革。这可能是由于专业知识和技能的缺乏，也可能是受限于固有认知、观念的影响，也可能是未掌握必要的信息资料。专家顾问的作用在于为组织提供智力支持，帮助相关主体（尤其是组织的管理者）对组织事件、组织环境进行认识、理解和行动。发挥好专家顾问的作用，有助于更好地推动组织变革，促使组织变革获得成功。

在地方政府职能转变中，专家顾问发挥着重要作用。从外部顾问来看，外部专家对地方政府职能转变能够起到有力的促进作用。如四川省在推进政府职能转变工作中，成立了推进职能转变专家组，专家组成员来自党校、社会科学院、高校等大专院校以及社会科学研究机构，研究领域涉及行政管理、公共管理、经济和法律等方面，职责主要是对政府职能转变事项进行评估，组织开展调查研究，提出推进政府职能转变的意见和建议。从内部专家来看，政府内部的政策研究机构在政府创新中常常扮演重要角色（吴建南、马亮、杨宇谦，2007）。以浙江省某县级市的政研室为例，该政研室围绕地方经济社会发展中的全局性、战略性和改革发展中的重点难点问题进行调查研究，主题涉及地方经济发展形势、社会管理创新、地方公共政策、地方公共服务等，为市委、市政府推进政府职能转变提供决策参考和支持。

对于地方政府职能转变，专家顾问的作用主要体现在两个方面：其一是资政建言，凭借自身的专业优势，通过对经济社会发展以及政府改革的相关重要问题开展广泛、深入的调研，研究经济社会发展以及政府改革中出现的新情况、新问题以及新需求，帮助政府了解改革发展的现状与趋势，为推进地方政府职能转变提供有针对性的、科学有效的政策建议，供政府决策者参考；其二是舆论引导，基于专家的权威地位，通过发布研究报告、解读公共政策、提供专业意见等，传播主流思想价值，引导社会舆论热点，帮助民众了解改革发展的现状与趋势，促使其对地方政府职能转变形成正确的认知。为更好地发挥专家顾问在地方政府职能转变中的作用，需要建立健全专家顾问制度。

一是完善研究成果应用转化机制。每年都有大量的关于政府职能转变的研究成果，有的来自政府内部，有的来自政府外部，有的是政府委托的调研课题，有的是自主选择的研究。以 CNKI 数据库检索到的期刊论文为例，仅 2020 年，主题关于政府职能转变、政府改革、行政（体制）改革的期刊论文达到 1240 篇。这些研究成果中不乏有对地方政府职能转变工作具有参考价值和实践指导意义的研究成果。如何更有效地利用这些研究成果？可以鼓励通过政策内参、人民代表大会议案、政协提案等多元渠道进入政府系统，同时鼓励通过各类媒体平台向社会公开。政府决策层有必要建立广泛、高效的政策建议搜集与筛选机制，搜集有参考价值和实践指导意义的关于地方政府职能转变的研究成果，并通过专业评审以及公开的辩论平台等进行有效筛选。

二是完善决策专家意见征集制度。在地方政府职能转变相关重要决策出台之前，通过座谈会、研讨会、论证会、书面征询等方式，广泛地听取和征询外部顾问、内部专家的意见和建议，对决策进行公开的探讨，请专家对决策的可行性、有效性等做出客观的评价以及提出优化决策的建议。基于专家顾问的意见和建议，对决策进行修改和完善。政府决策层需要提高对决策专家意见征集的重视，建立完善规范化的制度，推进专家意见与政府决策的良性互动，对专家意见作出反馈和回应。专家意见征集不应成为走过场的形式，而应真正有助于政府决策的调整和优化，提高政府决策的质量。

三是健全政府购买咨询服务制度。加强政府与外部智库的联系与合作。对于地方政府职能转变相关的重要问题与决策，通过政府购买服务的方式，向高校智库、科研院所智库、社会智库等购买咨询服务。由专家根据政府的实际情况与需要，开展专门的调查研究，提供专业的咨询报告和对策方案。政府在专家提供的咨询报告和对策方案的基础上，进行相关决策，提高决策的质量。政府每年都有大量的课题委托外部智库进行调研。未来，可以更多、更好地利用这种形式，扩大政府购买咨询服务的范围，建立健全政府与智库之间的交流与合作机制，优化完善政府购买咨询服务的程序与标准，推进政府购买咨询服务的规范化、制度化以及公开化。

四是完善专家顾问舆论引导机制。专家顾问的服务对象不仅包括政府，还包括民众。民众主要通过公开的报告、解读、讨论等了解政府活动，进而形成对政府活动的态度。专家顾问具有专业优势和权威地位，其关于地方政府职能转变的研究成果、公共政策解读以及提出的相关意见和建议等，能提高民众对地方政府职能转变的关注，帮助民众更好地了解地方政府职能转变，形成正确的认知，凝聚改革共识，促进民众对地方政府职能转变的支持与认同。可以推动专家顾问通过新闻媒体、网络平台等多元公共渠道发表关于地方政府职能转变的研究成果以及见解和意见，构建专家顾问与民众的互动平台，引导和传播主流舆论。

2. 优化政府绩效评估

组织绩效的变化可成为组织变革的重要动因（Donaldson，1998）。当组织绩效较为低下时，组织遭遇危机，进而诉诸组织变革。通过组织变革，解决绩效困境，促使组织绩效达到令人满意的水平。绩效评估是对组织绩效水平的评价，是对组织绩效变化的监测。绩效评估有助于相关主体形成对组织绩效的准确认识。相关主体从个体主观认知与经验出发，对组织绩效的判断可能出现偏差。绩效评估是采用科学的方法和手段进行的评估，能帮助相关主体准确地把握组织绩效。绩效评估有助于相关主体推动组织变革。当绩效评估结果令相关主体不满时，相关主体有意识、有目的地推动组织变革，提高组织的绩效水平。

20 世纪以来，绩效评估已成为政府改进工作效率、提高服务质量的重要管理工具，并受到广泛的关注。从我国的实践来看，典型经验如青岛市的绩效评估模式。青岛市的多样化民考官机制于 2010 年获得“中国地方政府创新奖”。这一模式始于 1999 年，该模式“督事、评绩、考人、查纪”相结合，主要特点包括将主要经济社会生态指标以及重点工作任务目标作为关键绩效指标；鼓励因地制宜，根据区位情况设置评估指标；扩大评估的民主参与，以民众评价作为绩效检验的标准；注重考核结果的应用，将考核结果与考核对象的激励、培训有机结合等（包国宪、曹西安，2007）。与之类似的还有 2000 年杭州市推出“满意单位与不满意单位”评选活动。杭州市将满意与不满意评选活动与目标责任制考核相结合，推进综合考核。自 2011 年开始，进一步优化评估指标、目标考核及社会评价机制。2015 年 8 月，杭州市第十二届人民代表大会常务委员会议通过《杭州市绩效管理条例》，以立法的形式确定绩效管理的方式、方法，该条例的主要内容包括绩效管理规划和年度绩效目标、过程管理、年度绩效评估、结果运用、绩效问责。

对于地方政府职能转变来说，政府绩效评估的重要作用在于让上级党委/政府、民众、地方党政领导等相关主体准确地了解和把握地方政府的绩效水平及其存在的绩效困境，促使相关主体推动地方政府转变职能，以解决绩效困境、提升绩效水平。为更好地发挥绩效评估在地方政府职能转变中的作用，需要优化政府绩效评估，可主要从以下四个方面着手：

一是推进绩效评估常态化。通过建立健全常态化的绩效评估制度，对政府绩效进行持续的跟踪监测，准确地把握政府绩效的变化与趋势。杭州市的经验值得借鉴，通过地方立法的方式，明确绩效评估的方式、方法，推进绩效评估制度化、规范化、标准化。对绩效评估实行全过程管理，建立专门的绩效管理机构，将绩效计划与绩效评估相结合，将日常监测与综合考核相结合，建立智能化、整合的绩效管理信息系统，实现绩效信息的动态跟踪、共享利用以及决策支持。

二是优化绩效评估的指标。绩效评估指标用以表征和衡量被评估对象的绩效。基于绩效评估指标收集绩效评估信息，进而分析得出绩效评估结果。准确、全面地评估政府绩效，需要建立科学、有效的绩效评估指标体系。可通过再评估的方法，对绩效评估指标的合理性、效用性、可行性、精确性等进行考察，调整优化实践中政府采用的绩效评估指标体系。政府绩效评估指标体系的调整优化，要以科学发展观为指引，加强社会管理、公共服务相关的评估指标，加强民众满意度、信任度等与社会评价相关的评估指标，并提高这些评估指标的权重。

三是推进评估主体多元化。评估主体是指提供绩效评估信息的个体或群体。理论上，任何利益相关者都可以成为评估主体。多元化的评估主体有助于提供全面的评估信息，增进评估结果的准确性和客观性。我国的政府绩效评估实践中，上级评估、自我评估是最为常见的，近年来虽多有推进社会评估、专家评估等，但评估主体较为单一的状况总体上仍未得到改变。需要重视并扩大以公众为核心，包括人民代表大会、政协、企业、社会组织、媒体、专业评估机构等外部评估主体对政府绩效评估的参与，采取多元化的评估方式（如第三方评价、民意调查、市民评议、特邀考官考核等），提高外部评估主体相关指标在政府绩效评估中的权重。此外，有必要通过法律的形式明确外部评估主体的权利和地位，为外部评估主体参与政府绩效评估提供法律保障。

四是增强评估结果反馈与应用。绩效评估结果的反馈与应用是实现绩效评估预期目标的重要环节。加强绩效评估结果的反馈与应用，其一是向政府相关人员反馈绩效评估结果，帮助其了解存在的问题，提供改进绩效的建议，进而促进提升绩效水平；其二是向社会公开绩效评估结果，通过媒体进行宣传，让更多人知道和了解绩效评估结果，这既是对绩效评估的有效监督，也有助于民众对政府绩效水平形成准确的认知；其三是将绩效评估结果作为人员奖惩（晋升、任免、降职、薪酬等）、资源配置（财政拨款、行政权力、机构设置、人员安排）等方面的重要依据，促使政府相关人员积极推动提升政府绩效水平，但同时要避免简单、刚性地将绩效评估结果与人员奖惩、资源配置等挂钩。

7.1.2 发挥主体合力，再造触发动力

变革推动者（Change Agents）是指推动变革的个体或群体（Weick & Quinn，1999）。变革推动者可以是领导者也可以是非领导者，可以来自组织内部也可以来自组织外部。在组织变革的引入与实施过程中，变革推动者发挥着重要作用，包括动员组织成员、外部利益相关者以及参与支持推进变革实施等。对于地方政府职能转变来说，变革推动者主要有上级党委/政府、民众以及地方党政领导。为更有效地发挥该三类主体的推动作用，有必要加强地方改革统筹部署、改进诉求表达机制、增强领导改革动机，从而强化政绩导向、民众诉求、领导推动三项动力因素。

1. 加强地方改革统筹部署

在政府组织体系中，上级政府与下级政府之间存在着领导与被领导、指导与被指导的关系。上级政府能够成为地方政府改革有力的推动者，通过指挥、命令、指导、监督等方式，推动地方政府开展改革，既包括直接

下达改革要求与任务，由地方政府贯彻落实，也包括提供政策支持以及优惠条件，鼓励地方政府开展创新探索。当前我国地方政府改革中，上级党委/政府的推动影响地方党政领导对改革的重视程度、支持程度、积极推动程度，影响地方政府改革能否开展、能否持续以及能否获得成功。

对于政府职能转变，近年来，中央以及省级层面进行了统筹谋划、总体部署。在中央层面，党的十九届五中全会会议公报提出，“全面深化改革，构建高水平社会主义市场经济体制。坚持和完善社会主义基本经济制度，充分发挥市场在资源配置中的决定性作用，更好发挥政府作用，推动有效市场和有为政府更好结合。要激发各类市场主体活力，完善宏观经济治理，建立现代财税金融体制，建设高标准市场体系，加快转变政府职能”。省级层面统筹部署方面，例如浙江省全面深化改革委员会第十六次会议提出，“改革是必答题，不是选择题”“七大领域改革面广量大，必须突出重点，突出‘改革味’，明确改革边界，进一步梳理重大需求，找准改革突破点”“要承接中央和省委重大改革部署，围绕重大需求推进系统重塑，体现多跨协同，紧紧扭住各领域改革中最重要、最紧迫、最急需的项目，加强统筹协调，跟踪督促进度，狠抓落实攻坚，更好发挥重点改革在服务和融入新发展格局、推动高质量发展中发挥突破和先导作用”。

上级党委/政府的统筹部署有效推进了地方政府职能转变工作，为地方政府转变职能提供了导向与指南，明确了地方政府职能转变的目标与任务。在上级的统筹部署下，地方政府职能转变更具系统性、整体性和协同性，推进了地方政府职能转变的有效实施。更好地发挥上级党委/政府对地方政府职能转变的推动作用，需要进一步加强上级党委/政府对地方政府职能转变的统筹部署。加强地方改革统筹部署，主要涉及以下三个方面：

一是加强地方改革顶层设计。党的十九大及其之后的历次全会对全面深化改革作出了整体部署，各省级政府遵循党的十九大及其之后的历次全会精神对全面深化改革亦作出了省级层面的总体谋划，中央以及各省（区、市）都成立了全面深化改革领导小组。当前，上级党委/政府明确了现阶段地方政府职能转变的主要目标和任务。在此基础上，加强上级党委/政府对地方政府职能转变的顶层设计。一方面是根据经济社会的发展变化以及改革推进中的实际情况与问题，修正优化顶层设计，部署阶段性的行动计划；另一方面是对地方政府职能转变的具体路径进行总体部署，例如行政审批制度改革、机构改革、社会管理创新、公共服务供给等。

二是构建政策措施保障机制。制定出台支持地方政府职能转变的政策措施，为地方政府职能转变提供有力的保障，包括为地方政府职能转变提供政策支持、财政支持、政治支持，下放行政权力，调整修改法律法规、调整优化政绩考核等。通过创造良好的制度环境和实践空间，激发地方党政领导的改革热忱，破解地方政府职能转变的阻力，鼓励地方政府积极推进政府职能转变。尤其是对于先试先行的地方政府职能转变试点探索和创新实践，需要上级政府/党委提供合法性支持以及优惠条件，并加大支持和保障力度。

三是推广地方典型经验。近年来，地方政府在政府职能转变方面有很多探索创新，取了较好的成效，积累了丰富的经验。不少探索创新被实践证明是成功的、有效的。虽然地方探索创新是区域性的，但很多具有代表性、可借鉴性、可复制性。上级党委/政府应加强对地方政府职能转变典型经验的总结提炼以及宣传推广，作为相关政策、法律制定及修改的重要依据，将地方典型经验上升为中央或省级层面的政策和法律，使之在更大的范围发挥作用。此外，上级党委/政府可以有目的、有计划地选择一些条件较好的地方政府进行政府职能转变的综合或专项试点工作，通过试点工作积累改革经验，检验做法的可行性和有效性，探索地方政府职能转变的有效途径，进而调整优化总体部署。

2. 改进民众诉求表达机制

民众是政府改革的重要推动者。民众向政府提出改革诉求，政府回应民众诉求，进而推动改革。民众的改革诉求往往源自其对政府的不满与不信任，政府通过回应民众诉求，能够提高民众对政府的满意度和信任度，构建良性的互动。当前，在我国的政府改革中，不乏民众的呼声，中央作出的全面深化改革的决定是对民众期待和关切的回应，但同时民众对政府改革的话语权和影响力还有待提高。政府与民众缺乏有效的沟通与互动，民众对政府改革缺乏广泛的参与，政府活动的公开透明度不高，政府对民众诉求的回应性不强。

如何有效加强政府与民众的沟通与互动？政府开展了很多的实践探索。典型的地方经验如浙江省温岭市的“民主恳谈”。温岭民主恳谈是我国基层协商民主的典范式样本，其始于1999年，多年来不断完善和发展。

当前已形成党内民主协商、政党协商、人民代表大会协商、政府协商、政协协商、基层组织协商、人民团体协商、社会组织协商等八种主要形式为内容的协商民主体系。通过协商民主，将民众纳入公共事务决策系统，保障民众的话语权，提高民众的影响力。例如，泽国镇开展的参与式预算协商，全镇 18 周岁以上选民随机抽选 240 名代表，共同审议政府预算，政府基于民主协商结果修改预算项目。又如杭州市的“我们的圆桌会”。“我们的圆桌会”是一档民生类电视栏目，是党政、院校、企业行业、媒体共同参与的互动交流平台，由杭州市委/市政府办公厅、宣传部、发展研究中心、杭州市文广集团等单位牵头。目的是通过搭建多元的媒体平台促进政府与社会之间的有效及时沟通，传播“开放式决策”。栏目每周 1—2 个话题进行深入探讨，话题注重民众关心与党政界关心相结合，嘉宾包括党政、市民、媒体、知识界、企业等各界代表，各界代表坐在一起，公开、理性地沟通交流，激发集体智慧，凝聚共识。

随着民众对政府期待与要求的提高以及面对政府现实中存在的绩效困境，民众关注并要求地方政府转变职能。虽然民众诉求较为迫切和强烈，但对政府的影响力有限。增强民众诉求对地方政府职能转变的推动作用，需要改进民众诉求表达机制，促使民众诉求得到政府的重视与回应。基于已有的做法与经验，改进民众诉求表达机制，可主要从以下三方面入手：

一是畅通多元化的民众诉求表达渠道。实践中，存在很多的民众诉求表达渠道，包括政党、人民代表大会、政协、政府、社会组织、媒体等，形式有会议、电话、书信、网络等，地方典型探索如民主恳谈、听证会、民主评议会、网络问政、电视问政等。虽然民众诉求表达渠道很多，但存在渠道不通畅的问题。普通民众难以方便、快捷、直接地通过诉求表达渠道向政府传递诉求。有必要从民众的角度出发，对现有的民众诉求表达渠道进行梳理、整合，畅通民众诉求表达渠道，并通过传统媒体、新媒体对民众诉求表达渠道进行宣传，扩大社会影响，使民众了解可以通过哪些渠道表达诉求并在需要表达诉求时方便地通过诉求表达渠道向政府传递诉求，让政府及时、准确地了解其关切与要求。

二是构建常态化的民情民意调查制度。除畅通多元化的民众诉求表达渠道外，政府还可以主动作为，通过建立常态化的民情民意调查制度，收集和了解民众的期望与需求。实践中，各级政府都有开展一些民情民意调查，针对的内容主要包括政府的重点工作、经济社会发展的重大问题以及民众关切的热点问题等。健全民情民意调查制度，需要推进该工作的制度化、规范化、专业化与标准化，依托政府网站、政府热线、政务微博、微信公众号等平台，定期对民众诉求进行调查，既包括基本情况的常规调查，也包括对一些热点问题的专项调查。此外，有必要建立完善民情民意调查数据库，对民情民意进行动态追踪和研究分析，全面准确地把握民众诉求的现状与未来趋势。健全完善第三方民情民意调查机制，通过政府购买服务的方式，委托专业调查机构开展常规或专项的民情民意调查。

三是健全民众诉求表达反馈与回应机制。民众利益的有效表达，不仅是传递利益诉求，让政府了解民众的关切与要求，还是回应利益诉求，政府要对民众的关切与要求作出反馈与回应。当前，政府对民众诉求表达的反馈与回应缺乏刚性的制度约束，存在缺乏回应、回应不及时、回应不当等问题。有必要通过建立健全信息公开制度、反馈与回应工作制度、救济制度、问责制度等，加强政府对民众诉求表达的有效反馈与回应。

3. 增强地方领导改革动机

地方党政领导是地方政府改革的关键推动者。在我国的地方政府改革实践中，很多改革创新都是由地方党政领导推动的。地方党政领导是改革的设计者和决策者，也是改革的支持者和执行者。地方党政领导面对上级要求、民众诉求，从工作实际情况与需要出发，构想改革的蓝图及具体路径，进而作出决策推进改革。在改革的过程中，地方党政领导通过信息传递、参与、支持等方式，可以有效地推进改革的实施，促使改革获得基层领导、普通工作人员的重视，获得各类资源的有效支持，顺利地推进各项改革措施的落实，提升改革成效。同时，地方党政领导的推动，也有助于获得民众对地方政府改革的认同与支持。

从地方经验来看，地方党政领导在政府职能转变实践中扮演着多元角色。梳理有关实践做法，包括建立地方政府职能转变领导小组，统筹协调推进地方政府职能转变工作；党政一把手主抓地方政府职能转变，将地方政府职能转变作为政府重点工作，推进具体改革措施的落实；通过会议、谈话等方式，肯定地方政府职能转变的重要意义与作用，沟通和明确地方政府职能转变的目标与任务，凝聚改革共识；对政府部门以及下级政府部署地方政府职能转变的相关任务工作；批示和支持政府部门以及下级政府推进职能转变工作；督查地方政府职能转变的落实情况；本身是地方政府职能转变的工作内容。根据改革的要求和任务，领导需要做出某种调整、改变或者说其是地方政府职能转变的某一环节。

加强地方党政领导对地方政府职能转变的推动作用，可从增强其改革动机着手。人的行为是由动机决定的，动机是推动个体行为的直接动力，可以通过有目的地影响个体动机进而引导个体行为。地方党政领导推动地方政府职能转变主要有两种动机，一是出于社会责任感，想要为地方发展做贡献；二是获取晋升、声望等名利动机（李景鹏，2007；杨雪冬，2008）。由此，提出增强地方党政领导改革动机的具体措施，包括以下三个方面：

一是加强地方党政领导培训交流。加强地方党政领导的教育培训。通过有针对性、有计划地开展教育培训，增强地方党政领导的社会责任感，树立正确的政绩观，促使地方党政领导从思想认识上提升对地方政府职能转变重要性的认识，进而促使其积极推动地方政府职能转变。加强地方党政领导之间的学习与交流。通过实地考察、经验交流等方式，发挥示范效应，推动地方党政领导互相学习借鉴，进而互相促进推动地方政府职能转变。

二是优化地方党政领导政绩考核。政绩考核对地方党政领导行为具有重要的导向作用。中组部 2013 年出台《关于改进地方党政领导班子和领导干部政绩考核工作的通知》，提出官员政绩考核要突出科学发展导向，不以简单的地区生产总值和增长率论英雄，把社会进步、民生改善、生态效益等实绩和指标作为考核的重要内容。在中组部出台的文件精神基础上，进一步改进地方党政领导的政绩考核。将地方政府职能转变工作任务的落实情况、主动或有创新性地开展地方政府职能转变相关工作的情况以及反映地方政府职能转变目标的相关指标（如简政放权、行政效率、公共服务、依法行政、责任意识等）纳入考核内容并提高相关指标的权重，促使地方党政领导重视和积极推动地方政府职能转变。

三是改进地方党政领导选拔晋升。选拔一批有理想、有见识、有魄力、有创新精神的领导者进入地方政府的领导层，这些领导者可为地方政府职能转变带来新的理念与思路，有力地推动地方政府职能转变。将地方政府职能转变的实施进展与成效作为地方党政领导晋升的重要考察内容，促使地方政府党政领导重视推动地方政府职能转变。但要注意的是，对地方党政领导的考核要避免短期化、简单化等，这可能会导致地方政府职能转变工作沦为“政绩工程”。

7.1.3 加强变革管理，再造使能动力

组织变革是一项系统工程，其经由计划、沟通、参与、资源配置、调整人力资源实践、调整组织结构与流程、调整信息系统、考核、反馈等一些具体行动（Kotter，1995；Whelan – Berrya & Somerville，2010）。这些具体行动是否互相配合、是否顺利开展，影响组织变革的推进，影响组织变革最终能否成功。对于地方政府职能转变来说，需要引入变革管理的科学方法与工具，对实施过程中的相关具体行动进行系统管理，包括构建改革共识、推进系统变革、加强过程管控，更好地发挥使能动力对地方政府职能转变的推动作用。

1. 构建改革共识

组织变革要顺利推进并取得预期成效，需要得到相关主体的赞同和支持。共识构建一方面是推动相关主体认同变革，另一方面是消除相关主体对变革的抵制，这如同是一个硬币的两面。变革推动者可采取以下方式增强相关主体对组织变革的认同、消除抵制，包括教育与沟通、参与、促进与支持、谈判、操作与收买、强制（斯蒂芬·罗宾斯、蒂莫西·贾奇，2012）。具体来说，教育与沟通是帮助相关主体了解组织变革，其可通过小组讨论、个别交谈、报告、备忘录等形式实现。参与是吸纳相关主体参与组织变革过程，获得其对组织变革的认同和承诺。促进与支持是为相关主体因组织变革而做出的调整或面对的问题提供支持和帮助，比如培训、咨询等。谈判是通过某些有价值的东西换取变革抵制者的让步。操纵和收买带有利用和欺骗的性质，可能会对变革推动者、组织变革带来负面影响。强制是通过压力和威胁促使相关主体接受变革。已有实证研究证实，决策参与、高质量的沟通都能有效促进相关主体接受和认同组织变革（Rafferty，Jimmieson & Armenakis，2013）。

对于政府职能转变，共识构建一直是关键环节。例如，浙江省舟山市在推进新区新政体制创新工作过程中，重视凝聚改革共识。为统一全市上下的认识，市委先后召开多次会议，组织开展“勇担使命、四干兴舟”教育实践活动，市委主要领导多次与市几套班子、县区党政主要领导和部分市直部门负责人进行沟通交流，听取其对改革的意见与建议，将新区新

政体制创新列入市委主要领导的重点调研课题，广泛调研听取各方意见，先后赴浦东、滨海等地区进行学习考察，专程到国家部委请教。在改革初步方案形成后，多次召开专题探讨会、“四套班子”务虚会充分探讨，并征求省直有关部门的意见，完善初步方案。由市委全会扩大会议审议通过改革方案后，报省委、省政府审批。在省委、省政府批准后，召开新区新政体制创新工作动员大会，进行全面动员部署。再例如，嘉兴市国土资源行政审批制度改革推进过程中，市国土资源局专门成立以局长任组长的国土资源行政审批制度改革工作领导小组，协调解决改革实施过程中遇到的问题。市国土资源局党委先后召开 5 次相关会议，研究明确改革的内容以及进展；市局党委和班子成员、各处室（单位）负责人赴杭州学习考察，局长办公会议多次专题研究具体的实施意见和方案；市局下发实施细则等相关文件，明确改革的目标、要求，并将改革列入市局与县（市、区）工作目标考核重要内容，市长与县（市、区）长、局长与县（市、区）国土资源局（分局）局长签订授权委托书，确保工作顺利开展。

当前，各级地方政府及其下属部门党政领导、普通工作人员、民众对地方政府职能转变的了解和认同都有待进一步提高。从地方政府的实际出发，借鉴已有做法与经验，可主要从以下两个方面构建领导、普通工作人员、民众三类主体对地方政府职能的共识：

一是加强主体间的双向沟通，包括领导之间、领导与普通工作人员之间、政府与民众之间。沟通的主要功能包括控制、激励、情绪表达和信息传递，其是构建组织变革共识最为重要的手段。对于领导之间的沟通，通过专题探讨会、个别谈话等方式进行反复沟通，促使推进具体工作的党政领导准确、全面地了解政府职能转变的目标、任务，获得其对地方政府职能转变的认可与承诺。对于领导与普通工作人员之间的沟通，通过领导讲话、工作部署、动员会、座谈会、个别谈话等方式，促使普通工作人员了解和认可地方政府职能转变的目标、任务。通过沟通反馈，促使领导了解普通工作人员对地方政府职能转变的认知、态度和建议。对于政府与民众之间的沟通，通过政府信息公开、媒体宣传、座谈会等方式，促使民众了解和认可地方政府职能转变的目标、任务。通过沟通反馈，促使政府了解民众对地方政府职能转变的认知、态度和建议。

二是扩大改革决策的民主参与，包括基层领导、普通工作人员、民众。个体往往会认同和支持其参与作出的决策，参与有助于构建组织变革共识。在确定地方政府职能转变目标和任务，出台地方政府职能转变实施方案之前，要广泛地征求政府基层领导、普通工作人员以及民众的意见建议。根据反馈的意见建议，调整优化目标、任务以及实施方案，多次往复，最终确定目标、任务以及实施方案，促使目标、任务以及实施方案被尽可能多的个体所接受和认同。扩大决策参与，需要重视以下三点：其一，要建立正式的制度，即建立刚性约束。将基层领导、普通工作人员、民众的参与作为地方政府职能转变实施方案出台前必要的前置步骤。其二，保证参与主体的代表性。扩大参与主体的覆盖面，让基层领导、普通工作人员、民众等都能够参与到地方政府职能转变目标、任务以及具体实施方案的确定。其三，畅通决策参与的渠道。从参与者的便利出发，构建多元化的参与渠道，使得基层领导、普通工作人员、民众参与的意见建议能方便、快捷地通过多种渠道进入决策层。其四，保障决策参与的有效性。决策参与的有效性涉及参与者坦诚地提供有用的意见建议、决策者对参与者的意见建议做出回应并接受合理的意见建议两方面。通过强调重要性、匿名、奖励等多种方式，促使参与者坦诚地提供有用的意见建议。通过刚性约束，促使决策者对参与者的意见建议做出及时、有效的反馈与回应。

2. 推进系统变革

组织是由一系列互相联系、互相依赖的子系统构成的。某一子系统的变革会影响其他的子系统。若其他子系统不做出相应的变革，会引发组织功能失调、失效，影响组织变革的成效。组织实施某项变革，要求相关管理活动进行相应的调整，互相协调、匹配。例如，引入信息系统，必然会要求组织架构、业务流程、资源配置、人力资源管理等与之相匹配，否则信息系统的引入会遭遇失败。组织变革，尤其是改变旧范式、引入新范式的二阶变革，更要注意变革的系统性、整体性和协同性。实践中，不少组织变革失败的原因是，变革缺乏系统性和协调性，仅调整了组织管理活动的某些方面，那些未调整但又对组织变革有影响的管理活动影响了组织变革的有效实施，阻碍了组织变革获得成功。

对于地方政府职能转变，推行系统变革、全面变革，有助于地方政府职能转变的有效实施。例如，浙江省近年来推动的“最多跑一次”改革和数字化改革在改革方案设计中注重系统性，在工作部署中注重整体性，在实施中注重协同性，取得了较好的成效，出台了《浙江省人民政府关于印发加快推进“最多跑一次”改革实施方案的通知》《浙江省深化“最多跑一次”改革推进政府数字化转型工作总体方案》《浙江省深化“最多跑一次”改革推进政府职能转变和“放管服”改革行动计划（2018—2022 年）》《深化数字浙江建设实施方案》《浙江省数字化改革总体方案》等多个政策文件。其中《浙江省数字化改革总体方案》中提出了改革的五项重点、多阶段的改革目标、12 项数字化改革核心指标以及八方面的重难点任务，并落实大数据局、省委办公厅、省政府办公厅、省经济和信息化厅、省发展和改革委员会、省政法委、省委政策研究室等部门具体负责牵头落实。此外，还提出党政机关整体智治系统、数字政府系统、数字经济系统、数字社会系统、数字法治系统、一体化智能化公共数据平台等具体的建设方案以及 2021 年度全省数字化改革作战图。从而，确保改革具有较强的共识、统一的秩序，各单位职责明确，分工协作，协调、有序、高效推进改革，最终实现改革的预期目标。

从我国地方政府职能转变的实践来看，存在系统性、整体性和协同性不高的问题，影响了地方政府职能转变的有效实施。某些相关管理活动调整滞后或者未进行相应调整，导致地方政府职能转变的实施进展与成效不佳，无法达成预期目标。有待加强地方政府职能转变的系统性、整体性和协同性。推进系统变革，借鉴已有的做法与经验，可主要从以下三个方面入手：

一是加强改革的系统设计。在地方政府职能转变方案的设计阶段，要开展广泛的调研，征集各方的意见，进行反复的论证，明确地方政府职能转变的目标、主要任务、工作要求、任务分工、进度安排、考核标准以及配套的保障机制等。方案设计要注重系统性，在总方案的基础上，进一步制定各项主要任务的子方案。同时基于主要任务，对舆论宣传、财政支持、人事安排、组织纪律等各项保障机制进行统筹考虑及具体安排。

二是加强改革的整体部署。在地方政府职能转变的工作部署阶段，明确领导者以及负责统筹协调、督查考核的单位，明确各项主要工作的责任单位以及责任人，布置具体的工作任务以及工作要求，明确辅助单位、后勤单位的任务及职责。要注重上下级政府以及同级政府各部门之间的协调、配合，确保改革方案中的各项工作都落实到具体的单位和个人。

三是协同推进改革具体措施。在地方政府职能转变的工作推进阶段，各责任单位按照工作部署以及工作要求，各司其职，互相配合，协同推进改革的具体措施，确保实施方案中的各项工作得到切实落实。发挥好改革统筹协调单位的作用，建立以主要党政领导、各职能部门负责人为成员的协调小组，下设与具体改革任务对应的专项组以及综合组、督查组、法制组、信息化组、专家组等功能组，发挥好协调小组作用，牵头推进改革工作，推动解决改革中遇到的困难以及重难点问题，督促各项改革措施的有效落实。

3. 加强过程管控

从组织变革引入到组织变革实现，需要经历一个过程。在变革过程中，组织变革可能会出现偏差，也可能会遭遇各种问题。保障组织变革得到有效实施与成功实现，需要对组织变革进行全过程的管理，包括制定计划，确定组织变革的推进步骤和路线，推动组织变革按照预定的轨道进行实施；考核进展，通过对实施进展与成效进行评估和跟踪，掌握变革的推进状况，及时发现出现的问题以及偏差；及时反馈，基于对实施进展与成效的监测，对组织变革实施做出必要的调整，解决存在的问题，纠正出现的偏差，同时有效激励组织成员推进组织变革。

对于地方政府职能转变，对过程进行严格的管理，有助于更快、更好地推进地方政府职能转变。例如，嘉兴市的行政权力清理，其在有限时间内得到快速推进并最终完成部门权责清理工作，得到各界的认可和满意，得益于严格的过程管控。市政府根据省级层面推行权力清单制度的要求，全面部署推动部门权力清单制度工作，出台《嘉兴市人民政府关于推行政府部门权力清单制度的意见》《关于开展政府部门权责清理推行权力清单制度有关事项的通知》，明确行政权力清理的目标、范围、任务、程序以及时间要求。在此基础上，按照“三报三回”的工作流程要求，开展权责清理。第一阶段为期一个半月，由部门完成权责清理，报送市编委办，由编委办审核小组分别审核，反馈审核意见。第二阶段为期一个月，由部门根据编委办的反馈意见，对权力清单进行调整，再次报送市编委办。编委办从各部门抽调人员，与编委办人员一起组成审核比对小组，开展对市级部门权力清单与省级部门权力清单的比对规范以及市、县（市、区）两级部门权力清单的比对审核。经集中审核后，向部门反馈审核意见。第三阶段为期一个半月，部门根据编委办的第二次反馈意见，对权力清单再次清理和完善，第三次报送市编委办。编委办再次组织人员集体审核，编制政府部门权力清单征求意见稿，书面征求市人民代表大会、政协、纪委、市政府经济建设咨询委员会以及在政府门户网站征求社会各界的意见，同时报请市领导审核，根据反馈意见进行进一步完善。最终，由政府常务会议审议通过，并通过政府门户网站向社会公布。

从我国地方政府职能转变的实践来看，存在对过程缺乏有效、严格管控的问题，造成地方政府职能转变执行不力，影响了地方政府职能转变的有效实施。有待加强地方政府职能转变的过程管控。从地方政府的实际出发，借鉴已有的做法与经验，可主要从以下三个方面加强地方政府职能转变的过程管控：

一是明确改革路线图、时间表。基于地方政府职能转变的目标和主要任务，制定改革任务书，明确改革路线图、时间表。路线图、时间表互相呼应，应具有合理性、有效性和可操作性，并在政府内部以及向社会公开。在地方政府职能转变过程中，根据路线图、时间表，有序推进地方政府职能转变工作，按照路线图落实具体措施，按照时间表在时限内完成工作。改革路线图、时间表是地方政府职能转变绩效监测和反馈的基准。

二是做好改革的实施状况监测。建立地方政府职能转变工作督查组，明确地方政府职能转变实施进展与成效监测的责任单位。建立健全地方政府职能转变实施进展与成效监测制度，构建科学、有效的实施进展与成效监测指标体系，明确实施进展与成效的监测方法，定期从多元渠道收集监测数据，加强政府基层工作人员、民众对地方政府职能转变实施进展与成效监测的参与，运用好大数据、云计算、“互联网＋”等技术手段，科学、准确地监测地方政府职能转变的实施进展与成效，持续跟踪地方政府职能转变的推进情况，及时发现出现的偏差以及存在的问题，并向社会公开，提高政府职能转变工作的透明度，加强对政府职能转变工作的监督。

三是加强改革的实施状况反馈。根据实施进展与成效监测结果，改进地方政府职能转变的实施，纠正实施过程中出现的偏差和问题，确保各项改革措施得到全面落实，更快、更好地推进地方政府职能转变。此外，根据实施进展与成效监测结果，对推进地方政府职能转变的相关人员进行合理的奖惩，对积极推进地方政府职能转变并取得良好成效的相关人员进行嘉奖，对执行不力的相关人员予以问责，有效激励相关人员推动地方政府职能转变。

7.2 地方政府职能转变的绩效提升

7.2.1 强化服务公共决策的领导力

任何公共管理活动的开展必须依托各类资源（包括领导力及各类行政管理资源），通过优化配置并合理运用各类资源，实现公共管理目标。在公共管理活动中，对人力、物力、财力、信息等各类资源的管理利用多数情况下是通过政府制定的各类公共政策实现的。虽然公共政策不是具体的人力、物力、财力、信息等资源，但其以法律、法规、制度和规章等文本形式发挥的权力与效力，却能够合法合规地调动配置人力、物力、财力、信息等资源，包括政府职能转变在内的各类公共管理活动都离不开公共政策的参与。

政府职能转变过程中公共政策的作用主要体现在如下几个方面：一是公共政策客观上是连接宏观环境与微观个体的桥梁，政府职能转变是一个复杂的多元系统，由宏观环境和一系列微观个体组成，而作为中观层面重要环节的公共政策，在宏观环境与微观个体间起到沟通协调作用，有助于维系社会公平、调节个体偏好、推动职能转变；二是公共政策是调解政府职能转变过程中各方利益的有效手段，即通过制定各类公共政策规范职能转变过程中各利益主体的行为规范，规避可能出现的利益冲突和利益矛盾；三是公共政策是政府职能转变过程中政治表达和政治参与的重要渠道，政府职能转变得以顺利推进关键在于取得社会各方的理解和支持，这要求建立完整的政治表达和政治参与渠道，使得各方价值偏好及利益诉求得到充分表达及考虑，更凸显出公共政策介入的必要性。

基于结构方程模型的地方政府职能转变绩效影响因素的作用机制，揭示出领导力在提升职能转变绩效方面的重要程度和核心地位。考虑到政府职能转变过程中公共政策扮演的特殊角色，在这一大背景下，有必要基于公共政策的视角完善服务公共决策的领导力提升机制。

1. 建立健全公共政策决策评估的领导机构

建立健全公共政策决策评估领导机构，可为完善服务公共决策的领导力提升机制提供组织保障，而提升职能转变过程中领导力的重要表现，是保障并提升公共政策决策的科学化与民主化水平。在全国范围内，已针对建立健全公共政策决策评估领导机构开展了形式多样的地方实践。例如上海市闵行区探索建立的公共政策决策评估领导小组涵盖了区域公共政策制定、执行、评估、终结等全过程中涉及的大多数政府部门，由区委、区政府分管领导担任组长，区委办公室、区委研究室、区发展和改革委员会、区财政局、区审计局等政府主要部门领导同志担任小组成员，有力的领导支持是保障公共政策决策科学化、民主化进而提升职能转变过程中领导力的重要前提。

公共政策决策评估领导机构的职能在于基于科学理论指导，依照标准流程与程序，应用现代科学计量与统计方法，对各类公共政策进行事前、事中和事后评估，作为进一步判断基于公共政策的公共管理决策是否合理得当、是否继续支持、是否加强保障的重要依据，有助于全面了解区域公共决策质量和效果。在政府职能转变背景下，进一步反映领导力发挥的作用；在更广泛范围内建立跨部门的公共管理协同机制和沟通机制，统筹政府职能转变过程中各部门角色分工，为深入推进政府职能转变提供组织保障。

2. 整合优化问题导向的公共政策决策程序

公共政策是对现实问题特别是公共政策问题的反映，体现出明显的问题导向。整合、优化公共政策决策程序的问题导向性，有助于进一步回应现实需求，突出公共政策决策科学化与民主化水平，建设责任政府、回应型政府、法治政府，推动政府职能转变。

为实现上述要求，公共政策决策程序的问题导向性着重从以下方面体现：一是针对区域内调研发现的公共问题及政策问题，运用科学、合理的方式提取问题描述与问题主干，进而分析导致问题产生的原因；二是基于问题产生的原因，采用成熟、合理的方式制定公共政策，保证政策制定过程中多元化主体的参与，广泛听取专家、学者以及社会各利益团体的意见，保障制定的公共政策的质量；三是通过政策宣传、政策试点、政策模拟等方式为公共政策顺利执行提供组织保障和资源保障；四是重视对公共政策执行效果的预测评估，根据预测评估结果对即将执行或正在执行的政策加以完善或修正。

3. 完善地方政府个体领导力评估模型

当前我国政府在组织选拔领导人才过程中，对高层领导的领导力水平的评判还停留在政绩导向及主观判断层面。在地方政府职能转变过程中，高水平领导力在愿景创造方面，表现为有能力提出将现实问题、公民需求与地区发展相结合的愿景与战略，将推动政府职能转变的高层领导的领导力转变为政府的行政管理行为；在战略拟定方面，能够阐明地方政府职能转变愿景的可达性，提高基层公务员的认同度、激发公务员的工作热情，同时也为愿景实现提供方案；在员工激励方面，能够用自己的言行激励下属，为下属提供清晰、有感染力的、能够产生激励作用的工作期望或承诺。

因此在组织选拔领导人才过程中，除参照以往选拔标准外，可根据上述分析，建立一套与具体领导岗位相适应的领导力评估模型，作为政府领导人选拔、考核、晋升的补充参考。为避免领导力评估工作出现随意化、碎片化、流于形式等问题，设计切实可行的领导力评估结果应用机制，将评估结果与评估对象的人事任免、政绩奖惩、个人收益挂钩，对评估结果优秀的领导干部予以奖励和宣传，对评估结果较差的领导干部予以批评和惩戒，提高领导力评估工作的公正性和权威性。

7.2.2 拓宽社会治理的公民参与

作为参与国家政治活动的重要形式，公众参与直接或间接地影响着各国政治体系的构成、运行及组成政治体系的各要素间的行为方式。以马克思·韦伯的科层制理论为代表的传统政治体系反对公众参与，而以服务型政府为代表的现代政府理论则在一定程度上鼓励公众有序参与政治的进程，肯定民主行政的重要性。政府的公共性决定了政府不仅要确保公共利益居于主导地位，还应充分考虑弱势群体的利益，实现社会共治。公众参与政治过程，能够充分调动社会各领域资源，在一定程度上弥补了弱势群体社会财力支持不足的困境，也可借助竞争机制、创新活动进一步提高社会资源的管理效率，进而对弱势群体的利益诉求迅速作出反应，保障社会公平。公众参与一定程度上在社会公众与政府间建立了一种沟通手段，有助于协调或矫正政府与公众间的关系。公众通过政治参与，表达自己对利益分配方案的偏好及选择，并对政治体系进行监督，形成对权力制约监督的保障机制。在现代民主行政机制下，公众参与已成为社会公众一项普遍性和广泛性活动，公众参与的范围、程度及发挥的作用也是评估现代社会民主化程度和现代化进程的重要标志（顾训宝，2009）。

通过对以社会组织管理体制改革等为代表吸纳型放权路径的分析显示，现阶段我国公民社会与地方政府的协调性有待提升，表现为在协商机制、交易机制、组织机制、担保机制等方面仍存在不足（蔡长昆，2015）。在地方实践中，通过对社会公众参与浙江省“四张清单一张网”建设的程度调查发现，政府权力清单公众参与度约为46.3%，政府责任清单、浙江政务服务网、财政专项资金管理清单、企业投资负面清单分别为44.3%、41.3%、40.9%、36.5%（范柏乃、张鸣，2016）。变革更多依靠体制内自上而下的驱动力，外部力量特别是公众参与的深度、广度都亟待提升。当然并不是所有的公共管理环节、公共服务项目都需要公众参与其中（汪锦军，2011）。一般而言，在一些涉及各方利益博弈、具有利益相关性的公共服务性质的领域，引入公众参与可以帮助政府更好地协调利益分配，保障弱势群体的利益不受侵害。而那些涉及非常专业化知识、技能的科学领域，最重要的是组织专家进行科学的论证、精细的预测、准确的决策，一味地引入公众参与可能适得其反，降低决策效率，甚至阻碍公共服务科学化进程。美国学者 Sherr Arnstein 在“公民参与阶梯理论”中，基于政治体系演进与公众参与自主程度间关系的视角，将公众参与程度划分为3个阶段和8种参与形式（Arnstein，1969），尽管所谓的“阶梯论”并不能完整反映世界各国公众参与的特征与路径，但这一划分理念为学术界深入研究公众参与的适应条件及适用范围提供了思路。因此，需要恰当地把握公众参与的范围及程度，科学评估政府能否调控公众参与带来的影响，需要根据需要，有选择、有重点地推进公众参与，即并非公众参与范围越广、程度越深越好。

接下来的问题是，公民应如何参与社会治理？相关实证分析显示，公民参与对地方政府职能转变社会适应绩效的影响效果仅次于领导力和行政审批流程，其对政府与社会关系改善的影响作用不容忽视，但在现阶段各类影响因素中，公民参与水平还较低。要实现政府与公民间强有力的合作，公民必须尽可能参与到公共资源优化配置及社会利益的调节分配之中。由于公共政策本质上就是通过权威性的价值分配方式调节社会利益关系，其制定、实施效果很大程度上反映了政府与市场、政府与社会的关系。公共政策由政策目标、政策主体、目标群体、政策工具等相互影响、彼此制约的多类要素组成，要增强公民的话语权，需在政策制定、政策执行、政策评估等政策过程中引入公民参与机制。

1. 建立公共政策辩论机制

公共政策辩论制度，即公共政策各利益主体围绕公共政策的某一或全部要素展开辩驳，协调不同意志集团间的利益关系，遴选、优化公共政策的过程。在政策制定之初，政策研究者往往通过撰写调查报告对客观世界的问题情形进行总结和反映。在调查报告基础上起草的政策条文反映了不同起草者的不同认知特点和知识结构，需各利益主体参与到“决策过程中出现的不同观点之间的正式沟通”之中，这一沟通“应该是以辩论的形式进行”（费兰克·费希尔，2003）。政策辩论不仅是对 Arendt、Habermas 等人基于个人、社团、媒体等进行公共争论提出的“协商民主”概念的实践（李海峰，2011），也有助于不同利益群体意见的充分表达，汇集多方知识形成主流民意，使制定出的政策获得各方接纳。

参加政策辩论的代表既包括党政机构、行政机构代表，也包括专家学者、普通民众、大众媒体等，使各方发挥自身的主动性共同参与对话协商，实现彼此间的利益协调。代表不同层次、不同领域的利益团体对经济社会发展的利益诉求和偏好侧重并不一致，需进行广泛辩论协商以保证各利益团体在经济社会发展等方面的诉求得以充分表达、不断协调及相对平衡。公共政策辩论机制正是在上述背景下，力求使制定的公共政策在经济发展和社会发展两大目标之间取得妥协，从而获得包括社会公众在内的各方的接纳。

2. 完善政策联席会议制度

联席会议制度，指为解决公共政策制定时没有规定或规定不明确的问题，邀请来自不同地区、没有隶属关系但有工作联系的各方代表联合召开会议，借助合作交流平台达成共识，形成具有约束力的规范性意见或办法的过程。社会学家 Lewis Coser 指出，社会冲突修改、催生了冲突各方的公共规范，实现了对相对权力的重新评估，进而形成有利于社会延续的力量平衡的社会环境（刘易斯·科塞，1989）。若在政策执行过程中，各政策主体和目标群体无法就政策实施细节达成一致意见，冲突在所难免，政策执行就会遭遇困难，公共政策联席会议制度应运而生。在中国区域合作与发展过程中，联席会议作为加强交流、促进合作的有效制度已被许多区域合作主体采用，有些已经形成了长期合作机制，也为其他种类的联席会议（如区域立法联席会议）制度的完善提供了参考。

社会治理过程中公共政策能否顺利开展、不同政策能否协调共处，很大程度上取决于政策主体的执行程度、目标群体的接受程度，但经济社会环境瞬息万变，政策制定时不可能将执行过程中遇到的所有问题全部程序化、制度化，公共政策联席会议制度为政策执行主体和目标群体提供了交流平台，党政机构、行政机构代表，专家学者、社会公众、新闻媒体等各方可对政策执行过程中遇到的问题进行交流、协调，群策群力、统一认识，最大限度体现公共政策在推动社会治理方面发挥的作用。

3. 引入政策多元评估主体

公共政策的本质属性是公共性，这要求公共政策从制定、执行到评估都必须体现作为总体的人民（The People in General）的利益和意志，由于这种多元化的人民群体内部存在利益差异和利益分化，承认这种差异分化就必须承认利益的多元性。在政策公共性的本质要求下实现政策评估的民主行政，必须促使公共政策评估主体构成的多元化。针对在公共政策过程中引入多元评估主体，各地已进行了丰富实践，获得了宝贵经验。上海市闵行区在公共政策评估实践中，构建多元化的参与主体，有效整合了社会各方的力量。闵行区公共政策评估领导小组办公室通过公开听证会、专家论证会、专题座谈会、问卷调查、电话访谈、门户网站公示等途径，邀请各类社会主体参与政策评估，2013 年共听取 2200 余名公众对 9 个单项政策的意见建议，参与主体包括高校和科研院所学者、市职能部门专家、区人民代表大会代表、政协委员、民主党派人士、政策的基层执行者等，尤其是市民、企业、社会组织等利益相关主体，有效整合了社会各方力量，提出的意见建议均如实反映在政策评估报告中。

基于此，在公共政策评估过程中，打破过去单一主体的评估模式，在过程推进、结果应用等环节推动评估主体的多元化，从相关政府职能部门、高校和科研院所、社会组织中邀请一批具有丰富理论和实践经验的专家，研究设计公共政策的评估方案、评估指标、评估方法和评估报告；政策评估信息的采集要综合运用资料审读、问卷调查、座谈访谈、参与观察等方法，全面收集政策利害关系人、政策基层执行人和社会公众的意见建议，并在评估报告中客观体现；发挥新闻媒体在政策评估过程推进、结果应用等环节的舆论监督功能，评估方案、评估指标、评估方法、评估结果等应对社会公开，增强公共政策评估的透明性和公正性。

7.2.3 深化行政审批体制改革

行政审批、行政裁决、行政检查、行政处罚等是政府履行职能的主要方式（陈天祥、李倩婷，2015）。其中，作为观察政府与市场、政府与社会关系的关键途径，行政审批在政府履行职能过程中发挥着不可替代的作用。基于 SEM 的地方政府职能转变绩效影响机理显示，行政审批流程在提升地方政府职能转变绩效方面发挥了关键作用，其对社会适应绩效的直接影响效果仅次于领导力，对内部优化绩效则产生间接影响，表明其在政府与市场、政府与社会关系改善过程中发挥着重要作用。党的十九届四中全会提出要“深入推进简政放权、放管结合、优化服务，深化行政审批制度改革，改善营商环境，激发各类市场主体活力”，《关于取消非行政许可审批事项的决定》等政策的相继出台，对于深化行政审批制度改革、推进政府职能转变等也具有重要意义。

1. 推进行政审批流程的标准化建设

在行政审批制度改革实践中，地方政府尤其是县级政府应着力提升行政审批服务质量和服务效率，对审批内容、审批流程、审批费用、申报材料等内容一次性公示，并保证审批流程、审批进度、审批内容、审批人员等及时通过信息平台公示，可借鉴嘉兴相关实践经验，探索“全程代办”等制度，提高行政审批的实时性、透明性。加强对社会中介机构的改革力度，起草行政审批服务中介机构管理办法等相关文件，明确界定社会中介机构的行为规范；构建行政审批流程标准化建设制度保障体系，推进政府权力清单、政府责任清单、企业项目投资负面清单、政府部门专项资金管理清单、市场监管机制改革等工作，多角度、全方位完善行政审批制度改革。

2. 建立行政审批清单动态调整机制

对各级地方政府行政审批事项进行全面梳理，制定行政审批事项目录，参照浙江省等地区开展的“四单一网”工作经验，依据政府权力清单、政府责任清单、企业项目投资负面清单、政府部门专项资金管理清单，建立完善行政审批负面清单制度，确保不合法的事项不进目录、不进目录的事项不再审批。根据法律法规修订情况和国务院决定，及时调整审批层级。地方政府尤其是县（市、区）级政府可借鉴《嘉兴市行政审批事项下放运行实施办法》等政策文件，制定各级政府行政审批事项动态调整管理办法，建立严格的新增事项准入制度，确保行政审批事项依法设定、依法实施；追踪现有审批项目的设立依据及国家新出台或调整的法律、法规等依据，提出调整、取消和变更审批事项的意见，报上级审核通过后，及时向社会公开。

3. 创新行政审批事中事后监管制度

各级地方政府在行政审批制度改革实践中，应重视对行政审批事中事后监管制度的创新与完善。建立、创新行政审批事中事后监管制度，有助于避免“运动式”的改革，将行政审批制度改革从临时性的“活动”上升为一项常态“制度”，将相关工作升级为深化行政审批制度改革、推进政府职能转变的重要工具而不再是事后补救手段。事中监管需根据经济社会状况、外部制度环境，对行政审批制度改革取得的中期成效进行分析，提出继续执行、修改执行或立即终止的建议；健全社会监督制度，通过开设投诉电话、投诉信箱等多种形式，接受社会监督。事后监管需落实行政审批绩效管理和问责制度，建立行政审批责任人权责清单，根据清单所示行政审批权力义务，对相关责任人落实行政审批情况进行绩效考评；若出现违法、违规实施审批事项的，查明属实后应追究相关责任人的法律、行政责任。

7.2.4 健全以流程为中心的公共资源支撑体系

地方政府职能转变是一个系统工程，关联着政治、经济、社会、文化等领域各类主客体和软硬件，需各要素全方位支持。任何组织的生产、运营、管理活动都须通过组织流程表达出来，业务流程的输出结果即为组织的产品与服务，对业务流程的优化自然成为提升组织绩效的核心与关键。实证分析结果也显示，与地方政府职能转变相关的战略规划以及人力、物力、财力等资源的配置，对最终绩效的直接影响不大，绝大部分影响力必须通过行政审批流程等配套措施实现，因此迫切需要构建流程为中心的职能转变保障体系，有效提升地方政府职能转变绩效。

20世纪80年代末，在顾客（Customer）、竞争（Competition）、变革（Change）等3股力量影响下，“业务流程再造”（Business Process Reengineer，简称BPR）思想得到了广泛实践。BPR本质是通过改变工作方式，重塑工作活动体系，从基于一种方式的运作转变为基于另一种方式的运作；组织高层必须将业务流程与组织架构、部门设置、人才培养、知识管理等深度整合，基于全局视角考虑问题，才能在最大程度上激发组织潜力。流程的优化与再造不仅涉及流程本身，以流程为中心的理念也促使了组织结构、工作内容、绩效评价等方面的整体性变革。在中国地方政府部门中，为解决责任不明而带来的组织低效问题，部门分工日趋精细，但这也带来信息不对称、信息获取成本高等一系列新问题（张劲松、朱勃勃，2013）。为进一步提升地方政府职能转变绩效，必须构建以流程为中心的职能转变保障体系，提升人力、物力、财力等公共资源的管理能力和利用效率。

1. 重视改革的顶层设计和顾客导向

地方政府职能转变涉及国务院多部门及各级地方政府权力和利益的调整与再分配，重视改革的顶层设计对推进落实地方政府职能转变至关重要。明确职能转变的重点任务及时间安排，根据区域发展需要，制定与行政体制、政治体制、文化体制、社会体制等相适应的短期目标和中长期目标，做好地方政府职能转变的战略设计和统筹规划。地方政府职能转变绩效的实证测评结果也显示，东部地区在地方政府职能转变实现方面表现更好，中、西部地区相对落后。职能转变过程中，中、西部地区地方政府在自身运行经济性、效果性、效率性、公正性的改善方面，以及与市场、社会关系的优化方面，与东部地区也有不小差距。中央政府应针对实证测评中反映出的区域差异制定针对性解决方案，在人员素质、财政水平、管理能力等方面给予中、西部地区适当的政策倾斜，将东部地区在地方政府职能转变过程中的实践经验创造性在中、西部地区推广落实，实现东、中、西部地区政府职能转变绩效的同步提升。

以流程为中心创新地方政府职能转变保障体系，是在源于企业界的 BPR 理念基础上，对职能转变过程中政府运作流程的再造与变革。同时基于公民满意度的流程再造过程也顺应了西方国家新公共管理运动顾客导向、服务导向的理念。而这一系列理念与我国服务型政府构建、地方政府职能转变绩效提升乃至行政管理体制改革深化一脉相承。因此，以政府流程再造的思想重新审视地方政府职能转变，其战略规划、政策法规的设计出台必须坚持顾客导向、服务导向，根据公众反馈和社会影响，及时修正完善相关战略规划、政策法规，提高针对性、阶段性和差异性。

2. 基于行政审批流程优化公共资源

公共资源优化的实质是根据区域发展需要，将配置公共资源的权力在同级政府部门内部和上下级政府之间进行重新规划与分配，进一步提升政府治理能力。公共资源优化配置也是提升地方政府职能转变绩效的基础性步骤，在改革现有政府结构方式和行政审批制度、推进地方政府职能转变过程中，对公共资源的优化、整合必须以流程为中心，将行政审批流程与政府职能配置和权力运行机制相结合，实现公共资源配置权力的整合，提升公共产品、公共服务供给的效率和质量（汪智汉、宋世明，2013）。

以社保业务中常见的异地急诊住院报销医疗费为例，应用电子签章前需主治医生、科室主任、分管院长、社保经办人员层层签字上报，且需医院社保办和社保经办机构盖实物章，人民群众则需异地奔波多次耗时至少 1 个月才可办结。在《威海市社会保险电子签章使用管理暂行办法》实施后，借助电子签章的巨大便利，异地急诊住院报销无需在参保地、居住地、医院间多次往返，只需到就近的经办机构申报，无需现场等候，相关报销医疗费即可快速打到相关人员社保卡上。

因此，为进一步优化地方政府职能转变绩效，应着力提升行政审批流程与职能转变各影响因素的整合程度：

（1）信息资源管理方面，下一步工作应根据群众和企业的办事需求，修订完善本部门办事事项指导目录，对申请条件、所需材料、受理部门、申请流程、办理时长等事项作出明确说明，对涉及多部门的审批流程，还应特别注明部门间提交材料的先后顺序，是否允许并联审批等；推进不同层级、部门间系统对接与数据共享，着力解决网络互联互通不畅、业务系统缺乏协同等问题。

（2）财政资源管理方面，基于财政支持构建完善的乡镇、村便民服务体系是保障政府职能转变、“放管服”改革、“最多跑一次”改革等地方实践持久保持生命力的根本。应加大财政资金投入，保障乡镇便民服务中心、村代办点等公共服务机构的改造升级顺利推进，并大力建设乡镇、村服务站点，丰富其业务职能和服务能力，给予相应的财政倾斜或政策配套支持，提升乡镇便民服务中心、村代办点以及村镇服务站点等各级行政审批服务中心的协同运作能力，加快形成“乡镇、村前台受理，市县行政服务中心后台办理，乡镇、村统一窗口出件”的工作流程。

（3）人力资源管理方面，行政审批流程优化工作应充分考虑到部分乡镇、村仍存在相当数量的群众不能熟练使用手机及网络，因此设立面向基层群众的政务服务站点是十分必要的，同时应加大对乡镇行政服务便民中心和村级代办点服务人员的业务培训力度和待遇保障水平。此外，部分地区还可以依托以往推行的网格化管理等优秀基层治理模式，通过政策、制度等工具优化网格员的服务职责，在充分调研基础上适当增加网格员代办政务服务事项的职责；充分行使乡镇行政服务职能和村代办点职能，提高乡镇、村响应群众诉求和为民服务能力。

第8章

结论与展望

8.1 主要结论

作为政府治理基本方向、核心理念和主要内容的直接反映，政府职能与市场、社会等各类主体联系紧密。作为行政管理体制改革的主线，政府职能转变从根本上制约着我国体制改革全局。特别是随着政府职能体系的优化、调整成为新时期深化党和国家机构改革的重点目标，转变政府职能的现实需求愈发迫切、重视程度日渐提高。近年来，我国各级地方政府积极推进政府职能转变，取得了显著成效。但总体来看，在市场经济体制与地方政府职能的互动关系，政府职能转变的动力因素、驱动机制，政府职能转变绩效的实证测评、影响因素及影响机理以及基于地方实践的政府职能转变维度建构与行动策略等方面的研究尚不充分，尤其实证研究还较为匮乏。

市场经济体制与地方政府职能的互动关系，政府职能转变的驱动机制、绩效测评等是政府职能研究领域的前沿问题。本书构建了以“环境—行动者—响应”为逻辑链的分析框架，采用面板数据对市场经济体制与地方政府职能进行了时空演化和耦合协调分析；在国内首次借助结构方程模型（SEM）深入揭示地方政府职能转变的动力因素及驱动机制；首次提出“地方政府职能转变绩效”的概念并进行实际测评，进一步阐释地方政府职能转变绩效的影响因素及影响机理。此外，本书对地方政府职能转变具体实践的大量案例进行了深入探讨，为进一步推动地方政府职能转变提供了有效建议，将研究成果转化为公共政策和政府行动计划。上述工作丰富了政府职能转变研究基本内容，深化了政府职能转变理论体系，对加快地方政府职能转变具有重要的决策参考价值和实践指导意义。

8.1.1 市场经济体制与地方政府职能的互动关系

基于情境—过程的视角，构建了以“环境—行动者—响应”为逻辑链的分析框架，阐释市场经济体制与地方政府职能的互动关系。市场经济体制改革作为环境变量对地方政府产生冲击，政府、市场、社会三者互相博弈，形成地方政府职能新形态。对市场经济体制与地方政府职能的结构要素进行研究，选择合适的指标测度两者的发展程度，并进行了信度和效度检验。采用构建的评价指标体系，借助省际面板数据，从时间特征、空间分布、区域差异等方面研究改革开放以来31个省级区域市场经济体制、地方政府职能结构、地方政府职能实施绩效的演变轨迹；构建了市场经济体制与地方政府职能耦合协调模型，基于省际面板数据，采用“市场经济体制—地方政府职能”矩阵、耦合协调度两种方法分析改革开放以来各省级区域市场经济体制与地方政府职能的耦合协调关系。

结果表明，市场经济体制发展程度不断提升，总体呈现东部 > 中部 > 西部的特点。从财政支出倾向来看，政府职能结构经历了重生产建设、轻公共服务，服务型政府建设调整期，公共服务主导、经济建设并进等三个阶段。地方政府职能综合指数不断提升，总体呈现东部 > 中部 > 西部的特点。随着时间的推移，市场经济体制与地方政府职能的协调度不断提升。东部地区市场经济体制与地方政府职能两方面发展均处于领先地位，协调程度较中、西部地区更高。

8.1.2 地方政府职能转变的动力因素与驱动机制

基于组织变革驱动力视角，提出了地方政府职能转变动力因素的分析框架，构建了包括情境动力、触发动力、使能动力的地方政府职能转变三元联合驱动概念模型。情境动力是诱发政府现行职能模式危机的动力因素，包括外部情境动力因素和内部情境动力因素；触发动力是导致政府新职能模式植入的动力因素，与影响地方政府决策和行动的主体相关；使能动力是推动政府新职能模式取代政府现行职能模式的动力因素，与地方政府职能转变执行的具体行动有关。采用Likert七点量表，从转型压力和绩效困境两个维度对情境动力进行实际测评；从政绩导向、民众诉求和领导推动三个维度对触发动力进行实际测评；从共识构建、组织协同和过程控制三个维度对使能动力进行实际测评；从行为和结果两个维度对政府职能转变进行实际测评。以三元动力因素为外生、内生潜变量，地方政府职能转变为内生潜变量，运用结构方程模型（SEM）深入考察了情境动力、触发动力、使能动力三元动力因素之间的关联强度及关联机理，系统揭示了三元动力因素对地方政府职能转变的驱动强度、驱动方式和驱动路径。

结果表明，地方政府职能转变驱动机制的主路径是情境动力通过触发动力（中介变量）影响使能动力，进而驱动地方政府职能转变。从情境动力对触发动力的影响来看，转型压力对政绩导向、民众诉求、领导推动具有显著的正向影响，影响强度从大到小排序为领导推动、政绩导向、民众诉求。从触发动力之间以及触发动力对使能动力的影响来看，政绩导向对领导推动具有显著的正向影响，影响强度较强。民众诉求对政绩导向具有显著的正向影响，影响强度较弱。领导推动对共识构建、组织协同、过程控制具有显著的正向影响，影响强度强。从使能动力对地方政府职能转变的影响来看，共识构建、组织协同、过程控制对地方政府职能转变具有显著的正向影响，影响强度从大到小排序为过程控制、组织协同、共识构建。

8.1.3 地方政府职能转变绩效的实证测评及影响机理

基于“任务绩效—周边绩效”模型，将地方政府职能转变绩效划分为内部优化绩效和社会适应绩效两个维度。内部优化绩效表征职能转变过程中地方政府自身运行模式的内部优化程度；社会适应绩效表征职能转变过程中地方政府对外部环境适应性的改善程度，并基于上述两个维度编制地方政府职能转变绩效的测评量表。借鉴欧盟公共部门通用评估框架（Common Assessment Framework）关于公共部门绩效影响因素的划分标准，将地方政府职能转变绩效影响因素划分为领导类、保障类、流程类等3

类。以各影响因素为外生、内生潜变量，以地方政府职能转变绩效（内部优化绩效、社会适应绩效）为内生潜变量，运用结构方程模型系统揭示了影响因素对地方政府职能转变绩效的影响强度和影响路径。

结果表明，我国地方政府职能转变绩效总体处于中等偏上水平，东部地区相对较高，中、西部地区较为接近。在内部优化绩效维度，东部地区最高，西部地区次之，中部地区最低；在社会适应绩效维度，东部地区最高，中部地区次之，西部地区最低。在总体绩效、内部优化绩效和社会适应绩效三个层面，东部地区都明显优于中、西部地区，且在统计上具有显著性。地方政府职能转变绩效的影响机理呈现如下特征：第一，领导力对内部优化绩效和社会适应绩效的影响强度明显高于其他影响因素，在职能转变过程中起决定性作用，是提升地方政府职能转变绩效的决定性因素。第二，行政审批流程、公民参与两个因素对地方政府职能转变内部优化绩效和社会适应绩效的影响强度仅次于领导力，对政府与市场、政府与社会的关系影响强度最大。第三，愿景与战略、公务员队伍建设、公共资源管理等影响因素通过行政审批流程这个中介变量对政府职能转变绩效产生间接影响。最后，社会适应绩效对内部优化绩效也有重要影响，政府与市场、政府与社会关系的改善，能够显著提升职能转变过程中地方政府自身运行情况。

8.1.4 基于浙江的地方政府职能转变的维度建构与行动策略

聚焦浙江省在经济调节、市场监管、社会管理、公共服务以及政府体制机制优化等领域的实践探索，提炼现实需求、关键领域、主要经验与解决方案，为相关治理模式与治理理念在更广范围乃至全国层面的借鉴、推广、复制与应用提供思路。一是提升经济调节职能，包括降低实体经济运行成本、强化实施创新创业战略、加快推动绿色城市发展、优化数字经济发展生态、自贸区建设如何勇立潮头等；二是强化市场监管职能，涉及强化食品安全监管、加强网约消费监管、打造新型营商环境、如何优化人才生态环境、深化综合行政执法改革等；三是优化社会管理职能，涵盖推进“平安浙江”建设、深化村社治理体系改革、保障技能人才稳定就业、打赢新冠疫情狙击战、推进互联网医院发展等；四是健全公共服务职能，包括健全“权力清单”制度、深化“最多跑一次”改革、优化“政府热线”服务、加强人才称号统筹治理、促进哲学社会科学发展等；五是创新行政管理职能，涉及全面激发基层党政干部活力、把控好地方主要领导调整节奏、着力整治“文山会海”乱象、推进地方政府政绩治理现代化等。

8.1.5　地方政府职能转变的动力再造与绩效提升

加快地方政府职能转变的动力再造方面，一是推行科学诊断，再造情境动力，包括健全专家顾问制度、优化政府绩效评估；二是发挥主体合力，再造触发动力，包括加强地方改革统筹部署、改进民众诉求表达机制、增强地方领导改革动机；三是加强变革管理，再造使能动力，包括构建改革共识、推进系统变革、加强过程管控。地方政府职能转变的绩效提升方面，一是强化服务公共决策的领导力；二是拓宽社会治理的公民参与；三是深化行政审批体制改革；四是健全以流程为中心的公共资源支撑体系等。

8.2 研究创新点

本书遵循科学研究的范式，创新之处主要包括以下几个方面：

8.2.1　构建了市场经济体制与地方政府职能互动关系的理论分析框架

以往研究中对于市场经济体制与地方政府职能的互动关系缺乏具有现实解释力的理论支撑。本书基于情境—过程的视角，构建了以“环境—行动者—响应”为逻辑链的分析框架，阐释市场经济体制与地方政府职能的互动关系。研究成果有助于准确地把握市场经济体制与地方政府职能互动的本质规律。

8.2.2　实证考察了市场经济体制与地方政府职能的互动关系

已有研究中对市场经济体制与地方政府职能的互动关系研究大多仅从时间维度进行考察，相对忽视空间维度，也缺乏综合评价模型对市场经济体制与地方政府职能的互动关系进行实证考察。本书从空间、时间两个维度，构建了市场经济体制与地方政府职能耦合协调模型，基于省际面板数据，采用“市场经济体制—地方政府职能”矩阵、耦合协调度两种方法分析市场经济体制与地方政府职能的耦合协调关系。

8.2.3 系统考察了地方政府职能转变的动力因素与驱动机制

以往研究中对地方政府职能转变动力因素及驱动机制的考察缺乏系统性，也缺乏成熟的理论以及实证研究的有力支撑。基于组织变革驱动力视角，提出了地方政府职能转变动力因素的分析框架，构建了包括情境动力、触发动力、使能动力的地方政府职能转变三元联合驱动概念模型，首次采用结构方程模型（SEM）揭示地方政府职能转变的动力因素及驱动机制。

8.2.4 构建了用于分析地方政府职能转变绩效及影响机理的理论框架

学术界对绩效影响因素作用机理的分析缺乏理论支撑，本书在对欧盟通用评估框架（Common Assessment Framework）的背景、内涵及中国适用性进行充分论证基础上，提出了地方政府职能转变绩效及影响机理的分析框架，拓宽了地方政府职能转变绩效研究范围，有助于创新发展政府职能转变绩效理论框架。

8.2.5 阐释了地方政府职能转变绩效的影响机理

在国内首次提出地方政府职能转变绩效的概念，关于地方政府职能转变绩效的实际测评、影响因素及影响机理等问题研究在国内具有前沿性和创新性。借助结构方程模型等方法详细解释了地方政府职能转变绩效影响因素是如何对内部优化绩效和社会适应绩效产生影响的，影响路径呈现怎样的规律性，影响效应如何，一定程度上丰富、完善了地方政府职能转变绩效及影响机理的模型研究，有助于为进一步提升地方政府职能转变的实施效果提供决策参考和实践指导。

8.3 研究不足与展望

受研究条件限制，存在的不足及需要改进完善的地方主要包括以下方面：

8.3.1 理论模型的构建有待完善

由于可供借鉴和参考的专门研究市场经济体制与地方政府职能的互动关系以及地方政府职能转变动力因素与驱动机制、绩效测评与影响机理的文献较少，而且现实中地方政府职能转变相当复杂，因此，本书提出的理论模型存在进一步完善的空间，比如缺乏系统反馈（地方政府职能转变的实施及其绩效会反过来影响地方政府的内外部环境以及利益相关者的认知与行为），存在未纳入理论模型的影响地方政府职能转变的其他变量。

8.3.2 研究变量的测评有待完善

关于研究变量的测评，由于缺乏成熟的、可供参考及相互印证的量表，本书虽然通过小规模访谈修改完善测评指标，并通过预调查分析判断测评指标的有效性，但仍可能存在一些偏差。此外，本书部分测评指标数据采取问卷调查法收集，由问卷填答人判断调查对象的情况，可能会因为问卷填答人的主观性导致对变量的实际测评存在偏差，进而影响后续研究的质量。

8.3.3 研究取样科学性有待提高

受制于研究条件，本书在进行问卷调查时主要采用方便抽样和判断抽样，通过访谈、邮寄、电邮、微信、在线网站等方式发放，在地区分布、行业分布等方面的均衡性有待提高，虽然也能在一定程度上实现抽样随机性，但仍不能与简单随机抽样、分层随机抽样、系统抽样等方法相比，也导致一系列反映区域差异、行业差异的深入研究因样本量不足而无法展开。

今后研究可在以下几个方面深化拓展：（1）通过更多的理论探讨以及实证检验，进一步完善理论模型。（2）进一步理清各项变量的内涵，开展更多的实证检验，开发研究变量的测评量表。（3）扩大实证调查范围。采用分层随机抽样，在东部、中部、西部各抽取200个县级行政区域作为研究样本，在扩大样本容量的基础上更新结构方程模型，并对三大地区分别建模分析。

参考文献

[1] 包国宪．绩效评价：推动地方政府职能转变的科学工具——甘肃省政府绩效评价活动的实践与理论思考[J]．中国行政管理，2005（7）：86－91.

[2] 包国宪，曹西安．我国地方政府绩效评价的回顾与模式分析[J]．兰州大学学报，2007，35（1）：34－39.

[3] 包雅钧．当前中国社会治理评估的思考[J]．科学决策，2011（7）：80－91.

[4] 包雅钧．十八大以来政府职能转变改革进展与成效评估[J]．新视野，2017（1）：49－54.

[5] 鲍宗豪，崔翔．在深化改革中建构政府职能转变的动力机制[J]．河北学刊，2014（3）：109－115.

[6] 彼得斯．政府未来的治理模式［M］．北京：中国人民大学出版社，2001.

[7] 毕克新，施芳芳，温巧云．基于FAHP的行政审批制度改革绩效评价研究[J]．科技与管理，2012，14（2）：20－23.

[8] 毕新华，王磊，曹越．信息化领导力对信息技术参与服务创新影响机理的实证研究[J]．情报科学，2015，33（4）：125－131.

[9] 蔡立辉．西方国家政府绩效评估的理念及其启示[J]．清华大学学报（哲学社会科学版），2003，18（1）：76－84.

[10] 蔡立辉，龚鸣．整体政府：分割模式的一场管理革命[J]．学术研究，2010（5）：33－42.

[11] 蔡长昆．从“大政府”到“精明政府”：中国政府职能转变的逻辑——交易成本政治学的视角[J]．公共行政评论，2015（2）：99－124，181.

[12] 蔡长昆．政府职能转变的制度逻辑：基于交易成本政治学视角[M]．北京：社会科学文献出版社，2018.

[13] 操世元．论地方政府职能转变的动力与障碍——以杭州市为例[J]．理论导刊，2010（2）：54－57.

[14] 曹文宏．建国以来政府与市场关系：基于政治和经济的二维解读[J]．东南学术，2014（6）：52－58.

[15] 曹正汉．中国上下分治的治理体制及其稳定机制[J]．社会学研究，2011（1）：1－40.

[16] 陈冬仿．社会治理创新视角下政府职能转变问题探析[J]．领导科学，2020（18）：120－122.

[17] 陈国权，黄振威．地方政府创新研究的热点主题与理论前瞻[J]．浙江大学学报（人文社会科学版），2010，40（4）：14－26.

[18] 陈国权，徐露辉．责任政府：思想渊源与政制发展[J]．政法论，2008，26（2）：31－38.

[19] 陈家喜，杨道田．有限政府、有为政府与政府改革[J]．理论视野，2016（1）：18－21.

[20] 陈丽君，傅衍．我国公共政策执行逻辑研究述评[J]．北京行政学院学报，2016（5）：37－46.

[21] 陈庆．转型期政府与市场的制度博弈——一个委托代理模型的中国案例分析[J]．南方经济，2013（9）：17－26.

[22] 陈升，王梦佳，李霞．有限政府理念下行政审批改革及绩效研究——以浙、豫、渝等省级权力清单为例[J]．公共行政评论，2017，10（4）：80－94，194.

[23] 陈淑云，曾龙．经济集聚与地方政府规模变动——来自中国省级面板数据的经验证据[J]．西安交通大学学报（社会科学版），2017，37（5）：12－20.

[24] 陈天祥，李倩婷．从行政审批制度改革变迁透视中国政府职能转变——基于1999－2014年的数据分析[J]．中山大学学报（社会科学版），2015，55（2）：132－151.

[25] 陈天祥，赵慧．从财政支出结构变迁看地方政府职能转变——基于广东省1978－2013年的数据分析[J]．中山大学学报（社会科学版），2016，56（6）：136－156.

[26] 陈雪莲，杨雪冬．地方政府创新的驱动模式——地方政府干部视角的考察[J]．公共管理学报，2009 (3)：1 –11．

[27] 迟福林．改革开放40年建立与完善社会主义市场经济体制的基本实践[J]．改革，2018 (8)：35 –48．

[28] 崔兵，邱少春．“为什么而竞争?”：新常态下地方政府的竞争激励[J]．理论月刊，2017 (7)：118 –121，159．

[29] 戴魁早，刘友金．市场化改革对中国高技术产业研发投入的影响[J]．科学学研究，2013，31 (1)：50 –57，78．

[30] 戴维·奥斯本，特德·盖布勒．改革政府 [M]．上海：上海译文出版社，1996．

[31] 戴维·罗森布罗姆，罗伯特·克拉夫丘克．公共行政学：管理、政治和法律的途径 [M]．北京：中国人民大学出版社，2002．

[32] 翟云．重塑政府治理模式：以“互联网 + 政务服务”为中心[J]．国家行政学院学报，2018 (6)：128 –132，191．

[33] 丁霞，颜鹏飞．论我国政府职能的变革与转型[J]．经济学家，2011 (5)：97 –98．

[34] 董礼胜．公务员对我国行政改革的认知状况调查——基于对浙江省公务员群体的调查[J]．中国行政管理，2012 (2)：68 –73．

[35] 杜创国．西方发达国家的政府职能变革[J]．生产力研究，2000 (5)：15 –17．

[36] 杜创国．政府职能转变论纲 [M]．北京：中央编译出版社，2008：118．

[37] 段文斌，张文，刘大勇．从高速增长到高质量发展——中国改革开放40年回顾与前瞻[J]．学术界，2018 (4)：35 –51．

[38] 樊纲，王小鲁，朱恒鹏．中国市场化指数——各地区市场化相对进程2011年报告 [M]．北京：经济科学出版社，2011．

[39] 范柏乃，蓝志勇．公共管理研究方法（第三版） [M]．北京：科学出版社，2018．

[40] 范柏乃，张电电．地方政府职能转变的制度红利及其生成机制——以行政审批流程为中介变量[J]．管理世界，2018，34 (4)：67 –79．

[41] 范柏乃，张鸣．加快政府职能转变的实现路径：四张清单一张

网［M］. 杭州：浙江大学出版社，2016.

［42］范柏乃，朱华. 我国地方政府绩效评价体系的构建和实际测度［J］. 政治学研究，2005（1）：84－95.

［43］方来坛，时勘，张风华等. 员工敬业度、工作绩效与工作满意度的关系研究［J］. 管理评论，2011，23（12）：108－115.

［44］费兰克·费希尔. 公共政策评估［M］. 北京：中国人民大学出版社，2003.

［45］付光伟. 市场转型过程中地方政府角色研究的三大范式之比较［J］. 山东行政学院学报，2014（10）：7－13.

［46］高翔. 建立适应数字时代的政府治理新形态［J］. 探索与争鸣，2021（4）：141－146，179，180.

［47］耿达. 政府购买公共文化服务：职能转型与机制创新［J］. 武汉科技大学学报（社会科学版），2016，18（2）：142－147.

［48］顾训宝. 十年来我国公民参与现状研究综述［J］. 北京行政学院学报，2009（4）：33－38.

［49］官永彬. 我国区际基本公共服务差距评价指标体系构建及其实证分析［J］. 经济体制改革，2011（5）：13－17.

［50］郭栋，胡业飞. 地方政府竞争：一个文献综述［J］. 公共行政评论，2019，12（3）：156－173，193，194.

［51］郭菊娥，袁忆，张旭. 改革开放40年政府职能转变的演进过程［J］. 西安交通大学学报（社会科学版），2018，38（6）：46－56.

［52］郭明. 地方政府改革的动力机制分析——以广东省顺德区容桂街道为例［J］. 社会主义研究，2014（6）：78－84.

［53］郝娟. 中国区域市场化进程的新特点——基于市场化指数的聚类分析［J］. 生产力研究，2006（8）：123－125.

［54］何强. 地方政府职能转变的动力机制与路径［J］. 黑龙江社会科学，2008（1）：40－42.

［55］何士青. 新中国政府职能转换的历史回顾与法学反思［J］. 国家行政学院学报，2006（2）：51－54.

［56］何显明. 区域市场化进程中的“有效政府”及其演进逻辑——“浙江现象”中的政府角色之40年回顾［J］. 浙江社会科学，2018（3）：4－15.

[57] 何显明，张鸣．重塑政府改革的逻辑：以“最多跑一次”改革为中心的讨论[J]．治理研究，2018，34（1）：92－99.

[58] 何颖．我国政府职能转变问题的反思[J]．行政论坛，2010，17（4）：35－38.

[59] 何增科．中国政府创新的趋势分析——基于五届“中国地方政府创新奖”获奖项目的量化研究[J]．北京行政学院学报，2011（1）：1－8.

[60] 何增科．中国地方政府创新的类型与趋势（2000—2012）——基于前六届“中国地方政府创新奖”获奖项目的定量研究[J]．当代中国政治研究报告，2014（1）：177－194.

[61] 何哲．行政体制改革中的管理问题与政治问题——基于组织变革和流程再造视角的分析[J]．中国行政管理，2013（9）：20－24.

[62] 何铮，谭劲松，陆园园．组织环境与组织战略关系的文献综述及最新研究动态[J]．管理世界，2006（11）：144－151.

[63] 洪银兴．中国经济转型和转型经济学[J]．经济学动态，2006（7）：26－31.

[64] 侯保疆．我国政府职能转变的历史考察与反思[J]．政治学研究，2003（1）：83－88.

[65] 胡佳．中国行政改革动力研究综述——行政改革动力的多维度分析[J]．理论与改革，2009（4）：10－13.

[66] 胡家勇．试论社会主义市场经济理论的创新和发展[J]．经济研究，2016，51（7）：4－12.

[67] 胡宁生．国家治理现代化：政府、市场和社会新型协同互动[J]．南京社会科学，2014（1）：80－86，106.

[68] 黄庆杰．20世纪90年代以来政府职能转变述评[J]．北京行政学院学报，2003（1）：34－39.

[69] 黄新华．市场经济体制建立和完善进程中的地方政府治理变革——改革开放以来地方行政管理体制改革的回顾与前瞻[J]．政治学研究，2009（2）：94－105.

[70] 黄子通，段萱．政府职能转型中的编制改革问题研究——基于基层编制改革的动态匹配探索[J]．中国行政管理，2017（7）：18－23.

[71] 霍海燕．中国公民社会影响政策过程的变量分析[J]．郑州大学学报（哲学社会科学版），2011，44（1）：5－9.

[72] 贾俊雪，宁静. 纵向财政治理结构与地方政府职能优化——基于省直管县财政体制改革的拟自然实验分析[J]. 管理世界，2015 (1)：7-17，187.

[73] 江晓薇，宋红旭. 中国市场经济度的探索[J]. 管理世界，1995 (6)：33-37.

[74] 姜杰，蒋文丽，梁贝贝. 行政定位的演变与"有效政府"[J]. 中国行政管理，2014 (11)：38-42.

[75] 姜晓萍，陈朝兵. 公共服务的理论认知与中国语境[J]. 政治学研究，2018 (6)：2-15，126.

[76] 蒋晓娟，王月菊，陈兴鹏等. 中国人口—经济—空间—社会城市化耦合协调的时空演变分析[J]. 兰州大学学报（社会科学版），2015，43 (5)：63-71.

[77] 柯健，裴亮亮. 组织变革中的人力资源管理对策[J]. 中国人力资源开发，2008 (6)：10-13.

[78] 科尔尼. 科尔尼2020年全球城市指数报告[EB/OL]. https：//xueqiu. com/9508834377/166078629，2020.

[79] 拉塞尔·林登. 无缝隙政府 [M]. 北京：中国人民大学出版社，2002.

[80] 蓝煜昕. 地方政府机构改革轨迹、阶段性特征及其下一步[J]. 改革，2013 (9)：13-19.

[81] 劳伦斯·克雷曼. 人力资源管理：获取竞争优势的工具 [M]. 北京：机械工业出版社，1999.

[82] 雷战波，姜晓芳. 我国电子政务绩效评估发展综述[J]. 情报杂志，2006 (12)：13-17.

[83] 李保林，刘强，高云. 路径依赖与政府职能转变的关联性探析[J]. 广东行政学院学报，2014 (1)：33-35.

[84] 李超平，时勘. 变革型领导的结构与测量[J]. 心理学报，2005，37 (6)：803-811.

[85] 李丹. 改革开放以来我国政府职能转变的发展历程与趋势[J]. 山东行政学院学报，2019 (3)：12-19.

[86] 李海峰. 基于公民主体性视域下的公共政策辩论问题思考[J]. 辽宁行政学院学报，2011 (2)：8-11.

[87] 李汉林，渠敬东，夏传玲等．组织和制度变迁的社会过程——一种拟议的综合分析[J]．中国社会科学，2005（1）：94－108，207.

[88] 李华俊，赵立新，余湛．政府购买社会组织服务与政府职能转变——关系、困境和出路[J]．江汉学术，2020，39（6）：27－35.

[89] 李景鹏．地方政府创新与政府体制改革[J]．北京行政学院学报，2007（3）：1－4.

[90] 李军杰，钟君．中国地方政府经济行为分析——基于公共选择视角[J]．中国工业经济，2004（4）：27－34.

[91] 李军鹏．面向社会主义现代化新发展阶段的政府职能转变[J]．中共中央党校（国家行政学院）学报，2021，25（4）：71－80.

[92] 李维安，王世权．利益相关者治理理论研究脉络及其进展探析[J]．外国经济与管理，2007，29（4）：10－17.

[93] 李文钊，毛寿龙．中国政府改革：基本逻辑与发展趋势[J]．管理世界，2010（8）：44－58.

[94] 李义超，王翔．地方政府经济职能对银行业发展的作用——基于省际面板数据的实证研究[J]．金融论坛，2013（3）：66－72.

[95] 李瑛，杜逢明．通用评估框架的价值理念——基于组织学角度的分析[J]．兰州学刊，2010（1）：94－96.

[96] 李瑛，刘少山．公共部门绩效评估模型[J]．东北师大学报（哲学社会科学版），2012（4）：68－70.

[97] 李永亮，高红．政府职能向社会转移的实效研究：制度、路径与运作[J]．东岳论丛，2018，39（4）：102－108.

[98] 李永友．中国地方财政资金配置效率核算与分析[J]．经济学家，2010（6）：95－102.

[99] 李友梅．“倒逼”机制与改革开放的推进[J]．探索与争鸣，2018（9）：27－30.

[100] 李振志．政府治理评估中 KKZ 指标的编制及缺陷[J]．统计与决策，2013（13）：28－30.

[101] 厉以宁．中国经济双重转型之路［M］．北京：中国人民大学出版社，2013.

[102] 梁玉成．市场转型过程中的国家与市场——一项基于劳动力退休年龄的考察[J]．中国社会科学，2007（5）：129－142.

[103] 林尚立．政府改革：责任、能力与绩效[J]．上海大学学报（社会科学版），2007，14（3）：68－73.

[104] 刘瀓元，闫磊．区域市场化测度意义与指标体系构建——基于对国内市场化研究之述评[J]．生产力研究，2005（1）：223－225，231.

[105] 刘生龙，龚锋．政府规模与经济增长：理论及实证[J]．产业经济评论，2017（6）：43－59.

[106] 刘旺洪．法治政府的基本理念[J]．南京师大学报（社会科学版），2006（4）：24－29.

[107] 刘武，朱晓楠．服务接受者满意度指数模型：服务型政府绩效评估的新方法及其应用［M］//马骏，侯一麟．公共管理研究（第4卷）．上海：上海人民出版社，2006：114－128.

[108] 刘旭涛，纵向东．欧盟国家公共部门通用评估框架评介[J]．国家行政学院学报，2005（6）：77－80.

[109] 刘雪华．论服务型政府建设与政府职能转变[J]．政治学研究，2008（4）：108－113.

[110] 刘耀彬，宋学锋．城市化与生态环境耦合模式及判别[J]．地理科学，2005（4）：26－32.

[111] 刘易斯·科塞．社会冲突的功能［M］．北京：华夏出版社，1989.

[112] 卢坤建．回应型政府：理论基础、内涵与特征[J]．学术研究，2009（7）：66－70.

[113] 卢中原，胡鞍钢．市场化改革对我国经济运行的影响[J]．经济研究，1993（12）：49－55.

[114] 罗峰．渐进过程中的政府职能转变：价值、动因与阻力[J]．学术月刊，2011，43（5）：23－30.

[115] 罗富政，罗能生．政府竞争、市场集聚与区域经济协调发展[J]．中国软科学，2019（9）：93－107.

[116] 罗敏，张佳林，陈辉．政府职能转变与政府建设的三维路向[J]．社会科学家，2021（5）：145－149.

[117] 吕同舟．政府职能转变的理论逻辑与过程逻辑——基于国家治理现代化的思考[J]．国家行政学院学报，2017（5）：54－58，145.

[118] 吕维霞，王永贵．基于公众感知的政府公信力影响因素分析

[J]. 华中师范大学学报（人文社会科学版），2010，49（4）：33－39.

[119] 马宝成，吕洪业，王君琦等. 党的十八大以来政府职能转变的重要进展与未来展望[J]. 行政管理改革，2017（10）：28－34.

[120] 马斌，徐越倩. 地方政府职能转变的内在逻辑：权力配置的分析框架[J]. 中共杭州市委党校学报，2010（6）：36－41.

[121] 马春雨. 国家治理现代化背景下政府职能转变：一个分析框架[J]. 改革与开放，2017（15）：1－3，9.

[122] 马格努斯·莱纳. "第三条道路"的讣告：金融危机和欧洲社会民主主义[J]. 国外理论动态，2011（5）：44－48.

[123] 马国芳，刘洪. 近30年来政府职能转变历程及目前的定位研究[J]. 云南财经大学学报（社会科学版），2009（4）：55－59.

[124] 马怀德. 法治政府特征及建设途径[J]. 国家行政学院学报，2008（2）：36－39.

[125] 马静，徐晓林，陈涛. 电子政务绩效评估研究——基于服务型政府的视角[J]. 河南社会科学，2012，20（2）：70－74.

[126] 马骏. 中国公共预算面临的最大挑战：财政可持续[J]. 国家行政学院学报，2013（5）：19－30.

[127] 马力宏. 政府与市场关系的浙江模式——浙江30年变化的一个分析视角[J]. 中国行政管理，2008（12）：33－37.

[128] 马亮. 目标治国、绩效差距与政府行为：研究述评与理论展望[J]. 公共管理与政策评论，2017，6（2）：77－91.

[129] 马卫红. 政府职能转变：走向管控还是服务？[J]. 经济社会体制比较，2016（3）：105－114.

[130] 马英娟，李德旺. 我国政府职能转变的实践历程与未来方向[J]. 浙江学刊，2019（3）：74－84.

[131] 毛捷，管汉晖，林智贤. 经济开放与政府规模——来自历史的新发现（1850－2009）[J]. 经济研究，2015，50（7）：87－101.

[132] 梅冬州，杨友才，龚六堂. 货币升值与贸易顺差：基于金融加速器效应的研究[J]. 世界经济，2013，36（4）：3－21.

[133] 倪星. 政府合法性基础的现代转型与政绩追求[J]. 中山大学学报（社会科学版），2006，46（4）：81－87.

[134] 潘凤. 对外开放、政府规模与经济增长——基于1978－2015

年我国省域面板数据的实证分析[J]. 软科学，2018，32（4）：31－34.

[135] 潘小娟. 中国政府改革七十年回顾与思考[J]. 中国行政管理，2019（10）：25－32.

[136] 潘秀珍，褚添有. 利益冲突性制度变迁——转型期中国行政审批制度改革的理论模型[J]. 中国行政管理，2010（5）：14－18.

[137] 庞明川. 转轨经济中政府与市场关系中国范式的形成与演进——基于体制基础、制度变迁与文化传统的一种阐释[J]. 财经问题研究，2013（12）：3－10.

[138] 齐卫平，王可园，唐兴军. 转变政府职能的三个认识维度[J]. 江汉论坛，2013（9），107－111.

[139] 曲延春. 乡镇政府职能转变：乡镇干部的认知研究——基于山东省问卷调查的分析[J]. 中共中央党校学报，2017，21（4）：88－96.

[140] 任保平，宋文月. 经济发展方式转变中的政府与市场[J]. 政治经济学研究，2015，16（1）：99－110.

[141] 尚虎平，李逸舒. 一种概念界定的工具：原子图谱法——以"绩效""政府绩效""政府绩效评估"概念为例[J]. 甘肃行政学院学报，2011（4）：15－29，126.

[142] 尚虎平，肖丽. 行政审批制度改革：政府职能转变的突破口——基于鼓励地方创新的"中国经验"分析[J]. 秘书，2019（4）：3－14.

[143] 沈荣华. 关于转变政府职能的若干思考[J]. 政治学研究，1999（4），54－60.

[144] 施雪华. 政府职能转变模式与政府能力比较分析[J]. 学习月刊，2005（3）：13－16.

[145] 施雪华. "服务型政府"的基本涵义、理论基础和建构条件[J]. 社会科学，2010（2）：3－11.

[146] 石亚军. 当前推进政府职能根本转变亟需解决的若干深层问题[J]. 中国行政管理，2015（6）：8－20.

[147] 石亚军，高红. 政府职能转移与购买公共服务关系辨析[J]. 中国行政管理，2017（3）：11－14，156.

[148] 史传林. 社会治理中的政府与社会组织合作绩效研究[J]. 广东社会科学，2014（5）：81－88.

[149] 史云贵. 当前我国政府职能转变中的问题与路径创新[J]. 理论与改革, 2016 (3): 87 - 92.

[150] 世界银行. 1997 年世界发展报告: 变革世界中的政府 [M]. 北京: 中国财政经济出版社, 1997.

[151] 斯蒂芬·罗宾斯, 蒂莫西·贾奇. 组织行为学 (第 14 版) [M]. 北京: 清华大学出版社, 2012.

[152] 宋丙涛, 潘美薇. 政府职能的结构与演化——基于公共产品供给的视角[J]. 河北大学学报 (哲学社会科学版), 2016, 41 (6): 88 - 95.

[153] 宋宇文, 刘旺洪. 国家治理现代化进程中政府职能转移的本质、方式与路径[J]. 学术研究, 2016 (2): 75 - 81.

[154] 孙彩红. 我国政府职能转变和改革的目标定位——仅仅是把政府建设成服务型政府吗? [J]. 行政论坛, 2010, 17 (1): 37 - 40.

[155] 孙萍, 陈诗怡. 我国政府职能转变研究进路与前沿态势的可视化分析[J]. 行政与法, 2020 (7): 22 - 31.

[156] 孙巧丽. 构建诚信政府的有效途径探析[J]. 中国行政管理, 2005 (6): 31 - 32.

[157] 孙涛, 孙宏伟. 比较视野下的中国地方政府改革及其挑战[J]. 行政论坛, 2018, 25 (6): 66 - 71.

[158] 孙涛, 张怡梦. 从转变政府职能到绩效导向的服务型政府——基于改革开放以来机构改革文本的分析[J]. 南开学报 (哲学社会科学版), 2018 (6): 1 - 10.

[159] 孙晓华, 李明珊. 我国市场化进程的地区差异: 2001—2011 年[J]. 改革, 2014 (6): 59 - 66.

[160] 孙迎春. 欧洲通用绩效评估框架的发展及启示[J]. 国家行政学院学报, 2006 (6): 91 - 93.

[161] 汤摇梅, 卜摇凡. 论现代国家治理体系中的政府权力配置与运作[J]. 探索, 2014 (1): 4 - 7.

[162] 唐保庆, 邱斌, 孙少勤. 中国服务业增长的区域失衡研究——知识产权保护实际强度与最适强度偏离度的视角[J]. 经济研究, 2018, 53 (8): 147 - 162.

[163] 唐皇凤. 经济发展方式转变与政府治理模式转型[J]. 中州学刊, 2014 (10): 10 - 14.

[164] 唐任伍，唐天伟．区域间地方政府运行效率测度：2000—2009[J]．改革，2011（7）：149－153.

[165] 唐天伟，曹清华，郑争文．地方政府治理现代化的内涵、特征及其测度指标体系[J]．中国行政管理，2014（10）：46－50.

[166] 唐铁汉．我国政府职能转变的成效、特点和方向[J]．国家行政学院学报，2007（2）：10－13.

[167] 唐兴军，齐卫平．治理现代化中的政府职能转变：价值取向与现实路径[J]．社会主义研究，2014（3）：83－90.

[168] 陶建武．地方政府创新的动力与过程[J]．重庆社会科学，2015（9）：38－46.

[169] 陶庆．“问题倒逼”与政府职能转变——以上海自贸区建设的若干困境为例[J]．经济体制改革，2015（6）：19－25.

[170] 万如意．对中国政府职能转变的定量观测——以财政支出结构为视角[J]．现代经济探讨，2011（2）：34－38.

[171] 汪锦军．公共服务中的公民参与模式分析[J]．政治学研究，2011（4）：51－58.

[172] 汪来杰，孙琪．我国政府职能转变的多重研究维度[J]．行政科学论坛，2018（10）：20－24.

[173] 汪玮．我国政府职能转变的动因和路径——新制度主义的视角[J]．云南行政学院学报，2007（5）：110－112.

[174] 汪智汉，宋世明．我国政府职能精细化管理和流程再造的主要内容和路径选择[J]．中国行政管理，2013（6）：22－26.

[175] 王飞绒，陈文兵．领导风格与企业创新绩效关系的实证研究——基于组织学习的中介作用[J]．科学学研究，2012，30（6）：943－949.

[176] 王桂梅，赵喜仓，罗雨森．政府干预对中国经济高质量发展的影响研究——基于面板数据的空间计量模型[J]．统计与信息论坛，2020，35（5）：44－52.

[177] 王国平．政府职能转变与经济发展水平[J]．国家行政学院学报，2004（5）：59－62.

[178] 王虹，仇艳艳．生态文明视域中的政府职能转变[J]．马克思主义与现实，2009（1）：166－168.

[179] 王辉，李晓轩，罗胜强. 任务绩效与情境绩效二因素绩效模型的验证[J]. 中国管理科学，2003，11（4）：80－85.

[180] 王建民. 战略管理学［M］. 北京：北京大学出版社，2013.

[181] 王丽莉，高键. 廉价政府：内涵、建设措施及其评估系统[J]. 中州学刊，2004（1）：46－50.

[182] 王连伟. 政府职能转变进程中明晰职权的四个向度[J]. 中国行政管理，2014（6）：40－43.

[183] 王琦玮，马亮，吴建南. 中国地方政府绩效评估工具的现状与未来——基于德尔菲法的研究[J]. 情报杂志，2009，28（10）：15－18，23.

[184] 王伟玲. 加快实施数字政府战略：现实困境与破解路径[J]. 电子政务，2019（12）：86－94.

[185] 王小鲁，樊纲，余静文. 中国分省份市场化指数报告（2016）[M]. 北京：社会科学文献出版社，2017.

[186] 王孝刚. 新时期政府职能转变内涵与路径探究[J]. 人民论坛，2014（29）：52－54.

[187] 魏凤春，于红鑫. 中国潜在财政危机的成因与对策[J]. 战略与管理，2002（1）：75－86.

[188] 魏淑艳，英明. 国家治理现代化视野下的中国政府治理模式探讨[J]. 社会科学辑刊，2015（2）：57－63.

[189] 吴建南，陈妮. 探索政府管理的"黑箱"：管理能力对政府绩效的影响分析[J]. 湘潭大学学报（哲学社会科学版），2006，30（2）：122－127.

[190] 吴建南，马亮，苏婷等. 政府创新的类型与特征——基于"中国地方政府创新奖"获奖项目的多案例研究[J]. 公共管理学报，2011（1）：94－103.

[191] 吴建南，马亮，杨宇谦. 中国地方政府创新的动因、特征与绩效——基于"中国地方政府创新奖"的多案例文本分析[J]. 管理世界，2007（8）：43－51.

[192] 吴建南，阎波. 政府绩效：理论诠释、实践分析与行动策略[J]. 西安交通大学学报，2004（3）：16－20.

[193] 吴建南，张攀，刘杰. 地方政府职能转变综合改革如何推动

[J]. 中国行政管理，2015 (4)：42 -46.

[194] 吴敬琏. 改革要聚焦有效有限政府[J]. 山东经济战略研究，2014 (6)：4.

[195] 吴明隆. 结构方程模型——AMOS 的操作与应用 (第 2 版) [M]. 重庆：重庆大学出版社，2010.

[196] 吴志华. 行政体制改革的动因、目标和难题[J]. 上海师范大学学报，2013，42 (3)：46 -51.

[197] 肖丹. 基于角色转型和职能转变的政府治理能力提升路径研究[J]. 领导科学，2019 (6)：31 -34.

[198] 谢庆奎. 政府学概论 [M]. 北京：中国科学出版社，2005.

[199] 谢舜，王天维. 公众需求偏好表达对地方公共支出结构的影响——基于中国省级面板数据的经验证据[J]. 云南财经大学学报，2018，34 (7)：91 -104.

[200] 熊光清. 中国经济新常态下的政府职能转变[J]. 哈尔滨工业大学学报 (社会科学版)，2016，18 (2)：2 -6.

[201] 熊文钊. 论中国中央与地方府际权力关系的重构[J]. 河北法学，2005，23 (9)：18 -26.

[202] 熊小平，傅小随，龚家瑞. 公共服务卓越绩效体系：行政管理痼疾的系统性治疗方案——对深圳市龙岗区政府整体性导入 CAF 的理论解析[J]. 中国行政管理，2011 (2)：22 -26，34.

[203] 徐碧琳. 网络组织核心企业领导力与网络组织效率关系研究[J]. 经济与管理研究，2011 (1)：108 -116.

[204] 徐晨光，王海峰. 中央与地方关系视阈下地方政府治理模式重塑的政治逻辑[J]. 政治学研究，2013 (4)：30 -39.

[205] 徐全忠. 政府组织行为学 [M]. 北京：对外经济贸易大学出版社，2010.

[206] 徐万里，孙海法，王志伟. 中国企业战略执行力维度结构及测量[J]. 中国工业经济，2008 (10)：97 -108.

[207] 徐湘林. 转型危机与国家治理：中国的经验[J]. 经济社会体制比较，2010 (5)：1 -14.

[208] 徐元元. 我国政府职能转变的路径探索——基于西方“政府再造”理论的视角[J]. 华中师范大学研究生学报，2013，20 (2)：28 -

31，40.

[209] 许明强．地方政府职能转变的困局：一个强制性制度变迁的视角[J]．北京行政学院学报，2009（6）：32-37.

[210] 薛澜，李宇环．走向国家治理现代化的政府职能转变：系统思维与改革取向[J]．政治学研究，2014（5）：61-70.

[211] 薛立强，杨书文．从“中央地方关系”到“政府间纵向关系”——代表性观点与理论趋势[J]．云南社会科学，2010（5）：36-40.

[212] 薛云奎，齐大庆，韦华宁．中国企业战略执行现状及执行力决定因素分析[J]．管理世界，2005（9）：88-98.

[213] 亚当·斯密．国富论［M］．北京：商务印书馆，2019.

[214] 颜德如，李过．“转变政府职能”：基于党和政府重要文献的概念史考察[J]．社会科学，2021（6）：30-42.

[215] 杨灿明，孙群力．外部风险对中国地方政府规模的影响[J]．经济研究，2008，43（9）：115-121，160.

[216] 杨鸿台．论法治政府、责任政府、服务政府及政府职能转变[J]．毛泽东邓小平理论研究，2004（7）：3-13.

[217] 杨建顺．论政府职能转变的目标及其制度支撑[J]．中国法学，2006（6）：25-31.

[218] 杨学渊．我国政府职能转变滞后的动力机制考察[J]．中共中央党校学报，2001（2）：110-112.

[219] 杨雪冬．简论中国地方政府创新研究的十个问题[J]．公共管理学报，2008（1）：16-26.

[220] 杨雪冬．过去10年的中国地方政府改革——基于中国地方政府创新奖的评价[J]．公共管理学报，2011（1）：81-93.

[221] 杨渊浩．西方民生建设背景下政府职能的演变及特征[J]．中国行政管理，2016（7）：140-144.

[222] 姚林香，欧阳建勇．我国农村公共文化服务财政政策绩效的实证分析——基于DEA-Tobit理论模型[J]．财政研究，2018（4）：86-97.

[223] 姚锐敏．政府职能之概念解析[J]．学习论坛，2011，27（9）：52-55.

[224] 姚先国．浙江经济改革中的地方政府行为评析[J]．浙江社会

科学，1999（3）：22－28.

[225] 姚志友，刘祖云．生态型政府：境遇、阐释及其建构[J]．南京农业大学学报（社会科学版），2008，8（3）：77－82.

[226] 叶托，胡税根．政府购买社会服务的绩效评估指标体系研究——基于德尔菲法和层次分析法的应用[J]．广东行政学院学报，2015，27（2）：5－13，45.

[227] 叶托，周婷．政府职能部门如何开辟新地盘？——以广东省F市民政局推动社会工作发展为例[J]．公共管理学报，2019，16（1）：41－53，171.

[228] 应松年，杨伟东．不断把政府职能转变推向深入[J]．中国行政管理，2006（4）：9－13.

[229] 余玮，张思复，贺茫等．企业流程运行效率相关因素分析[J]．重庆大学学报（自然科学版），2003，26（1）：24－26.

[230] 俞可平．全球治理引论[J]．马克思主义与现实，2002（1）：20－32.

[231] 俞可平．改革开放30年政府创新的若干经验教训[J]．国家行政学院学报，2008（3）：19－21.

[232] 俞可平．善治与幸福[J]．马克思主义与现实，2011（2）：1－3.

[233] 俞可平．中国的治理改革（1978—2018）[J]．武汉大学学报（哲学社会科学版），2018，71（3）：48－59.

[234] 郁建兴，徐越倩．服务型政府研究的理论进路与出路[J]．行政论坛，2012（1）：27－32.

[235] 郁建兴，朱心怡，高翔．政府职能转变与市场监管治理体系构建的共同演进逻辑——基于疫苗监管治理体系及应对危机事件的案例研究[J]．管理世界，2020，36（2）：7－16，214.

[236] 贠杰．有限政府论：思想渊源与现实诉求[J]．政治学研究，2005（1）：12－20.

[237] 约翰·托马斯．公共决策中的公民参与：公共管理者的新技能与新策略[M]．北京：中国人民大学出版社，2005.

[238] 臧乃康．政府绩效的复合概念与评估机制[J]．南通师范学院学报（哲学社会科学版），2001，17（3）：25－29.

[239] 张成福，边晓慧．超越集权与分权，走向府际协作治理[J].

公共管理与政策评论，2013（4）：6－15.

［240］张成福，谢侃侃．数字化时代的政府转型与数字政府［J］．行政论坛，2020，27（6）：34－41.

［241］张电电，张红凤，范柏乃．地方政府职能转变绩效：概念界定、维度设计与实证测评［J］．中国行政管理，2018（5）：33－39.

［242］张国庆．行政管理学［M］．北京：北京大学出版社，2002.

［243］张国庆．公共行政学（第三版）［M］．北京：北京大学出版社，2007.

［244］张国庆，李丹阳．市场选择与政府推动：新时期中国政府职能转变的价值抉择［J］．湖南社会科学，2007（4）：25－31.

［245］张洁珺，陈国权．西方政府职能转变历程、模式选择及其制约因素［J］．中共浙江省委党校学报，2000（4）：35－39.

［246］张劲松，朱勃勃．流程再造：地方服务型政府构建的路径［J］．领导科学，2013（8）：15－18.

［247］张婧，段艳玲．市场导向组织变革的动力机制研究［J］．科研管理，2013，34（10）：109－117.

［248］张军扩，侯永志，刘培林等．高质量发展的目标要求和战略路径［J］．管理世界，2019，35（7）：1－7.

［249］张康之．论政府的非管理化——关于“新公共管理”的趋势预测［J］．教学与研究，2000（7）：31－37.

［250］张康之．论行政发展的历史脉络［J］．四川大学学报（哲学社会科学版），2006（2）：51－57.

［251］张士威，臧乃康．经济新常态下政府职能的三重困局与消解路径［J］．现代经济探讨，2016（8）：30－33.

［252］张同斌，刘琳．政府干预、市场化进程与经济增长动力——兼论“简政放权”如何动态释放改革红利［J］．浙江社会科学，2017（1）：17－27.

［253］张伟，金玉国，康君．我国国民经济市场化进程的统计评价与实证分析［J］．中国软科学，2005（3）：24－36.

［254］张喜红．责任政治建设与政府职能转变：关系、路径与指向［J］．学习与探索，2019（12）：45－50.

［255］张晓峰．依法推进政府职能转变与国家治理现代化［J］．上海

行政学院学报，2016，17（1）：69－75.

［256］赵静，陈玲，薛澜．地方政府的角色原型、利益选择和行为差异——一项基于政策过程研究的地方政府理论[J]．管理世界，2013（2）：90－106.

［257］赵伟，隋月红．集聚类型，劳动力市场特征与工资——生产率差异[J]．经济研究，2015，50（6）：33－45.

［258］赵兴．“廉价政府”：建立节约型政府的目标[J]．马克思主义与现实，2007（6）：110－113.

［259］珍妮特·登哈特，罗伯特·登哈特．新公共服务：服务而不是掌舵［M］．北京：中国人民大学出版社，2004.

［260］郑方辉，邱佛梅．法治政府绩效评价：目标定位与指标体系[J]．政治学研究，2016（2）：67－79，127.

［261］郑家昊．论高度复杂性条件下的政府职能议题——职能转变路向与研究范式变革[J]．探索，2017（1）：27－33.

［262］郑建君．政府职能转变与公民公共服务满意度之关系——基于政府透明度和公民参与的实证分析[J]．哈尔滨工业大学学报（社会科学版），2017，19（4）：15－21.

［263］郑思齐，万广华，孙伟增等．公众诉求与城市环境治理[J]．管理世界，2013（6）：72－84.

［264］郑小强．政府职能转变动力机制研究——系统动力学观点[J]．上海行政学院学报，2013，14（3）：55－63.

［265］中国现代化战略研究课题组．中国现代化报告［M］．北京：北京大学出版社，2001.

［266］周光辉．构建人民满意的政府：40 年中国行政改革的方向[J]．社会科学战线，2018（6）：10－21，2.

［267］周黎安．中国地方官员的晋升锦标赛模式研究[J]．经济研究，2007（7）：36－50.

［268］周黎安．行政发包制[J]．社会，2014（6）：98－113.

［269］周黎安，陶婧．政府规模、市场化与地区腐败问题研究[J]．经济研究，2009，44（1）：57－69.

［270］周伟，练磊．地方治理能力评价的价值取向[J]．学术界，2014（11）：180－187.

[271] 周武星，田发．公共财政视角下的社会治理能力评估[J]．重庆社会科学，2015（4）：18－23.

[272] 周业安，冯兴元，赵坚毅．地方政府竞争与市场秩序的重构[J]．中国社会科学，2004（1）：56－65.

[273] 周志忍．当代西方行政改革与管理模式转换[J]．北京大学学报，1995（4）：81－87.

[274] 周志忍．新时期深化政府职能转变的几点思考[J]．中国行政管理，2006（10）：14－18.

[275] 周志忍．论行政改革动力机制的创新[J]．行政论坛，2010，17（2）：1－6.

[276] 周志忍，徐艳晴．基于变革管理视角对三十年来机构改革的审视[J]．中国社会科学，2014（7）：66－86.

[277] 朱光磊．中国政府职能转变问题研究论纲[J]．中国高校社会科学，2013（1）：145－155.

[278] 朱光磊，于丹．建设服务型政府是转变政府职能的新阶段——对中国政府转变职能过程的回顾与展望[J]．政治学研究，2008（6）：67－72.

[279] 朱丽峰．绩效评估：推进服务型政府建设的动力来源[J]．云南行政学院学报，2010（3）：118－121.

[280] 朱庆芳．社会指标体系［M］．北京：中国社会科学出版社，2001.

[281] 竺乾威．改革的逻辑：机构改革的回顾与展望[J]．复旦公共行政评论，2012（2）：187－200.

[282] 竺乾威．政府职能的三次转变：以权力为中心的改革回归[J]．江苏行政学院学报，2017（6）：91－98.

[283] 竺乾威．服务型政府：从职能回归本质[J]．行政论坛，2019，26（5）：96－101.

[284] 卓越，张晨舟．政府职能转变中绩效评估的工具作用[J]．北京行政学院学报，2014（5）：15－19.

[285] 邹伟，陈华，张辉等．政府职能演变与发展趋势研究［M］．南宁：广西民族出版社，2004.

[286] Aberbach J D，Christensen T. Radical reform in New Zealand：Crisis，windows of opportunity，and rational actors［J］．Public Administration，

2001, 79 (2): 403 -422.

[287] Abraham M, Crawford J, Fisher T. Key factors predicting effectiveness of cultural change and improved productivity in implementing total quality management [J]. International Journal of Quality & Reliability Management, 1999, 16 (2): 112 -132.

[288] Abramson M A, Breul J D, Kamensky J M. Six trends transforming government [R]. Washington D C: IBM Center for the Business of Government, 2006.

[289] Ahonen P, Virtanen P, Uusikylä P. Evaluation in Finland [M] // Furubo J, Rist R, Sandahl R. International Atlas of Evaluation. New Brunswick, NJ: Transaction Publishers, 2002: 47 -61.

[290] Alas R. The triangular model for dealing with organizational change [J]. Journal of Change Management, 2007, 7 (3 -4): 255 -271.

[291] Alesina A, Wacziarg R. Openness, country size and government [J]. Journal of Public Economics, 1998, 69 (3): 305 -321.

[292] Amabile T M, Schatzel E A, Moneta G B. Leader behaviors and the work environment for creativity: Perceived leader support [J]. The Leadership Quarterly, 2004, 15 (1): 5 -32.

[293] Andersen H T. The emerging Danish government reform – centralised decentralisation [J]. Urban Research & Practice, 2008, 1 (1): 3 -17.

[294] Andersen P T, Ansari W E, Rasmussen H B. Municipalities collaborating in public health: The Danish smoking prevention and cessation partnership [J]. International Journal of Environmental Research and Public Health, 2010, 7 (11): 3954 -3971.

[295] Andrews C W. Legitimacy and context: Implications for public sector reform in developing countries [J]. Public Administration and Development, 2008, 28 (3): 171 -180.

[296] Armenakis A A, Bedeian A G. Organizational change: A review of theory and research in the 1990s [J]. Journal of Management, 1999, 25 (3): 293 -315.

[297] Armenakis A A, Harris S G. Reflections: Our journey in organiza-

tional change research and practice [J]. Journal of Change Management, 2009, 9 (2): 127 -142.

[298] Arnstein S R. A ladder of citizen participation [J]. Journal of the American Institute of Planners, 1969, 35 (4): 216 -224.

[299] Astley W G, Van de Ven A H. Central perspectives and debates in organization theory [J]. Administrative Science Quarterly, 1983, 28 (2): 245 -273.

[300] Aucoin P. Administrative reform in public management: Paradigms, principles, paradoxes and pendulums [J]. Governance, 1990, 3 (2): 115 - 137.

[301] Bacala M, Bibu N. Considerations regarding the application of management tools in public institutions – CAF (Common Assessment Framework) in a Romanian regional context [J]. Revista de Management Comparat International, 2013, 14 (5): 746 -754.

[302] Baraldi S B. Evaluating results of public sector reforms in Rechtsstaat countries: The role of context and processes in the reform of the Italian and French cultural heritage system [J]. International Public Management Journal, 2014, 17 (3): 411 -432.

[303] Bassanini F. Overview of administrative reform and implementation in Italy: Organization, personnel, procedures and delivery of public services [J]. International Journal of Public Administration, 2000, 23 (2 -3): 229 -252.

[304] Battilana J, Leca B, Boxenbaum E. How actors change institutions: Towards a theory of institutional entrepreneurship [J]. Academy of Management Annals, 2009, 3 (1): 65 -107.

[305] Bel G, Hebdon R, Warner M. Local government reform: Privatization and its alternatives [J]. Local Government Studies, 2007, 33 (4): 507 - 515.

[306] Bennis W, Nanus B. Leaders: The Strategies for Taking Charge [M]. New York: Harper Collins, 2012.

[307] Bergquist W. The Four Cultures of the Academy: Insights and Strategies for Improving Leadership in Collegiate Organizations [M]. San Francisco: Jossey - Bass, 1992.

[308] Bernstein T P, Lü X. Taxation without representation: Peasants, the central and the local states in reform China [J]. The China Quarterly, 2000, 163 (163): 742-763.

[309] Bird R M, Vaillancourt F. Fiscal Decentralization in Developing Countries [M]. Cambridge, UK: Cambridge University Press, 1998.

[310] Blackburn G. Elements of successful change: The service Tasmania experience to public sector reform [J]. Australian Journal of Public Administration, 2014, 73 (1): 103-114.

[311] Borman W C, Motowidlo S J. Task performance and contextual performance: The meaning for personnel selection research [J]. Human Performance, 1997, 10 (2): 99-109.

[312] Borzutzky S. Social security privatization: The lessons from the Chilean experience for other Latin American countries and the USA [J]. International Journal of Social Welfare, 2003, 12 (2): 86-96.

[313] Boston J. The challenge of evaluating systemic change: The case of public management reform [J]. International Public Management Journal, 2000, 3 (1): 23-46.

[314] Breu K, Benwell M. Modelling individual transition in the context of organisational transformation [J]. Journal of Management Development, 1999, 18 (6): 496-520.

[315] Breul J D, Kamensky J M. Federal government reform: Lessons from Clinton's " Reinventing Government" and Bush's " Management Agenda" initiatives [J]. Public Administration Review, 2008, 68 (6): 1009-1026.

[316] Brown T L, Potoski M, Van Slyke D M. Trust and contract completeness in the public sector [J]. Local Government Studies, 2007, 33 (4): 607-623.

[317] Brumbrach A. Performance Management [M]. London: The Cromwell Press, 1988.

[318] Buchanan J M, Musgrave R A. Public Finance and Public Choice, Two Contrasting Visions of the State [M]. Cambridge: The MIT Press, 2000.

[319] Bugdol M, Jarzebinski M. The possibilities of applying the Common Assessment Framework Model in service quality improvement [J]. Organizacijų

Vadyba: Sisteminiai Tyrimai, 2010 (55): 41 -53.

[320] Burgelman R A. A model of the interaction of strategic behavior, corporate context, and the concept of strategy [J]. Academy of Management Review, 1983a, 8 (1): 61 -70.

[321] Burgelman R A. Corporate entrepreneurship and strategic management: Insights from a process study [J]. Management Science, 1983b, 29 (12): 1349 -1364.

[322] Burgelman R A. Designs for corporate entrepreneurship in established firms [J]. California Management Review, 1984, 26 (3): 154 -166.

[323] Burke W W, Litwin G H. A causal model of organizational performance and change [J]. Journal of Management, 1992, 18 (3): 523 -545.

[324] Burnes B. No such thing as . . . a "one best way" to manage organizational change [J]. Management Decision, 1996, 34 (10): 11 -18.

[325] Campbell J P, McCloy R A, Oppler S H, et al. A theory of performance [M] // Schmitt N, Borman W C. Personnel Selection in Organizations. San Francisco, CA: Jossey Bass, 1992: 35 -70.

[326] Capano G. Administrative traditions and policy change: When policy paradigms matter. The case of Italian administrative reform during the 1990s [J]. Public Administration, 2003, 81 (4): 781 -801.

[327] Caulfield J L. Local government reform in China: A rational actor perspective [J]. International Review of Administrative Sciences, 2006, 72 (2): 253 -267.

[328] Christensen T, Lægreid P. New public management: Design, resistance, or transformation? A study of how modern reforms are received in a civil service system [J]. Public Productivity & Management Review, 1999, 23 (2): 169 -193.

[329] Christensen T, Lægreid P. The whole - of - government approach to public sector reform [J]. Public Administration Review, 2007, 67 (6): 1059 - 1066.

[330] Cohen J M, Peterson S B. Administrative Decentralization: Strategies for Developing Countries [M]. West Hartford, CT: Kumarian Press, 1999.

[331] Collins D. Organizational Change: Sociological Perspectives [M].

London: Routledge, 1998.

[332] Colombo M G, Delmastro M. The determinants of organizational change and structural inertia: Technological and organizational factors [J]. Journal of Economics & Management Strategy, 2002, 11 (4): 595 -635.

[333] Connor P E, Lake L K, Stackman R W. Managing Organizational Change [M]. New York: Praeger, 1988.

[334] Cropanzano R, Prehar C A, Chen P Y. Using social exchange theory to distinguish procedural from interactional justice [J]. Group & Organization Management, 2002, 27 (3): 324 -351.

[335] Cummings T, Worley C. Organization Development and Change [M]. Mason, OH: South - Western Cengage Learning, 2014.

[336] Damanpour F. Organizational innovation: A meta-analysis of effects of determinants and moderators [J]. Academy of Management Journal, 1991, 34 (3): 555 -590.

[337] Davoodi M, Zou H F. Fiscal decentralization and economic growth: A cross-country study [J]. Journal of Urban Economics, 1998, 43 (2): 44 -57.

[338] De Graaf G, Van Der Wal Z. Managing conflicting public values: Governing with integrity and effectiveness [J]. The American Review of Public Administration, 2010, 40 (6): 623 -630.

[339] Di Mascio F, Natalini A. Context and mechanisms in administrative reform processes: Performance management within Italian local government [J]. International Public Management Journal, 2013, 16 (1): 141 -166.

[340] Dijkgraaf E, Gradus R. Collusion in the Dutch waste collection market [J]. Local Government Studies, 2007, 33 (4): 573 -588.

[341] Donaldson L. Performance - Driven Organizational Change: The Organizational Portfolio [M]. Thousand Oaks, CA: Sage Publications, 1998.

[342] Donaldson L. Organizational portfolio theory: Performance - driven organizational change [J]. Contemporary Economic Policy, 2000, 18 (4): 386 -396.

[343] Drewry G, Chan C P. Civil service reform in the People's Republic of China: Another mirage of the new global paradigm of public administration?

[J]. International Review of Administrative Sciences, 2001, 67 (3): 461 - 478.

[344] Duckett J. The Entrepreneurial State in China: Real Estate and Commerce Departments in Reform Era Tianjin [M]. New York: Routledge, 1998.

[345] Dulbecco P, Renard M. Permanency and flexibility of institutions: The role of decentralization in Chinese economic reforms [J]. The Review of Austrian Economics, 2003, 16 (4): 327 - 346.

[346] Engel C. Common Assessment Framework: The state of affairs [J]. EIPA Scope, 2002 (1): 35 - 39.

[347] European CAF Resource Centre. Common Assessment Framework: The European model for improving public organisations through self - assessment [EB/OL]. https://www.eipa.eu/wp - content/uploads/2020/10/CAF2020_English.pdf, 2020.

[348] Falletta S V. Organizational intelligence surveys [J]. Training & Development, 2008, 62 (6): 52 - 58.

[349] Fernandez S, Rainey H G. Managing successful organizational change in the public sector [J]. Public Administration Review, 2006, 66 (2): 168 - 176.

[350] Fitch K. Water privatisation in France and Germany: The importance of local interest groups [J]. Local Government Studies, 2007, 33 (4): 589 - 605.

[351] Floyd S W, Wooldridge B. Managing strategic consensus: The foundation of effective implementation [J]. Academy of Management Perspectives, 1992, 6 (4): 27 - 39.

[352] Flynn B B, Saladin B. Further evidence on the validity of the theoretical models underlying the Baldrige criteria [J]. Journal of Operations Management, 2001, 19 (6): 617 - 652.

[353] Fredrickson H G. Toward a New Public Administration [M]. Tuscaloosa, AL: University of Alabama Press, 1980.

[354] Freeman R E. Strategic Management: A Stakeholder Approach [M]. Cambridge, UK: Cambridge University Press, 2010.

[355] Frohman A L. Igniting organizational change from below: The power of personal initiative [J]. Organizational Dynamics, 1998, 25 (3): 39 - 53.

[356] Frye T, Shleifer A. The invisible hand and the grabbing hand [J]. American Economic Review, 1997, 87 (2): 354 - 358.

[357] Ghobadian A, Viney H, Redwood J. Explaining the unintended consequences of public sector reform [J]. Management Decision, 2009, 47 (10): 1514 - 1535.

[358] Gibert C G. Unbundling the structure of inertia: Resource versus routine rigidity [J]. Academy of Management Journal, 2005, 48 (5): 741 - 763.

[359] Giddens A. The Third Way: The Renewal of Social Democracy [M]. London: Polity Press, 1998.

[360] Gilley A, Gilley J W, McMillan H S. Organizational change: Motivation, communication, and leadership effectiveness [J]. Performance Improvement Quarterly, 2009, 21 (4): 75.

[361] Gilli M, Li Y. A model of Chinese central government [J]. Economics of Transition, 2013, 21 (3): 451 - 477.

[362] Gilli M, Li Y. Accountability in one - party government: Rethinking the success of chinese economic reform [J]. Journal of Institutional and Theoretical Economics, 2014, 170 (4): 616 - 645.

[363] Goleman D, Boyatzis R, Mckee A. Primal Leadership: Realizing the Power of Emotional Intelligence [M]. Boston: Harvard Business Press, 2002.

[364] Gollan P J. High involvement management and human resource sustainability: The challenges and opportunities [J]. Asia Pacific Journal of Human Resources, 2005, 43 (1): 18 - 33.

[365] Graham J, Amos B, Plumptre T. Principles for good governance in the 21st century [J]. Policy Brief, 2003 (15): 1 - 6.

[366] Granovetter M. Economic action and social structure: The problem of embeddedness [J]. American Journal of Sociology, 1985, 91 (3): 481 - 510.

[367] Greenwood R, Hinings C R. Understanding radical organizational change: Bringing together the old and the new institutionalism [J]. Academy of

Management Review, 1996, 21 (4): 1022 - 1054.

[368] Greenwood R, Suddaby R. Institutional entrepreneurship in mature fields: The big five accounting firms [J]. Academy of Management Journal, 2006, 49 (1): 27 - 48.

[369] Greve C. Public sector reform in Denmark: Organizational transformation and evaluation [J]. Public Organization Review, 2003, 3 (3): 269 - 280.

[370] Grinyer P, McKiernan P. Generating major change in stagnating companies [J]. Strategic Management Journal, 1990, 11 (1): 131 - 146.

[371] Gualmini E. Restructuring Weberian bureaucracy: Comparing managerial reforms in Europe and the United States [J]. Public Administration, 2008, 86 (1): 75 - 94.

[372] Gustafson D H, Sainfort F, Eichler M. Developing and testing a model to predict outcomes of organizational change [J]. Health Services Research, 2003, 38 (2): 751 - 776.

[373] Guth W D, MacMillan I C. Strategy implementation versus middle management self - interest [J]. Strategic Management Journal, 1986, 7 (4): 313 - 327.

[374] Halligan J. Changing approaches to public sector reform in an Anglophone country: The Australian case in a comparative perspective [J]. Croatian & Comparative Public Administration, 2012, 12 (4): 983 - 1001.

[375] Hammerschmid G, Meyer R. Current initiatives and central actors in the Austrian administrative reform process [C]. Oeiras, Portugal: EGPA Annual Conference, 2003.

[376] Hansen H F. Evaluation in and of public - sector reform: The case of Denmark in a Nordic perspective [J]. Scandinavian Political Studies, 2005, 28 (4): 323 - 347.

[377] Haveman H A. Between a rock and a hard place: Organizational change and performance under conditions of fundamental environmental transformation [J]. Administrative Science Quarterly, 1992, 37 (1): 48 - 75.

[378] Hefetz A, Warner M E. Beyond the market versus planning dichotomy: Understanding privatization and its reverse in US cities [J]. Local Gov-

ernment Studies, 2007, 33 (4): 555 -572.

[379] Hegtvedt K A. Doing justice to the group: Examining the roles of the group in justice research [J]. Annual Review of Sociology, 2005, 31: 25 -45.

[380] Helfat C E, Raubitschek R S. Product sequencing: Co - evolution of knowledge, capabilities and products [J]. Strategic Management Journal, 2000, 21 (10 -11): 961 -979.

[381] Higgs M. How can we make sense of leadership in the 21st century? [J]. Leadership & Organization Development Journal, 2003, 24 (5): 273 - 284.

[382] Higgs M, Rowland D. What does it take to implement change successfully? A study of the behaviors of successful change leaders [J]. The Journal of Applied Behavioral Science, 2011, 47 (3): 309 -335.

[383] Hinings C R, Brown J L, Greenwood R. Change in an autonomous professional organization [J]. Journal of Management Studies, 1991, 28 (4): 375 -393.

[384] Hobolt S B, Klemmemsen R. Responsive government? Public opinion and government policy preferences in Britain and Denmark [J]. Political Studies, 2005, 53 (2): 379 -402.

[385] Hong J. NPM, "Die Hard" legacy? NPM reform and administrative law in Korea [J]. Public Administration and Development, 2013, 33 (4): 311 -319.

[386] Huja S S. Seamless government: A practical guide to re - engineering in the public sector [J]. Public Management, 1995 (4): 409 -411.

[387] Huque A S. The politics of local government reform in rural Bangladesh [J]. Public Administration and Development, 1985, 5 (3): 205 -217.

[388] Ingraham P W, Donahue A K. Dissecting the black box revisited: Characterizing government management capacity [M] // Heinrich C J, Lynn Jr. L E. Government and Performance: New Perspectives. Washington D C: Georgetown University Press, 2000: 292 -319.

[389] Ireland R D, Hitt M A. Achieving and maintaining strategic competitiveness in the 21st century: The role of strategic leadership [J]. The Acad-

emy of Management Executive, 1999, 13 (1): 43 -57.

[390] Jacobs G, Van Witteloostuijn A, Christe - Zeyse J. A theoretical framework of organizational change [J]. Journal of Organizational Change Management, 2013, 26 (5): 772 -792.

[391] Jiang T, Nie H H. The stained China miracle: Corruption, regulation, and firm performance [J]. Economics Letters, 2014, 123 (3): 366 -369.

[392] Jones L R, Thomson F. Public Management Renewal for the Twenty - First Century [M]. Stanford, Connecticut: JAI Press, Inc, 1999.

[393] Jora O, Butiseac A, Iacob M. Seeking truth from facts and figures only? The logic of economics and China's miracles [J]. Review of International Comparative Management, 2017, 18 (5): 545 -562.

[394] Jørgensen T B, Bozenman B. Public values: An inventor [J]. Administration & Society, 2007, 39 (3): 354 -381.

[395] Kaplan R S, Norton D P. The balance score card - Measure that drive performance [J]. Harvard Business Review, 1992, 70 (1): 71 -79.

[396] Kaufman B E. A new theory of satisficing [J]. Journal of Behavioral Economics, 1990, 19 (1): 35 -51.

[397] Kaufmann D, Kraay A, Mastruzzi M. The worldwide governance indicators: Methodology and analytical issues [J]. Hague Journal on the Rule of Law, 2011, 3 (2): 220 -246.

[398] Kaufmann D, Kraay A, Zoido - Lobatón P. Governance matters from measurement to action [J]. Finance & Development, 2000, 37 (2): 10.

[399] Kelly D, Amburgey T L. Organizational inertia and momentum: A dynamic model of strategic change [J]. Academy of Management Journal, 1991, 34 (3): 591 -612.

[400] Kettl D F, Fesler J W. The Politics of the Administrative Process [M]. Washington D C: The CQ Press, 2005.

[401] Kezar A. Understanding and facilitating organizational change in the 21st century [J]. ASHE - ERIC Higher Education Report, 2001, 28 (4): 147.

[402] Kim P S, Halligan J, Cho N, et al. Toward participatory and

transparent governance: Report on the sixth global forum on reinventing government [J]. Public Administration Review, 2005, 65 (6): 646 -654.

[403] Knox C, Qun Z. Building public service - oriented government in China [J]. International Journal of Public Sector Management, 2007, 20 (5): 449 -464.

[404] Kornai J. The post socialist transition and the state: Reflections in the light of Hungarian fiscal problems [J]. American Economic Review, 1992, 82 (2): 1 -21.

[405] Kotter J P. Leading Change [M]. Boston: Harvard Business Press, 1996.

[406] Kotter J P. John P. Kotter on What Leaders Really Do [M]. Boston, MA: Harvard Business Press, 1999.

[407] Kotter J. Leading change: Why transformation efforts fail [J]. Harvard Business Review, 1995, 73 (2): 59 -67.

[408] Kuhlmann S. Local government reform between 'exogenous' and 'endogenous' driving forces [J]. Public Management Review, 2006, 8 (1): 67 -86.

[409] Kuhlmann S. Trajectories and driving factors of local government reforms in Paris: A 'deviant case' of institutional development? [J]. Local Government Studies, 2007, 33 (1): 5 -24.

[410] Kuhlmann S. Reforming local government in Germany: Institutional changes and performance impacts [J]. German Politics, 2009, 18 (2): 226 -245.

[411] Kuipers B S, Higgs M, Kickert W. The management of change in public organizations: A literature review [J]. Public Administration, 2014, 92 (1): 1 -20.

[412] Kwon O. Fiscal decentralization: An effective tool for government reform? [J]. Public Administration, 2013, 91 (3): 544 -560.

[413] Leavitt H J. Applied organizational change in industry: Structural, technological and humanistic approaches [M] // March J G. Handbook of Organizations. Chicago: Rand McNally, 1965: 1144 - 1170.

[414] Lee S, Woodward R. Delivering public services - mechanisms and

consequences: Implementing the third way: The delivery of public services under the Blair government [J]. Public Money and Management, 2002, 22 (4): 49 - 56.

[415] Lewin K. Group Decision and Social Change [M]. New York: Henry Holt, 1947: 330 - 344.

[416] Lewin K. Field Theory in Social Science: Selected Theoretical Papers [M]. New York: Harper, 1951.

[417] Lewis L K, Schmisseur A M, Stephens K K, et al. Advice on communicating during organizational change: The content analysis of popular press books [J]. Journal of Business Communication, 2006, 43 (2): 113 - 137.

[418] Light P C. The tides of reform revisited: Patterns in making government work, 1945 - 2002 [J]. Public Administration Review, 2006, 66 (1): 6 - 19.

[419] Ling T. Delivering joined - up government in the UK: Dimensions, issues and problems [J]. Public Administration, 2002, 80 (4): 615 - 642.

[420] Liou K T, Korosec R. Implementing organizational reform strategies in state governments [J]. Public Administration Quarterly, 2009, 33 (3): 429 - 452.

[421] Lo A Y H, Jim C Y. Citizen attitude and expectation towards greenspace provision in compact urban milieu [J]. Land Use Policy, 2012, 29 (3): 577 - 586.

[422] Locke J. Two Treatises of Government [M]. Cambridge: Cambridge University Press, 1988.

[423] Lukasiewicza A, Bowmerab K, Symec G J, et al. Assessing government intentions for Australian water reform using a Social Justice Framework [J]. Society & Natural Resources, 2013, 26 (11): 1314 - 1329.

[424] Marshall T H. Citizenship and Social Class [M]. Cambridge: Cambridge University Press, 1950.

[425] Meyer A D, Brooks G R, Goes J B. Environmental jolts and industry revolutions: Organizational responses to discontinuous change [J]. Strategic Management Journal, 1990, 11 (5): 93 - 110.

[426] Milliken F J, Martins L L. Searching for common treads: Understanding the multiple effects of diversity in organizational groups [J]. Academy of Management Review, 1996, 21 (2): 402 -433.

[427] Moon M J, DeLeon P. Municipal reinvention: Managerial values and diffusion among municipalities [J]. Journal of Public Administration Research and Theory, 2001, 11 (3): 327 -352.

[428] Moore M H. Creating Public Value: Strategic Management in Government [M]. Cambridge, MA: Harvard University Press, 1995.

[429] Nadler D A. Managing organizational change: An integrative perspective [J]. Journal of Applied Behavioral Science, 1981, 17 (2): 187 - 197.

[430] Nadler D, Tushman M L. A Diagnostic Model for Organizational Behavior [M]. New York: McGraw - Hill, 1977.

[431] Neely A, Adams C, Kennerley M. The Performance Prism: The Scorecard for Measuring and Managing Business Success [M]. London: Prentice Hall Financial Times, 2002.

[432] Newbert S L. Value, rareness, competitive advantage, and performance: A conceptual - level empirical investigation of the resource - based view of the firm [J]. Strategic Management Journal, 2008, 29 (7): 745 - 768.

[433] North D C. Institutions, Institutional Change and Economic Performance [M]. Cambridge: Cambridge University Press, 1990.

[434] Nutt P C, Backoff R W. Facilitating transformational change [J]. The Journal of Applied Behavioral Science, 1997, 33 (4): 490 -508.

[435] Oakland J S, Tanner S. Successful change management [J]. Total Quality Management and Business Excellence, 2007, 18 (1 -2): 1 -19.

[436] Ogbonna E, Harris L. Managing organizational culture: Compliance or genuine change? [J]. British Journal of Management, 1988, 9 (4): 273 - 288.

[437] Oi J C. The role of the local state in China's transitional economy [J]. The China Quarterly, 1995 (144): 1132 -1149.

[438] Okumus F. A framework to implement strategies in organizations

[J]. Management Decision, 2003, 41 (9): 871 - 882.

[439] Olsen J P, March J G. Rediscovering Institutions: The Organizational Basis of Politics [M]. New York: Free Press, 1989.

[440] Ongaro E. The role of politics and institutions in the Italian administrative reform trajectory [J]. Public Administration, 2011, 89 (3): 738 - 755.

[441] Osborne D E, Gaebler T. Reinventing Government: How the Entrepreneurial Spirit Is Transforming the Public Sector [M]. Reading, MA: Addison Wesley, 1992.

[442] Osborne D, Plastrik P. Banishing Bureaucracy: The Five Strategies for Reinventing Government [M]. New York: The Penguin Group, 1997.

[443] Ostrom E. Sustainable social - ecological systems: An impossibility? [EB/OL]. https: //ssrn. com/abstract = 997834, 2007.

[444] Oxhorn P, Tulchin J S, Selee A. Decentralization, Democratic Governance, and Civil Society in Comparative Perspective: Africa, Asia, and Latin America [M]. Washington D C: Woodrow Wilson Center Press, 2004.

[445] Paauwe J, Richardson R. Strategic human resource management and performance: An introduction [J]. The International Journal of Human Resource Management, 1997, 8 (3): 257 - 262.

[446] Panozzo F. Management by decree. Paradoxes in the reform of the Italian public sector [J]. Scandinavian Journal of Management, 2000, 16 (4): 357 - 373.

[447] Penrose E T. The Theory of the Growth of the Firm [M]. Oxford, UK: Oxford University Press, 1995.

[448] Peters J. Neoliberal convergence in North America and Western Europe: Fiscal austerity, privatization, and public sector reform [J]. Review of International Political Economy, 2012, 19 (2): 208 - 235.

[449] Peters M A. Post Structuralism, Marxism, and Neoliberalism: Between Theory and Politics [M]. Washington D C: Rowman & Littlefield Publishers, 2001.

[450] Pettigrew A, Fenton E. The innovating organisation [J]. Long Range Planning, 2000, 35 (1): 93 - 96.

[451] Pierson P. Increasing returns, path dependence, and the study of politics [J]. American Political Science Review, 2000, 94 (2): 251 - 267.

[452] Podsakoff P M, Organ D W. Self - Reports in organizational research: Problems and prospects [J]. Journal of Management, 1986, 12 (4): 531 - 544.

[453] Pollitt C, Bouckaert G. Public Management Reform: A Comparative Analysis [M]. Oxford: Oxford University Press, 1999.

[454] Pollitt C, Bouckaert G. Evaluating public management reforms: An international perspective [M] // Wollmann H. Evaluation in Public - Sector Reform: Concepts and Practice in International Perspective. Cheltenham: Edward Elgar Publishing, 2008: 12 - 40.

[455] Pollitt C, Summa H. Trajectories of reform: Public management change in four countries [J]. Public Money and Management, 1997, 17 (1): 7 - 18.

[456] Pontones R C, Pérez M R. The control function of social services in Spanish local government: A contribution to transparency and performance improvement [J]. Administration in Social Work, 2013, 37 (5): 471 - 485.

[457] Porras J I, Silvers R C. Organization development and transformation [J]. Annual Review of Psychology, 1991, 42 (1): 51 - 78.

[458] Rafferty A E, Jimmieson N L, Armenakis A A. Change readiness a multilevel review [J]. Journal of Management, 2013, 39 (1): 110 - 135.

[459] Ram R. Openness, country size, and government size: Additional evidence from a large cross - country panel [J]. Journal of Public Economics, 2009, 93 (1 - 2): 213 - 218.

[460] Razin E. Needs and impediments for local government reform: Lessons from Israel [J]. Journal of Urban Affairs, 2004, 26 (5): 623 - 640.

[461] Robbins S P, Judge T A. Organizational Behavior (15th Edition) [M]. New Jersey: Prentice Hall, 2012.

[462] Robertson P J, Roberts D R, Porras J I. Dynamics of planned organizational change: Assessing empirical support for a theoretical model [J]. Academy of Management Journal, 1993, 36 (3): 619 - 634.

[463] Rodrik D. Why do more open economies have bigger governments?

[J]. Journal of Political Economy, 1998, 106 (5): 997 - 1032.

[464] Romero - ávila D. Is physical investment the key to china's growth miracle? [J]. Economic Inquiry, 2013, 51 (4): 1948 - 1971.

[465] Rubalcaba L, Michel S, Sundbo J, et al. Shaping, organizing, and rethinking service innovation: A multidimensional framework [J]. Journal of Service Management, 2012, 23 (5): 696 - 715.

[466] Sastry M A. Problems and paradoxes in a model of punctuated organizational change [J]. Administrative Science Quarterly, 1997, 42 (2): 237 - 275.

[467] Schwab K. The Global Competitiveness Report 2015 - 2016 [R]. World Economic Forum, 2015.

[468] Senge P. The Fifth Discipline: The Art and Practice of the Learning Organization [M]. New York: Doubleday, 1990.

[469] Seo M G, Creed W E D. Institutional contradictions, praxis, and institutional change: A dialectical perspective [J]. Academy of Management Review, 2002, 27 (2): 222 - 247.

[470] Shafiqul H A. Explaining the myth of public sector reform in South Asia: De - linking cause and effect [J]. Policy and Society, 2005, 24 (3): 97 - 121.

[471] Sharma R R. Change Management [M]. New Delhi: Tata McGraw - Hill Publishing Company, 2007.

[472] Shum P, Bove L, Auh S. Employees' affective commitment to change: The key to successful CRM implementation [J]. European Journal of Marketing, 2008, 42 (11 - 12): 1346 - 1371.

[473] Simons R. How new top managers use control systems as levers of strategic renewal [J]. Strategic Management Journal, 1994, 15 (3): 169 - 189.

[474] Smets M, Morris T I M, Greenwood R. From practice to field: A multilevel model of practice - driven institutional change [J]. Academy of Management Journal, 2012, 55 (4): 877 - 904.

[475] Stark D. Path dependence and privatization strategies in East Central Europe [J]. European Politics and Societies, 1992, 6 (1): 17 - 54.

[476] Stelzer D, Mellis W. Success factors of organizational change in software process improvement [J]. Software Process: Improvement and Practice, 1998, 4 (4): 227 -250.

[477] Stoker G. Governance as theory: Five propositions [J]. International Social Science Journal, 1998, 50 (155): 17 -28.

[478] Stone - Romero E F, Alvarez K, Thompson L F. The construct validity of conceptual and operational definitions of contextual performance and related constructs [J]. Human Resource Management Review, 2009, 19 (2): 104 -116.

[479] Taylor - Bianco A, Schermerhorn J. Self - regulation, strategic leadership and paradox in organizational change [J]. Journal of Organizational Change Management, 2006, 19 (4): 457 -470.

[480] Teece D J, Pisano G, Shuen A. Dynamic capabilities and strategic management [J]. Strategic Management Journal, 1997, 18 (7): 509 -533.

[481] Thompson J R. Reinvention as reform: Assessing the National Performance Review [J]. Public Administration Review, 2000, 60 (6): 508 - 521.

[482] Tichy N M. Managing Strategic Change: Technical, Political, and Cultural Dynamics [M]. New York: Wiley, 1983.

[483] Tsoukas H, Chia R. On organizational becoming: Rethinking organizational change [J]. Organization Science, 2002, 13 (5): 567 -582.

[484] Van de Ven A H, Poole M S. Explaining development and change in organizations [J]. Academy of Management Review, 1995, 20 (3): 510 - 540.

[485] Van Ryzin G G. Expectations, performance, and citizen satisfaction with urban services [J]. Journal of Policy Analysis and Management, 2004, 23 (3): 433 -448.

[486] Waldo D. The Administrative State [M]. New York: The Ronald Press Company, 1948.

[487] Walker R M, Boyne G A. Public management reform and organizational performance: An empirical assessment of the UK Labour government's public service improvement strategy [J]. Journal of Policy Analysis and Man-

agement, 2006, 25 (2): 371 -393.

[488] Walsh K. Public Services and Market Mechanism [M]. London: Palgrave Macmillan Press, 1995.

[489] Warner M E. Reversing privatization, rebalancing government reform: Markets, deliberation and planning [J]. Policy and Society, 2008, 27 (2): 163 -174.

[490] Weick K E, Quinn R E. Organizational change and development [J]. Annual Review of Psychology, 1999, 50 (1): 361 -386.

[491] Weiner N, Mahoney T A. A model of corporate performance as a function of environmental, organizational, and leadership influences [J]. Academy of Management Journal, 1981, 24 (3): 453 -470.

[492] Weisbord M R. Organizational diagnosis: Six places to look for trouble with or without a theory [J]. Group & Organization Management, 1976, 1 (4): 430 -447.

[493] Weiss T G. Governance, good governance and global governance: Conceptual and actual challenges [J]. Third World Quarterly, 2000, 21 (5): 795 -814.

[494] Welch E W. The relationship between transparent and participative government: A study of local governments in the United States [J]. International Review of Administrative Sciences, 2012, 78 (1): 93 -115.

[495] Wendorf C A, Alexander S, Firestone I J. Social justice and moral reasoning: An empirical integration of two paradigms in psychological research [J]. Social Justice Research, 2002, 15 (1): 19 -39.

[496] Westley F, Mintzberg H. Visionary leadership and strategic management [J]. Strategic Management Journal, 1989, 10 (S1): 17 -32.

[497] Whelan - Berrya K S, Somerville K A. Linking change drivers and the organizational change process: A review and synthesis [J]. Journal of Change Management, 2010, 10 (2): 175 -193.

[498] Wollmann H. Local government reforms in Great Britain, Sweden, Germany and France: Between multi - function and single - purpose organizations [J]. Local Government Studies, 2004, 30 (4): 639 -665.

[499] Wollmann H. Local government reforms in (seven) European coun-

tries: Between convergent and divergent, conflicting and complementary developments [J]. Local Government Studies, 2012, 38 (1): 41 -70.

[500] Wong C. Rebuilding government for the 21st century: Can China incrementally reform the public sector? [J]. The China Quarterly, 2009, 200 (4): 929 -952.

[501] World Bank. World Development Report 1997: The State in a Changing World [M]. New York: Oxford University Press, 1997.

[502] Wright P L, Kroll M J, Parnell J A. Strategic Management: Concepts and Cases [M]. New Jersey: Prentice Hall, 1998.

[503] Xue L, Liou K T. Government reform in China: Concepts and reform cases [J]. Review of Public Personnel Administration, 2012, 32 (2): 115 -133.

[504] Yeo Y. Remaking the Chinese state and the nature of economic governance? The early appraisal of the 2008 'super - ministry' reform [J]. Journal of Contemporary China, 2009, 18 (62): 729 -743.

[505] Yokoyama M. Evaluation systems in local government: Are evaluation systems useful tools of administrative reform? [J]. Interdisciplinary Information Sciences, 2009, 15 (2): 243 -250.

[506] Yuchtman E, Seashore S E. A system resource approach to organizational effectiveness [J]. American Sociological Review, 1967, 32 (6): 891 -903.

[507] Zhou K Z, David K T, Li J J. Organizational changes in emerging economies: Drivers and consequences [J]. Journal of International Business Studies, 2006, 37 (2): 248 -263.